1 MONTH OF
FREE
READING

at

www.ForgottenBooks.com

By purchasing this book you are
eligible for one month membership to
ForgottenBooks.com, giving you
unlimited access to our entire
collection of over 1,000,000 titles via
our web site and mobile apps.

To claim your free month visit:

www.forgottenbooks.com/free1283436

ISBN 978-0-364-91746-6
PIBN 11283436

MINISTÈRE DE L'INSTRUCTION PUBLIQUE

———

ANNALES

DU

MUSÉE GUIMET

———

BIBLIOTHÈQUE D'ÉTUDES

TOME SIXIÈME

———

VOYAGE DANS LE LAOS

TOME DEUXIÈME

BAUGÉ (MAINE-ET-LOIRE). — IMPRIMERIE DALOUX

MISSION ÉTIENNE AYMONIER

VOYAGE

DANS

LE LAOS

TOME DEUXIÈME

AVEC 22 CARTES

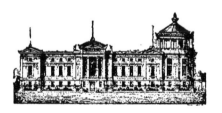

PARIS

ERNEST LEROUX, ÉDITEUR

28, RUE BONAPARTE, 28

1897

CHAPITRE I

D'OUBON A SISAKÈT, A KOUKHAN
ET RETOUR A SISAKÈT

Le lundi 24 décembre 1883, je quittai Oubon, à 11 heures,
m'embarquant sur une barque à six pagayeurs. Sur la barque
des vivres m'accompagnait jusqu'à Sisakèt le Phéa Sala Banha,
petit mandarin, chef des rameurs. Le Moun, aux eaux tran-
quilles, large de trois à quatre cents mètres, profond de dix au
moins, avait baissé environ d'un mètre pendant les trois

semaines de mon séjour à Oubon. Au Mœuong, sa rive, en
pente très douce, est couverte de petites cultures maraichères,
plantées depuis la baisse des eaux ; mais elle devient subitement escarpée et haute de dix mètres, dès qu'on a dépassé les
dernières maisons, à la Vat Sa Phat. Immédiatement au-delà
est un bras comblé en partie, le Boung Kah Têo, large de
80 mètres, où les Laociens cultivent des rizières de saison
sèche ; il a encore un peu d'eau dans ses parties basses.
Toujours sur cette rive nord et un peu plus loin est le Boung
Chan qui présente les mêmes dimensions et les mêmes cultures
que le précédent. Encore à droite, nous avons ensuite le Pak
Moun Noï « le confluent du petit Moun » ; on appelle ainsi un
bras large de 80 mètres environ et ici plus profond que nos
galtes qui mesurent dix coudées. Ce petit Moun et le bras
principal que nous suivons entourent Don Kêo, île que nous
laissons sur notre droite ; les broussailles de jungle de sa rive
indiquent que les crues inondent cette île. A notre gauche la
rive de la terre ferme a le même aspect. Le Moun se rétrécit à
200 mètres environ de largeur, et nos longues galtes commencent à atteindre le fond. Nous passons devant le Ban Pho, à
gauche ; on n'y voit que deux cases, mais les bananiers y sont
en quantité, probablement dans les jardins des citadins d'Oubon.
A droite, nous avons dans l'île, le Boung Vaï, au sable fin et
aux pentes douces. Vers 4 heures, le Moun étant large de
250 à 300 mètres, nous dépassons enfin la pointe d'amont de
Don Kêo, dont la rive méridionale est généralement escarpée.
A son sommet le Moun Noï, n'a plus que 6 mètres de largeur,
et à la fin de la saison sèche, les barques ne peuvent plus
franchir cette bouche d'amont. Je viens de dire qu'il avait
80 mètres de largeur et une grande profondeur à sa bouche
d'aval.

Il semble donc indubitable qu'on saisit là sur le vif la forma-

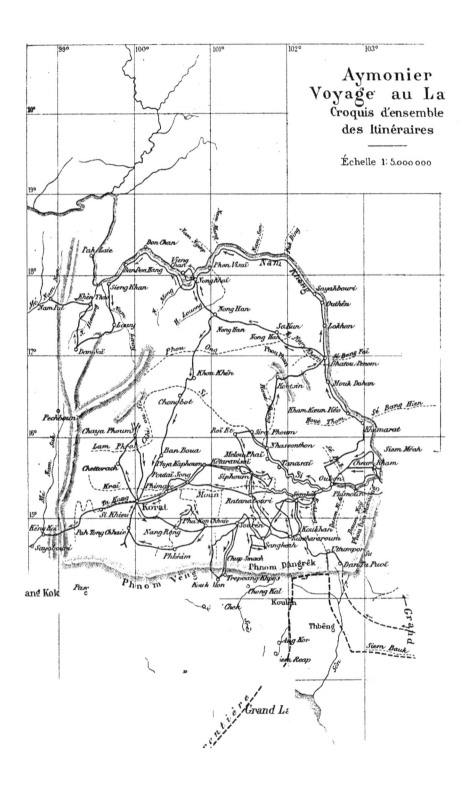

Aymonier
Voyage au La
Croquis d'ensemble
des Itinéraires

Échelle 1:5.000000

tion d'un de ces Boung ou anciens bras du Moun qui se comblent toujours par l'amont.

Plus loin nous avons à droite le Boung Sieng Tœuk ; puis l'embouchure du Sé Bouk, petit affluent du Moun dont la source est dans des forêts appelées Dong Mak Y, à trois jours de marche. En remontant le long de son cours on atteint successivement le Ban Nadi, le Ban Kang Heng et le Ban Ta Khoum. Son lit, large de 10 mètres est profond de 6. Vers 5 heures, nous avons à gauche un petit Ban sans nom, hameau de 4 cases, habitées par les gens ou clients du Preah Petoum, un mandarin d'Oubon qui y fait faire des plantations de toute sorte. Le Nam Moun a 250 ou 300 mètres de largeur ; ses rives sont à pic comme si elles avaient été creusées à la pioche ; des Téal ou Dipterocarpus croissent sur la rive droite. Nous passons devant un *Tha* « port, quai » appelé Tha Kut Haï où nous rencontrons des Laociens de la province d'Oubon qui se rendent à Bassak pour acheter des buffles. Sur toute cette partie du Moun, les villages, en général retirés à une certaine distance dans l'intérieur pour fuir les débordements de la rivière aux rives plates, lui sont reliés par un sentier, et on appelle *Tha* de tel village le point où son sentier débouche sur le Moun. Vers 7 heures, nous nous arrêtons pour la nuit au Ban Tha Ngoï, misérable hameau de 7 cases de Laos pêcheurs.

Nous repartons de ce village le mardi 25 décembre, continuant à remonter lentement le Moun, large ici de 250 mètres environ, profond de 3 à 4 mètres. Sa rive méridionale est escarpée, l'autre en pente douce. Nous arrivons bientôt au Pak Si « confluent du Si » le principal affluent du Moun. Le Si, large de 80 à 100 mètres, vient, nous disent nos bateliers, du Mœuong Mahasanasaï sur sa rive droite, où on remonte actuellement en 10 jours ; il en faudrait 8 aux crues alors que les Keng ou rapides sont inondés et la navigation plus facile ; de ce Mœuong,

on va en 3 jours au Mœuong Nhassonthon sur la rive gauche.
Après ils ne savent plus. Je devais plus tard étudier le cours de
cet affluent bien au-delà de ces deux points et apprendre que
son nom n'est pas une corruption du laocien *Sé* « rivière, fleuve »
ainsi que paraissent le croire les habitants de la partie inférieure
de ce bassin, mais l'abréviation et la corruption du cambodgien
Preah Chi [1] devenu *Phrah Chi* en siamois ou en laocien. Nous
avons déjà eu et nous aurons encore à maintes reprises l'occasion
de voir que beaucoup de termes géographiques du Bas-Laos sont
d'anciens noms cambodgiens corrompus. En face du confluent
du Si, sur la rive méridionale du Moun est le Hor Chau Pak Si,
petite hutte élevée à un génie par les Laociens.

Au-delà, le Moun se rétrécit à 160 mètres environ ; sa
profondeur diminue, nos barques suivent le milieu, l'eau étant
trop peu profonde sur les côtés. Nous passons devant le Si Thao,
bifurcation ou seconde bouche du Si, qui paraît devoir se
combler, les barques n'y pouvant plus pénétrer à la saison
sèche. Le Moun se rétrécit encore à 80 ou 100 mètres, il se
recourbe, revient à l'Est en faisant un grand détour. Ses rives
pas trop escarpées sont couvertes par endroits de grands arbres
téal ; les bancs de sable, laissés à découverts par la baisse des
eaux commencent à apparaître dans son lit ; son coude est tel
que nous revenons tout près du Ban Tha Ngoï que nous avons
quitté le matin ; sur les rives sont des jungles ou broussailles
basses que les crues recouvrent. Nous nous arrêtons vers neuf
heures au Ban Vang Nhang, à gauche, village de 20 cases ayant
une pagode et dépourvu de rizières. Les hommes pêchent ; les
femmes ont la spécialité de fabriquer des marmites vendues un
ou deux lats, selon leur grandeur. La pêche a lieu dans le Moun
surtout avec des lignes fixes munies de clochettes de bois que
le poisson fait sonner quand il est pris.

1. Preah Chi, ou plus exactement, *Brah Ji*, peut signifier le « Seigneur divin ».

' Oubon à Sisakèt

Aymonier
Voyage au Laos
Tome II — Chap. Ier-1

Echelle 1: 500.000

MŒUONG OUBON

Moun

Ban Pho

Moun Nöi
Don Kieo
Ban.
Ban Tha Ngoï
Ban Vang Khang
Ban Tha Lat

Sé Bouok

Sé
Sé Thao

Houé Krenhung (Limite)

Bien Mao
Nong Heua
Ban Nong Met

Ban Phon

Ban Xong Heua
Ban Din Dam
Ban Nam Kham
Ban Xong Yong

Ban Khom
Bien Kok
Ban Phon Kao
Ban Xong Khing
Ban Mé Poeüm

Houé Krehuen

Run Din Dam

Moun

Ban Phan Tha
Ban Mé Poeüm

Houé Kèt

Ban

Houé Yam Khan

MŒUONG SISAKÈT

Lao
Houé
Sam

Nous reprenons notre route. Le Moun, large de 80 mètres, est profond de 6 ; ses rives, qui s'escarpent davantage, l'encaissent actuellement de 10 mètres. Nous allons déjeuner au Ban Tha Lat, gros village avec une pagode et une centaine de cases de Laos cultivant des rizières et tissant la soie. Ces habitants relèvent du Mœuong Sisakèt, quoique leur pays soit dans la province d'Oubon. Les gros villages de ce genre sont rares au-dessus d'Oubon sur les bords du Moun dont les crues rejettent les cultures à deux ou quatre kilomètres de son lit normal. Il y a des roches sous l'eau à la rive du Ban Tha Lat. Reprenant notre route nous atteignons en une heure le confluent du Houé Krenhung, gros torrent, affluent de droite du Moun, qui vient des monts Dangrêk. Les petites pirogues peuvent seules le remonter à la saison sèche. Il sert de limite, au sud du Moun, entre la province d'Oubon à l'est et celle de Sisakèt à l'ouest. Plus loin nous avons le Tha du Ban Nong Keô, à droite ; on nous dit que le village est à une matinée de marche dans l'intérieur (deux ou trois heures). Les roches apparaissent de plus en plus sur les rives qui sont escarpées des deux côtés ; la droite est couverte de bambous. Le Moun a 120 mètres environ de largeur ; sa profondeur se maintient entre un mètre cinquante et deux mètres. Le fond est de roches. Aux eaux complètement basses, les pirogues suivent les chenaux entre ces roches. Nous rencontrons les premières pêcheries, barrages de bambous construits comme des ponts sur toute la largeur de la rivière. On ne laisse qu'un passage large de 2 mètres au plus pour les besoins de la navigation. Les Laociens y pêchent de nuit à l'aide de filets en forme de sacs à nœuds coulants. Nous nous arrêtons pour la nuit un peu au-delà du *Tha Nœua* « port neuf » du Ban Nong Keô.

Le mercredi 26 décembre, nous reprenons cette navigation silencieuse en pays désert en apparence. La rive gauche du Moun, large ici de 120 mètres, est en roches de grès rouge.

Plus loin les deux rives escarpées sont couvertes de grands arbres téal et koki ; puis le grès rouge apparaît de nouveau et des deux côtés. La rivière est souvent profonde de 5 à 6 mètres. Nous nous arrêtons pour déjeuner au Tha du Ban Mao Nong Hœua qui est à deux kilomètres du Moun. Ce village a une pagode et compte une cinquantaine de cases de Laos qui font des rizières, élèvent des bœufs, des buffles. Le pays est en plaines nues : le sol plutôt sablonneux. A midi nous repartons. Le Moun maintient sa largeur de 120 mètres. Sur les rives escarpées croissent de grands téal et koki. Nous passons au Tha du Ban Phon, hameau qui compte une trentaine de cases à 1200 mètres de la rivière. Nous passons ensuite au Tha du Ban Nong Hœua, village sis à deux kilomètres de la rivière. L'aspect et les dimensions du Moun se maintiennent ; largeur de 100 à 120 mètres, 3 ou 4 mètres de profondeur d'eau ; rives escarpées de 6 à 8 mètres et couvertes de téal et de kokis. Vers 4 heures nous arrivons au Tha ou port du Ban Din Dam, hameau d'une dizaine de cases de Kouïs Melo, à deux kilomètres de la rivière. Un peu plus loin nous nous arrêtons pour la nuit au Ban Nam Kham, à gauche, hameau de neuf cases de Kouïs Melo qui ont remplacé leur dialecte par le laocien. Ils pêchent et cultivent quelques rizières.

Le jeudi 27 décembre, nous reprenons notre route. Nous traversons d'autres pêcheries en forme de ponts sur la rivière. On démolit une travée ou deux pour le passage de nos jonques. Sur chaque travée est un tréteau portant la trace des foyers qu'on allume la nuit soit pour réchauffer les pêcheurs, soit pour attirer le poisson. Les pêcheurs viennent du Ban Nong Vêng qui est à une lieue au sud de la rivière et qui compte une trentaine de cases de Kouïs mêlés de Laos. Après le Tha du Ban Kham, village qui est à deux kilomètres sur notre droite, et qui compte 70 cases, nous atteignons, à gauche, le confluent du

Houé Kadœum, ruisseau qui vient des plaines et tertres à un jour d'ici et qui n'a plus d'eau en fin de saison ; puis le Tha du Ban Kok à gauche ; ce village, à deux kilomètres de la rivière, compte 50 cases environ de Laos. Le Moun large de 150 mètres environ, profond de 3 ou 4, est encaissé par 6 ou 8 mètres de rives escarpées. Les eaux doivent encore baisser beaucoup jusqu'en février-mars, tandis qu'aux crues de la saison des pluies, non-seulement il remplit son lit, mais il déborde et couvre les plaines à un quart de lieue, une demi lieue de chaque côté, et les villages sont repoussés à cette distance, où même à une lieue de la rivière. Nous passons au Tha du Ban Phon Kao, à gauche ; le village qui compte une trentaine de cases est à deux kilomètres de la rivière. Les pêcheries barrent à chaque instant notre route. Sur les rives escarpées en roches de grès rouge croissent des bambous. Nous passons au Tha du Ban Nong Khing, à gauche, village à 2 kilomètres du Moun. Il y a, nous dit-on, 70 cases de Laos et de Kouï mêlés. Il est à remarquer en effet, combien les Kouïs mêlés ou non aux Laos sont nombreux au sud du Moun, dans cette région. Nous nous arrètons à ce port pour déjeuner. On nous dit que de l'autre côté de la rivière, à deux kilomètres est le Ban Din Dam qui compte une vingtaine de cases de Laos. Continuant notre route sur le fond de roches encore un peu couvertes par les eaux du Moun nous atteignons bientôt l'embouchure du Houé Samlan, à notre gauche.

Nous quittons le Moun pour nous engager dans cet affluent dont le lit large de 20 mètres, est encaissé de 8. Dans ce lit plein de pierres, l'eau, sans courant, vient aux genoux. Nous avançons avec difficultés, tantôt il faut abattre le toit des barques pour les faire passer sous les arbres couchés en travers du lit, tantôt il faut que tout l'équipage mette pied à terre pour hâler les embarcations. Nous passons à hauteur du Ban Mè Pœùm, hameau de 7 cases à 1200 mètres du Houé. Sur le bord un gros

arbre koki se penche comme pour baigner ses branches dans
l'eau c'est le Khên Sao Sin, ainsi appelé à cause d'une histoire
bien connue dans le pays. Une troupe de jeunes gens et de
jeunes filles passaient un jour en cet endroit ; une des Laociennes
s'écria tout à coup : « J'épouserai sans qu'il ait un lat (un sou) à
dépenser celui qui sautera à l'eau du haut de la fourche de cet
arbre ». La hauteur était de 12 mètres au moins. Un amoureux
releva le défi : prenant l'assistance à témoin, il monta et s'assit
sur l'enfourchure hésitant à sauter. Dans un faux mouvement,
le fourreau en bois du couteau passé à sa ceinture, heurta
l'arbre, le fit glisser et il tomba à l'eau, sans se faire d'ailleurs
aucun mal, mais en égayant fort toute la bande. La fille tenait
l'épreuve pour nulle, lui la prétendait bonne et valable. Il y eut
procès. Les juges donnèrent gain de cause au jeune homme
parce qu'il avait risqué sa vie par amour.

Un peu plus loin, après beaucoup de haltes, nous nous
arrêtons pour la nuit au Pak ou confluent du Houé Kêt, petit
affluent de droite du Houê Samlan ; large de 4 à 5 mètres, il
vient des plaines de l'intérieur et passe aux Ban Kamin et
Phonavieng. Le Mahathâi, un des mandarins de Sisakêt, prévenu de notre arrivée, vint s'en assurer pendant la nuit et au
matin il revint avec des charrettes et des porteurs pour recevoir
les bagages des mains des gens d'Oubon.

Le vendredi 28 décembre, quittant donc les jonques définitivement arrêtées au Pak Houé Hêt, nous nous dirigeons à pied,
vers Sisakêt qui est à l'ouest. Nous traversons un pays de
fourrés de bambous et d'arbres rabougris, sur sol blanc,
sablonneux, découvert de temps à autre. Mes bagages suivaient
sur des charettes ou portés à dos d'homme. Au bout d'une
demi-heure nous atteignons un premier village, le Ban Phan
Tha où demeure le Maha thaï, le mandarin qui surveille le
transport de mes bagages. Il y a à ce village, une pagode, trente

à quarante cases et beaucoup de cocotiers. Au-delà nous passons un petit ruisseau le Houé Nam Kham qui a encore un filet d'eau et qui prend sa source dans des marais au sud ; et au bout d'une autre demi-heure de marche depuis le premier village, nous atteignons le Mœuong Mai « nouveau chef-lieu » de Sisakèt, gros village de 5 ou 6 pagodes et d'une centaine de cases, où est le marché qui est tenu par des Chinois et des Siamois ; il y a des étalages de soie, de gâteaux et beaucoup de peaux. Le Mœuong Kao, ou le vieux Sisakèt, où demeure le Chau, est encore à 4 ou 500 mètres plus à l'ouest. Je m'installe dans une sala tout près de l'habitation du Chau, habitation assez délabrée ; les bœufs et buffles occupent le rez-de-chaussée ; à côté est un grand jardin de plants de tabac que les femmes arrosent matin et soir. Le Chau, bon vieillard de 65 ans, s'empresse de mettre son plus bel habit et vient me faire visite après avoir demandé à mon interprète Sreï quel était le cérémonial d'usage. On s'aborde en se serrant la main, puis on cause comme entre grands du Laos, avait répondu l'autre. Ce seigneur n'a qu'une femme, huit enfants tous mariés et de nombreux petits-enfants qui viennent respectueusement préparer, à tour de rôle, la chique de bétel de l'aïeul.

En fonction depuis trois ou quatre ans, il a succédé à son frère aîné qui se noya accidentellement. pendant un des terribles accès d'alcoolisme qui le rendaient redoutable à la population. Lorsque le Chau actuel alla recevoir sa nomination à Bangkok, il dut emporter de nombreux cadeaux, pour le roi, pour le Samdach Chofa, premier ministre des provinces du nord, pour son lieutenant le Phya Si et pour les divers fonctionnaires et employés du Ministère ou Krom Maha thai. Les mandarins qui avaient accompagné le Chau : Balat ou Oppahat, Yokebat et Phou Chuoï, avaient dû emporter de même de nombreux cadeaux. Au retour, le Yokebat mourut en route.

Quand le Chau rentra dans son mœuong, la cérémonie usuelle
eut lieu : prières des bonzes, lecture solennelle de la nomination énumérant les titres du Chau, lien du sceau seigneurial
avec des fils de coton et festin final. Selon l'usage, ce Chau
fait boire à tous ses fonctionnaires l'eau du serment au 3ᵉ jour
de Chêt et au 3ᵉ jour d'Asoch. Un bonze préside à la cérémonie
dans la principale pagode. Les titres des mandarins sont plutôt
siamois que laociens au Mœuong Sisakèt, où on rencontre
Maha thai, Yokebat, etc. Le Chau a pour titres personnels :
Phya Visès Phakedei Chau Mœuong Sisakèt.

Le chef-lieu de Sisakèt par 15°, 03' nord et 101°, 57' (Fr.
Garnier) est à 400 mètres à l'est du Houé Samlan. Nous avons
vu que le marché où est le principal village est à 400 mètres à
l'est du Mœuong, ou résidence du Chau. Le sol est sablonneux,
le pays à peine déboisé, un peu sauvage d'aspect qui est celui
d'une forêt. Les habitants font des rizières, nourrissent des buffles qu'ils vendent aux Kola ou Birmans. Les lat de cuivre
qui étaient autrefois de 6 au Sleng sont de 8 depuis 4 ans. La
laque et la soie sont les principaux articles de commerce du
pays. La laque vaut 4 damleng, soit 16 ticaux, le pikul de 60
kilogr. On exporte des peaux et des cornes et on importe les
cotonnades. La province de Sisakèt est bornée à l'ouest à une
journée de marche par le Houé Thap Than qui la sépare de
Sangkeah et de Ratanabouri ; à l'est par le Houé Krenhung, à
deux jours, qui la sépare de Dêt et d'Oubon ; au sud par la
province de Koukhan, au Dong Pak Houot à deux jours ; au nord
par le Moun et la province d'Oubon, au Ban Tha Lat, à une forte
journée de marche. Selon le Chau, les inscrits sont au nombre
de 13000, payant deux ticaux par an s'ils ont femme et un tical
les célibataires. Le total de l'impôt porté à Bangkok est de 160
livres d'argent. A la maison du Chau cinq hommes de garde
fournis par les villages de la province se relayent tous les trois

jours. Le Chau Mœuong et l'Oppahat ont chacun une pirogue de course pour les joûtes qui ont lieu dans le Houé Samlan à la pleine lune du mois d'Asoch.

La culture du riz donne lieu, à Sisakèt et probablement aussi dans les autres Mœuongs laociens, à certaines pratiques superstitieuses. Lors des labours, avant de tracer le premier sillon, les buffles étant en place, attelés à la charrue, on invoque les divinités en faisant des libations d'eau et l'offrande d'un œuf de poule, d'un plateau de sucreries et de deux chiques de bétel. Au repiquage, on élève dans les champs un tout petit tréteau ; on offre un poulet bouilli, un plateau de sucreries et quatre chiques de bétel ; plantant sept tiges de riz devant le tréteau, on fait une libation d'eau-de-vie en invoquant ainsi les divinités : « En ce jour propice je replante mon riz. Faites qu'il croisse abondant et chargé de grains ; qu'il ne soit pas desséché ; qu'il ne périsse pas sur pied » ! Dès que le riz est assez mûr pour être décortiqué, on en coupe une petite quantité pour l'écorcer et l'offrir sur le tréteau, demandant aux divinités de protéger la récolte contre les déprédations des rongeurs et autres animaux. A la moisson, les Laos lient le riz en petites gerbes ou javelles qu'ils appellent *Khao Khûn*, et ils l'entassent sur champ en meules appelées *Khao Lom*. Prenant alors les tiges de riz replantées en premier lieu devant le tréteau qui est un véritable autel annuel élevé aux divinités des champs on les attache au bout d'une perche qu'on plante sur les meules comme une enseigne. C'est le *Khan Ta Leô*. Lorsque la moisson est faite, on songe à égrener le riz en le foulant aux pieds. Alors ont lieu de nouvelles offrandes avec libations aux génies. Enfin vient une dernière cérémonie quand le riz est placé dans le grenier près de la maison ; offrant du vin, du riz, des mets et sucreries on invoque la protection des divinités ; les parents et amis qui ont été invités s'attachent mutuellement aux poignets des fils de coton ; et un festin termine la fête. On peut, dès lors, puiser le riz au grenier pour les besoins de la cuisine.

Les Laociens n'ont pas coutume de s'entr'aider aux champs comme le font les Cambodgiens ; chaque famille travaille et récolte selon ses moyens.

Le dimanche 30 décembre, laissant le gros de mes bagages à Sisakèt, je me préparai à pousser une pointe au sud, à Koukhan, (je dirai bientôt dans quel but), en dehors de l'itinéraire que je m'étais personnellement tracé. Ma voisine, la vieille femme du Chau Mœuong, à qui j'avais fait plusieurs cadeaux, me fit demander une piastre mexicaine que je m'empressai de lui envoyer. En m'apportant ses remercîments, on vint me dire qu'elle désirait me faire une visite. Je répondis que je la recevrais avec beaucoup de plaisir à mon retour de Koukhan. Il n'est pas inutile de noter en passant que la galanterie, au bon sens du mot, bien entendu, [1] les égards envers les dames indigènes, n'ont pas été inutiles à l'heureux succès de mes voyages soit au Cambodge, soit au Laos.

Après déjeûner nous quittons Sisakèt avec quatre charrettes qui sont légèrement chargées, mais la marche des Laociens n'est jamais que lente. La piste carrossable est assez facile, sur un sol maigre et sablonneux où croissent des arbres rabougris ; de distance en distance sont des plaines nues. Je constate avec regret que ma seule montre se détraque et qu'il faudra estimer les distances au jugé ; heureusement que l'itinéraire de cette petite tournée sera fermé. Nous passons près d'une mare appelée Nong Khên qui conserve de l'eau toute l'année. Nous nous arrêtons plus loin, quelques instants, au Ban Nong Kok pour abreuver nos attelages. Il y a là une pagode et 80 cases de Laos. Puis, nous laissons à droite le Ban Sang Hong qui a une

---

1. Et il n'y a, je puis ajouter, aucun mérite à celà : le métier de séducteur est impossible pour tout voyageur en Indo-Chine.

pagode et une cinquantaine de cases ; et, encore du même côté, le Ban Houa Lin où est une pagode au milieu d'une vingtaine de cases. Plus loin nous laissons à gauche le Ban Kang Lœuong qui groupe 70 cases autour de sa pagode. Depuis Sisakêt, mais surtout autour des derniers villages rencontrés, les plaines de rizières sont couvertes d'innombrables tumuli, anciennes fourmilières de termites, d'où le dicton laocien : « Si tu veux voir des fourmilières vas au Mœuong Sisakêt ». Vers 4 heures nous traversons le Houé Khak, ruisseau qui garde un filet d'eau toute l'année ; il vient de Nong Sah Ang et se jette dans le Houé Samlan. Nous passons ensuite au Ban Chang Kong, village abandonné où restent beaucoup de palmiers : tenot et cocotiers ; nous laissons à droite le Ban Chan Thong, hameau de 10 cases de Laos ; puis nous entrons dans une forêt de grands arbres : téal, phdièk, popèl, trach. La route est plane sur sol de sable blanc. Vers 5 heures 1/2 nous nous arrêtons pour la nuit au Ban That « village du Dhat, des tours » qui compte 30 cases de Laociens. Les Khmèrs commencent à apparaître, ils ont ici trois cases. Les ruines qui ont donné son nom au village sont insignifiantes et me paraissent modernes. Elles se composent d'une terrasse en briques mal jointes et de cinq petits édicules.

Le lundi 31 décembre 1883, vers 6 heures, partant du Ban That, nous continuons en charrette dans les bois de grands arbres phdiek sur sol sablonneux ; nous traversons ensuite une plaine découverte que les eaux couvrent à hauteur de la ceinture lors des pluies ; les plaines nues alternent ainsi avec les forêts clairières. Nous laissons à gauche le Ban Pho Nhang qui compte une trentaine de cases de Laos et de Khmêrs mêlés. Les herbes sont hautes ; les rizières paraissent bonnes. Vers 9 heures nous pénétrons dans la forêt Pak Houot, haute futaie de phdièk, popél, téal, trach et srâl, ce dernier est le pin de ces pays. Nous cheminons ainsi à l'ombre des grands arbres sur une route plate et sablonneuse. En pleine forêt, nous nous arrêtons pour déjeûner au Ban Pak Houot hameau de vingt cases de Khmêrs et de Laos. Sa grande mare donne de l'eau toute l'année. Reprenant ensuite notre route nous continuons en forêt, mais les racines des arbres commencent à gêner notre marche ; plus loin la route redevient unie, les clairières alternent avec les bouquets de bois. Vers trois heures nous avons à droite de la route un figuier religieux et un puits à gauche. Les voyageurs ont coutume de se reposer à l'ombre du figuier et d'abreuver leurs attelages au puits. Ce point est précisément la limite sur cette route des deux provinces de Sisakêt et de Koukhan. Un quart d'heure après, nous avons à droite le Phum Kabal Khla « village tête de tigre » qui compte une cinquantaine de cases de Cambodgiens et une pagode. Entrant dans Koukhan nous pénétrons dans un pays khmêr où les noms des villages seront précédés des mots Phùm ou Srok, au lieu du Ban laocien. Vers 4 heures nous laissons à gauche le Srok Treang, hameau cambodgien d'une vingtaine de cases. La route est unie, en forêts clairières, mais nos attelages soulèvent des nuages de poussière. Enfin, vers 5 heures nous nous arrêtons pour la nuit dans une pagode de 7 bonzes, près de deux villages cambodgiens qui sont contigus et qu'on appelle Phum Soai, Phùm Anchanh. Ils comptent une centaine de cases au total. Les habitants cultivent quelques maigres rizières et font surtout des plantations de tabac.

Le mardi 1er janvier 1884, quittant vers 6 heures le Phum Anchanh, nous laissons bientôt à droite le Phum Beng qui compte une trentaine de cases de Cambodgiens ; puis nous passons entre les Phum Pou et Trekuon qui ont une pagode et chacun une vingtaine de cases ; nous laissons plus loin, à droite, le Phum Dàng Kombet « village du manche du couteau » hameau Khmêr d'une vingtaine de cases. Les bambous et les arbres fruitiers : cocotiers, aréquiers, manguiers, sont nombreux dans tous ces villages. Nous traversons ensuite un petit ruisseau appelé Beng Saang qui se jette dans le Sting Prasat. Puis nous avons à droite successivement le Phum Smol et le Srok Chen où est une ancienne tour *Prasat Chen* « tour du chinois » sans portique, à 1500 mètres environ au Nord du Mœuong Koukhan. Ce pays, en bas fonds, doit être sous l'eau en partie pendant la saison des pluies. En plusieurs endroits nous voyons faire cuire aux feux de forge des coquillages pour chaux. A une dizaine de lieues dans le sud-sud-est, on aperçoit des monts qui sont sans doute des sommets de la ligne des Dangrèk. Vers 8 heures 1/2, nous nous arrêtons au Mœuong Koukhan, dans un *tomniep* ou pavillon construit quelques mois auparavant pour recevoir le Phya Si ; un peu à l'Est coule le Sting Koukhan qui vient des Phnom Vêng ou Phnom Dangrèk.

Selon Francis Garnier, le Mœuong Koukhan est par 14° 38' de latitude nord, et 101° 50' de longitude Est. Le pays environnant est sablonneux avec des bas-fonds marécageux cultivés en rizières. Le Chau Mœuong a pour titres : *Phya Koukhan Phakedei Si Nokhon Romduon* (du Khmèr Romduol, nom de l'ancien emplacement du Mœuong) *Phou Samrach Reach Kan Mœuong Koukhan.*

Il n'y avait pas de titulaire en ce moment. Le corps de l'ancien Chau, décédé en juin 1883, dans sa maison en attendant le feu de Bangkok, était gardé par sa veuve qui avait les cheveux rasés en signe de deuil. La douleur de cette femme, douleur très modérée d'ailleurs, n'avait nullement porté préjudice à ses intérêts matériels. Au détriment d'un fils aîné, le Phou Chhuoï, elle avait, aidée de ses enfants, mis la main sur le pikul d'argent laissé par le défunt. Le Phya Si, grand mandarin de Bangkok en tournée au Laos, passa à Koukhan, attiré de loin par la situation des héritiers. Il reçut 30 catties ou livres d'argent, soit 2400 ticaux (soit 7200 francs environ au taux de l'époque). Dix livres furent données au nom du fils aîné de la veuve, jeune homme de 24 ans, marié depuis deux ans à la fille du Phrah Kosa ; il reçut en récompense le titre de *Phou va Rachkan* « celui qui parle sur les affaires publiques », c'est-à-dire l'intérimaire faisant fonction de gouverneur. Son beau-père, le Phrah Kosa, donna dix livres et reçut le titre de *Balat* « sous-gouverneur ». La veuve donna 5 catties pour son second fils, jeune homme de 20 ans qui reçut le titre de Yokebat. Les 5 autres catties furent données par un chef de district de Koukhan, le Neak Dom Uttompor. Le Phou Chhuoi, fils aîné de l'ancien Chau, fut ainsi frustré de toute la succession, place et argent. On dit qu'il a été fou une fois, que sa tête n'est pas solide ; mais il est populaire, on fait son éloge. Le Maha thai, vieux mandarin du temps de l'ancien Chau, en fonctions depuis trois ans, se trouva frustré lui aussi par la nomination inopinée du Balat ; lui et le Phou Chnuoï, réduits à l'impuissance, sont à la tête du parti des mécontents.

Les cinq hommes que j'avais détachés depuis Sting Trèng, vers Melou Préi, Koukhan, Sisakèt, avaient été très mal reçus à Koukhan, un mois auparavant ; et informé de ce fait à Oubon, j'avais tenu à faire ce crochet au sud pour demander des explications, prendre des renseignements, m'informer si la conduite de mon personnel avait laissé à désirer et motivé ce mauvais accueil qui était dû surtout au nouveau Balat. Celui-ci était absent, mais je fus bientôt fixé. Il n'y avait rien à reprocher à mes hommes. Le Maha thai vint me recevoir à la Sala, me confirmer la plupart des détails que j'avais appris en route, prétendant que tout allait de mal en pis depuis la mort du vieux Chau. Les trente catties données au Physa Si n'étaient que pour la nomination de gouverneur intérimaire. Le Balat en ce moment était à Korat avec un Chinois de ses amis attendant le passage du grand ministre, le Samdach Maha Malla, afin de lui offrir trois pikuls d'argent pour faire nommer son gendre Phya Koukhan titulaire. Au bout de trois années d'exercice, tout cet argent sera rentré dans leurs caisses, ajoutait de son côté le Phou Chhuoi, les revenus légaux et surtout les revenus illégaux des années suivantes constitueront le bénéfice net de l'opération. Le Maha thai et le Phou Chhuoi, les deux chefs des mécontents, étaient venus me voir ; mais le Phou Va ne venant pas, je me rendis chez lui pour causer des faits qui avaient motivé mon crochet sur Koukhan. Je trouvai un jeune homme de 24 ans, à la figure assez régulière, mais à l'air endormi et sournois, affectant, pour dégager sa responsabilité, d'ignorer même le passage de mes hommes, sous prétexte que sa jeunesse l'empêchait d'être au courant des affaires publiques. Quand je demandai si mon personnel avait provoqué le plus léger sujet de mécontentement, le Phou Chhuoi et tous les spectateurs se récrièrent vivement. Ils semblaient tous d'ailleurs prendre plaisir à profiter de ma présence pour mettre le jeune Phou Va sur la sellette. En revenant avec moi, le Matha thai me confia que récemment un petit mandarin de la province voisine de Sangkeah, le Luong Phêng, venu ici pour juger une affaire, avait été assassiné la nuit dans le logement même que j'occupais. Les nouveaux maîtres du pays avaient étouffé l'affaire.

La province de Koukhan compte, dit-on, 11.000 inscrits, payant deux ticaux de capitation annuelle, quand ils ont femme. Les célibataires ne paient pas d'impôts, prétend-on. Le tribut annuel serait de 98 catties et 50 ticaux. La population comprend des Khmêrs, des Laos et surtout des Kouïs, ceux-ci distingués en dialectes dits *Melo, Mahaï, Antor* et *Nhœu*, d'après le mot qui signifie *oui* dans leur langage, ainsi que j'ai déjà eu l'occasion d'en faire la remarque. Le lat y est de 10 au sleng, soit 40 au tical. On y fait le commerce des bœufs, des buffles, des chevaux, des cornes de cerf, de buffle, des peaux de bœufs et de buffles, et surtout de la laque le principal produit du pays que les marchands chinois viennent acheter de Korat au prix de 8, 10, 12 ticaux le pikul ; ils importent les cotonnades en même temps. Le transport a lieu par caravanes de charrettes. Les principaux centres de production de la laque à Koukhan sont autour de Phnom Krebas « mont du coton », colline de forme régulière, située à une journée de marche à l'est du chef-lieu.

« La gomme laque, dit le docteur Thorel, à qui j'emprunte les détails qui suivent, est produite par le *coccus lacca* qui est un petit insecte rouge comparable à la cochenille. Cet insecte se reproduit sur des arbres appartenant à des familles très différentes, (le docteur en énumère treize) qui tous croissent en grand nombre au Laos et aussi au Cambodge et en Cochinchine. Cette variété semble prouver que la gomme laque est élaborée par l'insecte même et n'est pas un produit de l'exsudation des arbres. La culture de cet insecte se résume presqu'entièrement au transport de l'insecte sur des arbres choisis à l'avance. Au moment de la récolte précédente on a eu soin d'enfermer dans de la paille de riz les fragments de gomme qui servent à la reproduction ; on les tient à l'abri du soleil. Dès que les insectes contenus dans la gomme éclosent et se répandent sur la paille, on se hâte d'aller fixer les paquets de gomme à la base des branches. Les insectes grimpent et vont se fixer sur les rameaux de deux ou trois ans, moins gros que le doigt. Ils sécrètent aussitôt de la gomme laque dans le but de se protéger. Très active pendant le premier mois, cette sécrétion se ralentit ensuite et reste à peu près stationnaire à l'époque des grandes pluies. Elle reprend une grande énergie en automne à l'approche de l'éclosion. La fiente que les insectes laissent échapper par le petit trou que chacun a ménagé dans sa loge, à la surface de la coque commune de gomme laque, noircit les feuilles et les rameaux sous les nids et permet de reconnaître à distance les arbres consacrés à l'éducation de ces animaux. La récolte a lieu fin octobre, commencement de novembre, un mois environ avant l'époque présumée de la sortie des insectes. Plus tôt, on n'obtiendrait qu'une gomme pauvre en matières colorantes. Cette récolte se fait en coupant les branches couvertes de gomme. Dès que la gomme est détachée des rameaux, on l'expose pendant plusieurs jours au soleil sur des claies afin de tuer les insectes qu'elle renferme et d'assurer en même temps sa conservation. Cette opération achevée, il n'y a plus qu'à la mettre dans des sacs ou des paniers pour la conserver et l'exporter. Les rognons de laque au centre desquels existe encore le rameau de l'arbre prennent dans le commerce le nom de laque en bâton ; brisés grossièrement et débarrassés du bois ils s'appellent laque en sortes ; brisés finement et lavés à l'eau bouillante, laque en grains. On peut estimer à 25 kilogrammes le poids moyen de gomme laque que peut fournir un arbre suffisamment branchu et gros comme un poirier de plein vent. Le *Combretum* (peut-être est-ce un *terminalia* à fleurs tétramères) semi aquatique et arborescent, préféré des Laociens, qui produit à lui seul plus des neuf dixièmes de la laque de l'Indo-Chine, croit en Cochinchine comme au Laos, dans les plaines peu boisées, à demi inondées pendant l'hivernage, qui bordent les rivières. On le trouve sur les talus des rizières ou parmi les broussailles qui les entourent [1]. Les Indo-Chinois n'utilisent guère dans la gomme laque que la matière tinctoriale qu'elle renferme. Ils l'emploient seule pour teindre en rouge, ou mélangée à l'indigo pour teindre en violet. Ils se servent comme mordant d'une décotion de feuilles d'un symplocos, additionné d'alun. La gomme résine est sans usage dans le pays [2] ».

1. C'est sans doute l'arbre que les Khmèrs appellent Sangkâ. A.
2. Voyage d'exploration en Indo-Chine. T. II, p. 422.

En plusieurs villages de Koukhan, au Phum Koki, par exemple, au nord du chef-lieu, les habitants font fondre un excellent minerai de fer que l'on ramasse en petits graviers, pour fabriquer des couteaux ou couperets vendus selon la dimension, 1, 2, 4 ticaux.

De même que dans les mœuong laociens, l'alcool se distille en famille à Koukhan. Le ferment est préparé avec du bois de réglisse (chœu èm), une variété d'aubergine (trâp kha) et des nids de tourteelles recueillis après la couvée qui empêchent, dit-on, l'alcool d'être trouble. Le tout est pilé menu, mêlé au riz gluant que l'on roule en boules de la grosseur de nos boules à jouer. Ces boules, séchées au soleil, sont placées dans des marmites et on laisse fermenter pendant cinq jours. On distille ensuite en adaptant un tube de bambou aux marmites.

Les cheveux et les vêtements de la population de Koukhan sont portés à l'instar des Cambodgiens et des Siamois. Le siamois est employé dans les correspondances et pièces officielles, mais le cambodgien seul est parlé usuellement. Dans ce pays, les croyances superstitieuses ne font pas plus défaut qu'ailleurs. On raconte que le Phya Koukhan possède une statuette en bronze du Bouddha qui vint se placer jadis dans la nasse d'un pêcheur. Rejetée à l'eau elle se fit prendre une seconde fois et le pêcheur frappé de ce prodige l'offrit à son Seigneur. L'eau dans laquelle on a trempé ce Bouddha, prise en boisson ou en lotions, guérit des épidémies. Quand le Phya Si vint récemment à Koukhan, il tenta vainement, dit-on, de prendre des renseignements positifs sur cette précieuse statuette qui put ainsi rester aux mains du Chau Mœuong. Ce fortuné chef serait aussi possesseur d'un autre joyau dont on ne dit ni la forme ni la nature, mais qui jouit des mêmes propriétes miraculeuses et qui provient du monument de Preah Vihéar. Les divinités l'indiquèrent en rêve à un vieux bûcheron qui le

trouva sous une pierre. Toujours en rêve, ces divinités demandèrent au Chau deux éléphants en paiement, il discuta et en fit
rabattre un. Donc, au matin, au moment de quitter la montagne, un éléphant tout harnaché tomba dans un précipice
où on dut l'abandonner : les génies s'étaient payés.

Le mercredi 2 janvier, avant de quitter Koukhan, j'allai
visiter, au lieu dit Kabal prambéi « les huit têtes », une statue
en pierre du Bouddha abrité sous un naga. Cette statue est à
une demi-lieue au sud du Mœuong. Puis, vers midi, nous primes
la route de l'ouest avec quatre charrettes à bœufs à travers les
bois rabougris entrecoupés de clairières. Nous passons au
Srok Trèng, village de 80 cases dont la pagode a la forme des
Vat laociennes, le temple étant tout petit. Sur notre route des
poteaux de bois semblent indiquer les lieues indigènes (qui
valent à peu près quatre kilomètres). Nous passons le Sting
Kàk sur un pont fait par les gens de Koukhan et assez solide
pour le passage des éléphants et des charrettes. Le Sting Kàk
qui vient du Srok Sandaï et qui se jette dans le Sting Samlanh,
sert de limite, dit-on, entre la province de Koukhan et le
district de Kanthararoum qui relève de Sangkeah. Au-delà la
terre est noire, dure. Nous atteignons le Sting Samlanh (le
Houé Samlan des Laos) qui vient des Dangrèk et qui coule vers
Sisakèt. Sur ce torrent, dont le lit large de 15 à 20 mètres, a
4 ou 5 mètres de profondeur, les gens de Kanthararoum avaient
fait jadis un pont, mais sa vétusté ne permet plus aux éléphants
d'y passer et les charretiers ne s'y risquent qu'avec appréhen-
sion. Vers cinq heures du soir, nous nous arrêtons au Mœuong
Kanthararoum, à trois lieues à l'ouest un peu sud du Mœuong
Koukhan. Ce Mœuong, jadis le Srok Rompouk, a été érigé en
chef-lieu de district vers 1872. Il compte une cinquantaine
de cases à peu près en forêt, son chef a pour titre : Preah
Kandhara anurak Chau Mœuong Kandhararom. L'impôt du

district s'élève à une cattie (ou livre, ou balance de 80 ticaux)
et cinq damleng (de 4 ticaux), soit 100 ticaux que l'on réunit
à l'impôt de Sangkeah. Le Chau actuel, de la race des Kouï
Melo, a auprès de lui, pour surveiller les quelques pauvres
villages qui composent son district : Un Pho chhuoï, un Luong
Rak, un Luong Santhon et un Luong Visèt. Vieux bonhomme
de 72 ans, curieux, expansif, léger, vif, emporté même, bref
un vrai type de Kouï, il est neveu, me dit-il, de son chef le chau
de Sangkeah, et oncle du chau de Chongkal, autre petit district
de Sangkheah, situé au-dessous des Dangrêk, dans le bassin
du grand lac. Il me loge dans un petit hangar devant sa maison
et m'appelle familièrement son fils « vu la grande différence
d'âge « dit-il.

Le jeudi 3 janvier, nous partons, vers 6 heures, du Mœuong
Kanthararoum, avec quatre charettes à bœufs ; traversant les
plaines de rizières. Nous passons devant la pagode Kouk Kandal,
à droite, devant le Srok Kouk Poun, aussi à droite, village de
50 cases de Khmêrs et de Kouïs ; puis nous traversons des
forêts clairières sur sol de sable avec une route unie. Nous
passons ensuite au Srok Chang Hing qui compte une quarantaine de cases de Khmêrs et Kouïs et qui a une grande pagode
à son extrémité occidentale. Au-delà est le Srok Plang, village
d'une trentaine de cases de Kouïs et de Khmêrs. Plus loin nous
passons au Srok Lovéa, village de 30 cases de Laociens avec
une pagode, et vers neuf heures nous nous arrêtons au Ban
Kang, hameau d'une quinzaine de cases de Kmêrs et de Laos.
Une grande plaine nue s'étend à l'ouest de ce village d'où
nous allons à pied visiter Prasat Chamrœn vieux petit monument en bai kriem à trois kilomètres à l'est du Ban Kang et
près du Ban Phasat (ou Prasat) « village des tours ».

An, mon cambodgien, l'avait visité un mois auparavant ; je
me décide à reprendre la route droit au nord pour ne pas

continuer à marcher sur ses traces. Vers 2 heures 1/2 nous repartons du Ban Kang avec quatre charrettes à bœufs d'allure lente en suivant la piste sablonneuse. Nous traversons d'abord une grande plaine qui est inondée à hauteur des genoux à la saison des pluies. Nous passons ensuite près du Ban Pho Ngoï, à gauche, puis, à 1200 mètres plus loin, au Ban Don Li. Les deux hameaux qui comptent chacun une quinzaine de cases, sont peuplés de Laos. Nous nous arrêtons au Ban Don Li pour changer d'attelages. Nous repartons bientôt, traversant des forêts clairières, puis une plaine nue appelée Thung Man Kar, et après cinq heures nous nous arrêtons pour coucher au Ban Man Kar, hameau d'une vingtaine de cases de Kouïs, Melo et Mahaï, qui outre leurs rizières se livrent à la fabrication des *Krus*, paniers tressés, serrés, rendus imperméables avec de la résine et servant de jarres, de seaux, qu'ils vendent un sleng la paire au Mœuong Koukhan ou au Mœuong Sangkeah.

Le vendredi 4 janvier nous partons vers 6 heures du Ban Man Kar, traversant d'abord des bois rabougris, puis deux plaines nues : Véal Prekam et Véal Bâ. Dans cette dernière on fait du sel selon les procédés que nous aurons souvent occasion de rencontrer et de noter dans la suite de notre voyage. La terre salée, recueillie dans une auge de bois percée au fond d'un trou bouché par une poignée d'herbe qui fait filtre, est arrosée d'eau que l'on recueille sous le filtre et qu'on fait évaporer à la cuisson afin d'obtenir la cristallisation du sel. Nous traversons ensuite une forêt clairière de trach et surtout de pins. C'est Préi Trepeang Kou. Plus loin les trach rabougris semblent avoir été nivelés. Nous laissons à droite Trepeang Telok, mare qui a de l'eau toute l'année, et nous entrons dans la forêt du Ban Nhang ou croissent des pins et des arbres *Krœul* [1] qui servent à faire le vernis appelé

---

1. Krœul et Mercak sont des termes cambodgiens.

mereak. On recueille cette exsudation résineuse pendant quatre mois, de janvier à mai. Nous nous arrêtons au Ban Nhang dont les habitants confectionnent aussi des plateaux qu'ils enduisent de ce vernis. Ces plateaux de rotin vernis sont vendus un tical pièce. Il y a une vingtaine de cases de Laos au Ban Nhang ou Non Nhang.

Nous repartons de ce village un peu après midi, continuant lentement au nord, d'abord dans les forêts clairières de trach, puis dans la plaine appelée Thung Sin. Les noms de lieu, selon les habitants, sont tantôt laociens, tantôt cambodgiens, mais le laocien prédomine à mesure qu'on s'avance vers le Nord. Nous passons le Houé Vak, petit ruisseau qui vient du Ban Lava à une matinée et se jette dans le Houé Samlan. Sur les bords de ce ruiseau qui est à sec en fin de saison croissent beaucoup d'arbres Sàndan. Après avoir changé d'attelages au Ban Kouk, nous traversons une plaine nue appelée Thung Tong Chhaï en laocien et Véal Tong Chéi en Khmèr, ces deux expressions signifiant « plaine du drapeau de victoire » ; et avant 4 heures nous nous arrêtons quelques minutes au Ban Tong Chhaï, hameau laocien qui compte une trentaine de cases sous les bambous et les cocotiers. Traversant ensuite des forêts clairières de trach et de phchek nous allons coucher au Ban ou Phum Chang Hœun, hameau d'une dizaine de cases de Khmêrs et de Kouï qui cultivent des rizières ; il y a une petite pagode de cinq ou six bonzes Kouïs. A deux kilomètres au sud se trouve le Mœuong Luong, gros village d'une centaine de cases, habité par des Kouï Melo qui se mélangent actuellement de Khmêrs et de Laos. Les habitants de Chang Hœun sont un rameau détaché du gros village qui relève de Koukhan. Il faut remarquer en effet que les territoires de Koukhan, de Sangkeah et de Sisakêt sont très entremêlés dans toute cette région.

Le samedi 5 janvier vers 6 heures nous partons en charrette

De Sisakèt à Koukhan et Retour

Echelle 1: 5oo.ooo

du Ban Chang Hœun, traversant d'abord les rizières d'une grande plaine appelée Véal Mœuong Luong. Puis nous laissons à gauche le Srok Tuk, hameau de 10 cases. La route est unie et ferme, sans trop de poussière, sous les forêts clairières de thbêngs. Nous traversons encore un bois appelé Préi Prasat « forêt de la tour », puis l'emplacement planté de manguiers et de cocotiers d'un village complètement déserté depuis de longues années, le Srok Kandol. Au-delà, la piste des charrettes traverse des bois de popél, telok, châmbak, thbêng, phchek. La route est unie, le sable fin mêlé de terre noire. Vers 10 heures nous nous arrêtons pour déjeuner au Mœuong Chan, autre gros village qualifié Mœuong, de même que le précédent, quoique ni l'un ni l'autre ne soit chef-lieux de district. Le Mœuong Chan, sur un tertre arrondi comme une taupinière, compte environ 80 cases, flanquées de leurs greniers à riz, serrées dans ce cercle de 200 mètres de diamètre qui est coupé de ruelles à angle droit. Il y a une pagode. Ce tertre domine de plusieurs mètres la plaine basse de rizières et de mares qui règne tout autour. Le Mœuong Chan, peuplé de Kouïs, se trouve à deux jours de marche de Sourèn, à deux jours de Sangkeah et à une grande journée de Sisakêt. Ces Kouïs Melo cultivent le riz et le tabac. Les bonzes, qui sont aussi des Kouïs, étudient l'écriture laocienne et vivent comme des bonzes laociens. Les présidents de chapitre pour les ordinations viennent de la pagode de Ban Sieu, village laocien de 70 cases qui est dans le nord à une matinée de distance.

A deux heures de marche au nord du Mœuong Chan est le Srok Takol, village de 70 cases de Kouï Melo ; à une matinée à l'ouest est le Ban Mââm, village laocien de 70 cases ; enfin, à une matinée au sud du Mœuong Chan, sont les Srok Sbiet et Chlièt, peuplés de Kouïs Lema. On voit que ce pays est relativement peuplé, surtout par des Kouïs. Quant aux Kouï Nhœu nous les rencontrerons au Ban Mœuong Kong sur la rive septentrionale du Moun. Les Kouï Anchrou sont au Srok Nong Ma à l'Est du Ban Sieu; il y a des Kouï Mahaï au Ban Phœu Phap qui est à l'est du Srok Nong Ma. On voit que les dialectes ou famille des Kouï sont assez nombreux même sur un espace relativement restreint. Les Kouï Melo habitent le Mœuong Chan et le Srok Chréi à l'est; ils ont à peu près le même dialecte que les Kouï Melouo.

Dans la pagode du Mœuong Chan est une tour en briques de l'époque des constructions cambodgiennes. L'après-midi je veux aller visiter Ban Prasat, autres ruines à six kilomètres au sud du Mœuong Chan. Mais les bœufs des Kouïs, effarouchés à la vue d'un Européen, cassent leurs cordes et prennent la fuite. Je suis réduit, malgré un petit abcès à la jambe, à faire à pied les 12 kilomètres de la route, aller et retour.

Le dimanche 6 janvier, nous quittons à 6 heures le Mœuong Chan où on m'a fourni des charrettes relativement de bonne allure pour le pays. La route est unie, de sable fin mêlé de terre; les arbres rabougris ne sont ni hauts, ni épais. Nous laissons à droite le Ban Phœu Noï, hameau d'une dizaine de familles récemment détachées du Mœuong Chan; puis nous atteignons le Ban Kit Nga qui comprend deux villages, une pagode, une cinquantaine de cases. Les habitants sont des Kouïs mêlés de Laos. Plus loin la plaine est en broussailles basses. Nous laissons à droite le Ban Aï, hameau de 15 cases de Kouï Melo dont les cocotiers, aréquiers et bambous émergent de la plaine de hautes herbes qui remplace peu à peu les buissons. Nous laissons encore à gauche le Ban Ko, hameau laocien de 20 cases, qui a une pagode et beaucoup d'arbres fruitiers; enfin vers 11 heures nous nous arrêtons pour déjeuner à la pagode du Ban Kamphèng « le village de l'enceinte » ainsi appelé d'une ruine cambodgienne importante. Mon cambodgien An, qui a passé ici, a déjà estampé l'inscription de Ban Kamphèng, j'en prends encore un estampage. Ce document épigraphique, daté de 1042 de notre ère, relate les dons des Seigneurs au temple. Les Khmêrs sont actuellement remplacés par les Laos et les Kouï qui ont leur pagode devant l'ancien temple. Ban Kamphèng, en trois groupes au nord, au sud et à l'ouest des ruines, compte une centaine de cases.

Selon les indigènes il faut s'abstenir de couper les plantes, lianes et arbres qui croissent dans l'enceinte des ruines de Ban Kamphèng. Les poissons et les tortues d'un grand bassin qui est à l'est du monument ne peuvent être pris et mangés sous peine de mort infligée par les divinités. Tout mandarin passant au Ban Kamphèng doit offrir à ces divinités porcs et poulets, sinon il aurait aussi à craindre les maladies, les accidents. Une légende orale sur les ruines de Ban Kamphèng m'a été contée par le Chau Mœuong de Sisakèt. Sans parler de l'édification du monument, elle dit qu'il était le temple d'un Maharshi qui trouva un jour, à un carrefour de route, un œuf de la grosseur d'un coco écorcé. L'ayant ramassé, il en sortit au bout de sept jours un enfant que le Maharshi nomma Kanuhréach et qu'il éleva. En grandissant l'enfant s'enquit de sa mère. Tu n'as pas d'autres parents que moi, répondit le grand Anachorète, et voici un prodige pour te convaincre. De son nombril il fit sortir une fleur de lotus supportant un homme et cinq femmes qui massaient les pieds de cet homme. Tout conte indo-chinois, écrit ou non, attribue généralement une foule d'aventures aussi faciles que galantes à son héros quand il atteint l'âge de Chérubin. Donc, pour ne pas manquer à l'usage, Kanuhréach devenu adolescent, s'en alla au Mœuong Mok ou tombèrent successivement dans ses bras, la Néang Soputréa, fille du Chau Mœuong de Koukhan, la Néang Chan Dêng, fille adoptive du Chau Mœuong de Mok, et ainsi appelée parce qu'el'e était née dans une fleur rouge de Chan, la Néang Meni Van, fille nourricière d'un *Sestheï* ou riche marchand du Mœuong Mok et la Néang Dok Mak, née dans une fleur d'arec. La Néang Soputréa disparaît dans le conte ; mais les trois autres se disputent la préséance. Il fallut que Néang Sucbeta, la déesse épouse d'Indra, vint peser leurs mérites respectifs et donner le numéro un à Chan Dêng, la deuxième place à Dok Mak ; Meni Van fut la troisième femme. Le Maharshi du Komphêng fit ensuite revenir Kanuhréach et ses trois femmes pour les ondoyer selon les rites. Il et il les renvoya régner au Mœuong Mok qui parait avoir été jadis un chef-lieu important.

Le lundi 7 janvier, au matin, nous partons du Ban Komphêng, toujours avec des charettes d'allure lente, suivant la piste unie sur sable fin, entre les bois rabougris et clair semés. Nous laissons successivement, à droite, le Ban Sang Hong Noï, hameau de 10 cases de Laos, à 200 mètres de la route ; à gauche le Ban Sang Hong Niaï, village de 30 cases de Laos, à 300 mètres de la route ; les deux villages sont sous les cocotiers, aréquiers, bambous. Plus loin nous passons au Ban Nong Toup, hameau de sept cases de Laos, laissant à droite le Ban Malat qui compte 25 cases, à 400 mètres de la route. Les termitières commencent à apparaître nombreuses ; on voit qu'on approche de Sisakêt. En outre les villages sont laociens depuis le Ban Kamphêng. Nous passons au Ban Thê où sont, groupés près d'une pagode commune, deux villages comprenant une cinquantaine de cases au total ; nous laissons à gauche, près de la route, le Ban Katham, hameau de 7 cases ; à droite, à 600 mètres, le Ban Phaau, village de 40 cases. Nous atteignons ensuite le Ban Nong Yot, village de 20 cases, puis nous avons successivement, sur notre gauche, les Ban Don, Thung Khamên « plaine des Khmers » et Nong Khên, comptant chacun une dizaine de cases, à 1200 mètres environ de notre route. On dit que les habitants de ces trois hameaux sont des Phou Thaï ; on appelle ainsi, je l'ai déjà dit, une branche spéciale de la grande famille laocienne. Nous les rencontrons fréquemment au nord d'Oubon, mais ils sont rares au midi du Moun.

Enfin vers 9 heures nous nous arrêtons pour déjeuner à la pagode du Ban Krenhung village de 70 cases de Phou Thaï dont le massif de cocotiers, aréquiers et bambous se dresse au milieu d'une plaine découverte de rizières qui paraissent fertiles et où les meules de riz s'amoncellent de tous côtés surmontées de la perche et de la poignée de tiges de riz.

La pagode du Ban Krenhung, en terrain plat, uni, propre, a le temple habituel des Laociens, en forme de petite cellule haut perchée, n'ayant d'autre baie que sa porte sous un avant toit. Mais sa sala ou Hor Chèk, lieu de réunion pour les fêtes était une grande construction en briques enduites de chaux, au lieu de la sala habituelle aux petites fenêtres à trois barreaux. Trois bâtiments très propres servaient pour les bonzes ; celui du milieu sans cloisons remplaçait la salle à manger.

Sitôt arrivé j'allai tirer quelques paons sauvages qu'on apercevait dans le voisinage. En revenant à la pagode par le côté, je fis une rencontre assez banale et insignifiante en réalité, qui me frappa pourtant et se représenta souvent à mon souvenir, grâce, sans doute, à je ne sais quelle disposition du moment. Je dois supposer que la privation de toute rencontre réellement sympathique pendant ce pénible voyage dans le Laos me prédisposait ce jour-là à être sentimental à peu de frais. Levant les yeux, en traversant le petit fossé à talus doux et à ce moment à sec, qui servait d'enceinte à la pagode, je me trouvai presque nez à nez avec une de ces religieuses bouddhistes, assez rares, quoique connues partout, que les Khmèrs appellent Daun Chi « les grands-mères respectables » ; les Laos les nomment Nang Khao « les dames blanches » ; ce sont des femmes, ayant généralement dépassé la jeunesse, qui observent certaines règles et rendent quelques services aux bonzes ou dans les pagodes.

Celle-ci, femme de 45 à 50 ans était plutôt petite que grande
même pour une Indo-Chinoise. Sans avoir des restes de beauté,
sa tête rasée et sa figure expressive commandaient la sympathie.
Décemment vêtue d'une pièce d'étoffe blanche servant de jupe
et d'une autre, blanche aussi, drapée autour de la poitrine, le
bras nu appuyé à un palmier, elle me regardait venir, sans
bouger, comme une femme qui sent que son âge et son état
religieux la placent au-dessus des simagrées dont sont coutu-
mières les Laociennes. Ses yeux, roux et non noirs, — particularité qui n'est pas très rare en Indo-Chine, — me regardaient
avec une telle expression de douce sympathie que, de mon côté,
je m'arrêtai net à deux pas d'elle, la considérant de même. Le
dialogue de nos yeux dura quelques secondes, et je me gardai
de le gâter en baragouinant des mots de politesse ; toute parole
laocienne m'aurait paru grossière. Je passai en m'inclinant
légèrement devant cette douce figure de bonzesse qui me
reposait des vulgaires, plantureuses ou licencieuses filles du
Laos que j'avais partout rencontrées. Je ne revis pas cette Religieuse Phou Thaï, mais, de mon campement, j'envoyai
immédiatement Srei la prier d'agréer le présent plus que
modeste d'une pièce de cinq coudées de cotonnade blanche.
Elle posa quelques questions sur le voyageur étranger, et
remercia en disant qu'elle ne l'oublierait ni dans ses prières, ni
dans ses bonnes œuvres. Ainsi soit-il !

Vers 11 heures nous repartons du Ban Krenhung ; nous
avons bientôt à droite le Ban Kabau, hameau de fondation
récente, près de la route, les arbres sont jeunes ; le village n'a
été en effet créé que depuis 14 ans par des Phou Thaï, colonie
émigrée du Ban Krenhung. Nous atteignons ensuite le Ban
Kang village qui a une pagode et une cinquantaine de cases de
Laos et de Kouïs. Plus loin est à gauche le Ban Thbêng, hameau
nouveau d'une dizaine de cases. Nous faisons halte au-delà,

pour visiter les ruines insignifiantes de Komphêng Noï « la petite enceinte ». Repartant bientôt nous suivons une route unie de sable fin, blanc et rouge, à travers des bouquets de bois clair semés. Laissant à droite un hameau de trois cases, le Ban Dong Bâng, nous traversons une plaine nue appelée Thung Nong Kanah où sont les rizières du Ban Phien Nam, village d'une vingtaine de cases que nous laissons bientôt à notre gauche. D'autres petites plaines suivent séparées par des bouquets de bois. A la dernière qui tire son nom de Nong Ta Saur, mare qui a de l'eau toute l'année, nous apercevons enfin les cases du Mœuong Kao de Sisakèt et bientôt nous atteignons le Houé Samlan. J'ai dit précédemment que le Mœuong Kao était à 400 mètres au-delà. Vers 4 heures, je m'arrêtai à ma sala devant la maison du Chau, où j'attendis pendant deux jours les moyens de transport pour reprendre ma route à l'ouest.

La bonne vieille du Chau, ma voisine, n'oubliait pas son projet de visite. Elle tenait sans doute à me redire ce que je savais déjà : que son mari avait 66 ans, elle 63 ; que leurs quatre fils et leurs quatre filles leur avaient donné jusqu'à ce jour, vingt petits-fils et treize petites filles, et toute cette jeune marmaille, convenable et respectueuse, venait, à tour de rôle piler et offrir le bétel aux grands-parents qui n'avaient plus de dents. J'en pris si bonne note que je le répète ici. Après bien d'autres, elle manifesta son étonnement de voir quel médiocre parti je tirais de ma bouche pour les jouissances de ce monde : une tasse de boisson noire le matin, un peu de fumée de tabac après, deux simples repas et voilà tout dans la journée. «Tandis que chez nous autres Laos, la bouche toute la journée doit nous procurer de l'agrément, le bétel alternant sans cesse avec le tabac, le boire et le manger. » Pendant ces deux derniers jours les bons mandarins de Sisakèt tinrent à faire tuer un bœuf pour moi qui leur envoyai, en revanche, tout ce qui pouvait à mon avis leur faire plaisir.

CHAPITRE II

DE SISAKÊT A PHIMAIE

Le vendredi 11 janvier 1884, ayant expédié nos bagages la veille, nous quittons Sisaket, allant en charrette au nord ouest. Nous traversons le Houé Samlan, puis la plaine Nong Hou. Laissant ensuite à droite le Ban Nong Bo, hameau de dix cases, nous entrons dans les forêts clairières de Thbèng, et nous laissons encore à droite le Ban Nong No, hameau de 8 cases. Nous

3

traversons ensuite une plaine découverte appelée Kut Hœua,
et nous laissons successivement à gauche Nong Ka et Nong
Hœua ; cette dernière mare, longue de 160 mètres, large de
40, est profonde de 6 ou 8. Nous avons encore Nong Nhieu à
droite ; et nous nous arrêtons pour déjeuner au bord du
Moun, en face du *Tha* ou port du Ban Kut Mœuong Ham ; ce
point est à cinq coudées en amont du confluent du Houé Samlan, me disent les indigènes, ou, si on remonte par terre, à deux
lieues environ. On nous dit aussi que le Ban Kut Mœuong Ham,
de l'autre côté et à 1200 mètres du Moun compte, avec une
pagode, une cinquantaine de cases de Laos qui cultivent des
rizières.

Le soir, vers trois heures, nous recommençons notre navigation sur le Moun ; nous avons trois petites barques à pagaies.
La rivière est encore large d'une centaine de mètres, mais elle
est, à cette saison, partout guéable à peu près, ayant souvent
moins d'un mètre d'eau. Sur ses rives, qui l'encaissent de 7 à 8
mètres, croissent de grands *téal* et *koki*. Au bout d'une heure
nous avons, à droite, le Tha du Ban Kêng, hameau qui compte
15 cases de Laos, à 1200 mètres du Moun. Deux heures après
notre départ nous avons à droite le Tha du Ban Don Hœua,
village qui compte 15 cases de Laos, à 1200 mètres du Moun.
La rivière, avec moins de 2 mètres d'eau, a son lit couvert
de roches. Vers six heures, nous nous arrêtons pour la nuit au
Tha du Ban Khou Sot à gauche. On nous dit que ce village, à
une demie lieue du Moun, a une pagode et compte une quarantaine de cases de Laos cultivant des rizières.

Le samedi 12 janvier, nous repartons mais avec deux pirogues seulement. Il n'y a plus assez d'eau dans le Moun pour la
troisième qui est un peu plus grande. Large de 120 mètres
le Moun n'a plus qu'un mètre d'eau ; son courant est
moyen ; ses rives l'encaissent actuellement de 4 à 5 mètres.

Aux pluies les crues le font déborder et repoussent à un ou deux kilomètres l'établissement des villages. En maints endroits l'eau filtre claire et limpide à travers ses berges. Nous avons à gauche le Tha du Ban Naun Ding, village qui compte une pagode et une vingtaine de cases, à 1200 mètres de la rivière. Les roches apparaissent de nouveau dans le Moun. Nous avons ensuite à gauche le Tha du Ban San, village qui compte une pagode et une cinquantaine de cases, à 1200 mètres du Moun. Dépassant un petit ilot et un banc de sable, nous entendons bientôt le bruit d'un rapide, le Keng Naun ; à gauche et à une demi lieue de la rivière est le Ban Naun, village qui compte une pagode et une cinquantaine de cases. Nous sommes arrêtés là dès huit heures du matin. Nous y passons toute la journée. Nos pirogues ne pouvant aller au delà, il faut en chercher qui soient plus petites encore, et on envoie prévenir à Sisakêt qu'il faudra commander des charrettes au Ban Pak Houé Thap Than, village frontière ; les plus petites pirogues ne pourront plus dépasser ce point.

Le dimanche 13 janvier, nous passons enfin le Keng Naun avec six toutes petites pirogues, que les hommes hâlent en se mettant à l'eau qui les baigne pas plus haut que le genou ; ils doivent chercher les passes au milieu des pierres et soulever même les pirogues de temps à autre. Le Keng est ainsi difficile sur une longueur de 120 mètres. La largeur du Moun à ce rapide est de 120 mètres environ. Sur ses rives qui l'encaissent de 4 à 5 mètres croissent les Téal et les Koki. Au bout d'une demi heure nous pouvons reprendre notre navigation à la pagaie. Nous avons bientôt à droite le Ban Sam Poï, qui, par exception, est au bord du Moun : la rive étant assez élevée, pour n'être pas exposée aux inondations. Sam Poï compte une pagode et une cinquantaine de cases sous les palmiers et bambous. Un peu plus haut nous avons encore a droite le Sam Poï

supérieur qui a une pagode et une vingtaine de cases. Un peu
plus loin nous avons à gauche un autre Tha du Ban Naun, le
village près duquel nous avons passé la nuit. Ce dernier Tha ou
port donne accès à la route de charrettes du village ; en face,
sur notre droite, est le Tha du Ban Ngaung, hameau d'une
quinzaine de cases, à 1200 mètres du Moun. Les bancs de sable
apparaissent dans le Moun ; sur les rives en pente douce sont
des broussailles de jungle. Nous atteignons un second Tha du
Ban Ngaung, plus rapproché de ce village que le port inférieur,
nous dit-on, à cause de la courbure de la rivière. Nous passons
un autre rapide, le Keng du Ban Ngaung. Le lit du Moun y est
couvert de pierres. Vers 10 heures 1/2, nous nous arrêtons
pour déjeuner au petit Ban Mœuong Mok, hameau de deux
cases au bord de l'eau. Le grand, le vrai Mœuong Mok est à
une demi lieue dans l'intérieur des terres, sur un tertre rectangulaire de 800 mètres environ de côté, nous dit-on. Tout autour
étaient des fossés qui, comblés aujourd'hui en partie, sont
transformés en rizières. Le Mœuong Mok n'est plus qu'un
hameau de 20 cases disséminées dans l'ancienne enceinte.

Reprenant notre lente navigation, nous passons, au bout
d'une heure et demie, devant le Tha du Ban Nhang, qui a, dit-
on, une pagode et une soixantaine de cases de Laos à deux
kilomètres du Moun. Le lit de la rivière est couvert de pierres.
Vers trois heures nous atteignons la pointe d'aval de l'île du
Mœuong Khong où l'eau coule avec force sur pierres et sable
qu'elle recouvre partout en ce moment d'une couche d'eau de
trente à quarante centimètres de profondeur. Il n'y a pas de
chenal plus profond. Nous mettons une heure et demie à remonter le long de cet îlot pour nous arrêter en amont devant la
pagode du Mœuong Khong où nous passons la nuit.

Le Ban Mœuong Khong, bâti par exception sur un tertre au
bord du Moun, compte 80 cases environ ; à 1200 mètres dans

l'intérieur le Mœuong Khong Kao « l'ancien » compte encore
une vingtaine de cases ; donc au total, une centaine de cases
qui sont habitées par des Kouïs Nhœu (prononcez Gnieu), ainsi
que le Ban Tha Pho, hameau de vingt cases, situé un peu plus
en amont, ainsi que le Ban Van qui compte une quarantaine de
cases, à une lieue au nord du Mœuong Khong. Ces Kouïs Nhœu,
prétendent, on ne sait trop pourquoi, venir de la Birmanie(!). On
dit qu'il y a aussi des Kouïs Nhœu vers Phnom Krebas, dans
l'Est de Koukhan. Le Mœuong Khong Kao, à 1200 mètres, ai-je
dit, du Moun, offre le caractère qu'on retrouve généralement
aux anciens centres de cette partie du Laos : entouré de fossés.
qui ont été transformés en partie en rizières, ses cases seraient
disséminées dans une enceinte rectangulaire de 800 mètres de
côté. Le Ban Mœuong Khong relève de Sisaket. Dans sa pagode
sont quelques bonzes, Kouïs Nhœu, de même que la population.
Le fait est à noter : les Kouïs entrant si rarement en religion.
Cette population me parut relativement belle, malgré des ulcères
assez fréquents aux jambes des petits enfants. De ce village on
aperçoit à 1200 mètres en amont et de l'autre côté du Moun, le
Ban Phaun Soung, hameau de dix cases de Laos.

Le lundi 14 janvier à 6 heures, nous quittons le Ban Mœuong
Khong, continuant à remonter lentement le Moun, ici large de
100 à 120 mètres, entre des rives qui ne l'encaissent que de
2 à 3 mètres et qui, inondées aux crues, sont couvertes de
broussailles genre jungle. Nous laissons à droite, le Ban Tha
Pho, village peuplé de Kouï Nhœu, ai-je dit, puis nous passons
devant le confluent, à gauche, du Houé Hang, ruisseau large de
4 mètres, actuellement à sec, et qui vient du Ban Phœû à une
demi journée du Moun. Vers huit heures nous mettons pied à
terre au Tha du Ban Boua, à gauche, pour aller visiter les ruines
de Nong Kou, qu'on nous signale dans l'intérieur des terres.
Nous allons à pied, traversant d'abord une plaine nue où sont

encore des flaques d'eau dans les bas-fonds. On nous dit qu'aux
grandes crues le Moun inonde cette plaine à trois ou quatre
mètres de hauteur et qu'il en est ainsi, sur ses bords, jusqu'à
Sisaket, Oubon, Phimoun. A deux kilomètres de la rivière le
terrain se relève sensiblement. Nous entrons dans une forêt
clairière et nous atteignons le Ban Boua qui comprend deux
villages de 80 cases au total. Les ruines, qu'on appelle That
Nong Kou, sont au sud ouest à une demi lieue au delà du Ban
Boua et à 1200 mètres du Ban Nong Kou. Elles se composent de
trois tours en briques entourées d'un fossé. Nous revenons à
nos pirogues par la même route. A midi, nous reprenons notre
lente navigation dans le Nam Moun ; nous passons au Tha du
Ban Thong Kê, à droite ; ce village compte une trentaine de
cases à deux kilomètres du Moun ; puis au Tha du Ban Nong
Kok, à gauche, qui est un village de 80 cases à 1200 mètres du
Moun. Là il nous faut trainer les pirogues sur le sable du Keng
Nong Kok. Au delà, l'eau du Moun ne vient pas aux genoux dans
son lit pierreux large de 120 mètres. Enfin à 2 heures 1/2 nous
nous arrêtons au Pak Houé Thap Than. Il sera impossible de
poursuivre plus loin en pirogue. Laissant donc le Moun sur
notre droite nous obliquons dans le Houé Thap Than, l'un de
ses affluents importants et nous allons au Ban Pak Houé « le
village du confluent » demander des moyens de transport par
terre. Un des mandarins de Sisaket nous a précédé, dans ce but,
à ce village qui compte 70 cases et une pagode. Les habitants
plantent de l'indigo et tissent un peu de soie. Le Houé Thap
Than, large ici de 12 à 15 mètres, a encore 2 ou 3 coudées
d'eau, avec un courant moyen. Les rives en pente douce sont
couvertes de broussailles de jungle et inondées aux crues. Son
nom laocien n'est de même que tant d'autres noms géographiques de ce Laos méridional que la défiguration du nom Kumêr
Kap Teal, que nous retrouverons plus haut, dans la province

de Sourên. Ce torrent sépare, au sud du Moun, les provinces de
Sisaket et de Ratanabouri.

Le mardi 15 janvier, les bagages sont chargés sur 25 charrettes. Après déjeuner nous nous mettons en route, quittant le
village, nous traversons le Houé Thap Than et nous pénétrons
dans la province de Ratanabouri. Notre route est d'abord sur
sable mêlé de terre d'alluvion, dans des broussailles de jungle.
On voit que le terrain est inondé aux crues. Puis apparaissent
plus loin les *téal* ou arbres à huile ; sur la droite est le Houé
Nhang qui paraît être un bras du Thap Than. Ces bois sont
appelés Dong Boua Sieu. Au delà nous traversons la plaine
Boua Sieu qui est inondée aux pluies jusqu'à 3 ou 4 mètres de
profondeur, dit-on. Le sol devient plus argileux ; la plaine est
couverte de cette herbe pour toiture que les Khmèrs appellent
Sbau rondas et les Laos *Ya Phêk*. Les arbres *thbêng* remplacent les *téal*. Nous laissons d'abord à droite une première mare
qui a de l'eau en toute saison, puis une autre appelée Nong
Boua Sieu. Nous longeons ensuite des bois de thbêng qui
croissent tantôt d'un côté tantôt des deux côtés de la route et
qui alternent avec des bambous. Plus loin nous traversons la
plaine Nong Sam Haung. Nous sommes entièrement blanchis
par les nuages de poussière que nos attelages soulèvent sur
cette piste de sable rouge et blanc. Après une halte d'une demiheure à Nong That pour faire reposer et abreuver nos attelages,
nous traversons la plaine Ma Hieu où croissent des bambous et
des thbèng clairsemés et vers 3 heures 1/2, nous nous arrêtons
pour la nuit au Ban That, « village des tours » qui compte 70
cases et une pagode. Au nord de ce village est une grande mare.
L'eau inonde la plaine en août-septembre et on peut alors se
rendre en barque au Mœuong Siphoum. Je rencontre à Ban
That, sept Kula (Birmans) qui s'y sont établis et ont pris femmes laociennes. La ruine qui donne son nom au village est

insignifiante. Au Ban That les habitants font un peu de sel pour la consommation locale, en entassant la terre des champs qui montre des afflorescences blanches, la plaçant dans des jarres trouées au bas avec un morceau de natte pour filtre. La terre est lavée à l'eau que l'on recueille dans des marmites et que l'ont fait évaporer sur le feu.

Le mercredi 16 janvier quittant le Ban That à 6 heures 1/2, nous traversons d'abord des rizières, puis nous laissons à gauche le Ban Pak Song, village d'une quarantaine de cases de Laos et nous traversons le Houé Ban Pak Song, ruisseau qui vient des marais au sud pour se perdre dans des plaines au nord, et le Houé Phaï, autre ruisselet, près du Ban Phaï, village de 40 cases. Après une forêt de grands arbres nous avons à droite Nong Sah, mare qui a de l'eau en toute saison, puis nous passons le Houé Sikonthao, autre ruisselet qui vient des marais au sud pour se perdre dans les plaines du nord et nous entrons vers 9 heures dans le Mœuong Ratanabouri, où les mandarins qui sont en complète discorde ne m'attendent nullement et prétendent qu'ils m'ont préparé une réception au Mœuong Som. Ils sont en ce moment à la pagode. Le pays est gouverné provisoirement par un mandarin de Korat, le Luong Insèna qui, après discussion avec le Balat et le Youkebat, me fait conduire à la pagode centrale où, pendant tout mon séjour, je ne pus me soustraire à l'incessante curiosité de la population.

La province (ou plutôt le district de Ratanabouri), en allant au sud un peu est se termine, à un jour de marche, au Houé Ching qui la sépare du Mœuong Sangkeah. Au sud ouest elle finit à une matinée de marche au Houé Poun et au kut Sanit qui la sépare du Mœuong Sourèn. Au nord et à une matinée le Moun la sépare de Suvannaphoum. A l'est elle est bornée par Sisakèt au Houé Thap Than. On dit que les inscrits du district, au nombre de 500, paient 1000 ticaux de capitation annuelle ;

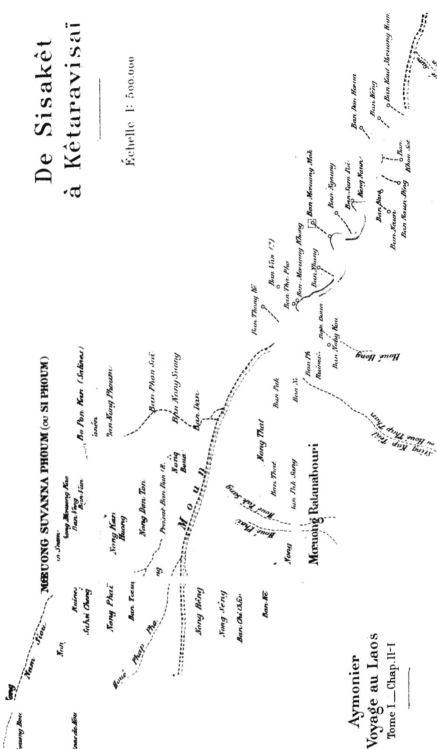

De Sisakêt
à Kêtaravisaï

Échelle 1: 500.000

Aymonier
Voyage au Laos
Tome I — Chap. II-I

les célibataires ne paient pas. L'impôt du riz, qui n'existe pas dans l'Est, commence à apparaitre ici. Selon les uns on perçoit le douzième de la récolte ; selon les autres, on perçoit un sleng fœuong par sên carré de rizières, (le sên mesure 40 mètres) ; et le total de l'impôt du riz serait de huit catties (ou livres ou balances). Le Chau de Ratanabouri a pour titre : Phra Si Nakon Chhaï (Brah çri Nagara Jaya) Chau Mœuong Ratanabouri. Les insignes, en argent, sont à Bangkok depuis la mort de l'ancien titulaire, il y a déjà plusieurs années. La famille du Chau serait de race Koui mêlée de Laocien. La langue du district était jadis le Kouï dit-on ; aujourd'hui on ne connait plus que le Laocien et le Siamois. Le chef-lieu, allongé de 1200 mètres environ du nord au sud, mais large de 200 au plus, compte 3 pagodes et 150 cases environs groupées en trois quartiers au nord, au centre, au sud. Les cases sont disséminées dans les baies, buissons, arbres et bambous, sur un petit tertre au milieu des plaines plus basses de rizières qui l'entourent de tous côtés, sauf au sud où s'étend une forêt. Les pistes de charrettes qui servent de rues sont profondément creusées dans le sol d'argile rouge. Ce village est, disent les habitants, à deux jours droit au nord du Mœuong Sourèn, à cinq jours d'Oubon, à dix ou onze jours de Korat. La population gagne sa vie en cultivant des rizières et en tressant quelques nattes de rotin. Les rizières sont bonnes et le riz ne manque pas, mais il y a peu de poisson. On paie un tical les 6 ou 8 thang de riz. La natte de rotin, longue de 4 coudées, large de 2, est vendue 3 sleng. Le lat est de 8 au sleng, soit 32 au tical.

Lors de mon passage et déjà depuis plusieurs années, le Mœuong Ratanabouri, divisé en deux camps, était en proie à la discorde. Le parti des anciens mandarins, le Phou Chhuoï en tête, cherchait à s'appuyer sur Sourèn, et le parti du nouveau Chau et de ses deux frères cadet, le Balat et le Yokebat, se

tournait vers Korat. Le Phou Chhuoï, mécontent de ne pas
avoir été nommé Chau, refusait d'obéir au titulaire sous prétexte que celui-ci n'était que son neveu à la mode de Bretagne.
Les oncles du Chau prenaient le parti de leur cousin germain le
Phou Chhuoï qui depuis un an était en procès contre son Chau
à Korat, d'où on avait envoyé pour gouverner provisoirement
le pays le Luong Insena, qui me raconta les faits de la manière
suivante :

Au mois de novembre précédent, le Chau, furieux de ne
pas être obéi par le Phou Chhuoï, le fit saisir et amener chez
lui où il le garda à la chaîne. La femme du prisonnier vint le
réclamer à la tête des anciens fonctionnaires, tous de son parti.
Repoussés, ils levèrent leurs clients pour l'enlever de force.
Les gens du Chau les reçurent à coups de fusils et en tuèrent
deux. Néanmoins les assaillants forcèrent la maison, délivrèrent
le prisonnier et, pleins de rage, cherchèrent partout le Chau afin
de le tuer sur le champ. Il s'échappa, fila au nord, à Suvannaphoum et de là à Korat. Renonçant à le poursuivre, les gens du
Phou Chhuoï rassemblèrent leurs familles, au nombre de 660
âmes, émigrèrent sur le territoire de Sourèn, réclamèrent la
protection du Phya de Sourèn et écrivirent à Bangkok d'où
vint un ordre royal les autorisant à aller habiter à leur gré.
Mais le Chau ne tarda pas à écrire de son côté. Or toutes ces
lettres, toujours accompagnées de présents, sont favorablement
écoutées, quelles que contradictoires qu'elles soient. Donc
nouvel ordre de Bangkok prescrivant au Phya de Korat de
juger cette affaire. Le Chau s'est plaint que les gens du Phou
Chhuoï ont attaqué de vive force et dévalisé sa maison. On dit
que le Phya de Korat a condamné, de ce fait, le Phou Chhuoï et
ses gens à une amende de 20 catties. Le Luong Chendan, oncle
du Chau, mais son adversaire le plus acharné, s'est retiré avec
toutes les familles de ses clients au Ban Don Phœuy, sur le

territoire de Sourèn. Pour soutenir les frais de ses revendications il avait emprunté 8 catties à des Birmans du Ban That.
Aujourd'hui la dette, intérêts compris, s'élève à 38 catties et
ses créanciers ne le quittent plus d'une semelle.

Les gens de Ratanabouri, quand un de leurs bœufs est trop
maigre, prennent du sel et des tiges de cette liane fort usitée en
médecine que les Kmèrs appellent *Bandaul péch* « tige ada-
mantine » pilent le tout ensemble et le font avaler au bœuf qui
reprend graisse et forces, disent-ils. Leur chaux pour bétel est
faite avec des coquillages qu'on ramasse dans le Moun, ou dans
les mares et lagunes. Ils mangent la chair, font sécher les
coquilles qu'ils calcinent ensuite en les empilant avec des couches alternées de combustible : bale de riz, écorce de bois mort,
fiente de bœufs ou de buffles, etc. ; on active la combustion avec
un soufflet de forge. La chaux vive, placée dans des marmites,
est arrosée d'eau.

Le dimanche 20 janvier, vers 9 heures, nous quittons la
pagode centrale du Mœuong Ratanabouri, avec 13 charrettes à
bœufs, allant au nord dans la direction de Siphoum. Nous
traversons d'abord les rizières du Mœuong, puis nous entrons
dans des plaines arides ou croissent de grands thbêng mêlés de
bambous. Vers midi nous avons à gauche le Ban Kê qui a une
pagode et une trentaine de cases abritées par de nombreux
arbres fruitiers ; plus loin et encore à gauche le Ban Chi châr,
hameau de 15 cases. Au delà nous entrons dans Dong Phœuï,
forêt de grands arbres thbèng qui donnent de l'huile de bois ;
on y rencontre aussi des téal, des châmbâk, des srelao, des
bambous. La route, peu unie, a beaucoup de racines d'arbres
qui gênent un peu la marche. A midi vingt minutes, nous nous
arrêtons pour faire boire nos attelages à une mare appelée Nong
Sêng. Nous en repartons à une heure et demie, continuant à
suivre la route de charrettes sur le sol d'alluvion, sous les

grands arbres d'essences résineuses ou autres. Par intervalles
la forêt est coupée par des plaines découvertes. Dans la plaine
appelée Thung Nong No nous laissons à droite la mare Bêng.
Dans ces plaines croit en abondance une herbe dont j'ignore le
nom cambodgien et que les Laociens appellent *Nha Smong*. Le
terrain s'abaisse ensuite et se couvre de roseaux trêng ; on voit
qu'il est exposé à l'inondation. Nous sommes dans la plaine Si
Lang Lat. Au delà sont les broussailles de jungle, les arbustes
Khtôm et les hautes herbes. Enfin vers 3 heures nous atteignons
le bord du Nam Moun large de 120 mètres ici, avec de l'eau aux
genoux, entre des rives qui l'encaissent de 3 ou 4 mètres. Nos
charrettes mettent une demi heure à traverser. Nous repartons
à 3 heures 40, entrant dans le territoire de Suvannaphoum ; la
terre est alluvionnaire, les broussailles sont de jungle. Nous
traversons le Houé Phap Pha, ruisseau large de 6 mètres qui a
de l'eau aux genoux et qui vient du Mœuong Tao dans le territoire de Suvannaphoum. Il n'assèche pas à la fin de la saison et,
quand les eaux sont hautes, il permet d'aller en trois jours avec
des pirogues au Mœuong Tao qui se trouve à deux journées de
charrettes de Ratanabouri. Au delà du Phap Pha s'étend une
plaine découverte appelée Thung Luong où croissent de hautes
herbes et quelques bouquets de bois espacés. Lors des pluies,
cette plaine est traversée en pirogue. La route est assez unie sur
terre d'alluvion mêlée d'argile. Nous passons ensuite entre deux
mares qui gardent de l'eau claire en toute saison. Vers 5 heures
nous atteignons le Houé Tœuï, ruisseau qui n'a plus d'eau que
par flaques et nous nous arrêtons pour coucher dans la plaine,
près du Ban Tœuï où nous n'entrons pas.

Le Lundi 21 janvier nous partons à 6 heures 1/2 du Ban
Tœuï, coupant avec nos charrettes à travers la plaine appelée
Thung Luong, où l'on râcle en ce moment la terre salée pour en
extraire du sel. Nous traversons le Houé Tœuï à sec ; nous

arrivons près-d'une mare, Nong Phaï, qui a de l'eau en toute saison et nous pénétrons dans des bois appelés Dong Nong Kou où nous nous arrêtons à 8 heures 1/2 sur les bords de Sah Si Chèng (en Khmèr Srah buon chrûng, le bassin quadrangulaire), pour aller visiter à dix minutes de là les ruines khmères de ce nom. Je note que les bœufs du Laos, dont je me sers souvent pour voyager depuis Sisakêt, sont plus doux, moins farouches que les bœufs cambodgiens et ne donnent pas de coups de pied. Au bout d'une heure nous repartons de Sah Si Chèng, continuant en plaine découverte où poussent quelques bouquets de bambous. Après dix minutes de marche nous avons, à gauche, Kut Nhang, bassin naturel qui garde de l'eau en toute saison. A 10 heures nous atteignons le Siou, ruisseau qui vient du Mœuong Kêtaravisaï, à un jour d'ici, et qui se jette dans le Moun au dessous du Ban Dan. Il a encore de l'eau suffisamment pour mouiller les pieds. Au delà le sol est sablonneux, arbres et bambous sont rabougris ; enfin nous débouchons dans les rizières du Mœuong Suvannaphoum et, à 10 heures 1/2, nous nous arrêtons à la Vat Kang ou pagode centrale de ce Mœuong, que deux de mes hommes, les nommés Ros et Nou, avaient quitté depuis cinq jours, venant de Nhassonthon et allant à Phimaie.

Pendant mon séjour dans ce village, mon interprète cambodgien Srei fit seul une petite excursion du Mœuong à Bo Pon Kan, dans l'Est, un des principaux lieux d'exploitation du sel gemme du Laos. Il partit du Mœuong le mercredi 23 janvier à 7 heures avec un fort mauvais attelage. Après avoir traversé une forêt clairière, sur sol sablonneux, il s'arrêta vers 8 heures 1/2 pour déjeuner au Ban Vêng, hameau de 8 cases de Laos cultivant des rizières et fabriquant du sel. Vers dix heures il repartit mais au bout d'une demi heure, il dut s'arrêter au Ban Van, hameau de 14 cases et renvoyer sa charrette : les bœufs ne marchant pas. Il continua dès lors son voyage à pied, et vers midi il atteignit à une lieue plus loin, le Ban Bo Pon Kan, où il s'arrêta à la pagode qui contient un Chai dei en briques. Le village compte 25 cases de Laos cultivant des rizières et fabricant du sel. De là, continuant au nord est, il passa près de Nong Phat Top, mare à gauche de la route, et s'arrêta bientôt pour changer de guides au Ban Ta Nên, hameau où sont une dizaine de cases de Laos qui se livrent à l'exploitation du sel comme les habitants de tous les villages de cette région. La plaine où l'on fait le sel est à 10 minutes du Ban Ta Nên. Le Bo Pon Kan « puits des mille cases » est un bassin ayant la forme d'un tronçon de rivière, long de 2000 mètres environ, large de 200 mètres, au lit couvert de roches de grès rouge qui forment une sorte de damier naturel, d'où le nom de ce bassin. D'autres roches se dressent à l'extrémité. L'eau stagnante ne vient en ce moment qu'à la cheville du pied. Elle est fortement salée et les afflorescences de sel apparaissent de tous côtés sur le sol, Tous les villages d'alentour viennent exploiter ce sel à la saison sèche.

Quittant le Bo Pon Kan, Srei prit au sud pour s'arrêter bientôt au Ban Nong Phoun, village d'une quarantaine de cases. Puis reprenant sa route il traversa le Siou ou Nam Siou, coupa à travers une grande plaine nue appelée Dong Mak Phaï où ne croissent que des herbes et de rares buissons de bambous. Aux pluies, elle est inondée à hauteur de la ceinture et on la traverse alors en pirogue. A 6 heures 1/2 il s'arrêta pour coucher au Ban Phon Saï qui compte une pagode et une quarantaine de cases dont les habitants sont à la fois cultivateurs et sauniers comme tous ceux de la région. Ils lui donnèrent des détails sur les usages et pratiques de cette industrie du sel.

De même que dans presque tout le bassin du Nam Moun, les sauniers du Bo Pon Kan, placent la terre salée dans des auges longues d'une brassé environ, percées au fond d'un trou qu'on bouche avec un morceau de natte ou une poignée d'herbe formant filtre. On arrose et l'eau recueillie sous le filtre donne le sel par cuisson.

La date est fixée pour se rendre au *Bo* « puits » soit au 3 soit au 6 du mois de Méakh (février-mars). Alors se réunissent tous les sauniers de la région pour faire aux divinités les offrandes qui consistent alternativement, chaque année, en porc, en tortue d'une espèce quelconque et buffle. En 1884 c'était le tour du porc. A partir de ce moment et pendant toute la durée des travaux les sauniers doivent observer certaines abstinences. Ils ne se ceignent pas la tête, ne portent aucune coiffure, évitent de s'abriter sous des parasols ou des parapluies. Le Bo ne doit être traversé ni à pied, ni à cheval, ni en voiture. On descend y travailler, mais on ne le *coupe* pas. Toutes relations sexuelles doivent être évitées. Quiconque enfreindrait ces prescriptions traditionnelles devrait payer une amende consistant en un flacon d'alcool et un animal de l'espèce sacrifiée à l'ouverture des travaux. Les amendes sont payées à la femme qui incarne la divinité du puits ; cette femme est actuellement une habitante du Ban Ka Min. J'ai déjà dit que les Laociens appellent *Nang Tiem* ces sortes de femmes. Quand une Nang Tiem meurt une autre femme du pays se proclame elle-même possédée.

Le jeudi 24 janvier, partant à 6 heures du Ban Phon Saï, Srei traversa une grande forêt, appelée Dong Ban Dan, en téal et en koki. Au bout d'une heure il s'arrêta au Ban Nong Suong où sont une pagode et une quinzaine de cases. Puis de là il se rendit en une demi heure au Ban Dan, « le village du poste » de la frontière de la province. Les habitants du Ban Dan, qui compte une pagode et une soixantaine de cases, sont des clients de l'un des trois Mœuongs, Sisakêt, Siphoum, Ratanabouri. Du village on va à Tha Kut son port sur le Moun, à une demi-lieue. Les indigènes dirent à Srei qu'au Pak Siou, confluent du Siou et du Moun, il y a des roches sur la rive et la hutte d'un génie tutélaire.

A 11 heures et demi, Srei repart du Ban Dan pour rentrer à Siphoum, allant droit au nord ouest. Il passe près de Nong Boua, « mare des lotus » à droite de la route au milieu d'une grande plaine, et à Dong Kou, bois de grands téal et koki. Il s'arrête un peu plus loin quelques minutes pour visiter un Kû (Kou) nom que les Laos donnent aux ruines de l'époque Khmère. Reprenant sa route, il atteint Thung Nong Hin Sangkon, plaine qui est suivie d'une autre appelée Dong Mak Phaï. Vers 3 heures, il s'arrête à Nong Kâng Hœung, pour se reposer pendant une heure. Reprenant sa route à travers les plaines et les bouquets de bambou, il passe le Nam Siou, et arrive de nuit au Ban Thong ou Mœuong Kao « l'ancien chef-lieu ». Il dîne un peu plus loin au Ban Snam hameau de cinq cases et il rentre à Siphoum vers 10 heures du soir.

Le lendemain, songeant au départ, j'envoyai des cadeaux à l'Oppahat et au Mœuong Chan, les seuls mandarins que j'eusse entrevus. Je me demandai plus tard si cette réserve inaccoutumée n'était pas due à quelque sottise commise par Nou et Ros deux de mes hommes qui avaient passé ici quelques jours avant moi.

Le Mœuong Suvannaphoum (Suvarna Bhumi, terre de l'or) ou, par abréviation, Siphoum, long de 1500 à 2000 mètres dans le sens est ouest et large de 250 à 300 mètres, est bâti sur un tertre boisé qui domine de 7 à 8 mètres les plaines basses d'alentour. Les maisons sont dispersées sous les arbres, cachées derrière les haies épaisses, si bien que le village a l'air d'être en pleine forêt ; les rues semblent être des routes sous bois, si ce n'est qu'elles sont très battues. Quoique Siphoum soit beaucoup moins peuplé qu'Oubon, le village couvre une étendue

presqu'aussi considérable. Les oiseaux font entendre leur
ramage sur les arbres, dans les haies. Les petits sentiers de
traverse ont l'air de se perdre sous bois. Au nord du Mœuong
la plaine basse appelée Nong Kou, Nong Na Sêng, est inondée
jusqu'à la poitrine aux pluies. Elle est à sec de novembre à
juin. Il est d'ailleurs à remarquer que presque tous les centres
habités, dans cette région du Laos, surtout les Mœuongs et les
grands villages, sont construits sur des tertres à l'abri des eaux
qui couvrent les plaines basses aux pluies. On peut aussi
remarquer que les villages laociens, relativement plus grands,
moins disséminés et plus écartés les uns des autres qu'au
Cambodge, semblent indiquer une vie sociale plus active,
tandis que la vie de famille prédominerait peut-être davantage
au Cambodge. Le Mœuong Suvannaphoum compte six pagodes.
La centrale. où nous logeons, a un temple en construction, les
murs en briques, la toiture en planches : le tout commençant à
se dégrader avant d'être achevé. A l'aide de deux poulies, les
bonzes y élèvent et placent les planches en bois sculpté et
ornées de verroteries du fronton où est représenté un Bouddha
assis avec des fleurs et des guirlandes. A côté un *that* ou *chai
dei* en maçonnerie de briques, dresse sa pointe effilée jusqu'à
15 ou 18 mètres de hauteur. Et un Hor Chèk, mi-temple
mi-sala, avec plancher et avec toiture de planches, sert aux
rassemblements des fêtes et des lectures religieuses selon les
coutumes du pays.

Le Chau de Suvannaphoum, mort depuis bientôt un an,
est remplacé provisoirement par l'Obbahat son frère cadet, et le
deuxième frère, le Reachvong, fait fonctions d'Obbahat. Les
mandarins boivent l'eau du serment, selon les usages, à la
pleine lune des mois de Chêt et de Phatrebot. Le défunt
Chau ne doit être incinéré que dans deux mois. Ses titres étaient
Phrah Ratana Vongsa Chau Mœuong Suvannaphoum. Je vais

visiter son cercueil placé dans une sorte de corbillard monu-
mental couvert de feuilles d'or, de fleurs artificielles, sous un
vaste et sombre hangar où je rencontre sa veuve et sa fille,
veuve aussi, cette dernière, d'un chinois de Bangkok. Vêtues de
blanc et la tête rasée en signe de deuil, ces dames causent,
m'interrogent et me semblent disposées à faire un peu osten-
tation d'urbanité et de savoir vivre pour bien établir qu'elles ont
vécu à Bangkok. A côté de nous, deux bonzes et un novice, qui
avaient passé la nuit en prières, prenaient leur repas du matin
offert par la famille.

Les gens de Siphoum ont moins bonne figure que les Laociens
de l'Est. Aussi ivrognes que ces derniers, ils sont de plus
fumeurs d'opium. Les voleurs passent pour nombreux chez
eux. A plusieurs indices on reconnaît qu'on se rapproche des
pays Siamois. Les hommes en prennent les habits ; les femmes,
tout en continuant à porter la jupe tombante au lieu du langouti
relevé, coupent déjà généralement leur chevelure. Les mandarins qui nous reçoivent de mauvaise grâce sont ivrognes, ont le
parler haut et rapide. Les Siamois venus de l'ouest communiquent un peu de leurs prétentions et de leur légèreté. Les monnaies sont le tical siamois et le lat de cuivre de 8 au sleng, soit
32 au tical. Il n'y a pas de grand marché, pas même de marché
pour les vivres, mais seulement quelques boutiques de
détail. Les Chinois n'osent venir s'y établir par crainte des
voleurs, dit-on. On y importe des cotonnades et on exporte de
la soie filée. Les porcs sont vendus, non au poids, mais à l'es-
timation, selon leur grosseur, de 6 sleng à 5 ticaux. Un petit
poulet vaut 2 lat, un gros, un fœuong ou demi sleng ; le canard
vaut un sleng. Il n'y a ni fermier d'opium, ni fermier d'alcool :
chacun vendant ou achetant ces denrées à son gré. L'alcool,
fabriqué dans le pays, vaut un fœuong la bouteille. L'opium,
disent les Laociens, est surtout importé par les Kula (ou Bir-

mans) qui vendent un tical le poids de trois sleng d'opium.

Selon une vague tradition, les Laos de Siphoum viennent du nord, de Nongkhaï. Le Mœuong payait jadis, dit-on, son impôt en Krekor ou cardamome bâtard. Mais depuis une vingtaine d'années avant mon passage, sur la demande des populations qui ne trouvaient plus de cardamome, l'impôt a été converti en argent. Actuellement les inscrits seraient au nombre de 1300 et le tribut annuel serait d'un pikul et demi d'argent, (soit 75 catties). La population cultive les rizières ; elle fait du sel un peu partout, mais surtout au Bo Pon Kan dans l'Est. Entre la moisson et les semailles les cultivateurs se transforment en sauniers, faisant, selon leur habileté, de cinq à dix pikuls de sel chacun par saison. On dit que le Chau Mœuong perçoit un pikul de sel sur chaque ménage se livrant à cette industrie. Le prix du sel varie entre 5 mœun (30 kil.) et 6 mœun (36 kil.) pour un tical.

A la pleine lune du mois de Méakh, les gens de Siphoum, de même que les autres Laociens, du reste, préparent pour les bonzes le *Khao Chi* « riz brûlé » mettant du sucre dans des boulettes de riz gluant dont on enduit l'intérieur avec des œufs de poule ou de cane. On fait ensuite gonfler et roussir ces petits pâtés sur la braise ardente et on les offre aux bonzes.

Selon le Mœuong Chau, mandarin de Siphoum, pour se rendre de ce pays à Nongkkaï, on atteint le Ban Lohok après deux jours de marche au nord ; une autre journée conduit au Ban Ko ; et de là une matinée permet d'atteindre le Mœuong Roï Êt, d'où, obliquant un peu à l'ouest, on atteint en deux jours le territoire du Mœuong Karasin (ou Kalasin) ; deux autres jours sont nécessaires pour arriver au chef-lieu de Karasin. De ce point allant au nord-ouest, on atteint en trois jours le Mœuong Hassekan (ou Hattekan) et le quatrième jour on peut coucher au chef-lieu. De même, en partant du Mœuong Hassekan on atteint en trois jours le territoire de Nong Han et le quatrième jour on arrive au chef-lieu. De Nong Han, continuant au nord-ouest on atteint de même en trois jours le territoire de Nongkhaï ; et le quatrième jour on couche à Nongkhaï. De Nongkaï on va en peu de temps à l'ancien Mœuong de Vieng Chan.

De Suvannaphoum, dit le même mandarin, allant au nord-est, un homme marchant bien peut atteindre en un jour le Mœuong Nhassonthon. Au sud et à une matinée de ce dernier Mœuong est le Mœuong Phnom Phaï (ou Melou Phaï) qui compte trois cents cases et qui dépend de Suvannaphoum. Partant de Suvannaphoum dans la direction du nord-est, on atteint en deux jours le Mœuong Selaphoum qui est au nord un peu ouest de Nhassonthon, il ignore au juste à quelle distance. Le Mœuong Selaphoum ne relève pas de Nhassonthon qui l'a pourtant fondé, mais il relève du Mœuong Karamasaï. On va en un jour au Mœuong Kêtaravisaï qui est à l'ouest et un peu au nord de Suvannaphoum dont il dépend. A l'ouest de Ketaravisaï est le Mœuong Phyakaphoumvisaï qui dépend aussi de Suvannaphoum. (En réalité les deux districts se détachent actuellement de Siphoum).

Le samedi 26 janvier, au matin, trois seulement des attelages promis sont prêts. Je les prends, partant immédiatement pour faire un crochet aux ruines de Kû Kasin, avec mon interprète Srèi et un de mes domestiques chinois, laissant l'autre aux bagages qui se rendront directement au Mœuong Kêtaravisaï. Nous coupons à travers la plaine nue inondée aux pluies. Nous passons le Nam Siou qui vient, nous dit-on, du Ban Ko Borebœu, à deux journées d'ici. Nous passons près d'une mare qui a de l'eau toute l'année, Nong Si Nha Nhong. Puis nous laissons à gauche *Naun Phaï* « tertre des bambous », ce petit tertre isolé au milieu de cette vaste plaine nue est couvert d'arbres et de bambous. Vers 10 heures nous nous arrêtons aux ruines de

Kou Kasin, sur un petit tertre sablonneux au milieu de ces steppes désertes. J'y déjeune tout en regardant les ébats d'un gentil couple de rouge-gorges dont le plumage diffère un peu de celui des nôtres. La femelle est d'un gris plus clair ; et le plastron rouge du mâle, moins développé, est surmonté de deux lignes d'un blanc jaunâtre ; voletant à quelques pas de moi, ils ne paraissent pas trop effarouchés, malgré leur éloignement de toute habitation humaine. A midi et demi nous quittons Kou Kasin, coupant à travers une grande plaine que les Laos appellent Thung Luong ; nous allons au nord dans les hautes herbes, sans piste tracée. Toutes ces plaines sont incultes, étant trop inondées aux pluies. Il est à supposer que des canaux d'écoulement rendraient ce pays fertile, la terre paraissant de bonne qualité. Après quatre heures de marche nous avons à droite le Ban Mœuong Boua, village d'une vingtaine de cases ; et vers 5 heures nous nous arrêtons au Nam Siou pour faire boire nos bœufs. Le Siou a encore de l'eau par flaques. Au-delà nous passons près de Nong Ngaung, mare qui a de l'eau toute l'année ; nous traversons des rizières qui paraissent de bonne qualité.

Peu après 6 heures nous nous arrêtons au Mœuong Kêt, abbréviation de l'appelation officielle, Mœuong Kêtaravisaï, fondé depuis 1873 par l'obbahat de Siphoum qui ne s'entendait pas avec son Chau et qui demanda à Bangkok l'autorisation de payer son impôt séparément en venant se fixer au Ban Ka Don, ainsi appelé d'une petite ruine qui est dans le village même. Il en fit le Mœuong Kêtaravisaï et reçut les titres de Phrah Si Ketichhaï Chau Mœuong Kêtaravisaï. Ces Mœuongs laociens s'agrègent ou se désagrègent perpétuellement au gré des populations ou des chefs influents. On compte 4 pagodes et environ 150 cases au Mœuong Kêt, où les arbres fruitiers font défaut, le Mœuong étant de fondation récente. Il est situé sur un petit tertre au milieu des

plaines de rizières. Le Chaù était mort peu de jours avant mon
passage ; on avait écrit à Bangkok et on attendait la nomination
du successeur pour lui remettre les insignes. Les choses se
passent ainsi dans ces Mœuongs peu importants, tandis qu'aux
chefs-lieux des grandes provinces on envoie les insignes à
Bangkok où doit aller les prendre le successeur en offrant les
cadéaux usuels. Les autres dignitaires du Mœuong Kêt faisaient
leur service en bonne intelligence. L'un d'eux, le Reachvong,
venait de partir pour Korat conduisant une vingtaine d'éléphants
afin d'aider à la réception du Samdach Chofa le premier ministre. Les mandarins du Mœuong Kêt vont boire l'eau du serment
au Mœuong Maha Sanakham qui est à deux jours de marche au
nord-ouest. Le Mœuong Roï Êt est à un jour et demi au nord-
est. Le district compte 600 inscrits payant un impôt de 15
catties au total, à raison de 2 ticaux par inscrit marié. On ne
voit pas dans ce petit pays de fumeurs d'opium ou de chanvre
indien, ce qui est frappant en sortant de Siphoum. Quant à
l'eau-de-vie, les Laociens, hommes et femmes, en usent partout également ; l'alcool est le remède des veines, disent-ils.

Le lundi 28 janvier, à 6 heures, nous partons de la Vat
Kàng du Mœuong Kèt, avec des charrettes à bœufs d'allure
lente. Nous traversons, après des bouquets d'arbres rabougris,
une plaine nue, sablonneuse, un peu inondée aux pluies ; et
ensuite une plaine de rizières appartenant aux habitants du
Mœuong Kêt. Nous laissons, à droite, Don Lao Luong, bois où
est un village qui compte une pagode et une trentaine de cases ;
puis les plaines découvertes alternent avec les forêts clairières
de thbêng. A 11 heures 1/2, nous nous arrêtons pour déjeuner
au Ban Tiou, village d'une trentaine de cases avec une pagode.
Je visite ce village dont les cases sont assez resserrées sous
de grands arbres, actuellement sans feuilles, et couverts de
fleurs rouges, semblables à des flamboyants mais sans épines.

La population parait sale, ce qui est assez général dans les campagnes laociennes. Je rencontre deux femmes, l'une roule des cigarettes, ceci est très commun au Laos, mais l'autre m'intrigue davantage. Assise, un panier entre ses genoux, elle y puise des billes de terre et les mâche, ce qui lui donne une salivation rouge. Elle refuse de satisfaire ma curiosité.

J'étudie ensuite la principale industrie du Ban Tiou, la fonte du fer et la fabrication des pioches et des socs de charrue. Je passe à côté d'un geindre pétrissant avec les pieds, dans un trou creusé dans le sol, une pâte terreuse dont l'odeur caractéristique indique une forte proportion de fiente de bufle ou de bœuf. A côté sur des planches, sèchent au soleil des pains pétris dans la forme des moules de socs de charrue. Près des fourneaux sont des scories bleues de belle venue, et du minerai, un gravier rond, variant de la grosseur du pois à celle de la bille à jouer. Les fourneaux, faits avec la terre des fourmilières abandonnées par les termites, ont à leur surface supérieure deux excavations demi sphériques servant de récipient pour le minerai qu'on ajoute pendant la fonte ; ils sont percés de deux foyers où on place le minerai entre deux couches de charbon. Le feu est activé avec une pompe. Quand les tas s'affaissent on ajoute par le haut du combustible et du minerai. Au dessous, un trou creusé dans le sol devant chaque foyer permet de retirer le bloc de fer rouge, que l'on partage immédiatement en deux. Chaque foyer peut donner trois levées par jour, soit 6 morceaux de fer, de quoi faire 12 petites pelles du pays. Le charbon est préparé en septembre avec des bois de koki, popèl, thbêng, ou trach. Les fourneaux sont construits en octobre-novembre. A la même époque on recueille les graviers de fer en creusant un peu le sol, on les lave au tamis sur place et on les apporte au village.

Chaque année, au commencement de la saison de fonte, il faut faire à Prçah Pisnukar, le patron des artisans, des offrandes consistant en un langouti de femme, un mouchoir à chignon, un peigne, un bracelet, un poulet bouilli, un flacon d'alcool, des bougies, baguettes odorantes, fleurs et feuilles. Un maitre de cérémonie, dispose ces offrandes, récite les prières et offre les présents à la divinité. On peut ensuite faire fonctionner les fourneaux. J'ai dit que la terre des moules à soc était une terre quelconque, mêlée à la fiente des bœufs ou bufles, que l'on pétrit à même dans le trou creusé en terre en arrosant d'eau et en laissant ensuite sécher au soleil ces moules qui sont faits surtout au Ban Pho Saï où nous devons aller coucher ce soir même. Au moment de couler les socs on fait encore à Preah Pisnukar des offrandes d'un œuf, un flacon d'eau de vie, des bougies et des allumettes odoriférantes. Pour chaque fourneau le Chau Mœuong perçoit quatre petites pelles indigènes chaque année.

Avant trois heures nous partons du Ban Tiou, traversant un bois d'essences diverses dont les arbres sont plutôt bas, puis des rizières, puis des forêts clairières sur sol sablonneux que nos attelages font voler en nuages de poussière qui blanchit tout le corps, pénètre dans la bouche, dans les yeux, dans le nez. Avant 5 heures nous nous arrêtons pour la nuit au Ban Pho Saï gros village de 200 cases, sur un tertre entouré de terrains bas. A l'est une grande mare, reste d'une lagune de la saison des pluies, est envahie par les pêcheurs munis de paniers en guise de nasses. Les habitants sont fondeurs et forgerons de même que ceux du Ban Tiou. A une matinée de marche au sud du Ban Pho Saï, le Ban Mœuong Tao est un grand village que l'on songe à ériger en Mœuong, mais il n'a pas encore de Chau.

Le mardi 29 janvier, à 5 heures 1/2, nous quittons le Ban Pho Saï, traversant des rizières, puis des forêts aux arbres très clairsemés. Les racines sur la piste gênent la marche des voitures. Nous traversons le Ban Pho, village de 50 cases de Laos

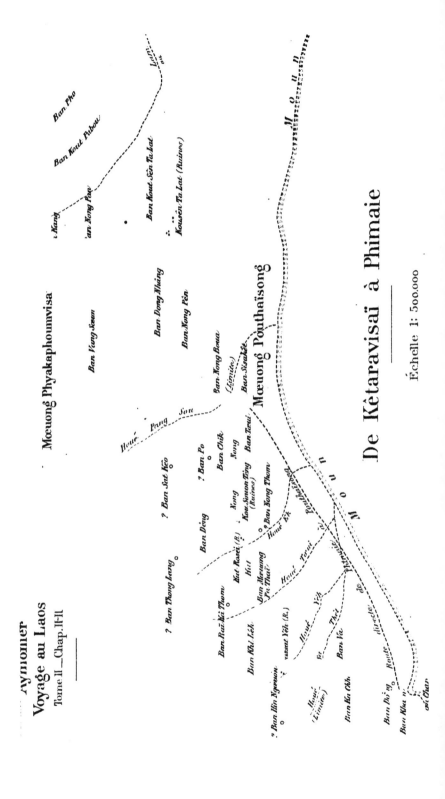

Aymonier
Voyage au Laos
Tome II – Chap. III

De Kêtaravisaï à Phimaie

Échelle 1: 500.000

qui font du sel et cultivent des rizières. Plus loin nous avons à
gauche le Kut Khang Hong où on filtre l'eau salée qui est conservée ici dans des petites fosses coniques creusées en terre et
rendues imperméables par un lutage d'huile de bois. Au-delà
sont encore des forêts clairières, puis des rizières. Vers 10 heures nous nous arrêtons dans la plaine, nue et sèche de rizières
près du Ban Kut Pabou, village de 30 cases de Laos avec une
pagode ; il a été fondé récemment par une colonie du Ban
Suon Mon qui est au nord est du Mœuong Suvannaphoum. Vers
deux heures je remarque que les charretiers sont lents à atteler.
La chaleur et la sécheresse augmentent chaque jour. Les bœufs
sont fatigués et il n'y a rien à manger : il faudrait en effet un
microscope pour découvrir des brins d'herbe sur le sol sablonneux. Les pauvres bêtes en sont réduites à dévorer les courtes
tiges desséchées du chaume des rizières. Aussi l'étape de
l'après-midi sera courte. Nous traversons des rizières et des
bois d'arbres rabougris sur sol de sable. Nous laissons à droite
le Ban Nong Mak Sèo qui a une pagode et une trentaine de
cases de Laos cultivant des rizières et faisant un peu de sel
pour leur consommation. Plus loin, après avoir passé d'autres
forêts clairières nous laissons à droite le Ban Kout Ngaung qui
a une pagode et une vingtaine de cases. Il tire son nom d'un
lagon du voisinage. Nous traversons un ruisseau, le Lam Pha
Siou et avant 5 heures nous nous arrêtons au Ban Kang, village
qui compte une pagode et une trentaine de cases de Laos cultivant du riz et faisant du sel. Ce village est aussi une colonie
récente fondée par des gens des environs de Suvannaphoum.
On prend sur le fait cette expansion continue de la race laocienne. Ban Kang n'a pas de puits, il faut boire l'eau stragnante
des flaques du ruisseau à côté. Le ciel est tout rouge par suite
de la sécheresse. Je passe la nuit sous un petit abri, couché sur le
sol heureusement très sec et il le sera jusqu'en avril. Les jour-

nées sont pénibles, monotones, ennuyeuses. L'impression de
cette sécheresse persistante est de plus en plus envahissante,
de même que l'était, en novembre, l'impression d'humidité.
Tout ce bassin du Moun me fait l'effet de passer alternativement et presque sans transition du brûlé au noyé.

Le mercredi 30 janvier, je pars à pied de bon matin du Ban
Kang, laissant les charrettes suivre lentement. La route est
sablonneuse sous les forêts clairières. J'entrevois des fourneaux
de fonte avant d'arriver à hauteur du Ban Nong Chan, gros
village de 200 cases que nous laissons à droite sous une forêt
d'arbres fruitiers. Nous traversons encore une forêt clairière et à
7 heures 1/2 nous nous arrêtons au Mœuong Phyakaphoumvisaï.

Je suis reçu par le Mœuong Chan, bon vieillard de 77 ans,
très poli. Il m'installe dans une sala petite mais bien abritée et
me demande de passer là deux jours, la population étant en
fête. Les femmes du pays toutes endimanchées ce jour-là, portent encore ici la jupe tombante des Laociennes mais leurs
cheveux sont coupés, leurs écharpes sont bleues, rouges ou
violettes, et non plus dans les diverses nuances du jaune des
Laociennes de l'Est ; on voit que nous nous rapprochons des
pays siamois. Aujourd'hui ces femmes entendent le prêche religieux à la pagode où elles doivent demain offrir aux bonzes les
petits pâtés au sucre dans du riz gluant léchés d'œufs. Selon le
Mœuong Chan, il est difficile d'évaluer le nombre des inscrits
de ce district, la terre n'étant pas partagée avec celle de Suvannaphoum, et les gens du peuple choisissant à leur gré le chef
auquel ils paient l'impôt. Le Mœuong Pyakaphoumvisaï ou
Phnhakaphoumvisaï, jadis le Ban Nakha, a été érigé en Mœuong,
il y a huit ans (vers 1876) par le fils aîné du Chau de Suvannaphoum qui vient de mourir. Il a reçu la dignité de Chau il y a
cinq ans ; l'Obbahat et le Reach vong sont ses frères cadets. Il

n'y a pas de Reachbot. Après ces trois dignitaires viennent le Mœuong Sèn, le Mœuong Chan, le Mœuong Khoua (de droite), le Mœuong Saï (de gauche) ces deux derniers mandarins étant les juges du tribunal ; puis le Sa non, le Sa nét, le Phanna, le Phaï Sum qui est le Mœuong Sèn de l'oppahat, etc. Quant au village chef-lieu, il compte une pagode et 120 cases environ bien groupées sur un tertre élevé, sablonneux long de 400 mètres, large de 200 environ, où sont peu d'arbres fruitiers. Les habitants cultivent des rizières et font du sel. Le riz ne manque pas dans le pays mais on n'y trouve pas de poisson. Il n'y a pas de marché, on s'y procure facilement pourtant de la volaille et du porc. A une journée de charrette seulement, au nord de Phyakaphoumvisaï est le Mœuong Mahasanakham, centre commercial d'une certaine importance : il compte trois pagodes, trente cases de marchands chinois, dit-on. On en exporte de la soie filée, des peaux et des cornes.

Le jeudi, mon interprète Srei alla visiter des ruines au sud du Mœuong Phyakaphoumvisaï ; partant à pied, traversant tantôt des rizières, tantôt des forêts clairières, et laissant successivement à droite, les mares appelées Nong Nam Kang, Nong Thaï, Nong Hang, qui sont à sec à la fin de la saison ; il s'arrêta pour déjeuner au Ban Nong Pan, où est une pagode, avec une trentaine de cases de Laos cultivant des rizières et cuisant du sel. Poursuivant ensuite sa route, il laissa à gauche Nong Mai Ngam, mare qui a de l'eau toute l'année, puis il prit un bain au Kut Lom. Au delà il laissa à droite un autre étang le Kut Nam, et peu après midi il s'arrêta au Ban Kou Sèn Talat, hameau d'une vingtaine de cases. Les ruines de Kou Sèn Talat Niaï (le grand) sont à dix minutes au sud un peu ouest du village, et les ruines de Kou Sèn Talat Noï sont à vingt minutes au sud est des précédentes. Vers 3 heures il reprit le chemin de Phyakaphoumvisaï où il arriva à sept heures du soir.

Le vendredi 1er février, dès le matin, il tombe une pluie assez forte, mais elle cesse après déjeuner et nous quittons Phyaka-phoumvisaï. Nos lentes charrettes à bœufs continuent vers l'ouest à travers les forêts clairières entrecoupées de quelques rizières. Le pays change d'abord d'aspect. Il paraît moins brûlé que les régions parcourues les jours précédents ; les herbes sont plus abondantes. Nous faisons boire nos attelages à hauteur du Ban Nang Sœun qui est sur notre gauche. Au delà sont encore des forêts de grands arbres. Nos voitures avancent péniblement sur la piste où abondent les racines d'arbres et les fondrières, et à la nuit bien tombée nous nous arrêtons enfin au Ban Dong Nhang « village de la forêt des dipterocarpus » qui a une pagode et environ 70 cases de cultivateurs qui sont cette nuit là en fête comme les habitants de tout le Laos. Autour du Hor Chêk, sala ou belvedève de pagode, les jeunes filles sont assises sous de petits hangars, et tous les jeunes gens en bandes chantent, dansent, plaisantent, jouent de la flûte, et font leur cour, mais en évitant tout jeu de mains qui leur vaudrait une amende. Les bonzes récitent leurs prières en attendant les présents qu'on doit leur faire au matin.

Le samedi 2 février, précédant les voitures, je continue la route à pied. Nous passons près du Nong Doùng, grande mare poissonneuse ; puis au Ban Nong Pên, hameau de nouvelle création qui compte une vingtaine de cases de Laos, mêlés de quelques Khmêrs. Ils cultivent des rizières et fabriquent quelques torches, mais pour leur consommation seulement. Nous poursuivons dans les forêts tantôt clairières, tantôt plus épaisses, telle Dong Sam Poï. A neuf heures nous nous arrêtons au Ban Nong Boua « mare des lotus » où est une bonzerie sous les arbres au feuillage épais. J'attends mes voitures à côté sur le bord du Houé Pang Sou, ruisseau actuellement à sec. Nous repartons à midi et demi, traversant ce ruisseau dont les rives

sont assez escarpées. Le district de Phyakaphoumvisaï et, par
suite, la province de Suvannaphoum finissent à ce petit cours
d'eau. Au delà nous entrons dans le territoire du district de
Pouthaïsong, c'est-à-dire de la province de Korat. Nous traversons ensuite des forêts clairières, et nous laissons à gauche le
Ban Sisakèt, hameau d'une centaine de cases sous les arbres
fruitiers. Enfin nous débouchons dans une plaine qui laisse
apercevoir en face de deux gros villages, au sud, le
Mœuong Pouthaïsong et au nord le Ban Sisakèt qui sont séparés
par 800 mètres de rizières. Avant trois heures nous nous arrêtons dans une sala, en plaine, près de la case du Chau
Mœuong. Un mandarin, le Maha Sêna vient nous recevoir avec
affabilité.

Le Chau est un vieillard ayant plus de 70 ans, Laocien de
race, de même que la majeure partie de la population de ce
district de Korat. Le Mœuong Pouthaïsong, situé, selon les
indigènes, à deux lieues au nord du Moun, compte une soixantaine de cases, très dispersées, sur un léger tertre entouré de
plaines sablonneuses. C'est le nouveau chef-lieu ; l'ancien, le
Mœuong Kao, un peu au nord ouest, est entouré d'une levée de
terre, remblai fourni par un double fossé, intérieur et extérieur à la levée, disposition qui n'est pas rare dans les anciens
centres de cette partie du Laos. Les inscrits du district seraient
au nombre de 320, payant 4 ticaux de capitation annuelle par
ménage ; et le tribut serait de 12 catties ou balances, plus 10
damleng, soit 1000 ticaux au total. En outre, il faut payer
l'impôt des rizières d'un sleng fœuong par raï carré (de 40 mètres de côté). Les fermes et monopoles de toute sorte indiquent
que nous entrons dans une province d'administration purement
siamoise. L'impôt sur les alcools acheté du fermier de la province de Korat au prix de quatre catties et dix damleng,
permet au sous fermier de prélever de 5 à 8 damleng (de 20 à

32 ticaux) sur les distillateurs des grands villages. On a pour monnaie les ticaux et les lat ou sous siamois.

Au Mœuong Pouthaïsong, limite approximative des deux races, on se sert usuellement de la double série des titres de mandarins, soit siamois, soit laociens. On a donc, en siamois : Chau Mœuong, Balat, Jokebat, Phou Chhuoï, Mahathâi, Luong Phon, Sasedi, Luong Veang, Luong Khleang, Luong Na, Luong Phèng, Luong Nara, Luong Tamruot, etc. etc., et en laocien : Chau Mœuong, Oppahat, Reachvong, Réachbot, Mœuong Sên, Mœuong Chau, Mœuong Khoua (droite), Mœuong Saï (gauche), Mœuong Pak (bouche), Mœuong Kang (centre), Mœuong Phên, Souphon, Maha Sêna, Senon, Seniet, etc., tous titres siamois ou laociens appliqués respectivement aux mêmes personnages. Les titres personnels du Chau sont : Phra Sêna Sangkram Chau Mœuong Pouthaïsong. (Brah Sêna Sangràma. Les titres sont guerriers dans la province de Korat, province militaire).

Le dimanche 3 février, laissant le gros de mes bagages filer directement sur Phimaie, je fais un coude au nord où on me signale des monuments. Nous passons près du Mœuong Kao, « l'ancien » ; et nous laissons, à gauche, le Ban Tœui, village d'une trentaine de cases avec une pagode ; puis, à droite, Nong Boùa « mare des lotus » et vers 8 heures nous nous arrêtons pour déjeuner au Ban Chik, village qui a une pagode et une trentaine de cases. Nous repartons à 10 heures 1/2, continuant à travers des arbres clairsemés, rabougris, sur sol sablonneux ; nous rencontrons quelques rizières et des terres à sel ; et, vers une heure de l'après-midi, nous nous arrêtons au Bang Dèng, village de 40 cases avec une pagode. Les habitants qui sont des Laociens ont entouré leur village d'une haie d'épines et une porte s'ouvre sur la route.

Le Ban Dèng est le chef-lieu d'un *amphœu* (petite circonscription territoriale à Siam) qui comprend encore quatre autres

villages. Le chef qui a le titre de Luong Pipheak Pholokan est
aidé ou suppléé par le Luong Tip : ils habitent au Ban Dêng.
Les autres villages sont : Ban Po, à deux lieues à l'est du Ban
Dêng, avec 10 cases ; Ban Sat Kêo, à trois lieues au nord est,
20 cases ; Ban Thong Lang, à trois lieues au nord ouest, 20
cases ; Ban Nong Thom, à une matinée au sud ouest, 10 cases.
Cette petite circonscription relevait jadis de Pouthaïsong. Dési-
rant quitter ce district, les gens allèrent s'offrir au Chau Lang-
kathikan, fils du Samdach Chofa, ou premier ministre, qui
envoya au gouverneur de Korat l'ordre d'opérer la séparation
en accordant les dignités demandées. Le total de l'impôt annuel
est de 65 ticaux payés à raison de 2 ticaux par inscrit marié.
Au Ban Dêng on me dit que l'industrie du sel n'est pas imposée
dans la province de Korat. On me dit aussi qu'en allant droit
au nord on atteint le Mœuong Chonobot en trois jours de marche à pied ou en quatre jours de charrette.

Le lundi 4 février, à 6 heures, nous partons du Ban Dêng,
suivant une piste de charrettes à travers des arbres rabougris.
A 7 heures 1/2 nous atteignons Nong Koù. Les ruines de Suon
Têng sont à 800 mètres de la mare et une ancienne chaussée
relie cette mare aux ruines. Nous allons encore visiter, à une lieue
plus loin, les ruines de Kut Rosei, et vers midi nous reprenons
notre marche en pays à peu près désert, dans les bois clairsemés. Nous arrivons bientôt au Houé Êk qui a encore de l'eau
par flaques. Ce ruisseau vient des forêts voisines et il se jette
dans le Houé Sathêt. Le Houé Êk limite le district de Pouthaïsong. Au delà nous sommes dans l'amphœu du Luong Têp
Samphadou. Traversant une plaine découverte appelée Thung
Thom, nous nous arrêtons près d'une heure au Kut Nam Khieu.
Au sud de ce lagon est le Ban Mœuong Pathaï qui a une pagode
et une douzaine de cases de Laos et de Siamois. Continuant
notre route, nous traversons des plaines tantôt nues, tantôt

parsemées d'arbres rabougris et clairsemés. Nous traversons le
Houé Tœui affluent du Houé Sathêt qui a de l'eau par flaques.

Au delà continuent les grandes plaines découvertes semées de
quelques bouquets. Des tas de terre salée, recouverts de bran-
chages et d'épines pour en écarter les animaux, indiquent qu'on
exploite le sel dans ces plaines. Enfin vers 4 heures nous nous
arrêtons pour la nuit au Ban Khi Lêk, hameau d'une dizaine de
cases de Laos et de Siamois mêlés. Ils mangent du riz Khsaï ou
ordinaire. C'est la première fois que le fait se présente depuis
notre entrée dans le Laos à Sting Trêng [1]. Les gens du pays
reviennent avant la nuit avec beaucoup de poisson pris à l'épervier dans le Houé Sathêt que l'on dit très poissonneux. Je
couche ce soir là dans un petit grenier à riz.

Le mardi 5 février, nous quittons vers 6 heures le Ban Khi
Lêk ; nous traversons la plaine appelée Thung Ak Mak ; puis un
petit ruisseau le Houé Yêh, et bientôt nous déjeunons dans les
ruines, appelées Prasat Yêh, qui sont encore dans le territoire
de l'amphœu du Luong Tèp Samphadou ; ce mandarineau
demeure au Ban Hin Ngœuon à une matinée à l'ouest. Reprenant bientôt notre route, nous passons un second bras du Houé
Yêh, à sec de même que le précédent et se jettant dans le Houé
Sathêt. Plus loin nous laissons à droite une mare appelée Nong
Rœua. La plaine me parait être inondée aux pluies ; on y fait
beaucoup de tas de terre pour sel en râclant le sol. Vers 11
heures nous atteignons le Houé Sathêt qui sert de limite entre
le territoire de l'amphœu du Luong Tèp Samphadou et le district
de Phimaie. Là où nous le traversons, le Houé Sathêt a de l'eau
à la cheville du pied. Venant du Ban Prasat An Thao dans le
nord de Korat, il se jette plus bas, dans le Moun. Son lit
mesure 2 mètres de profondeur et 15 à 20 de largeur. Après le

---

1. Sauf peut-être à Koukhan, pays où la race est Cambodgienne.

Houé Sathèt nous traversons une grande plaine inondée aux
pluies à hauteur du genou ; c'est Thung Khlang Thor. Nous
laissons à droite une mare appelée Srah Si Liem et, vers midi,
nous nous arrêtons trois quarts d'heure au Ban Va, hameau de
12 cases de Siamois. Repartant à une heure et demi, nous traversons la plaine appelée Talat Khè, où on aperçoit à maints
endroits les efflorescences salines, les *fleurs de sel*, comme
disent les Asiatiques. Nous traversons, sans nous arrêter, le Ban
Kachhom, qui compte 15 cases de Siamois avec une pagode.
Au delà nous passons un tertre appelé Naun Chhang Meô ; puis
une grande plaine où ne croissent que des herbes ; c'est Thung
Sangrit. Plus loin, au tertre appelé Naun Ta Ngan, des tas de
terre salée ont été râclés par les gens du Ban Dong « village
des forêts », hameau dans les bois à 1200 mètres à gauche. Nous
laissons à droite un tertre appelé Naun Thyung et vers cinq
heures nous rejoignons la grande piste de charrettes qui relie
Pouthaïsong à Phimaie. Vers six heures, nous nous arrêtons
pour la nuit au Ban Kham, petit village sur les bords du Moun,
où je prends un bain qui me parait délicieux après ces interminables journées de grande chaleur dans les vastes plaines nues
de la région.

Le mercredi 6 février, à cinq heures et demie, je pars à pied
du Ban Kham. Nous traversons une grande plaine appelée Thung
Samrit, inondée aux pluies et semée de petits tertres qui doivent
être alors des ilots. Les grands arbres ne croissent que sur ces
tertres. Laissant à droite le Ban Char, village indiqué par ses
arbres fruitiers, nous longeons à peu près le Moun qu'on
appelle par ici *Lam Phrah Moun* ; nous le traversons enfin ;
son lit, large de 20 mètres, profond de 4 à 5, a en ce
moment de l'eau aux genoux. Quelques minutes après nous
atteignons l'extrémité du Mœuong Phimaie, chef-lieu de district
de Korat, et centre très important à plusieurs points de vue, où

je retrouvai deux de mes hommes, Ros et Nou, qui étaient venus de Nhassonthon en suivant une route située généralement au nord de mon itinéraire. Je vais faire la relation de leur voyage avant de parler de Phimaie et de continuer le récit du mien

CHAPITRE III

DE NHASSONTHON A PHIMAIE

Ces deux Cambodgiens, Ros et Nou, avaient, ainsi que je
l'ai dit précédemment, remonté, dans les derniers jours de
décembre 1883 et premiers jours de janvier 1884, le Si, d'Oubon
à Nhassonthon, avec Top et Khim. Mes quatre hommes se séparèrent à Nhassonthon, quittant en même temps le Mœuong. On
sait que, d'après mes instructions, Top et Khim se dirigèrent par
terre vers l'est, vers Dhatou Penom. Ros et Nou dùrent pour-

suivre leur route à l'ouest afin de me rejoindre ou de m'attendre à Phimaie. En partant de Nhassonthon le vendredi 4 janvier, Ros et Nou continuèrent à remonter le cours du Si, ce principal affluent du Moun. Leur pirogue à quatre pagayeurs marchait très lentement, le lit du Si étant obstrué par des bancs de sable entre lesquels serpente un maigre chenal d'eau à cette époque de l'année. Quant au lit il mesure 80 à 100 mètres de largeur et 4 mètres de profondeur. Les voyageurs passent au *Tha* ou port du Ban Samelan qui est, leur dit-on, à une matinée de marche ; c'est un village d'une soixantaine de cases ; puis au Tha du Ban Sieng Vang, village d'une cinquantaine de cases, qui serait aussi éloigné. Ils s'arrêtent pour le déjeuner au Tha du Ban Bak, hameau d'une trentaine de cases à 3 ou 400 mètres de la rivière. Dans l'après-midi, ils passent au Tha du Ban That, village abandonné, à droite, au Tha du Ban Kov qui compte 50 cases, à 3 ou 400 mètres de la rivière. Ils atteignent ensuite le confluent du Si Long, un affluent, à droite, qui vient du Ban Sam Uong et du Ban Don Koï à une matinée de marche. Le lit du Si Long a 20 mètres de largeur. Il a de l'eau en toute saison ; les petites pirogues peuvent le remonter. Ils s'arrêtent au Tha du Ban Sat, village de 70 cases, à gauche.

Le samedi 5 janvier ils partent de bon matin du Tha Ban Sat, continuant à remonter lentement le Si en pirogue. De grosses roches se dressent sur les rives et au fond du lit. Ils passent au confluent du Houé Dœui, à gauche, ruisseau actuellement à sec qui vient de Nong Kou à une matinée. Son lit large de 20 mètres a 4 mètres de profondeur de rive. Plus loin ils atteignent le Tha du Ban Nong Kou, village d'une centaine de cases à gauche, ensuite le confluent du Houé Saï Kaï qui vient du Ban Khva Lœum à une matinée de distance ; cet affluent de gauche, c'est-à-dire de la rive droite, à sec en fin de saison, a un lit large de 20 mètres profond de 4. Le Houé Saï Kaï sépare, au

sud ouest du Si, les provinces de Siphoum et de Mœuong Roï
Èt. Ils ont ensuite à droite le confluent du Houé Nhâng, qui
prend sa source dans les Phou Lak Don, leur dit-on, à six journées d'ici et dont le lit, large de 40 mètres, est profond de 4.
Au delà de ce confluent le Si a un courant impétueux. Les
voyageurs passent au Tha du Ban Koï Noï à gauche ; c'est
un village de 40 cases environ. Ils s'arrêtent un peu plus loin
pour manger. L'eau du Si n'a plus qu'une coudée de profondeur.
Par moment il faut hâler la pirogue sur le fond de sable. Ils
passent ensuite au Tha du Ban Houo Don, village de 30 cases,
à une matinée de marche à gauche ; au Tha du Ban Mak Kœuo,
hameau de 10 cases, à quelques centaines de mètres à gauche,
au Tha du Ban Kêng, (20 cases), à gauche, à 150 mètres
de la rive. Le Si est en ce moment guéable dans ces lieux ;
sur ses rives peu boisées, plutôt nues, croissent quelques
bambous et poussent beaucoup d'herbes trèng. Les voyageurs
passent ensuite au Tha du Ban Nhang, village de 30 cases, à
deux kilomètres du Si ; il est habité par des Laos clients du
Mœuong Roï Èt. Vers quatre heures et demie, ils s'arrêtent
pour la nuit au Tha du Ban Si Loun, gros village de 100 cases
à gauche. Les habitants cultivent des rizières. En face est le Ban
Nong Chak, (10 cases), sur l'autre rive du Si ; ses habitants sont
des clients du Mœuong Roï Èt.

Le dimanche 6 janvier, ils quittent, à six heures, le Tha du Ban
Si Loun. Au bout d'une heure ils ont à gauche le Tha du Ban
That, village d'une vingtaine de cases, à une portée de voix de la
rivière. Plus loin ils montent sur la rive pour visiter une prétendue tour qui donne le nom au village, mais qui n'est qu'un
chaitéi, ou pyramide tombale en briques, démolie, près de la
rive, dans la Vat ou pagode du Ban That. Reprenant leur route,
ils atteignent le Tha du Ban Nam Khan qui est près de la rive à
gauche ; c'est un village, dit-on, d'une cinquantaine de cases ;

les habitants sont inscrits, partie à Roï Êt, partie à Siphoum.
Plus loin ils passent un rapide où le courant est violent. Ce
Keng, large de 50 mètres, long de 40 mètres environ, a une
coudée d'eau ou deux. Vers neuf heures, ils atteignent l'embouchure du Houé Kasœu, affluent à leur gauche, qui vient, dit-on,
du Ban Khi Lêk à trois journées de marche d'ici, à une matinée
du Mœuong Roï Êt. Puis, ils ont à gauche le Houé Dang Dieng,
au lit large de 20 mètres ; on n'a pu leur dire d'où il venait. Ils
passent ensuite au Tha du Ban Tha Kak Nha, qui est à une portée de voix à droite ; on leur dit qu'il compte une vingtaine de
cases dont les habitants sont inscrits à l'un des Mœuongs suivants : Roï Êt, Nhassonthon, Suvannaphoum, Sisakêt. La terre
appartient au Mœuong Nhassonthon (ou Yassonthon). Ils passent
ensuite au Ban Nong Hi Don, hameau de 10 cases à leur gauche ;
et à trois heures, ils arrivent au Tha ou port du Mœuong
Siraphoum.

Pour atteindre le Mœuong Siraphoum, qui est à 1200 mètres
dans l'intérieur des terres, il faut traverser une lagune large
de 80 mètres environ, qui a près d'une lieue de longueur
dans le sens est ouest. Sa plus grande largeur est d'un
kilomètre. La sala du Mœuong Siraphoum est à 80 mètres du
lac. Le village un peu allongé de l'est à l'ouest compte environ
80 cases construites dans la forêt récemment abattue et une
pagode. Les habitants, qui sont Laociens, émaillent leur langage
d'expressions siamoises et les femmes, assez noires, commencent à adopter les modes siamoises en ce qui concerne la coupe
des cheveux. Le Chau Mœuong, homme de 56 ans, est en fonctions depuis 4 ans. Ses titres sont Phakenikoum Barirak Chau
Mœuong Siraphoum. Outre les Laociens on trouve dans ce village quelques marchands siamois venus de Korat et même un
Khmêr de Phnom Pénh.

Le Mœuong Siraphoum, à trois jours de marche au nord

ouest de Nhassonthon, relevait autrefois de ce dernier Mœuong.
Lorsque, il y a quelques années, le Chau Khun Amat, grand mandarin siamois, vint de Bangkok fixer le chiffre des inscrits, le
Chau de Nhassonthon, pour faire sa cour, donna en présent des
éléphants appartenant à son subordonné le Chau de Siraphoum ;
ce dernier réclama ses animaux, trouvant le procédé nullement à
son goût, et il s'entendit avec les autorités d'un autre Mœuong
voisin, celui de Kalasaï, pour être placé dorénavant sous sa
dépendance, ce qui fut accordé par l'autorité suprême ; toutefois
les questions de territoire sont encore aujourd'hui en litige,
tout n'étant pas définitivement réglé.

La population du Mœuong Siraphoum était en émoi, lorsque
mes hommes arrivèrent à ce village. Un tigre avait enlevé une
jeune fille et lui avait dévoré une jambe. Près du cadavre on
éleva un mirador haut d'une dizaine de mètres pour guetter et
tuer le fauve qui a coutume de revenir sur sa proie. Eventant le
piège, il ne revint pas. Alors les Laociens se décidèrent à installer une sorte de hameçon attaché à une chaine de fer où ils
fixèrent des quartiers de chair de la malheureuse. Le tigre y fut
pris et tué, dit-on, mais on ne donna pas de détails sur la forme
de ce hameçon, si ce n'est qu'il était à quatre becs.

Un autre fait beaucoup moins extraordinaire, étant donné les
idées locales, leur fut aussi conté. A l'est du Mœuong Siraphoum sont enfouis des trésors. A plusieurs reprises des habitants ont pratiqué des fouilles après avoir, bien entendu, fait
aux génies gardiens de ces trésors, des offrandes de fleurs, de
bougies, de riz, d'eau-de-vie, d'eau parfumée. On trouva une
fois une jarre remplie de lingots d'argent. Mais au retour, au
milieu de la route, les divinités qui n'avaient sans doute pas été
suffisamment propitiées, changèrent cet argent en lingots de
fer.

Le mercredi 9 janvier, prenant la route de terre pour se rendre

au Mœuong Roï Êt, dans la direction de l'ouest, ils quittèrent le
bois où est bâti le Mœuong Siraphoum, traversèrent successivement des rizières, des fourrés de bambou et des fûtaies clairières d'arbres phchek, sokkrâm et phdiek avant d'atteindre le
lac du Tha Ban Khuong qui s'allonge de trois kilomètres dans
le sens est ouest et qui est large de 800 mètres environ. Après
avoir longé sa rive où croissent des fourrés de bambous, ils
s'arrêtèrent au Tha du Ban Khuong, village situé sur les deux rives
du Si et comptant une trentaine de cases de chaque côté. On leur
dit au village, que d'autres appellent Ban Tha Mouong, que le
terrritore de Nhassonthon sur la rive gauche du Si s'étend jusqu'au Houé Ta Leô qui sert de limite entre cette province et le
Mœuong Kalamasaï (ou Kalasaï).

En ce qui concerne le cours du Si qu'ils allaient quitter définitivement, on leur dit que du Ban Tha Muong on remontait au
Mœuong Tavat, à gauche, à une matinée de distance ; une autre
matinée permettait d'atteindre le Ban Pha Khao, à droite ; puis
une demi-journée conduisait au Ban Chêng à gauche. Au-delà à
une petite matinée est le Ban Talat ; il faut ensuite un jour
pour atteindre le Ban Thom ; un autre jour pour arriver au
Mœuong Tha Kon Nhang. Au delà on ne sait plus rien, si ce
n'est qu'une des sources du Si vient de Nong Sé Nham Nhone,
une autre des Phou Khieu « monts bleus ». Mais il y a encore
une troisième source. Sur la rive droite, en remontant le long
du Si à partir du Houé Saï Kaï, on met 6 jours pour atteindre le
Houé Êng dont la source est aux forêts, au pied des monts.

Vers une heure de l'après-midi mes hommes quittent le Ban
Khuong dont les inscrits, au nombre d'une centaine, relèvent
soit de Roï Êt, soit de Va Pi, soit de Ta Vat ; ils traversent des
rizières, laissent, à droite, le Ban Tuo Noï, village au millieu
des rizières, longent, à leur droite, l'extrémité du lac Kang, qui
mesure disent-ils, environ 400 mètres du nord au sud et 200 de

De Nhassonthon a Kêtaravisaï

Échelle 1: 500.000

l'est à l'ouest. Au-delà ils longent à leur gauche, le lac Mœuong
Luong, long d'une lieue de l'est à l'ouest, large de 500 mètres
du nord au sud. La route traverse tantôt des rizières, tantôt
des fourrés de bambous, d'arbres nains, tantôt de hautes
fûtaies clairières. Vers six heures, ils campent pour la nuit
dans les rizières à proximité du Ban Hou Sou, village de
70 cases dont les inscrits relèvent soit de Roï Èt, soit de Nhassonthon, soit de Ta Vat. Les cases sont sous les bananiers et
sous les arbres de forêts, ce qui indiquerait un village de
création récente.

Le jeudi 10 janvier ils repartent à dix heures, traversant des
forêts clairières, laissant à gauche le Ban Kaï Pa qui compte
une dizaine de cases dans les bois ; puis, à droite, le Ban Tha
Kao, qui a la même importance. Vers midi ils s'arrêtent pour
laisser reposer les attelages au Ban Mak Hœup, hameau de
12 cases dans les bois. Vers une heure et demie, repartant
du Ban Mak Hœup, ils atteignent bientôt une grande mare, à
gauche de la route, longue de 600 mètres est ouest, large
de 250 nord sud. C'est Nong Kou. Au sud de ce bassin sont
des ruines dont ils n'apprirent l'existence qu'en arrivant au
Mœuong Roï Èt, à quelques lieues plus loin.

Au-delà de Nong Kou, ils longent Nong Sim, bassin long
de 2000 mètres est ouest, et large de 400 nord sud, puis Nong
Kè qui mesure 3000 mètres, sur 400. Tous ces bassins sont à
gauche de la route. Traversant ensuite tantôt des rizières, tantôt
des forêts clairières, ils passent au Ban Non Nhàng, hameau de
12 cases. Enfin vers cinq heures, ils arrivent au Mœuong Roï Èt où
on les conduit à la Sala de la Vat Takhèt : la Sala Khang étant
occupée par le Khun Prasakhon, mandarin de Bangkok, envoyé
par un prince pour examiner la plainte d'un Chinois du pays
contre le Chau Mœuong. Le procès traînait, et depuis deux mois
le siamois était ici avec une suite nombreuse ; mais le Chau était

gravement malade, et à toute extrémité même, si bien qu'il mourut le lendemain.

Le samedi 12 janvier, pendant que Nou estampait une stèle au Mœuong Roï Ět même, Ros, de son côté, retournait aux ruines de Nong Kou à trois lieues dans l'Est, tantôt suivant la route de l'arrivée, tantôt s'en écartant. Il passe au Ban Sang Machê (ou Machhê), hameau de 10 cases, au Ban Nong Nhâng, au Ban Khouo, et s'engageant entre deux bassins, il atteint les ruines près du Ban Kou, hameau de 15 cases. L'année précédente, un accident était arrivé aux ruines de Nong Kou. Trois femmes du village tirant sur un ricin à huile, firent ébouler des blocs et l'une d'elle resta écrasée sous les pierres. On l'enterra à côté du monument. Elle ne fut pas incinérée, ayant eu le malheur de mourir de mort violente.

Ros revint coucher au Ban Sang Machê et le lendemain il rentra au Mœuong Roï Ět, dont le nom signifie, parait-il, *cent un*.

Ce chef-lieu de province, qui relève directement de Bangkok, est entouré d'une plaine découverte, et bâti sur un petit tertre ; il mesure environ 1,800 mètres de longueur, est ouest, sur 800 de largeur, nord sud. Au sud s'étend une lagune qui communique avec un fossé creusé au nord, pour faire une ceinture d'eau au Mœuong. Sous de nombreux arbres fruitiers le village compte au moins 400 cases dont les habitants boivent l'eau des puits.

On y compte jusqu'à douze pagodes ; la moitié est abandonnée, il est vrai. Le matin avant l'aube et le soir à quatre heures, les bonzes ont coutume de se répondre de pagode à pagode en frappant du gong et du tam-tam. Les jours fériés, ils y joignent les sons de la cymbale double, frappant ainsi en l'honneur du Bouddha. La population adopte les modes siamoises ; elle cultive les rizières du voisinage et elle plante beaucoup de légumes du pays. On fait aussi au Mœuong Roï Ět un commerce

important de cardamome bâtard, de laque, de cornes de buffle
et de peaux de bœufs ou de cerfs. Le lat est de 8 au sleng.

Au Mœuong Roï Èt, le fils d'un fermier d'eau-de-vie était
mort récemment de la petite vérole. Après l'incinération on
plaça successivement dans une jarre : une tasse, un tical d'argent, un lat de cuivre, les vêtements du défunt, ses ossements
non cinérés, et tout l'attirail nécessaire à la mastication du
bétel ; la jarre fut enterrée à fleur de terre à l'angle sud ouest
du monument de Nang Kou.

Mes deux hommes ne prirent pas, à Roï Èt, des renseignements
sur l'importance de la province, sur le nombre de ses inscrits,
mais par goût, aimant les histoires grasses, ils en prirent surtout sur les mœurs et coutumes des filles et des femmes mariées
qui sont analogues d'ailleurs à ce que l'on rencontre dans tout
le Laos.

Les Laociens racontent que les jeunes gens cherchent souvent
à enchanter, à rendre amoureuses les filles au moyen de drogues
et philtres, ils emploient la cire avec laquelle ils enduisent leurs
lèvres, et la posent sur les vêtements de la fille qui perd alors
tout libre arbitre. Elle suit au bois son séducteur dans tous les
rendez-vous que celui-ci lui donne. S'il s'absente, elle pleure,
sanglotte et le réclame à grands cris. Pour la sortir de cet état
les parents vont quérir un *gourou* expert qui la fait baigner, laver
sa figure, boire des eaux lustrales. L'ayant guérie, il lui attache
au cou une cordelette de coton pour la préserver de tout
autre maléfice.

Ces pratiques de magicien ne sont pas à la portée de tout le
monde comme l'est la flirtation laocienne consacrée plutôt que
réprimée par les amendes du Pèng Hœuon. Nous avons vu que
les filles, ou plutôt leur famille, font partout payer les privautés prises envers elles et que ces privautés sont à un
prix tarifié par l'usage, généralement, 1, 2 et 4 ticaux selon la

gravité de la faute. Il faut de même payer pour les veuves ou
pour les femmes divorcées. Les amendes sont plus élevées pour
les filles de dignitaires ; et aussi dans les cas de grossesse.
Mais les garçons esclaves ne paient en général que demi tarif
si la fille a été consentante : tant pis pour elle. En définitive les
mœurs sont très-libres au Laos ; de plus le divorce y est très-
facile et très-répandu ; partout on y est indulgent aux faiblesses
de la nature humaine. Le roi d'Oubon, qui était à Bangkok au
moment de mon passage, a déjà fait *vendre*, c'est-à-dire mettre
à l'amende, deux fois, une de ses femmes pour cause d'infidélité.
Sans être divorcée ou répudiée, elle vit au dehors du palais. A
Siam, au Cambodge surtout, la peine capitale, par jugement ou
par assassinat, aurait certainement été le lot des coupables.

Au Laos, si un mari porte plainte pour adultère, on interroge
les accusés, on les frappe s'ils nient et si les preuves manquent.
Après le maximum des coups (90), s'ils continuent à nier, le
mari doit payer des dommages intérêts assez élevés. Mais
quand les coupables avouent, quand il y a des preuves, ils sont
condamnés à une amende qui semble varier selon les localités,
mais qui est généralement de 15 à 16 damling pour l'homme
et de 12 à 14 damling pour la femme, d'autres disent égale
au double de la dot apportée par le mari augmentée des frais de
la noce. De plus l'homme est frappé de 30 coups de verges, la
femme en reçoit 25. Tout ceci, dans le cas où le mari outragé
refuse de reprendre sa coupable et volage moitié. Mais s'il lui
pardonne, l'amende n'est plus payée que par le complice et en
outre elle est réduite de moitié. En ce cas même, le mari paie
généralement une faible amende, prix du rachat des coups de
verge encourus par sa femme.

La coutume laocienne est que les nouveaux couples demeurent
avec les parents de la femme, sauf autorisation de ceux-ci. Le
mari ne peut frapper sa femme sans offenser les mânes des

ancêtres de celle-ci. Quant elle commet des fautes, il doit la faire réprimander ou corriger par les beaux-parents jusqu'à trois fois. Si la mesure est inefficace il peut alors la corriger lui-même. Mais s'il se hâtait trop de la frapper il devrait payer pour apaiser les mânes une amende d'un buffle et de quelques ticaux.

Quand un jeune mari suspecte les sentiments de fidélité de sa femme, il place des fleurs sur son oreiller. Si elle l'aime encore elle les laisse là jusqu'à trois jours révolus. Si elle ne l'aime plus elle les jette et le mari se retire et divorce. Si l'époux commence à éprouver de l'antipathie pour une femme qui l'aime encore et se retire, elle le fait prier à trois reprises de revenir ; s'il refuse, elle peut alors se remarier. La femme qui prend l'initiative du divorce doit rendre au mari cette dot que le mari a apportée et que les Laos appellent *Sin Sot*; les Kkmèrs l'appellent *Khan Sla*.

On dit que si un mari s'absente au loin pour ses affaires, pour son commerce, sa femme peut se remarier, après un certain temps, sept mois par exemple, s'il n'envoie rien, s'il ne donne pas de ses nouvelles et s'il était du pays de la femme. Si elle a épousé un étranger, ce n'est plus sept mois, dit-on, mais trois ans qu'elle doit l'attendre. La femme qui se remarierait avant d'avoir rempli le devoir pieux de la crémation des restes de son mari, serait condamnée à une amende fixée généralement à 6 damlings (24 ticaux).

Au Laos, les biens des mandarins morts en fonctions sont inventoriés afin de retenir ce qui peut appartenir au roi par suite de leur maniement des fonds publics. Leurs biens propres reviennent à leurs femmes, à leurs enfants, ou, s'ils n'ont que des collatéraux, à ceux qui leur ont donné des soins pendant leur maladie.

Les Laociens pratiquent la castration des bœufs et des buffles à l'aide d'une sorte de ciseau de charpentier en bois sur

lequel on frappe avec un maillet pour écraser les conduits sans
abîmer la peau que l'on lave ensuite à l'alcool, et que l'on enduit
de certaines herbes. Ils appellent cette opération : *Ton Ngouo*.

En général ils estiment beaucoup, paient cher, et soignent
particulièrement les chats dont la robe a trois nuances ; ces
chats portent bonheur à la maison.

Le lundi 14 janvier, Ros et Nou quittèrent le Mœung Roï Êt,
à 9 heures et demie, allant au sud, en charrettes, traversant
d'abord une forêt de grands arbres, puis passant entre deux
mares appelées Nong Phên ; ensuite est une plaine de rizières,
puis une grande forêt, et une forêt clairière. Vers midi et demi,
ils s'arrêtaient au Ban Khor, gros village d'une centaine de cases.
Ils en repartirent vers trois heures, traversant rizières et forêts,
passant près de Nong Phaï, à droite de la route, mare mesurant
1200 mètres environ est ouest, sur 400 nord sud. Après d'autres
rizières, d'autres forêts clairières ou épaisses, ils atteignirent
le Ban Péai, hameau de 30 cases qui dépend de Roï Êt, et ils
couchèrent un peu au-delà, dans la case du Komnan ou chef du
Ban Hang Doh, ou Hang Kut.

Le mardi 15 janvier, quittant ce village à six heures du matin, ils continuent leur route, mais ils s'arrêtent bientôt pour
changer de charrettes au Ban Phou Y, village de 80 cases environ sous les arbres fruitiers. Puis après avoir traversé quelques
forêts clairières, ils s'arrêtent pour le même motif au Ban
Daung Kang, hameau de 15 cases, en forêt. Ils en repartent à
huit heures, traversent encore des forêts clairières, des rizières
et s'arrêtent pour déjeuner à neuf heures et demie au Ban Sân
Mân, où le Komnan, est allé au Mœuong Siphoum. En son
absence, ils sont reçus par un ivrogne quelconque. La population de ce village de 15 cases accourt pour voir les étrangers ;
les bonzes viennent aussi. Un vieillard, prenant des fils de
coton, en noua trois à leurs poignets en signe de bénédiction.

Partant du Ban Săn Mân à une heure et demie, ils traversèrent d'abord les rizières. Le sable blanc avait sans discontinuité couvert la piste depuis Roï Èt; mais ici il prenait des teintes rougeâtres et se mêlait de graviers noirs. Après une plaine nue et inculte, ils s'arrêtèrent au Ban Khouo Mœuong, hameau de 30 cases sous les arbres fruitiers. Au-delà ils traversèrent des cépées de bambou et une haute futaie pour coucher au Ban Dong Bang, village de 30 cases. La pagode compte 12 bonzes. Ils s'enquirent là du partage des terres entre les divers Mœuongs, on leur répondit qu'aucune limite n'était tracée, les inscrits étaient mêlés et qu'à l'époque de la perception des impôts on percevait d'après les listes de chaque Mœuong sans s'inquiéter de la résidence.

Le mercredi 16 janvier, quittant le Ban Dong Bang à six heures et demie, ils traversent tantôt des forêts clairières, tantôt des rizières, ou des plaines herbeuses et nues. Ils changent de charrettes et déjeunent au Ban Na Tam, village de 40 cases sous les bambous et les tamariniers. Poursuivant leur route ils passent près de Nong Ban Mèk, mâre de 600 mètres sur 400 ; puis ils s'arrêtent au Ban Mèk, village d'une quarantaine de cases, dans les bois qui sont principalement en arbres Roka, une sorte de flamboyant à épines. Repartant à midi, ils traversent des rizières, des bois clairs, puis des bois épais, suivant une piste de sable rouge. Ils passent près de Nong Ta, bassin de 2000 mètres dans le sens est ouest et de 800 nord sud. Ils font encore de courtes haltes au Ban Mo Ta et au Ban Nam Khan Noï, celui-ci est dans les bois. Au-delà ils longèrent I Chhêng, bassin long de deux kilomètres. A son extrémité méridionale est le Mœuong Suvannaphoum où ils arrivèrent à deux heures et demie. Ils y restèrent toute la journée du lendemain, notant qu'on trouve à ce cheflieux des Chinois, des Siamois et quelques Khmèrs ; que les inscrits de la province sont au nombre de 3000 environ et que, outre le district de Siphoum proprement dit, cette province comptait aussi les Mœuongs de Melou Phaï, Chak Tuk Phiman, (Kantanha ou) Phyakaphoumvisaï et Kètaravisaï. Il faudrait ajouter que le dernier refuse de relever de Siphoum et que Sourèn revendique le second.

Les vieillards prétendent que le vol était à peu près inconnu au Laos, il y a une génération au plus. Il faut convenir que, si jamais ce bon temps a existé, il a disparu sans retour : les vols et actes de brigandage étant de plus en plus fréquents. Selon les gens de Siphoum, si on tue un voleur d'un coup d'arme à feu, on paie seulement *le prix de la terre*, 6 ticaux au premier mandarin du pays et encore 6 ticaux à la veuve du voleur pour qu'elle fasse les cérémonies funèbres. Mais si on tue un innocent il faut payer une cattie d'argent et être mis à la chaîne, travailler pour le roi.

Pour la distillation de l'alcool qui a lieu à peu près librement, en famille, dans la plupart des Mœuongs, les Laos font un levain en mélangeant réglisse, poivre, ciboules, piment, cardamome et deux ou trois autres plantes aromatiques qu'ils mêlent à un peu d'eau-de-vie de première chauffe, avec de la farine de riz gluant ; le tout est roulé en boulettes et séché au soleil. D'autres font leur levain avec huit ou neuf sortes d'écorces du pays, séchées au soleil, hachées, pilées menu et mélangées à de la farine de maïs que l'on roule aussi en boulettes pour faire sécher au soleil. Quelque soit le mode de préparation, lorsque le levain est préparé, on fait cuire du riz gluant, on le laisse refroidir en l'émiettant sur des nattes où on le saupoudre de levain. Puis on le laisse fermenter un jour ou deux avant de distiller dans les marmites ou chaudières. Ils appellent, ai-je dit, *Lao* cette eau-de-vie, dont ils sont grands amateurs en tous Mœuongs. Les Laociens préparent aussi une sorte de bière en faisant cuire trois bols de riz gluant qu'ils émiettent aussi pour le faire refroidir.

On le pétrit en boules après l'avoir saupoudré de levain et on le laisse fermenter trois nuits révolues. Au quatrième jour, versant de l'eau le matin dans la jarre on a dès le soir même une boisson aigre-douce, blanchâtre comme l'eau de riz, mais très peu ragoûtante d'aspect. Quelquefois les gens du pays, rien moins que dégoûtés, font jarre nette, y trouvant à boire et à manger.

Le vendredi 18 janvier, Ros et Nou partirent de Suvanna-phoum vers midi, allant au nord ouest, traversant des forêts claires sur sable rougeâtre. Ils s'arrêtèrent une heure au bord de Nong Lêk, mare de 120 mètres sur 80, à gauche de la route. Puis traversant encore pendant une heure des forêts clairières, ils s'arrêtèrent pour la nuit au Ban Ngou Liem, le village suivant étant trop éloigné pour continuer le même jour. Ngou Liem est un village de 60 cases environ ; sa moitié occidentale est sous les arbres fruitiers, l'autre moitié dans les arbres de forêt : le village s'étant étendu récemment de ce côté.

Le samedi 19 janvier, partant de Ngou Liem, ils traversent successivement : des bois serrés, des fûtaies, une plaine de grandes herbes, une forêt clairière, et une grande plaine nue qui s'étend à perte de vue et que les Laociens appellent Thung Ya Nang. Au-delà ils passent à travers quelques bouquets d'arbres pour atteindre Nong Sim et ils s'arrêtent un peu plus loin au Ban Daung Man, hameau de 30 cases. Ils en repartent vers midi, traversent des forêts claires, longent des rizières et s'arrêtent encore pour changer de charrettes, au Ban Si Kuh, (20 cases). Au-delà ils traversent encore une petite forêt pour s'arrêter au Ban Loum Lao (25 cases). Puis, traversant plus loin des bois tantôt épais, tantôt clair semés, ils s'arrêtent ensuite pour faire boire les bœufs à Nong Kou, bassin de 1200 mètres sur 800 ; et après avoir traversé d'autres forêts ils s'arrêtent à 5 heures, pour la nuit, au Ban Nam Kham, village de 60 cases.

Le dimanche 20 janvier, partant vers sept heures, ils continuèrent à traverser les bois tantôt clairs tantôt serrés ; ils
changèrent de charrettes au Ban Thap, hameau de 20 cases ;
puis au Ban Lo Ko, (10 cases) ; ils passèrent ensuite près de
la mare Mak Kou Noï, près de Nong Bak Kou, autre mare
sur la route, et ils pénétrèrent dans des forêts clairières qui
s'étendent à peu près jusqu'au Mœuong Kêtaravisaï où ils
arrivèrent vers midi et demi.

Ros note qu'il y a trois pagodes dans ce Mœuong, comptant
respectivement 10, 20 et 16 bonzes. Le Chau Mœuong était mort
peu de temps auparavant. Une cheminée formée de tubes de
bambous conduisait au haut du toit les gaz méphitiques du
cercueil que venaient garder pendant la nuit les bonzes en
prières, et aussi les jeunes filles et les jeunes gens du pays,
joyeuse compagnie, ne songeant qu'à se divertir au son des
instruments de musique. J'ai déjà parlé précédemment du
Mœuong Kêtaravisaï appelé aussi, par abbréviation, Mœuong
Kêt.

Dans le district de Kêtaravisaï, les habitants de plusieurs
villages se livrent à la fonte du fer. J'ai donné quelques détails
sur cette industrie à propos de mon passage dans le même pays
qui eut lieu quelques jours plus tard et que j'ai relaté dans le
précédent chapitre. Je me borne ici à dire que cette industrie
est assez semblable à celle que le docteur Joubert a constatée
aux environs d'Amnat et sur laquelle il s'exprime en ces termes :

« Aux environs d'Amnat la limonite abonde ; elle forme
plusieurs buttes. Une extraction que nous avons visitée à 4 kilomètres E. N. E. d'Amnat, près du petit village de Thuey,
renferme deux variétés de minerai, l'une analogue à la pierre
de Bien-Hoa, mais plus riche en métal ; l'autre, compacte plus
grise, en morceaux du volume d'une noix ou plus petits, faciles
à réduire en poudre. Ce dernier minerai ne se trouve qu'à la

surface du sol, commé le précédent. Le mode d'exploitation est
tout à fait primitif. Le fourneau n'a que $0^m,75$ de hauteur sur
$0^m,15$ de diamètre ; il sert de cheminée au foyer d'un petit four
en terre glaise. On charge des couches a'ternatives de charbon
de bois et de minerai. Au moyen d'un soufflet fait d'un cylindre
de bambou dans lequel se meut un piston, on active la combustion. Le soufflet est placé à la partie qui est opposée à la gueule
du four. Lorsque le métal est en fusion, on opère la coulée par
une étroite ouverture pratiquée du côté où est placé le soufflet,
et aboutissant à la partie la plus déclive du foyer. Le produit
est ensuite chauffé à la forge et martelé ; les coups de marteau
font sortir la scorie, les cavités se resserrent et le fer est ainsi
forgé.

Ces moyens imparfaits font qu'une grande portion du métal
reste dans les scories, aussi ne retire-t-on qu'une livre de fer
par opération.

Les fourneaux sont généralement par paires et disposés de
façon qu'un seul homme puisse en même temps faire manœu-
vrer les deux soufflets.

Cette méthode est tout à fait l'enfance de la méthode catalane
et ne peut s'appliquer qu'à des minerais très riches. Il est
probable qu'elle fut jadis la seule employée [1] ».

Le lundi 21 janvier, Ros et Nou quittèrent le Mœuong Kêtaravisaï, allant d'abord au nord-ouest, à travers une plaine de
sable d'un blanc rougeâtre ; puis à travers une forêt clairière
d'arbres à résine. Ils s'arrêtèrent pour déjeuner au Ban Lao
Luong ou Lam Luong, hameau de 20 cases, où on élève beaucoup
de bœufs et de buffles. Continuant ensuite leur route, ils
passèrent successivement au Ban Sah Nèn, (10 cases), au
Ban Pho Lo (20 cases). De là ils reprirent au sud, traversant

---

[1]. Voyage d'exploration en Indo-Chine. Tome II, page 149.

tantôt des forêts clairières, tantôt des plaines nues pour arriver au Ban Nong Nœua, village de 30 cases, avec une pagode où ils couchèrent. Les habitants de Nong Nœua font du sel dans une plaine à deux ou trois lieues vers l'est, lavant la terre salée par le procédé que j'ai déjà décrit plusieurs fois et faisant évaporer au feu l'eau qu'on réduit au tiers de son volume primitif. Les cristaux se forment dès que l'eau refroidit. Le sel est vendu aux gens de Sourèn. Ces plaines, si sèches pendant plusieurs mois de l'année, où on ne trouve alors de l'eau que dans les mares qui sont espacées souvent d'étape en étape, ces plaines, dis-je, ne sont pourtant pas dépourvues de poissons à la saison des pluies. On y trouve surtout un poisson gros comme le pouce que les Khmêrs appellent Chhlaunh et les Laos *Pa Lot*. Ces derniers, armés d'un petit croc effilé, aigu, aplati et emmanché à un bâton long d'une brasse, le harponnent très adroitement dans la vase, dans les racines des arbres.

Le mardi 22 janvier, quittant Nong Nœua vers 6 heures, Ros et Nou traversèrent d'abord une forêt clairière de Khlong, Thbêng, avec quelques Kokis. Vers 7 heures ils s'arrêtaient au Ban Tieu pour changer de charrettes. Ils notent que ce village (où je devais passer un peu plus tard) compte une trentaine de cases, que les habitants sont inscrits au Mœuong Kétaravisaï et que les Roka ou faux cotonniers leur donnent des bourres pour leurs couvertures de lit. Poursuivant leur route, mes hommes traversent une forêt clairière, puis une forêt serrée et s'arrêtent à 9 heures et demie au Ban Pho Saï, notant comme moi qu'il y a une grande mare à l'est du village et que les habitants font du sel.

A midi, ils quittèrent le Ban Pho (ou Phou) Saï, traversant une plaine de rizières, puis le Nam Siou pour atteindre au-delà le Ban Têng Sêng qui compte une cinquantaine de cases de Laos inscrits au Mœuong Kétaravisaï; ils partagent leur temps entre

les rizières et le sel. Sortant du Ban Têng Sêng, mes hommes
traversèrent successivement une forêt serrée, une forêt clairière,
une plaine nue, une forêt clairière, une forêt de grands arbres
pour atteindre le Ban Nong That où ils dînèrent et changèrent
de charrettes pour se rendre de nuit, à travers des forêts
tantôt clairières, tantôt de haute futaie, au Ban Ak Dèk, gros
village où ils s'arrêtèrent pour coucher à 11 heures 1/2.

Le mercredi 23 janvier, partant à 6 heures du Ban Ak Dèk,
ils traversent encore des forêts, clairières ou épaisses pour
changer d'attelages au Ban Nong Phou, hameau de 10 cases.
Au-delà ils traversent encore d'autres forêts pour aller changer
de voitures au Ban Chi Tau (15 cases). Ayant ensuite traversé
une forêt d'une demi-lieue ils changent encore de voitures au
Ban Nong Phan qui compte une cinquantaine de cases. Ils en
repartent vers midi, traversent encore des forêts entrecoupées
de rizières et vers trois heures ils atteignent le Mœuong Phyakaphoumvisaï, qu'ils appellent Kantiyakaphoum. Bien reçus,
ils couchèrent une nuit à la sala de la pagode.

Il faut remarquer que leur itinéraire, depuis Suvannaphoum,
jusqu'à ce Mœuong et jusqu'au suivant, Pouthaïsong, tout en
se confondant avec le mien en tant que direction générale,
diffère sensiblement dans les détails. Mes deux hommes voyageaient par petites étapes de relai, c'est-à-dire de village à
village, tandis que moi j'allais directement d'un mœuong à
l'autre. Il y a aussi quelques différences dans nos appréciations
respectives sur le chiffre des cases de ceux des villages que je
traversai quelques jours après eux. Ils estiment à 250 le chiffre
des cases du Mœuong Kantinhakvisaï (Phyakaphoumvisaï), qui
est entouré de rizières. Au-delà de ces champs, commencent les
bois.

Le jeudi 24 janvier, quittant à midi le Mœuong Kantiyakaphoum, ils traversèrent des forêts tantôt épaisses, tantôt clai-

rières, entrecoupées de rizières pour atteindre à la nuit le
Ban Dong Nhâng qu'ils appellent aussi Dong Nhâng Si Sok
Lak ; ils lui donnent une vingtaine de cases. Sa population
était en émoi par suite de la découverte d'un trésor merveilleux dans les bois à l'ouest du village. Un homme ayant
vu l'argent dans une jarre, était accouru en toute hâte pour
prévenir du fait. Mais quand la foule arriva il n'y avait
plus qu'un énorme bloc de résine solide qui avait coulé
du haut des arbres. D'aucuns songeaient à l'emporter dans
l'espoir qu'il redeviendrait trésor. D'autres s'y opposaient
disant que cet acte hardi indisposerait les divinités. Les plus
malins hochaient la tête, disant au retour que les impies assez
audacieux pour poser la main sur l'argent ou sur la résine
auraient été mis à mort par les esprits qui se plaisent à mys-
tifier et à décevoir les pauvres humains.

Le vendredi 25 janvier, au matin, Ros et Nou quittèrent le
Ban Dong Nhang et traversèrent des forêts, passèrent près de
Nong Nom, mare longue de 1000 mètres, large de 400, qui a
de l'eau en toute saison et qui est à gauche de la route. Ayant
encore traversé pendant une heure une forêt de grands arbres,
ils s'arrêtèrent quelques minutes au Ban Nong Pên, village d'une
trentaine de cases ; les habitants, inscrits au Mœuong Sourèn,
fabriquent quelques charrettes qu'ils vendent une vingtaine de
ticaux aux Laociens et aux Siamois. Au-delà mes hommes traversèrent encore une forêt et s'arrêtèrent bientôt pour déjeûner
au Ban Pao. Au nord est du village est une mare qui mesure
200 mètres sur 40. Vers midi ils en repartaient et traver-
saient des forêts entrecoupées de quelques rizières pour
atteindre à deux heures et demie le Ban Nong Boua « mare des
lotus », où on les garda pour la nuit, les charrettes n'étant pas
prêtes.

Le samedi 26 janvier, quittant le Ban Nong Boua vers six

heures et demie, ils traversent des rizières et au bout d'une demi-
heure ils atteignent le Houé Lam Long Chhou[1] qui vient de
Mœuong Chonobot et se jette dans le Moun ; ce petit cours d'eau,
actuellement à sec, a 8 mètres de largeur et 2 mètres d'escarpe-
ment de rives ; il sert de limite aux Mœuongs Kantinha et Pouthaïsong, c'est-à-dire à Siphoum et à Korat. Au-delà, dans les forêts
claires, ils laissent sur leur droite une mare appelée Nong Kit ; ils
atteignent le Ban Houo Phèn qui compte 80 cases et ils s'arrêtent
quelque temps au Ban Horèk, à l'est d'une plaine nue qui le sépare du Mœuong Pouthaïsong, d'où on vint les recevoir et les
conduire à la Sala Klang pour déjeuner. De là ils se rendirent à
l'ancien Mœuong de Pouthaïsong, un peu plus à l'ouest, qui était
protégé sur sa face septentrionale par un fossé de 20 mètres de
largeur. Traversant ensuite des rizières, ils allèrent changer de
charrettes au Ban Chan qui compte une vingtaine de cases. Vers
deux heures ils quittaient ce village, traversant d'abord des bois
épais, puis des plaines de rizières coupées de bouquets de bois ;
ils passèrent près de Nong Nhang, mare longue de 250 mètres,
large de 120, et vers quatre heures ils changèrent de charrettes
au Ban Don, village d'une vingtaine de cases sous les arbres de
forêts. Quittant le Ban Don, ils traversent une futaie et s'engagent
dans une plaine découverte qui s'étend sur leur gauche, longeant
la futaie à droite. Vers cinq heures ils passent près de Nong
Ngim, mare à droite, longue de 200 mètres, large de 50 ; ils
passent ensuite près d'un pavillon élevé pour recevoir le premier
ministre, le Samdach Chau Phya Maha Malla, d'après des ordres
venus de Bangkok. (Ce haut dignitaire Siamois ai-je dit déjà,
abandonna depuis ce projet de voyage au Laos). Ils atteignirent
enfin le Sa Thèt, qu'ils appelèrent Houé Lam Ta Thèt ; ce cours
d'eau limite les deux districts de Pouthaïsong et de Phimaie.

1. Que j'ai appelé Houé Pang Sou.

Traversant encore une plaine nue ils s'arrêtèrent pour la nuit au Ban Khor Bourit, hameau de 8 cases.

Le dimanche 27 janvier, partant du Ban Khon (ou Khor) Bourit, vers 7 heures, ils traversent tantôt des plaines nues tantôt des bois clairsemés, pour atteindre le Houé Ban Day, petit affluent de droite du Sathêt ; son lit, large de dix mètres, profond de 2, est à sec à ce moment ; il vient des plaines à quelque distance. Plus loin, ils laissent à droite Nong Bot, mare longue de 120 mètres, large de 40, et s'arrêtent tout près, au Ban Phét, hameau de 5 cases, où ils déjeunent et changent de voitures. Ils en repartent vers dix heures, traversent des fourrés de bambous et des bois clairs, passent près de Nong San, mare ronde de 30 mètres de diamètre, à droite ; puis ils débouchent dans une plaine où le sol est de sable rouge. Ils passent encore près d'une mare à sec appelée Phak Houé, traversent un bouquet de bois sur un tertre, puis d'autres fourrés de bambous, et vers midi ils s'arrêtent au Ban Nang Houo, village de 11 cases de pêcheurs qui ont pour monnaie les *hat* ou sous de Siam.

Le lundi 28 janvier, partant vers 7 heures, ils ont à droite, une futaie, à gauche des bambous et une grande plaine où le sable d'abord grisâtre, devient ensuite rougeâtre, mêlé de cailloux noirs. La plaine, couverte d'herbe que les Khmèrs appellent *sebau andas*, est parsemée d'arbres isolés. Ils s'arrêtent une demi-heure au Ban Tha Va où il n'y a qu'une case ; puis ils atteignent le Moun à une petite demi-lieue au-delà. Dans son lit de trente mètres de largeur, de 4 à 5 mètres de profondeur, la rivière a ici une coudée d'eau. Ayant traversé le Moun, ils traversent des plaines et des bois clairs et vers 11 heures ils s'arrêtent pour faire boire les bœufs à Sak Si Liem. Au-delà ils traversent des forêts clairières, et font de courtes haltes au Ban Maï (15 cases), et au Ban Yaï Tha. Ils s'arrêtent pour la nuit au Ban Prak Sok, village de 50 cases,

... passer la nuit au

... a ... u Khos

... ... d'autres cases
... le H ... Ban. Day.
... ... de ... mètres.
... t les plaines à
... N ... Bot. mare
... tout près au
... ... et changeant de
... ... ment les tournés
... N ... San. mare
... ils débouchent
... Ils cassent encore
... H ... traversent un
... orêts de bambous.
... Ba ... ... ville de 11
... ges es de Siam.
... ... res. ils ont à
... une grande plaine
... ... zardure. mêlé
... d'erbe que les
... ... d'arbres isolés.
... Tha Va où il n'y a
... petite demi-lieue
... ... eur. de 4 à 5
... ... e d'eau. Ayant
... et ... bois clairs et
... les bœufs à Sak Si
... res. et font de
... Ban Yai Tha. Ils
... de 50 cases.

... iter
... au Laos
Chap. III-II

Ban Pho Ian
Ban min sub. Nin
Kong
Ban Lao Luong
Ban Fiong Houai

Mœuong Kouaravisaï

Ban Teue
Ban Teue ou Teue

Ban Kong Thati
Ban Pho Nat
Ban Houe Nat
Ban Keng Kha

Ban Kong Phou

Lam Pau

Ban de Dôk
Ban de Dôk
Ban Pong Plou
Ban Chi Kele

Mœuong Kantyavisaï
(ou Phyakaphoumvisaï)

Ban Nong ou Bang Hliang
Ban Keng Pin
Ban Kia
Ban Kong Houa
Ban Houe Phon
Ban Hou Ki

Mœuong Pouthaisong
Moua

Houe Lam Lang Cabat
ou Houe Pang Sou
(limite)

Ban Chun
Ban Thon

Lam Kai Thiet
ou Sot Thiet

Houe Ban Dou
Ban Khor Bourit (Khon Bourit)
Ban Phake
Ban Neing Houa
Bengkhampha

dont les habitants plantent du tabac et cultivent des rizières.

Le mardi 29 janvier, ils partent à 7 heures traversent un bois épais, puis un bouquet de Tenot ou Borassus, tout autour d'une pagode, appelée Vat Chan, où sont 6 bonzes. Au-delà, après une autre forêt épaisse et une plaine nue, ils s'arrètent au Ban Klouï, village de 50 à 60 cases sous les bambous et les cocotiers. Ils en repartent à 10 heures, traversent une forèt épaisse, sortent dans une plaine nue où ils passent le Houé Nam Kham, affluent de droite du Moun, qui a encore deux décimètres d'eau dans un lit de 20 mètres de largeur et 3 de profondeur. Il se jette dans le Moun à une lieue de là. Après ce cours d'eau, ils traversent une plaine de trèng « roseaux » et des bois épais pour s'arrèter vers midi au Ban Char Damra, hameau d'une dizaine de cases de Siamois. La population du district de Phimaie est en général siamoise. Ayant changé de charrettes, mes hommes quittèrent le Ban Char Damra vers 2 heures, traversant un bois épais pour atteindre le Houé Suor, qui relie, dit-on, le Houé Nam Kham au Moun. Cette sorte de canal naturel, qui n'a de l'eau qu'aux crues, mesurerait environ 24 mètres de largeur, 3 de profondeur. Au-delà est le Ban Na Suor, hameau de 5 cases où ils s'arrètèrent un peu. Repartant à trois heures, ils traversèrent des rizières, puis des forêts claires, pour s'arrèter au bout d'une demi-heure au Ban Nong Sa Non ou Si Noun, hameau de 5 cases, dont les habitants, inscrits les uns à Phimaïe, les autres à Korat, comprennent généralement la langue cambodgienne. Leurs récoltes sont toujours passables parce qu'ils ont soin d'arroser leurs rizières avec l'eau du Moun au moyen de norias. Les aréquiers sont nombreux autour de leurs cases. Se joignant aux gens des villages voisins ils font du commerce par caravanes de 15 à 20 charrettes, entre Korat et Roï Êt ou Nong Khaï. Ils vont ainsi en troupes par crainte des brigands.

Le mercredi 30 janvier, quittant le Ban Sa Non à 8 heures,

mes hommes traversent des plaines de rizières, parsemées de bouquets de bois ou de *tenot* « borassus, palmiers à sucre. » Tantôt ils longent le Moun à leur droite, tantôt la rivière décrit un coude qui s'écarte de la piste. Ils passent au Ban Chakhorang, village abandonné ; puis près de Nong Ta Phia, mare de 80 mètres sur 20 ; les tenots sont nombreux à l'est du Ban Ta Phia. Après cette mare, mes hommes traversent le Moun pour passer sur sa rive septentrionale. L'eau est profonde d'une coudée entre des berges écartées de 40 mètres et profondes de 3 mètres. Vers neuf heures ils s'arrêtèrent au Ban Tha Luong qui a 30 cases. Ils en repartirent à pied, vers onze heures, traversèrent tantôt des forêts claires, tantôt des rizières, et passèrent une seconde fois le Moun pour atteindre le Mœuong Phimaie où ils s'arrêtèrent en attendant mon arrivée.

CHAPITRE IV

DE PHIMAIE A KORAT. SÉJOUR A KORAT
LA VILLE DE KORAT

En arrivant à Phimaie, le mercredi 6 février, j'y retrouvai donc Ros et Nou qui m'y avaient précédés de sept jours. Je m'installai avec eux dans une petite sala près de l'angle sud ouest des

ruines, à côté d'une mare où la population venait puiser l'eau
pour arroser les plantes, réservant l'eau des puits de l'ancien
temple pour la boisson et la cuisine. Je m'empressai de visiter
le monument de Phimaie qui est très important et le soir je fis
visite au Chau Mœuong, vieux bonhomme de 74 ans, très
accueillant, à la tête de trois femmes et de huit enfants, qui
avait pour titres : Phrah Phakedi Si Khan reak sema. La journée
du lendemain et la matinée du vendredi furent consacrées à
visiter le pays et à lever le plan du monument et, ce jour du
vendredi 8 je quittai Phimaie après déjeuner.

Le Moun passe au nord du Mœuong Phimaie qui s'étend
tout autour des ruines sur 1200 mètres de longueur nord sud
et 800 mètres de largeur est ouest. On n'y compte actuellement que 80 cases environ très disséminées sous les bambous,
cocotiers, aréquiers et palmiers à sucre. Une partie de la
population a quitté Phimaie, il y a quelques années, pour cause
de disette, dit-on. Dans l'enceinte des ruines sont trois bonze-
ries : à l'est, la Vat Srah In « du bassin d'Indra » qui compte
12 bonzes ; au sud la Vat Prasat « des tours » où prient 7 bonzes ;
à l'ouest la Vat Prang « de la pyramide » où habitent 13 bonzes.
Autrefois on comptait encore deux autres pagodes dans ces
ruines. Dans le Mœuong, en dehors des ruines, sont en outre,
à l'est, la Vat Thèng, 10 bonzes ; au sud, les deux Vat Prang
Touphi qui comptent 15 bonzes et au nord Vat Dam où prient
15 bonzes. D'autres pagodes sont abandonnées. Toutes ces
pagodes habitées ou abandonnées indiquent combien Phimaie
était important il y a peu de temps. Les ruines nous
enseignent aussi que ce fut un centre considérable lors de la
domination cambodgienne. La situation de Phimaie était, en
effet, heureusement choisie au dessous des confluents de toutes
les petites rivières qui se jettent dans le haut Moun. La conquête siamoise a eu pour résultat de faire transporter le chef-

lieu à Korat qui était plus rapproché du bassin du Ménam où
lés nouveaux dominateurs avaient le siège de leur puissance.
De Phimaie les charrettes chargées vont en 6 ou 7 jours au
Mœuong Nang Rong au ·sud, en 9 jours au Mœuong Chonobot
au nord, en 11 jours au Mœuong Khon Khên au nord nord est.

Le district de Phimaie ne compte plus que 200 inscrits payant
4 ticaux de capitation. La population, assez brune, Cambodgienne d'origine, selon toute vraisemblance, est devenu Siamoise de
langue, de mœurs et de coutumes. Sa nourriture est le riz ordinaire au lieu du riz gluant des Laociens. Les monnaies sont les
monnaies siamoises que nous retrouverons à Korat. Selon les
traditions légendaires conservées chez les habitants et même
écrites dans un livre, dit-on, le monument de Phimaie fut construit par une femme appelée Néang Horaphœum qui avait parié
avec un autre personnage appelé Preah Tévateat (en sanscrit
Dévadatta) de construire en une nuit ces tours, avant que lui-
même n'eût achevé l'édification du monument de Nom Van. La
main de la dame était l'enjeu de ce pari. La légende dit qu'elle
usa d'un artifice très répandu dans les traditions en Indo-Chine,
pour l'emporter et se dispenser d'accepter son rival pour mari.
Au milieu de la nuit, elle fit suspendre un fanal très élevé que
Preah Tévateat prit pour l'étoile du matin, et il abandonna son
travail. La tradition locale dit aussi que les tours de Phimaie
furent abîmées plus tard par des armées laociennes, à la recherche
des trésors qu'on y croyait cachés.

Les bonzes du Mœuong Phimaie fabriquent des pétards, en
chargeant des tubes de bambou qu'ils enveloppent d'écorce
d'arequier, en roulant autour des cordes de ramie qui font une
triple couche, et forant une cheminée où ils placent la mèche.
Ces pétards sont allumés par cinq, à la fois ou successivement,
et par des bonzes qui doivent *être en état de pureté*, dit-on.

Ces bonzes fabriquent aussi une sorte de parchemin en étoffe

de la manière suivante : ils font brûler des écorces de l'arbre
Samrong, des bananiers de l'espèce dite *malaise*, et des tiges de
fruits de cocos, réduisant le tout en cendres que l'on met dans
une jarre percée avec une natte pour filtre. Ces cendres arrosées
donnent une sorte d'eau de soude qu'on mélange avec du bois
de mûrier haché menu afin d'avoir une pâte qu'on étend sur des
pièces de cotonnades longues de cinq coudées et tendues sur un
cadre de bois ou sur des planchettes. Cette pâte est battue,
égalisée dans l'eau avec des tiges de papayer. Quand le bain est
jugé suffisant, la pièce de coton retirée est étendue au soleil.
Ce parchemin coupé à la largeur voulue est ensuite débité en
rouleaux.

Ces détails me furent donnés par les deux hommes qui me
précédèrent à Phimaie. Ils assistèrent aussi à des cérémonies
de crémation et de coupes de cheveux qui présentèrent quelques
particularités spéciales au pays.

La cérémonie de la coupe des cheveux des jeunes filles nubi-
les est très importante chez les Siamois. A Phimaie les notables
et mandarins élèvent plusieurs hangars ; des troncs de bananiers
sont plantés dans le hangar de la cérémonie. On élève un tréteau,
autel à triple étage, où est placé une statuette de Boudha
entourée de fleurs de lotus, de bétel, d'arec, de bougies et de
baguettes odoriférantes. Des fils de coton longs de 40 mètres
sont enroulés aux mats. La *montagne* sur laquelle a lieu la
cérémonie est faite d'une ossature de jeunes arbres, de bambous
recouverts de treillis et de cotonnades blanches. Un escalier de
rondins permet d'en faire l'ascension. Les préparatifs achevés,
les parents, amis et étrangers de distinction sont invités à venir
fumer et boire. Dix bonzes prient à tour de rôle et reçoivent
chacun deux régimes de noix d'arèc, cent feuilles de bétel et
cinq coudées de cotonnade blanche de première qualité. Un
orchestre de six musiciens fait continuellement entendre sa flûte,

sa guitare, son violon, ses tambours. Quinze garçons et quinze
filles sont assis aux premiers rangs en qualité d'assistants. Au
matin de la fête, après les prières, les fillettes sont conduites
sur la *montagne* où l'achar « maître de cérémonie » et les bonzes coupent les cheveux, versent de l'eau sur leur tête, les
parents étant assis à côté de leur fille. Sur les jeunes têtes rasées
on secoue un mélange de feuilles de bananiers hachées menues
dans de l'huile et de la farine odorante. Sous les hangars, ou en
plein air, se pressent les spectateurs au nombre de 200 tant
hommes que femmes qui avouent n'avoir jamais été à si belle
fête. Un repas offert aux bonzes et ensuite aux invités termine la
cérémonie. Chaque invité répond à la politesse par des cadeaux
dont la valeur n'est pas déterminée. Cette grande fête dure
quinze jours chez les mandarins de Phimaie, dix jours chez les
petits mandarins, sept chez les riches particuliers, et trois chez
les autres. Les pauvres gens se contentent d'inviter cinq bonzes
qui, en une matinée diront leurs prières, couperont les cheveux
des fillettes et prendront le repas offert.

Après la coupe des cheveux, la jeune Siamoise entre *dans*
l'ombre c'est-à-dire en retraite dans sa maison où tout lui est
préparé, dont on n'ose pas la laisser sortir. Cette retraite dure
jusqu'à un an pour les filles des grands mandarins. Par cette
retraite elle doit acquérir des mérites pour acquitter la dette de
reconnaissance contractée envers sa mère. La fille pour qui,
par suite d'une malchance quelconque, on n'aurait pas pratiqué
la cérémonie de la tonte du toupet, serait regardée comme une
femme incomplète. Elle ne pourrait pas être, par exemple,
demoiselle d'honneur aux mariages en tenant l'arèc et les fleurs.
Au Cambodge, quand on coupe les cheveux à une fillette il est
possible qu'elle soit déjà *dans l'ombre* où l'ont fait entrer ses
parents dès l'apparition des premiers signes de la nubilité ; mais
les gens de Phimaie attendent pour l'y faire entrer l'époque fixée

pour la cérémonie sans se préoccuper de son état physiologique.

Quant à la crémation elle eut lieu un dimanche, à quelques lieues à l'est de Phimaie, dont tous les mandarins s'y rendirent, le Chau en tête, présidant à la cérémonie. Un de ses fonctionnaires, le Luong Klang, dont on brûlait l'épouse défunte, remit à son supérieur 50 ticaux, prix à distribuer à une dizaine de boxeurs : les vainqueurs après chaque duel devant recevoir 2 ticaux et les vaincus 2 sleng. Ces boxeurs n'ont pas le poing enveloppé par un bourrelet de coton comme ceux de Phnom Pênh, mais par un mouchoir et des courroies. Cent bonzes avaient été invités. Parmi les spectateurs, au nombre de plusieurs centaines, tout le monde remarquait un barde aveugle de Phimaie, Siamois qui gagnait si bien sa vie en chantant qu'il avait pu agrémenter de deux épouses son obscure existence. Les magnificences de cette fastueuse crémation n'arrêtaient pas, tant sans faut, les cancans des envieux qui disaient de tous côtés : « ce Luong Klang était jadis un pauvre hère qui a eu la chance d'épouser la fille d'un richard, du Chau Suos Thong, et depuis lors il a de quoi. Très entendu en sciences charmeresses. il jette son dévolu sur les filles riches, laisse de côté les pauvres ! »

On contait aussi que quand la défunte fut à toute extrémité, elle lui dit : « Après ma mort tu épouseras ma sœur cadette, car je ne veux pas que mes enfants obéissent à une femme étrangère. Je reviendrai te *briser le cou* si tu n'obéis pas à cette suprême recommandation ». Le Luong Klang s'était empressé d'obéir à une prescription qui cadrait avec ses propres intérêts ; et c'était en compagnie de sa seconde femme et de son beau-père qu'il faisait brûler les ossements de la défunte. A Siam, les lois, moins rigoureuses, permettent d'épouser la belle-sœur, même si la défunte laisse des enfants, tandis qu'au Cambodge, pareil mariage ne peut avoir lieu que s'il n'y a pas d'enfants du premier lit.

Échelle 1: 500.000

Aymonier
Voyage au Laos
Tome II.—Chap. IV-1

Imp. Monrocc, 3, Rue Suger.—Paris.

Mœuong Phimaie

Moun

Tha Lat
Houé Vang Hin

Houé Chamong

Ban Phét
Ban Tha Yin

Jpan

Ban Phout Sa
Ban Kha...

Ban Hauk Preah

Ban Phion

Ban Hin Saang

Houé — Chakerat
(Limite)

Ban Krut

Ban

Ban Thong Lefhi

Ban Sotan

Ban Krit

Tha Chhang

Ban Preah Phout

Ban ...

Ban Kom Lat

Ban Phruau

Takong — Baribaun — Nam Van (Ruines)

Nombreux Villages

Ban Houé Chhung

Ban Vang Hin

Nong

MOUN

Ban Hau.

Takong

KORAT
(Mœuong Nokorreach)

eur.

Tous les jours des combats de coq avaient lieu à Phimaie près de ma ˉSalaˉ. Le jour de mon arrivée, les paris de la dizaine de spectateurs s'élevaient à plus de 10 ticaux. Aussi, Phimaie étant pays Siamois, et sachant que tout était affermé à Siam, je ne fus nullement surpris quand on m'indiqua parmi les assistants le secrétaire du nom de Roung, fermier des combats de coq de Phimaie, ayant le droit d'entrer dans les bénéfices que les gagnants d'un camp se partagent proportionnellement aux mises et de confisquer les enjeux de quiconque ferait battre des coqs en contrebande. Au Cambodge, à Siam, ces combats qui passionnent les populations ont lieu partout de même, à peu près. Mais à Phimaie il était plus facile d'en étudier tous les raffinements. A l'ombre des grands arbres, un cercle de treillis de bambous de la hauteur du genou, enclot un champ de bataille de trois à quatre mètres de diamètre. Une sorte de clepsydre, tasse de métal percée et posée sur une jatte d'eau où elle s'enfonce lentement sert à indiquer la durée de chaque reprise. Une quinzaine de fiches, petites lamelles de bambous enfilées, retirées une à une après chaque reprise, indiqueront en combien de passes un coq en met un autre hors de combat. Une sorte de petite crécelle proclame l'entrée en scène ainsi que le résultat final. Les coqs de combat, à courte crête, de grande taille, les plumes de la tête et du cou remplacées par une peau rouge et lisse qui se montre aussi par plaques sur le corps, se laissent prendre, manier, caresser, et ne sortent de la torpeur qui leur est habituelle que lorsqu'on les met en face d'un congénère ; alors ils se redressent fiers, menaçants et se précipitent l'un sur l'autre, cherchant avant tout à saisir du bec la crête de l'adversaire pour le taillader à coups d'ergots. On les saisit pour les soigner sitôt que le clepsydre marque la fin de la reprise. Ils sont lavés à l'eau fraîche, palpés, massés ; une plume enfoncée dans leur gorge, dans leur œsophage, nettoie les

mucosités, facilite la respiration. On leur ingurgite une ou deux
boulettes de riz. Avec des chiffons humides et chauffés à des
tessons retirés du feu on réchauffe doucement la tête en l'enve-
loppant. Souvent, quand le coq menace de faiblir, son médecin
frotte les tessons de chaux et de curcuma pour en imprégner les
chiffons qui enveloppent le corps du volatile. Celui-ci se laisse
faire, inerte, inconscient, absorbé par l'ardeur du combat. Sa
tête couverte de caillots de sang, ses paupières gonflées par les
coups reçus, exigent des soins plus barbares. A coups d'aiguille
et à coups de couteaux faisant l'office de bistouris on perce
les plaies, on vide les caillots de sang, on les suce pour
décongestionner la tête, empêcher les étourdissements. Les
paupières gonflées et entamées sont cousues avec une aiguille
et rabattues vers le bas pour maintenir l'œil grand ouvert.
Et le combat reprend de plus belle, passionnant pendant
des heures les parieurs et les simples spectateurs, jusqu'à ce
qu'il soit bien décidé qu'un des coqs a incontestablement le
dessous. Aveuglé, assommé, ensanglanté il ne peut plus se
défendre et n'offre plus qu'une proie inerte aux faibles coups de
bec, de patte d'un vainqueur gravement endommagé lui-même.

Le vendredi 8 février, vers 9 heures 1/2 nous quittons
Phimaie avec des charrettes à bœufs d'allure lente. Au bout de
quelques centaines de mètres nous traversons le Tha Lat, large
de 30 à 40 mètres. Il a en ce moment de l'eau à la hauteur des
genoux. C'est une sorte de canal, naturel ou artificiel, qui part
du Moun à deux kilomètres en amont formant ainsi une île où
est situé le Mœuong Phimaie. Selon les uns il rejoint directement le Moun en aval, tandis que d'autres prétendent qu'il se
rend au Houé Nam Khen, affluent qui vient de Vang Hin et
qui se jette dans le Lam Phrah Moun à Tha Khon Roum, au
dessous de Phimaie. Au-delà du Tha Lat nous traversons de
grandes plaines d'herbes brulées en partie, où croissent de

maigres arbres clairsemés. Ces plaines sont inondées aux
pluies jusqu'à hauteur du genou. Le sol est dur et raboteux.
Au bout d'une heure nous passons un petit cours d'eau qui a
encore de l'eau par flaques. On l'appelle Vang Hin ou encore
Tha Atsaï Moun. Plus loin nous traversons des bambous, des
bois rabougris, de phchek et de reang. Vers midi nous nous
arrêtons sous les grands arbres, au bord du Houé Chamouk,
cours d'eau qui garde encore quelques flaques d'eau. Nous en
repartons vers une heure et demie. Nous laissons à droite les
rizières du Ban Phék, et suivant la piste qui passe au milieu
des bambous nains, nous atteignons le Ban Ta Nin, village
siamois sous les cocotiers. A notre droite est une pagode et une
grande mare à l'ouest de cette pagode. Puis nous avons à
gauche le Ban Nong Phou, où est aussi une grande mare. La
route est assez unie, sur sol de sable rougeâtre, aux arbres
rabougris, en clairières de Khlong et de Thbèng. De temps en
temps apparaissent les rizières actuellement sèches et dénudées.
Vers 4 heures nous nous arrêtons pour la nuit au pont du Houé
Chakarat, pont en bois large de 2 mètres, long de 60 ; il a été
construit par les bonzes de la pagode de Tha Chhang. Il y a là,
pour nous abriter, un pavillon gardé par des gens de Phimaie
qui nous apprennent que notre route est mesurée. De Phimaie
au pont du Chakarat il y a 400 sêns, soit 4 lieues : 100 sêns de
40 mètres valant à peu près 4 kilomètres. De Chakarat à Tha
Chhang il y a la même distance et de Tha Chhang à Korat il y a
trois lieues.

Le Houé Chakarat qui garde de l'eau par flaques, vient du
sud à 4 jours. On me dit qu'il se jette dans le Houé Vang Hin et
de là dans le Moun. Large de 40 mètres, ses berges l'encaissent
de 5 à 6 mètres. Il sépare les districts de Phimaie et de Korat.

Le samedi 9 février, je pars à pied, précédant les voitures.
Nous laissons à gauche le Ban Phoutsa qui compte une trentaine

de cases de Siamois avec une pagode ; puis à droite le Ban
Kham, encore à droite, le Ban Kouk Phra où est une pagode avec
une cinquantaine de cases sous les palmiers et les bambous.
Au-delà, nous traversons une grande plaine de rizières qu'on
appelle Thung Kouk Phra où nous avons à droite le Ban Tham
et à gauche une pagode. Nous quittons cette plaine pour atteindre le Ban Hin Soung. Ensuite le pays est tantôt en rizières,
tantôt en plaines incultes. Nous laissons à droite le Ban Thong
Lang, sous les palmiers avec une pagode, à gauche le Ban Krut,
aussi sous les cocotiers, tenot et bambous. Nous passons encore
le Ban Thuok, hameau de 7 cases. Le sol est dur, argileux. Les
arbres maigres sont ceux des plaines inondées aux pluies. Nous
laissons encore à droite le Ban Soum, puis le Ban Tirit où est
une pagode, et vers 11 heures 1/2 nous nous arrêtons aux Sala
du Tha Chhang dont l'une, couverte en planches, est entourée
d'un avant-toit formant véranda sur les quatre faces. A Tha
Chhang « rive des éléphants » nous traversons le Moun sur un
pont en bois assez beau pour le pays, large de 2 mètres, long
d'une centaine de mètres, en poutres et madriers permettant le
passage aux charrettes comme aux éléphants. Le Moun, large
de 40 mètres, est encaissé de 10 mètres. Il a en ce moment de
l'eau jusqu'aux genoux. De Tha Chhang à Phimaie il reçoit de
nombreux affluents.

A midi et demi, nous reprenons notre route, traversant le
Moun. Le pays est en forêts clairières entrecoupées de rizières.
A droite et à gauche de la route sont plusieurs villages. A gauche,
le Ban Phrah Pout est un gros village qui compte trois pagodes.
Au-delà, à gauche, est le Ban Nam Laï ; puis le Ban Nong Yèng,
des deux côtés de la route. Nous traversons encore les Ban
Morœuong, Phnau, Lang Thao, Hun Kin et nous nous arrêtons
avant la nuit au Ban Khok (ou Ban Kouk).

De Tha Chhang, j'avais envoyé mon interprète Srèi à Korat

pour informer de mon arrivée. Il revint me rejoindre pendant
la nuit.

Le dimanche 10 février, nous quittons le Ban Khok, continuant
à suivre la piste sur sable rougeâtre, à travers les fourrés de
bambou. Les villages sont nombreux. Nous dépassons successivement Ban Maï, à gauche, Ban Phaï, à droite, Ban Tha Laï, à
gauche, gros village de 90 cases environ ; après avoir longé un
étang à droite, nous traversons encore le Ban Nong Boua Laung,
faubourg de Korat qui compte 200 cases et nous longeons quelque
temps le mur de la ville avant de nous arrêter à une petite sala
ruinée, près de la porte orientale de Korat.

J'envoie immédiatement mon interprète Srei porter mon
passeport au gouverneur. Des fonctionnaires subalternes l'arrêtent à la porte, prennent le passeport et entrent dans la résidence
pour le copier. Après un très long temps, ils ressortent et indiquent à mon Cambodgien une petite sala dans une pagode en
ville ; c'était un logement inhabitable. Srêi demande pour moi
un des nombreux *tomniep* « pavillons », constructions récemment
élevées pour loger les fonctionnaires et les troupes de passage,
et dont très peu étaient occupés à ce moment. On le lui promet,
et il me rejoint. On me laissa seul avec mes voituriers passer
encore la nuit suivante à la porte de la ville. Tout ceci indiquait
un mauvais accueil.

Le lundi 11 février, au matin, des mandarins viennent pour
nous conduire au *tomniep* en traversant la ville, mais bientôt
Srei me prévient qu'on me trompe et qu'on me conduit à la
pagode qu'il a refusé la veille. Outré du procédé, je fais immédiatement faire demi-tour aux attelages et je viens m'installer
sur la place principale, devant l'habitation du Chau, dans la Sala
Kang, vaste bâtiment qui sert de tribunal, en temps ordinaire.
On vint bientôt me proposer d'aller choisir le tomniep qui me
plairait. Je me rendis donc au dehors de la ville près de l'angle

nord ouest, où, sur un grand emplacement dégagé d'arbres, de nombreuses constructions neuves couraient sur trois des faces du rectangle. La face du fond était entièrement prise par deux grands pavillons ; l'un vide, l'autre occupé par une compagnie de 200 soldats siamois réguliers venus de Bangkok et se rendant à Nongkaï. On me proposa le pavillon vide. Je trouvai plus sage de me contenter d'un des petits tomniep des côtés où mes bagages furent transportés le lendemain matin.

Le soir, j'allai faire ma visite au gouverneur de Korat. A toutes les portes sont des factionnaires siamois armés de sabres et de fusils, la tête couverte d'un casque à pointe. Je monte un escalier de bois, et dans la salle de l'étage supérieur, un Siamois borgne, de 55 ans environ, me tend la main m'assurant qu'il me traitera selon l'amitié qui règne entre Siam et ... une grimace très accentuée remplace les mots de République Française qu'il ne peut se résoudre à prononcer. Un bonze et deux mandarins survinrent immédiatement et la conversation roula sur divers sujets. Ce grand seigneur siamois ne daigna pas me rendre ma visite, et il n'y avait pas à s'y méprendre : dans son esprit l'amitié entre les deux nations devait être réduite à moins que rien. Il se chargea de me le démontrer pendant tout le temps de mon séjour à Korat.

Le jeudi 14 février, je fus rejoint par mon Cambodgien An et ses deux compagnons, Ouk et Chan, séparés de moi depuis Sting Trèng, lors de notre entrée dans le Laos en octobre. Ils m'apportaient un courrier venu de Saïgon par Phnom Pénh et Angkor. Les deux premiers avaient la fièvre depuis plusieurs jours. Je les soignai de mon mieux.

Au milieu de mes occupations, j'étais distrait par mes voisins les 200 soldats réguliers à casques blancs, pantalons bleu et bande blanche qui venaient rôder autour de ma case, curieux sans insolence. Mes Cambodgiens m'apprirent bientôt que ces soldats étaient en grande majorité des Khmèrs de Rap Ti (mœuong situé dans l'ouest de Bangkok) et descendants des prisonniers razziés pendant les guerres de jadis. Plusieurs ont perdu l'usage du Cambodgien, leur langue maternelle, mais tous ont parfaitement connaissance de leur origine. On m'a dit que ces soldats réguliers recevaient 1200 grammes de riz blanc par jour et une ration de poisson et de piment. A Bangkok, ils touchaient en outre 4 ticaux par mois. Ici en campagne la solde mensuelle était portée à 6 ticaux. Leur chef était un Anglais du nom de Mac Carthy, je crois ; deux autres chefs, aux pieds nus, qui se drapaient dans des couvertures, semblaient être des métis d'Européens et de femmes asiatiques. Cette petite troupe quitta Korat le lundi 18 février pour aller guerroyer contre les Hos à Nongkaï. Les soldats à pied, portant sur leurs dos sacs et tubes de bambous pour les provisions d'eau indispensables en cette saison au Laos ; les Européens à éléphants et les autres chefs en charrette à buffle. Il parait que les chefs européens avaient eu des difficultés avec le Phya Réach Anukun, grand mandarin siamois chargé de la direction supérieure de cette expédition, qui avait accaparé pour lui tous les éléphants réquisitionnés dans le Laos au nombre de 90. Il en céda quelques-uns quand il apprit que les « farang » se proposaient de réclamer à la Cour et d'attendre la réponse à Korat. On disait même que l'un d'entr'eux était retourné à cheval jusqu'à Sarabouri, sur le Menam Sak. A son départ de Korat, cette troupe laissa 13 malades ou éclopés qui furent évacués sur Bangkok.

Le mercredi 20 février, je vais faire une petite excursion aux ruines de Nom Van ou Phnom Van. Partant à 6 heures, je quitte Korat à la porte nord de la citadelle ; je passe près de la Vat Samaki et je traverse le Ta Kong, dont le lit a 20 ou 25 mètres de largeur, cinq coudées de profondeur ; la prise du canal du Pahrou, à quelques lieues en amont, ne laisse qu'un

mince filet d'eau dans le Takong. On sait que ce torrent vient
du Dong Phya Yèn et se jette dans le Moun au-dessous de Tha
Chhang. Ma route est à l'est un peu au nord. Le sol, terre mêlée
d'argile, est durci par la sécheresse. Les arbres, en bouquets
disséminés, appartiennent aux espèces rabougries : goyaviers
sauvages, sangkê, angkrong, haïsan et bambous. Nous laissons
à gauche le Ban Kaa qui compte une trentaine de cases sous les
cocotiers et tenot, avec une pagode.

Les Siamois qui habitent ce village font des rizières et du sel ;
ils font évaporer l'eau salée dans des petites marmites que l'on
met au nombre de 40 ou 50 dans des foyers creusés en terre. En
une journée on fait deux fournées. Le sel est vendu dans les
petites marmites même à raison d'un sleng les six marmites. On
les casse pour y prendre le sel. Il n'y a ni ferme ni monopole sur
cette industrie qui a lieu près d'une grande mare appelée Nong
Tèp Ta Klœua. Elle mesure 200 mètres sur 80 environ.

Nous passons ensuite à portée de plusieurs autres villages,
puis au Ban Vang Hin, village de 20 cases. Au-delà, coule le
Ta Kong Bariboun dont le lit mesure 14 mètres de largeur et
4 de profondeur. On barre ce cours d'eau, aussi son eau est
stagnante. On me dit qu'il se jette dans le Moun au-dessous de
Tha Chhang mais sans se réunir à l'autre Ta Kong. Plus
heureux que Mouhot qui nous a raconté avec humour comment
il prit un bain forcé dans ce cours d'eau, je pus le traverser
sur un petit pont en planches. Les ruines de Nom Van sont à
500 mètres au-delà dans un petit bouquet de bois, soit à 12 ou
14 kilomètres à l'est nord est de Korat. Je rentrai à Korat le
même jour. La chaleur était accablante.

Je m'occupai aussi de faire une grande tournée dans le sud
est de la province de Korat, vers Phakonchhaie d'où je comptais
faire filer An avec deux hommes et le gros de mes bagages sur
Sourèn pour descendre les monts Dangrèk au passage de Chup

Smach et se rendre à Bangkok par la route de Kabine. Je
demandai donc aux autorités de Korat des voitures pour aller
visiter les ruines de Phnom Roung à quelques journées de
marche dans le sud est de la province. A toutes mes demandes
on opposait une grande force d'inertie, ou bien des réponses
qui pouvaient se traduire par ce mot : *Débrouillez-vous comme
vous pourrez.* Enfin, après de nombreux pourparlers et maintes
tergiversations je pus faire louer six voitures à un prix raisonnable, et le jeudi 28 février je partis pour ce voyage qui dura
trois semaines. Sa relation sera l'objet d'un chapitre spécial.
Le vendredi 21 mars, j'étais de retour à Korat où j'eus le
plaisir de retrouver Yem et Dou qui m'attendaient depuis une
dizaine de jours. Depuis décembre j'étais privé de toutes
nouvelles sur les quatre hommes que j'avais envoyés d'Oubon
à Nong Khai et je n'étais pas sans appréhensions sur leur sort.
Yem et Dou m'apportaient une lettre de Top et de Khim où
ceux-ci m'annonçaient que, conformément à mes instructions,
ils se dirigeaient sur le Mœuong Lœuy et sur Phichhaïe pour
redescendre le Ménam et me rencontrer aux environs du
Mœuong Prom. Tout s'exécutait donc selon mon programme.
An était de son côté en route pour Kabine et il ne me restait
plus qu'à quitter moi-même le Laos après avoir pris quelques
renseignements complémentaires sur la province de Korat.

Lorsque je quitai Korat pour conduire An à Phakonchhaïe,
j'avais laissé quelques hommes à la garde de mes bagages au
tomniep de Korat. L'un d'eux, le Cambodgien Nou, fit pendant
mon absence une petite tournée au nord de la ville. Je résume
ici sa relation, mais sous toutes réserves : cet homme n'était ni
très sûr, ni très intelligent.

Quittant Korat le dimanche 9 mars, à 6 heures du matin,
Nou se dirigea vers le Nord Est, traversant d'abord des plaines
semées de bouquets de bois rabougris, puis des forêts clairières

de phchek et de sokkrâm, où poussent aussi des angkrong, un petit arbre à épines. A 2 heures 1/2 de l'après-midi, il s'arrêta pour la nuit au Ban Rouong, village de 30 cases environ. Les habitants cultivent des rizières et font évaporer du sel.

Le lendemain, il quitta ce village, prit la direction de l'ouest, traversant des plaines de maigres rizières où croissent beaucoup de *sangkê*, petit arbre qu'affectionnent surtout les insectes à laque. Il passa près de Nong Bouo la « Mare des Lotus ». Au bord était une sala pour les voyageurs. Sous un tamarinier une jarre pleine d'eau et une louche pour boire étaient placées comme œuvre pie pour étancher la soif des voyageurs. Ceci se retrouve souvent en Indo-Chine. A une heure de l'après-midi, il s'arrêta pour le reste de la journée au Ban Soaï, village de 50 cases environ, sous les arbres fruitiers et sous des Roka, grands arbres épineux, à coton, dont on fait des matelas.

Le mardi 11 mars, quittant le Ban Soaï à 7 heures du matin, il continua vers l'ouest, mais en obliquant progressivement au sud, traversant des plaines de rizières de terre noire ; puis une forêt de bambous morts, parce qu'ils avaient donné leur graine l'année précédente. Il traversa ensuite des plaines de rizières, des plaines d'herbes, une forêt de thbèng et de popél et à 4 heures il atteignit le Ban Phou Sa, hameau d'une vingtaine de cases. Les habitants se livrent principalement à la culture maraichère pour approvisionner le marché de Korat. Nou coucha deux nuits dans ce village. Le jeudi 13 mars, il en partit à 6 heures, revenant au sud est, traversant d'abord des forêts basses, pour atteindre, après une heure de marche le village de Pearouh, au milieu des jardins ; c'est le faubourg occidental de la ville de Korat. De là, suivant la grande route de sable rouge, il revint en une demi-heure au campement.

Du 22 au 31 mars, trois de mes Cambodgiens : Srei, Yem et Nou firent dans le nord de la province de Korat une tournée que

je relaterai en détail dans un chapitre suivant. Ils se rendirent
aux deux chefs-lieux de district : Chettorach et Chayaphoum, où
de vagues renseignements signalaient des inscriptions. Ne pouvant leur faire donner des lettres de recommandation par les
autorités de Korat, qui étaient remplies de mauvaise volonté à
mon égard, j'avais dû me borner à les recommander moi-même
aux autorités locales. La première journée de leur voyage fut
rendue pénible par l'absence de guide. Mais à la nuit, Srei sût
comme on le verra, intéresser à sa cause le Kamnan ou chef du
village où il coucha et il en obtint un guide qui fut dès lors
changé de village en village jusqu'à la fin du voyage.

Le lendemain de leur retour, rien ne me retenant plus à Korat,
je fis demander par Srei des bœufs porteurs à louer, afin de me
rendre, à travers le Dong Phya Yen, de Korat à Sarabouri sur le
Ménam Sak. Il s'agissait donc de quitter définitivement le pays
et, je croyais, malgré le mauvais accueil des autorités de Korat,
pouvoir compter sur leur concours ; mais cette fois-ci je me
heurtai encore à la force d'inertie et à la mauvaise volonté
persistante qu'on opposait à toutes mes demandes. Les pluies
commençaient et la saison s'avançait où les voyages par bœufs
porteurs ne se font plus à travers ce Dong Phya Yèn si redouté.
Je pris donc le parti de me passer des autorités, je cherchai des
bœufs moi-même et je trouvai à louer deux troupeaux de onze
bœufs chacun dont les marchands chinois n'avaient pas voulu
parce que les bêtes étaient trop maigres ou les conducteurs
trop ivrognes. Le vendredi 4 avril je donnai, en guise d'arrhes,
une partie du prix convenu et je partis le lendemain après
avoir vendu au rabais, à n'importe quel prix, ce qui me
restait de pacotille que m'acheta un chinois de Korat. Trois
belles malles de camphre que j'avais primitivement pensé offrir
aux autorités locales, furent simplement abandonnées dans ma
case où les Siamois du voisinage vinrent se les disputer pen-

dant que je faisais charger tous mes petits paquets sur les hottes des bœufs porteurs.

Je donne dès maintenant quelques détails sur la ville de Korat. Quant à la province j'en parlerai plus loin, après la relation de toutes les excursions que nous fîmes dans ce pays

La ville de Korat, comprend non seulement l'enceinte fortifiée mais encore le marché extérieur de la Vat Chêng et une longue ligne de jardins et d'habitations qui part de cette pagode pour aller à l'ouest et qu'on appelle Parou, Péarouh, ou Pra Rouh. Ces trois groupes, qui se suivent en allant à l'ouest, figurent, si je puis me permettre cette comparaison, une mire dont la planchette rectangulaire serait représentée par la citadelle de cinq kilomètres de tour et le manche par le marché extérieur de la Vat Chêng et le Parou long de deux lieues environ. Le Takong, affluent de gauche du Moun, passe à quelques centaines de mètres au nord de la ville où beaucoup de norias puisent son eau pour arroser les rizières. A deux lieues au dessus de Korat, ce cours d'eau est barré pour alimenter la prise d'eau du Parou, petit canal qui arrose une ligne noire et sombre d'arbres, de jardins et entre dans Korat par une petite poterne un peu au sud de la porte occidentale.

La citadelle, rectangulaire, mesure environ 1000 mètres sur chacune de ses deux faces est et ouest, et 1600 à 1650 sur chacune des faces nord et sud ; soit un développement total de 5200 mètres environ. Le mur est en briques, haut de 4 mètres environ, épais de 2 mètres, avec banquette, talus ou mur de soutènement, chemin de ronde à l'intérieur, et fossé à l'extérieur. Il est couronné de créneaux en forme de bornes sacrées de pagode. Les créneaux ont une coudée de largeur, les vides de même. Les quatre angles du rempart sont en forme de bastions ronds. Sur les faces sont d'autres bastions : deux à l'est, trois au sud, trois à l'ouest et quatre au nord ; au total quinze bastions et environ cinq mille trois cents créneaux. Du moins ce devait être ainsi lors de la construction. Actuellement, le fossé, dont la largeur est de dix mètres, n'a plus de profondeur et n'est, pour ainsi dire, qu'une terre à rizières ; les miradors des portes sont démolis ; les nombreuses brèches que le temps a fait au couronnement du mur occupent un bon tiers du pourtour.

Chacune des quatre faces est percée d'une porte vers son milieu. A l'est, Patou Tvan Ok, « la porte du soleil levant » donne sur la plaine appelée Thung Savang et permet de prendre la route de Phimaie. La porte du nord est appelée Patou Nam « porte de l'eau », soit à cause de flaques d'eau constantes dans son fossé, soit plus probablement à cause du voisinage du Takong. A l'ouest est la *Patou Chomphon* et au sud la Patou Phi « la porte des morts ». Les cadavres portés à la fosse ou au bûcher ne doivent sortir que par cette dernière porte et quiconque violerait cet usage s'exposerait à une amende ou à trente coups de verges et trois ans de prison.

Des portes de la ville partent deux grandes rues, larges de 5 à 6 mètres, qui se croisent au centre à angle droit et la divisent en quatre quartiers. Une foule de ruelles la subdivisent en groupes de maisons. Un chemin de ronde fait le tour à l'intérieur du rempart, et une route court sur les quatre faces au dehors du fossé. L'habitation du Chau ou gouverneur, dans le quartier du nord-ouest, fait face à l'est sur la place centrale au croisement des quatre principales rues. L'enceinte de cette habitation en rondins, double sur la face principale, mesure 200 mètres sur 120 de profondeur environ. Aux deux portes de l'est sont de petits corps de garde pour les sentinelles.

A partir de cette résidence, la principale rue allant à l'ouest est bordée de boutiques ; c'est le marché intérieur. Il se continue par le marché extérieur, plus important encore, qui court sur 1000 à 1200 mètres de longueur, depuis la porte Chomphon

jusqu'à la Vat Chêng. Aux étalages du marché de l'intérieur de
la citadelle on vend surtout les divers articles d'importation, le
poisson, les gâteaux, le tabac, le betel.

Les rues de Korat qui, bien entendu, ne sont ni pavées, ni
empierrées, sont très poussièreuses à la saison sèche et doivent
être boueuses aux pluies. La ville de Korat, en terrain suffisamment élevé, n'est pas inondée. Sur le sol de sable et d'argile
croissent des palmiers à sucre et des cocotiers. La ville proprement dite, à l'intérieur de la citadelle, compte un millier de
cases peuplées surtout de Siamois et de Chinois, avec quelques
Laos et quelques Khmêrs. Les maisons des mandarins ont un
certain air d'aisance qui s'explique en partie par l'abondance du
bois de construction dans le pays. Elles sont généralement entourées de palissades hautes de 3 à 4 mètres, en rondins, écorcés ou
non. La population boit l'eau de deux bassins des pagodes
Nong Boua et Nong Barong. L'eau du canal Parou sert à l'arro-
sage, au lavage de la vaisselle, etc. ; elle entre, ai-je dit, par
une petite poterne, un peu au sud de la porte occidentale ; un
homme en se baissant pourrait passer par cette poterne.

Les habitations des Siamois de Korat comprennent généralement deux corps de bâtiments accolés et couverts en chaume.
Les marchands chinois, pour mettre leurs marchandises à
l'abri de l'incendie, construisent ce qu'ils appellent des « maisons d'eau », comprenant deux ou trois fermes dont les murs
en briques crues entourent complètement les colonnes de bois.
Un toit intérieur, fait contre le feu, est composé de chevrons,
de clayonnage et de terre. Des colonnes de briques s'élevant
encore à deux ou trois coudées supportent le toit de chaume
qui abrite des pluies. Ces « maisons d'eau » sont nombreuses
surtout au marché extérieur qui forme le vrai quartier Chinois
depuis la Patou Chomphon jusqu'à la Vat Chêng, des deux côtés
de l'amorce de la route qui conduit au Dong Phya Yên et à

Sarabouri. Les maisons des Chinois y ont généralement, sur la rue, un petit étalage qu'une cour sépare de la maison d'habitation où sont aussi les ballots de marchandises.

Ce marché finit à la Vat Chêng qui est à gauche de la route. Au-delà il y a une grande mare et la place où se réunissent les conducteurs de bœufs porteurs qui attendent leur chargement. Les bâts sont disposés en cercle et les bœufs parqués à l'intérieur. En ce lieu commence le Parou, ligne épaisse, sombre, d'arequiers et autres arbres, à droite de la route, longue de 8 kilomètres et arrosée à la saison sèche par un filet d'eau dérivé du Takong. Tous les mandarins et les gens à l'aise de Korat ont leur maison de campagne au Parou dont je parlerai plus longuement en prenant la route du Dong Phya Yen.

Mes Cambodgiens, en leur qualité de Bouddhistes fervents, eurent soin de prendre des notes détaillées sur les pagodes de Korat et des faubourgs. L'intérieur de la ville compte six temples bouddhiques qui sont :

1° Vat Boun, ou habitent 30 bonzes. Il y a cinq bassins creusés dans ce monastère ou croissent de nombreux tenot et qui est entourée d'une haie de bambous vifs.

2° Vat Sarman, occupée par 23 bonzes ; elle a deux bassins creusés sous les figuiers religieux et les bambous.

3° Vat Klang, « pagode centrale », 15 bonzes, 3 bassins sous les figuiers religieux. A l'intérieur et tout autour de la pagode, sont des étalages de marchandises.

4° Vat Sayap, 13 bonzes ; le temple n'était pas encore bâti. Elle est entourée de bassins formant fossés. On fait beaucoup de plantations d'oignons dans ce monastère.

5° Vat Srah Kèo, 20 bonzes, 5 bassins. Beaucoup de bananiers et de jacquiers. Les cellules des bonzes sont entourées de bambous. Un des bonzes, appelé Thong Di, est renommé dans tout le pays pour son adresse à jouer seul à la grande balle qu'il lance continuellement avec le genou sans jamais la laisser tomber à terre.

6° Vat Bêng, ou sont 40 bonzes et 2 Sangkréach « abbés » qui s'entendent mal. Il y a quatre bassins et quelques figuiers religieux. On y a installé des étalages de bétel et de cigarettes.

A l'extérieur des remparts on énumère :

Vat Sraï, trois bassins, beaucoup de jacquiers et de bambous, 15 bonzes.

Vat Oung, grande mare ; jacquiers et manguiers ; 20 bonzes.

Vat Pa, 2 bassins, 15 bonzes qui vendent les oignons qu'ils récoltent.

Vat Srah Kêo, plantée de figuiers religieux sur tout le pourtour de son enceinte, 10 bonzes.

Vat Salayên, deux grands bassins, 20 bonzes qui ont la réputation d'être plus vertueux, de mieux observer la règle que ceux des autres pagodes.

Vat Luong Ta Phan, deux bassins, 30 bonzes qui ne sont jamais à la pagode quand ils ont pris leur repas, dit-on ; ils courent les filles.

Vat Néang Lœuy, deux bassins, 7 bonzes.

Vat Kê An, un grand bassin, plantée en bananiers, 23 bonzes.

Vat Youtha, 24 bonzes, pagode peu estimée. Les bonzes, hommes de plaisir, violent la règle, dit-on. La nuit ils sortent de leurs cellules et de leur monastère.

Vat Krouo, 15 bonzes, qui observent la règle, paraît-il. Au mois précédent un bonze ayant commis une faute grave, fut frappé de 15 coups de verges, défroqué et chassé. La pagode la mieux considérée et la plus fréquentée de Korat.

Vat Phlap, 7 bonzes, actuellement sans abbé ou chef de pagode. Ils en profitent pour passer le temps à jouer à la paume ou courir les filles. Au temps du défunt abbé il n'en était pas de même et la pagode était très fréquentée.

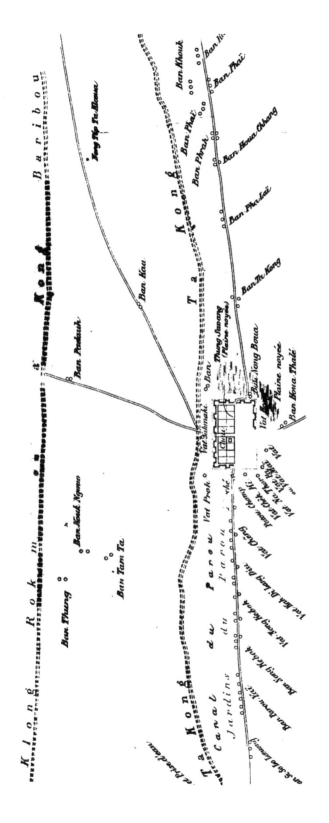

La Ville de Korat et les Environs

Échelle 1: 200.000

Aymonier
...age au Laos
...e II_Chap. IV-II

Vat Samathi ou Samaki, 7 bonzes dont un, nommé Ta Mei, fait la lecture d'une voix si mélodieuse que les fidèles accourent de tous côtés pour l'entendre lire les prières.

Vat Nong Man, 24 bonzes ; devant le temple sont deux bassins.

Vat Prok, 10 bonzes. Plantée en tenot et téal, elle a un bassin. C'était la pagode voisine de mon campement, au nord ouest des remparts. Un bonze de 60 ans me disait qu'il y était entré à l'àge de 12 ans pour étudier. A 15 ans il reçut l'habit jaune. A 18 ans, il reprit l'habit laïque, mais sans quitter la pagode. A 21 ans, il se fit bonze et resta dès lors dans les ordres. « Je n'ai jamais connu de femme, ajoutait-il. »

Vat Boung. Cinq bassins qui ont de l'eau en toute saison. 30 bonzes songeant presque tous à défroquer.

Vat Ta Luong, 3 bassins, plantés de bambous, 32 bonzes.

Vat Nong Marong, ou Nong Barong, pagode nouvelle, créée vers 1874, 10 bonzes.

Vat Phou, 2 bassins, 9 bonzes.

Vat Rèng, un bassin, 8 bonzes.

Vat Yaï Man, deux grands bassins, 5 bonzes et 10 novices.

Vat Saûmâr, 7 bonzes, fondée récemment par un Chinois nommé Tun.

Vat Sâmâraï, 2 bonzes.

Telles sont les pagodes près des remparts. On peut encore citer, à l'ouest, la Vat Chêng Houo Beng où est un Chaitya en briques haut d'une dizaine de mètres. On boit l'eau d'un petit bassin à côté du grand qui sert aux bains.

A l'est de Korat, la Vat Thung Savang a été commencée par un Chinois de Korat depuis cinq ans. Il mourut n'ayant bâti que les cellules des bonzes et la salle de prédication. Il laissa un pikul d'argent à son gendre afin d'achever la pagode au plus tôt. Celui-ci a loué des hommes pour préparer les briques et la

8

chaux. Il leur donne 6 ticaux par mois en les nourrissant, ou 7 ticaux et 2 sleng sans nourriture.

Il est à remarquer que la plupart des Chinois de Korat sont des Bouddhistes aussi pieux que les Siamois. Ils vont écouter les lectures saintes à l'époque du carême de la saison des pluies et ils font des aumônes quotidiennes. Ces Chinois ont aussi leurs temples spéciaux, à la chinoise, gardés par des congénères salariés, nourris, qui offrent des vivres aux génies adorés dans le temple. Les Chinois de Korat brûlent leurs morts, au lieu de les enterrer comme ceux de Phnom Pénh. Tous portent le deuil pendant 100 jours et font prier les bonzes pendant ce temps. A Korat ils épousent des femmes Siamoises ou des métisses. Quelques-uns sont propriétaires de leurs maisons ; d'autres sont simples locataires. Leurs femmes siamoises savent très bien les aider surtout dans le commerce de détail. Les vendeuses à l'étalage sont nombreuses.

L'eau sucrée des palmiers borassus, de Korat ou des environs, est vendue sur le marché pour boisson. On n'en fait pas de sucre : la culture des cannes étant très répandue. Le jus du palmier est bû frais, ou bien on en fait une sorte de vin en le laissant fermenter avec diverses racines.

Les villages et les districts autour de Korat envoient leurs productions au marché de cette ville : le riz, les légumes, oignons, ciboules, cocos frais ou secs, arèc, bétel, sucre de canne, rondins fendus en deux pour bois à brûler, porcs et graisse, paniers tressés et enduits servant de seaux, nattes en rotin qui viennent de Sangkeah, la soie laocienne venant des Mœuongs même éloignés. L'afflux des attelages y fait vendre la paille du riz pour nourriture des bestiaux. On la conserve sèche sous des abris très primitifs et on la vend un sling le pikul de 60 kilogs. Korat importe les étoffes, les armes, la poterie, le salpêtre, l'or en feuilles, et exporte à Bangkok les produits laociens : laque, cardamome bâtard, cornes molles pour produits pharmaceutiques, vieilles cornes de buffle, de cerfs ; peaux de pangolin, de martin-pêcheur, etc.

Le poisson n'y fait pas défaut : les cours d'eau du pays étant nombreux ; on pêche dans le Moun et surtout dans le Houé Sa Thêp où le poisson est excellent. Au sud de la ville est une très bonne pierre à chaux que l'on fait cuire entre des lits de bambous secs.

Les journaliers à Korat sont généralement nourris à raison de trois repas par jour et reçoivent un salaire d'un sling ou d'un sling et demi.

CHAPITRE V

———

DES DANGRÊK A SISAKÈT, A OUBON
ET A SANGKEAH

———

SOMMAIRE

An, Ouk, Chan, Dou et Ros quittent la province de Melou Préi
pour faire l'ascension des monts Dangrêk. Le col de Tan Ta Pouï
et ses trois terrasses. Le Phûm Dan Ta Pouï. Le Mœuong Uttumpor ou Phum Beng Melou. Excursion à Preah Vihéar. Les guides
invoquent les divinités. La visite du monument. Retour à Uttumpor. Le Sting Krenhung. L'insalubrité des eaux des Dangrêk. Arrivée à Koukhan. Mauvais accueil du gouverneur intérimaire. Le
Mœuong et la province de Koukhan. L'ancien chef-lieu. Les
troubles vers 1830. Au Ban Romduol. Au Mœuong Sisakèt. Dou et
Ros se dirigent sur Oubon, par terre jusqu'au Houé Krenhung.
Ils descendent en pirogue le Houé Krenhung et le Moun et arrivent à Oubon. An, Chan et Ouk quittent Sisakèt pour aller à l'Ouest·
Au Ban Komphêng. Les Kouïs du Phum Chék. Aux ruines de
Prasat Chamrœn et de Prasat Naï Kou. Les voleurs de buffles.
Arrivée à Sangkeah. Le Mœuong. La Daun Ngao. La population.
Réception cordiale. L'épidémie de variole. La province. Les fonc-
tionnaires. La légende du sceau du Seigneur de Sangkeah. Les
poisons. Une recette. Les contrepoisons. Les tubercules aux mer-
veilleux effets. Les goules et les sorciers malfaisants chez les Kouïs.

Avant de continuer l'étude de la province de Korat je dois
revenir sur les itinéraires qui ont été faits entre les Dangrêk et le
Moun.

Les cinq Cambodgiens An, Ouk, Chan, Dou et Ros qui m'avaient
quitté en octobre 1883, à Sting Trêng, avaient voyagé, pendant
près d'un mois, dans les deux provinces de Tonlé Ropou et de

Melou Préi dont je ne parlerai pas ici parce que ces provinces appartiennent géographiquement au bassin du royaume du Cambodge.

Le mardi 13 novembre, mes hommes étaient arrivés au Phum Sokkrâm ou Chœukrâm, le dernier village de Melou Préi, sur la principale route de cette province à Koukhan. An, le chef de l'expédition, obtint à grande peine une charrette pour transporter Ros qui était pris par la fièvre, et le mercredi 14 novembre, ils quittèrent ce village à onze heures du matin, allant au nord droit sur les monts Dangrêk dont la longue ligne courait, semblable à un mur de 200 mètres de hauteur, de l'est à l'ouest, en obliquant légèrement au sud ouest. A quelques lieues sur la droite on apercevait le coude brusque et aigu que ces monts font au sud avant de reprendre leur dernière direction au nord est pour aller s'épanouir en plateaux de grès vers l'embouchure du Moun ; ils forment ainsi la limite méridionale du bassin de cet affluent du grand fleuve depuis sa source jusqu'à son confluent.

Une heure après le départ de Phum Sok Krâm, mes hommes atteignirent la mare appelée Trepeang Kol Kout, à gauche de la route. Au-delà ils traversèrent le Aur Kol Kout, petit torrent qui tombe des Dangrêk et coule vers le Phum Kap Khmum à quelques lieues au-dessous. Son lit, de 12 mètres de largeur, 3 de profondeur, est taillé ici dans les roches de grès, sous les grands arbres d'une forêt épaisse. Ils s'y arrêtèrent pendant une heure ; puis se remettant en route, ils passèrent à hauteur d'un monticule isolé qui a un relief de 120 à 150 mètres, allongé du nord au sud, on l'appelle *Phnom Ach Kandol* « mont fiente de rat » ; la route passe à 400 mètres à l'ouest de cette colline qui est un poste avancé de la ligne de Dangrêk. Ceux-ci se creusent en col, dans la direction de la route, pour se relever à droite et à gauche. La route depuis Phum Sok Krâm, est déjà en pente accusée. Les voyageurs s'arrêtèrent pour la nuit à une petite station au pied des monts. On appelle Dâmnak Sokkrâm ce lieu de halte où les indigènes n'ont pas même construit de hutte.

Le jeudi 15 novembre, à six heures, ils commencent à gravir les monts par le col ou passage appelé Dan Ta Pouï. La route des charettes décrit de nombreux lacets pour franchir les terrasses successives, ou gradins que les Cambodgiens appellent *Ruot*. La terrasse inférieure est appelée Ruot Sokkrâm, la médiane Ruot Phteah Dan « terrasse du poste de police ». Ces longues terrasses n'existent que là où passe la route des charrettes. A une portée de voix à l'ouest, un sentier de piétons monte à peu près droit vers le plateau supérieur. La terrasse Phteah Dan, tire son nom d'un poste de garde depuis longtemps abandonné, que les Seigneurs de Koukhan avaient fait construire à 120 mètres à l'est de la route, près d'une crevasse de roc qui reste pleine d'eau toute l'année. De cette terrasse on atteint le plateau supérieur, en dételant et en portant les bagages, et mêmes les charrettes doivent êtres portées. A la descente, les voitures suivent leur piste à vide et les bagages sont portés par le sentier de l'ouest jusqu'au pied des monts.

Les voyageurs se reposèrent sur le plateau supérieur jusqu'à deux heures, puis se remirent en route. Le terrain était plat et sablonneux. La province de Koukhan commence à la crête. Au bout d'une heure de marche ils atteignirent une aire découverte, sur dalles rocheuses, que l'on appelle Preah Léan Ta Êk. Un ruisselet, appelé Aur Ta Êk, y coule sur les roches. Au delà, on quitte la forêt épaisse qui couronne les monts Dangrèk pour déboucher dans des plantations abandonnées et couvertes d'herbes Sebau. Puis on passe près de grosses roches dans une plaine découverte. Les voyageurs traversèrent une seconde fois le Aur Ta Êk dont le lit mesure ici plus de dix mètres de largeur et quatre de profondeur, et vingt minutes après ils atteignirent

le Phum Dan Ta Puoï, le premier village de Koukhan. Il tire
son nom du passage.

Ce village compte une vingtaine de cases sous quelques bambous, bananiers et cocotiers, au milieu d'une plaine de plantations où les arbres de forêt ont été coupés. On y trouve une
pagode qui compte quatre bonzes. Un petit mandarin, le Luong
Chéi Kiri Vongkot [1] Kromodan Mœuong Koukhan, y réside afin
de surveiller les voyageurs qui montent ou descendent. Il arrête
et conduit à Koukhan ceux qui n'ont pas leurs papiers en règle.

Le vendredi 16 novembre, les voyageurs quittèrent, vers huit
heures, le Phum Dan Ta Poui avec trois charrettes. Le terrain,
qui était en pente assez inclinée depuis la crête des Dangrek
jusqu'au Phum, n'est plus qu'en pente très douce au-delà de ce
village. La piste de charrettes est sur sable blanc sous les forêts
clairières d'arbres Thbêng. Ils traversèrent le Aur Toùng, affluent
du Aur Ta Êk. Ses rives ont une dizaine de mètres de largeur et
trois ou quatre de profondeur. Ils déjeunèrent sur ses bords.
Reprenant leur route à onze heures, ils arrivèrent vers deux
heures au Phum Kabal Krebei, hameau de 14 cases de Kouïs
Antor et de Khmêrs. Ces pauvres gens disent qu'ils ne peuvent
guère faire des rizières par suite des inondations dévastatrices
des torrents qui descendent des monts Dangrèk. Ils boivent
l'eau des puits creusés dans le sable ; on la trouve partout à une
faible profondeur. Ils vont couper des feuilles de palmier
Khchéng (celles qui servent à faire les satras indigènes) ou
palmier treang à un pic des Dangrèk appelé Phnom Slek « le
mont des feuilles » et ils en font des sacs qu'ils troquent contre
du riz.

Le samedi 17 novembre, quittant le Phum Kabal Krebei vers
six heures et demie, les voyageurs rencontrèrent un serpent que

1. Jaya Giri Vangata. C'est aussi le nom d'une montagne dans un satra
cambodgien.

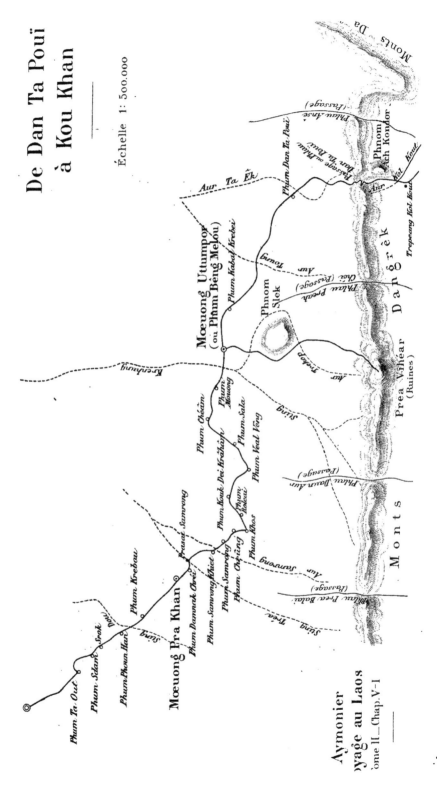

De Dan Ta Poui
à Kou Khan

Échelle 1: 500.000

Monts Da

Phlou Ansé
(Passage)

Phnom
Phlou Kroch Kondor
ou Phlum
Passage Dan Ta Poui

Phum Dan Ta Poui

Aur Ta Êk

Phum Kabal Krebei

Toung

Aur

Trepeang Kol Kou

Kol Kou

Moeuong Uttumpor
(ou Phnm Bèng Melou)

Aur Phlou Preah
Thie (Passage)

Dangrêk

Phnom
Slek

Aur Trabop

Preah Vihéar
(Ruines)

Kresluong

Phum Chéam

Phum
Mouong

Sung

Phlou Daun Aur
(Passage)

Phum Sala

Phum Kouk Dei Krahôm

Phum Veal Veng

Monts

Phum Khos

Phnom
Robaou

Phum Ophing

Aur Samrong

Phum Samrong Khiet

Phlou Preah Balat
(Passage)

Phum Stamreng

Prasat Samrong

Phum Damnak Chrei

Sung Trien

Moeuong Pra Khan

Phum Kredau

Phum Phoun Han

Phum Sdam

Sung
Dou

Sok

Phum Ta-Out

Aymonier
Voyage au Laos
Tome II – Chap. V – I

Éditeur.

les Khmèrs appellent *Pos Roliep*. De la grosseur du doigt, il a la tète en forme de croissant dont les pointes sont tournées vers le corps. Vers huit heures et demei, ils atteignirent le Phum Beng Melou, village d'une quarantaine de cases sous une forêt d'arbres fruitiers : cocotiers, aréquiers, bananiers, jacquiers, caneliers, orangers, papayers, ainsi que du bétel et des bambous. Il n'y a plus un chien dans ce village, les panthères les ayant tous enlevés. Les porcs payent aussi un large tribut aux félins, quoique on prenne soin de les mettre en cage la nuit.

Le Phum Beng Melou que l'on appelle aussi Mœuong Uttùmpor a la garde d'un passage des Dangrèk, le Phlau Preah Chréi, qui descend à l'est du pic de Preah Vihéar et va à Prasat Dâp et Promotép, droit au sud à trois jours de marche. Les actes de brigandage étant nombreux aux deux passages de charrettes, Preah Chréi et Dan Ta Pouï, le Phya de Koukhan a chargé les autorités du Mœuong Uttumpor d'examiner tous les voyageurs, de conduire les suspects au chef-lieu où on les juge. Le Chau Mœuong du district d'Uttumpor était mort depuis longtemps, et on n'osait pas procéder à la crémation, le Roi de Siam n'ayant pas envoyé l'ordre de délivrer le *feu* (le briquet).

Le dimanche 18 novembre, Chan, qui était malade, resta à la garde des bagages au Phum Beng Melou, pendant que les quatre autres allèrent à pied sur les Dangrêk visiter le monument de Preah Vihéar que An avait déjà vu à l'un de nos précédents voyages. Ils partirent vers neuf heures, allant au sud, où se dessinait le pic de Preah Vihéar à quatre ou cinq lieues. Ils traversèrent le Sting Trekòp, affluent du Krenhung ; ses rives écartées de 8 à 9 mètres, sont escarpées de 3 à 4. Ils s'arrêtèrent quelques minutes sur ses bords. Reprenant leur route à dix heures et demie, ils eurent bientôt, à 1200 mètres à gauche, la colline appelée *Phnom Slêk* « mont des feuilles », dont le relief n'est que de 50 à 60 mètres, mais qui parait longue et large. Elle est,,

couverte de palmiers *Khchéng* ou *Tréang*. Tous les villages
d'alentour et même de loin viennent y couper des feuilles pour
en faire des sacs ou des manuscrits. Les feuilles tendres font
des sacs et des nattes ; les vieilles, qui sont piquées des vers,
servent à faire les manuscrits. Un peu plus loin, les voyageurs
s'arrêtèrent pour boire l'eau d'une source au milieu de la
plaine. Ils passèrent ensuite une seconde fois le Aur ou
Sting Trekòp qui fait un grand coude à l'est pour contourner
Phnom Slek ; son lit, déjà important, mesure 8 mètres de
largeur et 3 ou 4 de profondeur. Les voyageurs s'arrêtèrent
un peu plus loin dans les plantations des gens de Beng Melou.
Depuis leur départ de ce village, il avaient constamment
traversé les défrichements faits dans les bois par ses habitants ; dorénavant ils allaient pénétrer dans la grande forêt.
Ils s'y engagèrent suivant les sentiers frayés par les éléphants
sauvages et vers cinq heures et demie ils s'arrêtèrent pour la
nuit en un lieu appelé Tiem Chen où est une grotte sous une
roche.

Avant de se coucher les guides eurent soin de couper des
feuilles, de les lier en faisceaux qu'ils attachèrent aux branches
des arbres. Ils allumèrent des bougies et les plus âgés invoquè-
rent en ces termes les esprits gardiens des bois et des monts :
« Vous tous Seigneurs, sachez que nous amenons ces étrangers
venant du pays d'en bas, visiter la Preah Vihéar, prendre note
de ses ruines. Gardez-nous cette nuit de tout danger ! »

Le lundi 19 novembre, à six heures du matin, ils se remettent
en route. Le commencement du *spèan hal* « escalier à terrasses »
est à dix minutes de la grotte Tiem Chen. Ils en font l'ascension
jusqu'au monument qui est au sommet du pic [1], le point le plus

---

1. Devant consacrer un ouvrage spécial aux ruines cambodgiennes, je
m'abstiens ici de tout détail sur celles de ces ruines que nous avons visitées
au Laos.

élevé de cette partie de la chaine des Dangrèk dont les cols,
pics, saillies et concavités ne forment pas une ligne régulièrement droite, quoique leur direction générale soit exactement de
l'est à l'ouest. De Preah Vihéar on aperçoit au loin la terre du
Cambodge. On distingue Peal Sândâk, colline au sud, un peu
ouest, à deux journées de marche ; Phnom Trâp, pic pointu,
droit au sud, à trois journées de marche. Le massif de Phnom
Thbèng est au sud, un peu à l'est, à la même distance.
Quittant le monument, les voyageurs redescendirent la montagne en suivant les sentiers d'éléphants sauvages dans les bois
jusqu'aux défrichements des gens de Beng Melou ; ils couchèrent dans ces plantations où les guides ne se crûrent plus tenus
d'invoquer la protection des génies des bois et des monts.
Toutefois ils prièrent mes Cambodgiens de ne pas tirer de coups
fusils afin de ne pas attirer les tigres et autres animaux
féroces qui accourent rôder autour du campement s'ils entendent des détonations pendant la nuit.

Le mardi 20 novembre, les voyageurs revinrent au Phùm
Beng Melou où ils étaient de retour à neuf heures du matin. An
y troqua une pièce de cotonnade rouge contre une jarre ancienne
mise au jour à la suite d'un éboulement de la rive du torrent
près du village. Il fit des cadeaux de pacotille aux autorités et
aux guides qui avaient fait preuve de complaisance. Les gens
du Phum Beng Melou, ou Mœuong Uttumpor, troquent leurs
fruits contre le riz du Srok Chèâm qui en récolte beaucoup.
Ce village est à une demi-journée de marche dans l'ouest.

Le mercredi 21 novembre, quittant le Phum Beng Melou
vers dix heures, les voyageurs traversèrent bientôt le Sting
Krenhung qui vient des Phnom Dangrèk à une forte matinée de
marche. Son lit a une trentaine de mètres de largeur, et 7 ou 8
de profondeur. Il se jette dans le Moun à cinq journées de
marche d'ici, au-dessus d'Oubon. Dans la partie inférieure de

son cours, il sépare les provinces d'Oubon et de Sisakêt. Un
peu plus loin, les voyageurs atteignirent le Phûm Mouong où sont
25 cases sous les arbres fruitiers, au milieu d'une plaine découverte. A ce village est une pagode de quatre bonzes. Ils en repartirent à quatre heures pour atteindre bientôt le Phûm Chêâm ou
Tœuk Chêâm, village d'une vingtaine de cases sous les arbres
fruitiers, sur un tertre près d'une plaine de rizières qui donne
du beau riz. Les habitants récoltent aussi de la laque, plaçant
les insectes sur les arbres sangkè, tout autour du village. Après
une halte d'une demi-heure, mes hommes allèrent diner plus
loin au Phum Sala, village de 20 cases de Kouï Antor. Vers
huit heures du soir reprenant leur route, ils allèrent coucher
au Phum Véal Vêng, dans une pagode de trois bonzes. Le
« village de la grande plaine » est assez important.

Le jeudi 22 novembre, quittant à sept heures le Phum Véal
Vêng, les voyageurs passent au Phum Kouk Dei Krâhâm,
village nouveau à gauche de la route, d'où on aperçoit la ligne
des Dangrêk à quatres lieues au sud, semble-t-il. Elle court de
l'est à l'ouest, formant ici une saillie accusée sur le plateau du
bassin du Moun. Continuant leur route, ils atteignent en une
demi-heure le Phum Roléai, gros village sur tertre ; ses cases
disparaissent sous une forêt d'arbres fruitiers. Les habitants
font des rizières tout autour ; on aperçoit aussi la ligne des
Dangrêk paraissant plus rapprochée encore, à trois lieues
environ. Les gens du pays disent que ces monts n'offrent que
deux passages à l'ouest de Preah Vihéar : celui de Daun Aûr et
celui de Preah Balaï qui ne sont pas praticables aux charrettes,
mais seulement aux piétons, aux bœufs, buffles et éléphants.

Les indigènes de cette région prétendent que les eaux du pays,
entre les villages de Véal Vêng et de Samrong, sont très mauvaises pour les personnes étrangères. Quand les gens du Mœuong
Koukhan, viennent célébrer des fêtes, ils ont soin d'apporter

l'eàu de leur boisson. -L'eau des monts Dangrêk et des bois,
· l'eau des sources répandues dans le pays, leur donne des maladies, disent-ils.

Quittant le Phum Roléai à dix heures et demie, les voyageurs
allèrent s'arrêter un peu plus loin au Phum Khos, petit village
caché sous une forêt d'arbres fruitiers. De là au phum Chrùng,
hameau de 12 cases, dont les habitants cultivent du poivre et
tressent des nattes, et au Phum Samrong, le dernier village aux
eàux malsaines. Quittant le Phum Samrong vers deux heures et
demie, ils traversent le Aur Samrong dont le lit mesure 7 à
8 mètres de largeur, 2 ou 3 de profondeur. C'est un affluent
du Sting Tréa; qui se jette lui-mème dans le Sting Krenhung.
Au-delà de ce cours d'eau est le Phum Samrong Khiet ou
Trekiet, village d'une vingtaine de cases. Laissant les charrettes
poursuivre la route, An fait un crochet pour aller visiter des
ruines. Il atteint le Sting Tréa dont le lit mesure 12 à
15 mètres de largeur, 4 ou 5 de profondèur ; ce torrent vient
des Dangrêk à une grande matinée de marche et se jette dans
le Sting Krenbung, à deux jours d'ici, disent les gens du pays.
Les ruines sont sur l'autre rive, le torrent passant à une
centaine de mètres de la tour. A cinq heures et demie, An
arrive au Phum Damnak Chréi qui est à un quart de lieue des
ruines. Les charrettes l'attendaient là.

A sept heures, les voyageurs quittent ce village, continuant
leur route de nuit. Ils passent au Mœuong Preah Khan, village
nouveau d'une cinquantaine de cases de Kuoï Antor. A deux
heures du matin, ils changent de voitures au Phum Krebau. Vers
quatre heures ils passent le Sting Dou dont le lit mesure 12 à
15 mètres de largeur, 3 à 4 de profondeur, et vers cinq heures du
matin ils s'arrètent une demi-heure au Phum Han, ou Ban Khon
Han, le premier village peuplé de Laociens qu'ils rencontrent,
les précédents étant habités par des Kouis ou par des Khmêrs.

Vers six heures ils s'arrêtent au Phum Pou, village peuplé de Koui Antor qui recueillent la laque et cultivent des rizières. De ce pays, qui est en plaine découverte, on aperçoit la ligne des monts Dangrèk, à 4 lieues environ au sud. Il est probable que ces monts s'infléchissent au nord lorsque leur ligne arrive à la hauteur des monts Koulèn d'Angkor.

Le vendredi 23 novembre, à six heures et demie, mes hommes quittent le Phum Pou, passent au Phum Sdam, gros village Koui sous une forêt d'arbres fruitiers entouré d'une plaine découverte. Les habitants recueillent beaucoup de laque sur les arbres sangké. De là, les voyageurs se rendent au Phum Ta Out, peuplé de Laociens recueillant la laque ; ils y arrivent à neuf heures. Repartant à midi et demi ils atteignent, à trois heures de l'après-midi, la Sala Klang du Mœuong Koukhan ; chef-lieu de la province, en pays sablonneux, avec quelques arbres fruitiers.

A cinq heures, An porta ses passeports et ses lettres de recommandation au Phou Va « intérimaire », jeune homme qui remplaçait le Chau, son père, mort depuis plusieurs mois. Ce mandarin reçut très mal mes hommes, afficha de l'indifférence, même du dédain, prétendit que le Phya Si, grand mandarin de Bangkok avait recommandé, peu de mois auparavant, de ne recevoir des Français ou leurs employés que s'ils avaient des lettres de Bangkok, et que les passeports de mes Cambodgiens étaient trop anciens. (Ces passeports provenaient d'une liasse envoyés une dizaine d'années auparavant par la cour de Bangkok). Il refusa même de leur donner un guide pour aller visiter Kabalprambéi « les huit têtes », lieu ancien à une heure de marche au sud du Mœuong.

Le vieux Mahathaï, plus convenable, donna à An quelques renseignements sur la province. A son avis il y aurait 10106 inscrits dans Koukhan (chiffre qui paraît exagéré). La population se compose de Khmèrs de Kouis et de Laociens. On trouve quelques Siamois au chef-lieu. Au temps de l'ancien Chau, mort en 1883, on comptait au chef-lieu un millier de cases et de nombreuses pagodes. Le commerce est libre, sans monopoles. Seuls les jeux sont affermés à des Chinois. L'alcool est fabriqué et l'opium est vendu au gré des gens. Les Mœuongs en sous-ordre, sont au nombre de trois ; Melou Préi, au-dessous des Dangrêk, Uttumpor sur les monts et Prakantararak. Mais les villages sont entremêlés sans qu'il y ait de limites nettes entre Koukhan et ses deux districts du haut pays. De chef-lieu à chef-lieu, on met deux jours pour atteindre Sangkeah droit à l'ouest ; deux jours pour aller à Sisakêt droit au nord ; quatre jours pour atteindre Mœuong Dêt droit à l'est ; le Mœuong Oubon est à cinq jours, au nord est.

Le défunt seigneur de Koukhan, Khmêr de vieille roche quoique métissé de Kouï, était un justicier sévère, impitoyable pour l'adultère plus que pour toute autre faute ; il envoyait les deux coupables à la plaine où l'on coupe les têtes. Les voleurs recevaient jusqu'à quatre-vingt-dix coups de bâton.

L'ancien chef-lieu de la province de Koukhan était jadis, dit-on, au Ban Romduol qui est actuellement dans le territoire de Sisakêt. Cette dernière province faisait partie de Koukhan dont elle fut détachée, sans doute, parce que sa population était devenue laocienne. Le nom de Romduol se retrouve, en effet, dans les titres du gouverneur de Koukhan qui sont : Phya Koukhan Si Nakhon Romduol Chau Mœuong Koukhan (Si Nakhon = Sri Nagara).

La province de Koukhan fut quelque peu troublée à l'époque de la prise de Vieng Chan par les Siamois. Un des fils du Phya Koukhan d'alors avait pour mère une femme laocienne de Vieng Chan. Elevé à Bangkok, le jeune homme plût au roi de Siam qui lui donna le titre de Phya Kraï et l'envoya

gouverner avec son père que bientôt le fils songea à trahir et
à supplanter, l'accusant de connivence avec les Annamites qui
guerroyaient au Cambodge à cette époque. Le Phya Koukhan dût
aller se justifier à Bangkok où les Kromokan « fonctionnaires »
de la province se rendirent de leur côté afin de rétablir les
faits et de le ramener. Alors le Phya Kraï leva ses clients et se
mit en rébellion ouverte contre son père. Vaincu, il prit la fuite
au Laos où on le mit à mort. Mais la rebellion de ce fils dénaturé
avait causé la dispersion d'une partie de la population de
Koukhan.

Le lundi 26 novembre, mes hommes quittèrent le Mœuong
Koukhan vers une heure et demie et vers quatre heures ils
s'arrêtèrent pour la nuit au Phûm Chamrêh, hameau de 8 cases.

Le mardi 27 novembre, quittant le Phum Chamrêh vers sept
heures et demie, ils allèrent en une heure de marche lente au
Phûm Koki grand village sous une forêt d'arbres fruitiers.
Repartant le soir vers deux heures, ils vont changer de
charrettes au Phum Chakang, gros village de Kouïs Melo sous
les arbres fruitiers qui sont semblables à une forêt quand on
les voit de loin ; il compte une cinquantaine de cases autour
de sa pagode et de sa mare. Les femmes de ces Kouïs sont
massives et brunes de teint. Des crochets de cuivre ornent
leurs oreilles. Elles sont vêtues d'une courte jupe et une
écharpe couvre mal leur poitrine. Les habitants du Phum
Chakang font des rizières dans les plaines basses et noyées aux
pluies qui entourent leur village. Vers six heures du soir, mes
hommes quittèrent le Phum Chakang, voyageant de nuit, et
allèrent coucher dans la pagode du Phum Ta Sut, après deux
heures et demie de marche lente. Ils se reposèrent pendant
une averse qui dura près de deux heures. Les gens de ce
village éclairent leur marche la nuit avec des torches de cœur
de pin fendu en baguettes de la grosseur du petit doigt que l'on

De Koukhan à Sisakèt et à Oubon

Échelle 1: 5oo.ooo

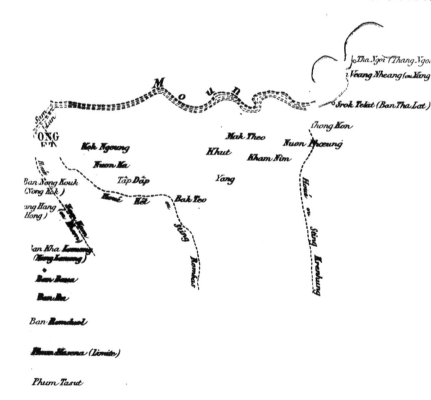

lie en faisceaux gros comme le poing. Les pins sont surtout très communs sur le *Tuol Krâham*, « tertre rouge » à l'est du Phum Ta Sut. Vers quatre heures du matin mes hommes quittèrent ce Phum et se rendirent.au Phum Kasena, le dernier village de la province de Koukhan. Il est habité par des Kmêrs.

Le même jour, mercredi 28 novembre, ils quittèrent, à six heures et demie, le Phum Kasena et atteignirent vers huit heures le Phum Romduol, ou Ban Romduol, le premier village de Sisakêt. Il compte environ 70 cases sur un tertre élevé, couvert d'arbres fruitiers, entouré de plaines découvertes. Peuplé actuellement de Laociens, son Kamnan, ou chef, a le titre de Ta Sêng. J'ai déjà dit que, d'après les gens du pays, le Ban Romduol était jadis le chef-lieu de la province de Koukhan quand elle comprenait aussi la province actuelle de Sisakêt. Les Laociens envahissant progressivement le pays, Sisakêt dut former un district séparé qui fut plus tard érigé en province relevant directement de Bangkok et le chef-lieu de Koukhan fut reporté au Mœuong actuel, à une journée au sud. Le nom de Romduol, l'ancien chef-lieu, se maintint seulement dans les titres officiels du Phya de Koukhan.

Quittant ce village ·vers dix heures et demie mes hommes arrivèrent vers midi au Ban Ba, hameau laocien de 6 ou 8 cases ; de là ils se transportèrent au Ban Boua, autre village laocien de 20 cases qu'ils quittèrent vers deux heures ; les charrettes faisant défaut dans ces hameaux, des femmes portaient les bagages en balance sur l'épaule ou bien des hommes portaient deux par deux ces bagages. Ils se rendirent au Ban Kha Lœuong, (cinquantaine de cases) sous les arbres fruitiers. Ils allèrent ensuite de nuit au Ban Sang Hang et au Ban Nong Kouk où ils couchèrent.

Le jeudi 29 novembre, quittant ce village à six heures, ils

9

arrivaient un peu après sept heures au Mœuong Sisakèt où le Chau les installa dans la sala en face de son habitation. An nota que les gens du Mœuong Sisakèt sont des Laociens employant l'écriture siamoise et que les inscrits seraient au nombre de 1000 dans la province. Selon Ros, dans une sorte d'arche, qu'il appelle *Prasat* « tour », placée dans la sala qui leur servait de logement, on avait entassé des vêtements pour les bonzes, des sandales, des éventails, des bols de métal, des tasses, des *sachi* : couvercles pointus dont les Laociens recouvrent les mets sur les plateaux. Il y avait cinquante objets de chaque espèce, sans doute destinés à être offerts à la première occasion.

Tandis que An, Chan et Ouk devaient poursuivre sur Sourèn, Dou et Ros devaient au contraire se diriger de Sisakèt vers Oubon où ils me rejoindraient. Ceux-ci quittèrent donc Sisakèt le vendredi 30 novembre, vers trois heures de l'après-midi, allant au nord est. Ils traversèrent le Nam Kham (ou Kam) affluent du Samlanh qui sert à l'écoulement des plaines au sud est de Sisakèt. Au-delà ils traversèrent une plaine couverte de nids de termites sur lesquels croissent des arbustes que les Khmèrs appellent *Sangka*, à épines et aux fruits comestibles. Ils traversèrent encore le Sting Roméas, affluent du Samlanh, qui a de l'eau en toute saison dans un lit large de 7 ou 8 mètres. profond de 3 à 4, et ils s'arrêtèrent, pour la nuit, au Ban Kot Ngoung, village de 80 cases environ sous les arbres fruitiers. La canne à sucre sauvage pousse en quantité dans les environs.

Le samedi 1er décembre, partant à sept heures, ils traversèrent d'abord une plaine de rizières couvertes de fourmilières à termites et d'arbres clairsemés. Le sol était sablonneux, de couleur presque cendrée. Passant près d'une mare, ils atteignirent ensuite le Ban Nuon Ka (70 à 80 cases). Repartant à neuf heures, ils suivirent une piste de sable et de gravier de baï Kriem, à travers des rizières parsemées de fourmilières. Les arbres ne croissent que sur ces anciennes fourmilières. Ils s'arrètèrent plus loin au Ban Tâp Dâp, village qui a une pagode sous les borassus. Le Kâmnan ou chef de village étant absent, il fallut attendre longtemps pour changer leur unique charrette. Ils purent repartir à une heure seulement. Vers deux heures ils quittaient les plaines de rizières pour entrer dans les bois. Puis ils passèrent près d'un coude du Sting Romeâs : la route ne s'écartant pas beaucoup de la rive droite de ce torrent. Au Ban Bak Teô (ou Phèo) les habitants fournirent une charrette, mais pas d'attelage : les bœufs et les buffles quoique nombreux dans le pays, n'ont pas l'habitude d'être attelés aux charrettes, disent-ils. Tout le monde se mit donc à pousser la charrette, traversant très lentement des bois jusqu'au Ban Yàng ou Nheang, où mes hommes couchèrent chez le vieux Kâmnan qui put leur donner une charrette à bœufs pour le lendemain. Ce village compte une soixantaine de cases.

Le dimanche 2 décembre, ils partent à sept heures du Ban Nhâng, allant lentement à travers bois. Ils passent au Ban Khut, hameau d'une dizaine de cases dans les bois, hautes fûtaies où abondent les grands pins. Ils s'arrêtent pour déjeuner au Ban Kkam Nim, village sous les arbres fruitiers entouré d'une haie de bambous. Le Kamnan, qui a pour titre Luong Phinit, les reçoit cordialement et leur dit que son village compte 60 inscrits et 200 âmes. Ils en repartent à onze heures, traversent d'autres fûtaies, s'arrêtent quelques minutes au Ban Mak Thèo qui compte une vingtaine de cases ; ils passent près d'une mare ronde, relayent plus loin au Ban Nuon Phœung et continuent leur marche lente, tantôt dans les fûtaies, tantôt dans les plaines découvertes. Vers quatre heures, ils relayent encore une fois au Ban Khong Kon d'où ils repartent à cinq heures pour atteindre au bout de 25 minutes le Houé Krenhung qui forme limite entre Sisakèt et Oubon. Une pirogue et deux pagayeurs les attendaient.

Ils descendirent lentement le cours d'eau dont les rives, couvertes d'arbres *trâs*, sont écartées de trente à quarante mètres. A hauteur d'une île leur embarcation suit le bras oriental. On leur dit que la limite des provinces est au bras occidental. Ils s'arrêtent pour coucher au Ban Telat. (Ils étaient entrés dès lors dans le Moun quoique leurs notes n'en parlent pas).

Le lundi 3 décembre, quittant le Ban Telat, ils continuèrent à descendre en pirogue. Les rives sont couvertes d'arbres trâs et réang, où foisonnent les singes. Ils s'arrêtèrent pour déjeuner au Ban Vang Nhâng (ou Yang) ; puis ils reprirent leur lente navigation en pirogue et s'arrêtèrent quelque temps au Ban Houo Na pour y changer d'embarcation. Ils en repartirent à midi et demi, et s'arrêtèrent encore pour changer de pirogue au Ban Thang Ngoï ou Thâk Ngoï. Ils en repartirent à deux heures et demi et vers six heures ils atteignirent le Mœuong Oubon où je les attendais.

Quant à An et ses deux compagnons Chan et Ouk, ils avaient aussi quitté le Mœuong Sisakèt, le vendredi 30 novembre, à trois heures, traversant le Houé Samlan et allant à l'ouest. Il y avait encore beaucoup d'eau dans le Samlan et les charrettes furent passées sur des barques. La traversée faite, ils voyagèrent encore pendant une heure et quart pour aller coucher au Ban Phieng Nam.

Le samedi 1ᵉʳ décembre, quittant à sept heures le Ban Phieng Nam avec trois charrettes d'allure lente, ils arrivent vers neuf heures au Ban Krenhung, gros village laocien (plus exactement Phou Thaï, où je devais passer plus tard). An évalue à 50 le nombre des cases. Ayant changé de charrettes ils en repartent à une heure et à deux heures ils s'arrêtent encore pour relayer au Ban Phaau, autre gros village d'une quarantaine de cases. Puis en une demi-heure ils atteignent le Ban Thê, village encore plus important ou est une pagode de 23 bonzes, dont la Sala que les

Laos appellent *Aram* fait l'admiration de mes Cambodgiens.
Quatre rangées de colonnes et des murs recrépis à la chaux,
hauts d'une douzaine de mètres, supportent le toit. Au centre
une chaire haute de deux mètres sert aux lecteurs religieux. A
droite une estrade sert aux bonzes auditeurs. Les laïques s'asseyent sur le sol à gauche du prédicateur. Devant cette grande
bâtisse est le temple proprement dit, tout petit, où l'histoire religieuse que les Cambodgiens appellent *Sang Sel Chéi* est peinte
sur les murs. Quittant le Ban Thè à cinq heures, les voyageurs
relayèrent encore au Ban Song Hong et se rendirent de nuit au
Ban Komphèng que je visitais aussi un mois après.

La matinée du dimanche, 2 décembre fut employée à estamper l'inscription du Komphèng situé derrière la pagode moderne
où sont 14 bonzes et 10 novices. Le village est au sud et à l'ouest
des ruines. On y compte plus de 40 cases de Laociens. Situé à
l'ouest de Sisakèt à une forte journée de marche il tire son nom
des ruines. Quittant le Ban Komphèng vers deux heures avec
trois charrettes à bœuf d'allure lente, les voyageurs relayèrent
bientôt au Ban Nong Hang qui tire son nom d'une grande mare.
Il y a à ce village une quarantaine de cases et une pagode de
neuf bonzes. On rentre ici dans le territoire de Koukhan qui
s'enchevêtre avec celui de Sisakèt. De Ban Nong Hang ils se
rendirent au Phum Changhœr, village Khmèr ou ils relayèrent
pour continuer de nuit et aller coucher au Ban Mœuong Noï
dans une pagode en bon état que les bonzes avaient complètement abandonnée depuis un an. Il est bon de dire que ces bonzes,
réduits à deux, se trouvaient sans doute trop isolés.

Le lundi 3 décembre, quittant à six heures et demie le Mœuong
Noï, les voyageurs vont relayer et déjeuner au Phùm Chek,
village de Kouï Melo qui relève de Koukhan. Les femmes noires
et courteaudes arrosent chaque matin les plants de tabac. Elles
manquent de tenue, notent mes Cambodgiens, et se chauffent en

s'asseyant sur le sol d'une façon peu convenable. Leurs jupes
sont attachées très lâches au dessous du nombril, et leurs seins
sont à découvert. Les mœurs de ces Kouïs tiennent de celles des
Laociens. Le mari ne doit corriger lui-même sa femme en faute
que si les parents de celle-ci ont fait en vain leurs remontrances.
S'il la châtiait d'emblée il offenserait les mânes et s'exposerait à
une amende. Quittant le Phum Chék à neuf heures et demie, les
voyageurs arrivèrent à onze heures au Phum Phak Maï. Ayant
relayé, ils partirent à midi, passèrent au Phum ou Ban Antoung
(ou Toum) situé sur un tertre un peu élevé. Il compte une trentaine de cases de Khmèrs sous les arbres fruitiers. A l'est du
village s'étend du nord au sud une plaine découverte ; large de
2 kilomètres, elle va, dit-on jusqu'au Srok Kaun Mêân. Du Ban
Toum on distingue encore au sud, dans le lointain, quelques
pics des Dangrèk. Quittant ce village à quatre heures et demie,
les voyageurs suivirent le bord occidental de la plaine découverte
et, en moins d'une heure, ils atteignirent le Phûm Naï Kou qui
compte plus de 50 cases de Kouï Melo, au sud d'un grand
Robœk ou bassin. Il y a beaucoup de cocotiers et de plantations de tabac à ce village. Depuis le Ban Komphèng, exclusivement, tous les villages traversés dépendent de Koukhan. Les
habitants cultivent surtout du riz gluant ; ils boivent de l'eau de
puits, le pays manquant de cours d'eau. La route est sablonneuse.
Il y a beaucoup de clairières et de plaines découvertes.

Le mardi 4 décembre, Chan étant malade resta au village,
gardant les bagages, pendant que An et Ouk allaient visiter des
ruines dans les environs. Ils partirent vers sept heures et demie,
allant à pied d'une marche assez rapide. Ils s'arrêtèrent successivement au Ban ou Phûm Snaï qui compte une vingtaine de
cases de Kouï et de Laos, au Ban Naûn Si qui est peuplé de
Laociens. Puis ils atteignirent une levée qui conduisait à l'est
vers les ruines. Avant de les atteindre, ils durent s'arrêter au

Ban Prasat « village des tours » afin de faire des offrandes aux
génies des ruines qui s'irriteraient de tout oubli comme d'un
manque d'égards, et les maladies, les calamités fondraient sur
les gens du pays. Ces ruines, appelées Prasat Chamrœn, sont à un
quart d'heure à l'est du village ; et, disent les indigènes, à un jour
de marche droit au sud de Komphêng, à trois lieues à l'est de
Prasat Nai Kou, à 7 ou 8 lieues à l'est de Prasat Anar, et à un
jour au nord est du Mœuong Sangkeah. Revenant par la route
de l'aller, An et Ouk étaient de retour à six heures du soir au
Phum Naï Kou.

Le mercredi 5 décembre, ils allèrent visiter dès le matin
Prasat Naï Kou, autres ruines qui sont à un quart de lieue à
l'ouest du village. Devant ces trois tours en briques est un grand
bassin ou abondent les poissons et les tortues que personne
n'ose pêcher ou manger de crainte des génies des ruines qui
rendraient les coupables fous ou malades. Les Laociens
appellent ces génies : Chao Pha Khao «seigneur à la robe blanche»
Chau Pha Longœum, et Phya Chompou Prasên. Vers dix heures
et demie, les voyageurs quittèrent le Ban Naï Kou et vers midi
ils arrivèrent au Phum Penou, (ou Phnou), hameau d'une
vingtaine de cases de Kouï Melo, en pays plat et boisé. C'est le
premier village de la province de Sangkeah. Plus loin ils
relayèrent encore au Phum Kaun Mean, village de 10 cases de
Kouïs Melo, et vers cinq heures ils s'arrêtèrent pour coucher au
Phum Smach qui est aussi peuplé de Kouï Melo.

Le jeudi 6 décembre, les voyageurs quittèrent le Phum Smach
vers six heures et demie avec trois charrettes d'allure lente. A
ce village ils avaient rencontré trois habitants de Sangkeah,
nommés Thong, Kœut et Méas qui amenaient des pays laociens
un bœuf et un buffle. Ils attachèrent les animaux à une palissade
et entrèrent fumer une cigarette. Le Kamnan qui les connaissait
leur demanda d'où ils venaient ; sans vergogne ils répondirent

qu'ils venaient de voler les deux bêtes ; ils avaient marché toute
la nuit. Une heure après mes hommes les rencontrèrent sur la
route très marris ; le buffle effarouché les avait frappé, déchirant
leurs vêtements et rompant sa corde il avait pris la fuite. Avant
dix heures, mes voyageurs atteignaient le Phum Daùng, village
qui compte 18 cases de Kouïs Melo, d'où on va en une demi-heure
au Mœuong Sangkeah en traversant le Sting Srèl affluent du Kap
Téâl. Son lit mesure une dizaine de mètres de largeur et trois
ou quatre de profondeur, An, pris de fièvre, dut s'arrêter au bord
de ce torrent. A une heure et demie, tous étaient rendus à la
sala centrale du Mœuong Sangkeah, devant la maison du Chau.

Le Mœuong ou chef-lieu de Sangkeah par 14°, 31' N. et 101°,
31' E, (selon Francis Garnier), est un village d'une centaine de
cases sous une forêt d'arbres fruitiers, sur un tertre assez élevé
qu'entourent des plaines sablonneuses et plus basses. Situé sur
la rive gauche du Sting Srèl dont les habitants boivent l'eau en
saison sèche, alors que les puits donnent peu, il compte deux
pagodes, une dans le groupe de cases, l'autre au dehors. On n'y
trouve ni marché, ni fermes, ni monopoles. L'alcool, l'opium
même y sont vendus librement. Quelques Siamois ou Chinois y
passent pour faire du commerce, mais sans y séjourner par
crainte d'un génie redouté, appelé Daun Ngao, dont la résidence
est à l'est du village et qui fait mourir les étrangers. A défaut de
cette vieille Ngao, les habitants se targuent de mettre à la raison
les Chinois pour peu que ceux-ci soient insolents. L'unique Cé-
lestial qui les affronte en ce moment s'enferme la nuit dans ses
murs de briques. Il n'y a pas de poissons dans le pays ; on n'y
trouve que riz, sel et piment.

Les gens du Mœuong et la plus grande partie des gens de la
province sont des Kouïs Melo, habitant le pays de temps immémorial et parlant le Kouï Melo de toute antiquité, disent-ils. Ils
parlent aussi le Cambodgien et ils étudient l'écriture siamoise.

Échelle 1: 500.000

MŒUONG
SISAKET

Ban Phieng Nam

Ban Krenhung

Ban Thé

Ban Phaau

Ban Sang Hong

Ban Kompheng (Ruines)

Ban Nong Hang

Phum Chang Hær

Mœuong Noï

Phum Chék

Phum Phak Maï

Phum Ban Antoung (ou Ban Toung)

Phum Baï Kou (Ruines)

Phum Snaï

Ban Prasat Chamrœn (Ruines)

Ban Naun Li

Phum Penou

Phum Naun Méân

Phum Smach

Sting

Phum Daung

MŒUONG SANGKEAH

Aymonier
Voyage au Laos
Tome II — Chap. V-III

Les Laociens et les Siamois sont rares dans le pays. Selon mes Cambodgiens, les hommes sont noirs et laids, peu propres, peu soigneux de leur personne, aux vêtements sales et déguenillés ne portant d'ailleurs que le langouti et un foulard autour de la tête. Les fonctionnaires n'ont ni tenue ni dignité. Ils ont l'air d'hommes des bois tout autant que les gens du peuple. Tous sont grands amateurs de cerfs-volants, dont le *ron-ron* continuel empêche presque de dormir. Les femmes noires ont générale-ment le buste nu. Une courte jupe est leur unique vêtement. Quelques-unes portent des bracelets d'argent fabriqués surtout au village appelé Srok Trom moyennant trois sling de façon ou achetés tout fait au prix de trois ticaux. Les filles, pour les fêtes, se frottent le corps avec le curcuma récolté dans le pays même, séché au soleil et pilé en poudre. Elles s'oignent aussi d'huile de ricin que l'on obtient en pilant la graine et en écré-mant l'huile qui surnage à la cuisson. Cette huile est parfumée avec des fleurs de pangkachak, arbre qui est planté près des cases.

Le Phou Chhuoï, faisant fonctions de Phou Va « intérimaire », et tous les kromokar reçurent assez bien mes hommes, tout en leur adressant nombre de questions sur la situation politique des pays voisins et sur l'éruption de Krakatoa au mois d'août précèdent, dont les détonations formidables avaient été enten-dues dans tout le Laos. Entr'autres cadeaux, les mandarins de Sangkeah se montrèrent avides de papier à écrire. Le Phou Va s'adressant à An lui dit : « Quand vous êtes venu l'année der-nière, le vieux Phya Sangkeah était en joie. Il est mort le 7 de Kâdâk (novembre). Nous conservons ses restes. Nous avons écrit à Bangkok pour le feu. Nous attendons aussi la nomination d'un nouveau Chau. Nous ignorons celui qui sera nommé ».

Effectivement le cercueil de l'ancien gouverneur dans la pièce d'honneur de son habitation était entouré de bonzes qui venaient

quotidiennement prier de toutes les pagodes, de tous les
villages de la province. On leur portait à manger le matin. La
musique du pays y jouait aussi jour et nuit.

Depuis le mois d'août précédent, une violente épidémie de
variole décimait la population de Sangkeah. Près de 200 enfants étaient morts, mais le fléau s'attaquait aussi aux vieux,
aux hommes, aux femmes. Sept à huit personnes mouraient par
jour, au chef-lieu, en décembre. Le corps des malades devenait
violacé, noir ; ils étaient pris de démangeaisons générales et la
mort suivait à bref délai, laissant en défaut la science de tous
les *gourous* du pays, qui, la nature aidant, guérissent un
certain nombre de cas en temps ordinaire. Mais cette fois-ci pas
un seul malade n'en revenait. Les bonzes ne se rasaient plus,
laissaient pousser barbe et cheveux par crainte de l'épidémie.
De tous côtés, ce n'étaient que pleurs et gémissements.

La province de Sangkeah qui compte 1000 inscrits, dit-on,
paierait un tribut annuel de 25 catties d'argent au trésor royal
et des redevances de cire et de cardamome à certains grands
mandarins de Bangkok. Elle comprend, outre le district de
Sangkeah proprement dit, les districts de Kantararoum à l'est
et de Sikaraphoum au nord. Il faut aussi ajouter Chongkal dont
je ne parle pas ici, ce district appartenant à un autre bassin
géographique, celui du grand Lac. Sangkeah est bornée à l'est
par Koukhan dont le chef-lieu est à deux journées de marche ;
au nord par Ratanabouri à quatre jours ; à l'ouest par Sourèn à
deux jours ; et au sud par les Dangrèk à deux jours.

La justice est rendue dans la Sala Klang « centrale » devant
la maison du Chau. Quand le soleil dépasse la verticale pour
s'incliner sur l'horizon, les fonctionnaires se réunissent dans
cette Sala afin de discuter les affaires publiques et juger les
procès. Le Chau, qui a pour titre : Phya Sangkeah bauri Si
Nokhon achhah, est nommé dans une famille qui occupe cette

fonction de temps immémorial. Généralement le fils succède au
père. Tous ses subordonnés appellent leur Seigneur *Louk Oû*
« Seigneur Père ». Les fonctionnaires s'asseyent en sa présence
après l'avoir salué. Les gens du peuple se tiennent prosternés.
Il fait boire l'eau du serment selon les usages le troisième jour
des mois de chèt et d'asoch (avril et octobre). L'eau lustrale,
contenue dans son urne d'argent, est brassée avec un sabre à
fourreau d'or qui fait traditionnellement partie des insignes du
Phya Sangkeah. Les bonzes ayant prié, la formule du serment
avant été lue, cette eau est mélangée à de l'eau ordinaire afin
que tous les assistants puisse boire suffisamment.

Le sceau du Phya Sangkeah représente un homme portant
une arbalète, des rotins et des feuilles de *barei*, feuilles qu'on
mâche ici en guise de bétel et qui ont donné leur nom cambodgien aux cigarettes : les Cambodgiens ayant coutume de rouler
leur tabac dans ces feuilles. Une légende raconte que jadis un
Kouï des bois abattait des arbres en forêt pour planter son riz
lorsque le Roi poursuivant son éléphant blanc en fuite rencontra
ce Kouï, lui demanda abri, et lui demanda d'être son *Kelœ*
« frère d'armes » après que le bon vieux l'eut aidé à reprendre
l'éléphant blanc. En partant il dit à son nouvel ami : « Viens
chez moi quand tu voudras. Demande hardiment le *Roi* et entre
dans le plus beau palais ! » Un jour le Kouï se mit en route, son
arbalète à l'épaule, afin de rendre visite à son ami. En route,
pour ne pas arriver les mains vides, il coupa quelques rotins et
des feuilles de *barei*. Dans la capitale il demanda le *Roi*, ne
tenant aucun compte des mines effarouchées de tous ceux qui
l'entendaient ainsi proférer ce mot sacré. A la porte du palais
on l'arrêta, mais le Roi informé ordonna qu'on le laissât entrer,
et reçut avec joie les embrassements et les modestes présents
de son vieil ami, lui donnant en retour le titre de Seigneur de
Sangkeah bauri avec un sceau rappelant l'aventure.

Les habitants du Mœuong Sangkeah se prétendent habiles à empoisonner les gens. Les recettes des poisons sont très répandues. Le poison est mélangé aux mets, à la chair de porc, aux choux et haricots du pays, à l'oignon appelé Krechhaï ; ou bien encore, invitant un ennnemi à boire de l'alcool, on fait tomber prestement dans le bol un peu de poison collé aux ongles et la victime meurt à bref délai après trois vomissements. Un de mes Cambodgiens, Chan, se fit donner la recette suivante contre le don d'une serviette et vingt tablettes de tabac : « Prenez sept tiges d'une plante appelée Kantéach Al, trois fiels de crapauds, sept fiels d'antong (sorte d'anguille), un fiel de paon, une tête de cobra capello ayant son venin, des champignons de l'espèce vénéneuse appelée srèh, jaune à tige blanche, dont le corps retombe comme un épervier de pêche ; enfin des lianes appelées vear char ; au total sept sortes d'ingrédients ; pilez et mêlez. Pour tuer quelqu'un prenez sous vos ongles la quantité de deux grains de riz de ce poison. En mangeant, trempez vos ongles dans les sauces, où se délaye le poison. » *Nota* : « Eviter de manger soi-même la tasse empoisonnée ». Telle est la traduction littérale de la recette.

Le contrepoison, toujours selon les Kouïs de Sangkeah, est un de ces tubercules que les Khmèrs appellent *pretéal*, de la grosseur du gros orteil, à la chair bleue. Aux premiers symptômes d'empoisonnement, quand le corps prend une teinte noire, et que de légères nausées, suivies de contractions spasmodiques se manifestent, il faut piler fin ce tubercule et le faire avaler, entr'ouvrir au besoin pour cela, avec un couteau, les machoires qui se contractent. Tels sont les renseignements donnés par le *gourou* Prak, Kouï de Sangkeah. On peut supposer que les poisons sont surtout à base de noix vomiques si communes dans tous ces pays. La contraction des machoires semble l'indiquer, il me semble.

Ces Kouïs de Sangkeah et des environs prisent aussi beaucoup l'emploi du *pretéal anchot* « tubercule à secousses ». Quand on le place sur les plantations, disent-ils, tout maraudeur qui y porterait la main, se secouerait sur place comme un chien trempé, sans pouvoir se dévaler de là. On raconte qu'à Sangkeah, un pêcheur qui trouvait toujours sa nasse vide y plaça un *pretéal anchot* ; à peine le voleur de poisson pût-il monter sur la rive du ruisseau où il resta frissonnant, grelottant, la main prise dans la nasse et la nasse serrée sur la poitrine. Deux jours après, le propriétaire faisant sa tournée habituelle, le trouva encore dans cette position ; et le poisson était pourri dans la nasse. Il le délivra en le frappant d'un autre pretéal *ad hoc*, c'est-à-dire ayant la vertu d'annuler les effets du premier.

On ne s'étonnera donc pas, à propos de ces tubercules miraculeux, que la chronique scandaleuse de Sangkeah prétende que les maris Kouïs jaloux en saupoudrent le dos de leurs volages moitiés. La précaution n'a aucun effet préventif, inférieure à ce point de vue à certaine ceinture fameuse de notre musée de Cluny, mais.... à en croire les Kouïs, elle est très efficacement répressive : le galant et sa complice ne pouvant se séparer tant que le mari ne viendra pas les frapper à grands coups de pretéal !

Chez ces Kouïs, la croyance aux revenants, aux sorciers malfaisants appelés *Thmôp*, aux goules néfastes appelées *ap*, existe comme chez les Khmèrs, chez les Laos et, je le crois du moins, chez toutes les peuplades du sud de l'Indo-Chine. Au Mœuong Sangkeah, un homme qu'on appelle Ta Péch peut rouler et ramener une peau entière de bœuf sauvage à la grosseur d'un pois, l'envoyer alors dans le ventre d'un ennemi en fixant sa mort au délai de trois jours. Peu à peu la peau se développe reprend son volume primitif et le condamné meurt au moment fixé. Nous retrouvons ailleurs cette même croyance. D'autres *thmôp* changent les poulets cuits des festins de noces en coqs

vivants et lançant leur cri au milieu des sauces, à la grande
frayeur des gens de la noce qui supplient les sorciers de mettre
fin au prodige ; ce qui permet de manger les poulets. D'autres
encore changent le poisson *râs* servi aux noces en fiente
d'éléphant et changent de nouveau cette fiente en poisson.
Quelquefois ces mets suspects indisposent tous les convives.

Aucun Kouï ne doutera de la réalité de toutes ces merveilles
et les Indo-Chinois, en général, sont Kouïs sur ce point comme
ils le sont sur bien d'autres croyances superstitieuses.

CHAPITRE VI

DE SANGKEAH A SOUREN ET AUX DANGRÈK
RETOUR A SOURÈN

SOMMAIRE

An, Chan et Ouk quittent Sangkeah et se dirigent vers Sourèn. Le Sting Kap Tèâl. Les bonzes du Phùm Trom Préi. Renseignements sur le Mœuong Karaphoum. Aux ruines de Prasat Sé Liem. Actes de brigandage. La fabrication des cerfs-volants. Arrivée à Sourèn. La réception du Chau. Une citation des Notes de An. Départ de Sourèn pour les Dangrèk. Actes de brigandage au Phùm Pring, au Phum Bos et au passage Chup Smach. La forèt sombre des Dangrèk. Aux ruines de Prasat Ta Mèân. Une alerte nocturne. Les arbres Chœûng Chap. La descente des Dangrèk au passage Chup Smach. Le Phùm Trepèang Khpos. Le Luong Phakedei du Phùm Kouk Mon. Visite à quelques ruines. Les pics des Dangrèk. Anecdote des Achars Prak et Près. Ascension des Dangrèk au Phlau Chomtup Péch. La peur des mànes des mortels crus. Le sucre du Phùm Kruos. Les chasseurs de rhinocéros du Phùm Tréai. L'attaque nocturne du Phùm Tani Phnom Soaï Na Hèo. La sépulture des ossements des Seigneurs de Sourèn. Retour au Mœuong Sourèn.

Le samedi 8 décembre, An, Chan et Ouk quittèrent le Mœuong Sangkeah se dirigeant vers Sourèn. Ils avaient trois charrettes d'allure lente. Un pont en bois traverse la partie la plus basse de la plaine et permet, lorsque les pluies l'inondent, d'aller jusqu'au Phum Khvao à plus d'un quart de lieue du Mœuong. Au Phum Khvao est une pagode. Au delà commencent les forêts clairières de Khlong et de Thbèng. Après quelques haltes ils s'arrêtèrent pour coucher au Phum Chék « village des bananiers », petit hameau de 8 à 10 cases de Kouï Melo sous les bananiers. Les prétendus Khmêrs de la plus grande partie des villages du plateau entre le Moun et le Dangrêk sont en effet des Kouïs *Khmérisant*. Mon pauvre Cambodgien An était de rechef pris par la fièvre. La petite vérole sévissait dans ce hameau à ce moment.

Le dimanche 9 novembre, les voyageurs quittent le Phum Chék vers neuf heures et demie et vers onze heures ils atteignent le Sting Kap Têâl, que les Laociens appellent en aval Houé Thap Than, par corruption du nom Cambodgien. Cet affluent impor- tant du Moun a sa source aux Dangrêk à l'est du passage Chup Smach, à un col qui permet de descendre du plateau supérieur à Chongkal. La largeur de son lit, au point traversé, est d'une vingtaine de mètres, la profondeur de 5 ou 6. Les voyageurs ayant fait halte sur ses bords, repartirent à midi et demi, traver- sant au delà une plaine basse qui s'étend depuis le Phum Chék. On voit sur les arbres les traces du séjour des eaux qui inondent cette plaine, au moment des pluies, jusqu'à deux mètres et demi de hauteur. Vers trois heures et demie, ils arrivèrent au Phum Trom Préi, gros village de Kouï Melo qui compte près de 70 cases. Ils s'arrêtèrent à la pagode où sont 15 bonzes passionnés, disent mes Cambodgiens, à lancer des cerfs-volants qui *ronron- nent* toute la nuit. Peu de jours auparavant un de ces religieux monta à la cime d'un arbre où son cerf-volant était resté accro- ché. Sa jupe se détacha, le laissant dans un état qui n'avait rien de bouddhique. Il se laissa alors glisser en toute hâte et si malheureusement qu'il tomba d'une hauteur de 10 mètres et se cassa un bras. Le châtiment avait suivi immédiatement la faute. « Au Cambodge, ajoutaient mes hommes dans leurs notes, on refuserait du riz à des bonzes se conduisant aussi légèrement ! ». Ils remarquèrent aussi que dans cette pagode, de même que dans la plupart de celles de la région, on a construit une sorte de petite sala sur l'eau d'une mare ou bassin. Cette construction, appelée _sim,_ qui sert aux fêtes et ordinations des bonzes, est nécessitée par ce fait que la *vihâra* ou temple proprement dit, n'est pas entouré de *Sêma* ou bornes sacrées. Un petit pont relie à la terre cette sala religieuse.

Mes hommes repartirent du Phum Trom Préi un peu avant six heures. Ils traversèrent le Sting Komphok qui vient du Mœuong Romduol ou Souraphim à deux jours de marche d'ici. Son lit mesure 12 à 15 mètres de largeur et 2 ou 3 de profondeur. Il se jette dans le Sting Kap Tèàl à une matinée de marche plus loin. Ils s'arrêtèrent au delà, pour la nuit, au Phum Samrong, village d'une trentaine de cases de Kouïs Melo, sous les cocotiers et aréquiers. Il y a une pagode et 7 bonzes passionnés, comme tous leurs confrères de la région, pour lancer, au crépuscule, leurs cerfs volants que soutient la brise fraîche de décembre. Les gens de Samrong plantent beaucoup de mûriers. Ils font aussi un peu de commerce, disent-ils, allant acheter le coton de Phnom Krebas dans la province de Koukhan, la laque de la même province, l'arèc des Mœuongs laociens, et revendant ces denrées avec bénéfice à Sourén, à Sangkeah.

Le lundi 10 décembre, quittant le Phum Samrong vers six heures et demie, les voyageurs s'arrêtèrent bientôt au Phum Ta Kuoï, village d'une trentaine de cases moitié Khmèrs, moitié Kouïes, sous une forêt de bananiers. Repartant à huit heures et demie, ils traversèrent une vaste plaine dénudée qui permettait d'apercevoir, à moins d'une lieue sur la gauche, la forêt des arbres fruitiers du Mœuong Karaphoum. Ils atteignirent, dans cette plaine qui s'étend du sud au nord, le Aur Trach, ruisseau qui vient, leur dit-on, du Mœuong Romdul, à deux jours d'ici. Ils n'y a pas d'eau, en ce moment, dans son lit qui mesure une douzaine de mètres de largeur et deux ou trois de profondeur. Il se jette dans le Sting Komphok au Péam Pathè, non loin, et le Komphok se jette dans le Kap Têâl, à l'est du Phum Samroug Téap et à un jour d'ici. On a planté des bornes le long de ce Aur Trach qui sert de limite entre les provinces de Sangkeah et de Sourèn. Vers neuf heures et demie, les voyageurs arrivaient au Phum Rovieng, ou Lovieng, où demeurait le Balat du Mœuong Karaphoum, un vieillard de 70 ans qui leur donna quelques renseignements sur ce Mœuong (où d'ailleurs mes hommes passèrent plus tard). Le Chau était mort l'année précédente. Ses deux fils avaient accompagné le Phya Si à Bassak, espérant en obtenir une nomination. Ils ne gagnèrent que la fièvre qui les emporta tous les deux. Le Mœuong Karaphoum, qui n'a pas de limites déterminées, relève du Mœuong Sangkeah. Quant au Phum Lovieng, il compte 15 cases en forêt; la grande plaine s'étend devant le village.

Quittant ce village à onze heures, les voyageurs atteignirent, au bout d'une demi-heure, les ruines appelées Prasat Sé Liem qui sont donc dans le territoire de Sourèn; à côté est le Srok Prasat « village des tours » où sont 12 cases de Khmêrs et une de Kouïs. Selon les indigènes, Prasat Naï Kou est à une demi-journée de marche droit à l'est de Prasat Sé Liem; Sangkeah est à un jour de marche au sud est; Ratanabouri est droit au nord à trois journées de marche. A une demi lieue à l'est de Prasat Sé Liem est une tour en briques ruinée qu'on appelle Prasat Anar, près du Phum Anar.

La nuit précédente avait eu lieu un acte de brigandage au village de Prasat Sé Liem. Les voleurs avaient enlevé deux buffles au milieu de la nuit, tirant sur le propriétaire qui put s'enfuir sans être atteint.

Après cinq heures du soir mes hommes, ayant achevé leur besogne à Prasat Sé Liem, se rendirent à une lieue plus loin au Phum Kruos, hameau de 10 cases de Khmêrs où ils couchèrent. Les habitants veillèrent toute la nuit. Trois jours auparavant, des brigands avaient attaqué la case à l'extrémité orientale du village, tirant des coups de fusils, et battant en retraite sans pouvoir enlever les buffles parce que les habitants accoururent en nombre.

Le mardi 11 décembre, les voyageurs quittèrent à sept heures le Phum Kruos, mais changèrent de charrettes à un quart de lieue plus loin, au Ban Na Hang ; puis ils changèrent encore au Ban ou Phum Da, village de 25 cases peuplé de Khmèrs. Quittant le Phum Da, vers dix heures et demie, ils atteignirent vers midi le Phum Chéang Maï et ils visitèrent les ruines à l'est du village, qui est peuplé de Khmèrs ; ceux-ci prennent à l'aide de trappes de bambous les gros rats des champs et les mangent. Quittant le Phum Chéang (ou Chieng) Maï, à deux heures et demie, les voyageurs atteignirent avant quatre heures et demie le Phum Mœuong Ti qui compte une quarantaine de cases de Kouïs, de Khmèrs et de Laos sur un tertre élevé entouré de plaines basses. Sa pagode compte une dizaine de bonzes également passionnés à faire planer à la brise fraiche et continue de décembre des cerfs-volants qu'ils achètent au prix de trente lats.

Ces jouets sont fabriqués dans le pays même ; leurs cordes sont en écorces d'arbuste *préal* tordues ; la carcasse du cerf-volant est en bambou ; le papier en écorce de snaï que l'on fait bouillir pour la verser ensuite sur une étoffe mousseline tendue dans l'eau froide. On l'égalise en nappe mince et on la laisse tremper une nuit, pour la faire sécher ensuite au soleil. On détache la mousseline et l'écorce de snaï ainsi préparée remplace le papier. L'appareil bruyant que les Cambodgiens appellent èk est en rotin, avec une corde qui est quelquefois en soie, mais alors elle s'use trop vite au frottement ; on préfère pour cela les tendons des pattes d'animaux ou les nerfs des queues de singe. Lorsqu'un cerf-volant vient à tomber sur

une case, celui qui l'a lancé doit inviter les bonzes à venir dire
des prières afin de neutraliser l'influence maligne et éviter aux
gens de la case des malheurs ou des maladies. Sinon ceux-ci
pourraient porter plainte et réclamer des indemnités.

Le mercredi 12 décembre, quittant le Phum Mœuong Ti vers
huit heures et demie, les voyageurs arrivèrent deux heures
après au Phum Bos Rosei, petit village habité par des serviteurs
ou esclaves des mandarins de Sourèn. Ces gens, qu'on appelle ici
Lêk Théat, cultivent les rizières de leurs maîtres. Au Cambodge
on appelle cette glèbe les *esclaves du dehors* ; ils sont endettés
mais ils n'habitent pas avec leur maître ou créancier. Quittant
ce village à midi et demi, mes hommes arrivèrent vers quatre
heures au Mœuong Sourèn.

Je crois devoir passer la parole à An, me bornant à traduire
ses notes qui ne sont pas ici dépourvues de pittoresque : « Nous
nous arrêtâmes à la Sala Klang « centrale » devant l'habitation
du Seigneur Phya de Sourèn. C'est la sala où se réunissent
habituellement les kromokar « fonctionnaires ». Nous donnâmes
nos passeports au Luong Tiem qui les lût ainsi que tous les
kromokar présents. Ils nous dirent que le Chau était en ce
moment à ses champs au nord du Mœuong. Ce Seigneur revint,
en effet, à la fin du jour, sur une charrette attelée de bœufs,
couverte d'un toit en treillis de bambous, de la forme d'un roof
de barque. Il était assis à l'intérieur, derrière un homme qui
conduisait l'attelage de bœufs ornés de clochettes de métal. Sa
femme suivait, dans une autre voiture qui n'avait pas de toit.
Lorsqu'il passa devant la sala je descendis pour le saluer. Il me
demanda si je désirais rester là ou aller loger dans une pagode [1].
Je répondis que je désirais repartir le plus tôt possible et qu'il
pouvait m'installer à son gré. Il passa outre et entra chez lui

---

1. Le gouverneur connaissit déjà An qui était venu dans le pays deux ans
auparavant.

renvoyant bientôt son fils le Phou Chuoï qui vint me faire visite
à la sala ēt nous dire : Vous venez de là-bas (du Cambodge),
où comptez-vous aller maintenant? Le pays de là-bas est-il en
paix ou a-t-il des préoccupations quelconques ? Avez-vous des
lettres, des passeports ? De qui sont vos lettres ? Combien êtes-
vous ? Depuis combien de mois avez-vous quitté votre pays ? —
Je lui répondis sur tous les points, le priant de retourner
immédiatement informer le Phya : la nuit s'avançait et je désirais
porter mes lettres le lendemain. Le Phou Chuoï s'en alla près du
Chau qui chargea le Luong Na de nous faire diner. En aucun
pays, en aucune province, depuis notre départ de nos maisons,
ni chez les Khmêrs, ni chez les Kouïs, ni chez les Leô (Laos),
grands ou petits, nulle part nous n'avons été aussi bien reçus
que chez ce Phya de Sourèn qui chargea le Luong Kromona,
magasinier du riz, de nous traiter. Ce fut notre meilleure chère de
toute la route. Nous fûmes servis très proprement sur des plateaux et on voyait que ces gens étaient soigneux en ce qui concerne les repas ; cette nuit nous couchâmes dans la sala Klang.

    « Le jeudi quatorzième jour de la quinzaine de Mekhasér
(13 décembre [1]), au matin, je portais mes lettres au Chau qui en
prit connaissance et me dit: «D'ici où irez-vous?» Je lui répondis
que je comptais aller aux monts Dangrêk et descendre au-delà
pour aller aux monts Khao Vong. Il me dit alors : « Les Khao
Vong sont situés au sud-ouest du Mœuong Nang Rong. C'est de
Korat qu'on y va ». J'ajoutai que je demandai à lui confier nos
bagages, afin de ne pas avoir à les traîner après nous dans les
montagnes, dans ces parages que les voleurs rendent dangereux.
Il accepta volontiers, d'un visage aimable, et termina en disant :
« Il faut attendre les voitures qui ne seront pas prêtes aujourd'hui ».
Tous les Kromokar assistaient à l'audience, placés selon leur

_____

[1]. Mes indigènes notaient les jours selon leur calendrier. J'ai partout rétabli
les dates d'aprés le nôtre.

rang. En entrant ils saluaient, puis ils restaient prosternés comme devant un roi, lui répondant tous par la formule *Preah Bat* « pieds sacrés » (formule pour les rois et princes), et ne l'appelant pas *louk chaufai* « seigneur gouverneur », ou *louk mechas* « seigneur maître », mais *Louk Oû* « seigneur Père » [1]. Pour cette audience solennelle, le Phya Sourèn avait endossé un habit à fleurs d'or et un langouti de soie retroussé. Ses deux index étaient ornés de deux paires de bagues d'or. Gros, court, assez blanc, âgé de 70 ans environ, ce seigneur paraît plus diligent et plus consciencieux que tous les autres chefs de province que nous avons rencontrés. De retour à ma Sala, je demandai aux Kromokar depuis quand les fonctions de Chau étaient dans sa famille. On me répondit que c'était de tout temps, depuis la création de la province ».

Comme épilogue à la satisfaction naïvement exprimée par mon brave Cambodgien j'ajoute que plus tard, avant de quitter Korat et le Laos, renvoyant An par la route de Sourèn à Kabin et Bangkok, je me fis un plaisir de lui remettre tous les cadeaux qu'il jugea devoir être agréables au Phya et aux divers mandarins de Sourèn, en reconnaissance de leur bonne réception.

Je continue la relation du voyage me réservant de grouper à l'occasion de leur deuxième séjour à Sourèn, les notes assez nombreuses que mes hommes prirent sur la province et sur le chef-lieu où ils passèrent à trois reprises.

Le samedi 15 décembre, ils quittèrent le Mœuong Sourèn vers midi, avec deux charrettes à buffle d'allure lente. Au bout de deux heures de marche ils traversèrent le Sting Snêng sur un pont de bois où peuvent passer les charrettes : le fait est assez rare pour être noté. Le Phya de Sourèn y a fait mettre un poste de police. Le Sting Snêng qui vient des Dangrêk à deux jours

---

1. Cette appellation de familial respect, en usage aussi à Sangkeah, avons nous vu, pourrait bien être un vestige de l'étiquette antique, au Cambodge.

du point traversé a un lit large de 15 à 18 mètres et profond de 5 ou 6, il se jette dans le Preah Chi. Les voyageurs s'arrêtèrent pour la nuit un peu au-delà, au Phum Chhùk, hameau Khmêr de 15 cases.

Le dimanche 16 décembre, An note que son thermomètre marque 15° « le jour comme la nuit. Il n'y a pas de vent, mais une forte rosée et fort rayonnement, ce qui explique cette température si basse [1]. » On quitta le Phum Chhuk vers 6 heures du matin, traversant d'interminables forêts clairières de Phchek, Reang, Khlong et Thbèng. Le sol était sablonneux avec beaucoup de tertres de relief plus ou moins faible. Vers dix heures et demie, mes hommes s'arrêtèrent au Phum Ponléï peuplé par des hommes du gouverneur qui a ici maison, femmes, enfants et rizières. An, pris de fièvre, envoya Ouk et Chan visiter Prasat Banleï (ou Ponleï), trois tours en briques à une lieue au sud-est du village. Il n'y avait pas d'inscription. Quittant le Phum Ponléï vers trois heures et demie, ils s'arrêtèrent à 4 heures pour passer la nuit au Phum Snauk, village peuplé de Khmêrs.

Le lundi 17 décembre, quittant le Phum Snauk à sept heures et demie, ils s'arrêtèrent au bout de deux heures d'une marche lente au Phum Prasat « village de la Tour », ainsi appelé d'une tour en Bai Kriem toute démolie dans les arbres et bambous du village. Un grand *robœk* « bassin » était creusé devant cette tour. Au Phum Prasat, qui compte une vingtaine de cases, An tua deux tourterelles que les gens du pays firent immédiatement carboniser avec toutes leurs plumes afin de s'en servir comme remède contre toute espèce de maladie, en mêlant cet ingrédient à de l'eau de coco bue par le malade. Quittant le Phum Prasat vers deux heures et demie, mes hommes, au bout d'une heure de marche, s'arrêtèrent pour la nuit au Phùm Pring, hameau de 10 cases de

1. Très basse pour un Cambdogien, bien entendu.

Khmêrs, où le Kâmnan les reçut en passant une partie de la nuit
à gémir sur le malheur des temps. Ses beaux buffles avaient été
volés peu de temps auparavant, dans les circonstances suivantes. Six hommes de la province, qu'il connaissait, conduisant
deux buffles, lui avaient demandé l'hospitalité d'une nuit. Un peu
avant le chant du coq, (vers trois heures du matin), des hommes
armés assaillirent ses hôtes, en tuèrent deux à coups de fusil,
emmenèrent les deux buffles, qui avaient été volés, au Srok Soaï
Na Hêo et enlevèrent par surcroit les six buffles du Kamnan qui
soupçonne fortement ses hôtes mêmes de s'être entretués et de
l'avoir volé. Il porte plainte contre les quatre survivants. Dans
notre pays, dit-il, les brigands sont plus craints que le Chau
Mœuong. Celui-ci fait frapper et mettre à l'amende lorsqu'on
l'offense, les autres assassinent.

Le mardi 18 décembre, quittant le Phùm Pring à sept heures,
les voyageurs, après deux heures de marche dans les forêts clairières de Khlong et de Thbèng, s'arrêtèrent, pour déjeuner, près
d'une mare appelée Trepeang Kresang. Reprenant leur route, ils
atteignirent, après trois heures de marche, le Phum Phnom Dei
qu'on appelle aussi Phùm Bos ou Phum Ta Méang, hameau
de 20 cases de Khmers, sur un tertre découvert, au sol de sable
blanc. L'ancien Phum Ta Méang, au nord-ouest de cet emplacement, a des cocotiers et des plantations de toutes sortes, mais
les habitants l'ont quitté à cause des maladies qui y régnaient
et sont venus s'établir au Phum Phnom Dei. Les pauvres gens
avaient été attaqués l'avant-veille pendant la nuit ; les brigands
avaient enlevé 10 ticaux d'argent, 10 langoutis, des bols, des
marmites. Habitués pour ainsi dire à ces surprises, les habitants fuient dans les bois à la première alerte : les voleurs
menaçant de tirer sur quiconque résistera. Les traces des
assaillants indiquent qu'ils viennent du côté de Phakonchhaie et
autres districts de Korat.

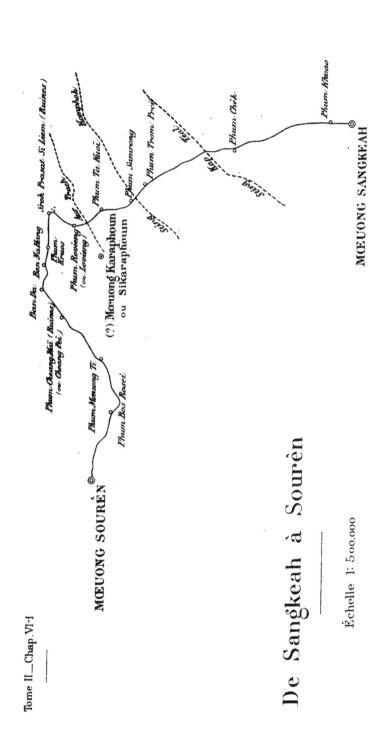

De Sangkeah à Sourên

Échelle 1: 500.000

Ce village de Phnom Dei est à quatre lieues, distance mesurée, des Dangrêk, du passage *Chup Smach* que les Siamois appellent *Chhang Smet*, qui est la grande voie que prennent les gens portant les tributs des divers Mœuongs laociens à Bangkok. Ces tributs royaux ne sont pas à l'abri des attaques des brigands. L'un fut enlevé l'année précédente. Une autre fois on dévalisa complètement un mandarin revenant de Bangkok avec le titre de Chau intérimaire. Il dût s'enfuir dans son pays ayant perdu jusqu'à son brevet de nomination. On pillerait même le Roi, et nous autres, disaient mes Cambodgiens, « nous avions bien soin de faire entendre partout qu'il n'y avait dans nos bagages que du papier à estampage. »

Le mercredi 19 décembre, ils quittèrent, à sept heures du matin, le village de Phnom Dei pour aller visiter les ruines appelées Prasat Ta Mean sur les monts. A neuf heures, ils quittèrent les forêts clairières et entrèrent dans la forêt haute et épaisse qui couronne le sommet des Dangrêk. Dans cette région la forêt prend un aspect rare en Indo-Chine, unique presque en son genre : voûtes sombres où le soleil ne pénètre pas et que supportent les colonnades gigantesques des troncs des grands arbres. Au pied, le sol n'est pas dénudé, mais couvert d'un fouillis de petites plantes et arbustes. On devait retrouver quelques jours plus tard cette même forêt, plus à l'ouest, au nord du Phlau Chomtup Péch. On peut marcher toute une journée sans en sortir, paraît-il.

Une heure après s'être engagés dans cette forêt les voyageurs atteignirent Prasat Ta Mean *tauch* « les petites » dans la forêt même et non loin de l'arête du mur presqu'à pic que forment les Dangrêk. Depuis le Phum Phnom Dei on ne monte pas d'une manière sensible, le terrain paraît plat et il en est ainsi jusqu'à l'escarpe abrupte qui est à une demi lieue au delà des ruines, près desquelles passe un sentier de piétons qui permet de

descendre la montagne. Les voleurs de bestiaux passent habituellement, dit-on, par ce passage désert qu'on appelle Phlau Ta
Mèàn ; on est encore ici dans la province de Sourèn. Les petites
ruines de Prasat Ta Mean sont en terrain plat et sablonneux. De
là mes Cambodgiens allèrent à 15 ou 1800 mètres au sud-est
visiter les grandes ruines ou Prasat Ta Mean Thom. Ce dernier
monument, aussi dans les grands bois, est plus important. Situé
près de l'arête il a un grand escalier qui descend la montagne
jusqu'au plateau inférieur. Ce premier jour on estampa les
inscriptions de Prasat Ta Mean tauch. An renvoya Ouk au
Phum Phnom Dei à la garde des bagages et resta avec Chan aux
ruines.

Le jeudi 20 décembre, on passa la journée à déterrer les
inscriptions de Prasat Ta Mêàn Thom. N'ayant pas apporté
suffisamment de vivres, restant dans ces ruines au delà de leurs
prévisions, mes hommes et leurs guides dûrent se passer de
dîner et ils couchèrent à Prasat Ta Mêàn Thom. Ils eurent, en
ces ruines situées dans les grandes forêts désertes, une alerte que
An raconte ainsi : « Nous étions quatre couchés là : Chan, moi et
deux hommes du Phum Phnom Dei. La nuit était silencieuse au
point que chaque feuille d'arbre qui tombait produisait un bruit
extraordinaire. Nous entendîmes comme le bruit d'un animal
marchant et j'admirai beaucoup le sang-froid de l'un des hommes
du pays qui semblait n'avoir peur de rien, restant toujours
calme et immobile. Mais vers l'heure du premier chant du coq
cet homme sursauta tout à coup criant : « Quoi donc se dresse
ainsi ! » Notre feu était éteint. Je me levai en bondissant, sai-
sissant mon fusil d'une main et de l'autre secouant Chan pour
le réveiller. Nous demandions à cet homme ce qu'il avait vu. Il
était retombé déjà dans son calme habituel et après plusieurs
questions répétées, il se borna à nous dire qu'il avait entendu
comme le vol d'un oiseau. Nous nous recouchâmes. Au matin

en achevant d'estamper nous fîmes cuire en l'étendant de beaucoup d'eau une petite tasse de riz qui nous restait, et ce peu de bouillie fut partagé entre tous. Notre travail fini, nous sortîmes des ruines par l'ouest et nous rencontrâmes subitement un serpent noir long de trois à quatre mètres, plus gros que le mollet, qui bondit et disparut bientôt dans les cavités des ruines. Vainement j'avais demandé mon fusil, l'homme du pays qui le tenait avait pris la fuite au lieu de me le tendre, pendant que je tenais mes regards fixés sur le reptile qui était probablement notre visiteur nocturne en chasse ».

Le vendredi 21 décembre, ils quittèrent les ruines de Ta Mean, retournant au Phum Phnom Déi par la route de l'aller. Dans la forêt sombre, les gens du pays firent remarquer à An de nombreux *Dœm Chœung Chap* « arbres pieds de moineaux » qu'il n'avait jamais vu sur pied avant ce jour. C'est un grand arbre très commun dans les riches forêts de la région, tandis qu'on ne le signale pas au sud de Koukhan, du côté de Preah Vihéar. Son écorce est noire, ses feuilles petites ; son bois, d'un blanc tirant sur le jaune, passe pour incorruptible et supérieur à toutes les autres espèces. Il a la durée de la pierre, disent les Cambodgiens, dont les ancêtres l'employaient pour les travées et entraits des tours, des monuments ; on le retrouve, par exemple, dans les portes d'Angkor Thom.

Le samedi 22 décembre, quittant le Phum Phnom Dei à sept heures, les voyageurs se rendirent en moins d'une heure et demie au Phum Bak Dai, hameau d'une vingtaine de cases, le dernier du plateau supérieur sur cette route. Le même jour vers midi, ils allèrent, à travers les hautes futaies, explorer à une lieue et demie de distance un emplacement ancien qu'on appelle *Preah Eisei* « le divin Rishi ». Mais ce n'est qu'un tertre couvert de petits débris de poteries vernissées.

Le dimanche 23 décembre, partant du Phum Bak Dai à sept

heures, ils atteignirent en trois quarts d'heure le sommet du passage dit Phlau Chup Smach par les Khmèrs et Chhang Smet par les Siamois. An devait encore passer là plus tard en quittant définitivement le Laos et je grouperai à son dernier voyage les notes détaillées qu'il prit sur Chup Smach et ses cinq terrasses successives. En ce premier voyage, les haltes furent fréquentes, et les deux charrettes à buffles, qui avaient commencé la descente vers huit heures et demie, ne quittaient que vers deux heures et demie le pied de la montagne. Une demi-heure plus tard, les voyageurs sortaient de la grande forêt des Dangrèk et un peu avant six heures ils atteignaient le Phum Trepeang Khpos, village du district de Chongkal, dans le plateau inférieur. En effet, depuis le pied des Dangrèk, ils étaient dans ce district de Chongkal.

Le Phum Trepeang Khpos « le village de la mare élevée » compte une cinquantaine de cases dont tous les habitants sont Khmèrs. Il y a une pagode où mes hommes couchèrent. Ce village, qui tire son nom d'un grand bassin aux hauts déblais formant levée tout autour, creusé anciennement à l'est des cases, est situé sur la route de Siem Réap, Angkor, à Sourèn, Phimaie, Korat. Ses habitants chargés de la police du passage Chup Smach viennent, dit-on, du Phum Ta Méang, dans Sourèn. Leur monnaie n'est plus le *lat* du plateau supérieur, mais le *pê*, sorte de petit centime frappé et employé dans les provinces de Battambang et de Siem Réap.

Lè lundi 24 décembre, les voyageurs quittèrent le Phum Trepeang Khpos, vers sept heures du matin avec deux charrettes d'allure vive, terme qu'on n'a guère l'occasion d'employer quand on parle des voyages dans le plateau supérieur, dans les Mœuongs laociens. Avant huit heures ils atteignirent le Rahal Khtòm, grand bassin creusé, de 250 mètres environ sur 150. Il n'y a pas de tour dans les environs, disent les gens du pays.

Continuant leur route au sud ouest, dans la direction des ruines
de Bantéai Chhmar que nous avions visitées l'année précédente,
An et ses compagnons arrivèrent vers neuf heures et demie au
Phûm Kouk Mon, qui appartient au district de Soaï Chèk,
province de Battambang. Du village ils allèrent à une demi-lieue
au nord-ouest, visiter les ruines de Prasat Sing, autour
desquelles les gens de Kouk Mon font des rizières.

Il y a une quarantaine de cases au Phûm Kouk Mon, village
nouvellement formé par des émigrés du Phum Ta Méang ou Ta
Mieng, près du Phum Phnom Dei actuel, dans la province de
Sourèn. Jadis ce Phum Ta Mieng était un centre de population
considérable, aussi important que le Mœuong Sourèn, dit-on.
Mais la foudre frappa des cases ; des épidémies décimèrent le
village que ses habitants abandonnèrent, il y a de celà cinq ans,
(1878-1879). Les uns fondèrent les villages de Trepeang Khpos
dans Chongkal, de Kouk Mon dans Soaï Chék. D'autres allèrent
renforcer les villages déjà existants de Phnom Dei, Bak Dai,
Thnâl Ampil, tous les trois sur les Dangrêk dans la province de
Sourèn.

Du Phum Ta Mieng, actuellement désert, vient l'un des fondateurs du Phum Kouk Mon, à qui le Louk Phya Preah Dambang
ou gouverneur de Battambang a donné le titre de Luong Phakedei, en le chargeant de la surveillance de la route du grand
passage Chup Smach, la principale voie des Mœuongs laociens
à Bangkok. Il a mission d'examiner les papiers des voyageurs,
d'arrêter et de conduire les suspects au chef-lieu de Soaï Chék.
Cet homme gros, trapu, s'exprimant bien, type du Cambodgien
de vieille roche pénétré du sentiment de sa dignité, produisit
une impression très-vive sur mes voyageurs. On leur raconta
que l'avant veille, jour de la fête religieuse du troisième quartier
de la lune, la population était réunie à la pagode pour écouter
la lecture des satras bouddhiques, le Luong Phakedei assis au

premier rang, sa femme à côté, tout son attirail à chiquer le
bétel étalé devant lui selon l'usage mandarinal. Un vieux bonhomme du village, apportant des vivres aux bonzes, passa par
inadvertance devant le mandarin qui le réprimanda durement
en pleine fête : « Ce vieil écervelé ignore-t-il que je suis mandarin ? A-t-il besoin, à son âge qu'on le fasse entrer dans les ordres
religieux pour lui inculquer des principes. ? » Le vieillard se
retira immédiatement dans sa case disant : « J'ai trop honte
d'avoir été ainsi apostrophé publiquement ». Cette parole rapportée au Luong Phakedei, raviva son mécontentement, et
revenant sur ce fait le jour de l'arrivée de mes hommes il s'exprimait en ces termes : « S'il n'est pas content de mon apostrophe
je le fais arrêter et juger pour lui inculquer le sentiment des lois
et des convenances ».

Le mardi 25 décembre, mes trois Cambodgiens quittèrent
Kouk Mon par la route déjà faite pour aller à Prasat Sing. De
ces ruines ils se rendirent à celles de Prasat Kuk « tour de la
prison » à 80 mètres à droite de leur route qui, depuis Kouk
Mon, se dirigeait à l'ouest à peu près parallèlement aux Dangrêk
pour revenir bientôt à ces montagnes ; la pointe des voyageurs
au dessous de ces monts, dans le plateau inférieur, n'étant faite
que pour visiter des monuments récemment signalés. Ils visitèrent encore Prasat Top, à 800 mètres à l'ouest de Prasat Kuk ;
puis ils allèrent déjeuner à une demi lieue plus loin au bord de
Trepeang Chhŭk « la mare des lotus » qui mérite en effet ce nom
car elle est couverte de lotus. Quittant ce lieu à onze heures et
demie, ils atteignent une heure après les ruines de Prasat Pong
Touk, à une cinquantaine de mètres à droite de la route. De là
ils se rendent en moins d'une heure au Phum Kedol, village de
20 cases, où sont les ruines d'une tour. A l'est est un *Robœk*,
« bassin » dont les habitants boivent l'eau. Le Phum Kedol,
village du district de Soai Chék est, selon les indigènes, à une

petite matinée de distance droit au nord des ruines de Bantèai Chhmar, et à deux jours droit au sud de Phakonchhaie. Pendant l'après midi, An alla visiter les ruines de Prasat Lobœk Ampil, à une lieue du Phum Kedol, et Prasat Chanlatdai, à mi-distance entre ces ruines et le village.

Le mercredi 26 décembre, ils partent du Phum Kedol vers sept heures, allant lentement vers les ruines de Prasat Lobœk Ampil, qu'ils quittent à huit heures, allant droit au nord vers les Dangrèk, dont quelques pics se dressent au-dessus du mur que forme la chaine. Le plus élevé est le Phnom Yok Pikar qui dépasse les pics voisins d'une centaine de mètres ; son sommet dénudé est dégagé. Plus à l'ouest, un autre pic, Phnom Mèkar, a presque la même hauteur, mais les arbres empêchent de bien le distinguer. A l'est de Yok Pikar est encore le pic de Chomtup Péch dont la hauteur est sensiblement la même que celle des deux précédents. Les autres protubérances dépassent peu le niveau général de la chaine.

Il y a quelque quarante ans, le Phnom Yok Pikar servit de refuge à deux imposteurs : l'Achar Prak et l'Achar Près qui prétendirent, au bout d'un certain temps de retraite, avoir, selon les idées courantes de ces pays bouddhiques, acquis des mérites et des pouvoirs surnaturels. Autour d'eux se rassembla une bande qui leur servit à envahir le district de Phakonchhaie dont les habitants les suivirent en grande partie. A la tête de cette troupe ils descendirent par Chup Smach afin d'aller s'emparer de la citadelle de Siem Réap. Mais là on leur tira dessus et leur prétendue invulnérabilité ne les empêcha pas de prendre la fuite. Leurs partisans désabusés les saisirent et les conduisirent au Seigneur de Siem Réap qui les fit envoyer enchaînés et sous bonne escorte à Bangkok. A mi-route, ils furent rencontrés par le Seigneur de Battambang ; celui-ci jugea inutile de les envoyer plus loin. Près fut mis à mort, Prak put s'échapper et se réfugier dans les monts. Plus tard il fut saisi au village de Trèai, district de Phakonchhaie. Le Chau Khun Youmrèech qui gouvernait alors Korat, s'étant assuré que cet homme était réellement invulnérable aux balles, (ces choses sont facilement crues dans ces pays), le garda à son service.

Mes hommes déjeunèrent dans les bois, et atteignirent ensuite le Robœk Rit, bassin carré de 250 mètres environ de côté. Les gens des villages au sud viennent couper dans la région des feuilles de palmier Rit ou Khchéng et ils laissent au Robæk Rit leurs voitures qui ne peuvent aller plus loin. On voit en effet, de ce point, les monts Dangrêk qui semblent être à une lieue de distance. Le pic Chomtup Pèch est droit au nord. On aperçoit un pic aigu dans l'est. Au-delà du Robœk Rit, les voyageurs entrèrent dans les grandes forêts de ces monts. Après une halte au pied des Dangrêk, ils commencèrent l'ascension à midi, montant le sentier dit Phlau Chomtup Pèch. Mais au bout d'une demi-heure ils s'arrêtèrent à un ruisselet appelé Aur Thkau parce que Chan, pris de fièvre, ne pouvait plus monter. La situation paraissait critique : les guides du pays insistaient vivement pour qu'on ne s'arrêtât pas : les gens pris de fièvre doivent craindre dans ces grands bois déserts les génies, revenants, mânes de tous les malheureux qui y sont morts accidentellement et qui par suite n'ont pas été *brûlés :* ces mânes des *crus* ont coutume de nuire aux vivants. Chan ne pouvait ni marcher, ni s'asseoir. Le coucher était un gros sujet d'inquiétude. Seuls, au milieu des forêts désertes, mes Cambodgiens craignaient ce que leur disaient les gens du pays, leurs congénères en somme. Ils s'arrêtèrent, firent du thé au malade et quittèrent le Aur Thkau quand il fut un peu mieux. Cinquante minutes après ils atteignaient le plateau supérieur. Ils leur fallut donc au total une heure vingt minutes de montée lente. Ce sentier de piétons est à une matinée à l'ouest, à vol d'oiseau, du Phlau Chup Smach.

De Sourên aux Dangrêk et Retour

Échelle 1: 5oo.ooo

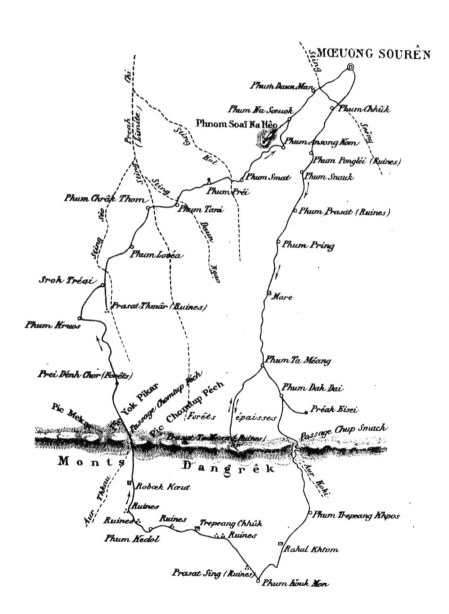

MŒUONG SOURÊN

Phum Daun Man

Phum Na Sœuok

Phnom Soaï Na Hêo

Phum Chhŭk

Phum Ansong Kom

Phum Ponglei (Ruines)

Phum Smat

Phum Snauk

Phum Préi

Phum Chrâk Thom

Phum Tani

Phum Prasat (Ruines)

Phum Lovéa

Phum Pring

Sroh Tréai

Prasat Thmâr (Ruines)

Mare

Phum Kruos

Phum Ta Méang

Prei Dénh Chor (Forêts)

Phum Dak Dai

Pic Mela

Yok Pikar

Passage Chomtup Pech

Pic Chomtup Pech

Préak Eisei

Forêts épaisses

Passage Chup Smach

M o n t s   D a n g r ê k

Robæk Kœut

Ruines

Ruines

Ruines

Trepeang Chhŭk

Ruines

Phum Trepeang Khpos

Phum Kedol

Rahal Khtom

Prasat Sing (Ruines)

Phum Kouk Mon

Parvenus au sommet ou, plus exactement, au plateau supérieur, ils se retrouvaient dans cette forêt haute et sombre qui règne à Ta Mean et qui a plus d'un jour de marche. Dans ces grands bois ils ne pouvaient rien distinguer ; pics et monts leur échappaient. Les roches sont rouges. Ils marchèrent dans la grande forêt en terrain plat depuis deux heures et demie jusqu'à cinq heures. La nuit approchant il fallut se résigner à coucher sous les grands arbres. Depuis les Dangrêk, ils avaient quitté le district de Soai Chèk, province de Battambang, pour entrer dans celui de Phakonchhaie, province de Korat.

Le jeudi 27 décembre, se remettant en route à six heures du matin, ils purent enfin, après une demi-heure de marche, sortir de la forêt haute et sombre pour entrer dans les forêts clairières, éprouvant l'impression de ceux qui sortent d'une prison étouffante : la lumière, la clarté solaire apparaissant souriante comme une amie vivement désirée. Les bois qu'ils traversèrent ensuite sont appelés *Préi Dénh Chor*, « forêts de la chasse aux brigands ». Ce sont des bandes de forêts parallèles séparées par des clairières semblables à de larges avenues tracées par la nature. Vers neuf heures ils atteignirent enfin le Phum Kruos, dans le district de Phakonchhaie.

Ce village compte une trentaine de cases de Khmêrs qui cultivent des rizières et plantent des cannes à sucre. Leurs pressoirs sont des troncs verticaux à arêtes qu'un buffle fait tourner. Du jus recueilli dans une auge ils font du sucre en disques vendu un sling les 10. Chaque case se fait quatre à cinq jarres de sucre. Tout est affermé. Chaque année les fermiers de l'impôt foncier viennent *brûler les champs* [1] c'est-à-dire les mesurer pour l'impôt qui est d'un sling et demi par sên carré, mesure de 40 mètres. D'autres fixent l'impôt des plantations diverses et des cases qui paient un sling ou un demi sling. Quittant le Phum

1. C'est l'expression indigène.

Kruos à deux heures les voyageurs s'arrêtèrent moins d'une heure et demie après au Phum Tréai, village de 20 cases de Khmèrs. An alla le même jour visiter les ruines de Prasat Thmâr, à une demi-heure de marche du Phûm Tréal. De retour au village il fit des cadeaux de pacotille à un homme qui l'avait conduit depuis le Phum Ta Mieng, province de Sourèn. Au nord du village est un bassin creusé dans l'antiquité mais il n'y a pas de ruines. Les hommes du Phum Tréal se dispersèrent autrefois lors des troubles dûs à l'achar Prak ; ils l'avaient suivi en foule parce qu'il était de ce village. Ils racontent aussi qu'ils prati-quent certaines abstinences en chassant le rhinocéros dans les monts. Ils évitent surtout de se baigner sinon les blessures de la bête sauvage ne seraient pas mortelles et elle pourrait dispa-raitre dans les cavités pleines d'eau que la nature a creusé dans les montagnes.

Le vendredi 28 décembre, partant du Phûm Tréai vers sept heures, ils traversèrent le Sting Séo qui descend des Dangrèk au Sting Preàh Chi. Son cours est de trois jours de marche. Son lit mesure 15 mètres de largeur environ et 3 de profondeur. Les gens du pays quittèrent la route pour le traverser un peu en amont du passage habituel où un tigre enlevait les attelages. Il y avait dévoré deux bœufs le mois précédent. Continuant au delà à travers les forêts clairières, les voyageurs s'arrêtèrent vers dix heures au Phum Lovéa, village Khmèr de 40 cases environ sous les arbres fruitiers. Repartant vers une heure et demie, ils attel-gnirent à quatre heures le Phum Chrâk Thôm, hameau de 10 cases de Khmèrs sous de nombreux arbres fruitiers. Les habi-tants du village qui fait partie du district de Phakonchhaie, province de Korat, se plaignent beaucoup de leur condition de corvéables susceptibles d'être totalement levés en cas de guerre. On prend le père et le fils, tous les hommes valides, disent-ils... Quittant le Phum Chrâk Thom vers cinq heures du soir, les voyageurs traversent le Sting Preah Chi, affluent important du Moun, qui sert de limite entre Sourèn et Korat. Ils s'arrètent bientôt au Phum Tani, le premier village de Sourèn, que Ouk, contrairement à ses deux camarades, appelle Phum Kabal Krebei. Beaucoup de buffles mouraient de maladie à ce village.

Les gens de Phum Tani avaient été attaqués pendant la nuit, une quinzaine de jours auparavant. Huit brigands avaient dévalisé une case et enlevé deux bœufs. Les habitants du village accoururent au secours, mais leurs trois fusils ne partaient pas. Il n'y eut de blessés d'aucun côté. Au matin, on put suivre la trace des pas des assaillants jusqu'au village de Spéan Hal à une matinée de distance (soit à peu près une douzaine de kilomètres) du Phum Tani. On reconnut l'endroit, à 40 mètres du village, où les voleurs s'étaient arrêtés pour partager leur butin sans doute, puis les traces se dispersaient dans le village de Spéan Hal. Selon les lois, quand on suit, en cas de vol, les traces soit des hommes, soit des bestiaux jusqu'auprès d'un village, le Kâmnan et les anciens de ce village sont tenus de découvrir et de présenter aux poursuivants les mêmes traces au-delà du village jusqu'à 200 ou 300 mètres. Alors le village peut se prétendre indemne. Dans le cas contraire, les traces se perdant dans le village, les gens volés s'autorisent de la perte de leurs biens pour en réclamer la valeur. Or les anciens de Spéan Hal, convoqués, firent vainement le tour de leur village, les traces n'allaient pas plus loin. Les autres portèrent donc plainte et le Chau de Sourèn condamna les gens de Spéan Hal à payer six catties de domages-intérêt.

Le samedi 29 décembre, quittant le Phûm Tani vers six heures et demie, les voyageurs traversèrent le Sting Daun Ngao, affluent du Preah Chi, dont le lit mesure 12 à 14 mètres de largeur, 2 ou 3 de profondeur, et vers huit heures et demie ils s'arrêtèrent pour déjeûner au Phûm Préi. Ils en repartirent à

onze heures, traversèrent le Sting Kol, autre affluent du Preah
Chi, qu'il rencontre à deux lieues d'ici, à l'ouest du Srok Tavor.
Son lit mesure 12 à 14 mètres de largeur, 2 ou 3 de profondeur.
Après une petite halte sur ses bords, les voyageurs en firent une
autre au Phum Samot ou Semat, un peu au-delà. Marchant
ensuite pendant deux heures et demie, ils s'arrêtèrent vers
quatre heures au Phum Ansong Skom « village du bœuf sauvage
maigre » où ils passèrent la nuit.

Le dimanche 30 décembre quittant ce village vers six heures
et demie, les voyageurs traversèrent un pays de tertres, de
clairières, semé de pierres de grès qui indiquaient le voisinage
d'une montagne. Ils passaient en effet près de Phnom Soaï Na
Heô. Au bout d'une heure un quart de marche, ils s'arrêtèrent
au Phum Na Sœuok, village de 20 cases qui est habité par des
Khmèrs malgré son nom Siamois ou Laocien qui signifie « village
du champ de la corde ». Les habitants y cultivent du tabac qu'ils
vont vendre au-dessous des Dangrêk, dans le district de Soai
Chék province de Battambang.

A neuf heures et demie An partait du Phum Na Sœuok pour
retourner visiter la montagne où il arriva après une heure d'une
marche assez rapide. De la plaine on aperçoit un temple bouddhique sur la cime. Phnom Soaï Na Heô, dont il estime le relief à
40 mètres environ, est une colline de grès à triple cime. Les pics
de l'est et de l'ouest sont d'égale hauteur, celui du nord est plus
bas. La Vihâra moderne, modeste temple en bois et chaume qui
abrite une statue du Bouddha, est sur le pic de l'est. Le Phya de
Sourèn l'a fait élever et il a coutume d'y revenir chaque année
faire une fête pieuse. Au sud du mont est un grand robœk ou
bassin creusé, mais il n'y a pas de tour. Du haut de ce monticule
on distingue la ligne dentelée des Dangrêk à trois journées de
marche au sud. Le pic de Yok Pikar est reconnaissable au sud
un peu ouest, ainsi qu'un autre situé à l'ouest. On distingue

aussi Phnom Roung à deux bonnes journées de marche à l'ouest nord ouest. Phnom Soai Na Heô dessine au nord est, entre deux contreforts, une forteresse naturelle, amphithéâtre carré de 120 mètres de côté. Aussi la colline est-elle appelée Phnom Krol « mont du parc ». Le pic de l'est a un petit puits naturel qui a de l'eau toute l'année et à son pied a été creusé un bassin qu'on appelle Srah Soai. On dit que de temps immémorial, on apporte ici les ossements des Chau de Sourèn après crémation et on les enterre sous de petites pyramides de briques appelées Chadéi (Chaitya) disséminées sur la pente qui va du temple à l'amphithéâtre naturel ; c'est pour cela que les Phya de Sourèn ont coutume d'aller en ce lieu fêter leurs ancêtres.

Repartant le même jour, à deux heures, du Phum Na Sœuok, les voyageurs passèrent au Phum Daun Man dont les habitants plantent aussi du tabac qu'ils vont vendre au-dessous des Dangrêk, puis ils atteignirent le Sting Snêng qu'ils avaient déjà traversé un peu plus haut, précédemment, au début de ce voyage au sud. Ici son lit mesure 15 mètres environ de largeur et 2 ou 3 de profondeur. Traversant ensuite des forêts clairières de grands arbres, sur sol sablonneux, ils arrivèrent vers cinq heures du soir au Mœuong Sourèn.

Pendant les quinze jours de ce voyage aux Dangrèk, ils avaient parcouru une partie de la province de Sourèn et effleuré les districts de Chongkal qui relève de Sangkeah, de Soaï Chék, province de Battambang, de Phakonchhaie, province de Korat. Je suis heureux de reconnaitre que les notes de An avaient été prises d'une manière très intelligente. Mais si la tournée fut intéressante elle fut pénible ; tous les trois ils souffrirent de la fièvre. An surtout fut très malade pendant son deuxième séjour à Sourèn. Ses notes répètent une dizaine de fois cette même phrase : « tel jour j'ai la fièvre à Sourèn ».

CHAPITRE VII

LE CHEF-LIEU, LA PROVINCE ET LES MŒURS ET COUTUMES DE SOURÈN

Le Mœuong Sourèn, situé, selon Francis Garnier, par 14°, 47' N. et 101°, 06' E., était, selon toute apparence, un centre important à l'époque des anciens Cambodgiens. Il occupe un emplacement carré entouré de deux enceintes ou levées de terre. La levée extérieure, qui mesure de 2500 à 3000 mètres dans sa plus grande longueur, est rectangulaire parce qu'elle renferme, outre la levée intérieure, deux grands bassins à l'est, et, à l'ouest, une esplanade sur laquelle a été élevé un monticule artificiel. La levée intérieure, carré de 1500 à 1600 mètres de côté, est entourée elle-même d'un fossé-bassin dont les habitants boivent l'eau toute l'année. Dans ce carré, sur un tertre sablonneux, sont dispersées les cases. Le centre géométrique de ce chef-lieu, que les gens de la province appellent Srok Bantéai « pays de la forteresse », est marqué par un poteau, appelé *Lak Mœuong*, que l'on renouvelle à l'avènement de chaque nouveau Chau. On compte dans Sourèn huit pagodes, dont les temples et les salas sont recouverts en planchettes, et autant de quartiers appelés *Amphœu* selon l'usage siamois. Les gens qui fréquentent habituellement une pagode font partie de l'amphœu de cette pagode. Les levées d'hommes sont faites par amphœu. Autour de la double enceinte, la plaine de rizières est assez dégagée et découverte pour mieux faire ressortir les massifs que forment, dans le Mœuong, tous les arbres fruitiers des jardins et des plantations.

La province de Sourèn est limitée à l'ouest et un peu vers le sud par Phakonchhaie, district de Korat ; à l'ouest un peu nord par Bouriram, autre district de Korat : les chefs-lieux de ces deux districts sont chacun à deux jours de marche du Mœuong Sourèn. Droit au nord, Sourèn serait limitée par le Moun, mais la province s'avance maintenant au-delà de la rivière, ainsi que nous le verrons en passant au Mœuong Chomphon, nouveau chef-lieu de district. Au nord nord est, Sourèn est limité par Ratanabouri, district laocien qui est en instance de séparation ; au nord est par Sisakèt ; au sud est par Sangkeah dont le chef-lieu est à deux journées de marche ; et au sud par les Dangrêk à trois jours de marche. Cette province de Sourèn mesure donc quatre journées de marche dans la direction est-ouest et cinq du nord au sud. Le sol, de même que celui de tout le plateau entre les Dangrêk et le Moun est sablonneux, couvert de forêts claires.

La population se compose de Khmèrs, de Kouïs Melo et de Laociens. Les Khmèrs sont relativement plus nombreux que dans les provinces de Koukhan et de Sangkeah, et leur langue plus usitée que les dialectes Kouïs. La seule écriture usitée est la siamoise. Les cornacs des éléphants du Chau sont tous des Kouïs peu disposés à conduire leurs animaux hors de la province : ils ont trop facilement le mal du pays. Il y aurait 3000 inscrits dans la province de Sourèn, et beaucoup d'immigrés inscrits à leur pays d'origine. L'impôt de capitation serait de 2 ticaux par tête, et le tribut porté annuellement à Bangkok de 62 catties. En outre, la population est assujetie aux levées et aux réquisitions en temps de guerre. Si les hommes sont en campagne les femmes reçoivent les réquisitions de buffles, de charrettes. Il y a aussi un impôt sur le riz fixé tous les ans dans chaque village par le Luong Na qui fait prêter serment aux Kamnan « chefs de village » tenus d'indiquer le nombre de charretées que récolte chaque propriétaire. Les magasiniers prélèvent deux paniers par charretée de 36 paniers. Le riz de l'impôt, transporté par les soins des contribuables, est gardé au chef-lieu pour être distribué aux fonctionnaires de passage, ou réservé pour les besoins publics, pour la nourriture des troupes. Le lat, menue monnaie de cuivre, est de 10 au sling. Deux petits Mœuong, que nous aurons occasion de voir relèvent actuellement de Sourèn : Souraphim au sud est et Chomphon au nord.

En quelques endroits de la province, vers les Dangrêk, on récolte le vernis merak, exsudation de l'arbre *Krœul* que l'on entaille d'un trou en forme d'ovale effilé vers le bas où on applique un tube de bambou ; on peut retirer ce bambou rempli au bout de 4 à 5 jours. Un tube de grandeur moyenne plein de

de vernis est vendu un tical à Sourèn. En beaucoup de villages
on fabrique des torches.

Le Chau, dont la famille occupe le poste de temps immémorial, a pour titres : Phya Surinthon Phakedei Si Nokhon Putéai
Seman. Les deux derniers mots sont la corruption siamoise du
Khmèr *Bantéai Chhmar,* nom d'une ruine très importante, située
au sud des monts Dangrêk, dans le district de Soaï Chék, province de Battambang, ruine qui présente ainsi la curieuse particularité de faire partie des titres du Chau de Sourèn. Les
insignes de ce dignitaire sont partie en or, partie en argent. Il
est d'usage à l'avènement d'un nouveau Chau, de mesurer le
chef-lieu en longueur et en largeur, cérémonie qu'on appelle
Samphout Mœuong. Au milieu géométrique on plante le poteau
Lak Mœuong qui était jadis une borne, une stèle même, parait-
il, qui existe encore à la pagode appelée Vat Chomphon mais
l'inscription est complètement abîmée : la pierre ayant servi à
aiguiser les couteaux des gens du pays. Le Chau actuel s'est
contenté de faire planter un poteau de bois en l'abritant sous
une petite construction.

Sous les ordres du Phya de Sourèn sont six fonctionnaires
supérieurs ayant le titre de Preah. Le Preah Balat, le Preah
Phon, le Preah Mœuong, le Preah Mahathaï, le Preah Sassedi et
le Preah Veang. Suivent plusieurs *Luong* qui forment, avec les
précédents, l'ensemble des *Kromokar* ou fonctionnaires. La
nomination des Preah n'est faite qu'avec l'autorisation de la
Cour de Bangkok, tandis que les Luong sont simplement nommés
par le Chau. Un des principaux Luong est le Tim Charat Mahathaï qui reçoit et présente au Chau les lettres qui sont adressées
à celui-ci, qui fait lever et qui surveille les hommes de garde
dans le Mœuong, qui réquisitionne les hommes et les charrettes
de transport, et qui, moyennant un droit de 6 sling, délivre les
passeports ou permis de circulation où sont énumérés les hom-

mes, les femmes et les charrettes des convois. Tous les fonctionnaires, le Chau comme les autres, s'occupent de la culture de
leurs rizières, autour du Mœuong.

La cérémonie de l'eau du serment a lieu, de même que dans
la plupart des autres provinces, au troisième jour des deux
mois de Chêt et d'Asoch, soit à peu près avril et octobre. Le
chau envoie au temple de la Vat Boun, à l'est de son habitation,
ses insignes : l'urne, la boîte à bétel, son sabre à poignée d'or
et son fusil à monture d'argent. Escorté de tous ses fonctionnaires, il se rend lui-même au temple où quatre bonzes récitent
des prières. L'eau bénite est versée de l'urne dans quatre bols
ou marmites de bonze afin de l'étendre avec de l'eau ordinaire.
On la brasse avec les armes. Le livre du serment, récité
phrase par phrase, est répété par tous les assistants qui boivent
l'eau en proférant sur les traîtres les plus terribles malédic-
tions. Un délai de trois jours est accordé aux fonctionnaires
empêchés pour des motifs valables. Les négligents ont à payer
une amende de six ticaux. Le chau rend compte de la cérémonie
à Bangkok.

Le Phya de Sourèn entretient un *hora* ou savant astrologue
qui établit en février le *Maha Sangkran* ou calendrier que le
gouverneur fait envoyer dans les divers villages. Plus ou moins
tard, mais souvent après le jour de l'an, on reçoit aussi le
calendrier expédié de Bangkok. Les Khmêrs de la province
célèbrent leur jour de l'an dans le courant du mois de chêt, au
jour fixé par le calendrier. Les Kouïs, suivant peut-être une
coutume d'un caractère plus primitif, ne s'inquiètent pas du
calendrier ; leur jour de l'an tombe régulièrement à la pleine
lune de ce mois lunaire de chêt. Ils apportent alors du sable à
la pagode pour le mettre en petits tas qu'on appelle *des montagnes* dans tous ces pays, et ils s'amusent à divers jeux
traditionnels.

Les hommes du Mœuong Sourèn coupent leurs cheveux à la siamoise, en tête d'écouvillon. Ils ont le buste nu ou couvert d'une serviette. Ils portent le langouti retroussé. Quant aux femmes, leurs cheveux sont coupés tantôt à la siamoise, c'est-à-dire courts avec des tresses devant les oreilles, tantôt à la cambodgienne, ni courts ni longs. Leur jupe, avec une bande de couleur différente à la bordure, est nouée sur le côté, comme celle des femmes laociennes et celle des innombrables nymphes sculptées à Angkor Vat. Ce serait peut-être l'ancienne mode. Actuellement les femmes du Cambodge la nouent sur le devant. Les filles de Sourèn jettent une écharpe sur leurs épaules. Elles aiment à orner leurs oreilles de fleurs. Elles portent l'eau et autres fardeaux en balance sur l'épaule. De mœurs très relachées, elles offrent cette particularité, d'être des filles de langue cambodgienne dépourvues de la réserve habituelle à la race. Il est bon d'ajouter que les Khmèrs de Sourèn sont peut-être fortement métissés de Kouïs.

Toujours est-il que dans ce Mœuong de Sourèn, où tout le monde parle la langue cambodgienne, la cour aux filles, le *Kouong* traditionnel des Laos et des Kouïs est désigné par une expression khmère fort expressive et très originale : *Komrœk Khmoch* « secouer, ébranler les morts, les mânes ». A la veillée, les jeunes gens vont de ci de là, chantent, jouent de la flûte, donnent des sérénades ou bien se livrent à des plaisanteries d'un goût douteux ; celle-ci par exemple : ayant enduit le bout de leur couteau d'une préparation spéciale, ils prennent un peu de feu à une torche, et, sous le nez des filles, ils allument leurs cigarettes au couteau qui parait flamber. Les saillies brutales ou le silence bête de ces jeunes Kouïs travestis en Khmèrs donnent une médiocre idée de leurs procédés galants aux Cambodgiens venus du pays d'en bas. Quant aux parents, ils dorment sur les deux oreilles, se reposant sur les coutumes qui autoriseront leur fille de faire-payer les privautés que se permettrait quiconque lui déplairait.

Ainsi la prise des bras, de la taille, coûtera un porc ou trois ou quatre poulets selon la famille. L'amant heureux devra, à l'occasion, fournir un tical, un porc, deux bougies et quatre fleurs d'arêc afin d'apaiser les mânes ébranlées. S'il n'épouse pas, il paiera, en cas de récidive, une amende plus forte. L'homme libre qui a eu des relations avec une fille esclave, morte à la suite de couches doit payer deux catties au maître de l'esclave ou bien remplacer celle-ci. Peu importe que le prix de cette femme ait été moins élevé que cette somme : on escompte l'éventualité des enfants qu'elle pouvait engendrer au profit du maître. Nous avons déjà vu ou nous verrons un principe analogue posé à propos des buffles volées. Si l'amant est aussi un esclave, son maitre devrait payer à celui de la fille morte une somme égale à la moitié du montant de la dette de ce garçon.

Les gens de Sourèn disent : Choh tou Khmèr « descendre au Cambodge » quand ils se rendent au bassin du Grand Lac. Ils ont quelques termes dont l'acception est spéciale. Ainsi, la « poudre » au lieu d'être appelée *romsêv* comme au Cambodge est appelée *dei* « terre ». *Srenok* qui signifie au Cambodge, plaisir en général aussi bien que volupté charnelle, n'a que cette dernière acception à Sourèn et le mot *sruol* y est employé pour désigner le plaisir en général, tandis qu'au Cambodge sruol a le sens de « commodité, aises ». A Phnom Pènh il est poli de donner aux femmes et aux filles l'appellatif des hommes *neak*, tandis qu'à Sourèn les demoiselles exigent qu'on les appelle *néang*.

La cérémonie de la coupe des cheveux des enfants, ne manque pas d'importance à Sourèn. Les filles la subissent vers 11 ou 12 ans, les garçons à 13, 14 ou 15 ans. Chez les notables, chez les mandarins ayant fait choix, d'après les traités, d'un jour

propice, on convoque les parents et amis. Un tréteau ou échaf-
faudage est élevé aux génies ; on y dispose un petit mât portant
quatre ornements en forme de parasols de grandeur décroissante et aussi une pyramide de troncs ou feuilles de bananiers
à trois étages entourée d'une étoffe blanche. La veille au soir,
les enfants dont la tresse junévile doit être coupée viennent se
prosterner devant 4 bonzes invités à prier à la maison. Ces enfants tiennent sur leur épaule ce qu'on appelle la *massue de
diamant*, c'est-à-dire des feuilles de palmier borassus nouées
par le bout et sur lesquelles on a tracé quelques formules en
pâli. La musique joue jusqu'au matin sous le hangar de la fête.
Puis les 4 bonzes reviennent avec leurs marmites ; il y a aussi
un *achar* ou maître des cérémonies. Sur le tréteau on dispose
des plateaux contenant un couteau ou rasoir à manche d'or,
un autre à manche d'argent, un troisième à manche de cristal,
des ciseaux, des jattes de bronze et une conque marine; ces
objets s'empruntent au besoin. Pendant que les bonzes
prient assis sur le clayonnage du tréteau, l'*Achar* suivi des enfants fait le pradakshina ou triple tour de salutation autour de
ce tréteau où il monte ensuite , pour y faire asseoir les enfants
la figure tournée *selon le souffle de vie*; telle est l'expression des
traités, mais je ne sais au juste quelle est cette direction. Des
prières sont adressées aux quatre points cardinaux. Prenant
ciseaux et rasoirs les bonzes coupent quelques tresses à chaque
enfant que l'achar rase ensuite complètement. Dans les marmites placées devant chaque bonze on puise un peu d'eau avec la
conque marine pour arroser la tête des enfants que l'on achève
de laver en puisant avec les jattes de bronze. Le maître des cérémonies les conduit sous le hangar voisin où il évoque leurs
esprits vitaux selon les traités. Les enfants s'asseyent et saluent
la pyramide de bananier entourée d'étoffes. On fait ensuite circuler dans toute l'assistance assise en rond le disque de métal

appelé popél et on lie les poignets des enfants avec des fils de coton ; on les enduit aussi de curcuma au poignet et tous les membres de la famille ainsi que les invités leur font des cadeaux en argent, cadeaux qui peuvent s'élever jusqu'à une cattie.

Les pauvres gens qui n'ont pas le moyen de faire tant de frais font passer trois fois leur fillette sous l'échelle d'accès de la case et rompent à coups de bêche la chevelure étendue sur un billot afin d'éviter les influences malignes tout en complétant l'œuvre considérée comme indispensable pour toute jeune fille.

Mes hommes assistèrent à un mariage qui eût lieu à Sourèn, le 10 janvier. Il y eût un grand repas la veille, ainsi que la procession des présents du marié qui furent apportés en grand cortège chez la fille. En tête du cortège marchaient trois hommes vêtus d'une sorte de satin rouge ; on les appelle *Mahâ*, « conducteurs, entremetteurs » ; le principal, appelé grand Mahâ, marchait le premier, suivi par le petit Mahâ dit aussi « le porteur de vin », le troisième est appelé « porteur de sacoche ». Derrière les Mahâ, venaient quatre porteurs de plateaux tressés qui étaient chargés de bétel, d'arec et de toutes sortes de gâteaux. Suivaient deux grands pitres, jeunes gens de 20 ans environ, marchant côte à côte, en se dandinant, vêtus de vieux langoutis bleus et d'écharpes blanches, une clochette de bois attachée à la ceinture ; ces comiques figuraient des éléphants. Ils étaient suivis par deux hommes remplissant les fonctions de cornac, tenant des verges, criant *hao* ainsi que les cornacs crient aux éléphants. Six hommes venaient ensuite portant deux par deux trois charges de chair de porc d'un demi-pikul chaque. Ils étaient suivis de porteurs de courges, au nombre de quatre. Enfin une foule de femmes portaient des plateaux de poulets, d'oignons, de sucre, de tabac. Dès que quelque chose manquait au festin qui avait lieu chez les parents de la fille ceux-ci l'envoyaient quérir chez le père et la mère du fiancé qui s'étaient

engagés à tout fournir lorsqu'ils avaient fait la demande officielle
en mariage.

Chacun des deux fiancés passa la dernière nuit chez soi. On
en profita pour faire donner au futur une répétition sur la
manière d'entrer et de s'assoir avec grâce auprès de sa femme.
La leçon fut donnée par un *achar* « ou maître de cérémonies ».
Chez la fille on achevait les préparatifs de sa toilette, les matrones la frottant, l'oignant d'huile, de farine et d'eau parfumée
jusqu'au matin. Vers six heures et demie, on refit le cortège ;
en tête, les trois Mahâ, dont l'un portait une bouteille d'eau-de-
vie, l'autre une besace, le troisième ne portait rien. Le marié
les suivait, ayant trois bagues passées à ses doigts, vêtu d'une
veste à fleurs et d'un langouti de soie tombant comme une jupe.
Il tenait à la main un mouchoir rouge carré et, abrité sous un
parasol qu'un homme tenait ouvert sur sa tête, il marchait
lentement, selon les rites, ainsi qu'on le lui avait enseigné la
veille. Suivait la foule de ses parents, hommes et femmes, et
des porteurs de plateaux où on remarquait une tortue, deux
jarres d'alcool, un porc et toutes sortes de légumes.

Quand ce cortège arriva au pied de l'échelle de la case de la
mariée une petite fillette sortit et vint laver les pieds du mari
avec de l'eau de coco. Elle en reçut un tical. Puis elle lui voila
la face avec le mouchoir et le conduisit par la main, tenant un
éventail de l'autre main ; elle le fit monter à l'échelle et entrer
dans le lieu préparé pour les saluts ; là on ota son voile ; s'as-
sayant auprès des parents de sa femme il les salua à trois reprises, puis recevant des fleurs d'arec des mains des Maha il les
offrit aux parents qu'il salua de nouveau. Il fit ensuite des
offrandes de fleurs d'arec aux frères et cousins de sa femme.
Ayant distribué toutes ces fleurs il salua une dernière fois et
resta prosterné, attendant la mariée qui sortit des pièces intérieures et vint s'asseoir à la gauche de son époux. Devant eux

on plaça sur un plateau la tortue qui fut offerte aux ancêtres, puis enlevée. Dans toute l'assistance on fit ensuite circuler le disque de métal apppelé *popel*. Suivit le *lien des poignets* de tous les assistants par des fils de coton arrosés d'eau et de poudre de curcuma ; ce rite comporte généralement des cadeaux en argent faits aux mariés par les assistants, selon leurs moyens. Les cadeaux étant faits, les fleurs d'arec furent effeuillées, partagées entre tous et chacun vint les jeter sur les mariés en les bénissant. Les deux époux se retirèrent ensuite dans l'intérieur de la case, le mari tenant le bout de l'écharpe de sa femme qui le conduisait. Puis eut lieu le repas de tous les invités qui reçurent des cadeaux de coussins, matelas, etc., proportionnels à leurs propres cadeaux en argent. Ceux qui avaient donné de la monnaie de cuivre, reçurent de l'arec, des gâteaux, etc.

La cérémonie n'avait eu lieu jusqu'à ce moment que dans la famille de la fille. Vers 10 heures, les nouveaux époux sortaient pour aller saluer la famille du mari qui les attendait sous un hangar élevé à proximité de la maison. Le cortège se forma d'un orchestre d'instruments cambodgiens, des Mahas, du mari et de la jeune épousée abrités sous des parapluies. La jeune femme de figure assez blanche et de taille moyenne était vêtue d'une jupe tombante, d'une robe bleue et d'une écharpe blanche ; ses doigts étaient ornés de plusieurs bagues. Derrière les mariés on portait des matelas, coussins, nattes, destinés à être offerts aux parents qui durent faire de leur côté le rite du *lien des poignets* avec cadeaux d'argent aux mariés, lorsque ceux-ci eurent salués. La journée s'acheva en festins. Au soir eut lieu le rite de *l'union des couches* préparées par les matrones. Alors les époux, laissés seuls, allument des bougies et des baguettes odorantes, se prosternent à trois reprises demandant aux divinités que l'enfant

qui peut naître de leur union soit intelligent et bien doué.
Le mariage doit être consommé dès cette première nuit ;
autrement les nouveaux époux risqueraient d'être séparés ou
désunis dans la suite.

En ce qui concerne les bonzes de Sourèn, mes Cambodgiens
les trouvèrent de mœurs trop relâchées, plaisantant avec les
femmes, s'asseyant près d'elles comme le feraient des laïques.
Ils pratiquent la cérémonie que les Khmèrs appellent *Obos* « la
confession », qui a lieu dans le temple quand il est entouré de
bornes sacrées ; autrement ils se rendent sur le *Sim*, petite
construction élevée sur un bassin. Si un bonze se rend coupable
d'un crime grave (*barachik*) qui entraîne l'expulsion de l'ordre
on le livre à la justice séculière du Chau Mœuong qui peut le
chasser du pays ainsi que sa complice si ce crime est celui de
fornication. Mais la pagode du coupable ne subit aucune
déchéance. Au Cambodge, je crois l'avoir déjà dit, les deux
coupables deviennent esclaves perpétuels dans les cuisines
royales et la pagode est abandonnée par les bonzes et par les
laïques ; elle ne peut plus servir aux fêtes religieuses.

A Sourèn, lorsqu'un bonze quitte volontairement l'habit jaune,
la coutume est de faire, à l'occasion de sa sortie de l'Ordre, la
cérémonie des *liens du poignet* avec festin de porcs, poulets,
alcool et cadeaux d'argent ou d'étoffe, comme pour un mariage.
Si le défroqué est resté plusieurs années à la pagode il est assez
d'usage, de même qu'au Cambodge, de lui donner le titre de
Mantit ou Bantit, c'est-à-dire de Pandit « lettré ».

Au commencement de janvier, mes hommes furent témoins
de l'édification d'un temple bouddhique construit aux frais et
par les soins d'un mandarin de Sourèn, le Luong Promo Sopha
Phêng. Dès que les colonnes et poutres avaient été coupées, au
mois d'octobre précédent, ce mandarin, dans le but de ne pas
perdre le bénéfice des mérites acquis par cette bonne œuvre en

cas qu'il mourut avant l'achèvement du temple, avait fait procéder à la consécration (Chhlâng) de ces pièces de bois. De la sorte,
à son défaut, ses enfants, ou, à défaut de sa postérité, quiconque
aurait voulu édifier le temple aurait pu se servir de ces colonnes
consacrées qui ne doivent pas être abandonnées. Puis, les colonnes coupées, on les avait façonnées, après avoir fait des offrandes à Preah Pusnukar, le dieu des ouvriers ; offrandes consistant
en quatre sortes de gâteaux, un plat de mets préparés, un plat
de sucreries et cinq coudées de cotonnade blanche. Chaque
ouvrier travaille à forfait au prix de 120 ticaux.

Quand tout fut prêt, les mandarins et la population de Sourèn
furent prévenus afin de contribuer selon leur gré à l'œuvre pie
par des dons d'arec, de bétel, de bougies, de baguettes odoriférantes. Le Luong Promosopha Phèng partit en cortège, endi-
manché, vêtu d'un langouti de soie rouge à fleurs, précédé de
deux hommes frappant du gong et suivi de sa femme, de sa fille
et de quatre filles esclaves portant les boîtes. (Au Cambodge les
femmes ne font pas ainsi partie du cortège). Son cheval tout
harnaché était conduit à la main par un homme. Ils se rendirent
ainsi au Ban Té, à une demi-lieue au nord de Sourèn, village du
nouveau temple. A leur arrivée on creusa en terre les trous des
colonnes où on plaça des pièces de cotonnade blanches longues
de cinq coudées. Les colonnes, ornées de parasols à leur sommet,
furent mises en place et dressées, mais pas complètement ; on
les laissa un peu inclinées en les calant.

Sur un petit échafaudage à triple étage élevé à l'angle nord-est
du temple on fit ensuite les offrandes à Krong Péali « le Roi
Bâli » en y disposant une paire de pyramides de troncs de bananier à triple étage, une paire de flacons d'eau odorante, un plateau d'arec, un plateau de bétel, un autre de sucreries, un autre
de mets préparés, ainsi que les quatre sortes de gâteaux traditionnels appelés *phlê chhœu* « fruits », des langoutis et des

habits de soie. Un parasol rouge ouvert abritait toutes ces offrandes. Un *Achar* « maître de cérémonies » récita à trois reprises la prière en pali du Krong Péali que ponctuèrent à chaque fois les *hou* c'est-à-dire les hourrahs de toute l'assistance. L'Achar prit ensuite l'eau parfumée pour en arroser le pied de toutes les colonnes. Après ce rite du Krong Péali, douze bonzes furent invités à réciter la prière dite Maha Saumay, ainsi qu'un passage de Thomo Chak. Chacun d'eux reçut ensuite un tical de l'organisateur de la cérémonie et cinq coudées de cotonnade données par le Phya de Sourèn qui se serait bien gardé de manquer à cette fête.

Tout ceci avait eu lieu la veille. Au matin du jeudi 3 janvier, vers 6 heures 1/2, on acheva de dresser les colonnes, plaçant sur leur sommet un mouchoir blanc carré d'une coudée de côté, un mouchoir rouge et une feuille de lotus. On mit ensuite en place les poutres ou entraits. Dès le premier chant du coq, c'est-à-dire vers trois heures du matin, l'abbé, chef de la pagode, l'avait quittée s'éloignant dans la direction du nord jusqu'au-delà de la portée du son d'un tamtam. Tel est l'usage, de même qu'au Cambodge. Autrement ni lui, ni ses bonzes ne pourraient plus habiter cette pagode sans éprouver de grands malheurs. Les quatre fermes du temple ayant été mises en place, les bonzes firent la quête pour procéder à une seconde bénédiction ou consécration du temple, toujours dans le but de faire, en cas de mort, bénéficier immédiatement le fondateur des mérites de l'œuvre faite. La coutume des gens qui construisent un temple est ainsi de le bénir et faire consacrer trois fois : après la coupe des colonnes, lorsque la charpente est élevée et quand le temple est achevé ; chaque consécration solidifiant, pour ainsi dire, les mérites de l'œuvre est accompagnée de prières, fêtes et réjouissances.

Dans l'après-midi on fixa sur la partie orientale de la charpente les bougies et baguettes odoriférantes et on prépara les aumônes destinées à être jetées au populaire, soit 2000 lat de cuivre donnés par le Phya de Sourèn et 1000 lat donnés par le Luong Promosopha Phêng, que l'on introduisait un par un dans des gaines de nervures de feuilles de bananier afin de ne pas blesser les gens en leur jetant ces projectiles d'un nouveau genre. La fille du Promosopha Phêng disposa dans un habit sur un plateau une pièce d'étoffe blanche et on fit avec ces objets le pradakshina ou triple tour du temple avant de les poser sur sa charpente. Le Phya de Sourèn qui avait la haute direction de cette pieuse fête fit allumer les baguettes odoriférantes et les bougies en levant les mains au ciel pour adorer les divinités, et il donna l'ordre aux quatre fils du Promosopha Phêng, jeunes gens vêtus de blanc, de monter sur le toit et de jeter les aumônes au peuple, en les lançant dans la direction de l'est, du nord est et du sud est. Environ 150 assistants, hommes et femmes ramassèrent à l'envi les 3000 *lat* recueillant, selon la chance, 10, 20 ou 30 lat chacun. Une femme trop grosse pour être leste à se baisser, s'avisa de prendre un grand panier de pêche qu'elle tint en l'air pour recevoir les projectiles. Tout le monde se mit à rire, mais elle continua bravement et ramassa beaucoup de monnaie.

Avec leurs lat les gens du peuple achetèrent de l'eau-de-vie qu'on vendait sur place et s'enivrèrent à qui mieux mieux. D'autres achetèrent des habits et des pantalons que des Siamois étaient venus vendre du chef-lieu. Le Phya de Sourèn fit distribuer 40 à 50 lats à chacun de ses musiciens et de ses acteurs et il reprit la route de Sourèn laissant sa troupe de 22 acteurs, de tout jeunes gens, donner le spectacle dans un hangar élevé au sud est du temple. Ils jouèrent le *Réam Kèr* « la gloire de Rama ». L'acteur chargé du rôle de la belle Sita et le jeune premier représentant Rama avaient les ornements usuels, mais le com-

mun des *Yak* (c'est-à-dire des Rakshasas et des singes) n'avaient
que le langouti et le chapeau et leur buste était nu. On trouve
inutile de se mettre en frais sous prétexte qu'on reconnait facilement ces Yak.

Les orchestres et troupes des Chau de Sourèn étaient jadis
beaucoup plus importants. On a dû remiser dans une des pagodes du chef-lieu un *mokot* ou diadème pyramidal d'acteur afin
de neutraliser son influence maligne. Séjour des génies de la
danse il causait de graves maladies qu'on ne guérissait qu'avec
de copieuses offrandes de vivres.

Les gens de Sourèn, préoccupés de la dureté des temps,
gémissaient de voir qu'en dépit des prédictions des traités, les
quatre *mak* venaient de passer sans qu'un libérateur de grande
vertu et de grande puissance fut venu leur apporter plus de
bonheur. Ils appellent *mak* les années successives dont le nom
commence par la lettre *m* : momi, momè, mosanh, moroung.

Périodiquement au mois de Phalkun, ou accidentellement en
cas de maladie, les Khmèrs de Sourèn adorent les génies, culte
domestique dont les prêtres sont appelés *arak* et les prêtresses
mêmôt. Ce sont des invocateurs choisis au dehors ou simplement pris dans la famille. Un tréteau abrité sous un dais sert
d'autel. On y offre des fleurs et des feuilles de bétel, des noix
d'arec, de l'eau-de-vie, du riz et des étoffes. Les hommes savent
proférer quelques formules; les femmes ne savent guère que
cracher et s'éventer quand elles sont possédées par les esprits
pour répondre aux questions posées, aux prières adressées.
La possession vient plus ou moins facilement au son d'un
orchestre populaire de tambours, viole et flûte qui se fait
entendre toute la nuit.

La procédure usitée au Mœuong Sourèn est à la fois simple
et ingénieuse.

Les plaignants apportent leurs plaintes à la *Sala Kang*, où les juges les font écrire sur un de ces livres noirs faits d'une sorte de feutre qui se replient en forme d'accordéon. Ces livres qui viennent de Bangkok coûtent 10 lat. La réplique du défendeur est écrite sur ce même livre, sans vides ou blancs et les scribes prennent un demi sling, de chaque partie, pour leur peine. La plainte et la réponse sont lues à haute voix et le tribunal engage la discussion. Si le procès n'est pas terminé avant la nuit ou avant la levée de la séance, le livre est ficelé et le nœud est scellé avec de la terre glaise, où en guise de sceaux le demandeur met l'empreinte de l'ongle de son pouce droit et le défendeur celle de son pouce gauche. Les juges gardent ce livre qui est descellé à une séance ultérieure en présence des parties. Quand le procès est fini, la sentence est écrite à la suite des deux pièces primitives, et, moyennant rémunération, on peut en délivrer copie aux parties sur leur demande. Le livre, ficelé et scellé de rechef, est gardé aux archives pour éviter toute nouvelle contestation sur le même sujet. Les archives sont conservées pendant toute la durée du gouvernement du chau en fonctions. A l'avènement d'un nouveau seigneur toutes les écritures sont effacées et les livres peuvent servir à nouveau.

Le serment judiciaire est prêté au temple en présence des juges. On allume des bougies et on place des fleurs à côté d'un bol d'eau. Le livre du serment est lu en siamois, les parties le répètent phrase par phrase et boivent ensuite l'eau où on a trempé une statuette du Bouddha.

Les lois ne sont pas identiques à celles du Cambodge. Ainsi il arriva qu'un homme qui s'était associé avec son gendre pour aller acheter du riz dans les Mœuongs laociens, vendit, à son retour, ce riz sans rien remettre à celui-ci qui porta plainte au tribunal de Sourèn; cette plainte fut reçue malgré le degré de parenté des deux parties. Au Cambodge il n'est guère admis qu'un gendre intente un procès civil à son beau-père et lui réclame de l'argent; ou, tout au moins, en pareil cas, il doit lui faire remettre, au préalable, 10 ou 15 ligatures, par l'intermédiaire des juges.

Après les semailles on doit tenir renfermés les porcs, les poules, les canards, sinon le maître du champ où ils pénètrent a le droit de les tuer impunément.

Il arriva que deux frères étant allé la nuit à l'affut d'un sanglier qui dévastait leur riz, l'aîné tira par méprise sur son cadet et le tua. Les fonctionnaires décidèrent qu'il n'y avait pas matière à condamnation dans cet accident, amené par le destin. Ils se bornèrent à ordonner de faire les funérailles du mort et de payer la somme de cinq ticaux pour les frais de justice.

Lorsqu'un voleur, dénoncé par ses complices, prend la fuite, on saisit son père, donnant à celui-ci un jour, puis trois jours puis cinq jours pour faire ramener le fugitif; si le fils ne reparaît pas le père est condamné à sa place avec les autres voleurs.

Pour un buffle volé, l'amende est le double du prix de l'animal, elle est du triple pour une bufflesse, parce que les femelles peuvent reproduire.

Le brigandage infeste la province de Sourèn où les assassinats et les vols de bestiaux sont quotidiens. Les cas furent nombreux pendant le séjour de mes hommes. Une nuit, au chef-lieu, les propriétaires d'un grenier de riz coupèrent net la jambe d'un voleur qui resta sur place. Une autre fois, un voleur en train de fendre la cloison eut la poitrine percée d'un coup de sabre et mourut aussi sur le coup. Au village de Na Sœuok, un homme tomba raide frappé de deux balles à la tête. Les traces permirent de reconnaitre les assassins dont l'un était le propre neveu de la victime qui en voulait depuis longtemps à son oncle pour une contestation de terrain. Ici les assassins moururent à peu près sous les coups de bastonnades. A Chup Smach des Birmans conduisant des buffles furent attaqués en plein jour. L'un, d'eux feignit de tomber blessé. Le chef des assaillants bondit sur lui pour l'achever et reçut une balle de revolver qui lui fit une blessure mortelle au bas-ventre. Une partie des buffles fut néanmoins enlevée par les voleurs. Au village de Phnom Dei, un habitant porteur d'un fusil fut un jour entouré et sommé de remettre son arme sous peine de mort. Il céda, acheta plus tard un autre fusil et se targua de se venger des assaillants ; ceux-ci revinrent cinq ou six jours après et le mirent à mort. J'ai dit que dans le sud de la province, les buffles sont conduits au pâturage par des gens armés qui se mettent sur la défensive en apercevant tout étranger.

Le vieux Phya de Sourèn montrait beaucoup de bonne volonté pour faire cesser ce fâcheux état de choses, mais peut-être pouvait-on discuter l'efficacité de la plupart des moyens préventifs qu'il employait. Il avait placé des postes de police vers les principaux passages des Dangrèk et donné à tous les villages l'ordre d'examiner et d'interroger les étrangers, de s'en emparer si leurs papiers n'étaient pas en règle, de courir sus à leurs risques et périls s'ils résistaient et de les amener au Mœuong. Depuis trois ou quatre ans, il avait défendu de distiller de l'alcool dans toute l'étendue de la province, sauf au chef-lieu où il avait institué une ferme : l'ivresse occasionnait des rixes, des meurtres ou bien les têtes se montaient, s'échauffaient trop facilement pour comploter un mauvais coup. En cas de motifs valables, tels que mariages ou autres cérémonies, il se réserve le droit d'accorder une autorisation temporaire et spéciale, moyennant une redevance fixe de 6 ticaux. Or, les Khmèrs et les Kouïs de la province de Sourèn boivent l'eau-de-vie tout aussi volontiers que les Laociens, si ce n'est plus. Et on s'aperçoit combien la privation est grande, à propos des cérémonies de possession dites *lieng arak*, alors qu'on consulte les esprits pour la guérison d'un malade par exemple. Les possédés, *rup arak*

n'acceptaient autrefois que de l'eau-de-vie flambant facilement
et ils avaient soin de s'en assurer au préalable. Aujourd'hui,
hélas! on ne leur offre que de l'eau et ils la refusent ; aucune
allumette ne ferait prendre feu au vil liquide. Mais les assistants
qui le présentent ne peuvent que leur dire : « Seigneurs esprits
il n'y a pas de notre faute ; notre chau, maitre de la terre et de
l'eau, a défendu de distiller de l'alcool. Contentez-vous donc de
ce que nous vous offrons ». L'*arak* boit mais avec une grimace
très accentuée.

Enfin, tout récemment, exaspéré de voir que le brigandage,
loin de cesser, devenait général, le Chau de Sourèn tint
conseil avec ses Kromokar et il fut décidé que tous les hommes
valides, village par village, seraient successivement amenés au
chef-lieu, sous la conduite des chefs de village ; et là, à la
principale pagode et en présence de tous les fonctionnaires, ils
jureraient, en buvant l'eau du serment, et devant la statue du
Bouddha, de ne jamais voler ou pirater ; ceux qui éluderaient
ce serment seraient tenus pour voleurs, sacrilèges, et seraient
condamnés à la prison perpétuelle. Donc en février 1884, des
escouades de quinze à vingt villageois venaient jurer et se
partager un grand bol d'eau. On leur imposait aussi l'achat
d'un livre coûtant 10 lat, afin de confirmer par écrit leur
serment ; les livres scellés et conservés par les juges devaient
apporter contre les futurs criminels la circonstance très aggra-
vante du serment violé.

La situation n'est pas d'ailleurs toujours commode en face
des exigences des étrangers. Trois années auparavant, des
Kling, c'est ainsi qu'on appelle les Indiens Malabares, sujets ou
protégés anglais, vinrent par Battambang dont le Phya leur
remit pour son collègue de Sourèn une lettre dans laquelle il
avertissait ce dernier que ces hommes étaient sous la protection
du drapeau anglais. Les Malabares avaient loué à Battambang

deux voitures à buffles. Ils eurent des difficultés avec leurs voituriers, pendant le trajet ; des menaces de mort furent réciproquement échangées, si bien, qu'arrivés à Sourèn, les Kling portèrent plainte contre les charretiers qui furent condamnés à des dommages-intérêts et qui durent, pour payer, vendre buffles et voitures avant de retourner dans leur pays. Après un mois ou deux mois de séjour à Sourèn, les Kling cherchèrent d'autres charrettes afin de poursuivre leur route vers Oubon et ils en trouvèrent par l'intermédiaire des autorités locales. Mais arrivés à la limite de la province, au Ban Toum, près du Moun, les voituriers, instruits peut-être par l'exemple de ceux de Battambang, refusèrent d'aller plus loin, tandis que les Indiens exigeaient le voyage jusqu'à Oubon. Ceux-ci, se voyant abandonnés par les charretiers, abandonnèrent à leur tour toutes leurs marchandises et revinrent porter plainte au Chau de Sourèn, exigeant des dommages-intérêt, ne voulant entendre parler d'aucun accommodement, car les marchandises qu'ils avaient dû abandonner, avaient beaucoup de valeur, disaient-ils. Les gens du pays songeaient à les assassiner lorsqu'ils s'enfuirent en toute hâte vers Battambang ; ils se plaignirent à Bangkok d'où vint l'ordre au Phya de Battambang de juger cette affaire. Celui-ci ordonna de leur rendre toutes leurs marchandises que le Chau de Sourèn dût faire transporter à Battambang où les Indiens refusèrent de les reprendre, alléguant les déchets, les frais, de grandes pertes, et ne voulant accepter qu'une indemnité pécuniaire. Pour en finir, le Chau de Sourèn imposa un tical d'argent à chaque inscrit de sa province. Les gens de Sourèn payèrent mais en répétant de tous côtés avec rage : « Que ces Kling reviennent par ici, nous les tuerons tous, sauf à payer ensuite autant de pikuls d'argent que l'on voudra ! »

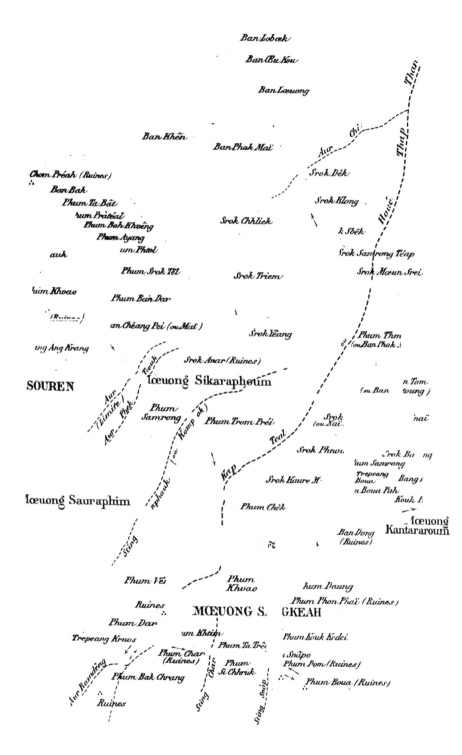

CHAPITRE VIII ˙

DE SOURÈN A SANGKEAH, RATANABOURI ET KORAT

SOMMAIRE

An, Chan et Ouk quittent Sourèn pour me rejoindre au nord. Mes lettres les font retourner à Sangkeah. Le Mœuong Karaphoum. Au Mœuong Sangkeah. An et Ouk quittent Sangkeah. Les abris pour l'éléphant blanc. Le Mœuong Souraphim. Le Kap Têâl. Visite de quelques ruines. Retour à Sangkeah. Départ de ce Mœuong. Séparation à Kaun Méân. Chan se dirige seul sur Ratanabouri. Il traverse le Kap Têâl et des plaines généralement découvertes et il arrive à Ratanabouri. An et Ouk recherchent d'autres ruines dans la province de Sangkeah. Au Mœuong Kantararoum. Maladie de An. Retour au nord. An et Ouk arrivent à Ratanabouri. Pointe de Chan à Siphoum et retour à Ratanabouri. Les trois voyageurs se dirigent à l'ouest. Ils rentrent en pays cambodgien à Thnong. Le Chau de Chomphon. Les offrandes aux génies des villages de Krepœu Sâ, Kresâng et Prasat. La traversée du Moun Le Bo Kan Thao. Les inondations du Moun aux pluies. Le Mœung Chomphon bauri. Les nombreuses anciennes places entourées de bassins-fossés. Les voyageurs rentrent en pays laocien. Au Mœuong Pouthaïsong. Route de Pouthaïsong à Korat.

Après quelques jours de soins et de repos, An demanda des charrettes au Phya de Sourèn qui lui dit : « Je marie bientôt ma fille ; d'un autre côté, tu as la fièvre, repose-toi donc encore quelques jours ! » Le vendredi 11 janvier, le mariage étant fait (nous en avons parlé au chapitre précédent) et la fièvre diminuant, An obtint trois charrettes, prit congé du Phya et partit

avec ses deux compagnons dans le dessein de me rejoindre au
nord. Mais nous verrons qu'une lettre reçue en route le fit
changer de direction pour retourner à Sangkeah ou de nouveaux
renseignements m'avaient indiqué des monuments encore
inexplorés.

Partant de Sourèn vers cinq heures du soir, les trois voyageurs s'arrêtèrent pour coucher à six heures et demie au Phum
Khlèng Pear, hameau de 20 cases de Khmèrs, sur un tertre
entouré d'un fossé. Les gens du pays disent qu'une ancienne
levée de terre relie Sourèn à Khlèng Pêâr. Dans cette très petite
étape, mes hommés avaient traversé une partie des rizières des
habitants de Sourèn qui étaient alors en pleine moisson. Ils ne
préparent pas des aires pour égrener le riz en le foulant aux
pieds des bêtes ou des hommes, mais ils frappent les javelles
ou gerbes à coups de bâton. Il leur faut des pluies moyennes et
régulières pour obtenir une bonne moisson.

Le samedi 12 janvier, quittant le Phum Khlêng Pêâr avant
sept heures, les voyageurs laissèrent bientôt à gauche une mare
entourée d'une levée de terre et appelée Trepeang Angkrong et
ils s'arrêtèrent un peu plus loin pour déjeûner au Phum Preah
Pœut qui compte 15 cases environ de Laos et de Khmèrs,
dans une grande et double enceinte en terre. Selon les gens
du pays, une chaussée ancienne, actuellement détruite, reliait
Khlèng Péâr et Preah Pœut. Quittant ce village vers deux heures
et demie, les voyageurs traversent des rizières et au bout d'une
heure de marche assez lente, ils s'arrêtent pour coucher au
Phum Khvao qui compte une centaine de cases de Khmèrs, sur
un tertre assez élevé où croissent de nombreux cocotiers et
arequiers et entouré des plaines de rizières plus basses et
découvertes. Les habitants plantent aussi du tabac et de la
canne à sucre qu'ils écrasent avec des moulins verticaux à
arêtes, mis en mouvement par des buffles.

Le dimanche 13 janvier, quittant le Phum Khvao vers 7 heures, les voyageurs s'arrètent une heure et demie plus tard, au Phum Dâmbâuk, hameau d'une vingtaine de cases de Khmèrs et Kouïs Melo, en terrain bas, sur sol de sable blanchâtre ; il y a une pagode à ce village. Ils repartent à onze heures, passent à un hameau appelé Phum Chrenieng, puis au Phum Beng et ils s'arrètent au Phum Chom Preah, gros village de 80 à 100 cases de Kouis Melo sur tertre de sable rougeâtre où sont de nombreux cocotiers et arequiers. Dans sa pagode sont huit bonzes et une vingtaine de novices, tous Kouis Melo qui font leurs études en laocien.

Le lundi 14 janvier, ils reçurent mes lettres écrites de Sisakèt qui leur donnaient de nouvelles instructions. Alors, changeant de direction ils retournèrent vers le Mœuong Sangkeah. Partant de Chom Preah à sept heures et demie, ils passèrent au Ban Bak, puis au Phum Ta Bât, village de Kouïs, et s'arrètèrent vers neuf heures au Phum Pratéal, hameau d'une quarantaine de cases de Kouïs Melo. Repartant à onze heures, ils s'arrètèrent encore un peu plus loin au Phum Bos Krêng, hameau de Khmèrs et de Laos. Le quittant à trois heures, ils passèrent au Srok Ayang, petit hameau de 12 cases de Kouïs Melo récemment fondé. Ils s'arrètèrent encore une demi-heure plus tard au Phùm Phtol ; puis enfin au Srok Tèl, gros village de 80 cases de Kouïs Melo sous les arbres fruitiers ; quoique sur le territoire de Sourèn une partie de ses inscrits appartiennent aux Mœuongs de Sangkeah et de Koukhan.

Le mardi 15 janvier, partant du Srok ou Phùm Tèl vers sept heures, ils vont déjeûner deux heures après au Ban Dar ou Ban Kar, village traversé déjà pendant le précédent voyage. Ils vont ensuite coucher un peu plus loin au Phum Chêang Péi près duquel sont deux tours visitées déjà. Ils refont ainsi une route déjà faite. Beaucoup d'enfants et de jeunes gens étaient morts de la petite vérole au Phum Chêang Péi.

Le mercredi 16 janvier, quittant l'ancienne route et obliquant davantage au sud dans les forêts clairières, ils traversent un petit ruisseau actuellement à sec, qui sert de limite entre Sourèn et le Mœuong de Karaphoum ou Sikaraphoum, district de Sangkeab. Ils atteignent bientôt ce Mœuong Sikaraphoum, village d'une centaine de cases sur un tertre élevé dans les bois qui se continuent au sud : des plaines découvertes s'étendant sur les trois autres faces du Mœuong. Il y a une pagode en ce moment déserte. On attend le nouveau Chau en route revenant de Bangkok. Ce Chau a pour titres : Preah Sikhan Phoumanurak Chau Mœuong ´Sikaraphoumvisaï. Les fonctionnaires sont occupés à dresser un pavillon pour sa réception solennelle. Il n'y a guère que ces fonctionnaires qui relèvent de Sangkeah : les gens du peuple se faisant inscrire à Sourèn. Les habitants de ce village sont très adonnés aux combats de coqs qu'ils font battre jusqu'à cinq ou sept reprises de clepsydre, et on vient de loin y parier des sommes de plusieurs ticaux. Devant la pagode de Sikaraphoum un neak ta où génie de pierre, puissant et redouté, trouble les fêtes que l'on a l'imprudence de faire sans le prévenir, rend fous les bonzes et malades les laïques. Mes hommes repartirent de Karaphoum le même jour vers cinq heures du soir, passèrent le Aur Phek Tuk, ruisselet à l'est du Mœuong, actuellement à sec. Son lit de 5 à 6 mètres de largeur est profond de un ou deux. Il se jette dans le Sting Komphouk. Au delà, ayant traversé pendant une heure des forêts clairières sur sol sablonneux, ils s'arrêtèrent pour la nuit au Phum Samrong, rejoignant l'ancienne route faite, qu'ils allaient refaire en sens inverse jusqu'à Sangkeah.

Le jeudi 17 janvier, partant du Phum Samrong, ils traversèrent le Sting Kamphouk, déjeunèrent au Phum Trom Prei, traversèrent le Sting Kap Teal et couchèrent au Phum Chèk. Le lendemain matin, ils se rendirent de ce village au Mœuong

Sangkeah où ils s'installèrent de nouveau à la Sala Klang. Dans l'après-midi, An alla visiter les nouvelles ruines que je lui avais signalées par lettre d'après des renseignements pris à Koukhan ; celles de Prasat Daun Ngao sur tertre boisé à trois quarts de lieue au sud est du Mœuong Sangkeah. Le Sting Srêl passe devant les tours. Il vient des Dangrêk et se jette dans le Kap Teal. Son lit, qui a un filet d'eau en saison sèche, mesure dix mètres de largeur, deux de profondeur. Tout près des tours passe une piste de charrettes qui vient de Sangkeah, traverse le Sting et va au Srok Phon Phaï, à 1200 mètres à l'est des tours. Phon Phaï est un nom en dialecte Kouï Melo équivalant au Khmêr *Pún Khsach*, « entasser du sable ».

Rentré à Sangkeah, An prit quelques nouvelles notes sur ce pays. Près du temple de la pagode Chompa sont trois chaidei, petites pyramides contenant les ossements d'anciens Chau ou de leurs femmes. Au nord ouest du Mœuong une hutte abrite une pierre, séjour d'un génie appelé Daun Téi « la vieille Téi» qui a la réputation de prendre pour mari en les faisant mourir tous les étrangers qui viennent résider à Sangkeah. (Précédemment il avait, à tort probablement, attribué cette vertu à la Daun Ngao.

Le samedi 19 janvier, laissant Chan, en ce moment malade, au Mœuong Sangkeah pour garder les bagages, An et Ouk partirent dans la direction du Mœuong Souraphim. Quittant Sangkeah vers dix heures et demie, ils atteignirent bientôt le Phum Khvao où on faisait des installation pour la crémation du Phya de Sangkeah qui était mort depuis peu de temps. Plus loin, ils traversèrent le Kap Téal sur un pont en planches où peuvent passer des charrettes. Depuis Sangkeah, ils suivaient la grande route allant au passage Chup Smach ; et d'étape en étape on avait élevé des abris pour l'éléphant blanc qui devait se rendre de Bassak à Bangkok par cette route. Il y en avait sur

13

les bords du Kap Têâl, aussi à une lieue plus loin, à Dâmnak
Trepeang Kou, au bord d'un grand bassin creusé anciennement,
mais où il n'y a pas de tours. Plus loin mes hommes traversèrent le Aur Kamphâuk qui sert ici de limite entre Sangkeah et
Souraphim, district de Sourèn ; le chef-lieu de ce district est à
vingt minutes au-delà du ruisseau. Les voyageurs couchèrent à
la Sala Klang « centrale », et furent reçus par le Yokebat qui
faisait fonction de Chau.

L'ancien Srok Romduol, situé à 8 lieues au sud est du Mœuong
Sourèn, à une journée de marche droit au sud, selon les indigènes, du Mœuong Sikaraphoum, à deux jours au nord des
monts Dangrèk, avait été une dizaine d'années auparavant, érigé
en chef-lieu de district de Sourèn, sous le nom de Mœuong
Souraphim. C'est un grand village qui compte une centaine de
cases, trois pagodes, sur un tertre sablonneux où les palmiers
et arbres fruitiers sont assez touffus. Il occupe un emplacement
ancien, suffisamment indiqué par une enceinte de remparts
formés d'une double levée de terre flanquant un fossé-bassin
dont la population boit l'eau toute l'année. Par exception, la
levée est simple sur la face occidentale. Cette enceinte mesure
environ 600 mètres dans la direction nord sud et 400 mètres
dans le sens est ouest. Tout autour sont des plaines de rizières.

Le Chau, mort depuis cinq ans, avait pour titre : Preah
Sauraphim thon ranikah manurak Chau Mœuong Satnikom. La
population, composée de Khmèrs et de Kouïs, cultive les rizières
autour du Mœuong. Les inscrits de tout le district ont été fixés
au chiffre de 300 par le Chau de Sourèn.

Le dimanche 20 janvier, quittant le Mœuong Souraphim vers
dix heures et allant lentement au sud avec deux charrettes, les
voyageurs traversent des forêts clairières sur sol sablonneux et
vers une heure ils atteignent le Phum Yêng, hameau de 20 cases,
près du Sting Kap Têâl qui coule à l'est du village. Ce cours

d'eau limite ici les provinces de Sourèn et de Sangkeah. Repartant du Phŭm Yĕng à trois heures, ils longent à peu près la rive gauche du Kap Tĕâl, traversant des forêts clairières au sol couvert de grandes herbes et suivant une piste qui est peu fréquentée, soit par les hommes, soit par les charrettes. Ils visitent Prasat Ta Mènh, groupe de ruines à 800 mètres à l'ouest du Sting Kap Tĕâl et après une petite heure d'arrêt, ils en repartent à cinq heures pour aller coucher une demi-lieue plus loin, au Phum Dar ou Kedar, hameau Kouï de 8 cases.

Le lundi 21 janvier, quittant ce hameau à six heures, les voyageurs traversent des forêts clairières et s'arrêtent à sept heures et demie à Trepeang Kruos, mare qui est entourée d'une levée de terre. Repartant à huit heures et demie, ils traversent le Aur Romdèng, affluent du Kap Tĕâl, dont le lit mesure 10 à 12 mètres de largeur, sur 4 à 5 de profondeur. Vers 10 heures et demie, après avoir traversé des forêts clairières sur sol plat et sablonneux, ils s'arrêtent au Phum Bak Chrang, toujours sur le territoire de Sourèn, district de Souraphim, mais près des Dangrèk que l'on voit d'ici, présentant l'aspect de forêts épaisses sur un plateau. On dit qu'il faut une matinée pour y aller. Vers onze heures, les voyageurs allaient visiter les ruines ; un autel sur une terrasse à revêtement de grès, à une demi-lieue du village ; puis encore, à une demi-lieue plus loin, Prasat Thvéar Kâk, ruines près du Aur Romdèng qui les contourne passant au sud, à l'est et au nord. Elles sont situées à une matinée des monts Dangrèk. Les voyageurs reviennent ensuite par la même route au Phum Bak Chrang ; de là, ils continuent au nord, mais bientôt obliquant à droite, ils traversent le Aur Romdèng pour aller visiter la tour au nord de Kouk Chhœu Krâm, situé à 1600 mètres à l'ouest du Sting Kap Tĕâl, et à l'est et au sud du Aur Romdèng. De là, ils reviennent sur la route pour rentrer coucher au Phum Dar ou Kedar.

Le mardi 22 janvier, quittant le Phum Dar à six heures du
matin, les voyageurs traversent le Sting Kap Téâl pour rentrer
dans le territoire de Sangkeah. Son lit mesure une quinzaine
de mètres de largeur et trois ou quatre de profondeur. Ils
s'arrêtent plus loin au Phum Khtim, village de Kouïs Melo. De
là, ils se rendent au Phum Char, hameau Khmêr, traversant des
forêts clairières sur sol sablonneux : la route étant assez pénible
et peu fréquentée. Au sud du Phum Char, ils visitent les ruines
de *Sang Sel Chéi*[1] qui sont à 800 mètres à l'ouest du Sting
Char, un affluent du Kap Téâl, et à une petite journée de
marche au sud-ouest du Mœuong Sangkeah, sur la route d'un
des passages des Dangrèk. Quittant à le Phum Char à une heure
et demie, les voyageurs traversent le Sting Char sur un pont en
bois assez solide pour supporter les charrettes. Le lit du Sting
Char mesure 15 mètres environ de largeur et 4 de profondeur.
Puis ayant traversé des forêts tantôt claires, tantôt épaisses, ils
s'arrêtent au Phum Ta Trêo ou Ta Trau, hameau d'une dizaine
de cases de Khmêrs abritées sous de nombreux arbres fruitiers.
Ils en repartent à la tombée de la nuit, traversent des forêts
clairières et arrivent une heure après au Phum Si Chrûk, village
de Kouï Melo, où ils dînent, mais sans y coucher parce que
l'épidémie de variole y sévit fortement. Ils font encore une
heure de marche pour s'arrêter au Phum Snâp, village Khmêr,
d'où ils repartent à minuit, pour traverser le Sting Snâp, affluent
du Kap Téâl, dont le lit profond de 2 mètres, mesure 15 mètres
environ de largeur. Ils s'arrêtent enfin au Phum Dom ou Srok
Prasat Dom, où la variole sévissait fortement : sept enfants
venaient d'en mourir.

Le mercredi 23 janvier, ils quittent Phum Dom à six heures
et demie, passent au Phum Boua où onze enfants venaient de
mourir de la variole. Les ruines de Prasat Ta Monh sont à un

1. *Sang Sila Jaya.* C'est le titre d'un satra très connu au Cambodge.

quart de lieue au sud-est. De là ils reviennent au Phum Dom pour visiter à un quart de lieue au sud-ouest les ruines de Prasat Phùm Puon, qu'on appelle aussi Bantéai Prasat Puon. Revenant une dernière fois au Phum Dom, ils en repartent définitivement vers onze heures, traversent un ruisseau au Phum Kouk Kedei et arrivent après trois heures de l'après-midi au Mœuong Sangkeah où les attendait Chan. An eut ce jour-là un fort accès de fièvre.

Le jeudi 24 janvier, les trois voyageurs partirent du Mœuong Sangkeah. An, pris continuellement par la fièvre, ne nota rien en route. D'ailleurs ils refirent ce jour-là une route déjà faite précédemment en sens inverse. Ils traversèrent le Sting Srèl. passèrent au Phum Daung et couchèrent au Phum Smach.

Le vendredi 25 janvier, ils quittèrent le Phum Smach pour aller déjeûner au Srok Kaun Mêân, village déjà vu précédemment. Il est peuplé de Kouïs Melo qui tressent des nattes de rotins qu'ils vont couper sur les bords du Kap Têâl ; ils construisent aussi des charrettes.

Au Srok Kaun Méân mes hommes se séparèrent. An envoya Chan me rejoindre vers Ratanabouri (où il ne devait plus me trouver) et resta avec Ouk pour visiter d'autres ruines que je leur avais récemment signalées Avant de voir la suite du voyage de ces deux derniers nous suivrons Chan jusqu'à Ratanabouri. Il quitta ses camarades après déjeuner, se rendit au Srok Phnou et de là il alla coucher au Srok Kau, ces deux villages avaient été traversés dans un précédent itinéraire.

Le samedi 26 janvier, quittant le Srok Kau vers huit heures, Chan, traversant dès lors des pays nouveaux, dut noter la route. Vers 10 heures il passa le Aur Kap Têâl, que les Laociens appellent Houé Thap Than. Il fallut porter les charrettes, ce qui prit une demi-heure. Au-delà le voyageur traversa une grande plaine de terre nue qui est le prolongement au nord de la

plaine du Mœuong Karaphoum ; puis des cépées de bambous.
Enfin il s'arrêta vers trois heures au Srok Yéang, village d'une
centaine de cases de Khmèrs sur un tertre de sable rougeâtre
couvert d'arbres fruitiers, entouré de rizières dans les plaines
découvertes et plus basses. Une demie-heure après son arrivée,
Chan alla au sud-ouest visiter les ruines de Prasat Anar près
du Phum Anar et à une demi-lieue du Srok Yéang où il revint
par la même route. Vers 5 heures 1/2, il quitta le Srok Yéang,
traversa de nuit une grande plaine découverte qui s'étend de ce
village au Srok Trim où il arriva à huit heures. Le Srok Trim
qui compte une centaine de cases de Kouïs Melo, serait, selon
Chan, dans le territoire de Koukhan (?). Peut-être faut-il entendre que ses habitants sont inscrits à Koukhan.

Le dimanche 27 janvier, Chan quitta le Srok Trim avant
6 heures, traversant des plaines et des tertres où croissent des
phchek, puis une plaine de bambous. Il s'arrêta vers 8 heures
au Srok Chliek, village qui compte une cinquantaine de cases
de Kouïs Melo, sous les bananiers. Le village dépend de Sourén.
Il en repartit à 10 heures traversant des plaines sablonneuses
parsemées par places d'arbres thbêng ou de phchek et vers
2 heures de l'après-midi, il s'arrêta au Ban Khèn, hameau de
20 cases de Laociens qui relèvent du Mœuong Ratanabouri. Il
en repartit à 3 heures, continuant sa route dans les plaines
semées d'arbres rabougris et, vers 7 heures il s'arrêta pour
coucher au Ban Phœu, village de 30 cases de Laociens, sur
tertre.

Le lundi 28 janvier, quittant le Ban Phœu à 6 heures 1/2,
Chan traversa des forêts clairières de thbêng et de popél pour
atteindre, au bout de trois quart d'heure, le Mœuong Ratanabouri, où nous le retrouverons quand j'aurai raconté le voyage
d'An et d'Ouk jusqu'à ce chef-lieu.

Nous avons vu que ces deux derniers s'étaient séparés de

Chan au Srok Kaun Mean, d'où ils devaient aller visiter de nouvelles ruines. Quittant aussi le Srok Kaun Mean le vendredi 25 janvier, ils se rendirent d'abord à une mare, de 150 mètres sur 50, couverte d'herbes kâk et de lotus. Les Kouïs l'appellent Bau Pah et les Khmèrs Trepeang Chhùk, « mare aux lotus ». De là ils allèrent un peu plus loin au Srok Samrong, village de 30 cases de Kouïs Melo, où ils couchèrent dans le *Sim*, construction de pagode élevée sur un bassin carré de 10 mètres de côté, qui remplaçait ici la Vihâra ou temple boudhhique et qui servait aux fêtes et aux ordinations. Seulement le bassin commençait à être à sec ; or, selon la règle, le *Sim* devant être sur l'eau, les bonzes Kouïs avaient tourné la difficulté en plaçant dans le bassin de grandes jarres pleines d'eau. Dans cette pagode étaient 4 bonzes et 7 novices venus du Srok Kau depuis un an ou deux.

An continuait a avoir une fièvre assez forte.

Le samedi 26 janvier, ils quittèrent le Phum Samrong à six heures et demie, laissèrent bientôt sur la droite une grande mare, et ils arrivèrent vers huit heures à Préi Tresèk Kong, forêt où est une ruine insignifiante. Un des bœufs de la charrette prit la fuite et il fallut l'attendre jusqu'à midi. Ils repartirent, laissèrent à gauche une petite mare appelée Trepeang Sen, traversèrent des forêts tantôt fourrées, tantôt clairières et, avant deux heures, ils atteignirent le Ban Dong, hameau de 6 cases de Kouïs et de Laos dans les forêts où les femmes ramassent des feuilles de Romchék pour tresser des nattes qu'elles troquent contre du riz : les voleurs, enlevant tous leurs bestiaux, ne permettent pas à ces pauvres gens de cultiver eux-mêmes. Du Ban Dong mes hommes allèrent à une demi-lieue visiter Trepeang Pèch Chéi, mare sans ruines et lieu de halte préparé pour un éléphant blanc conduit précédemment à Bangkok. Ils quittèrent définitivement le Ban Dong à cinq heures du soir, pour passer aux ruines

que An appelle Prasat Pou et Ouk Prasat Chamrœn. De là ils
se rendirent en deux heures au Mœuong Kantararoum qu'ils
atteignirent de nuit. Ils couchèrent en dehors du village.

Le dimanche 27 janvier, ils allèrent faire visite au vieux
Preah Kantararoum anurak Chau Mœuong Kantararoum que
j'avais visité trois ou quatre semaines plus tôt. Il les reçut bien
An nota que le vieux Kouï « avait l'air sale, sordide, rude,
grossier, en un mot un vrai Kouï. Que ce Mœuong dans les bois,
était jadis le Srok Rompouk, érigé en Mœuong, 11 ans auparavant, qu'il est à une matinée de marche à l'ouest de Koukhan et
à une forte journée à l'est du Mœuong Sangkeah ».

Quittant ce village ce même jour à huit heures pour revenir
au nord, An, de plus en plus malade, ne put conserver la
montre et la boussole qu'il passa à son compagnon. Ils atteignirent bientôt le Srok Koûk Poûn, hameau de Khmêrs et de
Kouï Melo, d'où ils repartirent à onze heures, pour s'arrêter
encore au Srok Bang Hing, puis au Srok Balang, ainsi appelé
d'un *Balang* « autel de pierre » sur un petit tertre. Ils en
repartirent à quatre heures et s'arrêtèrent à six heures et demie
pour coucher au Srok Snaï.

Le lundi 28 janvier, quittant le Srok Snaï, ils s'arrêtèrent
après une heure de marche au Ban Tom (ou Toum). De là ils
allèrent s'arrêter au Srok Thmei ; puis à Lobœk Khlong ; ils
traversèrent ensuite le Sting Kap Têâl et à trois heures et demie,
ils s'arrêtèrent pour la nuit au Srok Mœûn Srêi, village de
80 cases, de Kouïs Melo.

Le mardi 29 janvier, quittant le Srok Mœun Srei à 6 heures,
ils s'arrêtèrent une heure après au Srok Samrong Téap, gros
village d'une centaine de cases de Kouïs Melo qui dépendent
de Koukhan. Ce village, qui a une pagode, est situé sur un tertre planté d'arbres fruitiers, entouré de plaines découvertes où
les habitants cultivent leurs rizières. Mes hommes en reparti-

De Ratanabouri à Siphoum et de Ratanabouri à Pouthaïsong

Échelle 1: 5oo.ooo

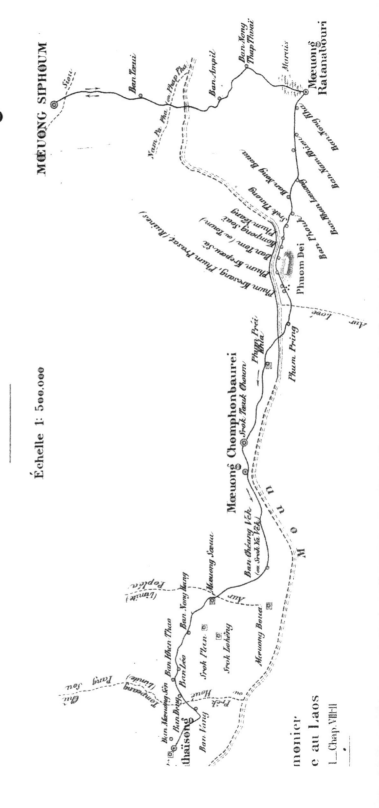

rent vers 9 heures, pour s'arrêter au Srok Sbèk, autre village
de Kouïs, puis au Srok Khlong (ou Phiong) ; enfin à 5 heures
ils s'arrêtèrent pour la nuit au Srok Dèk. Tous ces villages sont
peuplés de Kouïs Melo.

Le mercredi 30 janvier, les deux voyageurs partirent à
6 heures 1/2 du Srok Dèk, pour traverser bientôt le Aur Chi,
affluent de gauche du Kap Tèàl. Ce ruisseau, qui limite les territoires de Sangkeah et de Ratanabouri, vient des forêts claires
de l'ouest, à une journée d'ici ; ses rives sont écartées de 8 à 10
mètres. Les voyageurs s'arrêtèrent plus loin au Ban Phak Maï,
dont les habitants sont des Kouïs parlant la langue laocienne.
Les jeunes filles, la poitrine nue, pêchaient des coquillages et
des crevettes dans une mare. Quittant le Ban Phak Maï, les
voyageurs passèrent près de Trepeang Dèk, grande mare couverte de roseaux *kâk* ; puis ils s'arrêtèrent successivement au
Ban Lœuong, situé à l'ouest d'une grande mare ; au Ban OEu
Kou et au Ban Lobœk (ou Lobœut) où ils couchèrent. Ce village, aussi important que le Mœuong Ratanabouri, peuplé de
Laociens, s'allonge de l'est à l'ouest.

Le jeudi 31 janvier, quittant le Ban Lobœk à 6 heures 1/2,
ils s'arrêtèrent bientôt au Ban Sang, qui compte une trentaine
de cases de Laociens, sur un tertre, sous les arbres fruitiers ;
puis au Ban Phaï, pour arriver à midi au Mœuong Ratanabouri
qu'ils quittèrent le soir pour aller un peu plus loin, au Ban
Nong Kar.

A Ratanabouri, ils retrouvaient Chan. Celui-ci, contre son
attente, ne m'avait pas rencontré là. A tort il avait cru me
rejoindre à Siphoum, et le jour de son arrivée à Ratanabouri,
le lundi 28 janvier, il était reparti de ce Mœuong, vers onze
heures pour aller à Siphoum, faisant à peu près la route que
j'avais faite quelque temps auparavant. Il traversa les rizières au
nord de Ratanabouri puis une lagune où l'eau atteignait encore

les genoux. Le roseau kâk, qui sert à faire les nattes, y croit en
quantité. Au-delà, la plaine à sec permet d'atteindre le Ban
Nong Thap Khvaï, village de 20 cases de Laos, où Chan dut
rester quoique la journée fut peu avancée.

Le mardi 29 janvier quittant ce village à six heures, il traversa
des bambous, passa au Ban Ampil, hameau de 6 cases de Laos,
traversa des bois de téal, puis des broussailles de jungle pour
atteindre vers neuf heures le Sting Préi Moul (le Moun) que l'on
traversa en charrette, son eau étant peu profonde dans un large
lit. Au-delà Chan traversa une plaine de *trêng* et atteignit le
Me Nam Pa Phá, petit affluent du Moun, qui a 8 à 10 mètres
d'écart et 2 ou 3 de profondeur de rives. Au-delà s'étend une
grande plaine découverte où les bambous croissent par places.
Il s'arrête vers dix heures trois quarts au Ban Tœuï, hameau
de 8 cases de Laos, dit-il. Il y reste ce jour là et y couche.

Le mercredi 30 janvier, quittant le Ban Tœuï, à six heures,
il traverse de grandes plaines entrecoupées de bois ou de cépées
de bambous. Après deux heures de marche il atteint le Menam
Khêm petit ruisseau sans eau en ce moment, dont les rives
mesurent 8 à 9 mètres d'écart, 1 mètre ou 2 de profondeur. Un
quart d'heure après, Chan atteint le Siou qui a encore de l'eau
par flaques dans un lit large de 15 mètres environ, profond de
de 3 ou 4. Au-delà il traverse encore une plaine pour atteindre
le Mœuong Siphoum à neuf heures et demi. J'avais quitté ce
Mœuong quelques jours auparavant. S'apercevant qu'il était
difficile de me rejoindre, Chan se décida à retourner à Ratanabouri où devaient arriver ses deux compagnons An et Ouk.
Repartant le jour même et par la même route, il alla coucher
au Moun. Le lendemain il était de retour à quatre heures à
Ratanabouri et réuni de nouveau aux deux autres. An prit connaissance des lettres que j'avais laissé pour leur donner rendez-
vous à Phimaie ou à Korat, et le soir tous allèrent coucher au

Ban Nong Kha, hameau d'une dizaine de cases à l'ouest du Mœuong Ratanabouri.

A partir de ce jour An dont l'état de santé s'était amélioré se chargea de prendre des notes sur la route.

Le vendredi 1ᵉʳ février, les trois voyageurs quittèrent le Ban Nong Kha vers sept heures; au bout d'une heure ils atteignirent le Ban Nam Khieu, ou Nong Sieu, hameau de 18 cases, où les habitants offrent riz et bananes à un Bouddha taillé dans un bloc de pierre carré. Reprenant leur route vers onze heures, mes Cambodgiens passent près d'un bassin naturel, le Rolom Khieu. Ils s'arrêtent encore au Ban Kha Lœuong, hameau de 20 cases, et, un peu plus loin, au Ban Nong Boua qui compte environ 70 cases sous les cocotiers. Les habitants, surtout les femmes, accourent en foule voir les étrangers. Repartant vers quatre heures, les voyageurs quittent le territoire de Ratanabouri pour entrer dans celui de Sourèn, au Ban Phouk ou Phou Ngoï, village de 90 cases environ. Vers cinq heures, ils atteignent le Srok Thnong, qui est aussi appelé le Srok Char.

C'est un village de 40 cases environ, sous les cocotiers, peuplé de Khmèrs, à trois jours du Mœuong Sourèn et à une demi-lieue au sud du Moun. Mes hommes rencontrèrent là le Chau du nouveau Mœuong de Chomphon qu'ils devaient bientôt traverser. Ce Chau les reçut cordialement et leur dit que dans peu de jours, au mois de février, il quitterait le villlage son lieu de naissance pour aller inaugurer, avec le Chau de Sourèn, et habiter le Mœuong Chomphon. Ses titres sont : Preah Rutti Rong Nayut Chau Mœuong Chomphon baurè. Le nouveau Mœuong de Chomphon, quoiqu'au-delà du Moun, relève du Phya de Sourèn.

Le samedi 2 février, quittant à neuf heures et demie, le Srok Thnong, avec quatre charrettes d'allure lente, les voyageurs s'arrêtèrent successivement, au Phum Yéang, hameau de 20 cases de Khmèrs ; puis au Srok Kompong Soaï qui compte 80 cases

environ, sous les manguiers et cocotiers, près de la rive du
Sting Préi Mul, que les Laos appellent, par corruption, Phréi
Moul, Phi Moun, Nam Moun, ou Moun ; puis au Ban Tom ou
Ban Toum, village de 100 cases environ où ils rencontrèrent
un petit mandarin portant les titres d'Anân Phra Chhuoï qui
leur dit que le village avait depuis une dizaine d'années cessé
de relever de Sourèn. Du Ban Tom ils se rendirent au Phum
Krepœu Sâ « crocodile blanc » où les gens du village portaient
leurs offrandes de riz, sauces et flacons d'alcool, aux génies du
voisinage, dans le but d'éviter des maladies. Ces offrandes ont
lieu en février et en mai de chaque année. « Je leur demande,
ajoute Ouk qui prit ce détail, si, ayant fait leurs offrandes ils
guérissent de leurs maladies. Ils me répondent que quand ils
sont malades ils meurent quand même ».

Repartant du Phum Krepœu Sâ vers cinq heures, les
voyageurs aperçurent à leur gauche, au sud est une colline
masquée par les arbres, haute de 40 a 50 mètres et éloignée
d'une demi-lieue, on l'appelle Phnom Dêi « le mont de terre ».
Bientôt ils atteignirent le Phum Kresang, qui est contigu au
Phum Prasat, gros village de 100 cases, où ils s'arrêtèrent pour
la nuit. Ces deux villages, au bord du Moun, font du sucre ;
leurs habitants qui sont des cambodgiens paraissent être à l'aise.
De même que leurs compatriotes du Phum Krepœu Sâ ils
s'occupaient à offrir en commun des vivres aux génies locaux
afin d'éviter malheurs et maladies. En février, ils demandent à
ces divinités l'autorisation d'abattre les forêts et, en mai, la
permission de labourer les rizières.

Tous les villages traversés dans cette journée, sont peuplés
de Kouïs et de Khmêrs qui parlent la langue cambodgienne : cet
idiome est donc encore parlé sur les bords du Moun, en cette
région, car la rivière baigne ces villages qui ont tous un certain
air d'aisance.

Le dimanche 3 février, les voyageurs vont à dix minutes du Phum Prasat visiter les ruines de Néang Botoum « la dame au lotus », à 80 mètres au sud du Moun, et à trois bonnes journées de marche droit au nord de Sourèn. Dans l'est des ruines, un bassin appelé le Srah Khla a ses bords couverts de bananiers. Il quittèrent ensuite le Phum Prasat à huit heures, passèrent le Aur Lovè, ruisseau qui draine les plaines au nord du Mœuong Sourèn pour se jeter dans le Moun à une demi-lieue. Son lit actuellement à sec mesure 8 mètres de largeur, 3 de profondeur. Au delà on traverse la plaine découverte appelée Cha Proung, en longeant un tertre élevé, à droite, appelé Kouk Telok ; puis on atteint le Srok Pring, village d'une centaine de cases de Khmèrs, sur un tertre, d'où on aperçoit, dans l'est, Phnom Dei semblable à une haute forêt. Les voyageurs repartirent du Phum Pring à midi et demi. On leur dit qu'à l'est et au nord de ce village l'inondation due au voisinage du Moun couvrait les plaines à un mètre ou deux de profondeur et qu'on ne pouvait faire des rizières qu'au sud et un peu à l'est du village. Au bout d'une demi-heure de marche, mes hommes s'arrêtèrent au bord du Moun qu'ils devaient traverser en cet endroit.

Le Moun avait un faible courant d'eau serpentant en chenal dans les bancs de sable du fond d'un lit de 80 mètres de largeur sur 5 à 6 de profondeur. Près de là sur sa rive gauche, dans le territoire du district de Chomphon baureï qui relève actuellement de Sourèn est un Bo « puits » de sel, appelé Bo Kan Thao. Toujours d'après le procédé connu, on lave la terre salée dans une auge. L'eau grossièrement filtrée est évaporée ; le sel est conservé dans de petites marmites vendues un sling pièce au commencement de la saison janvier-février, et un tical, soit 4 sling, les dix en fin de saison, mai-juin. Le sel est vendu aux gens de la province de Sourèn.

Avant deux heures, mes hommes continuèrent leur marche de l'autre côté du Moun, dans le territoire du Mœuong Chomphon bauris, à travers des plaines découvertes qui sont inondées à 2 ou 3 mètres de profondeur aux pluies. On les traverse alors en barque. Au bout d'une heure et demie de marche, ils arrivèrent au Phum Préï Khla, hameau d'une trentaine de cases de Kouïs et de Laos, sur un tertre élevé naturellement et surélevé probablement par les déblais du fossé ou bassin creusé anciennement, autour du village, en forme d'enceinte rectangulaire. Au Srok Preï Khla était autrefois un *gourou* « magicien » expert dans l'art de sauver des maléfices et envoûtements des thmup et ap « sorciers et sorcières ». Il n'opérait que chez lui et, renommé dans tout le pays, il était la terreur des sorciers qui refusaient de pénétrer dans son enclos. Quiconque y entrait à son insu devait lui payer deux ticaux d'amende.

Le lundi 4 février, les voyageurs quittèrent le Phum Préi Khla vers six heures et demie, traversant des plaines découvertes inondées de 2 ou 3 mètres, aux pluies, par le Moun. Ils laissaient à une demi lieue à droite un tertre élevé et boisé appelé Kouk Khon Ngam. Après trois heures de marche lente ils arrivèrent au Srok Tœuk Choum, hameau de 15 cases environ, sur tertre haut entouré de fossés pleins d'eau toute l'année d'où le nom de ce village « que l'eau entoure », situé au milieu de grandes plaines découvertes. Mes hommes en repartirent vers deux heures et demie pour atteindre, après une heure et demie de marche, le Mœuong Chomphon bouri. Le tonnerre grondait au nord ouest, et il tomba une forte pluie pendant la nuit.

Le Mœuong Chomphon bouri [1], sur un tertre à demi déboisé, à une demi lieue au nord du Moun, de fondation toute récente, ne compte encore qu'une dizaine de cases. Des hommes de

---

1. Bauri, Baurei, Bouri, sont des corruptions parlées du sanscrit *pûri* « ville ».

corvée, sous les ordres du Maha Thâï, achèvent de couper les
bambous, ·élèvent des hangars pour la prochaine inauguration
et se gardent jour et nuit pour se défendre des attaques des
Laociens. En effet, la terre appartenait autrefois au Mœuong
Suvannaphoum, et le Phya de Sourèn écrivit, la demandant
pour y fonder un nouveau Mœuong. Suvannaphoum refusa,
mais Sourèn passa outre, disant qu'il avait un ordre royal. Il est
facile de remarquer au Laos que partout où des races diverses,
des idiòmes différents se trouvent en contact, l'organisation
administrative s'en ressent, ainsi que la bonne entente entre
les populations. Il y a des questions de race comme en Europe.
Le Mœuong Chomphon bouri, selon les indigènes, est à une journée et demie de marche au sud ouest du Mœuong Kétaravisaï ;
à deux fortes journées de marche au sud est du Mœuong Phyakaphoumvisaï ; en traversant le Moun on atteint, soit Bouriram
à deux jours au sud ouest, soit Sourèn à trois fortes journées
de marche au sud est.

Le mardi 5 février, les voyageurs quittèrent à six heures et
demie Chomphon bouri pour arriver quatre heures après au
Srok Chéang Vèk, ou Chavek, ou Yavœut, village d'une trentaine de cases de Khmèrs et de Laos, sur un tertre élevé qui
parait aussi surélevé par les déblais du bassin-fossé qui entoure
l'emplacement ancien de ce village. Tout autour sont des plaines
basses, comme celles que les voyageurs avaient traversé depuis
Chomphon et au-delà. Ces terres couvertes par les débordements du Moun ne peuvent être cultivées en rizières que si
l'inondation est faible. Lors des pluies les habitants les traversent en pirogues. De même que les villages voisins Chéang Vek
relève de Sourèn qui réunit ce village à Chomphon. Sourèn, en
somme, personnifie encore les vestiges de l'ancienne domination
cambodgienne dans ces enclaves au nord du Moun où les Khmèrs
de jadis ont laissé des monuments, et où, surtout, ils ont creusé

ces curieux fossés rectangulaires, à la fois bassins d'eau douce
et enceintes défensives, qui entourent la plupart des villages de
la région.

Vers quatre heures du soir, mes hommes quittèrent le Srok
Chéang Yek et obliquèrent au nord, laissant sur leur gauche, à
2500 mètres environ, droit à l'ouest, le Mœuong Boua, autre
village sur tertre entouré de fossés. Dans les grandes plaines
découvertes, ils traversèrent le Aur Popléa, ruisseau au lit peu
dessiné qui draine l'eau des plaines et sépare les territoires de
Chomphon bouri et de Phyakaphoum visaï. Après avoir traversé
ce ruisseau, les voyageurs s'arrêtèrent au Mœuong Sœua, ou
Mœuong Si, c'est le nom d'un village qui est encore peuplé de
Khmèrs quoique faisant partie du district laocien de Phyakaphoum
visaï (ou Kantinhakaphoum visaï). Sur un tertre élevé le village
est entouré de doubles fossés rectangulaires, séparés par des
déblais en forme de remparts. Cette enceinte est assez grande. Les
habitants vont en pirogue à travers les plaines lors des pluies.
Cette épave de Cambodgiens pressée insensiblement mais d'une
manière continue par la coulée des Laos prolifiques reçut avec
allégresse ses compatriotes mes trois voyageurs. Selon les gens
du pays, il y a encore dans le voisinage plusieurs villages entourés
de remparts et de bassins-fossés dans le genre du leur. Tel le Srok
Plan a plus d'une lieue au nord ouest et le Srok Lohêng a une
demi-lieue au sud ouest du Srok Plan ; aussi le Mœuong Boua
que j'ai déjà mentionné, à plus de deux lieues au sud du Mœuong
Sœua et à l'ouest de Yavœuk (ou Yavœut). Ce sont là sans doute
autant d'emplacements anciens fortifiés de la sorte au temps
de la domination cambodgienne.

Le mercredi 6 février, quittant le Mœuong Sœua vers six
heures et demie, les voyageurs traversèrent Véal Lobêng, grande
plaine allongée du nord au sud où on ramasse de la terre à sel.
Vers huit heures ils s'arrêtèrent au Ban Nong Hang ou Nong

Pouthaïsong à Korat

Échelle 1: 500.000

Aymonier
Voyage au Laos
Tome II.—Chap.VII-VIII

Mœuong Pouthaïsong
Mæuong Kao (ou) Mœuong Pouthaïsong
Ban Chan
Ban Bon
Moun
Se Thé (ou Tha Thé)
(Limite)
Ban Khan Bouni
Raïseou
Ban Phit (ou Phét)
Ban Théa (ou Pha)
Ban Doua
Ban Nang Borephim
n Thong Men (ou Nat Tha)
Houé Plaï Mat (ou Sting Praï Méas)
Ban Keluoï (ou Kh.)
(ou .m.ven.r
Ban Danru
Nam Khêm
Ban Nié
Ban Sa Houë (ou Sa Nan)
Ban Tha Iuong
Ban Chan Nhé Ban Meuong
Mœuong Phimaie
an Leduat
an Seim
Ban Phit (ou Phét)
Phoutsa
Mouk Phrah
Houé Cha Karat
Moun
Ban Thong Long
Ban Nain (ou Hin)
(ou Kreah)
(ou Kirat)
Ban Thik
Bansani (ou Joun)
Ban Tarié (ou Tirit)
an Ma Dik
Ban Chong Hong
Morang
Ban Sakul Khon
Ban Phout
an Banati
Ban Bona Cheng
Ban Phon Hin
Ban Bhouk
an Bona
an Pha Laë
Marais

diteur.

Han, village laocien de 20 cases, où on leur dit que dorénavant ils ne rencontrèraient sur leur route que des villages laociens, alors que tous les hameaux et villages qu'ils venaient de traverser, depuis le Phum Thnong, étaient peuplés de Khmêrs et de Kouïs, tant sur la rive gauche que sur la rive droite du Moun. Ils quittèrent le Ban Nong Hang vers onze heures, avec une seule charrette, la plupart de leurs bagages étant portés. Après d'autres haltes au Ban Lêo, au Ban Khên Thao et au Ban Dêng (ou Dong) de 10 cases, tous villages laociens situés dans Phyakaphoumvisaï, ils atteignirent enfin le Ban Vang (ou Hvang) dans le district de Pouthaïsong, province de Korat, après avoir passé le Prêk Tompeang Chû [1], ruisseau au lit large de 8 à 10 mètres, profond de 2 ou 3, qui sert de limite entre les deux districts et, par suite, entre les provinces de Suvannaphoum et de Korat.

Le jeudi 7 février, quittant le Ban Vang à six heures avec des charrettes d'allure lente, les voyageurs arrivèrent à huit heures au Mœuong Pouthaïsong où j'avais passé quelques jours auparavant et où ils furent bien accueillis par les autorités locales. A midi ils quittèrent ce chef-lieu de district pour aller s'arrêter un peu plus loin au Ban Chan hameau de 20 cases, et passer une partie de l'après-midi au Ban Dong, village d'une trentaine de cases dont tous les hommes étaient à la pêche. Au retour des habitants, vers six heures et demie, les voyageurs quittèrent le Ban Dong, passèrent de nuit près d'un grand pavillon élevé pour le voyage du premier ministre du Roi de Siam à Vieng Chan, voyage qui n'eut jamais lieu ; et traversèrent ensuite le Tha Thêt [2], affluent de gauche du Moun qui vient du nord ouest ; son lit, large d'une vingtaine de mètres, est

---

1. Le nom laocien que j'ai donné plus haut à ce ruisseau serait probablement la corruption de cette vieille appelation cambodgienne.
2. Ou Houé Sa Thêt.

profond de 5 à 6. Il y a un Bo « puits » à sel, près de l'endroit
où les voyageurs le traversèrent. Les gens du pays l'exploitent.

Au delà du Houé Sa Thèt, les voyageurs s'arrêtèrent pour coucher au Ban Khonbouri (ou Lokhon bouri), village de 90 cases
environ dans le territoire de Phimaie : le Houé Sa Thèt, formant
la limite entre les deux districts. Khonbouri, village siamois, est
sur un tertre entouré d'un fossé.

Le vendredi 8 février, avant sept heures, les voyageurs quittèrent le Ban Khon bouri, avec quatre charrettes d'allure lente
qui purent un peu plus loin passer sur un pont de bois établi
sur un petit ruisseau en ce moment à sec. Ils s'arrêtèrent au
Ban Phit ou Phét, hameau de 7 à 8 cases d'où ils repartirent à
dix heures pour arriver avant midi au Ban Nang Hor Phin,
village de 13 cases de Siamois sur un tertre élevé. L'histoire de
la dame Hor Phin se trouve dans un livre cambodgien, le Satra
de Preah Chen Kaumar. Le veille du passage de mes hommes,
les habitants avaient tué un très gros tigre entré dans le village
pour enlever un buffle. Ayant enlevé la peau ils se proposaient
de vendre le squelette et les griffes pour 10 ticaux à Korat.
Quittant le Ban Nang Hor Phin vers trois heures, les voyageurs
longèrent quelque temps le Moun sur sa rive gauche, puis le
traversèrent. Son lit mesure ici 80 mètres de largeur environ et
5 à 6 de profondeur. Vers six heures, ils s'arrêtèrent pour la
nuit au Ban Chéa (ou Pha, ou Tha), village de 15 cases environ
sur un tertre élevé non loin de la rive droite du Moun, et près
du Plai Mat, un des affluents importants du Moun, qui passe à
40 mètres au-delà du village. Son lit mesure une vingtaine de
mètres de largeur et 5 ou 6 de profondeur.

Le samedi 9 février, partant du Ban Chéa ou Ban Pha vers
sept heures du matin, les voyageurs s'arrêtèrent bientôt au Ban
Dœua, village siamois où ils furent reçus par les femmes. Ils en
repartirent vers neuf heures et demie, traversant d'abord des

plaines que le Plai Mat inonde de 3 à 4 mètres aux pluies ; puis ils traversèrent ce cours d'eau lui-même. Au-delà ils s'arrêtèrent successivement au Ban Thong Nieu, petit hameau, au Ban Samrong Vat Thong, village en ce moment abandonné par suite des maladies qui y sévissaient et au Ban Yéai Pha, hameau de 20 cases, et ils couchèrent au Ban Keluoi ou Khloué, où on leur dit que cette route avait été faite précédemment (par Ros et Nou, mon itinéraire ayant été plus au nord). Le Ban Keluoi appartient au district de Phimaie qui s'étend probablement dans cette direction jusqu'au Plaï Mat. Les villages de la région sont habités par des gens de langue siamoise mais probablement d'origine cambodgienne. Les voyageurs étaient généralement reçus par les femmes : tous les hommes ayant été levés pour se rendre à Korat.

Le dimanche 10 février, quittant le Ban Keluoi à six heures et demie, ils traversent immédiatement le Nam Khem « eau salée » ainsi appelé par les Siamois à cause de la saveur de son eau. Son lit peu dessiné n'a pas de rives pour ainsi dire. Il vient des plaines à trois jours et se jette dans le Moun à une lieue et demie d'ici. Vers huit heures, les voyageurs s'arrêtent au Ban Damra, hameau de 18 cases. Ils en repartent à neuf heures pour s'arrêter bientôt au Ban Na, hameau de 8 cases, au Ban Sanuon ou Snuon ; ils traversent ensuite le Moun, dont le lit large de 40 mètres environ est profond de 3 à 4 mètres. Sur l'autre rive est un grand village appelé Tha Luong qui compte une centaine de cases de Siamois. Ils se disposaient à entrer dans Phimaie, mais de ce chef-lieu on leur envoya dire que leur chef venait d'y passer, qu'ils pouvaient donc continuer directement leur route. Quittant donc le Ban Tha Luong vers cinq heures et demie, ils reprirent leur route, passèrent près du Ban Mouong et allèrent coucher au Ban Cham Nhè (ou Tam Yè), village de 60 cases environ, sur tertre élevé de terre noire. Il y a un fermier d'alcool·

à ce village qui est dit-on à une lieue au nord ouest du Mœuong Phimaie.

Le lundi 11 février, partant de Cham Nhê à six heures et demie, les voyageurs traversent de nouveau le Moun, repassant sur sa rive droite pour s'arrêter au Ban Sim, village d'une soixantaine de cases ; puis au Ban Lolot, hameau de 10 cases ; près duquel passe un petit ruisseau à l'eau salée qui se jette un peu plus loin dans le Moun. Quittant le Ban Lolot (ou Loluot) à une heure, les voyageurs atteignirent bientôt le Ban Phêt, hameau de 12 cases où ils rejoignirent la grande route qui va de Phimaie à Korat. Sachant que je l'avais faite peu de jours auparavant, ils ne s'occupèrent plus que de filer rapidement à ma suite sans se soucier de prendre des notes détaillées. Quittant le Ban Phêh à six heures et demie, ils passent le Houé Chakarat sur un pont en bois et s'arrêtent plus loin au Ban Phout Sa qui compte 18 cases. On leur dit qu'il y a 12 lieues de Phimaie à Korat par cette grande route.

Le mardi 12 février, quittant le Ban Phout Sa, ils passent au Ban Kouk Phreah, hameau de 25 ou 30 cases, sur un tertre élevé entouré de plaines découvertes. De là ils vont au Ban Hêm, qui est à la limite des districts de Phimaie et de Korat. Tous les hommes avaient été levés pour se rendre à Korat et les bagages des voyageurs étaient portés par des femmes et des jeunes filles qui chantaient tout le long de la route. Vers dix heures et demie partant du Ban Hêm, ils s'arrêtèrent successivement au Ban Thung Lang, le premier village du district de Korat sur cette route. Il compte 20 ou 30 cases ; au Ban Krauch, hameau de 30 cases ; au Ban Thuk, hameau de 6 ou 8 cases ; au Ban Som qui en compte une vingtaine ; au Ban Tha Rèt (ou Tha Vèt), hameau de 8 cases dans les bois ; au Ban Ma Dâk, hameau de 8 cases ; pour coucher au Ban Chong Hong (ou Thang Kou), village de 20 cases, où le Kâmnan les fait garder la nuit par des femmes, tous les hommes étant absents : ils sont les gardiens du poste de police de Tha Chhang dans le voisinage.

Le mercredi 13 février quittant le Ban Chong Hong, à six heures et demie, les voyageurs traversent le Moun et s'arrêtent au-delà au Ban Sa Kut Khon, hameau dont les hommes ont aussi la charge de garder le poste de police de Tha Chhang. Mes hommes continuant leur route s'arrêtèrent avant neuf heures au Ban Phout, village de 60 cases, où un petit mandarin, le Khun Mœuong Kolothaï, chef du village, leur dit que s'ils voulaient attendre au lendemain, il les ferait conduire d'une traite à Korat, au lieu de s'arrêter de village en village. An accepta d'autant plus volontiers qu'il avait la fièvre, qu'il ne pouvait plus marcher et que ce petit fonctionnaire lui proposait une charrette. Les habitants du Ban Phout boivent l'eau claire et potable du bassin de la pagode. Ils font du sel dans une plaine à une demi lieue au nord à mi-route de Nom Van.

Le jeudi 14 février, quittant le Ban Phout à sept heures, avec deux charrettes d'allure lente, les voyageurs laissent bientôt à gauche le Ban Norœung et le Ban Phnau ; ils passent au Ban Phon Hin et s'arrêtent pour déjeuner au Ban Kouk, village abandonné. A neuf heures ils se remettent en route, laissent à droite le Ban Houa Chhang et à gauche le Ban Pha Saï. Avant dix heures et demie ils aperçoivent les remparts de Korat à l'ouest un peu nord. Leur route fait un détour au sud pour éviter une lagune. A onze heures ils atteignent l'angle sud-est de la citadelle qu'ils traversent ensuite pour me rejoindre à mon pavillon situé au nord ouest de Korat.

CHAPITRE IX

DE KORAT A PHAKONCHHAIE

Le jeudi 28 février nous quittons de bon matin notre *tomniep* ou pavillon. Avec six charrettes à bœufs d'allure excessivement lente, nous longeons d'abord la face occidentale, puis la moitié de la face méridionale de l'enceinte de Korat. Vers sept heures, arrivant à hauteur de la *porte des morts* (Patou Phi) nous tournons le dos à la ville, suivant une route de sable rouge et blanc à travers les rizières. Nous laissons à gauche la pagode appelée Vat Patou Phi, puis à droite la Vat Hang entourée d'une forêt de palmiers qui ombragent une cinquantaine de cases. C'est le Ban Houa Thalé « village tête du lac » où on fabrique de la chaux de calcaire pour la mastication du bétel. La pierre, en graviers blancs que l'on déterre pour les nettoyer

au tamis, se trouve dans l'est au sud du Thalé ou bassin. Pour
la cuire on emploie comme combustible soit des bambous, soit
des charbons de teàl, popél, phchêk. La chaux, rougie avec
plusieurs ingrédients, est vendue un sou le paquet au marché
de Korat. Nous rencontrons des gens apportant du *sebau*,
« herbe chaume » qu'ils vont vendre à Korat un sleng faï les
25 bottes ; un homme en porte 15. Nous laissons à gauche une
belle sala couverte en tuiles. C'est la sala du Beng Thalé ainsi
qu'on appelle cette plaine, noyée aux pluies, qui se prolonge
pour se réunir à Thung Savan, autre plaine noyée à l'est de
Korat. Plus loin la route passe entre des buissons et des bambous. Les bœufs maigres et vieux de l'un de nos attelages ne
peuvent plus avancer et il n'y a qu'une heure et demie que
nous sommes en route. Le conducteur tire à l'avant et tout le
monde pousse à la roue. Entrant dans les forêts clairières de
phchek, reang, sokkràm et bambous nains, nous passons près
de Nong Kebok, grande mare actuellement sans eau. Les bœufs
qui ne peuvent plus marcher nous arrêtent encore trois quarts
d'heure. Nous passons ensuite près de Nong Lompouk, mare
également à sec, à ce moment de l'année. Enfin vers 10 heures,
nous nous arrêtons pour déjeuner à Nong Phling (ou Pling)
mare à droite de la route, longue de 120 mètres, large de
80 environ. Son eau trouble est couverte d'un petit roseau que
les Khmêrs appellent *Kâk* et qui sert à faire des nattes. Nous y
rencontrons des charrettes réquisitionnées pour transporter au
chef-lieu les bois d'un temple bouddhique : cinq inscrits sont
tenus de transporter trois colonnes rondes et une poutre équar-
rie, large de 40 centimètres, longue de 4 mètres.

Vers deux heures nous reprenons notre marche lente à
travers les forêts clairières de phchek et de sokkràm, continuant
à suivre la route de sable. Au bout d'une demi-heure, à hauteur
de Nong Boua ou Nong Sala, les mêmes bœufs n'en pouvaient

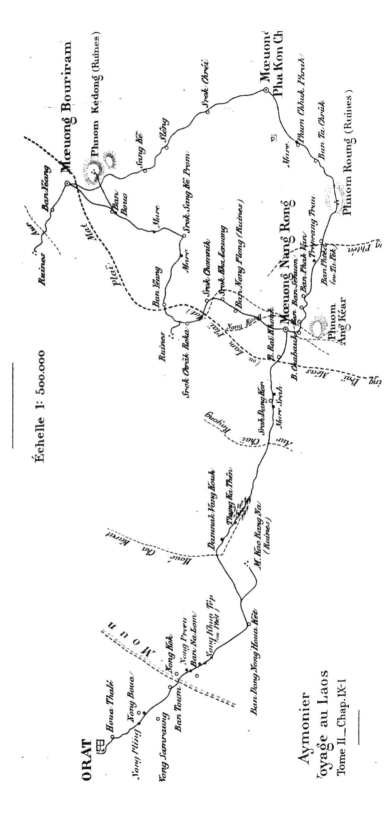

De Korat à Pha Kon Chhaie et à Bouriram

Échelle 1: 5oo.ooo

Aymonier
Voyage au Laos
Tome II_Chap. IX-1

déjà plus. De rechef, le propriétaire tire à l'avant, et tout le monde pousse à la roue. Nong Boua mesure 500 mètres de longueur nord-sud et 300 mètres de largeur : la grande dimension étant dans le sens de la route, de même qu'au bassin précédent. Son eau est claire. Sur sa face nord-est le Ban Nong Boua, hameau de 4 cases. A son extrémité méridionale est une sala où il faut nous arrêter pour laisser reposer les pauvres bêtes.

C'est un bâtiment bien installé, bien entretenu, avec peintures sur les boiseries, situé à côté d'un bassin de 12 mètres sur 8, dont les parois sont revêtues de poutres. Un petit escalier et un petit pont permettent de descendre puiser l'eau avec facilité.

Ce bassin est entouré d'une palissade, son eau étant destinée aux hommes et non aux bestiaux qui ont la ressource de la grande mare. Un grand figuier religieux dont le pied est entouré d'un terrassement carré, étend son ombre sur la sala et sur le bassin qui ont été construits et creusés par un bonze de Korat faisant œuvre pie pour le bien des voyageurs de cette route très fréquentée. Il y a travaillé personnellement et il a loué des hommes pour le travail qu'il ne fit pas lui-même, dépensant au total la somme de 15 damleng (ou 60 ticaux). Chaque année il vient encore faire les réparations nécessaires, dit-on. On peut citer le fait comme un exemple de la façon dont se font les travaux d'utilité publique dans ces pays de bouddhisme.

A 1200 mètres au sud est le Ban Nang Samraung qui compte 7 cases de Siamois. A quatre heures nous repartons lentement de la sala de Nong Boua, continuant à travers les clairières de phchek, reang, sokkràm, et nous arrêtant à chaque instant à cause de l'animal qui est à bout de forces. On amène enfin un bœuf de remplacement mais seulement quelques minutes avant

d'atteindre le Ban Toum où nous nous arrêtons pour la nuit. Je
m'empresse de payer et de faire remplacer l'attelage qui m'avait
valu une marche si lente. Quand la pauvre bête ne fut plus
soutenue par le joug et le timon elle s'abattit comme une
masse sur la route.

Au Ban Toum, hameau de 10 cases sous les jacquiers, au
milieu des bois, je rencontrai un sous-fermier d'alcool, payant
à Korat 40 ticaux de redevance annuelle pour le monopole de
la vente à ce village et à deux autres voisins. Les habitants, aux
mois des pluies, établissent des nasses et des pêcheries dans le
Moun qui coule à peu de distance au sud et ils vendent leur
poisson à Korat après l'avoir salé et séché. Ils cultivent aussi
des rizières, mais leur principale industrie est la fabrication du
sucre. Ils plantent la variété de canne, blanche et à gros nœuds
serrés, que les Khmèrs appellent *ampou damlan*. Leurs pressoirs verticaux, formés de deux troncs d'arbre taillés à quatre
arêtes, les saillies de l'un s'emboîtant dans les creux de l'autre,
sont mûs par un buffle tournant en cercle. Le jus des cannes
écrasées tombe dans une auge en forme de hamac, faite de
treillis de bambou et rendue imperméable par un enduit rési-
neux. Après l'évaporation au feu, le sirop est placé dans de
petits pots contenant chacun deux livres et demie (soit 1500
grammes environ) qui sont vendues dans le pays au prix d'un
fœuong chaque, (soit environ un décime la livre indigène de
600 grammes).

Le vendredi 29 février à six heures et demie nous quittons le
Ban Toum avec 7 charrettes à bœufs d'allure lente. L'aspect du
terrain change brusquement au sortir du village ; nous traversons une plaine dont les grandes herbes indiquent qu'elle est
inondée par le Moun que nous atteignons au bout d'un quart
d'heure de marche. Dans son lit de 15 à 20 mètres de largeur,
de 6 à 8 mètres de profondeur l'eau ne baigne guère que nos

pieds à cette époque de l'année. Au delà de la rivière nous
reprenons bientôt les forêts clairières. Nous rencontrons des
gens portant des peaux de buffles à Korat où ils les vendent
5 sleng pièce. D'autres portent du kanchha ou chanvre indien
qui est vendu un sleng la livre. Nous passons près de Nong Kòk,
mare à gauche, couverte de lotus. Dans l'Est on aperçoit les
cases d'un hameau appelé Ban Nong Kòk. A 1200 mètres à
droite est un autre village de 10 cases aussi, le Ban Na Lom. Un
peu après huit heures nous nous arrêtons pour déjeuner à une
autre mare appelée Nong Prœu. L'eau boueuse de tous ces
bassins est bue avec répugnance par nos bœufs.

Nous repartons à onze heures, continuant dans ces interminables forêts clairières dont les arbres gris et mornes, dépouillés
de leurs feuilles, n'égaient pas le paysage. Au bout d'une heure
de marche, nous nous arrêtons pour faire boire et paître nos
bœufs à Nong Khun Phèt, longue mare qui est entourée de
grands arbres. A une heure et demie nous reprenons notre route
à travers les bambous nains, puis à travers les forêts clairières
entrecoupées de rizières. Une de ces forêts, appelée Dong Ram,
est remplie de graviers rouges, et pourtant nous sommes loin
de toute montagne. Enfin vers cinq heures et demie nous attel-
gnons le Ban Dong Nong Houa Rèt « village du bois de la mare
de la tête du rhinocéros » que par une abbréviation suffisamment
justifiée j'appellerai, comme les habitants du reste, Ban Dong,
ou bien Houa Rèt. On dit que près de la mare qui est à l'ouest
du village il y avait jadis une statue de rhinocéros qui a disparu.
Houa Rèt compte une pagode et une centaine de cases de
Siamois, mélangés de quelques Khmêrs. Le village est planté
en manguiers, bananiers et surtout en jacquiers. En arrivant je
m'empresse de payer les voituriers de Korat et de les renvoyer
tous. Je vois que je trouverai mieux ici.

Le samedi 1er mars, laissant une partie de mon personnel au

village avec les bagages, j'emmenai An et Srei visiter les ruines
du Mœuong Kao Reang Na à 12 ou 14 kilomètres à l'est du Ban
Dong. Le guide nous suivait avec une voiture légère emportant
notre déjeuner et, dans des tubes de bambou de l'eau pour
tous, hommes et bœufs : précaution indispensable, à cette
saison-ci, dans une grande partie de la province de Korat, et
même du Laos. Partant un peu avant sept heures, nous suivons
une piste de charrettes sur terre rouge dans les forêts clairières.
A une bifurcation de la route nous prenons à droite. Nous allons
sur un tertre dont le sol est d'abord graveleux, puis rocailleux,
en grès et conglomèrats ferrugineux. Nous passons devant un
de ces tumuli de pierres appelés par les Laociens *Chau Hin
Kong*. Chaque passant, en demandant le bonheur, y dépose, à
défaut d'une pierre, des fleurs, des feuilles, un brin d'herbe ou
des rameaux d'arbres. Nous passons près d'un relief de terrain
un peu plus accentué, tout en conglomérats ferrugineux, et à
neuf heures un quart, après deux heures et demie de marche,
nous atteignons les ruines dans un bouquet de bois un peu plus
épais. On les appelle *Prang* ou *Komphêng Prasat Mœuong Kao
Reang Na*. Je n'en parle pas ici, non plus que d'aucune ruine
d'ailleurs, ces matières devant faire, ai-je dit, l'objet d'une
publication spéciale. A 500 mètres dans le sud est un tertre
artificiel de tessons et de poteries vernissées. Après la visite et
le déjeuner nous revenons à Houa Rêt par la même route. Partis
à dix heures et demie nous étions de retour à une heure au
village, où les bonnes femmes m'attendaient pour m'offrir des
œufs, des fruits, en échange de mes objets de pacotille. Un petit
mandarin du pays, portant le titre de Luong, envoyé par le gouverneur de Korat, sans doute pour me surveiller, se faisait
remarquer par ses airs d'importance, au milieu de toute cette
population assez douce.

La journée du dimanche se passa encore à ce village. Il fallait attendre les attelages qu'on avait envoyé chercher plus loin à la plaine-appelée Thung Kathèn dont j'aurai occasion de parler. Les bestiaux de toute la région passent les mois secs à cette plaine qui est marécageuse. En mai, quand les premières pluies ont fait pousser les herbes, ils rentrent dans leurs villages respectifs. Ce jour-là les habitants du Ban Dong se mirent à commencer la construction des hangars et tréteaux pour une coupe de cheveux de fillettes qui devait avoir lieu le vendredi suivant.

Le Ban Dong est à la lisière des arbres. Au nord s'étend une prairie dénudée, criblée d'une grande quantité de puits profonds de deux à trois mètres au plus, le sous-sol pierreux empêchant de creuser plus profondément. Leur eau, assez claire mais blanchâtre, est la seule que boivent les gens du village. A la fin de la saison sèche, ces puits donnent peu ; il faut stationner longtemps avant de remplir les jarres des maisons, les seaux destinés aux plantations, les tubes de bambous qui désaltèreront les voyageurs et leurs attelages. Le soir, à la chaleur tombée, c'est un va et vient incessant des femmes et des jeunes filles du village, et c'est aux puits que celles-ci se rencontrent avec les jeunes gens. Ces filles suivent les modes siamoises, ont le langouti relevé, les cheveux en tête d'écouvillon, mais pas de veste, une simple écharpe sur les seins. Les garçons portent les cheveux un peu plus longs.

Le Ban Dong est sur la route très fréquentée qui va de Korat au sud-est. Nous voyons, entr'autres, passer des charrettes chargées de torches, venant de Nang Rong. Ces torches seront vendues au chef-lieu 1 sleng les 20. Les habitants du Ban Dong n'ont pas de rizières, ne plantent que très peu de riz ; ils récoltent du tabac, des courges et des pastèques. Ils plantent surtout du piment, brûlant des carrés de forêts en avril ; en mai les pluies ayant imbibé suffisamment la terre, les plants sont arra-

chés des semis, près des cases, et replantés dans les bois.
Chaque famille se fait, dit-on, de 11 à 16 ticaux par an grâce à
cette culture du piment qu'ils troquent contre du riz, à mesure
égale ; ou bien ils donnent trois mesures de pastèques ou six
mesures de courges contre une de riz, ou encore cinq tablettes
de tabac contre un tau de riz. Ils portent vendre à Korat les
fruits de leurs jacquiers. Dans les forêts des environs ils
ramassent la résine solide et la vendent aux Chinois quatre
ticaux le pikul sur place, ou six ticaux à Korat. Ils font encore
le commerce des torches, qu'ils vont acheter dans le district
voisin, celui de 'Nang Rong, au prix de 3 sling environ les
100 torches et ils les transportent à Korat où ils les revendent
7 sling. Au chef-lieu, un fermier prélève sur cet article un droit
du dixième en nature, ou bien de 2 sling par charretée. Ils vont
aussi acheter des peaux à Phakonchhaie au-delà de Nang Rong,
les paient deux ticaux et les gardent chez eux en magasin.
Au mois de mai, un fermier passe, note les quantités et prélève
un tical par pikul de peaux, qu'on revend ensuite 5 ticaux à
Korat.

Ces habitants paient aussi l'impôt dit « tête de forêt » soit un
demi sling par jardin. Leurs rizières, quand ils en ont, paient
un sling et demi par sên carré (40 mètres de côté). Leurs cases
sont imposées d'un sling par an. Tous ces impôts payés, il est
entendu que les habitants sont libérés de l'impôt personnel ou
de capitation, si toutefois, ils sont requis pour le service royal,
sinon ils paient 4 ticaux par an. « Mais notre service est pénible,
disent-ils, tous les mandarins allant entre Korat et les Mœuongs
du sud-est passent ici, et ce sont des réquisitions continuelles. »
J'oubliais leur chef local, le Phrah Phon, qui perçoit 10 livres
de piment par an pour son propre compte. Bref, la série des
impôts est très complète chez les habitants de Ban Dong.

Il ne faut pas oublier leurs fermiers d'alcool qui achètent à

Korat au prix de 20 ticaux par an le monopole de la distillation
et de la vente dans le village où ils ont établis quatre alambics.
Cette eau-de-vie, faite avec du riz gluant acheté au dehors, est
de meilleure qualité que celle de Korat, mais sensiblement plus
chère. Les distillateurs accusent chacun 12 à 16 ticaux de
bénéfice par an.

Le lundi 3 mars, à 6 heures du matin, nous quittons le Ban
Dong Nong Houa Rêt, avec 6 charrettes. C'est le dernier
village du district de Korat proprement dit ; nous entrerons
bientôt dans celui de Nang Rong. Pendant une heure nous
suivons la route prise l'avant-veille pour aller aux ruines du
Mœuong Kao Reang Na, puis nous appuyons à gauche, continuant sur la piste des charrettes qui est un peu caillouteuse, à
travers des arbres chétifs et clairsemés. Le terrain est en pente
légère mais sensible, de l'Ouest à l'Est, en allant des tertres que
nous quittons vers les bas-fonds du Houé Chakarat. Aux
cailloux sur la terre rouge, succède un sol sablonneux et de
terre noire. Après un dernier petit tertre [1] où des débris de
poterie semblent indiquer un emplacement antique nous traversons un rectangle de rizières de terre noire au milieu des
bois clairs. Elles appartiennent à des habitants du Ban Dong et
selon la tradition ce sont les rizières du Mœuong Kao Reang
Na. Cette clairière marque sur cette route la limite des deux
districts de Korat et de Nang Rong. Un peu plus loin nous
traversons le Houié Chakarat qui n'a plus que quelques flaques
d'eau blanche et bourbeuse. Au-delà notre route remonte à peu
près le long de son lit que nous avons constamment à portée de

1. Il ne faut pas s'y méprendre ; ce que j'appelle *tertre* en prenant quelque
peu les habitudes du parler des indigènes est plutôt indiqué par la nature
du terrain et de la végétation que par le relief lui-même. Ce relief est à
peine sensible dans tous ces pays ; par comparaison avec les nôtres, ils
paraîtraient presque parfaitement plats à des Européens peu accoutumés à
voyager en Indo-Chine.

la vue, sur notre droite, indiqué par une ligne d'arbres plus
grands que ceux de la plaine. Ce ruisseau, dont le lit mesure
5 à 6 mètres de largeur sur 2 de profondeur, vient de Thung
Kathên, la plaine où nous allons et se jette dans le Moun à
l'ouest du Mœuong Phimaie. Après avoir marché quelque
temps encore dans les bois maigres sur sol sablonneux nous
nous arrêtons à dix heures 1/2 à la station de Vang Kouk, en
plein désert, ayant pour boisson l'eau blanche et bourbeuse des
flaques du Houé Chakarat et, pour abri, les arbres chétifs et
dépouillés de feuilles. La chaleur est très forte. Les Siamois
conducteurs et à leur instar mes Cambodgiens assaisonnent le
poisson sec avec des feuilles de bambou nain cueillies en route.
Moi je déjeune très mal, le voyage est pénible à travers ces
tertres sablonneux, dépourvus d'eau à cette époque de l'année.

Ayant laissé mon cuisinier chinois un peu malade, à la garde
de mes bagages à Korat, je n'avais emmené pour mon service
que son aide, Chinois aussi, presqu'un enfant, dont j'avais souci
de ménager les forces et je lui cédais, la plupart du temps, ma
place dans un coin de charrette où je ne me réfugiai que lorsque la chaleur était trop insupportable car elle était vraiment
torride sur ce sol de sable blanc aux arbres maigres et dépourvus de feuilles. J'avais la tête continuellement lourde et pour
éviter les insolations possibles, je gardais sous mon casque
une serviette mouillée tombant sur la nuque. Les chaussures
causaient des ampoules, mais les pieds nus étaient brûlés par
le sable. J'avais en outre l'esprit un peu assombri par les
lenteurs de ce voyage, par mes mauvaises relations avec le
gouverneur siamois de Korat (n'ayant pas, jusqu'alors, été
accoutumé à pareil désagrément). J'avais la préoccupation de
faire filer An au sud avec mes collections et j'étais surtout très
inquiet au sujet des quatre hommes envoyés vers Nongkhaï et
dont je n'avais pas encore eu des nouvelles. Bref, je ne voyais

rien en rose en me recroquevillant sous un mauvais toit de charrette pour éviter le soleil brûlant de midi. Les impressions moroses s'atténuèrent deux jours après à Nang Rong, en pays un plus plus riant.

Vers deux heures nous quittâmes cet endroit et continuâmes dans les forêts clairières de petits arbres sur sol de terre blanche. Au bout d'une heure et demie nous arrivâmes au commencement de Thung Kathèn, cuvette où se déversent à la saison des pluies les eaux du pays d'alentour, pour y donner naissance au Houé Chakarat. En nous rapprochant un peu de la lisière des bois qui la bordent au sud, nous suivîmes cette plaine herbeuse, marécageuse, au sol de terreau noir, qui doit être très inondée aux pluies et vers quatre heures nous nous arrêtâmes au bord du *Rahal* nom que l'on donne à la mare allongée du plus bas-fond de la cuvette, et où l'eau se maintient toute l'année. A côté de quelques huttes grossières, il y avait là nombre de charrettes, une centaine de bœufs et de buffles. De tous côtés, les taureaux mugissaient en pourchassant vaches et génisses. Munies de leur nasse à main, quelques vieilles femmes agitaient la boue du Rahal; deux de mes hommes eurent le courage de prendre un bain dans cette bouc.

La plaine dite Thung Kathèn, dans le nord-ouest du district de Nang Rong, mesure 3000 mètres dans sa plus grande largeur et environ une lieue de longueur, de l'ouest à l'est, en allant un peu au sud. En son milieu, le Rahal ou dépression noyée, tronçon de cours d'eau, devient aux pluies la source du Houé Chakarat. Aux mois secs, la route de charrettes passe au milieu de la plaine et l'eau boueuse du Rahal désaltère plus ou moins les hommes et les bestiaux. A la saison des pluies on suit la piste habituelle le long des bois au sud. Là, le terrain est ferme hors de l'eau alors que la plaine est inondée jusqu'au cou. Pendant la saison sèche, les gens de tous les villages environnants, ai-je dit, envoient leurs bestiaux pâturer dans le Thung Kathên où ils restent jusqu'en mai. Les gardiens apportent leurs instruments de pêche, prennent pour se nourrir le poisson qui se réfugie dans le Rahal, salent et font sécher le surplus, l'emportent pour le manger pendant la saison des pluies alors que les travaux des champs les empêchent de se livrer à la pêche. Le lendemain matin, en partant, nous vimes qu'une douzaine d'hommes et de femmes avaient barré le Rahal un peu au-dessus de notre campement par deux levées de boue qui laissaient entr'elles un bassin fermé long de 40 mètres environ, large de 25 à 30. Des seaux en bambous enduits de résine suspendus à des traverses élevées sur pieux étaient mis en mouvement pour rejeter l'eau au dehors. Le bassin épuisé, les pêcheurs prennent dans la vase le poisson qu'ils se partagent entr'eux.

Le mardi 4 mars, pendant que les voitures filent dans la plaine le long du Rahal, qui se termine peu à peu en petites mares isolées, j'oblique au sud pour aller visiter des antiquités signalées à la lisière du bois. Il y avait seulement trois pierres sculptées et brisées près d'un petit bassin appelé Srah Preah Menou. Puis je reprends la plaine pour entrer à huit heures et demie dans les forêts-clairières de phchek et de reang, où la route est assez unie sur terre blanche. Nous traversons un ruisseau sans nom et actuellement à sec et vers 10 heures et quart nous faisons halte sur un petit affluent du Praï Mat, le Aur Chaï Rayong, ou Aur Seyoung, dont le lit a 8 ou 10 mètres de largeur. Il a encore un peu d'eau par flaques mais elle est toute blanche comme l'eau de la cuisson du riz. En arrivant nous apercevons une vache sauvage d'un blanc fauve qui se met promptement hors de la portée de nos projectiles, elle s'arrête un instant à nous regarder de loin en reniflant, puis elle disparaît dans le bois. A une heure et demie, nous nous remettons en

route à travers_les-forêts clairières qui sont entrecoupées de
plaines plus découvertes. Plus loin la route a des graviers. Nous
rencontrons ensuite à droite une mare à l'eau très trouble
où néanmoins hommes et bêtes se désaltèrent pressés par la soif.
De la mare part une levée qui va à 800 mètres vers l'est. Au
sud sont les ruines d'un petit monument khmèr que les Siamois
appellent *Prasat Si Chêng*. Après une halte de trois quarts
d'heure nous traversons des rizières, nous passsons à Srah
Dangkor où les gens du Ban Raï Kouk viennent faire des rizières,
mais sans y demeurer, l'eau étant rare à la saison sèche. Puis
nous continuons à travers les forêts clairières de phchek, reang,
trach, thbêng où le sable vole en épais nuages de poussière.
Nous passons une petite plaine découverte que les Cambodgiens
appellent *Véal Telok* et les Siamois *Thung Kalok*. Les traces
des Cambodgiens sont de plus en plus manifestes même dans
les noms de lieu et nous allons bientôt les rencontrer eux-mêmes.
Vers cinq heures et demie nous atteignons le Lam Plaï Mat, du
Khmèr Praï Méas « dispersion de l'or ». Sur l'autre rive nous
nous arrêtons au Ban Raï Kouk.

Le Lam Plaï Mat, affluent assez important du Moun, mesure
ici 10 à 12 mètres de largeur, 4 mètres de profondeur de rives ;
il a encore de l'eau à hauteur des genoux. Il vient des grandes
montagnes. Sa source ne doit pas être éloignée de celle du
Moun, mais les deux cours d'eau s'écartent immédiatement l'un
de l'autre pour embrasser un grand ovale de pays qui est est
arrosé par le Houé Chakarat.

Le Ban Raï Kouk compte une pagode et une quarantaine de
cases de Khmèrs qui sont devenus Siamois de langage. Quelques
bonnes femmes comprennent encore le khmèr et elles accourent
assister à mon diner sous le prétexte de se rafraîchir un peu la
mémoire dans la langue de leurs ancêtres en me posant toutes
sortes de questions.

Le mercredi 5 mars, vers sept heures, nous quittons le Ban Raï Kouk, suivant la route sablonneuse sous les forêts clairières de phchek et de reang. Plus loin il n'y a plus que de petits arbres que les Khmèrs appellent pring et lovieng. Leurs troncs sont en partie recouverts par la terre que labourent et entassent les lombrics. A gauche est une petite lagune. Une bonne demi-heure après notre départ nous atteignons les premières maisons du Mœuong Nang Rong que nous traversons lentement pour aller nous installer dans une sala située tout au sud du village au bord d'une plaine appelée Thung Tha Lao (ou Leô).

Le Chau Mœuong était mort depuis quelque temps et le district était administré par un mandarin de Korat le Phrah Visés dont l'accueil fut assez convenable. Je me décidai à envoyer immédiatement deux de mes Cambodgiens, Ouk et Ros faire un crochet au nord au Mœuong Bouriram, à peu près à mi-chemin de Phimaie, pour revenir nous rejoindre à Phakon-chhale où nous devions nous rendre en quittant Nang Rong. Je relaterai leur voyage quand j'aurai mené le nôtre jusqu'à Phakonchhaie.

Le Mœuong Nang Rong, chef-lieu d'un district de Korat, qui tire ce nom siamois du khmèr Néang Roung « la Dame Roung » est un assez gros centre sous les cocotiers et aréquiers, sur un tertre entouré de plaines plus basses ; il a la forme d'un croissant dont les pointes sont tournées vers l'ouest. Il semble que ce Mœuong était jadis entouré de remparts et de fossés, mais ils ont été comblés ou envahis par la végétation et on ne peut plus reconnaître leur tracé. Dans la plaine basse, à l'est, coulent, lors des pluies, cinq à six ruisselets venant du sud, dont la réunion forme le Tha Leo ou Sting Néang Rong qui va au nord se jeter dans le Plaï Mat. Au sud du Mœuong un grand pont en planches assez bien entretenu passe sur une de ces dépressions et réunit au Mœuong le Ban Chabauk, village

de plus de 70 cases. Les habitants du Nang Rong n'ont pas de
rizières, mais il cultivent beaucoup de tabac qu'ils troquent
contre le riz des autres villages, donnant sept ou huit tablettes
pour un tau de riz. Ils récoltent aussi beaucoup de noix d'arêc
et quelques noix de cocos. Ils vont acheter du coton aux villages
du sud du district près des grandes montagnes et leurs femmes
le tissent chez elles. Ils achètent aussi de la soie pour la tisser.
On trouve à ce chef-lieu cinq ou six maisons de Chinois qui
font le commerce des peaux de bœufs sauvages, les transportent à Korat où le fermier de l'impôt perçoit un tical par charrette. Le Mœuong compte trois pagodes, ce qui permet de
supposer 100 à 150 cases. Mais tout autour, dans un rayon
d'une demi-lieue au plus, on compte de nombreux villages et
le nombre des pagodes y est de huit. Le reste du district en
compte 14; soit 22 pagodes dans tout le district, dont les
inscrits sont au nombre de 200 et plus. Mais leur chiffre serait
de 700 à 800 en tenant compte des habitants qui sont portés
dans les registres de Korat ou de Sourèn. De Nang Rong on se
rend à Bouriram à trois jours de marche dans le nord; à Phimaie à quatre jours dans le nord un peu ouest. Le Ban Dong, à
deux jours, limite le district sur la route de Korat. Le Ban
Hin Khon, à une grande journée de marche, marque sa limite
au sud ouest. Au sud il est borné par les grandes montagnes à
quatre jours. En descendant ces montagnes on tombe dans la
province de Sisaphon. Le district compte cinq *amphœu* ou can-
tons. Le Luong Phon est le chef de l'amphœu du sud; le Luong
Phiroum, de l'ouest; le Sassedi, du nord; le Maha thai, de l'est;
et le Luong Klang commande au canton central. Ces *Néai
amphœu* « chefs de canton » ont autorité sur les *Kamnan* « chefs
de village ».

Les habitants de ce district paraissent s'adonner à la musique.
Le chef de la *Vat Klang*, ou pagode centrale, qu'on appelle *Preah*

gourou possède deux jeux d'orchestre dont jouent des volontaires recrutés parmi les habitants. Les instruments avaient été
donnés en partie par l'ancien Chau et les bouzes complétèrent
peu à peu. Ce Chau, mort en janvier précédent, et dont les titres
étaient Phrah Phak Sêna Rong Thurin Chau Mœuong Nang
Rong, avait même organisé deux troupes d'actrices recrutées
parmi les jeunes filles du district, en prenant les fillettes qui
témoignaient de la gentillesse et de bonnes dispositions, les
demandant temporairement aux parents contre promesse
d'exemption de corvées ou d'impôts. Après quelques années
d'instruction sous la direction d'un maître venu de Bangkok les
jeunes filles rentraient dans leur famille où on les convoquait en
cas de besoin. On les licenciait quand elles se mariaient et
quand elles prenaient de l'âge. Les deux troupes, chacune de 15
actrices, étaient louées aux particuliers pour les fêtes, les cérémonies, à des prix qui variaient généralement de 10 à 15 ticaux
par jour pour chaque troupe. Le maitre de danse prélevait un
droit fixe de deux ou trois ticaux sur la recette quotidienne. Le
reste constituait un fond au profit du Mœuong pour achat d'instruments de musique et de matériel scénique. Les orchestres
tenus par des hommes se louaient aussi à part, 6 ticaux pour
vingt-quatre heures par exemple. En ce moment les petites
actrices, retirées au Ban Chabauk, attendent qu'un nouveau
Chau vienne utiliser leurs talents.

Le jeudi 6 mars, nous partons à trois heures, traversant lentement, avec nos charrettes à bœuf, les petites plaines qui font
le tour de Nang Rong ; nos haltes sont fréquentes. Nous traversons le Tha Lao que de loin on appelle Sting Nang Rong ; ce
petit cours d'eau est à sec ; sur ses bords sont des jungles ;
à gauche le Ban Chabauk ou Cha Muok est habité par des
Khmèrs et des Siamois. A une lieue devant nous nous apercevons une colline appelée Phnom Angkéar par les Khmèrs et

Phou Angkan par les Siamois. A notre droite apparait un gros village le Ban Kŏmprong. Nous passons encore le Lam Thong Rœua, autre affluent du Plaï Mat ; il y a encore quelques flaques d'eau dans son lit large de 6 mètres, profond de 2. Nous atteignons au-delà le Ban Snuon. Pendant une heure nous n'avons fait guère que deux kilomètres à vol d'oiseau. Laissant ensuite à gauche le Ban Kedœung, hameau de 10 cases, nous passons au Ban Phak Van, village de 30 cases sous les arbres fruitiers. Les habitants sont Khmèrs en partie, Siamois en partie, comme dans la plupart des villages du district de Nang Rong [1]. Nous traversons ensuite des bois entrecoupés de plaines sur une route de sable rougeâtre mêlé de quelques graviers ; puis nous entrons dans les forêts clairières, passant près du bassin appelé Trepeang Trau qui se trouve à l'est de Phnom Angkan, colline où les renseignements des indigènes ne placent pourtant aucune ruine. Nous traversons ensuite une grande plaine découverte, Véal Phtéo, qui est inondée d'un mètre et plus aux pluies, et à huit heures moins un quart, nous atteignons le Sting Phtéa, dont le lit, large d'une douzaine de mètres, profond de 3, a encore de l'eau par flaques. Il vient de Nong Preï à une journée au sud et se jette dans le Plaï Mat. Nous couchons au Ban Tapèk, sur l'autre rive de ce cours d'eau.

Ce village et deux autres voisins Ban Van, Ban Yang, forment un groupe de 70 cases qu'on désigne collectivement sous le nom de Ban Phtéa. Les habitants sont des Khmèrs et des Siamois.

Le vendredi 7 mars, nous quittons le Ban Ta Pèk à six heures et quart. Pendant que les voitures et bagages filent sur Phakonchhaie j'emmène mes Cambodgiens à la colline appelée Phnom Roung que nous apercevons à une forte lieue au sud-est, surgissant jusqu'à 250 mètres au-dessus de la plaine. Nous

1. Ou plutôt, selon toute vraisemblance, ce sont des Khmèrs qui deviennent peu à peu des Siamois de langue.

laissons le Ban Tapèk en double liesse. D'un côté, il y a mariage aujourd'hui entre Monsieur Bang et demoiselle Chakachan. D'un autre côté, quatre enfants auront le toupet rasé à la pagode. Car c'est aujourd'hui grand jour de tonte dans toute la province de Korat. Partout en signe de réjouissance on tirera ce soir de nombreux coups de fusils. Nous traversons les forêts clairières de trach, arbre dont on prend l'écorce pour faire cuire la chaux. Il y a aussi des phchek et des reang. A sept heures nous sommes à Véal Kâmnâp, clairière dans les forêts près du mont dont nous atteignons le pied à sept heures vingt.

En une demi heure nous montons sur cette colline aux formes régulières, arrondies, qui lance ses contreforts dans toutes les directions. Son ossature est en grès avec quelques pierres noires et dures. Phnom Roung marque la limite entre les districts de Nang Rong et de Phakonchhaie. Nous y passons une grande partie de la journée à visiter et relever les ruines. Il y a aussi une vieille pagode moderne, actuellement abandonnée. Les gens du pays débroussaillent ce mont, y lavent les statues du Boudha et le *Phrah Bat* ou « pied sacré » empreinte posée dans une vieille tour par les bonzes de la Vat Srah Keo de Korat. On dit que cette empreinte du pied sacré vient de Vat Nom Van. Les villages d'alentour viennent festoyer à Phnom Roung à la pleine lune de Chêt (avril).

A trois heures vingt-cinq, nous partons suivant la croupe du mont qui s'allonge vers l'est. Nous descendons lentement. A quatre heures nous visitons quelques petites ruines au bas de la colline ; un grand bassin, appelé Srah Phlèng et une tour en briques. Enfin à cinq heures, nous partons à travers les clairières d'arbres rabougris. A six heures nous atteignons le Ban Ta Chrùk, village de 15 cases de Khmêrs et de Siamois sur un tertre planté de cocotiers, de bambous et entouré de plaines de rizières. A six heures vingt nous sommes à Chhùk Phrah, autre village de 15 cases au sud d'une grande mare dont l'eau ne tarit pas. Mais je n'y trouve plus mes bagages. Par suite d'un malentendu, les charrettes ont filé sur Phakonchhaie, et la nuit tombe. On me trouve deux œufs dans le village. Je les mange avec le riz et le piment des indigènes et je me couche dans un tout petit hangar sur une natte qu'on me prête, et mon vieux casque de liège pour oreiller.

Le samedi 8 mars, à cinq heures vingt, nous quittons le Ban Chhuk Phrah, traversant les forêts clairières entrecoupées de plaines découvertes semblables à de longues et larges avenues. Après une heure de marche nous atteignons la plus belle et la plus grande, appelée Véal Teloung, qui a donné son ancien nom au Mœuong Phakonchhaie : c'est une plaine de rizières abandonnées, au sol de sable blanc mêlé de graviers noirs, large de 800 mètres environ, longue de près d'une demi heure de marche. De tous côtés, à cette heure matinale, « les alouettes s'envolent aux cieux porter leur supplique au dieu Indra, comme disent les Cambodgiens, si haut qu'on les entend sans les voir ». Au bout de cette plaine nous avons à gauche Vat Ta Dan, au milieu des rizières de sable rouge. Puis Vat Chêng à 12 ou 1500 mètres plus loin et à côté d'un bassin d'eau claire profondément creusé, de facture ancienne, revêtu de pierre, long de 30 mètres, large de 20, et encaissé de 6 au dessus du niveau de l'eau. Depuis cette pagode les maisons de Phakonchhaie se suivent sans interruption jusqu'à la Sala Klang du Mœuong où nous nous arrêtons à sept heures et quart ; nos voitures y étaient depuis la veille au soir.

Je suis ici en pays peuplé encore de Cambodgiens. Le vieux Yokebat qui me reçoit, grand, fort, grosse figure, nez carré, me rappelle un type fréquemment reproduit sur les bas-reliefs d'Angkov Vat. Ces Cambodgiens paraissent assez avides. En tous cas ils me demandent force remèdes. Je donne un peu

d'acide phénique pour les ulcères. Un mandarin, très malade,
me dit-on, demande aussi la guérison. Il ne peut venir me voir,
ne devant pas sortir dans la direction de l'ouest, un samedi, à
son âge de 42 ans. Je lui trouve en effet la peau brûlante, une
forte fièvre, tous les symptômes d'un violent embarras gastrique,
il me semble. Je lui fais administrer de l'émétique ; le remède
fait merveille, et le surlendemain, une dose de quinine achève
de le mettre sur pied : « Certainement, j'ai dû faire œuvre pie
dans une existence antérieure, ce qui m'a valu le bonheur de
vous rencontrer », me disait-il. J'avais beau protester que je
n'étais pas médecin, ma réputation était faite. Les malades ou
les infirmes accouraient de tous côtés. Une vieille décrépite, au
chef branlant, courbée en deux sur son bâton, demi-aveugle et
demi-sourde, me demande à redevenir jeune et belle ; puis elle
se rabat modestement sur un petit remède pour les douleurs de
sa pauvre épine dorsale. Viennent aussi deux aveugles, dont
une petite fillette de trois ans qui égaie les indigènes par ses
vives saillies, et en imitant les cris de tous les animaux.

N'attendant plus que les deux hommes détachés à Bouriram,
j'avais dès le lundi, fait préparer et charger les voitures, pour
Sourèn. Les orages commençaient, rares encore il est vrai. Le
mardi, n'ayant aucune nouvelle, j'ordonnai le départ pour
le lendemain, laissant une lettre pour ces deux hommes.
An filerait seul avec les bagages à Sourèn où ils devaient le
rejoindre. Quant à moi je retournais à Korat avec Srei, non par
la même route, mais en décrivant un coude dans les bois au
voisinage des grandes montagnes pour revenir ensuite par
Korat droit au nord. Le pays serait nouveau et la route plus
longue mais plus agréable.

Je parlerai de Phakonchhaie à propos de ce départ. Je
reviens, en ce moment au petit voyage que firent Ros et Ouk de
Nang Rong à Bouriram et Phakonchhaie. Les indications de la

boussole ont été assez mal notées par ces deux voyageurs et le
tracé de leur itinéraire nē peut avoir qu'une valeur très relative.

Le jeudi 6 mars, ces deux hommes quittèrent le Mœuong
Nang Rong, vers midi, avec une charrette d'allure lente, allant
au nord, à travers quelques rizières et beaucoup de forêts
clairières. Ils laissèrent successivement à droite le Ban Pheng
Puoï, le Ban Ta Dèk et ils s'arrêtèrent avant quatre heures au
Ban Nong Dong (selon l'un des voyagenrs, ou Nong-Plong selon
l'autre) village où sont un puits pour les gens et deux grandes
mares pour les bestiaux. De là ils allèrent visiter à 1500 mètres
au nord-ouest, les ruines informes de Prasat Roséi ou Prasat
Nong Plong. Les habitants du village, inscrits en partie à Korat,
en partie à Nang Rong, plantent du tabac et construisent des
charrettes.

Le vendredi 7 mars, partant de ce village à six heures, ils
traversent la plaine Plong qui est assez découverte, s'arrêtent à
un village que l'un appelle Ban Talak Taling et l'autre Srok
Kha Lœuong. Le Komnan leur indique des ruines à l'ouest du
Srok Chrâk Roka. Alors ils quittent la route directe du Mœuong
Bouriram et obliquent à gauche pour visiter ces ruines. Bientôt
ils traversent le Sting Vang Rong qui se jette dans le Plaï Mat
au Ban Yang et qui a de l'eau ici en toute saison. Ils s'arrêtent
au delà au Srok Chomnik (ou Ban Chomnut), village de 13
cases de Khmèrs inscrits au Mœuong Nang Rong quoiqu'ils
habitent sur la terre de Bouriram. Repartant de ce village vers
neuf heures et demie ils traversent des forêts clairières et, en
moins d'une heure de route, ils atteignent le Plaï Mat dont les
bords sont couverts de grands arbres. Après une petite halte,
ils traversent une forêt de téal dont on exploite la résine liquide
pour faire des torches et vers onze heures ils arrivent au Srok
Chrâk Roka. Ils en repartent à midi pour aller à une lieue de
là visiter les ruines signalées, au Tuol Roka Chas « tertre de

l'ancien Roka ». Ils traversent des forêts, d'abord épaisses sur
sol rouge, puis clairières en phchek et sokkrâm, deux essences
estimées dans la construction des cases. A une heure ils atteignent une mare longue de 80 mètres, large de 40, orientée Est-
ouest, qu'on appelle Trepeang Bauk Nœuk. De cette mare une
levée allant à l'ouest et flanquée de *srah*, ou petits bassins,
conduit à la tour démolie.

Ils reviennent diner au Ban Chrâk Roka dont les habitants
exploitent la résine liquide des *Téal* des forêts d'alentour et en
font des torches qu'ils vendent ou qu'ils troquent contre du riz
à raison de dix torches pour un panier de riz de la contenance
d'un *tau*. Puis ils quittent ce village, traversent des forêts clairières, repassent le Plaï Mat, et s'arrètent après une heure et
demie de marche au Ban Yang, village de 50 cases, peuplé de
Laociens, inscrits soit à Korat, soit à Nang Rong, qui se livrent
à l'élevage des vers à soie pour vendre la soie filée ; au prix de
8 ticaux la livre siamoise, dit-on.

Le samedi 8 mars, ils partent du Ban Yang vers six heures
et demie, traversent des forêts clairières sur sable blanchâtre,
puis des bois de petits arbres où sont quantité de fourmilières
de termites, passent un tertre où l'herbe n'a pas encore été
brûlée, font une halte au bord d'une grande mare qui a de l'eau
toute l'année, et s'arrêtent vers dix heures et demie au Srok
Sangkè Prom, hameau de 8 cases qui relève du Mœuong Bouriram. Les habitants prennent beaucoup de précautions pour
garder des voleurs leurs bestiaux que des hommes en armes
conduisent à l'abreuvoir. Quittant Sangkè Prom les voyageurs
traversent des forêts clairières, s'arrêtant fréquemment, à cause
des bœufs de leur voiture qui sont fatigués. Ils passent près
d'une mare, coupent ensuite la grande piste de charrettes qui
relie Korat à Sourèn et au passage de Chup Smach. Ils continuent
tantôt sur un sol terreux couvert de fourmilières, tantôt sur

sable dans les forêts clairières de phchek et de popèl. L'écorce de ce dernier arbre est mâchée en guise de noix d'arèc dans le pays. Ils passent enfin entre une mare à droite et un grand bassin de 160 mètres sur 80, à gauche, pour atteindre le Ban Bouo ou en Khmêr le Srok Chhuk, les deux expressions signifiant le « village des lotus ». Les habitants sont des Khmêrs ; ils se livrent à la culture du tabac qu'ils vendent au Mœuong Bouriram. Leurs mœurs se rapprochent plus du laisser aller laocien que de la réserve cambodgienne.

Le dimanche 9 mars, partant du Srok Chhuk, les voyageurs vont visiter Phnom Kedong qui est au nord à une heure et demie de marche. Il y a deux collines de ce nom à une portée de voix l'une de l'autre. Au sud est est Phnom Pros « le mont des hommes » et au nord ouest Phnom Srêi « le mont des femmes ». Sur ce dernier est une tour ruinée appelée Kot Eysei, « la cellule de l'anachorète ». Au pied de cette colline haute de 40 à 50 mètres sont de nombreux tessons de bols et de jarres anciennes. Les deux Phnom Kedong sont couverts d'arbres phchek et sokkrâm. Le Mœuong Bouriram est à l'ouest un peu nord de ces collines. De là mes hommes revinrent au Srok Chhuk où les attendait leur voiture, et dans l'après-midi ils se rendirent au Mœuong Bouriram, en traversant d'abord des forêts clairières, puis des plaines d'herbes, enfin des rizières. En moins de deux heures ils atteignaient le Mœuong Bouriram.

Ce chef-lieu de district, dans les bois, sur tertre de terre noire, est entouré d'un bassin-fossé qui forme un carré. Large de 10 mètres environ, ce fossé est entre deux levées de terre fournies évidemment par les déblais. L'eau y est claire et on en a toute l'année. Bouriram compte une soixantaine de cases et deux pagodes : la Vat Klang et la Vat Reang. La population est encore cambodgienne, mais les trois langues : khmère, siamoise et laocienne y sont parlées. Les mœurs et coutumes se ressentent aussi de cette situation mélangée. Le district compterait 200 inscrits environ, mais la plus grande partie relève des Mœuongs voisins, si bien qu'on attribue à Bouriram 40 inscrits, au chef-lieu de district, et 40 dans les villages, soit 80 seulement.

Selon le Balat, faisant fonctions de gouverneur, Bouriram paie une redevance de cire. Les nids des abeilles des forêts du district appartiennent au gouvernement et ne peuvent être ramassés en contrebande sous peine d'une amende de cinq catties. Les nids étant faits en février on les ramasse en mai, grâce à des corvées imposées à tous les habitants qui gardent pour eux la moitié de la cire, remettent le surplus au chef de district ; celui-ci est tenu de porter à Korat trois pikuls de cire chaque année.

Les habitants de Bouriram content qu'il existe dans un étang, au Srok Preah Krou, à une lieue et demie au nord, une pierre merveilleuse mesurant près d'un mètre sur chaque face, qui se transforme en poisson et s'enfuit quand on veut la toucher. Il arrive qu'elle se déplace pour venir dans un autre bassin au sud du Mœuong. Alors l'étang abandonné se désséche. Deux serpents la suivent toujours dans ses déplacements.

Le lundi 10 mars, Ouk et Ros se rendirent de Bouriram à l'O. N. O. pour visiter des ruines qu'on leur signalait. En une heure ils arrivèrent au Ban Yéang en traversant des plaines boisées en Lovè, arbre aux grandes feuilles et au cœur rouge. Après une halte d'une heure ils continuèrent à travers les forêts clairières. Ils passèrent le Aur Tokhoung, ruisseau qui avait encore de l'eau par flaques dans un lit de 6 mètres de largeur, 3 de profondeur. Ils errèrent au-delà avec leurs guides sans trouver de tours. Enfin ils rencontrèrent un *balang* ou autel en pierre sur un petit tertre entouré d'un fossé sans eau. Les uns appellent cet endroit Prasat Krè, d'autres Tuol Prasat. Les voyageurs revinrent coucher à Bouriram.

Le mardi 11 mars vers neuf heures, mes hommes quittent

Bouriram pour se rendre à Phakonchhaie, reprenant d'abord la route de l'aller. Ils traversent le Plai Mat, passent à hauteur de Phnom Kedong, à gauche, dont le voisinage est décelé par les graviers de la route, et arrivent à onze heures au Srok Sangkê Chêàm, hameau de 10 cases, sur le territoire de Bouriram, après avoir traversé un pays de forêts clairières. Les gens de Sangkê Cheam n'ont de poisson à aucune saison. Ils le remplacent par des salaisons de lézards des sables appelés *chéas* et de ces grosses araignées aux crocs venimeux que les Khmêrs appellent *roping*. Partant de Sangkê Chêàm à trois heures et quart, mes deux hommes traversent une plaine dite « du curcuma », puis une levée de terre qui vient du mont Kedong leur dit-on, et la plaine dite Véal Kedong, pour arriver au Srok Sangkê ou Youï Sangkê, village de 80 cases sur un tertre, dans le territoire de Bouriram ; mais les habitants sont inscrits partie à Sourèn, partie à Korat. Mes deux hommes y dînèrent et repartirent de nuit allant au sud-est, jusqu'au Ban Slêng ou Salêng Phon, village de trente cases dans le Mœuong de Phakonchhaie. La limite des deux districts est près du village. Une autre borne est dit-on à 1400 mètres droit au sud du Ban Youï Sangkê, c'est un *balang* ou autel ancien en pierre.

Le mercredi 12 mars, ils partirent de Slêng à six heures, avec une charrette d'allure lente, passant dans un bois de phchek de petite taille. Le sol est terreux, raboteux, en fourmilières et en mottes de vers de terre. Plus loin il est mêlé de graviers. A neuf heures, ils s'arrêtèrent pour déjeûner au Ban Chréi, village d'une vingtaine de cases dont les habitants plantent du tabac et se plaignent d'être écrasés par les corvées et les impôts. Mes hommes quittèrent ce village à dix heures et demie, traversèrent des forêts clairières où les herbes qui ont été brûlées commencent à repousser. Plus loin est la plaine découverte appelée Tha Rœuong, aux grandes herbes sur sol rouge et sablonneux. Vers

une heure ils atteignaient le Mœuong Phakonchhaie où ils ne
me trouvèrent plus. Les autorités leur donnèrent une lettre afin
de leur permettre de rejoindre An qui venait de partir pour
Sourèn. J'ai dit que nous avions quitté Phakonchhaie ce jour
même, de bon matin, allant, lui au nord-est, et moi au sud-ouest.

De Pha Kon Chhaie à Sourèn et aux Dangrèk

Échelle 1: 500.000

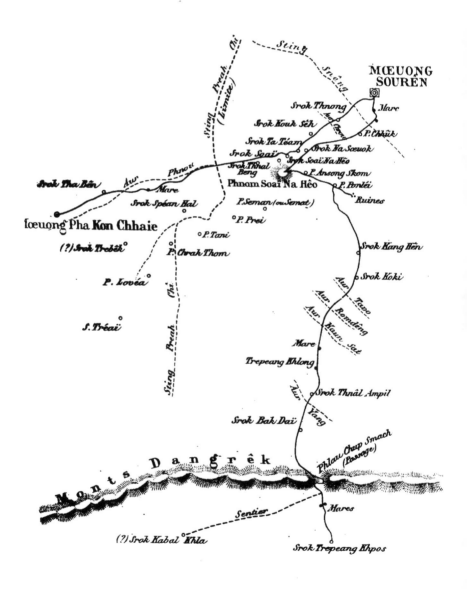

CHAPITRE X

DE PHAKONCHHAIE A SOURÈN
ET AUX DANGRÈK

SOMMAIRE

An quitte Phakonchhaie se rendant à Sourèn. La traversée du Preah Chi Il arrive au Mœuong Sourèn où le rejoignent Ouk et Ros. Un Kha Louong siamois. Les entrevues du Chau avec ce Siamois. Les scrupules du Chau à recevoir mes présents. Un départ simulé à l'heure propice. An, Ouk et Ros quittent Sourèn allant au sud. Nouvelle visite à Phnom Soai Na Hêo. L'ajournement d'un mariage. Rencontre des convois de charrettes et des caravanes de buffles. Les alarmes des habitants. Le poste de Bak Daï. Le passage Chup Smach. Les regrets de la jeune fille. Les cinq degrés et les quatre terrasses. Au plateau inférieur. Coup d'œil d'ensemble sur les monts Dangrèk et notions sur les passages connus de cette chaîne.

Le mercredi 12 mars à quatre heures du matin, An quitta le Mœuong Phakonchhaie avec cinq charrettes à bœufs. Sortant du village, il traversa un coin de cette plaine découverte qu'on appelle Véal Telung, puis il entra dans les forêts clairières. Vers cinq heures et demie il traversait une autre plaine appelée Ronteah Banh « frappée de la foudre » où sont beaucoup d'arbres rabougris. Plus loin le sol est de sable assez ferme sous les arbres thbèng. Après six heures, il laissa à gauche le Srok Tha Bên, village sous les cocotiers, avec une pagode. Il y rencontra, à un carrefour de route, un homme qu'on enfumait afin de chasser les mauvais esprits qui le possédaient. An traversa

16

ensuite un petit aûr, « ruisseau ». Aux grands thbêng succédèrent des phchèk, petits, serrés et couverts de fleurs. Le sol est
une sorte de terre glaise. Puis il traversa des forêts clairières
de phchèk et de reang. A gauche, la route longeait à peu près
le Aûr Phnou qui vient de Phakonchhaie et se jette dans le
Preah Chi. Vers huit heures et demie il s'arrêta pour déjeûner
près d'une mare. Puis le départ eut lieu à dix heures, à travers
des phchèk rabougris. Il eut ensuite à droite une plaine appelée
Véal Ta Ey où les attelages firent une nouvelle halte de trois
quarts d'heure. Il atteignit ensuite le Sting Preah Chi dont le
lit mesure ici une quinzaine de mètres de largeur et trois ou
quatre de profondeur. En ce moment l'eau qui coulait sur un
lit de roches mouillait à peine les pieds. Ce cours d'eau sépare
les provinces de Korat et de Sourèn. Au-delà sont des forêts
clairières sur sol sablonneux, puis des broussailles et des
jungles. La route longe à peu près le Preah Chi qui est à
gauche et elle passe tantôt sur des tertres, tantôt dans des
bas-fonds. Laissant à droite le Srok Thnâl Bèng, An continue
dans les clairières de phchèk et de reang, sur sol sablonneux,
mêlé de pierres de grès et de calcaire. Traversant encore un
petit ruisseau, il a bientôt sur la droite, à 1200 mètres environ,
le Srok Soaï Thom. Plus loin, un autre Srok Soaï a ses cases
dispersées des deux côtés de la route sous les palmiers et les
bambous. Vers quatre heures, il s'arrêta à Soaï Na Hêo, village
qui dût payer 70 ticaux quand le Chau de Sourèn imposa une
amende à tous les villages de sa province afin d'indemniser les
Keling ou Indiens qui avaient avec lui ce procès dont j'ai parlé.
Au sud-ouest, le Phum Soaï Thom, qui compte 200 cases, dut
payer en cette même circonstance, la somme de 200 ticaux et ses
habitants auraient volontiers massacré quelques Indiens à
l'occasion. Puis reprenant sa marche pendant un quart d'heure
encore An s'arrêta enfin pour la nuit au Srok Ta Téâm, village

de 44 cases qui fut imposé à 50 ticaux pour indemniser les Indiens. Les cocotiers et les aréquiers abondent dans ces grands villages qui se suivent : Soaï Thom, Soaï Nahèo, Ta Téâm.

Le jeudi 13 mars, quittant le Ban ou Srok Ta Téâm, vers cinq heures du matin, An laissa à gauche le Srok Kouk Sèh, village entouré de rizières. Vers six heures, il apercevait confusément, à l'ouest un peu nord, le mont Soaï Na Hêo où il avait été à un voyage précédent. Le sol du pays est en sable blanc et les rizières n'y sont pas belles. Après des fourrés de bambous, la route, c'est-à-dire la piste des charrettes, s'engage dans des bois épais de phdiek et de popél. Suivent d'autres fourrés de bambous et six grands arbres *téal* où les abeilles font leurs nids. Ces abeilles étant à redevance les gens du village Kouk Sèh ramassent leurs nids afin de porter le tribut de cire au Chau Mœuong de Sourèn. Traversant ensuite le Aûr Chrou, ruisseau dont les rives sont couvertes de forêts de bambous, An laissa le Srok Thnong à droite, passa une grande plaine de rizières et entra de nouveau dans des forêts clairières de phchèk, à ce moment complètement dégarnis de leurs feuilles. Vers neuf heures, on s'arrêta pour faire cuire le déjeûner au bord du Sting Snêng qui avait encore de l'eau par flaques dans son lit large de 12 à 14 mètres et profond de trois ou quatre. Il se jette dans le Sting Preah Chi près du Srok Ta Ek, à une matinée d'ici. On se remit en marche à onze heures traversant une forêt serrée de grands arbres laissant à droite une grande mare entourée d'arbres. Au bout de trois quarts d'heure, on atteignit la levée de terre de la face sud de l'enceinte du Mœuong Sourèn ; cette levée est couverte de bambous. Encore un quart d'heure de marche et on atteignit l'enceinte intérieure ; enfin un dernier quart d'heure de marche permit de s'arrêter à la sala Klang devant l'habitation du Phya de Sourèn.

Le même jour An était rejoint à Sourèn par Ros et Ouk qui

étaient arrivés à Phakonchhaie et en étaient repartis dans l'après-
midi du 12 mars. Sans prendre des notes topographiques, ils
relatèrent sommairement qu'ils allèrent diner ce jour-là au Srok
Trebêk, hameau de 27 cases, appartenant à Sourèn, mais sur
la limite des deux provinces. Continuant leur route de nuit, ils
passèrent au Srok Spéan Hal, hameau de 18 cases, de Sourèn,
au Srok Préi, village de 20 cases et au Srok Smat ou Smân,
hameau de 12 cases dont les habitants se livrent à la fabrication
des marmites. Au jour ils arrivèrent au Srok Ansong Skom
auquel ils donnent une quarantaine de cases.

Le jeudi 13 mars, ils quittent Ansong Skom, traversent des
forêts clairières sur une route de terre noire mêlée de graviers
et de cailloux noirs. Au sud sont des collines. Ils déjeunent au
Srok Soaï, puis traversant le Srok Thnong, le Srok Trach, ils
arrivent de nuit au Mœuong Sourèn.

An avait payé et renvoyé les charrettes qui l'avaient amené
de Phakonchhaie et en avait demandé d'autres au Chau de Sourèn, mais celui-ci le pria d'attendre quelques jours, étant en ce
moment très occupé avec plusieurs Kha Luong « envoyés
royaux » de passage ; entr'autres un Khun se rendant de Bangkok
à Oubon. On l'avait amené de Soaï Chék, au dessous des Dangrêk, avec 35 charrettes à buffles et il lui fallait, à Sourèn, outre
ses 5 éléphants, 5 chevaux, 65 charrettes à bœufs et 110 hommes au total.

« Le vendredi, 3ᵉ jour de la lune décroissante de Phalkun (14
mars) au matin, raconte An, le Phya de Sourèn alla en grande
cérémonie, escorté de tous ses Kromokar, faire visite à ce Kha
Luong qui était logé dans un pavillon à l'est du Mœuong. Monté
sur une charrette attelée de bœufs rouges et couverte d'un toit
en forme de roof de barque, le Phya Sourèn portait un langouti
de soie à fleurs, une veste à fleurs dorées et une écharpe blanche, il était coiffé d'un chapeau. Voulant être témoin de la

visite je me faufilai parmi les Kromokar qui précédaient ou suivaient leur. Phya. Celui-ci montant au pavillon du Kha Luong
s'assit à hauteur du Siamois. Son frère cadet le Balat salua le
Kha Luong qui lui rendit son salut. Tous les Kromokar s'assirent, levèrent les mains pour saluer et se tinrent les uns inclinés
en avant, les autres à demi prosternés, les coudes sur le treillis
formant plancher. Le Kha Luong était un jeune homme de 28 à
30 ans, envoyé, dit-on, pour régler des procès. On voyait que
l'assistance craignait beaucoup ce Siamois. Curieux du spectacle,
je m'assis avec les autres dans une tenue respectueuse quoique
j'en éprouvasse quelque répugnance. Le Siamois fit lire à haute
voix son ordre de route qu'écoutèrent le Phya et tous les Kromokar. Dans cet ordre il était dit que Sa Majesté siamoise envoyait le Khun Phon Pithak Balat Krom Phu Ban Saï Krom
Mahathaï (tels étaient les titres du jeune homme) aux Mœuong
Oubon, Suvannaphoum, Attopœu et Sting Trêng. Que l'objet
de sa mission était indiqué dans un autre ordre royal à lui remis.
Que donc les chefs de Mœuong de la route eussent à le faire
conduire. Ce Siamois emmenait avec lui 24 soldats pour la
relève du poste d'Oubon. Au total une trentaine d'hommes et
quelques femmes le suivaient. Après la lecture de l'ordre royal,
ce jeune homme parla de Bangkok aux mandarins de Sourèn et
émit sottises sur sottises. Mal assis et peu content, je me retirai
discrètement, laissant là tous les Kromokar. Le soir à cinq heures
ce Kha Luong alla rendre sa visite au Phya de Sourèn, à cheval
avec souliers aux pieds, langouti, tunique noire et casque blanc
la pointe en l'air. A sa hauteur un homme portait en bandouil-
lère son fusil dans une gaine. Ses 24 soldats suivaient, vêtus de
blancs, coiffés de casques. Ils avaient l'air de matelots parce
qu'ils avaient des sabres et pas de fusils. Je n'ai plus eu la
curiosité d'aller voir ce qui se passerait. »

« Le samedi 4e jour de la lune décroissante de Phalkun (15

mars), le Phya Sourèn fit couper les cheveux à sa petite fille
âgée de 11 ans. Ros prit des notes sur les préparatifs de la
cérémonie. A sept heures, le Kha Luong vint au festin donné à
cette occasion et il fit cadeau à la fillette d'un *kien* ou langouti
de fabrication européenne et d'une écharpe en soie double,
c'est-à-dire formée de deux écharpes cousues ensemble dans le
sens de la longueur. Quand il eut déjeuné, ce Siamois retourna
à son pavillon où le Phya Sourèn envoya à midi sa troupe
d'acteurs pour lui donner le spectacle jusqu'au soir. Alors les
acteurs s'en retournèrent ayant plaisir de dire partout qu'ils
avaient joué toute l'après-midi pour ce Siamois sans en recevoir
un lat ! »

Ce Kha Luong partit le lendemain pour Sisakêt. Mais le Chau
avait d'autres « envoyés royaux » à expédier, ainsi qu'un Allemand, négociant de Phnom Pénh, M. K. qui était venu vendre
de l'opium au prix de 55 ticaux la boule : An attendit donc.

A son arrivée à Sourèn il avait porté au Chau les cadeaux
que je lui envoyais ainsi qu'à sa femme, avec une lettre en
cambodgien par laquelle je le remerciais de la bienveillance
qu'il avait en tout temps témoignée à mon personnel. Mais ce
gouverneur, rendu méfiant par l'affaire des Keling ou Indiens,
n'osait pas accepter les cadeaux parce que ma lettre n'en parlait
pas, An insistant, en ajoutant ses remerciements verbaux aux
miens, le Chau fit porter lettre et présents chez son frère cadet
le Balat en l'invitant à donner son opinion sur cette affaire.
Heureusement celui-ci fut d'avis qu'on pouvait accepter la
parole de An, une ancienne connaissance valant un écrit, dans
le cas présent. Le Phya reçut donc ces cadeaux, mais il prit la
précaution d'en faire dresser une liste détaillée par le Luong
Tiem.

Le lundi 17 mars, le Phya Sourèn fit partir en foule ses
Kromokar qui devaient se rendre à l'inauguration du nouveau

Mœuong de Chomphon bauri dans le nord de la province. Ils sortirent le soir au crépuscule, heure que les traités désignaient comme propice au voyage et ils s'arrètèrent pour la nuit au dehors du Mœuong. De là, ils pouvaient bien rentrer au village, faire visite, par exemple à leur chef ; les femmes apportèrent aux charrettes le repas du soir, et au besoin, les voyageurs envoyaient femmes ou domestiques reprendre ce qu'ils avaient pu oublier chez eux, mais ils devaient s'abstenir de retourner en personne dans leurs maisons, afin de respecter la fiction du départ qui les mettait en règle avec les indications des traités sur les jours et heures fastes ou néfastes.

Le vendredi 21 mars, tout ayant été préparé la veille, les voyageurs quittèrent le Mœuong Sourèn à quatre heures du soir avec cinq charrettes à buffles. An devait refaire la route déjà faite en décembre précédent, de Sourèn jusqu'au dessous des Dangrêk, mais en prenant, cette fois-ci, des notes plus détaillées. Traversant les rizières de Sourèn il rencontra des gens qui transportaient des bois. On lui dit que c'étaient les clients d'un ancien mandarin, le Preah Phiroum Khang, qui perçoit et fait porter directement à Bangkok leur impôt de capitation sans passer par l'intermédiaire du Chau Mœuong. Au-delà, dans les bois, il laissa à gauche une mare, Trepeang Daun Ngouk, qui mesure 120 mètres sur 80 environ ; plus loin, une autre mare à droite, toute ronde, c'est Trepeang Khlong, ainsi appelée parce qu'elle est entourée d'arbres khlong. Avant six heures, les voyageurs passèrent le Sting Snèng sur le pont de bois, long de 40 mètres, large de 4, muni de parapets et vers six heures et demie ils arrivèrent au Srok Chhuck, où ils passèrent la nuit. Les gens de ce village font le commerce du poisson salé qu'ils vont acheter du côté de Siem Réap, du grand Lac.

Le samedi 22 mars, après avoir visité des tours, à 200 mètres à l'est du Srok Chhùk, qu'on ne leur avait pas indiqué au précé-

dent voyage, mes trois Cambodgiens se séparèrent : Ouk devait
continuer la route au sud avec les bagages, tandis que An
prenant Ros avec lui, obliqua à l'ouest sur Phnom Soai Na Hèo
où de nouveaux renseignements annonçaient une inscription.
Quittant le Srok Chhûk vers dix heures du matin, An traversa
des forêts clairières sur sol sablonneux, rencontrant un nommé
Phong, l'un des principaux chefs de brigands de Sourèn, qui la
veille avait dit aux gens de Chhûk, en parlant de mes hommes :
« Ne pourrions-nous pas mettre la main sur ces Kha Luong là ? »
Bien entendu ce personnage passe pour être invulnérable. Sa
rencontre dans les bois fut cependant inoffensive. Laissant
ensuite une grande mare à gauche dans un bas-fond, les voyageurs atteignirent vers midi le Srok Na Sœuok, déjà visité au
voyage précédent. Ses habitants, ai-je dit, plantent beaucoup
de tabac.

Quittant Na Sœuok à deux heures, An se dirigea droit sur la
montagne. Le sol est sablonneux, couvert d'arbres phchek. Puis
des pierres jonchent le sol. Il passa près d'un puits appelé
Audaung Chup dont l'eau saumâtre donne certaines maladies,
disent les gens du pays. Vers trois heures, il arriva à la montagne ; à la gorge du côté du nord il trouva les pierres sculptées de
la porte d'une tour démolie, mais pas d'inscription ; les renseignements étaient erronnés ; ce qui arriva maintes fois pendant
nos voyages. Quittant la montagne il se dirigea, à travers les
forêts clairières au sol couvert de graviers et de cailloux, droit
sur Ansong Skom où il avait envoyé, de Na Sœuok, son compagnon Ros avec la charrette. Il le rejoignit à quatre heures et
demie. Avant six heures, les deux voyageurs quittèrent ce village ;
ils laissèrent à droite la mare appelée Trepeang Kouk Daung et
ils ne s'arrêtèrent qu'une demi heure au Srok Ponléi. An, inquiété
par les rencontres suspectes, avait de vives préoccupations au
sujet des bagages que Ouk était seul à garder ; il pressa le départ

de Ponléi qui eut lieu à sept heures du soir et après avoir
traversé des forêts souvent épaisses, il rejoignit Ouk à neuf
heures et demie au Srok Kanghên où celui-ci était venu directement du Srok Chhûk.

Les gens de Kanghên, ou Kanghêng, village de 40 cases
environ, ont de belles rizières. Ils élèvent des vers à soie et leurs
femmes tissent des langoutis ; ils fabriquent des charrettes qu'ils
vendent au prix de 16 ticaux environ et ils vont acheter le poisson sec de Siem Réap et d'Angkor baurei dans le bassin du
Grand Lac. Au village un mariage venait d'être ajourné. Il avait
été fixé au 13 Kœt de Phalkun (9 mars). Poulets et porcs étaient
déjà massacrés lorsque survint une pluie quelques jours avant
la noce. Cette pluie anormale en cette saison fit cesser tous les
préparatifs et les parents se concertèrent pour refaire ultérieurement la demande en mariage et tout recommencer. Selon les
vieilles traditions les époux seraient malheureux en ménage si
on s'obstinait à les unir malgré la pluie. La même superstition
existe dans le royaume du Cambodge proprement dit.

Le dimanche 23 mars, quittant vers six heures et demie le
Srok Kanghên ou Kanghêng, les voyageurs traversèrent d'abord
des forêts de trach, dont les gens du pays prennent les feuilles
pour étendre dessus le tabac à sécher ce qui lui donne plus de
force, disent-ils. Il y a aussi, dans ces forêts des arbres rongieng,
dont les fleurs sont mangées cuites ou crues par les indigènes.
Le sol est de sable rouge et blanc. Laissant à gauche le Srok
Koki, les voyageurs continuèrent à travers les forêts clairières
de trach, thbêng et téal. Vers huit heures et demie ils s'arrêtèrent pour déjeuner au bord du Aur Ta Vo ou Ta Vâr, ruisselet
qui a de l'eau toute l'année. Là, à la station dite Damnak Snaï,
ils rencontrèrent 35 charrettes appartenant aux gens du Srok
Thmâr et des villages voisins, à l'est de Kanghêng, qui allaient
au *pays d'en bas* avec femmes et enfants, acheter du poisson,

sous la conduite d'un chef choisi, le Néai Roï Luong Oudâm Phou
Ka. En partant ils avaient demandé un passeport au Phya de
Sourèn, moyennant un droit de 6 sling. Sans cette pièce on les
aurait arrêté aux *Dan*, « postes de police frontières » et on les
aurait ramené au chef-lieu. Pour se garer contre les périls du
passage Chup Smach ils avaient quelques fusils et beaucoup
d'amulettes.

An rencontra aussi là un Chinois de Krelanh, chef-lieu de
district de Siem Réap. C'était un fonctionnaire ayant le titre de
Luong Khousa qui revenait du Laos avec 12 hommes, 5 fusils,
6 charrettes et 50 buffles. Devant aussi descendre les Dangrêk, il
vint demander à An de voyager ensemble parce qu'il avait grande
peur des brigands. An accepta, mais le Chinois ayant des buffles
qui ne pouvaient voyager pendant la forte chaleur de la journée,
mes hommes le laissèrent bientôt en route.

Ils quittèrent cette station vers dix heures et demie. Elle est
près de l'emplacement d'un village abandonné. Ils s'engagèrent
dans les forêts clairières de Khlong et de Thbèng sur sable
blanc. A cette époque de l'année ces arbres sont généralement
dépouillés de toutes leurs feuilles. Ils traversèrent le Aur Rom-
dêng, petit ruisseau, près duquel on avait élevé un pavillon pour
l'éléphant blanc de Bassak, puis le Aur Kaun Sat, autre ruisselet, à sec celui-ci. Puis les forêts clairières font place aux bois
bas et fourrés. Les voyageurs passèrent près de Trepeang Ta
Kom, mare ronde, entourée de Thbèng clair-semés et vers une
heure et demie, ils s'arrêtèrent à la mare qu'on appelle Trepeang
Khlong (ou Phiong), qui est grande et entourée de bois. On y
avait élevé un pavillon de cinq petits bâtiments pour le passage
de l'éléphant blanc. Ils rencontrèrent là des Birmans et des
Laociens conduisant une caravane de 800 buffles depuis Bang
Mouk sur le grand fleuve jusqu'à Paschim et au delà. Tous
les hommes, armés de sabres ou de fusils, se gardent soigneu-

sement, le doigt sur la détente dès que des étrangers approchent. Mes hommes quittèrent Trepeang Khlong vers trois heures, suivant la piste sous les clairières ; le feu avait partout brûlé les herbes qui ne repoussaient pas encore. Les bois sont en lignes parallèles dessinant naturellement de longues avenues. Vers quatre heures, les voyageurs s'arrêtèrent au Srok Thnâl Ampil, village de 40 cases environ où ils restèrent pendant la journée du lendemain.

Les habitants de Thnâl Ampil disent qu'ils sont des Khmêrs Chong « des Cambodgiens de la fin » ainsi appelés par opposition aux *Khmêrs dœm* « Cambodgiens de l'origine ». Ces Khmêrs Chong tiennent un peu des Kouïs. Ils cultivent quelques maigres rizières, récoltent pas mal de bananes, plantent du coton et de la canne à sucre, font des torches et vont ramasser sur les monts Dangrêk, le cœur de l'arbre *khlé* ou l'écorce de l'arbre *prahut* pour teinture. Leur village est entouré d'une palissade. Selon leur expression ils « sont toujours sur le qui-vive comme des bêtes sauvages », couchant sous les bananiers près de la palissade du village afin de repousser toute attaque nocturne ; le jour tenant le fusil à la main pour aller aux champs, aux bois ; alors en cas d'alarme, un appareil retentissant comme un tamtam appelle les travailleurs au secours du village ; ils accourent et barrent les routes qui sont au nombre de deux seulement. La nuit on enfonce en terre des lancettes aux approches du village et on les retire au matin pour que les habitants ne s'y blessent pas.

Le mardi 25 mars, les voyageurs quittèrent le Srok Thnâl Ampil à six heures du matin, traversant d'abord un ruisselet, le Aur Yang Tauch, qui coule de gauche à droite comme les précédents cours d'eau, puis des défrichements faits en forêt où restent encore debout de grands arbres isolés, blessés à mort par l'incendie, puis des plaines de trêng « roseaux » que le feu a brûlé et qui commencent à repousser. A sept heures ils font halte au village de Bak Dai qui compte une quinzaine de cases, en deux groupes séparés par des rizières. Un petit ruisselet passe à ce village où An était déjà venu à sa précédente tournée. Les habitants plantent du tabac sur l'emplacement des anciens parcs à bestiaux dont l'engrais accumulé lui donne plus de force. Ils troquent ce tabac contre les marchandises des voyageurs. Ce hameau est considéré comme étant la porte de la province de Sourèn. Un poste surveille les voyageurs qui montent ou descendent le passage de Chup Smach, examine leurs papiers et conduit les suspects au Mœuong.

Repartant du village de Bak Dai à sept heures et demie, les voyageurs continuant à suivre la piste de charrettes que An avait déjà parcourue en décembre, s'engagèrent dans les grands bois où domine le téal, sur sol de sable rouge, puis dans des forêts clairières de thbêng et de klong et au bout d'une heure de marche ils atteignirent une sorte de caravansérail, au lieu appelé Damnak Chup Smach. Le *Dan* « poste de police » se compose de deux misérables pavillons en chaume et rondins entourés d'une palissade. Ayant déjeûné là, ils en repartirent à midi s'engageant dès lors dans la forêt épaisse qui couronne en toute cette région la crête des Dangrêk. La route, en sol sablonneux rouge, est profondément encaissée par places et les racines des arbres rendent la marche pénible aux charrettes. On atteint ensuite des graviers et des blocs de baï kriem et après quarante-cinq minutes de marche lente depuis le Dan, en pays plat qui ne décèle pas la faille immense que l'on va rencontrer, on atteint l'arête du plateau, le bord de la descente, le *Ruot lœû* « le gradin supérieur » : le passage de Chup Smach étant divisé, nous le verrons, en plusieurs terrasses et gradins appelés *Ruot*.

Après une halte de quelques minutes les voyageurs commencent la descente, mais la route tourne à l'est, le long de la crête et sur le flanc de la montagne. A travers les arbres on a sur sa droite des échappées au loin sur la plaine, sur les monts de Tœuk Chou, Angkor baurei et Sisaphon. Les pierres de baï kriem se mêlent sur la route aux roches de grès rouge semblable à celui qui a servi à construire les monuments de Prasat Ta Mean un peu plus à l'ouest et de Preah Vihéar, au loin dans l'est. Ces deux monuments ont certainement été construits avec des pierres extraites dans leur voisinage. Puis la descente s'accuse. En quelques endroits les gens du pays ont enlevé des pierres pour faciliter le passage de l'éléphant blanc. Près de la route est la fosse vide et béante du chinois Préh qui remontait l'année précédente et qui fut tué d'un coup de feu sur sa charrette. Les voleurs enlevèrent tous ses biens et laissèrent les bœufs. Les gens de Bak Dai l'enterrèrent là et plus tard sa veuve vint de Sourèn pour l'exhumer. Plus loin, sur cette terrasse, la première au-dessous du plateau supérieur, qui va en pente assez douce, on aperçoit à 80 mètres à droite de la route, une mare qui a de l'eau toute l'année et qu'on appelle Trepeang Chhuk Hàng. De là un sentier de piétons peut conduire directement au plateau supérieur par la traverse. Un peu plus loin, on atteint le deuxième gradin, le Ruot Treang (nom d'arbre) où se trouve un puits qui n'assèche pas. De ce Ruot Treang un sentier de traverse à l'est de la route conduit directement au bas de la montagne. Ce sentier et celui de Trepeang Chhùk Hàng, qui en est pour ainsi dire le prolongement, permettent aux piétons d'abréger beaucoup le trajet. L'ancienne piste des charrettes, aujourd'hui à peu près abandonnée, appuyait davantage dans l'Est, passant au gradin appelé Ruot Srei Srenoh « le gradin des regrets de la fille » qui est vers l'est le prolongement du Ruot Treang. De ce point la vue est très dégagée au loin sur la plaine inférieure où surgissent tous les pics, monts et mamelons disséminés dans les provinces de Sisaphon, Battambang, Phnom Srok, Chongkal et Siem Rèap.

Le nom de Srei Srenoh est expliqué par la légende d'une jeune fille enlevée par son amant et un ami. Le trio s'arrêta en ce lieu, l'amant chanta, l'ami joua de la flûte, et la belle, regardant le paysage à perte de vue qui reportait sa pensée vers ses parents, au loin, là-bàs, s'attendrit, versa des larmes et refusa d'aller plus loin. L'amant furieux la tua sur place. Aujourd'hui les Cambodgiens du pays d'en bas qui vont au Laos se retournent avec émotion quand ils arrivent en cet endroit. La légende aidant, ils songent à leur maison, à leur famille, si bien que, sans être enlevés par personne, un peu de musique attendrissante les ferait facilement pleurer.

Au-dessous du Ruot Treang ou Ruot Srei Srenoh, la route, après avoir suivi une terrasse pendant un trajet de vingt minutes, atteint le troisième gradin appelé Ruot Soaï (du manguier). Dix minutes après on descend le Ruot Dei (de terre). Enfin, on traverse un ruisselet appelé Aur Koki et on atteint la cinquième et dernière descente, le Ruot Anchûn « gradin du portage, du transport », ainsi appelé parce qu'il exige le déchargement des bagages et le passage des charrettes à vide. C'est le seul gradin d'ailleurs qui nécessite cette opération. Au-dessous est la plaine inférieure.

Ainsi donc ce passage de Chup Smach compte cinq étages séparés par quatre terrasses intermédiaires dont la largeur varie de 400 à 1000 mètres environ. Du haut en bas, ces degrés sont : 1° le Ruot lœu, 2° le Ruot Treang ou Srei Srenoh, 3° le Ruot Soai, 4° le Ruot Dei, qui est séparé par la plus large terrasse du 5° le Ruot Anchun. Le Ruot lœu a la plus grande dimension en hauteur, de cinquante à soixante mètres ; les autres ont à peu près une vingtaine de mètres chacun. Le plus escarpé est le Ruot Anchun. La descente est longue : la route se détournant souvent pour longer les terrasses, le flanc de la montagne, mais elle n'est pénible, en somme, qu'au Ruot Anchûn ;

partout ailleurs les hommes se contentent d'aider à retenir ou à pousser les charrettes. Il faudrait peu de travaux pour faire au Phlau Chup Smach une voie carrossable d'accès facile aux voitures. Tel quel, ce passage, que les Siamois, appellent Chhang Smet, par traduction et corruption du nom cambodgien, est infiniment plus commode que tous les autres passages à travers la chaîne des Dangrêk.

Les gens de Bak Dai, le village au-dessus du passage ou ceux de Trepeang Khpos, le premier village de la plaine inférieure, louent leurs charrettes au prix d'un tical pour transporter les marchandises d'un village à l'autre.

An et ses compagnons ne purent, ce jour-là, descendre jusqu'au bas de la montagne. Ils dûrent s'arrêter vers six heures du soir au Aur Koki, ruisselet au-dessus du Ruot Anchûn, le gradin inférieur. La nuit les surprenait en pays désert, dans les bois, An n'était pas sans inquiétude : les bagages qu'il était chargé de transporter à Bangkok pouvant tenter les brigands dont le passage est infesté.

Le mercredi 26 mars, reprenant leur route à sept heures moins un quart, les voyageurs descendirent à travers les roches du Ruot Anchûn, sans décharger, mais en passant voiture par voiture et tout le monde aidant à retenir à la descente. Ils atteignirent la plaine inférieure en pente douce, entrant ainsi dans le territoire de Chongkal. Ils traversèrent deux fois un ruisselet que la route longe quelque temps et continuèrent dans la forêt haute et épaisse de phchek, phdick, sokkrâm sur sol de sable jaune et plus loin d'argile jaune. La route, ravinée sans doute par les eaux, est encaissée à plus d'une hauteur d'homme. Enfin, ils débouchèrent dans les forêts clairières, ou plutôt dans les petits bois semés par bouquets où la route devient unie sur sol de sable assez ferme et ils atteignirent un embranchement de route, à droite, qui va, dit-on, au Srok Kabal Khla, à un jour de marche. Vers huit heures, ils s'arrêtèrent pour déjeuner à la Damnak ou station de Trepeang Véai, mare à gauche de la route. Les charretiers chassèrent et mangèrent quelques uns de ces lézards des sables que les Asiatiques prennent au trou en creusant le sol. Repartant à dix heures et continuant à suivre la piste dans la plaine sablonneuse aux arbres clair semés et un peu rabougris : angkrong, phchek, sokkrâm, les voyageurs laissèrent bientôt sur leur droite à 120 mètres de la route la mare de Damnak Chambâk qui est une simple station et, vers une heure de l'après-midi, ils atteignirent le Srok Trepeang Khpos, district de′ Chongkal, où un poste de police perçoit un demi-sling par charrette qui monte ou descend le passage de Chup Smach.

Le lendemain ils continuèrent sur Kouk Mon, village du district de Soai Chék, province de Battambang. An repassa donc ce jour-là par la route déjà parcourue en décembre. Puis de Kouk Mon ils continuèrent au sud-ouest à Thmâ Puok, village plus important du même district, à Soai Chék, le chef-lieu, et à Sisaphon, la province suivante, pour se diriger ensuite à l'ouest sur Bangkok. Cet itinéraire, à partir de Trepeang Khpos sera relaté ailleurs.

Bien souvent j'ai dû, dans cette étude mentionner cette longue ligne des Phnom Dangrêk « monts du fléau » ou Phnom Vêng « montagnes longues » à laquelle la différence de niveau des deux bassins qu'elle sépare donne une forme toute spéciale. Avant de quitter définitivement ces pays, il ne sera donc pas inutile de tracer un coup d'œil d'ensemble de cette chaîne et de ses passages que les divers voyages de ma mission firent explorer en grande partie, surtout par mon Cambodgien An.

La chaine de montagnes, qui court à peu près selon le méridien, du nord au sud, séparant le bassin du Nam Khong laocien des divers Ménam siamois, forme, d'après ce que j'en ai vu à la traversée du Dong Phya Yên, une série de lignes de montagnes et de vallées parallèles à la direction générale de la chaîne qui s'ouvre de distance en distance pour laisser couler les torrents de ces vallées soit à l'est au Nam Khong, soit à l'ouest au Ménam. Ces montagnes portent divers noms entr'autres celui de Khao Niaï, « les montagnes grandes », dans leur partie méridionale, à l'ouest de la province de Korat.

Au point où le Moun prend sa source, entre Korat et Paschim, ces montagnes changent brusquement de direction, cessant de courir du nord au sud pour aller dorénavant de l'ouest à l'est. Là les Siamois les appellent encore Khao Niaï, et les Cambodgiens leur donnent le nom équivalent de Phnom Vêng, mais plus généralement les Cambodgiens disent Phnom Dangrêk « les monts du levier, du fléau ». Ce ne sont plus des lignes de montagnes enfermant des vallées parallèles. C'est une arête simple, unique, entre deux plateaux dont le niveau est très différent. En maints endroits, vers le centre de la chaine, au sud de Sourên, de Sangkeah, de Koukhan, il n'y a même pas apparence de montagne sur le plateau supérieur ; on arrive par une montée très douce à l'arête des Dangrêk qui ne sont autre chose qu'un mur de grès, abrupt, souvent à pic, supportant la terrasse du bassin du Moun qui est à 200 mètres au dessus de la plaine du grand lac cambodgien. Ceci ne se présente que vers le centre de la ligne des Dangrêk, ai-je dit : en effet, malgré la différence de niveau des deux bassins, les monts ont trop de relief dans l'ouest vers les sources du Moun, pour y offrir ce caractère ; à l'est, vers le confluent de cette rivière, les deux bassins du Moun et du grand fleuve tendent naturellement à avoir des altitudes peu différentes et la ligne de séparation se transforme en montagnes et en collines de forme ordinaire.

Les passages connus des Dangrêk sont les suivants, en allant de l'Ouest à l'Est :

17

1° Le Phlau Dangkor (un nom d'arbre) — les Siamois en ont
fait, par traduction et corruption, le Chhang Takor, — où l'on
descend en partant du Ban Phkêâm, district de Nang Rong,
province de Korat. Au village de Phkêâm, situé à quatre journées de marche au sud-est de Korat, se réunissent trois routes :
l'une vient de Sourèn au nord-est ; l'autre, par Nang Rong, de
Korat au nord-ouest ; la troisième, à l'ouest vient aussi de
Korat par le Mœuong Phakonchhaie et le Ban Chhê, en suivant
une direction nord-sud, puis ouest-est, qui la rapproche du
pied des montagnes et de la source du Moun. Du Ban
Phkêâm la routé unique, praticable aux charrettes, se dirige
au sud et un peu à l'ouest. Après une grande journée de
marche à travers les forêts désertes elle atteint une mare
appelée Trepeang Smach, sur le bord du plateau, à l'entrée
du Chhang Takor. La route descend ensuite une première
marche appelée, en Cambodgien, Ruot (ou thnak) lœû « le
gradin supérieur ». Plus loin, une autre marche, le Ruot Kôl
Trûng, exige le déchargement des charrettes. Au-dessous,
la route continue vers le sud, suivant en pente assez douce
le flanc de la montagne dont la direction est ici, momentanément, nord-sud ; et la route qui n'a peut-être jamais été
améliorée par la main des hommes, est fortement inclinée à
droite, selon la pente de la montagne. Après avoir dépassé une
station appelée Danmak Maï Dêng, la montagne et la route se
détournent de plus en plus vers l'Est. On atteint enfin le plateau
inférieur à Srah Tangkor, mare où est dressé un poteau qui
indique la limite des provinces de Korat et de Sisaphon. La
route descend ensuite une petite vallée en amphithéâtre entre
les Dangrêk et un contrefort allant au sud est qui est appelé
Khao Khnà ou Khao Vong « monts en cercle » ; elle traverse le
Sting Ston, au thalweg de cette vallée, qui porte ses eaux à la
rivière de Sisaphon ; et au-delà, la route laisse un peu sur sa

gauche le village de Rolom Tim dont les habitants sont inscrits à Korat quoiqu'ils-habitent le territoire de Sisaphon. Entre Phkèâm et Rolom Tim le pays est complètement désert et de nombreux pirates infestent la région. L'eau ne manque pas au passage Tangkor qui est plus pénible que celui de Chup Smach. Le pas le plus difficile est au Ruot Kol Trûng et à l'étage supérieur. La route, sur le flanc de la montagne, est trop inclinée ; elle fatigue les voitures ; de plus les nombreuses fondrières la rendent très dure, ainsi que les racines d'arbres qui l'obstruent. Néanmoins, le passage, très praticable aux charrettes, est assez fréquenté pendant la saison sèche ; la descente est relativement courte et les voituriers, s'aidant à deux ou trois à tour de rôle, peuvent amener en un jour toutes leurs voitures d'un plateau à l'autre.

2° Le Phlau Srah Chêng, à un jour de distance à l'est du Phlau Tangkor, n'est qu'un passage de piétons qui, de même que le précédent, conduit de Ban Phkeam, au nord, vers Srok Rolom Tim, au sud. La montagne n'a guère ici que 150 mètres d'élévation : le plateau inférieur étant lui-même assez élevé.

3° A deux journées de marche à l'est du Phlau Srah Chêng, un autre sentier de piétons, le Phlau Chomtup Pèch, que mes hommes remontèrent en décembre, fait communiquer les districts de Phakonchhaie, province de Korat, et de Soaï Chèk, province de Battambang.

C'est à l'est de ce dernier passage ou, plus exactement, à l'est du pic Chomtup Pèch, que les Dangrêk n'offrent plus l'apparence de monts quand on les aborde par le nord : la terrasse supérieure s'élevant par une montée très douce, ai-je dit, jusqu'au mur de grès qui tombe à peu près à pic sur la vallée du Grand Lac. Et c'est surtout dans cette région que s'étend la sombre et haute forêt dont j'ai parlé précédemment, où pendant des heures entières le voyageur marche dans une ombre lugubre

qui pèse sur son esprit comme un cauchemar perpétuel, n'apercevant qu'un fouillis de petits arbustes sur le sol et les gros
troncs d'arbres, gigantesques colonnes qui supportent la voûte
sombre et impénétrable aux rayons du soleil ; il salue l'astre du
jour avec un réel sentiment de délivrance quand il sort enfin de
cette triste obscurité. Cette sorte de forêt, je le répète, est rare
en Indo-Chine où dominent partout les forêts clairières à essences résineuses et où le soleil pénètre à travers la plupart des
forêts épaisses.

4° Le Phlau Ta Mêân, à environ trois lieues, à vol d'oiseau, à
l'ouest du grand-passage Chup Smach et à l'est de Chomtup
Pèch, conduit de Sourèn à Soaï Chèk, en traversant la forêt
sombre. Ce sentier de piétons est fréquenté par les voleurs qui
y font passer les bestiaux volés.

4° Je viens de donner suffisamment de détails sur le Phlau
Chup Smach « passage de la source de l'arbre Smach » que les
Laociens et les Siamois appellent Chhang Smet. C'est le grand
passage des voitures et des caravanes de bestiaux descendant
des Mœuongs laociens orientaux au plateau du Grand Lac et à
Bangkok. Les Mœuongs laociens de l'est et du nord est envoient
leur impôt par cette route.

6° Le Phlau Tuk Chol « passage de l'eau jetée » est un sentier
de piétons à une journée à l'est du Phlau Chup Smach.

7° Le Phlau Daun Kêo, droit au sud du Mœuong Souraphim,
qui relève de Sourèn, conduit de ce Mœuong au village de Samrong, dans le district de Chongkal. A la rigueur on peut y faire
passer des charrettes en les transportant aux endroits difficiles.
C'est probablement le passage par où descendit Francis Garnier
en allant d'Oubon à Phnom Pènh.

8° Le Phlau Châm, au sud un peu ouest du Mœuong Sangkeab dont il est à la distance d'une forte journée de marche,
permet de descendre de ce Mœuong soit à gauche, au sud est,

à Entrokon, district de-Siem Réap, soit à droite, au Srok Samrong et à Chongkal. On le dit praticable aux charrettes.

Entre ces passages et les suivants, la ligne des Dangrêk doit détacher au sud, en pays sauvage, désert, mal connu, un contrefort qui sépare vers leurs sources les bassins du Sting Srêng et du Sting Sên, les deux principaux affluents du nord du Grand Lac. Ce contrefort doit se relever sans doute à son extrémité méridionale pour former le massif du Koulên, au nord d'Angkor. En tous cas, la chaine des Dangrêk cesse d'être de niveau avec le plateau supérieur ; elle se relève un peu au sud est de Sangkeah et au sud de Koukhan, où deux sentiers de piétons, 9° le Phlau Prêah Balaï, et 10° le Phlau Daun Aûr, permettent de la traverser. Le dernier conduit de Koukhan à Prasat Dâp, chef-lieu d'un petit district de la province cambodgienne de Kompong Soaï.

Puis, en continuant un peu à l'est sur la chaîne des Dangrêk, on atteint un beau pic, au sommet duquel a été construit un monument khmêr, appelé Preah Vihéar, observatoire qui se dresse à la hauteur de cent mètres au moins sur le plateau de Koukhan et de près de trois cents mètres sur les plaines à perte de vue du bassin du Sting Sên.

11° Le Phlau Preah Chréi, à l'est du pic de Preah Vihéar, au nord-est de Prasat Dâp, est, dit-on, praticable aux charrettes, mais il est probable qu'il faut les décharger. Il conduit du Phum Beng Melou, dans la province de Koukhan, où est un poste de surveillance, à Prasat Dâp et de là à Promotép, deux districts de Kompong Soaï.

12° Le Phlau Dam Phkar est un autre sentier de piétons, à l'est du précédent,

13° Le Phlau Dan Ta Pouï, sur lequel j'ai donné précédemment des détails. On peut, de même qu'au Phlau Châm, au sud de Sangkeah, faire passer des charrettes au Dan Ta Pouï, mais

avec peine et difficultés. Il faut gravir trois gradins assez éloignés les uns des autres et la route y fait beaucoup de lacets.
De même qu'aux autres passages, le gradin supérieur du Phlau
Dan Ta Pouï est appelé Ruot lœu, ou Thnak lœu ; le gradin
moyen porte le nom de Ruot Phteah Dan « de la maison du
poste » ; l'inférieur est le Ruot Sokkrâm (nom d'arbre). Le
gradin le plus pénible à franchir est celui du milieu. On y fait
généralement passer les voitures à vide, en portant directement le chargement par un sentier beaucoup plus court qui
monte à l'ouest, à la distance d'une portée de voix. De même
que le Chup Smach, le col du Dan Ta Pouï indique une différence de niveau de deux cents mètres environ entre les deux
plateaux.

14° Le Phlau Ansê est un sentier de piétons à deux ou trois
lieues à l'est du Phlau Dan Ta Pouï.

La chaine des Dangrêk qui, depuis la source du Moun, a
suivi assez régulièrement la direction ouest-est, fait au Phlau
Ansê un coude brusque, à angle droit, et se dirige du nord au
sud sur une longueur de trois à quatre lieues, mais seulement
pour former une corne, un croc aigu, cette chaine reprenant là sa
direction dernière vers le nord est, jusqu'au confluent du Moun.

Au nord est de ce crochet deux sentiers de piétons conduisent
de la province de Melou Préi à celle de Khoukhan. Ce sont :
15° le Phlau Châmbâk qui part du Phùm Srenang, village de
Melou-Préi ; enfin à deux ou trois lieues au nord est, 16° le Phlau
Pong Dêng, qui part du Phum Krevan, autre village de Melou
Préi.

La chaine continue au nord est, séparant les provinces de
Tonlè Ropou et de Bassak d'un côté, des Mœuong Koukhan,
Dêt et Oubon de l'autre ; elle entre en pays laocien et elle change
donc de nom ; devenant les Phou Dên Mœuong « les monts
frontières du pays ». J'ai dit que, par suite de la différence de

plus en plus faible d'altitude des deux bassins qu'elle sépare, elle changeait aussi de forme, prenant progressivement l'aspect de collines ordinaires. Je n'ai pas de renseignements sur les passages qui peuvent exister dans cette région entre Tonlè Ropou ou Bassak et le bassin du Moun, sauf sur celui de Song Nang, à l'ouest de Bassak, que l'on dit praticable aux charrettes. Les défilés existent probablement en nombre, mais le pays est presque désert.

Dans le nord de Bassak, la dernière route qui traverse les Phou Dèn Mœuong est celle que j'ai prise, en allant de Sak Mœùong à Phimoun. C'est une route assez commode dont la nature a fait tous les frais. Les Phou Dèn Mœuong ne sont plus ici qu'une succession de petites collines. Un soulèvement plus important au bord du grand fleuve, au sud du confluent du Moun, ainsi que de larges plateaux de grès terminent au nord les Phou Dèn Mœuong. Cette longue chaîne de montagnes, sous ses deux noms, Phnom Dangrèk et Phou Dèn Mœuong, limite ainsi la partie méridionale du bassin du Moun, depuis sa source jusqu'à son confluent. Il serait même plus exact de dire qu'elle se prolonge au delà de Pak Moun par les plateaux et monticules de grès de la rive droite du grand fleuve jusqu'à Khêmarat : le Moun s'étant frayé un passage en taillant une brèche dans ces plateaux depuis Phimoun jusqu'à Pak Moun.

CHAPITRE XI

DE PHAKONCHHAIE A KORAT

Le Mœuong Phakonchhaie pour Phak tong chhaï, du Khmer Peak tong chéi « planter le drapeau » prend ce nom dans les lettres et pièces officielles. Vulgairement c'est le Mœuong Teloung, du nom de la plaine découverte qui s'étend à l'ouest du village. Il y aurait à deux lieues à l'ouest, un emplacement antique avec vestiges de fossés, de remparts. En tous cas, le Mœuong doit occuper depuis très longtemps l'emplacement actuel où il disperse ses cases en terrain plat, sur sol sablonneux blanc et rouge, sous les bambous, cocotiers, aréquiers, jacquiers, tenot, téal, qui lui donnent un aspect très boisé. Il est entouré de plaines découvertes, au nord, au sud et à l'ouest. Les gens, n'ayant aucun cours d'eau à proximité, boivent l'eau des puits et des bassins qui est plutôt rare et trouble en avril et mai. On y compte sept pagodes, dont l'une la Vat Lobœk « pagode du bassin » tire son nom d'un bassin de 100 mètres sur 80 qui assèche rarement. De mémoire d'homme, si l'évènement arrive il pronostique une famine à dépeupler le pays, ou, tout au moins, des maladies ou épidémies. Le Mœuong, divisé en plusieurs villages, renferme 200 cases et autant d'inscrits en y comprenant une quarantaine qui relèvent de Sourèn ou d'ailleurs. Dans le district les inscrits sont au nombre de 600 à 700. De Phakonchhaie on va au Mœuong Sourèn en trois jours de charrette, en traversant le Sting Preah chi et le Sting Snêng. Le Mœuong Bouriram, au nord, un peu ouest, est atteint en trois jours de charrette en traversant le Sting Plaï Mat. On va de Phakonchhaie au Moun en marchant quatre jours.

Les habitants de Phakonchhaie sont des Khmèrs mêlés de quelques Siamois et Chinois. Les femmes portent le langouti retroussé à la Siamoise. Les fardeaux ne sont pas portés en balance sur l'épaule ainsi que le font les Laociennes, mais sur la tête comme les femmes *d'en bas,* c'est-à-dire du Cambodge. Les jeunes gens apprennent à lire le siamois, soit à la pagode, soit à la case. Ces Khmèrs usent de quelques expressions particulières dans leur langage cambodgien, telles que *kliek* au lieu de *khpœum*, dégoût ; *iel* pour *khmas,* honte ; *sngœum* pour *khchil,* paresseux. Garçons et filles se plaisent à dialoguer en chantant. Les fonctionnaires sont tous de la même famille. Le Chau mourut à Bangkok l'année précédente. Le Luong Balat fait l'intérim ; à son défaut, c'est le Yokebat. Mais on attendait, disait-on, un Siamois de Korat, le Phrah Vichhaïe pour gouverner le Mœuong. La Cour de Bangkok paraissait tendre à s'ingérer davantage dans l'administration intérieure de tous ces districts et à remplacer les mandarins locaux par des fonctionnaires siamois ; idées d'Europe. Les mandarins de Phakonchhaie étaient très quémandeurs ; tous me réclamaient surtout des remèdes, ai-je dit plus haut. Le Phou Chhuoï m'amena une femme et une enfant aveugles toutes les deux, en me demandant leur guérison.

Les gens de ce Mœuong avaient eu cette année une récolte passable. Le Balat avait en grenier 40 charretées de riz ; la charretée, valant 36 paniers de 4 au pikul, valait donc 9 pikuls. Cette charretée est vendue ici trois ou quatre ticaux. Les pays voisins viennent acheter du riz à Phakonchhaie qui produit aussi beaucoup de tabac. On le plante dans les anciens parcs à bœufs ou à buffles dont l'engrais donne un tabac plus beau, plus fort qu'on ne pourrait l'obtenir sur tout autre terrain. Quand le plant de tabac a grandi on le *châtre*, comme disent les indigènes, en coupant le bout de la tige, afin que les feuilles du haut soient aussi volumineuses que celles du bas. On cesse dès lors d'arroser la plante. Le tabac haché est vendu au prix d'un tical les 300 tablettes.

Les habitants de Phakonchhaie font cuire leurs foyers de cuisine en prenant la terre dans les anciens nids de termites. Ils construisent aussi des charrettes à bœufs, vendues 12 ticaux, ou à buffles, vendues 20 ticaux. Ils font aussi le commerce des peaux de buffle valant 6 ticaux le pikul, des peaux de bœuf valant 10 ticaux.

L'esclavage pour dettes fleurit ici comme ailleurs. Les pauvres gens, quand ils ne peuvent plus se libérer de leurs dettes, s'engagent pour un prix qui varie généralement de 80 à 100 ticaux. Selon la vieille coutume, les édits prescrivent que tout papier d'engagement soit visé par les autorités locales, tenues d'interroger le débiteur pour lui demander s'il reconnait formellement la dette et l'engagement. Leur sceau donne le caractère d'authenticité aux chiffres portés sur le contrat. Le Chau perçoit un sleng pour cette formalité qui est indispensable en principe ; autrement l'esclave pourrait contester la validité de son engagement. Le contrat doit indiquer le jour, le mois et le millésime de la petite ère. Pendant mon séjour un homme du Mœuong avait été mis à la chaîne. Endetté et tombé en esclavage, il se montra d'une insolence rare, insultant tout le monde y compris les fonctionnaires, au point qu'on le disait fou. Quand il fut à la chaîne il prétendit qu'il avait toute sa raison et chercha un nouveau maître pour désintéresser l'ancien. Les kromokar, de leur côté, se disaient : « S'il continue à être insolent, trente coups de bâton feront sans doute sortir l'excès de sang qui cause cette folie ! » A Korat, où les esclaves sont plus chers, un homme robuste peut atteindre le prix de 3 catties ou 240 ticaux. Tandis qu'en allant vers l'est, à Sourèn, aux Mœuong laociens, les hommes sont à meilleur marché, on y trouve des esclaves pour 30 ticaux. Mais ils refusent de quitter leur pays.

Quand une jeune fille de Phakonchhaie se plaint des entreprises trop audacieuses d'un garçon, les parents font condamner celui-ci à une amende; il viendra les saluer et leur apporter une tête de porc, cinq coudées de cotonnade blanche et une jatte d'eau pour laver la figure.

Peu de temps avant mon passage, le feu avait pris de jour dans la case d'un homme à l'aise. Il lui en coûta assez cher pour indemniser les propriétaires de sept cases voisines incendiées de ce fait. Tandis qu'il n'aurait dû aucune indemnité si le feu avait pris la nuit.

Les collecteurs ou fermiers d'impôt semblent ne pas avoir une besogne facile à Phakonchhaie. Ainsi deux Chinois de Korat s'étaient associés pour acheter du fermier provincial le monopole des alcools, de l'opium et des *pi* des trois Mœuong de Nang Rong, Bouriram et Phakonchhaie. (Je donnerai plus loin des détails sur les *pi* ou menue monnaie de porcelaine). Ils avaient payé tout cela neuf catties ; et depuis neuf mois leur fermage fonctionnait à Phakonchhaie, lorsque, au commencement de février, ils furent attaqués la nuit par une bande de brigands ;

ceux-ci au nombre de vingt environ, les dévalisèrent, enlevant 90 ticaux et des étoffes, tirant force coups de fusil, enfonçant des pointes aigües en terre pour empêcher toute poursuite. Si bien que les gens du pays ne purent ou ne voulurent pas aller au secours des Chinois qui se retirèrent à Nang Rong complètement dégoûtés. N'attendant même pas la fin de leur année, ils revendirent leur monopole pour 24 ticaux à des Siamois de Korat.

En ce qui concerne les impôts, le chef du district envoie chaque année à Korat une redevance de 600 torches et de 300 rotins. Les habitants de Phakonchhaie sont dispensés de l'impôt de capitation, mais ils doivent le service personnel en cas de guerre, sous peine de payer 24 ticaux d'amende. Ils sont considérés comme étant essentiellement corvéables et ils se plaignent de leur service qui est très pénible : les occasions de corvées ne manquant jamais. L'impôt sur le riz est affermé à Korat à des envoyés qui vont l'exiger dans les districts. Ces collecteurs furent attaqués une fois à Phakonchhaie par des voleurs qui tirèrent à poudre, mais à bout portant, de sorte que les malheureux Kha Louong eurent la figure brûlée et faillirent en mourir. Ils réclamèrent l'arrestation des coupables ; mais où les chercher ?

Les Cambodgiens de Phakonchhaie aiment à élever des perdrix qui leur servent d'appeau pour la chasse aux congénères sauvages. Ces perdrix sont élevées dans des tubes de bambou percés au nœud pour que la tête puisse sortir. On les nourrit de riz, de termites et de sauterelles. Si elles tombent malades on crache dessus pour rompre le lien qui les réunit encore à ces lutins et farfadets des bois qui causent les maladies des bêtes prises par l'homme. L'appeau est placé dans une cage entourée de lacets où viennent se prendre les perdrix sauvages accourant pour chasser l'intrus. Les belles prises sont alors dressées à leur tour. Un beau perdreau doit avoir les pattes blanches, les ergots blancs, la tête bien mouchetée. S'il est noir il est encore

plus réputé, car c'est alors un volatile qui porte bonheur. Les
perdrix considérées comme néfastes sont nombreuses. Parmi
ces perdrix qu'on ne doit pas garder chez soi sous peine de
malheur, d'accident, on distingue les *porteuses de feu* qui ont la
tête rouge ; les *tireuses de sabre* qui avec leur bec tracent des
raies sur la cage ou qui allongent leur cou en se reculant ; celles
qui *s'appuient sur la terre sacrée*, c'est-à-dire dont les ergots
sont inclinés en fourche. Au Cambodge les mêmes préjugés ont
cours.

A Phakonchhaie il faut purifier la case sur le toit de laquelle
se posent soit des tourterelles sauvages, soit des vautours rouges ou des vautours gris : sinon de grands malheurs s'abattraient
sur le propriétaire. Mais si les vautours en s'y posant vomissent
leur nourriture ignoble, c'est au contraire signe de grandes
richesses. Les esclaves et serviteurs se réfugieront dans cette
maison où s'amasseront bientôt argent, bijoux et pierreries.
Lorsque les corbeaux effrayés crient ou gazouillent la nuit, c'est
signe de maladie ou d'épidémie. Si les perroquets ou perruches
sont effrayés la nuit, c'est signe de guerre ; et si les perruches se
dispersent ou s'envolent la nuit, les habitants seront de même
dispersés de leur pays. Il est prudent d'abandonner un voyage
commencé si un serpent traverse la route ou si un arbre s'abat
sur cette route devant le voyageur. De même si un chevreuil se
campe et pousse des cris sur cette route. Pendant mon séjour, un
des Kromokar, le Luong Si Visèt, devant se rendre à Korat, rentra chez lui après une étape, le dimanche 9 mars. Un chevreuil, en
courant, avait traversé la route de droite à gauche, puis de gauche
à droite et s'était tourné vers l'attelage comme pour l'empêcher
de passer. Le mandarin, très impressionné, fit immédiatement
demi-tour, craignant accident ou malheur s'il s'obstinait. Quand
une case se démolit, son propriétaire doit se purifier pour éviter
la ruine ou les malheurs.

Un mariage devait être célébré le dimanche 9 mars, mais il tomba une averse le matin. Le mariage eut été malheureux en s'obstinant à le célébrer ce jour là. Un des époux serait mort à bref délai. Aussi les parents de la fille proposèrent de remettre la cérémonie à un jour suivant : mais le père et la mère du garçon répondirent : Ce mariage se présente mal, s'il n'est pas fait immédiatement mieux vaut le rompre ». On se piqua d'amour-propre et on consomma chacun de son côté avec les parents et amis, toutes les victuailles préparées pour la noce qui fut abandonnée.

Au Srok Tha Bèn, un des villages du district on enfuma un jour un homme possédé par les mauvais esprits causant des crises, des accès subits d'agitation extraordinaire. Selon les prescriptions des *gourous* on éleva à une bifurcation de route, une sorte de cage en rondins. On le coucha là sur un petit tréteau ; une marmite au-dessous, était pleine de tabac et de piment brûlant lentement et l'enfumant en conséquence. Aux angles de la cage on avait placé des *pê,* petites pyramides à 30 gradins en pellicules de bananiers. Il hurlait, se démenait à demi axphyxié criant : « C'est moi, je ne suis qu'un homme, il n'y a pas d'esprits ! » Mais les gourous ne se laissent pas tromper par ces ruses des malins esprits. A leur avis ces cris indiquaient que ceux-ci feraient bientôt place nette.

Le mercredi 12 mars, ainsi que je l'ai dit déjà, je fis d'abord partir An seul avec cinq voitures pour Sourèn, vers quatre heures et demie du matin. Puis à cinq heures et demie, accompagné de Srei, je quittai moi-même Phakonchhaie pour rentrer à Korat, par la route de Phkeam et Phakonchhaie. Le Luong Norin, petit mandarin, me conduisait ce jour-là. Il pleuvait et nos voitures allaient lentement. Nous laissâmes à gauche le Phum Khvao, et nous traversâmes successivement les Ban Boua Phrah, Ta Chhrûk, et Ta Kè. Vers huit heures, la pluie

cessa et nous nous arrêtâmes pour déjeuner au Rahal ou Tonlé
« bassin » du Mœuong Tam, à une dizaine de kilomètres au
sud-ouest du Mœuong Phakonchhaie.

Nous repartons du Mœuong Tam, pays qui est complètement
désert, vers neuf heures et demie. Le temps est couvert ; une
brume légère se maintient dans les bois de petits phchek et
reang. Le sol est une terre noire. Nous passons le lit à sec d'un
petit ruisselet qui vient de Phnom Roung, nous dit-on et va se
perdre dans les plaines du district de Phakonchhaie, ce district
se termine ici à ce ruisseau même. Nous rentrons donc dans le
district de Nang´Rong. Au bout d'une heure de marche nous
traversons Phnom Dei « mont de terre », petite ondulation de
terrain, en blocs de grès et de baï kriem que l'on croirait
presque rangés de main d'homme. Nous continuons notre
route dans les forêts jusqu'à Nong Prœu, village Khmêr de
30 cases. Les habitants cultivent des rizières, fabriquent des
torches et tissent des nattes de *run* (une sorte de jonc) qu'ils
vendent un demi sling la pièce. Ils vendent un sling les trente
torches. La ferme d'alcool du village est achetée à Nang Rong,
le chef-lieu du district, pour le prix de 26 ticaux. A notre
arrivée les bœufs de Nong Prœu sont lâchés. Il nous faut donc
attendre au lendemain matin. Je paie au Luong Norin les voitures de Phakonchhaie et j'achète pour deux francs de venaison
boucanée.

Le jeudi 13 mars, nous quittons le Ban Nong Prœu, dont le
nom est la traduction siamoise du cambodgien Phum Trepeang
Prei « village de la mare des joncs ». Nous suivons la route ou
piste sur sable rouge, tantôt à travers les bois rabougris, tantôt
dans les grandes futaies de Tèal et de Châmbâk. Nous traversons d'anciennes plantations de coton et de courges qui ont été
abandonnées ; puis une forêt haute et épaisse. Nous laissons à
droite Trépeang Phmom Dei mare, de 120 mètres sur 100,

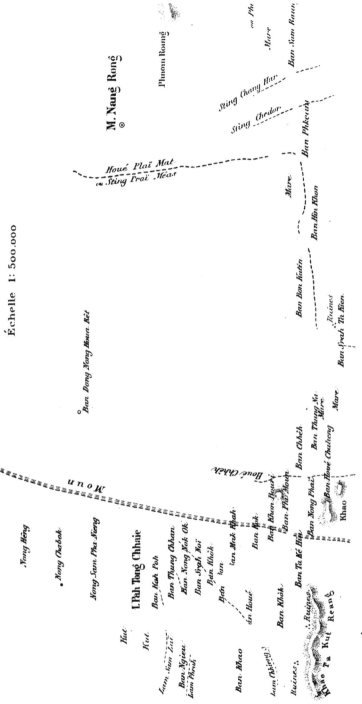

Échelle 1: 5oo.ooo

M. Nang Rong

E. LEROUX, Éditeur.

Imp. Monr

actuellement à sec. Là nous sortons de la forêt de Phnom Dei et nous entrons dans une forêt clairière pour passer encore près d'une autre mare à sec, Trepeang Phtom ; puis près de Trepeang Pring où se trouve encore un peu d'eau bourbeuse que ne peuvent boire ni les hommes ni les bestiaux. Vers huit heures nous nous arrêtons à la pagode du Ban Rahansaï que les cambodgiens appellent Phum Tréai. Au bout d'une demi-heure nous repartons avec de nouvelles charrettes. Moi je poursuis à pied jusqu'au Ban Samraung ou Phum Samrong, à trois kilomètres plus loin, où je déjeûne, au bord du Sting Chânghar, petit ruisseau qui vient du sud et se jette dans le Sting Néang Rong. Le Phum Samrong compte une trentaine de cases de Khmèrs, mêlés de quelques Siamois. Ils font principalement des rizières et des torches. Vers onze heures et demie nous quittons ce village et nous laissons à gauche le Phum Romduol, hameau d'une vingtaine de cases sous les cocotiers, bambous et aréquiers. La piste de charrettes sur sable rouge passe au milieu des forêts de grands arbres de toutes espèces ; de temps à autre nous traversons des clairières découvertes.

Vers midi et demie nous nous arrêtons quelques minutes au Sting Chedor pour faire boire nos attelages. La chaleur est très forte, mais en somme cette route du retour est mieux boisée, mieux arrosée que la route directe de Korat à Phakonchhaie. Le Sting Chedor vient des grandes montagnes. On ne sait me dire au juste s'il se jette dans le Sting Nang Rong ou dans le Plaï Mat. Je penche pour ce dernier cours d'eau, parce que le Chedor, dans son lit de 4 à 5 mètres de largeur, de 2 ou 3 de profondeur, a de l'eau jusqu'au mollet, eau de montagne limpide et claire. Or le Sting Nang Rong, plus bas, n'a plus d'eau à cette époque de l'année. Nous quittons le Sting Chedor pour continuer dans les forêts où sont nombreuses les traces d'animaux sauvages, depuis notre départ de Phakonchhaie. Des trou-

peaux de daims se montrent parfois sur la route et disparaissent promptement. Enfin vers deux heures et demie nous arrivons au Ban Phkeam.

Une stèle couverte d'une inscription en sanscrit se trouve
dans la pagode de ce village où de nombreux bassins ont été
creusés autrefois. Au nord et à l'ouest de Ban Phkeam sont
encore trois petites ruines insignifiantes, à 3 kilomètres au plus
du village. Le Ban Phkeam, au bord du Plaï Mat que notre
route va suivre jusqu'à Srah Takien, compte une soixantaine
de cases de Khmêrs, mêlés de quelques Siamois. Ces habitants
cultivent des rízières et fabriquent des torches.

A ce village habitait un richard siamois, le Luong Oudâm, de
Paschim, au sud des grandes montagnes, qui s'était marié avec
une femme laocienne de Nang Rong. Elle l'avait rendu père de
deux grandes filles dont la cadette avait épousé le fils du gouverneur intérimaire de Nang Rong ; le jeune couple, selon
l'usage, habitait avec les parents de la femme. La fille aînée
encore à marier remplissait les fonctions de chef du petit orchestre de son père, composé d'un gong, d'une flûte, d'un tambour
et d'un harmonica. Les quatre concubines du Luong Oudâm
étaient les instrumentistes. Vaniteux et enchanté de l'occasion
de faire étalage de ses richesses, ce Siamois m'emmena à éléphant, le lendemain, faire une promenade de deux heures pour
visiter les ruines. Il est vrai que le soir il me fit demander trois
piastres mexicaines, par curiosité de collectionneur, disait-il. Il
les empocha tout en protestant qu'il était peu convenable d'accepter un cadeau de ce genre. J'achevai ce jour-là d'estamper
l'inscription de la Vat du Ban Phkeam, égayé par les ébats d'un
gros sanglier élevé par les bonzes. Cet animal, autrefois très
méchant, avait eu le caractère forcément adouci à la suite de
certaine opération que les laïques exaspérés, lui firent subir un
jour, tout comme à un bœuf ou à un buffle, après avoir usé de

diplomatie pour éloigner momentanément de la pagode les bonzes qui refusaient de le laisser mutiler.

Le samedi 15 mars, nous quittons Ban Phkeam avec trois charrettes à bœufs d'allure lente, traversant le Plai Mat pour suivre d'assez près sa rive gauche. Son lit a une dizaine de mètres de largeur et 3 de profondeur. Son eau est claire et vive. Un pont de planches permet aux piétons de la traverser. Nous passons au milieu des rizières et des plaines incultes, puis nous nous engageons dans les bois de haute futaie. Nous laissons, à droite, la mare de Preï Khnœy, actuellement à sec ; puis à gauche, Nong Nam Khun, autre mare. De temps à autre, des clairières coupent ces forêts dont le silence n'est troublé que par le cri lointain des gibbons et le grincement continu des cigales. L'air est embaumé par les fleurs des reang de montagne. La route est à l'ombre, sur sol de sable rouge que traversent les racines des arbres. Avant dix heures nous arrivons au tertre Hin Khon où, à droite de la route, se dresse la *Pierre-borne* qui donne ce nom siamois au pays. Ce n'est qu'une pierre brute sans sculptures. Au delà nous traversons de nouveau le Plaï Mat que barrent des treillis et des nasses. Sur sa rive droite se succèdent trois hamaux voisins les uns des autres : Ban Nong Kham avec cinq cases, Ban Nam Chabok avec 10 cases ; puis le Ban Hin Khon dont dépendent les deux autres hameaux. Hin Khon, proprement dit, compte une cinquantaine de cases de Siamois, mêlés de quelques Khmèrs. C'est sur cette route le dernier village du district de Nang Rong. Nous entrerons dès lors dans le district de Korat. Du Ban Hin Khon, en allant droit au sud, on atteint en deux jours les grandes montagnes. Les bonnes femmes du village parlent encore un peu le Cambodgien. Je presse le départ au grand ébahissement du *Kámnan* « chef » un vieux type de sauvage qui ne comprend pas que je n'attende pas le lendemain.

A midi et demi, nous quittons le Ban Hin Khon et nous traversons encore une fois le Plaï Mat, entrant dans le district
de Korat. Nous nous engageons dans les forêts clairières entre
une sorte de chaussée naturelle à droite et le Ban Bon Katin,
hameau de 7 cases, à gauche. Dans les forêts de phchek le tonnerre gronde et l'averse tombe. Nous traversons successivement
trois petites plaines ou clairières dans les grands bois et vers
cinq heures et demie nous nous arrêtons pour coucher au Ban
Srah Takien ; village d'une quarantaine de cases de Siamois qui
cultivent des rizières et fabriquent des torches. Ici notre route
quittera définitivement le Houé Plaï Mat ; en cette saison c'est
un gai ruisseau au cours rapide et aux eaux fraiches et pures. A
l'est de Srah Ta Kien sont les restes d'une ancienne forteresse. On
me dit que le Ban Dong Nong Houa Rèt est à deux jours droit au
nord de Srah Ta Kien et que, de ce dernier village, en remontant
le cours du Plaï Mat on va droit au sud dans les forêts, dans les
collines sans rencontrer d'autre groupe de population, jusqu'aux
grandes montagnes qui sont à trois jours. Les gens de Srah Ta
Kien installent au besoin des norias dans le torrent pour arroser
leurs rizières. J'achète deux canards à dix sous pièce tandis
qu'on me demandait 40 sous d'une cane.

Le dimanche 16 mars, nous quittons Srah Ta Kien avant six
heures, continuant à l'ouest, à travers *Dong Niaï* « la grande
forêt ». Nous passons Khao Lop, légère ondulation de terrain en
pierres et roches de grès. Au delà sont des forêts clairières.
Vers huit heures nous avons à gauche Nong Phaï, mare dont
l'eau est trouble ; elle mesure 200 mètres sur 80, et vers neuf
heures nous nous arrêtons pour déjeuner à Srah Pha Tip, mare
à proximité des plantations de coton des gens de Srah Ta Kien
qui ont construit une demi douzaine de huttes pour les abriter
en saison. Nous repartons à 11 heures et demie, traversant les
forêts clairières de Phchek et de Reang, sur sol de sable rouge,

où les herbes commencent à repousser. Nous nous arrêtons au bout d'une demi heure à *Nong Boua*, « la mare des lotus » bassin de forme ronde qui a de l'eau claire en toute saison ; il mesure 40 mètres de diamètre environ. A midi et demi, nous continuons dans les forêts clairières où l'herbe verte commence à repousser partout. Vers quatre heures et demie nous laissons à droite le Ban Thung Na, hameau de 7 ou 8 cases et nous nous arrêtons un peu plus loin au Ban Houé Chalieng, hameau de 20 cases de Siamois qui cultivent des rizières. On aperçoit à une lieue au sud-ouest, le Khao Cha Bouok, mont haut de 200 mètres. Après une halte d'une demi heure au Ban Houé Chalieng qui se trouve à la lisière des grandes forêts, nous prenons à travers les rizières ; nous traversons ensuite quelques forêts clairières et vers cinq heures et quart nous nous arrêtons pour coucher au Ban Chhèh, village d'une quarantaine de cases de Siamois qui cultivent des rizières, plantent des cannes à sucre, et font des torches qui sont vendues deux sling les 100. Le paddy se paie un tical les dix paniers de quatre au pikul. On boit l'eau du Houé Chhèh, petit ruisseau qui vient du côté des grandes montagnes au sud et se jette dans le Moun un peu plus bas. Je suis reçu dans une sala assez bien abritée par le Kâmnan, vieux bonhomme de 67 ans, il n'a pas encore un seul poil gris, tandis qu'à côté de lui sa femme qui accuse 60 ans, a les cheveux tout blancs. Le Ban Chhèh est dans le territoire de l'Amphœu ou canton de Kathup, droit au sud et à deux bonnes journées de marche de Korat, disent les indigènes.

Le bon vieux Kamnan me dit que, droit au sud du Ban Chhèh et à une journée de marche environ, sont trois villages dépendant aussi de l'amphœu de Kathup : Ban Pongro, Ban Yok Phika, Ban Ram Khliek, habités par une peuplade aborigène qu'on appelle Chhao Bon, (prononcez Tchao Bonne) et qui possède encore son dialecte propre. Les hommes ont adopté les usages

Siamois en ce qui concerne le pagne et la chevelure ; mais les
femmes ont gardé la vieille coutume des oreilles largement percées. Elles sont vêtues d'une pièce d'étoffe nouée à la ceinture
en forme de jupe dont les deux bouts ne sont pas cousus
ensemble. Ce vêtement diffère donc à la fois du langouti siamois
et de la jupe laocienne ou cambodgienne. De même que la
plupart des femmes sauvages elles portent leurs fardeaux dans
une hotte sur le dos et en même temps leur enfant en bandouil-
lère sur le côté assis sur la hanche et se cramponnant aux vêtements maternels. Toutefois elles vont puiser l'eau en balance à
double fardeau comme les femmes annamites. Ces sauvages
n'ont pas de rizières, ils brûlent les carrés de forêts, y plantant
le riz une saison seulement et déplaçant, avec leurs cultures,
leurs misérables cases qui sont faites par ménage, par famille ;
ce ne sont pas de grandes constructions communes à tout le
village comme chez d'autres peuplades. Le mariage a lieu avec
festins, rasades d'eau-de-vie de riz et offrandes aux ancêtres
que l'on informe de l'événement. Les parents des mariés remplissent un bol de riz, un autre de viandes, les placent sur un
plateau de bambous tressés et invitent les nouveaux époux à
manger en commun ce repas avant de se retirer dans la case
nuptiale.

Le lundi 17 mars, nous quittons le Ban Chhêh vers six heures,
avec des charrettes d'allure lente, traversant le Houé Chhêh,
dont le lit large de 7 à 8 mètres est profond de 2 environ. On
aperçoit Khao Ban Ma à l'ouest sud-ouest. Après des plaines
et des fourrés de bambous nous passons, vers sept heures, au
Ban Nong Phaï que nous traversons sans nous arrêter. Au-
delà sont des forêts clairières. Nous continuons à apercevoir
des montagnes sur la gauche à une lieue de distance environ.
Nous passons encore au Ban Ta Kè Hin village de 30 cases de
Laos ; puis nous franchissons le Houé Ta Kè Hin, petit affluent,

actuellement à sec, du Houé_Chhêh. Nous atteignons le Moun à Tha Pak Yom où sont des moulins à sucre : trois arbres verticaux, à côtes et angles rentrants et mus par un buffle, constituent un moulin.

Le Moun qu'on appelle aussi Phimoun ou Lam Phrah Moun, de l'ancien nom cambodgien Sting Préi Moul, mesure ici 10 à 12 mètres de largeur et 4 à 5 de profondeur de rives. En remontant du côté des montagnes son lit est plus considérable, selon une loi assez commune. On dit qu'il a sa source pérenne à 5 ou 6 jours dans le sud, au cœur des grandes montagnes, en un lieu où sont beaucoup de statues de Bouddha. On dit aussi qu'à la même hauteur, symétriquement placée, une autre source sur l'autre versant, donne naissance à un torrent qui coule vers Paschim. Là où nous rencontrons le Moun il sert de limite au district de Korat et à celui de Pah Tong Chhaie. Sur l'autre rive le Ban Phimoun est un petit village de ce dernier district. Les habitants de cette région plantent beaucoup de canne à sucre. On me dit même qu'ils distillent du tafia, mais je n'en ai pas vu. Au-delà du Ban Phimoun, nous traversons une petite plaine, ayant des montagnes à gauche, à 4 ou 5 lieues, et vers neuf heures et demie nous nous arrêtons au Ban Khon Bouri. Près de là sont quelques ruines au Ban Kâk où j'estampe une inscription avant de revenir coucher au Ban Khon Bouri.

Le mardi 18 mars, nous quittons Khon Bouri vers cinq heures du matin, avec trois charrettes à bœuf d'allures lentes, suivant la route unie sur sol de sable, dans les forêts clairières qui alternent avec des *Thung* ou plaines nues. Nous traversons ainsi Thung Saï Royoung, Thung Samrong et vers neuf heures nous nous arrêtons au Ban Mak Khah, village d'une trentaine de cases de Laociens mêlés de quelques Siamois. Laissant nos bagages avec mon petit Chinois au Ban Mak Khah nous nous rendons immédiatement Srei et moi au Naun Hin Khon c'est-à-

dire au « tertre des pierres bornes », à 1500 mètres au nord du
village, dans une plaine nue, où nous trouvons en effet, deux
piliers en grès rouge, sortes de bornes portant des inscriptions.
Nous les déblayons et nous les estampons. Une chaleur terrible annonçait l'approche d'un orage. Je dus prier un indigène
de tenir un parapluie ouvert sur moi pendant que je travaillais.
Pas un arbre à plus d'un kilomètre à la ronde. Quand on
m'apporta mon frugal déjeuner composé de riz et d'œufs selon
l'usage, je me réfugiai pour le manger sous la charrette qui
m'avait suivi. Vers midi, les nuages noirs couvrirent rapidement
le ciel et l'orage éclata avec violence. Nous fuyâmes tous, emportant le papier et les estampages roulés dans des nattes, jusqu'à
une petite hutte sur un autre tertre. L'averse finie nous pûmes
achever notre travail.

Le soir, au village, avant de coucher dans la misérable
cuisine du Kamnan, j'allai prendre un bain dans un petit canal
où je faillis mettre le pied sur des serpents qui se poursuivaient
sans trop s'occuper de moi, il est vrai. Un petit, gris et rouge,
fuyait avec rapidité devant un gros, brun maron, peu désireux
sans doute d'être avalé vivant ; s'apercevant qu'il perdait du
terrain il grimpa sur un arbre, s'élança dans le canal et disparut sous les eaux. Très frustré sans doute, l'autre le guetta
encore quelques secondes, puis s'aperçut de ma présence et
crut prudent de se laisser aussi tomber à l'eau.

A deux ou trois lieues au sud et à l'ouest du Ban Mak Khah
courent des chaines de montagnes appelées Khao Ta Kut Reang
et Phou Luong. Les gens de Mak Khah, rectifiant ce qu'on m'avait
dit l'avant veille, prétendent que du Ban Chhè pour aller à
Korat il faut obliquer un peu à l'ouest, tandis que de leur
village en allant droit au nord on atteint Korat après une
journée moyenne de marche.

Le mercredi 19 mars, nous partons à l'aube du Ban Mak

Khah, appuyant à l'ouest ; nous laissons le Ban Samraung à notre gauche, nous traversons le Ban-Hirœun qui groupe trois hameaux d'une centaine de cases au total ; nous traversons le Lam Chhieng Sa qui se jette dans le Lam Phra Phlœung, affluent de gauche du Moun. Son lit mesure 10 à 12 mètres de largeur sur 2 de profondeur. Il n'a en ce moment que très peu d'eau. Nous laissons ensuite à droite le Ban Khok, hameau de Laociens, et vers 7 heures, après une toute petite étape, laissant filer les voitures, nous nous arrêtons au Ban Srah Moï pour visiter des ruines sans importance. Repartant à huit heures, nous arrivons bientôt au Lam Phrah Phlœung, au lit large de 10 mètres environ, profond de 2, de l'eau à la cheville, et des flaques plus profondes. Au delà nous traversons le Ban Nong Nok Ok, grand et beau village sur tertre avec beaucoup d'arbres fruitiers : manguiers, jacquiers, cocotiers, aréquiers. Il compte plus de 100 cases de Mon ou Pègouans. Les deux villages voisins, Srah Noï et Chha Phlœung sont aussi peuplés de Mon. Cette petite colonie pegouane en plein Laos siamois a dû être razziée et cantonnée ici à la suite des guerres entre les deux nations. Un peu plus loin, nous laissons le Ban Thung Chan à gauche et nous traversons le Lam Sam Laï qui a de l'eau par flaques dans un lit de 10 mètres de largeur sur 2 de profondeur. On me dit que ce cours d'eau est une simple dérivation du Lam Phra Phlœung qu'il rejoint en amont et en aval. Je ne sais si j'ai déjà fait remarquer que la plupart des cours d'eau de la province de Korat sont appelés *Lam*, prononciation locale du Siamois *Nam* « eau, cours d'eau ». Au delà du Lam Sam Laï nous traversons le Ban Kah Poh, village de 40 cases de Laociens ; nous passons successivement, sur des passerelles de planches, deux *Kut* (ou Kout), ces bassins allongés, tronçons sans issues que les Cambodgiens appellent *Romlong*, et nous nous arrêtons au delà du dernier, au Mœuong Pah tong

Chhaie, nom qui traduit en Siamois le Khmêr Boh Tong Chéi
« planter le drapeau ».

Le Mœuong Pah tong chhale dont les environs doivent être
très inondés aux pluies, serait à en croire ses habitants, à 870
sèn, soit environ huit lieues, distance mesurée, de la *Patou
Phi*, la porte des morts ou porte méridionale de Korat. Il compte
trois pagodes et environ 150 cases de Laociens ramenés de
Vieng Chan lors de la prise de cette ville, ou qui, selon d'autres,
seraient dans ce pays depuis longtemps. Je fus reçus à Pah
tong Chhaie par le Yokebat, fils du défunt Chau et par le
Sourià, fils du défunt Balat. Grâce à leur proximité de Korat, ils
étaient au courant de mes relations si peu cordiales avec le
gouverneur. Ils ne me firent pas moins bon accueil et je ne
m'en aperçus que parce qu'ils y firent une allusion discrète et
sympathique qui me toucha réellement. Dès mon arrivée je
m'empressai d'aller visiter deux petits monuments dans les
environs, à l'est et à l'ouest du Mœuong.

D'autres monuments étaient signalés dans le sud, et le même
jour, après déjeûner, nous partîmes pour aller les visiter,
reprenant jusqu'au Ban Kah Poh la route déjà faite en venant
de Mak Khah. Là bifurquant à droite, nous atteignîmes bientôt le
Lam Sam Laï où nous nous abritâmes pendant une demi-heure
contre la grande chaleur. Puis nous passâmes au Ban Ngieu,
village de 30 cases de Siamois et de Laos qui cultivent des
rizières et plantent de la canne à sucre. On entre ensuite dans
les forêts clairières. Nous passâmes près de Kròk Nam Khao,
petite mare à l'eau trouble. Vers cinq heures, après d'interminables forêts clairières, nous traversâmes le Ban Khao, village de
30 cases de Laos qui cultivent des rizières et fabriquent des
torches, et avant six heures nous nous arrêtâmes pour la nuit
au Ban Houé, « village du cours d'eau » qui compte une
quarantaine de cases de Laos cultivant des rizières et faisant des

torches. Il y a là une pagode. Le Ban Houé, le Ban Khao et le Ban Khòk, qui boivent tous les trois l'eau du Lam Chhieng Sa, sont, de loin, compris sous la dénomination commune de Ban Sakevâk. Des rizières du Ban Houé on aperçoit les monts de Ta Kut Reang, à une ou deux lieues au sud.

Nous tombions en pleines noces au Ban Houé. Le fils du Kamnan « chef de village » se mariait avec la fille du Luong Sèma, petit mandarin habitant le pays. Ces Laociens n'avaient pas invité de bonzes, et ils s'étaient dispensés de construire selon l'usage une case pour les mariés ; on avait simplement réparé une vieille case près de celle des parents de la fille. La demande en mariage avait été faite avec présents d'arec et de bétel, selon la coutume, et comme il s'agissait d'une fille de mandarin, la dot à fournir pour le garçon avait été fixée à 40 ticaux. Pour les filles du peuple c'est tout au plus la moitié de cette somme. Le jour des noces arrivé, on avait fait de chaque côté des offrandes aux mânes, puis le garçon avait été conduit en grand cortège chez la jeune fille qui sortit de sa maison suivie de toute sa famille et vint se prosterner à côté de son époux. Un maître de cérémonie récita des formules de bénédiction et lia des brins de coton aux poignets des mariés. Les parents de la femme, ceux du maris et tous les assistants en firent successivement autant. Suivirent les festins. Au soir, la natte nuptiale étant prête, les nouveaux époux assistés de vieilles matrones s'offrirent mutuellement des bananes pilées et furent enfin laissés seuls

Le jeudi 20 mars, nous quittons le Ban Houé vers sept heures et demie, nous traversons le Lam Chhieng Sa qui a un peu d'eau claire coulant sur sable rouge, dans un lit large d'une dizaine de mètres et profond de 3 ou 4. Il vient des grandes montagnes à deux jours. Au-delà nous nous arrêtons quelques minutes pour prendre un guide au Ban Khòk (ou

Khauk) qui compte une trentaine de cases de Laos cultivant des rizières et fabriquant des torches. Nous en repartons à huit heures, suivant la piste de charrettes sur sable rouge et noirâtre, sous de grands téal, en terrain qui indique l'approche des montagnes. Nous traversons des pierres et roches de grès éparses. On appelle ce lieu Hin Dat. Vers neuf heures nous atteignons les ruines appelées Prang Kù Nam Sap qui sont à 200 mètres environ au sud d'une source. Après les avoir visitées nous revenons au Ban Khauk par la même route. A onze heures, repartant de ce village nous allons par un sentier de piétons à travers les forêts clairières aux autres ruines appelées Vat Prah Chau Kho Hah. De là, nous revenons au Ban Houé et au Mœuong Pah tong chhaie par la route de l'aller. Nous atteignons le Mœuong à la nuit.

Le vendredi 21 mars nous quittâmes ce Mœuong vers sept heures pour rentrer à Korat. Nos trois charrettes à bœufs d'allure très lente traversèrent les rizières puis le Lam Sâ, ruisseau qui a encore un peu d'eau trouble. Une des voitures avait de la peine à se tirer de la boue que forme l'argile jaune et glissante. Un peu plus loin commençaient les forêts clairières de phchek et de reang. Vers huit heures et demie nous avons à gauche Nong Sam Pha Nieng où les Laociens nous demandèrent à déjeuner : l'eau devant manquer plus loin disaient-ils ; mais déjà il n'y avait plus d'eau à cette mare, donc aucune raison de s'arrêter si matin et nous continuâmes dans les forêts clairières jusqu'à Nong Chabok que nous atteignîmes à dix heures. Nous fîmes halte pour déjeuner à l'ombre d'un grand arbre châmbâk dont les fleurs parfumaient l'air. Nous avions trois jeunes gens pour conducteurs. Entendant le cri d'une grenouille d'espèce commune, ils se précipitèrent dans cette direction, imitèrent son cri et, la grenouille répondant, son trou fut vite trouvé et la bête saisie. Une autre grenouille se fit aussi entendre à ce moment, mais éventant sans doute le piège elle se garda de recommencer. Déterrant le batracien les conducteurs mirent d'abord au jour un crabe qui partageait amicalement sa retraite. Le crustacé, aubaine inattendue, fut pris avec des cris de joie ; il était entouré d'une foule de petits crabes gros comme des lentilles. Puis apparut l'imprudente grenouille, le corps gonflé par la provision d'eau faite pour passer la saison sèche ; la frayeur lui fit lancer toute cette eau en jet ; rapidement dépécée, salée et grillée elle améliora le maigre déjeuner des Laociens, de même que son compagnon le crabe. Cette grenouille commune que les Cambodgiens appellent *ângkêp*, se gite dans des trous, tandis que la grenouille bœuf, appelée *hing*, s'enterre littéralement et ne peut donc être découverte qu'accidentellement. A Nong Chabok nous avions de l'ombre, mais plus une goutte d'eau, sauf celle des tubes de bambous que l'on suspend aux charrettes pour traverser ces tertres qui sont de véritables Saharas à la fin de la saison sèche.

Vers onze heures et demie, nous quittons Nong Chabok, suivant la piste unie sur sable rouge, dans les forêts clairières de phchek, reang et khlong. A une heure et demie nous avons à droite Nong Hêng, mare qui n'a plus d'eau. Une petite averse nous rafraîchit un peu et vers trois heures nous pouvons enfin faire boire nos pauvres bœufs à la mare couverte de nénuphars du Ban Nong Kasa. Nous repartons au bout d'une demi-heure, continuant sous les forêts clairières et vers cinq heures nous atteignons la Vat Pa, que d'autres appellent la Vat Maï « pagode nouvelle », à l'angle sud-ouest des remparts de Korat. Une demi-heure plus tard j'étais rendu à mon campement où j'eus le plaisir de retrouver Dou et Yem, deux des hommes que j'avais envoyés à Nong Khai. Ils m'attendaient depuis une dizaine de jours.

DE KORAT A CHAYAPHOUM ET RETOUR

Dans les derniers jours de mon séjour à Korat, j'envoyai au
nord les trois cambodgiens Srei, Yem et Nou, jusqu'à Chayaphoum, district de Korat où de très vagues renseignements pla-
çaient des ruines. Je relate ici ce voyage d'après leurs notes qui
furent prises presqu'entièrement par Sreï.

Ils quittèrent Korat le samedi 22 mars, partant de la pagode
appelée Vat Chêng à l'ouest de la ville, allant au nord, sur une
piste de voitures largement tracée. Au bout de 20 minutes ils
traversèrent le Ta Kong, l'affluent du Moun qui passe au nord
de la ville venant du Dong Phya Yen et se jetant dans le Moun
au-dessous de Tha Chhang. Dans son lit large de 14 mètres,
profond de 2, il n'y a plus qu'un mince filet d'eau : le Ta Kong
étant saigné en amont pour arroser le Pahrouh et la ville de
Korat. Au nord de ce cours d'eau sont des rizières semées de

bouquets d'arbres rabougris. Les voyageurs passent au Ban
Tam Ta, village d'une vingtaine de cases avec une pagode. A
côté, vers l'Est, est le Ban Kouk Ngouo qui a la même importance.
Les deux villages sont sous les cocotiers et les bambous. Traversant d'autres rizières ils atteignent le Ban Thung, hameau de 7
cases, au bord d'un ruisseau appelé Klong Rokam qui vient des
monts de l'ouest et se jette dans le Moun au-dessous de Tha
Chhang. Dans son lit large de 15 mètres, profond de 3,
il a encore une eau trouble, profonde de 40 à 50 centimètres.
C'est évidemment le cours d'eau rencontré plus bas à Nom Van
sous le nom de Ta Kong Bariboun. Après une halte nécessitée
par la chaleur accablante, les voyageurs se remettent en marche
à midi et demi, traversant des rizières pour atteindre bientôt un
beau bassin d'eau claire, couvert de nénuphars. Près de ses
bords sont trois villages : Ban Kroué, Ban Khouk, Ban Bouh, qui
comptent au total une soixantaine de cases. Le bassin mesure
120 mètres de longueur dans le sens de la course du soleil et
80 mètres de largeur. A quelques centaines de mètres au nord
est le Ban Phoutsa qui compte trois pagodes et environ 150
cases. Il y a des statues de Bouddha, des fragments de sculpture
et même une inscription dans les pagodes du Ban Phoutsa où
les voyageurs s'arrêtent jusqu'à 5 heures pour estamper cette
inscription. Au nord du village est un lac à peu près à sec à
cette saison, long d'une lieue, dit-on, de l'est à l'ouest, large de
1200 mètres. Son eau claire subsiste encore par flaques. Reprenant leur route, les voyageurs passent au Ban Nong Kathing,
hameau d'une vingtaine de cases et bientôt ils s'arrêtent pour
la nuit au Ban Houa Chhang « village de la tête d'éléphant » qui
compte une dizaine de cases avec une pagode.

Mes hommes avaient marché cette première journée sans
guides, s'arrêtant de temps à autre pour demander leur route.
Etant données les relations que nous avions avec le gouverneur

Phou I Tao

Phou Pha
(Ruines)

Ban Lam Pha Thao

Lam Phah Thao

Ban Ta Siou

Phou Lang Sou Noi

Houé Khèn

Ban Lao

Ban Pho Noi

Aymonier
Voyage au Lao
Tome II — Chap. XII-1

De Korat
à Chaya Phoum
et Retour

Échelle 1: 500.000

Nong Lat

Nong Vèng

Ban Khi èk

Lam Si Lang

Ban Nong Boua Khao

Houé Phai Ngam

Ban Khao

Houé Pang

Kut Chan

Lam Phrah Chhi

Ban Boua Ban

Nong

Houé Nat Sou

Ban Bouo Phyuh
(anuen Mœuong)

Ban Dœu

Ban Sam Raung

I. Chaya Phoum
(Ruines)

Lam Pha Thao

Ban Khœo Yoï

an Sam Phan

Nong Ngieu

Houé Pœuk

'ong Hok Hak

Ban Ngieu

Nam Ku

Ban Kut Vien

ou S

Lac

Marais

Ban Na

Kut Châk

I. Chettorach (Ban Kôk)

∴ Kouk Nong Yang Kar (ruines)

Kouk Luong, grand tertre boisé et désert

Ban Kham Rien

Houé

Ban Ta Kau

Ban Prang (ruines)

Forêt Ram Raï

Damnak Houé Saï

Ban Ta Mak Phai

Houé

Kut

Thao

an Chavek

Ban Beng Ri

Ban Phang Tiem

Ban Houé

Ban Mak Lœua

an Chhèng

Ban Thong Lang

Ban Nong Kôk

Houé Nam Hœup

Houé Don Thao

Ban Don Nat

Ban Naraï

Ta Kut Naraï

an Don Thao

Lam Chi

Ban Pho

an Dan Thing

Lam Chhieng Kraï

de Korat j'avais préparé ce voyage sans rien demander à ce mandarin siamois, sans même le prévenir. Au Ban Houa Chhang, mon Cambodgien Srei usa de quelque diplomatie. Se conciliant les bonnes grâces du Kamnan « chef de village » en lui faisant des cadeaux il lui demanda un guide pour le lendemain. L'autre se récria d'abord, puis finit par consentir en leur recommandant d'être moins légers une autre fois, « de ne pas quitter le chef-lieu sans lettre de circulation ce qui permet de voyager plus commodément », disait le bonhomme. Dès lors leur voyage se fit plus facilement.

Le dimanche 23 mars, quittant avec le guide, le Ban Houa Chhang, ils traversèrent une petite forêt clairière, longèrent le lac de Khvèo et s'arrêtèrent pour changer de guides au Ban Khvèo (ou Khveu), hameau de 15 cases habité par des Siamois mêlés de Laos qui cultivent des rizières et recueillent le jus des Borassus dont ils font du sucre. Au sud-ouest du village, le lac qu'ils avaient longé, long de 1200 mètres environ, large de 600, avait encore de l'eau par flaques.

Vers neuf heures, ils quittent le Ban Khvœu suivant la piste des charrettes sur le sable rougeâtre, sous les trach et les thbèng des forêts clairières. Ils visitent la pagode ruinée de Nong Boua, près de cette « mare aux lotus » bassin long de 800 mètres, large de 400, qui a encore de l'eau aux genoux. Dans le voisinage est le Ban Kha Siou. Ils coupent ensuite à travers une plaine appelée Thung Châk, en terre à sel, recouverte d'un mètre d'eau aux pluies. Les notes détaillées de Srei font ressortir assez nettement combien cette région au nord de Khorat doit être sous l'eau lors de la saison des pluies. Ils s'arrêtent pour changer de guide au Ban Châk, qui compte une pagode et une trentaine de cases de Siamois cultivant des rizières et faisant du sel. Vers 11 heures les voyageurs se remettent en marche, passent sur un pont de planches un ruisseau appelé Nam Châk, qui vient des plaines et

19

des tertres de l'ouest et se jette un peu plus bas dans le Lam
Chhieng Kraï. Il a encore 1 mètre d'eau trouble dans son lit de
10 mètres de largeur et 3 mètres de profondeur. Changeant de
guides un peu plus loin au Ban Na, village qui compte une pagode
et 25 cases de Siamois, à la fois cultivateurs et sauniers, les
voyageurs traversent ensuite le Lam (ou Nam) Chhieng Kraï qui
vient des bois et des monts de l'ouest et qui se jette dans le
Moun au dessous de Tha Chhang. Il a encore une eau trouble
et à peu près stagnante dans un lit large de 10 mètres, profond
de 3.

Passant près du Ban Houa Sah où sont 20 cases de Siamois
cultivateurs et sauniers, ils s'arrêtent pour changer de guides au
Ban Pho, village de 15 cases avec une pagode. Les habitants,
Siamois et Laos, non-seulement sont cultivateurs et sauniers,
mais ils fabriquent aussi les petites marmites qui servent à la
cuisson du sel ; ils les vendent 2 sleng le 100. Au lieu de l'impôt de capitation les inscrits de ce village portent à Korat une
redevance en marmites, vides ou pleines de sel. Les voyageurs
quittant le Ban Pho vers midi et demi, traversent une grande
plaine, appelée Thung Pho, couverte d'afflorescences salines.
Les années où les pluies ne sont pas trop fortes les habitants
y font beaucoup de rizières. Mais si les pluies sont abondantes
elle est noyée à hauteur de la ceinture, des épaules. Ils passent
ensuite près du Ta Kut Naraï, bassin large de 80 mètres et long
de 2000 mètres, leur dit-on. Un peu plus loin est le Ban Naraï
où ils s'arrêtent pour changer de guide et visiter une pagode en
ruines. Ils quittent ce village vers quatre heures, traversent au
nord la plaine appelée Thung Naraï, puis des forêts clairières
sur sol de sable rouge où les herbes commencent à reverdir ; ils
traversent ensuite le Houé Nam Hœup, ruisseau qui vient des
forêts de l'ouest et se jette leur dit-on dans le Lam Sa Thêt au
nord du Mœuong Phimaie. Après ce ruisseau ils marchent

encore une heure et demie pour aller coucher au Ban Thong
Lang qui compte une pagode et une trentaine de cases de
Siamois.

Le lundi 24 mars, quittant le Ban Thong Lang ils traversent
une plaine de rizières qui est couverte d'eau aux pluies. Ils
changent de guide au Ban Houé, village qui compte une vingtaine
de cases avec une pagode, traversent encore une autre plaine
aux arbres rabougris et changent encore de guide au Ban Phang
Tiem qui compte une trentaine de cases de Siamois faisant des
rizières. Vers dix heures ils repartent du Ban Phang Tiem,
traversant d'abord des plaines où croissent des bambous et des
arbres rabougris, puis s'engageant dans les forêts clairières de
Phchek et de Reang, pour s'arrêter et changer de guide au Ban
Beng Ri, hameau de création récente qui compte sept ou huit
cases. Traversant ensuite d'autres forêts clairières ils s'arrêtent
encore au Ban Ka Mak Phaï, hameau de 7 cases dans les bois.

Ce village est à la limite méridionale du Kouk Luong, grand
tertre désert, couvert de forêts clairières, sans eau à la saison
sèche, qui s'étend au loin de l'est à l'ouest et qui mesure une
journée de marche dans sa traversée du sud au nord. Les
voyageurs doivent avoir soin d'emporter leur provision d'eau,
en janvier, février, mars, avril, pour éviter les tortures de la
soif.

Mes hommes quittèrent le Ban Ka Mak Phaï vers une heure
et demie, suivant la piste de charrettes sur sable rouge à travers
les cépées de bambous, les bouquets de lianes et d'arbres
épineux et les forêts clairières de phchek, reang, thbêng. Au
soir ils rencontrent des pointes aiguës que les voleurs ont plantées dans la route, ce qui les oblige à marcher avec précaution
et lentement. A neuf heures ils s'arrêtent au Ban Samraung ou
Samrong, village qui compte une pagode et 15 cases de Laos
qui dépendent du Mœuong Chettorach. Ces Laociens ne mangent

plus de riz gluant mais leurs femmes portent encore la jupe tombante. Ils disent à mes hommes que la ligne de faite du Kouk Luong indique la limite entre les districts de Korat et de Chettorach. Les terres appartiennent à l'un ou l'autre district selon qu'elles envoient leurs eaux au sud ou au nord. A une matinée au sud du Ban Samraung est le Ban Ngiou, gros village de 80 cases de Siamois. A une lieue au nord du Ban Samraung est le Ban Kout Nam Saï, qui compte 30 cases de Laos ; à l'ouest sont les Ban Yang Kœua, Houé, Ran Ya qui comptent chacun 20 à 30 cases. Tous ces villages dépendent du Mœuong Chettorach. Le poisson manque à la saison sèche dans cette contrée. Aux pluies les habitants prennent quelques poissons parmi les cinq ou six espèces que l'on trouve dans les rizières.

Quelques jours auparavant un incendie avait brûlé quatre cases du Ban Samraung pendant que toute la population s'était rendue à une ordination de bonzes au Ban Yang Kœua. Un des habitants avait négligé, avant de partir, d'éteindre complètement le feu de sa forge qui gagna l'herbe, les broussailles, incendia la case de cet homme et trois cases voisines. L'enquête faite et l'affaire examinée par les autorités, le forgeron, auteur involontaire de l'incendie fut condamné à payer la moitié de la valeur des maisons et du mobilier des trois voisins, soit au total la somme de 32 ticaux qu'il cherchait à se procurer quand mes hommes passèrent là.

Le mardi 25 mars, partant après déjeûner du Ban Samraung, vers neuf heures, les voyageurs traversent la plaine de Nong Phœu où est la mare de ce nom, s'engagent dans les forêts clairières entrecoupées de rizières que les pluies abondantes inondent trop profondément. Ils changent de guide au Ban Dœua, village laocien de 30 cases avec une pagode. Un mois auparavant des voleurs inconnus avaient incendié ce village.

Quittant le Ban Dœua, ils coupent à travers une plaine de rizières et après une demi-heure de marche ils atteignent le Ban Kôk qui est actuellement le Mœuong Chettorach, chef-lieu d'un district de Korat.

Mes hommes s'arrètent dans la case du Maha Thâi qui est allé visiter ses jardins d'aréquiers. Appelé par un petit garçon il arrive et leur demande le but de leur voyage. Ils répondent qu'ils ont une lettre de *Monsieur* pour le chef du pays. « S'il en est ainsi, dit le Maha Thâi, allons chez le Yokebat qui fait fonction de Chau Mœuong ». Ce dernier était en train d'équarrir des arbres sous un hangar. Il fait entrer mes hommes dans sa maison, dit au Maha Thâi de prendre la lettre, va se baigner et changer de vètements pour revenir causer avec les voyageurs. « De qui est la lettre? Y a-t-il un sceau? » Les Cambodgiens répondent : « Monsieur n'a pas de sceau : les Européens employant leur signature en guise de sceau ». Le Chau prend connaissance du contenu de cette lettre et ne dit plus rien. C'est un homme de 54 ans, affable, pas fier, qui a fait construire à ses frais l'une des deux pagodes du village. Sa piété de Bouddhiste s'atteste aussi par une statue du Bouddha élevée sur un petit autel dans sa maison, entourée de chandeliers et de verres servant de vases à fleurs pour les offrandes. Ce *gentleman-farmer* laocien a, dans son habitation, neuf métiers où les femmes tissent des étoffes du genre dit de Chantaboun. Ses esclaves, tant hommes que femmes, sont au nombre de 50. Il possède deux éléphants et quantité de bœufs et de buffes. Dans sa maison est un orchestre d'instruments siamois. Les insignes du Chau Mœuong de Chettorach sont en argent.

Ce même jour mes hommes se rendirent à une lieue du Mœuong pour estamper la stèle de Khouk Nong Yang Ka. Puis ils revinrent passer la nuit dans la maison de ce Yokebat, faisant fonction de Chau Mœuong.

Le chef-lieu de Chettorach, dans une plaine de rizières argileuses, compte une centaine de cases. Le village étant de fondation récente, il n'y a pas d'arbres fruitiers. Les habitants sont des Laociens, mais ils mangent du riz ordinaire au lieu de riz gluant dont ils usent peu. Les pluies de 1883 ayant été interrompues d'une manière anormale, la récolte de cette année a été perdue aux deux tiers. La population est assez belle. Les femmes coupent leurs cheveux à la mode siamoise. Elles ont la coutume de nouer leur jupe très bas, laissant le ventre complètement à découvert.

Selon les uns, le district de Chettorach compte 600 inscrits, selon d'autres 900. Il est borné à l'ouest par le Houé Saï qui le sépare du district de Bamnêt Darong, à une journée de marche ; au nord est par le Lam Prah Chhi, à une demi journée de marche, qui le sépare du Mœuong Chayaphoum ; au nord ouest par le Mœuong Phou Khieu ; au sud par le district de Korat au Kouk Luong. Jadis le Mœuong Chettorach payait son impôt en or, chaque inscrit devant 2 sleng d'or de capitation annuelle. Cet or était extrait, lavé, tamisé au lieu appelé *Bo Kolo*, à deux journées de marche au nord ouest du chef-lieu dans les bois, au pied des grandes montagnes. L'endroit était considéré comme neutre entre les Mœuongs de Chettorach, Chayaphoum et Phou Khieu. Actuellement les mines sont épuisées et le gouvernement a fixé l'impôt de capitation à 7 ticaux par inscrit *marqué* et marié. Les inscrits mariés mais non tatoués paient 4 ticaux. On sait que le tatouage a lieu au commencement de chaque règne. La population de Chettorach n'est pas à lever en temps de guerre.

Le mercredi 26 mars, mes hommes partent du Mœuong Chettorach à six heures, traversent les rizières où croissent des arbres *sangkê* rabougris et au bout d'une demi-heure ils atteignent le Ban Boua Phiyuh qui était autrefois le Mœuong Chet-

torach. Il y a là une pagode et une centaine de cases sous les
arbres fruitiers,_cocotiers, aréquiers. Les habitants sont des
Laos qui cultivent des rizières et font cuire du sel pour leur
consommation. Ils mangent, qui du riz gluant, qui du riz ordinaire. Après une halte de trois quarts d'heure pour changer de
guide, les voyageurs reprennent leur route, traversent la plaine
du lac Boua Phiyuh où les habitants du village ont raclé beaucoup de tas de terre salée. Plus loin la plaine prend un aspect
de jungle avec broussailles. On dit que le Houé Kat Souh l'inonde à hauteur de la ceinture. Vers huit heures, mes hommes
s'arrêtent quelques minutes à un pont sur le Houé Kat Souh,
cours d'eau qui vient des grandes montagnes à l'ouest du
Mœuong Bamnet Darong et qui se jette dans le Lam Prah
Chhi à une matinée d'ici. Son lit large de 15 mètres, profond
de 4 a encore une eau bourbeuse et trouble par flaques. Ses
bords sont couverts de bambous et d'arbustes épineux. Les
voyageurs repartent vers neuf heures et un peu plus loin ils
passent à un endroit où des voleurs ont récemment assassiné
des voyageurs. La route est encore dans les bambous, ne s'écartant pas du Houé Kat Souh qui inonde aux pluies ses rives à
hauteur de la ceinture. Enfin ils traversent quelques rizières,
s'engagent dans les forêts clairières et s'arrêtent pour déjeuner
au Ban Nong Boua Ban, village d'une centaine de cases à quelque
distance d'un bassin dont l'eau très claire est couverte de nénuphars. Les habitants font du riz qu'ils troquent contre le sel du
Ban Boua Phiyuh, l'ancien Mœuong Chettarach. Leur village est
le dernier du district dans cette direction : le Lam Prah Chhi, un
peu plus loin, formant la limite entre Chettorach et Chayaphoum.

A une heure et demie, quittant le Ban Boua Ban, mes hommes
s'engagent dans un sentier de piétons au milieu des bois rabougris et des broussailles du genre des jungles. L'inondation, en
effet, couvre ce terrain jusqu'à la ceinture. Au bout d'une demi-

heure de marche, ils atteignent le Lam Phrah Chhi, nom que dans ce pays on donne au Si, le principal affluent de gauche du Lam Phrah Moun ou Moun. L'ancien Preah Chi des Cambodgiens est devenu Phrah Chhi chez les Siamois et Si chez les Laociens.

Il prend sa source dans les grandes montagnes à plus de trois jours d'ici. Une eau claire et limpide coule encore à cette époque de l'année à hauteur des genoux dans un lit large de 30 à 40 mètres et profond de 12 à 15. Selon Mouhot, « le Menam Tchie a une largeur de 35 mètres par 15° 45′ de latitude ; et il est navigable de la longitude de Korat à son embouchure, de mai à décembre ».

Reprenant leur marche à deux heures et demie, mes voyageurs continuent sur le sentier, dans les bois des terrains inondés aux pluies. (Toute cette région doit être alors très noyée). Depuis le passage de la rivière ils sont dans le district de Chayaphoum. Ils passent le Houé Vaï, petit ruisselet actuellement sans eau, traversent la plaine Mœuï que les eaux couvrent aux pluies, passent près du Kout Chan, bassin naturel, à gauche du chemin ; puis ils traversent le Houé Pong, cours d'eau en ce moment à sec qu'on dit être un bras du Lam Phrah Chhi. Son lit mesure 20 mètres de largeur, 4 de profondeur. Ils traversent encore le Houé Phaï Ngam qui est aussi, paraît-il, une dérivation du Lam Phrah Chhi. Actuellement il n'y a pas d'eau dans son lit large de 12 à 14 mètres et profond de 4 mètres. Enfin, vers quatre heures, les voyageurs font halte sur les bords du Lam Si Lang, cours d'eau qui a encore des flaques d'eau bourbeuse dans un lit large de 5 à 6 mètres et profond de 2. Il vient des tertres et des forêts à deux jours dans l'ouest et se jette, dit-on, dans le Lam Phra Thao, à un jour d'ici, dans l'est du Mœuong Chayaphoum. Après un repos d'un quart d'heure, ils se remettent en route, traversent la plaine du Si Lang et atteignent le Ban Khao, village qui compte une

pagode et une centaine de cases de Laos qui cultivent des
rizières et mangent du riz gluant. Continuant à travers les bambous et les bois rabougris, il s'arrètent pour la nuit au Ban
Nong Boua Khao, village d'une pagode et d'une vingtaine de
cases de Laos.

Le jeudi 27 mars, à six heures, ils quittent ce village, prenant
le sentier de piétons sur sable rougeâtre, dans les forêts clairières de phchek, reang, krekoh. Ils passent bientôt près de
Nong Vêng, mare de 120 mètres sur 60, où reste encore un
peu d'eau bourbeuse ; ils atteignent plus loin les rizières du
Ban Khi Lêk qui est à droite à 1200 mètres de la route. On leur
dit qu'il y a une pagode et une vingtaine de cases de Laos
cultivant des rizières. Les forêts clairières recommencent au
delà en arbres phchek, reang, trach, krekoh, avec de véritables
clairières par intervalles. Sur le sol, les vieilles herbes ont été
brulées net et la nouvelle herbe commence à pousser en fin
gazon. Ils passent près de Nong Lat, mare à gauche, longue de
200 mètres, large de 160. Les nénuphars abondent dans son
eau claire. Au delà sont des bouquets de bois rabougris, des
plaines découvertes et des cépées de bambous. Vers neuf
heures mes hommes atteignent enfin le Mœuong Chayaphoum.

Ils entrèrent chez l'Oppahat ; le Chau Mœuong étant parti
porter l'argent de l'impôt à Bangkok. Là se passa une scène
semblable à celle de Chettorach. L'Oppahat leur demanda s'ils
avaient une lettre du Luong Tiem Charat Maha Thaï, le mandarin de Korat chargé de ce service. — Non, nous n'avons qu'une
lettre de Monsieur, notre chef. — Mais quand on vient du
chef-lieu, il est d'usage de se munir d'une letttre du Luong
Tiem. — Nous n'avons pas pu la demander et nous sommes partis
avec une lettre de Monsieur seulement. — L'Oppahat prit cette
lettre la lut et ne .dit plus rien. Après leur déjeûner, mes
hommes traversèrent un ruisselet appelé Ta Kong et allèrent

estamper une inscription du côté de l'ancien Mœuong de Chayaphoum où sont quelques ruines.

Le bon Oppahat les conduisit lui-même à l'inscription, et s'en retourna à sa maison les laissant avec le Ratsevong, le Kamnan et son gendre, qui leur contèrent l'histoire d'une femme du pays, nommée Tong Kham, qui perdit son père et sa mère en sa plus tendre enfance. Elle resta seule à la maison avec deux porcs dont elle ne voulut jamais se séparer. L'Oppahat en prit pitié et la recueillit avec ses deux compagnons. Lorsqu'elle eut quinze ans, le fils du chau Mœuong la prit pour femme et reçut bientôt la dignité de Ratsebout. Si bien que Thong Kham est actuellement la femme la plus riche du Mœuong Chayaphoum. Entourée de ses enfants : un garçon de treize et une fille de dix ans, elle possède vingt esclaves mâles, soixante esclaves femelles, trois éléphants, des bœufs et des buffles en quantité, une demi-douzaine de chevaux, des bagues d'or à couvrir tous ses doigts, des clous d'oreilles et des anneaux de pied en or, une boite à bétel en argent massif. Les quatre bagues qu'elle porte habituellement sont à pierreries. En contant toutes ces merveilles, les gens de Chayaphoum ajoutaient que le couple obtiendrait la dignité de Chau s'il le désirait, mais ses richesses lui font craindre le blâme public. Les deux compagnons de saint Antoine, que madame Kham considéra toujours comme la cause de sa fortune merveilleuse, furent soignés et choyés jusqu'à l'extrême vieillesse. L'un d'eux vivait encore, tout décrépit par l'âge, les défenses faisaient le tour de son groin. Quand l'autre trépassa, sa maitresse invita les bonzes à venir réciter des prières : le Bouddhisme permettant de prier pour les animaux.

De même que le chef-lieu de Chettorach, le Mœuong de Chayaphoum (Jayabhumi, la terre de la victoire), a été récemment déplacé et transporté au Ban Boua où le Mœuong actuel compte une pagode et une quarantaine de cases, en terrain de rizières, assez nu, sans arbres-fruitiers. L'ancien, le Mœuong Kao, à quatre ou cinq cents mètres au sud est, compte deux pagodes et 80 cases environ, sous les arbres fruitiers, sur un tertre entouré de plaines de rizières que les fortes pluies inondent à hauteur de la ceinture ; on les traverse alors en pirogue. La population, soit du chef-lieu, soit du district, est laocienne, mange du riz gluant, et pratique le Pèng Hœuon, les parents exigeant quatre ticaux d'amende des amants de leurs filles. Les habitants font le commerce de chevaux, de bœufs, de buffles, d'éléphants même, qu'ils vont acheter du côté de Bassak et revendre à l'ouest, vers Bangkok, vers Moulmein. Ils cultivent le riz et font du sel. Le district de Chayaphoum, borné à l'est par Chonobot à deux jours de marche, à l'ouest par Chettorach à deux jours, au nord par le Mœuong Phou Khieu à deux jours, et au sud par Korat à quatre jours de marche, distances comptées de Mœuong à Mœuong, compte 700 inscrits qui paient 7 ticaux chacun de capitation annuelle. Le tribut du district serait d'un pikul et demi.

Le jour même de leur arrivée à Chayaphoum, Srei, laissant ses deux camarades à l'estampage de l'inscription, continua sa route vers le nord pour aller visiter un autre lieu signalé dans cette direction. Il partit à midi, traversa une plaine de rizières appelée Thung Kû Phat, au sol de terre blanchâtre et parsemée de rares bouquets d'arbres. Les rizières ne peuvent s'y faire que si les pluies n'inondent pas trop. Laissant à droite le Ban Van Phaï, hameau de deux cases, il atteint mais sans le traverser le Lam Pha Thao où il se baigne avant de continuer à longer son cours. Il reprend sa marche à travers la plaine de Kû Phat ou Kû Khat, laisse à gauche de la route le Ban Pho Noï, hameau de 20 cases, de Laos, cultivateurs et sauniers, et s'arrête vers une heure et demie pour changer de guide au Ban Lao, gros village qui compte une pagode et 200 cases de

Laos qui font des rizières et du sel. Vers deux heures, reprenant sa route, il traverse une plaine de rizières appelée Thung
Nong Ta Sèn et change encore de guide au Ban Ta Siòu, village
qui compte une pagode et une trentaine de cases de Laos. Puis
il continue à marcher en suivant le sentier de piétons sur sable
rouge dans les bambous et les maigres arbres *sangkê*; il suit le
cours d'un ruisselet sans eau et il atteint le Houé Khèn, ruisseau
qui a encore de l'eau par flaques et qui se jette près de là dans
le Lam Phrah Thao. Il le traverse sur un pont d'une planche et
bientôt il atteint les forêts clairières de phchek, reang, khlong
sur sol de sable rouge. Puis il s'arrête 20 minutes au Ban Ka
Thao pour changer de guides. Au-delà recommencent les forêts
clairières sur sol sablonneux. Il passe près de Nong Ya Pang,
mare dont l'eau est si bourbeuse qu'il est impossible de la boire,
et vers cinq heures il arrive aux ruines de Phou Pha (ou Phah)
situées sur une colline très basse de grès rouge. Les habitants
des villages environnants ont coutume d'y venir célébrer la fête
du nouvel an au mois de Chèt. Du haut de ce tertre il aperçoit
la chaine de Phou Itao à cinq lieues au nord, la chaine de Phou
Lang Sou Noï qui est à l'ouest de la précédente. On lui dit que
jadis le Mœuong Chayaphoum se terminait à cette chaîne de
Phou Lang Sou Noï. Actuellement les gens du Mœuong Phou
Kieu revendiquent jusqu'à Phou Itao et même jusqu'à Phou
Phrah, prétendant que Phou Itao et Phou Lang Sou Noï sont
dans leur territoire. Cette contestation n'est pas encore tranchée.

Quittant Phou Phrah, Srei revient sur ses pas par la même
route et, au bout d'une heure de marche, il s'arrête pour
coucher au Ban Pha Thao ou Phrah Thao, village d'une
quinzaine de cases de Laos, au bord du ruisseau de ce nom, où
coule une eau claire sur fond de sable rouge dans un lit large
de 6 mètres, profond de 4. Sa source pérenne est aux Phou
Lang Sou Noï à une matinée d'ici.

Le vendredi 28 mars quittant vers cinq heures le Ban Lam Phrah Thao, Srei rentra à Chayaphoum à huit heures, et vers midi et demi les trois voyageurs quittèrent ce Mœuong, traversèrent encore la plaine Kù Khat, plaine de rizières, de terre à sel avec des bouquets de bambous et de maigres *khtom*. Bientôt ils tournent au sud, pour se diriger vers Korat, passent au Ban Khvèo, hameau nouveau de 5 ou 6 cases. Au delà les grandes herbes et les maigres arbres khtom indiquent que le terrain est fortement inondé aux pluies. Vers trois heures et demie ils s'arrêtent une demi-heure pour changer de guides au Ban Khveô Noï qui compte une pagode et une vingtaine de cases de Laos qui font rizières et salines et qui mangent du riz gluant. A leur départ le guide se trompe de route, et finalement ils reviennent dîner à ce village d'où ils ne partent qu'à six heures et demie pour aller coucher une demi-lieue plus loin au Ban Sam Phan où un ruisseau d'eau actuellement stagnante entoure une vingtaine de cases et une pagode. La boucle du ruisseau ne laisse qu'un étroit passage pour l'entrée du village.

Le samedi 29 mars, vers six heures, ils quittent le Ban Sam Phan par une pluie battante, allant droit au sud à travers la plaine Boung Thieu que les eaux des pluies inondent à la hauteur du cou, de la ceinture. Ils passent près d'une mare appelée Nong Ngieu ; au delà la plaine prend le nom de Hok Hak. Leur route est pénible sur le sol durci par la sécheresse. Ils passent encore près de Nong Hok Hak, mare couverte de nénuphars à droite de la route. Plus loin est Nong Kuk qui n'a plus d'eau. La plaine qui change encore de nom prend ici celui de Pœuk. Dans ces grandes plaines la vue est limitée au loin par les bouquets d'arbres. Vers neuf heures, les voyageurs atteignent le Houé Pœuk qui a encore un peu d'eau stagnante. On leur dit que ce ruisseau vient des Phou Lang Sou Noï et se jette dans le Lam Phrah Chhi. Ils s'arrêtent pour déjeuner sur ses bords au

Ban Ngieu qui compte une pagode et une quarantaine de cases
de Laos, cultivateurs et sauniers. Ils en repartent vers onze
heures, traversent les rizières, les forêts clairières, et les broussailles du genre jungle. Après une heure de marche ils ont à
droite le Nam Kut, bassin naturel d'eau claire et ils s'arrêtent
au delà au Ban Kut Vien, hameau d'une dizaine de cases de
Siamois qui mangent du riz ordinaire. Le village, sous les manguiers et jacquiers, est au bord du Lam Phrah Chhi (ou Si) qui
limite les districts de Chayaphoum et de Korat.

Traversant la rivière dont le lit large de 40 mètres environ est
encaissé de près de 15 mètres, ils suivent au delà une route de
charrettes à travers une plaine de sable rouge, longeant un grand
étang poissonneux à gauche, long de 2 kilomètres, large de 1200
mètres. En son milieu deux tertres forment des îlots couverts
d'arbres. En dehors de ce bassin que les Cambodgiens appellent
Rahal, le reste de la plaine actuellement à sec est inondé
jusqu'au cou en pleine saison des pluies. Vers deux heures ils
sortent de ces plaines pour entrer dans les forêts clairières de
phchek et de reang, et bientôt ils s'arrêtent pour changer de
guide au Ban Na « village des champs », hameau de 12 cases de
Siamois sous les bananiers. Ils en repartent bientôt, continuant
à suivre à pied la route de charrettes, dans la plaine basse aux
bouquets de khtom et de sangkè. Ils passent près de deux *kût*
ou bassins naturels où s'abreuvent les gens du pays. On leur
montre, un peu plus loin, le lieu où un assassinat a été récemment commis ; puis ils s'arrêtent une demi-heure au Ban Kham
Rien pour changer de guides ; c'est un hameau de 10 cases de
Siamois sous les bananiers ; il est de création récente. Vers cinq
heures, les voyageurs reprennent leur route, traversent un Houé
ou ruisseau sans nom, dont l'eau claire coule de droite à gauche.
On leur dit que la source est aux forêts du Kouk Luong et qu'il
se jette dans le Lam Phrah Chhi au dessous du Ban Kût Vien.

Au delà ils entrent dans les forêts clairières entrecoupées de plaines et s'arrêtent 20 minutes pour changer de guides au Ban Ta Kau, hameau de 20 cases. Puis, hâtant leur marche, ils traversent les rizières et les forêts clairières, suivant toujours la piste de charrettes unie sur sol de sable et vers sept heures ils s'arrêtent pour la nuit au Ban Prang « village de la pyramide » qui compte une pagode et une vingtaine de cases.

Le dimanche 30 mars, ils vont visiter les ruines du Prang à 400 mètres à l'est du village, par une pluie battante. Ils déjeûnent ensuite en attendant que la pluie cesse. Vers neuf heures ils se remettent en route, suivent la piste des charrettes sur sol de sable rouge et pendant deux heures ils traversent une forêt assez épaisse appelée Dong Ram Raï. Enfin vers onze heures ils atteignent les forêts clairières de phchek et de reang du Kouk Luong qu'ils traversent donc encore au retour mais vers son extrémité orientale. Cet immense tertre, de faible relief d'ailleurs, tire son nom du cambodgien Kouk « terre ferme et tertre » d'où le siamois Khouk, et du siamois *Luong* « grand principal, royal ». Les tertres de ce genre, sans eau en saison sèche, sont nombreux dans la région mais celui-ci est le plus étendu. Mes hommes ne s'arrêtent pas à la station du Houé Saï, ainsi nommée d'une rigole actuellement à sec ; ils s'engagent dans le Kouk Luong, traversant tantôt des forêts clairières, tantôt des bois rabougris d'arbres épineux et de bambous. Ils se reposent au Houé Kut Thao, rigole actuellement à sec qui, aux pluies, porte ses eaux au Lam Phrah Chbi. De grands arbres Chbœu Téal (dipterocarpus) croissent sur les bords de son lit qui mesure 5 mètres de largeur, 3 de profondeur. Après un repos d'une heure, ils se remettent en route et bientôt ils atteignent le Ban Chavek, hameau de 20 cases de Siamois. Ils en repartent après déjeuner, traversent la plaine de rizières et entrent dans les forêts clairières qui prolongent à l'est l'extrémité des forêts du Kouk Luong. Ils s'arrêtent encore quelques minutes pour changer de guide au Ban Mak Lœua, hameau d'une vingtaine de cases de Siamois. Au delà de ce village recommencent les forêts clairières de phchek et de reang sur sable rouge. Puis les forêts font place aux plaines cultivées partiellement en rizières. Les voyageurs laissent à gauche le Ban Si Van, hameau de 10 cases, et accélèrent leur marche, fuyant devant la pluie qui menace. Ils s'arrêtent une demi-heure au Ban Chhêng, village de 20 cases avec une pagode. Puis ils reprennent leur route coupant à travers les broussailles du genre jungle sur terreau noir. Ils traversent encore la plaine du Ban Pho et à six heures un quart, ils s'arrêtent pour la nuit au Ban Nong Kòk, hameau de 7 cases de Siamois.

Le lundi 31 mars, vers six heures, ils quittent le Ban Nong Kòk, continuant à suivre la piste des charrettes à travers les bouquets d'arbres maigres et clairsemés. Le pays est surtout en terres à sel. Au bout d'une heure ils s'arrêtent quelques minutes au Ban Don Nat pour changer de guide. Au-delà ils laissent à droite les deux hameaux du Ban Don Thao qui comptent une trentaine de cases de Siamois, cultivateurs et sauniers. Puis ils traversent la plaine appelée Thung Va que les eaux recouvrent à hauteur du cou, aux grandes pluies. Vers sept heures et demie ils arrivent au Houé Don Thao, ruisseau qui a encore de l'eau par flaques. On leur dit qu'il vient de Khao Sah Houa et qu'il se jette dans le Lam Chhieng Kraï, au Ban Chakarat, à deux jours d'ici. Au-delà de ce ruisseau, ils traversent la plaine Khê, où l'eau est profonde jusqu'au cou à la saison des pluies [1] ; puis une autre plaine appelée Thung Chik Mou. Vers huit heures et demie, ils s'arrêtent pour déjeuner au Ban Dan Thing, village

---

1. Toute cette région est donc partagée en tertres qui n'ont pas d'eau du tout pendant quatre mois, et en plaines basses fortement inondées pendant plusieurs mois de l'année.

d'une pagode et d'une trentaine de cases de Laos qui cultivent les rizières et recueillent le suc des palmiers borassus. A dix heures les voyageurs reprennent leur route et traversent le Lam Chhieng Kraï qui a encore de l'eau aux genoux. On leur dit qu'il vient des monts Sah Houa à quatre jours d'ici et qu'il se jette dans le Moun au-dessus des Ban Samrit Ban Sim, au dessous de Tha Chhang, soit à une journée d'ici. Son lit a 10 mètres de largeur, 4 de profondeur. Au-delà de cette petite rivière, le pays est surtout en plaines découvertes ; il y a peu de bois. Les voyageurs arrivent bientôt au Lam Klang, un petit affluent du Lam Chhieng Kraï qui vient, dit-on, du Ban Khouk Soùng, qui est dans les forêts clairières à une petite matinée de distance. Ils y prennent un bain et se remettent en route, pour aller changer de guide au Ban Kraùk, village de 20 cases. A 800 mètres vers l'est est le Ban Nong Khaï Nam, et entre les deux villages est leur pagode commune. Les voyageurs quittent le Ban Kraùk, continuant à suivre la piste de charrettes sur sable rouge dans les bouquets de bambous et d'arbres rabougris. Ils changent de guides au Ban Khouk Soùng, village de 50 cases. Ils en repartent à une heure, laissent bientôt sur la gauche la pagode commune aux deux villages de Khouk Soung et Sang et changent encore de guides à ce dernier village. Plus loin ils laissent à gauche le Ban Rongom, village de 30 cases, à 400 mètres de la route. Ils traversent ensuite la plaine Nôk Ok, peu fertile, étant trop inondée aux pluies. Ils laissent à droite le Ban Nôk Ok, village de 30 cases avec une pagode et ils s'arrêtent pour changer de guide au Ban Kruot. Ils repartent immédiatement pour changer encore à côté au Ban Samrong, hameau de 15 cases. Quittant ce dernier village, ils coupent à travers les rizières et passent le *Klong Bariboun* sur un pont de planches. Vers cinq heures ils changent de guides au Ban Padauk, village d'une quarantaine de cases de Siamois, avec une pagode. Les habitants

20

font des rizières, du sel, des légumes pour le marché de Korat. Repartant à six heures les voyageurs atteignent à sept heures la Vat Sahmaki près de la porte septentrionale de Korat. Ils traversent le Ta Kong et me rejoignent à mon pavillon près de la Vat Prok.

CHAPITRE XIII

___

LA PROVINCE DE KORAT

___

Le nom de *Korat* est l'abrévation parlée, en siamois, de l'expression cambodgienne *angkor réach sêma* qui n'est elle-même qu'une corruption du sanscrit *Nagara râja sêma*. L'ancienne « ville des frontières royales » n'est pas d'ailleurs le Korat actuel, mais une ville abandonnée, à une grande journée de marche vers l'ouest. La province de Korat, l'une des plus grandes et des plus importantes du Laos siamois, est bornée à l'est par Suvannaphoum et Sourèn, au nord par Chonobot, à

l'ouest et au sud par les grandes montagnes que les Siamois
appellent Khao Niaï et les Cambodgiens Phnom Vêng. Le
gouvernement de Korat est l'un des plus importants du royaume :
la cour de Bangkok ayant toujours attaché une grande importance politique et militaire à cette porte ouverte sur tout le
bassin moyen du grand fleuve.

A la tête de la province est placé : 1° le Phya Komhèng
Sangkram Rama Phakedei Aphaï Phiri Barakrom Phahou Chau
Mœuong Nokor Réach Sêma. Une partie de ces titres sont
empruntés au sanscrit, ce sont : ... Sangrâma Râma bhakti
abhaya bhiri parakrama bahû... nagara râja sêma. Les insignes
du Chau sont en or. Il a sous ses ordres :

2° Le Phya Surya dèt visèt mintha sathit vichhaï Balat Mœuong
Nokor Réach Sêma (... surya têja vicesha... vijaya uparaja
nagara râja sêma), dont les insignes sont en or.

3° Le Phra Phrom phakedei Yokebat Mœuong Nokor Réach
Sêma (Brah Brahma bhakti Yugapâda nagara Râja Sêma), dont
les insignes sont en or.

4° Le Phra Khlang Rat Phakedei si tèp Sangkram Maha Thai
Mœuong Nokor Réach Sêma (Brah gblan râja bhakti çri deva
Sangrama maha....), dont les insignes sont en or.

Les quatre dignitaires qui précèdent reçoivent leurs insignes
à Bangkok. Les Phra qui suivent, quoique nommés par la cour
de Bangkok, reçoivent à Korat leurs insignes qui sont en argent.

5° Le Phra Vichhaï sangkréam phra phon mœuong nokor
réach Sêma (Brah vijaya sangrama....)

6° Le Phra Phrom sêna sasedi mœuong nokor réach sêma
(Brah Brahma sèna svasti....). Viennent ensuite : Le Phra
Mœuong ; le Phrah Veang ; le Phra Khlang Sambat ; le Phra Na ;
le Phra Banthao Thup ; le Luong Phéng ; le Luong Tamruot ; le
Luong Dara Maredok, etc., etc.

Outre le district de Korat proprement dit, le plus important

de tous, la province de Korat compte une douzaine de districts
en y comprenant Ratanabouri qui tend à se détacher de Sourèn.
Ces districts, gouvernés par des Phrah sont : Phou Khiou « les
montagnes bleues » au nord-ouest de Korat ; certains renseignements en feraient une province séparée ; Bâmnêt Darong,
au nord-ouest de Korat et au sud du précédent ; Chettorach,
au nord ; Chayaphoum, au nord ; Pouthaïsong, à l'est ; Phimaie, à l'est ; Bouriram, au sud-est ; Nang Rong et Phaktong-
chhaie au sud-est ; Pah Tong Chhaie au sud et Chan Tœuk à
l'ouest.

La population de la province se compose de Siamois, de Laociens, de Khmêrs et de Chinois ; les Siamois paraissent être en
grande partie issus de Cambodgiens qui ont perdu l'usage de
leur langue. On les trouve à Korat, à Phimaie, à Nang Rong, à
Chan Tœuk, à Bànmêt Darong. Les Khmêrs se maintiennent
encore à Nang Rong, à Phakonchhaie et à Bouriram, soit dans
la partie sud-est de la province. Les Laos occupent, outre Ratanabouri, Pouthaïsong, Pahtongchhaie, Chayaphoum, Phou Khièu,
Chettorach.

Grâce à l'angle droit que forment les montagnes changeant
brusquement de direction, la province de Korat est sillonnée par
de nombreux cours d'eau qui arrosent des plaines fertiles peuplées de villages importants, véritables oasis où poussent des
cannes à sucre de belle venue, et où le riz donne de riches mois-
sons dont les ravageurs habituels : lièvres, singes, moineaux,
perroquets, tourterelles, causent ici moins de dégats que dans la
plupart des provinces du Cambodge. Ces oasis sont séparées
par des tertres sablonneux que les Siamois appellent *naun*,
mais plus généralement *Khouk*, du nom cambodgien *Kouk*, tertres secs, arides à la saison sèche et couverts de forêts clairières
de grands arbres : phchek, sokkrâm, khlong, thbèng, reang des
montagnes et chlit. Ce dernier est un grand arbre à l'écorce

blanche, rugueuse par plaque et dont le cœur rouge vaut presque
le Krenhung ou bois de fer. J'ai eu occasion de parler du Kouk
Luong « le principal » l'un des plus grands et à coup sûr le plus
redouté. On s'exposerait à de dures souffrances en s'y aventurant
pendant la saison sèche sans emporter de l'eau. Si les forêts
clairières de tous ces tertres sont impropres à la culture elles
fournissent beaucoup d'excellent bois et le gibier y abonde.

Le poisson de Korat, surtout de l'espèce que les Cambodgiens
appellent *trei râs*, est meilleur que celui du bassin du grand lac,
du delta du Mékhong. On le pêche surtout dans le Houé Sathêp,
dans le district de Phimaie. On le prépare en l'écaillant et
l'ouvrant pour le vider sans le laver. Puis on le sale et on le
laisse empilé quelques heures dans des jarres. Il est ensuite lavé
et séché au soleil. Ce poisson sec est vendu à Korat un sling les
trois ou quatre pièces.

La population de la province consomme exclusivement le sel
gemme recueilli dans le pays même, surtout dans les plaines au
nord-ouest du chef-lieu. Les indigènes prétendent que le sel
marin leur cause des démangeaisons. D'un autre côté, une vieille
femme me demanda un jour un peu de sel marin qui est préférable, me disait-elle, pour la préparation de certains remèdes.

Korat tire son importance de la richesse de la province, mais
plus encore de sa situation qui en fait l'intermédiaire de tout le
commerce entre Bangkok et le Laos. Korat communique facilement avec Oubon par la voie de terre ou par le Moun, selon la
saison. De Korat pour aller à Nongkhaï à quinze jours de route,
les charretiers indigènes prennent, dit-on, un damling, soit 4
ticaux par pikul de marchandises à transporter. De Korat à Kabine, au sud, il y a le choix entre deux routes de charrettes,
deux passages permettant de descendre les Dangrèk ; le plus
oriental est celui de Chup Smach que les Siamois appellent
Chhang Smet, au sud de Sourèn ; l'autre est celui de Dangkor,

appelé Chhang Takor par les Siamois, au sud de Nang Rong et
du Ban Phkêâm. J'ai eu occasion de donner des renseignements
détaillés sur ces deux passages. Les autres Chhang « passages »
des grandes montagnes qui permettent de se rendre de la province de Korat dans le bassin du Ménam sont, du sud au nord :
1° Le Chhâng Dong Phya Yên que je devais prendre et auquel
je consacrerai un chapitre spécial. C'est le plus fréquenté, le
plus direct pour se rendre de Korat à Sarabouri et vice-versa.
2° Le Chhang Phya Khlang. 3° Le Chhang Sah Houé, qui relient
Korat à Boua Chum Tévodan sur le Ménam Sak. Ces trois
passages, partant du district de Korat, impraticables aux voitures, servent aux piétons, aux éléphants, chevaux et bœufs porteurs. 4° Le Chhâng Takor, descend aussi à Boua Chum Tévodan,
mais en faisant une courbe plus prononcée vers le nord, pour
revenir au sud. Du territoire du district de Bamnèt Darong
partent : 5° Le Chhang Sang Phalan, très fréquenté qui descend
à Boua Chum Tévodan. 6° Le Chhang Kabauch, peu fréquenté.
7° Le Chhang Khun Vichit, grand passage. 8° Le Chhang Saï,
petit passage. 9° Le Chhang Hin Lœuon, grand passage ; ces
quatre Chhang relient Bamnèt Darong au Mœuong Vichien. Du
territoire de Chettorach partent : 10° Le Chhang Sunya, petit
sentier, peu fréquenté. 11° Le Chhang Châchi, grand passage,
très fréquenté. 12° Le Chhang Mak Phaï, petit sentier ; ces trois
passages conduisent au Mœuong Vichien. 13° Le Chhang Khieu
Koma, très fréquenté, conduit de Chettarach à Péch Boun. Ces
deux derniers passages obliquent au nord-ouest. Puis, 14°, le
Chhang Pak Tok qui oblique au nord, part du district de Chayaphoum et peut conduire à Péch Boun, à Phou Khieu, ou vers
Mœuong Lom Mœuong Lœuy. De Chettorach, on met 5 ou 6
jours pour descendre à Sarabouri à pied, 3 ou 4 jours pour se
rendre au Mœuong Vichien, 2 ou 3 jours pour aller à Boua
Chum Tévodan, 5 ou 6 jours pour atteindre Péch Boun, 4 jours

pour aller au Mœuong Phou Khieu, et 6 ou 7 jours pour atteindre Mœuong Lom Mœuong Lœuy.

En principe, la province de Korat étant considérée comme
marche militaire, ses inscrits ne paient pas la capitation annuelle,
ils sont tenus par contre de fournir aux réquisitions en cas de
guerre ou de rebellion. Quiconque ferait alors défaut devrait
payer une amende de 62 ticaux. Dans les corvées ordinaires
faites en dehors des réquisitions de guerre celui qui ne marche-
rait pas devrait payer deux ticaux. Actuellement, en plusieurs
districts, on a établi la capitation annuelle de 5 ticaux, dont le
produit, parait-il, doit être gardé au chef-lieu afin de parer aux
exigences politiques et défrayer les troupes de passages. Les
habitants immigrés paient selon l'usage à leur Mœung d'origine.
J'ai rencontré au Ban Phkèâm, le Luong Khlang de Paschim qui,
muni d'une lettre du Phya Mahat Amat, l'ancien Phya Si de
Bangkok, venait exiger le remboursement de l'impôt des inscrits
de Paschim établis soit dans la province de Korat, soit dans
celle de Sourèn. L'ordre, adressé aux Phya, gouverneurs des
deux provinces, constatait qu'ils avaient dû percevoir depuis trois
ans, quatre ticaux de capitation annuelle sur chacun de ces
hommes et les invitait à faire remettre l'argent, au gouverneur
de Paschim.

Les Chinois paient pour trois ans une capitation de 4 ticaux et
2 sling par tête.

L'impôt des champs est fixé à un sling et demi par *raï*, nom
que les Siamois donnent au carré de 40 mètres de côté. Cet
impôt est affermé à Korat, d'où des envoyés vont, dans les
districts « brûler les rizières » selon l'expression cambodgienne
de Phakonchhaie qui doit être la traduction de l'expression
siamoise. Selon d'autres renseignements, exacts peut-être pour
certains districts, les envoyés de Bangkok fixent directement
l'impôt sans l'intermédiaire des fermiers. En tous cas, les

évaluations des superficies sont généralement faites à l'estime et à l'amiable, on ne mesure qu'en cas de contestation entre les envoyés et les cultivateurs. Il y a aussi l'impôt dit *tête de forêt* pour les petites cultures ; il est d'un demi-sling par famille. En plusieurs chefs-lieux de district, du riz est mis en réserve dans les magasins pour les besoins publics. Sinon, quand vient pour le service un *Kha Luong* « serviteur du roi, fonctionnaire public » on fait la cueillette par village.

Sous toutes réserves, les prix des fermages de Korat achetés à Bangkok seraient les suivants :

	1883	1884
Ferme des porcs......................	26 cattis	37 cattis
Ferme d'opium.......................	150 cattis	(?)
Ferme des pi, des jeux, alcools.......	270 cattis	87 cattis
Ferme des boutiques................	5 cattis 10 damling	5 cattis 8 damling
Ferme des maisons marchandes......	35 cattis	(?)
Ferme du tabac.....................	18 cattis	(?)
Ferme du sucre.....................	4 cattis	(?)
Ferme du riz........................	550 cattis	(?)

Le fermier des maisons marchandes perçoit 4 ticaux par an et par compartiment ou ferme sur chacune des boutiques de la ville. Si ces boutiques ont en plus un tréteau d'étalage sur la rue, l'impôt est de 8 ticaux. Les tréteaux des petits marchands qui n'ont pas boutique paient entre un sling et deux ticaux par an. Tous ces droits paraissent remplacer l'impôt des patentes. Les petits marchands sans tréteaux, qui vendent, le long, des routes, des légumes, des poissons, des vivres, n'ont rien à payer.

Avant de parler des *pi*, petite monnaie divisionnaire en porcelaine ou faïence, il n'est pas inutile de rappeler que les monnaies en usage à Korat sont les monnaies siamoises : les anciens ticaux d'argent, en forme de rognons, de balles, très souvent falsifiés et valant 4 sling ; les ticaux actuels, petites piastres frappées à

l'européenne, à l'effigie du roi ; les sling et les fœuong qui
correspondent à peu près à nos francs et à nos pièces de cinquante centimes. Vient ensuite la monnaie de cuivre ou de
bronze, frappée aussi à l'européenne, avec couronne d'un côté,
caractères siamois de l'autre, et de quatre grandeurs : le *lot* ou
demi-sou, de 16 au fœuong, l'*at*, de 8 au fœuong, vaut à peu
près un sou ; le *faï*, ou double sou, de 4 au fœuong, 8 au sling,
équivaut donc à la plus grande partie des *lat* de cuivre des
Mœuongs laociens ; enfin le *Sang faï*, ou double faï, quadruple
sou de 2 au fœuong, 4 au sling.

Les petites pièces d'argent, sling ou fœuong, sont assez rares
dans tout le royaume de Siam. A Korat, comme dans les autres
provinces de langue siamoise, on supplée à leur rareté par le
cours forcé des *pi* petites pièces en porcelaine avec caractères
chinois sur les faces. Les *pi*, dont la ferme est généralement
jointe à celle des jeux et des alcools, n'ont cours que pendant
un an dans le même district. Ainsi le fermier du district de
Korat, ou fermier principal, achète à Bangkok cette ferme pour
un an. Au mois d'avril, époque où il doit entrer en fonctions, il
fait, pendant trois jours, parcourir la ville par des crieurs qui
frappent du gong et avertissent la population qu'elle ait à
rapporter les anciens pi qui doivent être retirés de la circulation ; pendant ces trois jours l'ancien fermier doit les racheter,
argent en main. Les gens du pays vendent donc leurs vieux
disques de porcelaine et achètent ceux du nouveau fermier. Les
trois jours écoulés, on n'accepte plus les *pi* en retard, et ce
sera perte sèche pour le détenteur. Peut-être aura-t-il encore
une ressource : les *pi* en circulation, à Korat en 1880, par
exemple, auront pu être achetés par un sous-fermier du district
moins important de Nang Rong et auront eu cours à Nang Rong
pendant l'année 1881. Et de la même manière, ils auront pu
être en circulation pendant l'année 1882 à Pahkonchhaie, dis-

trict moins important encore. La population indigène, accoutumée à cet état de choses, ne paraît pas s'apercevoir de la grande gêne que cette exploitation apporte aux relations sociales ou commerciales.

Avant d'aborder les mœurs et coutumes de ce pays de Korat, je reviens sur quelques industries, que j'ai déjà eu occasion d'effleurer. En beaucoup d'endroits, mais particulièrement à trois villages situés à une matinée de marche au nord de la ville, les Ban : Don Katieng, Chong Hong, Boua, on fabrique des petites marmites, plats, pots ou soupières, vendus selon les dimensions, un sou, un double sou, un quadruple.

Au Ban Pho Krang Si Mun, à une matinée à l'ouest de la ville, tous les habitants fabriquent beaucoup de sel, en recueillant le sable salé de la plaine autour du village. Le lavage, le filtrage et l'évaporation ont lieu par les procédés usuels. Le sel placé dans de petits pots de forme un peu tubulaire et contenant environ une livre indigène est vendu sur place, un tical les 32 pots, et 1 tical les 29 pots à Korat.

On use peu de chaux de coquillages à Korat ; même pour mâcher le bétel on se sert de la chaux, des pierres et graviers calcaires de la plaine au sud de la ville où on les déterre à la profondeur d'une ou deux coudées. Une nuit suffit pour la cuisson qui a lieu dans une petite fosse. Les morceaux de chaux vive, placés dans des paniers sont arrosés d'eau et la chaux liquide. filtrée à travers les mailles des paniers, est recueillie dans des jarres dont on décante doucement l'eau. Cette chaux pour bétel est rougie avec des racines de curcuma bouillies, séchées au soleil, écrasées en poudre et mélangées à une décoction du bois que les Cambodgiens appellent *sbêng*.

Dans les forêts de la province et spécialement dans le district de Nang Rong, on fabrique des torches d'après plusieurs procédés. On mélange, par exemple, du bois pourri et pulvérisé à la résine liquide des téal ou des trach, et on lie, dans des feuilles de palmier borassus ou de *phaau* (un petit palmier), des torches grosses comme le poignet. Les feuilles velues d'un petit arbuste appelé *préal* ou les feuilles de *tompeang baï chû* (une vigne sauvage), ou bien l'écorce du *smach*, sorte de niaouli très commun en Indo-Chine, peuvent remplacer le bois pourri. On les place trois ou quatre jours à même dans le trou à résine liquide pratiqué sur les téal et les trach, puis on les jette dans l'eau pour les froisser en les piétinant et on les roule en torches avec des lianes. Les torches sont liées en faisceaux de vingt. Si l'écorce du smach n'était pas trempée dans l'eau, l'huile liquide se dissiperait bientôt et l'écorce brûlerait mal, n'éclairerait pas. Quand on fait des torches en quantité, par centaines et par milliers, il faut se garder de les laisser dans les cases en gros tas : la chaleur solaire suffisant à les enflammer.

Les habitants de la province de Korat, de même que ceux du Cambodge, savent fabriquer la poudre, en mêlant une partie de soufre à quatre de salpêtre et à une quantité convenable de charbon de l'arbuste *préal*. La poudre d'amorce a la même composition mais elle est tamisée pour être rendue plus fine. Au Cambodge, on remplace généralement le charbon du *préal* par celui de l'arbre *thkau*. Le salpêtre coûte 2 sling la livre à Korat où on achète aussi le plomb pour les balles.

On trouve dans cette région des charrues de forme très primitive, attelées d'un seul buffle. Les grelots des attelages des charrettes sont attachés directement au cou des animaux, et non au joug, à l'instar des habitants du Cambodge. Les charrettes à bœufs de Korat sont beaucoup plus grandes que celles du Cambodge. Le prix de location de ces charrettes varie, selon la distance et le poids des marchandises, à raison, par exemple, de 4 ticaux par pikul à transporter pour 12 à 15 jours de marche, et les voituriers sont nourris aux frais du loueur. Pour un long voyage ils se munissent de riz, de marmites, de couteaux et d'essieux de rechange. Aux mois secs, ainsi que je l'ai déjà dit, tout attelage emporte des bambous pleins d'eau. Les bœufs marchent le matin jusqu'à neuf heures et le soir à partir de trois ou quatre heures. On les laisse généralement reposer pendant la grande chaleur de midi.

Il n'y a ni douanes ni octrois à l'entrée ou à la sortie des marchandises de la ville de Korat; mais il faut une autorisation écrite du Luong Tiem pour emmener au dehors des filles ou des garçons. Le Luong Tiem Charat Maha thaï perçoit 6 sling pour donner ce permis de circulation timbré de son sceau à figure de tigre mort. Sans cette pièce les postes de police de la province arrêteraient les voyageurs suspects.

Au marché de Korat, on vend avec leurs œufs les grosses fourmis rouges, ramassées sur les arbres à l'aide d'un petit panier rond attaché sous la pointe d'un bambou qui pénètre dans les nids. Les insectes et leurs œufs tombent dans le panier et on les verse dans l'eau d'un récipient en bambou tressé et rendu imperméable. On les vend un sou la poignée au marché. Il est nécessaire que les œufs et les fourmis soient réunis pour faire le plat recherché des gourmets. Elles sont cuites avec ou sans légumes.

Une autre industrie de Korat, assez curieuse et dont je n'ai pas entendu parler ailleurs, est la fabrication des boulettes de terre pour *envies de femmes enceintes*. La terre, délayée avec de l'eau, est filtrée à travers un linge. L'eau, après dépôt, est décantée ; le résidu terreux est roulé en boules, cuit un peu au feu de balle de riz qui lui donne de l'odeur. Les boules sont cassées en fragments de la grosseur du doigt. On vend ces fragments pliés dans des feuilles de bananier, au prix d'un petit sou siamois, le quart de livre indigène, soit les cent cinquante

grammes. J'ignore d'ailleurs si les Siamois de Korat partagent
la croyance des Khmèrs. Selon ceux-ci, les envies bizarres de la
femme enceinte indiquent que l'âme de l'enfant est émergée
récemment de l'enfer : les âmes venant des cieux ne devant pas
causer des envies désordonnées.

Les femmes de Korat portent les fardeaux en balance sur
l'épaule de même que les femmes annamites et non sur la tête
comme les cambodgiennes. Elles sont de mœurs très relâchées,
parait-il. Il n'y a plus de *pêng hœuon* ou condamnation au profit
de la maison. Cette coutume n'existe que dans les districts
laociens de la province. En général le code siamois est en vigueur
et les parents ne peuvent faire condamner l'amant de leur fille
qu'au profit des juges. Les Siamoises de la classe moyenne sont
beaucoup plus avenantes, gracieuses et coquettes que les
Laociennes.

Le Chau Mœuong de Korat entretient une troupe d'actrices
qu'il loue à l'occasion aux fermiers des jeux pour attirer les
populations. Le prix de la location est de 20 à 24 ticaux par jour.
Passionnés pour le jeu, non seulement les habitants accourent
chez le fermier, mais bonzes et laïques jouent et parient aux
échecs, aux combats de coqs que l'administration afferme
comme toutes choses. Ils parient même aux jeux de balle que
des particuliers établissent en nettoyant une aire carrée, disposant des jarres d'eau, des cigarettes, du bétel pour les joueurs
qui donnent chacun un sou. Les habitants de Korat sont aussi
adonnés à l'usage de l'eau de vie « qui donne du courage », du
Kanchha ou chanvre indien « qui console des peines de cœur »,
de l'opium « qui tient les esprits éveillés et favorise les appétits
voluptueux ». D'un autre côté l'esclavage est là guettant le joueur
malheureux et endetté. Les mandarins perçoivent un sling par
cattie d'argent porté sur un contrat d'esclavage et le rendent
valide par l'apposition de leur sceau.

Comme partout, le jour de l'an tombe dans le courant du mois de Chêt au jour-fixé par le calendrier royal qui est envoyé de Bangkok. Si ce calendrier est en retard les populations célèbrent quand même la fête dans le courant de ce mois.

La cérémonie du serment a lieu le troisième ou le sixième jour des mois de Chêt et de Phatrebot, c'est-à-dire d'avril et d'octobre. Un peu avant l'époque fixée, un des mandarins de Korat, le Luong Tiem Charat Maha Thâï prévient les Kromokar ou fonctionnaires de la ville et écrit à tous les chefs de district de la province qui peuvent être dispensés pour motifs valables, mais qui en tous cas devront envoyer à Korat, les fonctionnaires du district. Les mandarins des 11 ou 12 disricts se réunissent au jour fixé, à la Vat Klang « la pagode centrale », la principale pagode de Korat, où le Chau envoie les insignes de sa dignité, ainsi que deux sabres, deux lances, le portrait du roi de Siam, une statuette du Bouddha en or et cinq vases d'eau aromatisée. Puis il se rend lui-même en grand cortège à la pagode où cinq bonzes et tous les dignitaires et fonctionnaires de la province le reçoivent aux sons d'un orchestre siamois. Les mandarins de la ville escortant le Chau, se rangent aux premiers rangs de l'assistance ; leurs femmes sont assises en groupes sur les côtés ; les fonctionnaires des districts se mettent aux derniers rangs ; tous sont habillés d'un pagne blanc. Les bonzes récitent des prières avant de se retirer. Le Chau fait disposer les cinq vases d'eau, trempe dans chaque vase la statuette d'or du Bouddha et prévient les assistants qu'ils doivent écouter et répéter phrase par phrase la formule du serment que lit ensuite un secrétaire. Le Chau brasse l'eau des vases avec ses armes, disant : « Que tout traître périsse par ces armes ! » L'eau est distribuée dans des verres à tous les assistants, hommes et femmes. Le Chau ordonnateur de la cérémonie ne boit pas. Quand il remplit ce devoir, c'est avec de l'eau envoyée de Bangkok. Les fonctionnaires des

districts emportent de l'eau consacrée afin de faire boire ceux
de leurs collègues qui n'ont pu venir et qui doivent alors payer
une amende de 6 ticaux. Le refus de boire de l'eau entraînerait
une amende de 10 cattis pour crime de lèse-majesté. Jadis
c'était la confiscation totale des biens.

S'inspirant des idées européennes, le Roi actuel envoie sa
photographie aux chefs-lieux de province et cette image sacrée
préside à la cérémonie du serment ou à d'autres fêtes. Ainsi, à
Korat, lors de la fête que les Siamois appellent Bon Sala
Kaphat, les Chinois offrent un festin aux bonzes et invitent le
gouverneur à venir participer à l'œuvre pie et écouter la prédication religieuse. Le gouverneur joint ses cadeaux d'étoffes ou
d'argent à ceux des Chinois et s'il ne peut venir représenter le
Souverain à la cérémonie il y fera porter la photographie royale,
portrait en pied du roi habillé à l'européenne. Les assistants
allument bougies et baguettes devant l'image « du Seigneur de
la terre et des eaux ».

Le gouverneur participe à la plupart des fêtes religieuses ; la
coutume est de l'inviter. Lors du Hê Kathen, la grande fête
annuelle des présents aux bonzes, les donateurs se groupent en
procession pour se rendre à une pagode, se font précéder d'un
orchestre siamois, passent au marché et font le tour de la ville
à l'intérieur des remparts, afin que tous ceux qui veulent
« témoigner d'un cœur pieux et pur », selon la phraséologie
bouddhique, ajoutent leurs présents en argent ou en objets.
En dernier lieu la procession passe chez le Chau qui joint ses
présents. Des actions de grâces sont faites pour tous les donateurs et le cortège se rend à la pagode.

Selon l'usage, les enfants de 13 ans sont envoyés à la pagode
en qualité de *nén* « élèves, novices » afin de payer la dette de
reconnaissance contractée vis à vis de leur mère, et à 21 ans ils
sont ordonnés *phik* « bonzes, prêtres », en l'honneur de leur

père qui doit bénéficier du mérite ainsi acquis. Telle est, du moins, la tradition populaire, non-seulement à Korat, mais dans toute l'Indo-Chine de bouddhisme orthodoxe. Tous les habitants font, selon leurs moyens, des offrandes quotidiennes aux bonzes qui sont leurs enfants, leurs frères, leurs parents. A Korat, comme ailleurs, on peut rencontrer des âmes pures et pieuses qui passent leur vie entière sans connaître de femme, observant fidèlement les préceptes que le Maître a découverts et édictés afin de se procurer une vie ultérieure heureuse ou même le Nirvana. Mais ce sont là des exceptions et les bonzes de Korat se font remarquer par une tenue très libre et une morale trop relâchée. Ils s'amusent, comme s'ils étaient de simples laïques, au jeu de paume, portent des cigarettes passées à leurs oreilles, achètent en personne et boivent debout en public l'eau du palmier borassus ; ils jouent aux cartes et au baquan ; ils fréquentent les filles, plaisantent, portent la main sur elles, les accompagnent au bois et découchent de la pagode : toutes pratiques qui scandalisaient grandement les Cambodgiens mes compagnons de voyage.

Vers le nouvel an, en avril, a lieu la fête que les Cambodgiens appellent *Pûn Phnom* « entasser les collines », œuvre pie qui a pour but, dit-on, de remplacer le sable que les pieds ont pu emporter au dehors dans le courant de l'année. Dans chaque pagode, les fidèles entassent le sable en petit tas où l'on plante des bambous, des petits drapeaux en papier et que l'on arrose. Les bonzes sont invités à prier la veille au soir et aussi le matin de la fête. Sur de petits clayonnages entourés de fils de coton tendus, on dispose des plateaux de riz grillé, de fleurs et des flacons d'eaux parfumées. Les bonzes prennent leur repas et reçoivent des cadeaux tirés au sort. Pendant trois jours hommes et femmes frappent du tambour à la maison. A cette occasion les gens de Korat font aussi l'aumône de l'eau, non seulement

21

en plaçant une jarre et un bol devant la maison, ainsi que cela
a lieu au Cambodge, mais souvent un homme se tient là, prêt à
servir le passant altéré.

Des pratiques inconnues actuellement au Cambodge ont lieu
à Korat pour le creusement des bassins d'une pagode. Avant de
commencer le travail on offre aux divinités des fleurs, des
bougies, des baguettes odoriférantes, des plats et sucreries.
Ayant tendu les cordes de délimitation sur les quatres faces du
bassin à creuser et récité la prière de Krong Péali, on invite six
bonzes au moins à venir réciter des prières bouddhiques. Après
quinze jours de travail, six bonzes sont encore invités à venir
prier et manger, mais sans cérémonie, repas que les Khmêrs appellent *Da*. Quinze jours plus tard ont lieu d'autres prières suivies
cette fois du *vé changhan*, repas où les vivres sont respectueusement présentés aux bonzes. Les travailleurs entendent ensuite la
lecture religieuse et offrent aux bonzes du bétel, de l'arêc, de la
cotonnade et de l'argent. Telles furent les cérémonies qui eurent
lieu pendant mon séjour dans une des pagodes de la ville.

On invite aussi quatre bonzes à prier la veille du jour où doit
être planté un mât de pagode. Ces mâts appartiennent à l'une des
trois espèces d'arbres que les Khmêrs appellent koki, krekoh,
popél ; ils doivent être transportés un vendredi. Pendant qu'on
dresse le mât un *achar* profère les formules qui doivent neutraliser toutes les mauvaises influences pouvant amener froids et
fièvres.

Quand des fêtes sont accompagnées de feux d'artifice, on
porte la poudre, le salpêtre, aux bonzes qui ont coutume, à
Korat, de se charger de la fabrication des fusées et des pièces
montées. L'organisateur de la fête les paie en conséquence.

On sait que les petits enfants siamois laissent croître une
touffe de cheveux sur le sommet de la tête. Il en est de même
des Cambodgiens qui ont probablement emprunté la coutume à

leurs voisins. La cérémonie de la coupe de ces cheveux, qui a partout une très grande importance, doit avoir lieu, pour les filles, avant leur nubilité et quand leurs années sont en nombre impair, donc, au plus tard, à 9, 11 ou 13 ans. Après cette limite d'âge, si les bonzes qui portent la main sur leur tête étaient induits en péché de pensée, la faute retomberait sur la fille. Les fillettes peuvent, pour la circonstance, être groupées à plusieurs, à condition que le nombre soit toujours impair. Il faut encore choisir un mois femelle, — car il y a des mois mâles et d'autres femelles ; — et trouver enfin un jour propice et favorable. Les mois permettant à la fois la coupe des cheveux et le mariage sont au nombre de quatre : Kàdàk (novembre), Bos, (janvier), Phalkun (mars), Pisak (mai).

Les détails de la cérémonie varient selon le rang, la fortune des parents, à la ville ou à la campagne. Dans les villages, on coupe les cheveux sur un clayonnage élevé sur l'eau, ruisseau ou bassin. Les parents préparent un hangar près de leur maison ; et un autel rustique, sorte de tréteau à deux ou trois gradins. En haut ils disposent des statuettes du Bouddha, des marmites ; en bas du riz, des vivres, des plateaux, des fleurs, des baguettes odoriférantes. Sous le hangar une pyramide en tronc de bananier à sept étages porte à chaque étage, des cigarettes, de l'arêc, des gâteaux. Des fils de coton liés aux bras des statues du Bouddha sont tenus à l'autre bout par les bonzes que l'on invite à venir prier la veille du jour de la coupe. Les fils passent aux plateaux d'eau lustrale ou parfumée et sont aussi tenus par les fillettes. Après les prières on tire des coups de fusil et un orchestre siamois joue toute la nuit sous le hangar : guitare, viole, flûte et tambour. Quiconque veut chanter chante, l'essentiel est que la maison ne soit pas silencieuse cette nuit. Au matin les fillettes sont conduites au clayonnage élevé sur l'eau. Des bonzes récitent là des prières, donnent trois coups de rasoir à chaque chevelure et des *achar* laïques achèvent de couper les cheveux qui sont jetés à l'eau, sauf toutefois les longues tresses. Les filles sont reconduites au hangar ou les bonzes viennent manger, et recevoir les présents des assistants. Ceux-ci font ensuite aux fi'lettes les cadeaux du *lien des poignets* et un festin général termine la cérémonie.

A Korat, si le gouverneur fait couper les cheveux à une de ses filles, les préparatifs sont beaucoup plus importants. On dresse ce qu'on appelle une *montagne*, petite tour haute de plusieurs mètres, à charpente de bambous, recouverte de cotonnades, entourée de dix-sept parasols étagés. Des bougies brûlent jour et nuit pendant toute la durée de la fête. Plusieurs hangars sont élevés pour abriter la photographie du roi de Siam, les insignes et les armes du gouverneur, l'orchestre, les actrices, les bonzes et les jeunes filles. Une trentaine de bonzes viennent prier et pendant trois ou quatre nuits on donne le spectacle avec feux d'artifice où l'on voit des éléphants et des chevaux de bois montés sur roues et mis en mouvement par le recul des fusées. Après la coupe de cheveux qui est faite sur la *montagne* les cadeaux et les festins terminent la cérémonie.

Les Chinois de Korat mariés à des femmes siamoises font aussi couper les cheveux à leurs filles et reçoivent les invités selon leur rang ; les gens de distinction sont assis à l'européenne ; les amis et parents mangent sur des nattes et les femmes prennent leur repas à l'intérieur. A part ces détails la cérémonie a lieu de même que chez les Siamois.

L'opération de la tonte a lieu avec trois rasoirs au manche d'ivoire, de bois noir ou de dent de tigre. Les fillettes se présentent à la file par rang d'âge. Quand elles sont rasées elles changent de vêtements, s'habillent de blanc et montent sur le tréteau où les bonzes et les achar leur versent de l'eau sur la tête. Dans tous ces pays, pendant ce baptème, les filles doivent

tenir à la main une feuille de palmier borassus. Les achar mettent ensuite sur leur tête une sorte de couronne de coton filé
qu'elles doivent garder pendant trois jours. Elles changent encore une fois de vêtements pour aller offrir aux bonzes leur repas.
De nouvelles prières précèdent le rite de la circulation des *popél*,
disques de métal que tous les assistants se passent à la ronde
de main en main. Les poignets des filettes sont liés avec des fils
de coton pendant que les assistants font entendre de tous côtés
le murmure de leurs souhaits de bonheur et de bénédiction. Le
festin des invités termine la cérémonie. Les cheveux ne sont pas
abandonnés sur de petits radeaux au courant de l'eau comme
au Cambodge. On les laisse suspendus pendant trois jours au
tréteau, puis on les jette.

La demande en mariage ayant été faite par des amis qui s'en-
tremettent, les parents du prétendant agréé envoient à ceux de
la jeune fille une tête de porc et une livre d'argent pour le prix
de la case des futurs époux, ou seulement cinq ticaux s'ils font
construire eux-mêmes cette case. Lors du mariage qui a lieu
avec repas offerts aux mânes des ancêtres selon la situation de
fortune des familles, les parents de la jeune femme font à leur
tour cadeau d'une tête de porc. Le divorce est très facile. Les
veuves se rasent la tête et s'habillent, non de blanc, mais de
noir et de rouge. Elles se rasent la tête une seconde fois lors de
la levée du corps pour la crémation et elles peuvent dès lors se
remarier. Les beaux-parents pourraient les faire condamner à
10 ou 20 ticaux d'amende si elles prenaient un nouveau mari
avant que le défunt eût reçu ses derniers devoirs.

La crémation, soit qu'elle ait lieu immédiatement après la
mort ou longtemps après en exhumant les ossements, est
toujours une cérémonie de haute importance. Les gens à l'aise
font une fête de trois jours avec feux d'artifice, autel rustique et
construction monumentale. Les bonzes viennent réciter leurs

prières ; des orchestres jouent continuellement ou alternent avec les rhapsodes, hommes ou femmes qui sont loués pour chanter leurs dialogues. Les habiles improvisateurs, auxquels il suffit de donner de temps à autre la réplique pour stimuler leur verve infatigable, sont loués assez cher. Un jour dans une cérémonie de ce genre, un homme et une femme, aveugles tous les deux, chantaient et improvisaient leurs dialogues poétiques, non pas en se tenant assis selon l'usage, mais en circulant, conduits par la main, autour d'un large faisceau de torches allumées et au milieu d'une assistance émerveillée et suspendue à leurs lèvres. L'homme appelé Kœt venait du district de Nang Rong. Son talent lui procure des revenus suffisants pour entretenir trois femmes.

Ces deux aveugles devaient chanter dans la grande crémation de l'ancien Chau de Korat qui était mort sept mois auparavant. On était en train de construire un mên ou monument crématoire à 200 mètres en dehors de l'angle sud est de la citadelle. Sous plusieurs hangars une foule de bonzes venaient réciter leurs prières près du cercueil. En cette circonstance, les prières sont même parodiées ; les uns chantent d'une voix de fausset, d'autres imitent les cris des vieilles femmes, tous frappent le plancher du manche de leur éventail. Des boxeurs avaient été loués pour commencer leurs luttes au moment où le feu serait mis au ·bûcher ; les récompenses étaient fixées d'avance : cinq ticaux pour les vainqueurs, la moitié de cette somme pour les vaincus. Les joueurs de paume devaient recevoir un tical par tête. Les jeux, les chants, la musique doivent redoubler d'intensité pendant le temps que dure la crémation du corps. Telle est la coutume. Le feu envoyé de Bangkok, briquet et amadou dans un tube avec lettre d'envoi scellée du grand sceau, est délivré moyennant 32 ticaux donnés aux chefs de service à la capitale. Le briquet ne peut servir deux fois pour le même usage.

Vers le jour de l'an, une cérémonie spéciale aux Chinois eut
lieu pendant la nuit à la Vất Prok, une des pagodes de Korat,
avec prières pour les parents de l'organisateur de la cérémonie
dont les ossements reposaient dans cette pagode. Les Cambodgiens appellent cette cérémonie *Hê Krepa*. En tête du cortège
est un *achar* ou maître de cérémonies, suivi d'un orchestre
chinois et de huit hommes portant deux mannequins en terre
peinte représentant les cadavres du père et de la mère de l'organisateur, cadavres habillés des vêtements des bonzes ; autour
de ces mannequins on portait tous les ustensiles et les vêtements
utiles aux bonzes de cette pagode. Trente-deux hommes escor-
taient ces présents portant sur l'épaule au bout d'un bâton, une
lanterne de papier en forme de fleur de lotus où brûlait une
bougie. Suivait une centaine de femmes. Arrivé devant le temple,
au lieu de sépulture des défunts, le cortège s'arrêta, les mannequins et tous les objets furent posés à terre, les lanternes
rangées autour. L'achar fit écarter tout le monde et proféra à
haute voix une formule pâlie que tous les assistants répétèrent
mot à mot. Deux bonzes vinrent prier à voix basse près des
mannequins, prirent les vêtements disposés sur ces mannequins
et les troquèrent contre les leurs qu'ils quittèrent sur-le-champ.
Puis les autres bonzes de la pagode vinrent se disputer le reste
des présents, heurtant à l'envi les lanternes, aux éclats de rire
des femmes et des assistants. L'achar récita ensuite une formule
répétée par tous les laïques pour demander aux bonzes leur
bénédiction. Ceux qui désiraient réellement être bénis avaient
dû jeûner ce jour-là.

Les Siamois de Korat enterrent les gens qui trépassent de
mort ordinaire dans le sens de la course du soleil, la tête à
l'ouest ; tandis que les personnes qui périssent de mort violente, les femmes qui meurent en couches, sont enterrées en
travers de la course du soleil, la tête au nord.

Ils fêtent les génies que les Khmèrs appellent *arak*, mais avec des différences sensibles en comparant à ce qui a lieu soit au Cambodge, soit au Laos. Sur un clayonnage élevé en tréteau ils disposent quatre plateaux de mets, quatre plateaux de sucreries, des gâteaux et des bananes. La *mémot*, la femme qui officie, assistée de quatre vieilles, ceint un langouti d'homme, porte une écharpe blanche en bandoulière et une ceinture rouge autour des reins. Elle évoque les génies au son d'un orchestre siamois composé du *sampho*, de la flûte, du ronéat à lamelles de bambou, du tambour ordinaire et d'un autre tambour petit, tubulaire, long d'une coudée. Cette fête des arak a lieu accidentellement en cas de maladie mais on la célèbre aussi chaque année.

J'ai peu de renseignements sur les procès à Korat. Les deux parties, dit-on, sont gardées ensemble et se surveillent mutuellement jusqu'au jugement, situation qui ne doit pas être agréable surtout si elle se prolonge pendant plusieurs jours. Cette semi-détention a lieu dans la maison du Maha Thai qui prête serment de n'accepter aucun cadeau de l'un ou de l'autre plaideur. Si les juges sont absents, les parties peuvent être relâchées après avoir fait une déclaration écrite.

A mon passage, le Phya Balat ou lieutenant gouverneur, frère cadet du défunt Chau Khun « Seigneur gouverneur » était depuis cinq ans à Bangkok, en procès avec un ex-fermier des alcools qui prétendait avoir entièrement payé le prix de son fermage, ce que niait le Balat chargé de la perception.

Au criminel la situation n'est guère plus agréable qu'au civil pour les plaignants. Les juges exigent une plainte écrite, même dans les cas de flagrant délit, ce qui entraîne des frais. Aussi les gens disent que mieux vaut ne pas poursuivre les voleurs, puisqu'il faut payer des frais considérables pour rentrer... ou ne pas rentrer en possession des objets volés.

Les voleurs de bestiaux : bœufs ou buffles, sont frappés de verges, mis en prison et condamnés à une amende qui est plus forte quand les bêtes volées sont des femelles susceptibles de reproduire. Les adultères sont aussi punis de verge, de prison et d'amende.

A Korat, les condamnés à mort sont promenés en cortège autour des remparts pendant trois jours ; ils doivent publier leur crime et recommander de ne pas les imiter. Le jour de l'exécution on les faits sortir par la *Porte des morts* qui est ici la porte du sud. Le sabre des exécutions, appelé *Mœun Si Sara-van*, se transmet de gouverneur à gouverneur, dit-on.

Le Chau essaye d'organiser en ville une police à l'européenne. Sous peine d'amende il défend de circuler la nuit en armes ou sans lumière. Mais l'insécurité est grande dans la province et les actes de brigandage fréquents : assassinats de voyageurs, vols de bestiaux, incendies de cases. Les brigands semblent incendier et dévaster pour leur plaisir. Veulent-ils attaquer un village, ils s'égaient à le prévenir par une lettre anonyme. Les habitants effrayés font d'abord bonne garde, puis se fatiguent, se relâchent et quand ils commencent à croire à une mystification, les brigands les attaquent à l'improviste et les pillent. Les intéressés seuls se plaignent ; les tiers perdent toute notion morale et il est à croire que les dévalisés du jour seront les brigands de demain. Les bandits sont infiniment plus redoutés que les autorités : celles-ci fouettent alors que les autres tuent. Les chefs heureux et audacieux acquièrent promptement la réputation d'hommes invulnérables et inspirent ainsi plus de terreur : les gens ne s'avisant pas de songer que la poudre, les armes sont mauvaises, les ratés nombreux ou les tireurs mala-droits. Dans les pauvres et petits villages les brigands enlèvent de force les vivres qu'ils désirent. Les femmes qui gardent la maison pendant le jour leur cèdent la place et s'écartent pour

ne pas être insultées. Les pirates enlèvent les bestiaux, cassent
la vaisselle et effrayent ces femmes en tirant des coups de fusils ;
ils attaquent les passants, les tuent sous le prétexte le plus
futile, « à seule fin de se faire la main ». Si des chefs de village
leur demandent leurs papiers : *Les voilà*, répondent-ils en relevant leurs fusils.

Les rencontres suspectes ne sont nullement rares, même
pour un Européen qui doit être sur ses gardes. Son guide, petite
autorité du village voisin, s'arrête pour causer avec trois ou
quatre hommes armés que l'on rencontre sur la route et rejoint
un peu plus loin en disant : ce sont tel et tel de tel village, *nak
léng* « gens de plaisir, de loisir, » expression qui indique les
mauvais sujets en siamois comme en cambodgien. Au nord et
au sud de la province les bestiaux sont conduits aux pâturages
par des hommes en armes ; ou bien n'osant pas les lâcher on
les tient attachés ou parqués près des cases en les nourrissant
de paille de riz. Une escorte armée les conduit à l'abreuvoir.
Si des propriétaires de bestiaux enlevés se mettent à la
poursuite des brigands ceux-ci tirent dessus. Pareil fait eut
lieu à Phakonchhaie au moment de notre passage : les pirates
s'embusquèrent dans le lit d'un ruisseau et fusillèrent les propriétaires à coup sûr.

Si les enlèvements de personnes sont plus rares ils ne sont
pourtant pas totalement inconnus. Des enfants, des jeunes filles,
des esclaves peuvent être saisis, emmenés au loin, au sud des
monts et vendus à vil prix, il est vrai : la marchandise étant de
contrebande et les lois, tout en autorisant l'esclavage, prescrivent avec assez de rigueur de bien établir la provenance des
esclaves.

DE KORAT AU MÉNAM SAK

Le samedi, 5 avril, au matin, les quatre conducteurs amenèrent leurs 22 bœufs à mon pavillon près de la Vat Prok, en dehors de l'angle nord-ouest de la citadelle. Mes cinq Cambodgiens, mes deux Chinois, tout le monde aida à faire les paquets, à les placer à la hâte sur les hottes en équilibrant et égalisant les charges. L'opération ne se fit qu'après maints tâtonnements, pour cette première fois. Enfin vers neuf heures on put partir. Peu m'importait que l'étape fut courte. J'avais hâte d'être en route. Nous appuyâmes au sud pour rejoindre la grande route qui part de Korat pour aller à l'ouest. La Vat Chèng, à un kilomètre environ de Korat marque l'extrémité du long marché du faubourg occidental de Korat. Les boutiques et étalages de vivres

et d'étoffes courent des deux côtés de la route depuis la citadelle
jusqu'à cette pagode. Près de la Vat Chêng est un grand bassin
mesurant 200 mètres sur 160, plein d'une eau peu claire
quoique potable et couvert de châk, herbe aquatique dont les
feuilles ont la forme de la fleur de lotus. Nous nous dirigeâmes
droit à l'ouest suivant la grande piste large de 5 à 6 mètres,
tracée par les charrettes, les bœufs et les hommes sur le sable
rouge. Les cases la bordent encore des deux côtés. A droite
nous avons d'abord le Ban Chek Lim puis la Vat Kedi Lang
Dieu. A gauche la pagode appelée Vat Maï, près de laquelle
stationnent les bœufs porteurs et leurs conducteurs. Les marchands de Korat viennent les louer en cet endroit où ni l'eau ni
la place ne font défaut. A la Vat Kedi Lang Dieu commence le
Pah Rouh (ou Parou) longue ligne d'habitations, de jardins
d'aréquiers, de cocotiers, de manguiers le long d'un petit canal
dérivé du Takong. La ligne sombre du feuillage de ces jardins
s'étend sur près de deux lieues à droite de la route. A gauche,
le pays plus sauvage est couvert de buissons d'épines et de
broussailles basses.

Nous avons plus loin à droite le village et la pagode Samâraï.
Sur la route nous rencontrons des troupes de femmes apportant
de leur village riz, bananes, bétel, oignons qu'elles vont vendre
au marché de Korat. Les hommes portent des peaux et les enfants de l'herbe. Puis nous sommes au Ban Nong Kabok qui a
des cases des deux côtés de la route. Sa mare, longue de
200 mètres sur 80, est couverte de riz sauvage. A droite est la
pagode du village. A l'ombre des arbres, des femmes vendent
des gâteaux, des bananes, du tabac, du bétel aux passants.

Nous atteignons la Vat Maï, pagode couverte en tuiles sous
les arbres fruitiers. Là commence le grand Parou : la ligne des
arbres sombres à notre droite semble s'épaissir encore. Nous
avons à droite le bassin Suon Phrik Thaï long de 200 mètres sur

80 ; sur ses bords, les aréquiers sont en forêt. A gauche de la route le pays n'offre guère que des bambous et des cactus *romchék*. Le jour de l'an étant proche plusieurs habitants font œuvre pie en disposant au bord de la route des louches et des jarres pleines d'eau afin de permettre aux voyageurs d'étancher leur soif. Au Cambodge, où règne le même usage, les donataires formulent le souhait suivant : « Que cette eau soit l'emblème de la fraîcheur et de la douceur de mon existence ! » Au Ban Si Sak Lo Lœung qui a des cases des deux côtés de la route, mais nombreuses seulement sur la droite où est aussi la pagode, nous rencontrons cinq Chinois, quatre portant des vivres, le cinquième, le marchand, coiffé d'un chapeau, s'abrite sous un parasol et marche derrière un Siamois qui porte ses habits. Nous arrivons ensuite au Ban Pah Korat qui a des cases des deux côtés de la route ; elles ne sont serrées qu'à droite. Un peu plus loin nous nous arrêtons à un grand tomniep ou pavillon de bambou, construit pour les mandarins siamois de passage.

Notre étape a duré deux heures et quart, par une chaleur accablante, les rayons solaires étant reverbérés par le sable de la route qui brûlait aussi les pieds.

Sur trois côtés notre immense pavillon est entouré de buissons de bambous que dominent quelques grands arbres. A nos pieds les rizières sont couvertes d'eau prise au Takong. Un peu plus haut ce cours d'eau est barré pour alimenter le canal du Pah Rouh et la ville de Korat. Tout près commencent les jardins du Pah Rouh que nous avons longés pendant deux heures. En face de nous sont les jardins d'un mandarin de Korat, le Maha, Thai qui comptent 1000 aréquiers dont les pieds baignent dans l'eau des rigoles parallèles. Des esclaves surveillent les arbres, font la récolte, d'autres vendent les noix au marché de Korat.

La grande chaleur de cette petite étape m'a fatigué mais je suis content d'être en route pour quitter le Laos et avec une

certaine fierté qui, naturellement, se reporte sur mon personnel
si dévoué, je songe qu'en ce moment, ma mission marche vers
Bangkok sur trois routes qui sont séparées par des distances
immenses ; je suis à Korat, An, à gauche, est aux environs de
Sisaphon et Top, à droite, se dirige de Nam Pat sur Phitsanulok.

Le dimanche 6 avril, nous quittons à six heures ce pavillon
du Ban Pah Korat, continuant notre route à l'ouest, à la suite
de nos bœufs porteurs. La piste largement tracée se divise en
plusieurs bras en traversant les buissons ou les rizières au sol
de sable rouge. Nous rencontrons des troupeaux de bœufs
porteurs venant à vide de Ban Si Khieu et allant à Korat pour
charger des marchandises. Il se produit un peu de confusion,
les bœufs se mêlent et les conducteurs les séparent à grand
peine. Nous ne sommes pas seuls. D'autres convois se dirigent
dans le même sens et forment avec nos troupeaux une grande
caravane de 400 bœufs environ, qui se sépareront bientôt, mais
qui se déploient pour le moment dans tous les sentiers latéraux,
tracés à droite et à gauche de la piste principale. Les doubles
couvertures des bats en rotins ressemblent à une immense
plate-forme de boucliers mouvants. Dans chaque troupeau, les
bêtes les plus sages, d'allure plus régulière ont des clochettes
au cou ; à d'autres la clochette plus grosse encore est suspendue
à un petit toit qui forme clocher sur le bât. Le tintement de
toutes ces clochettes semble régler la marche. Les beaux bœufs,
ont des ornements plaqués sur le front, miroirs et boutons ; ou
bien leurs cornes sont prolongées par des gaines d'étoffe rouge
qui se terminent par des houpettes ; il arrive aussi que ces
gaines ne dessinent que des fausses cornes régulièrement tracées,
alors que les véritables sont tombantes ; l'animal semble ainsi
doué de quatre cornes.

Nous laissons successivement à droite le Ban Maï hameau
de 2 ou 3 cases, le Ban Don Thao qui compte une vingtaine de

cases sous les arbres fruitiers et le Ban Hœua Sip. Souvent
les habitants, les femmes viennent s'asseoir au bord de la
route pour vendre de l'eau-de-vie aux conducteurs, au prix
d'un gros sou la petite tasse. Ou bien un drapeau rouge
avec figure d'éléphant blanc planté devant une case indique un
fermier d'alcool. Des deux côtés de la route les buissons
épineux sont dominés par de rares grands arbres.

Nous rencontrons des vendeurs de fruits Penou, des vendeurs
de saumure de grenouilles dont l'odeur est très caractérisée ;
d'autres portent à Korat les fleurs que les Cambodgiens appellent *chrenieng*, on les mange en salade dans ce pays-ci ; d'autres
portent de la soie, des peaux de buffle, des peaux de pangolin,
des concombres, des cocos. Nous rencontrons des troupeaux
de bœufs porteurs qui ont fait le trajet que nous allons faire en
sens inverse. Ils apportent à Korat des parapluies, des parasols,
du fer, des plateaux, des étoffes et cotonnades. Sur une planche
nous passons le lit actuellement à sec du Houé Yang ruisseau
qui vient de Ta Phan Hin « le pont de pierre », à un jour d'ici
et qui se jette dans le Ta Kong, à une demi-lieue au nord, en
des bosquets que l'on aperçoit. Nous laissons à gauche le Ban
Nong Pèt Nam dont la pagode est près de la route. Au delà est
la hutte d'un génie vénéré, les habitants lui font des offrandes
de bâtons, sabres de bois, statuettes grossières d'éléphant, etc.

Nous laissons à 400 mètres, à gauche, le Ban Dœua, sous
les arbres fruitiers ; puis le Ban Phing Phuoï. Tous les villages
de la région sont habités par des Siamois qui cultivent des
rizières et plantent des ciboules, des oignons du pays. Le terrain
semble s'abaisser ensuite, les arbres appartiennent aux variétés
des terrains inondés : réang, khtom, sangkê, bambous, etc.

Nous rencontrons un troupeau de 300 bœufs porteurs venant
à vide du Ban Mak Lœua et allant charger à Korat. Vers neuf
heures nous traversons le Ban Khouk Kruol qui a des cases des

deux côtés de la route. A côté de sa pagode, un bassin d'eau claire couvert de lotus et une sala bien construite à l'ombre des grands arbres, m'inspirent le désir de terminer là la petite étape du jour. Mais le conducteur en chef me répond que leur station habituelle est à une lieue plus loin. Je n'insiste pas, ne pouvant soupçonner ce qui m'attendait.

Nous continuons donc notre route, passant près d'une carrière de grès rouge qui se trouve en pleine route au lieu dit Krok Hè Lao où le grès affleure le sol. Quelques hommes taillent des bornes de pagode qu'ils vendent ensuite au prix de 4 ticaux. Nous rencontrons aussi deux femmes qui ramassent des fourmis rouges pour les manger. L'une saisit les insectes et les passe à l'autre qui les garde dans un panier imperméable. Nous laissons à droite le Ban Don Tham, hameau de 15 cases, à 200 mètres de la route et nous traversons une plaine de rizières appelées Na Sao. Enfin nous avons à 300 mètres à gauche le Ban Houé Ta Krâ, hameau de 15 cases sous les bananiers et à dix heures et quart nous nous arrêtons au Ban Houé Ta Krâ Maï (nouveau).

A cet endroit il n'y avait que trois ou quatre misérables cases de vendeurs d'eau-de-vie. Les ivrognes y pullulaient. On y voyait aussi une petite arène pour combats de coq ; mais pas d'ombre, pas un abri pour moi qui suis forcé en plein midi de me réfugier sous une misérable charrette. Quiconque ne se contentait pas de l'alcool des débitants n'avait à boire que l'eau jaune, bourbeuse des rares flaques du Houé Takrâ, eau qui donnait à la théière un précipité du plus beau bleu. Je pus regretter à loisir de n'avoir pas insisté pour nous arrêter au Ban Khouk Kruot.

Les deux débitants d'eau-de-vie de ce séjour peu enchanteur ont payé le sous-fermage 40 ticaux me dit-on à Korat. A l'est du Ban Ta Krâ est le Ban Na Sao qui compte 20 cases et dont les

De Korat au Ban Si Khieu

Échelle 1: 5oo.ooo

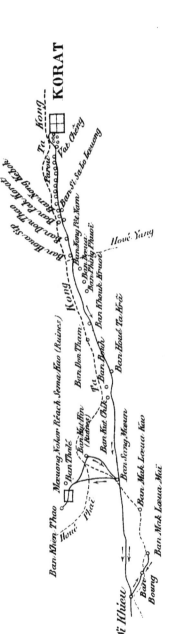

Ban Khon Thao
Maxuong Nokor Réach Sema Hao (Ruines)
Ban Thaé
Ban Nat Hin (Ruines)
Ban Kut Chik
Ban Bolob
Ban Sang Meun
Ban Mak Leeua Kao
Ban Mak Leeua Mai
Ban Si Hhieu
Ban Boung
Houé Phai
Houé
Ta
Ban Bon Tham
Kong
Ban Houé Ta Kôi
Ban Khouk Kruot
Ban Khong Prē
Ban Phibig Phuot
Bon Benya
Ban Song Pē Nam
Houé Yang
Ban Houé Sip
Ban Pak Korat
Ban Nong Kbok
Ban Si Sa lo Loeuong
Ta Kong
Parout
Vat Chēng
KORAT

Aymonier
Voyage au Laos
Tome II_Chap.XIV-I

habitants sont tenus de n'acheter leur eau-de-vie qu'aux fermiers de Ta Krâ. Leur clientèle fait partie du monopole de ceux-ci. S'ils achetaient de l'eau-de-vie de contrebande ils devraient payer une amende de 5 damlengs, soit 20 ticaux.

Vers trois heures, nos conducteurs avaient suffisamment apprécié l'eau-de-vie des deux alambics dans les trois ou quatre méchantes huttes qui composaient ce hameau ; de mon côté j'estimais que je m'étais suffisamment rôti au soleil ardent des midis d'avril, un des mois les plus durs à supporter en Indo-Chine. Il était nécessaire de m'entendre avec mes Laociens pour éviter pareille mésaventure dans la suite. En les louant, je leur avais promis de ne pas presser la marche, de ne pas doubler les étapes, mais ralentir l'une ou couper les autres ne pouvait leur déplaire et je leur fis comprendre que j'avais lieu de regretter vivement de ne m'être pas arrêté au Ban Khouk Kruot où nous aurions eu bonne eau et bon gîte, deux choses auxquelles je tenais dans la limite du possible : à travers les montagnes désertes du Dong Phya Yèn je saurais m'accommoder des circonstances. Et j'ajoutai : Au moins n'y a t'il pas un peu plus loin un gîte d'étape plus convenable que ce misérable hameau de Ta Krâ. — Il y a Sang Mœun, à deux lieues d'ici. — Arriverons-nous avant la nuit si nous partons maintenant ? — Oui. — Consentez-vous donc à partir ? — Ils sentaient que mon mécontentement était fondé et quoique ce ne fût pas dans leurs usages de faire deux étapes par jour, ils chargèrent les bœufs sans faire d'objections. A trois heures et demie notre petit convoi se remettait en marche laissant définitivement les autres troupeaux en arrière.

Nous allons d'abord à travers la plaine de rizières aux arbres rabougris ; puis les rizières cessent, nous sommes tantôt dans les bois maigres, tantôt dans les forêts clairières. Nous laissons successivement à droite le Ban Bouh, hameau de 10 cases, le

22

Ban Kout Chik, village de 20 cases avec une pagode. Partout
le grès affleure le sol par plaques. La chaleur de l'après-midi
sur cette route de petits graviers blancs ou rougeâtres bordée
d'arbres maigres et dépouillés de leurs feuilles était si forte
qu'elle causait une sorte d'ivresse, d'étourdissement. Les
haltes fréquentes des Chinois et des Cambodgiens à l'ombre,
laissant prendre un peu d'avance aux bœufs, témoignaient suffisamment que je n'étais pas le seul à souffrir de la chaleur et
de la fatigue. Nous traversons une petite plaine découverte
qu'on appelle « la plaine des cactus » pour rentrer encore dans
les forêts clairières. Sur la route ce ne sont que des bœufs
porteurs allant ou venant pour transporter les marchandises
des Chinois. Enfin nous atteignons la plaine de rizières du Ban
Sang Mœun et après sept heures, à la nuit tombée, nous nous
arrêtons à un petit pavillon construit près de la pagode centrale
du village. On avait élevé ici trois pavillons ; un très grand pour
le Samdach Krom Phrah, ce premier ministre qu'on avait attendu
en maints endroits et qui n'alla pas au Laos. Les deux autres
avaient été récemment occupés, l'un par le Phya Réachéanukun,
grand mandarin siamois qui a la haute main sur l'expédition
militaire de Nong Khaï, l'autre par le Phrah Viphak Phou
Vadou, titre qu'on donne à l'Anglais qui commande les troupes.
Je me loge dans ce dernier.

Le Ban Sang Mœun ou Soung Mœun est un gros village de
280 à 300 cases sur un tertre où le grès affleure partout le sol.
Les habitants ont une pagode. Ce sont des Laociens qui cultivent des rizières et se livrent à l'industrie du transport par
bœufs porteurs. Selon leurs traditions, leurs ancêtres sont
venus, ou ont été amenés, du Mœuong Phou Khieu lors de la
prise de Vieng Chan. Ils ont pris l'habitude de manger au repas
du matin le riz gluant des Laociens, plus lourd et plus nourrissant, disent-ils, et au repas du soir le riz ordinaire des Siamois,

Cambodgiens et Annamites qui, plus léger, se digère plus facilement même au repos. Le Takong passe au nord du village et permet au voyageur de prendre des bains qui paraissent délicieux après les journées torrides du mois d'avril, sous réserve toutefois de nager ou de faire la planche. Si on met le pied sur le fond on s'aperçoit trop que buffles et bœufs s'y baignent habituellement. Les habitants du Ban Song Mœun relèvent directement, dit-on, du Samdach, premier ministre. Les inscrits tatoués et mariés paient 7 ticaux de capitation annuelle. Les inscrits non tatoués paient 4 ticaux. Les mœurs douces et libres sont celles des Laociens.

La journée du lundi 7 avril fut consacrée à la visite du Mœuong Kao ou vieux Korat, ce qui permit de faire reposer les bœufs qui avaient fait double étape la veille. Partant de Song Mœun on traverse le Ta Kong qui coule ici sur un fond de roches de grès rouge, dans un lit large de 12 mètres et profond de 6 mètres. Le Ban Khouk Phya ou Naun Phya « tertre du Seigneur » est sur l'autre rive. Sa pagode, sur un petit tertre, contient en effet les ruines d'un temple bouddhique relativement ancien, temple en briques ruiné, avec statue du Bouddha sur piédestal et bornes de pagode tout autour. A côté est un bassin aux bords en pente douce et des pierres éparses en grès rouge. Partant de là on traverse des bois épais d'arbres épineux pour arriver bientôt au Khouk Ban That ou Naun Ban That, « tertre du village des tours » où on ne trouve que des mâts de pagode. Continuant dans les bois, on traverse le Houé Phaï, ruisseau qui a encore de l'eau par flaques dans un lit large de 4 mètres et profond de 2. Plus loin est le Ban Hin Tang, village de 20 cases de Siamois, qui tire son nom d'une quinzaine de stèles plantées en terre à une quarantaine de mètres au nord des cases ; mais elles n'ont pas d'inscriptions. Dix de ces stèles hautes de 4 à 5 coudées sont encore debout, les autres sont couchées.

Ces pierres paraissent être plus nombreuses encore dans les broussailles. Enfin nous trouvons une inscription sur un petit tertre appelé Bo I Kha, « puits de la femme Kha, » du nom d'une vieille qui fit faire jadis des fouilles infructueuses, trompée par les apparitions mensongères des génies. De cet endroit traversant la levée de terre qui indique les anciens remparts du vieux Korat on se rend au Ban Khên Thao, village laocien de 50 cases et une pagode, où est une petite pyramide en briques, mais moderne. Des bassins à demi-desséchés étaient creusés dans le voisinage. Quittant le Ban Thên Thao pour revenir, on traverse de nouveau la face orientale de la forteresse et on rentre au Ban Hin Tang ; puis on traverse le Takong pour aller au Ban Kout Hin, hameau de 20 cases ; puis au Ban Kut Kok, qui compte 15 cases. Dans le voisinage sont trois bassins et des ruines informes, des colonnes de grès. Un peu plus loin Naun Kû est encore un emplacement antique où sont des ruines informes en grès blanc et dur. Les gens du pays ont aussi creusé le sol pour y chercher des trésors. De Naun Kû nous revînmes à Soung Mœun.

Le mardi 8 avril, reprenant notre route à l'ouest, nous quittons Sang Mœun avant six heures et nous passons le Takong au-dessus du village et à côté d'un pont en planches qui ne sert qu'à la saison des pluies. Après avoir traversé des rizières, nous suivons visiblement la croupe d'un long tertre : à notre gauche est un bas-fond où doit couler le Takong. Les lieux de halte se reconnaissent aux tisons éteints et aux fientes de bœufs rassemblées. Notre route passe au milieu des fourrés et des bambous, puis elle débouche dans la plaine des rizières de Mak Lœua, village qui est à une demi-lieue sur la gauche, de l'autre côté du Takong. A une pierre, près de la route, tous les passants déposent une fleur, ou une feuille, ou un rameau, en signe d'hommage au Phya Keô, au seigneur génie, lui demandant de préserver de tout vertige ou étourdissement. A huit heures et demie nous nous arrêtons dans une belle bâtisse de la pagode du Ban Si Khieu, gros village de 200 ou 300 cases de Laos à ventre noir, qui cultivent des rizières et élèvent des bœufs pour le transport des marchandises entre Korat et Sarabouri. Mes deux troupeaux étaient de ce village où il n'y a guère que des jacquiers en fait d'arbres fruitiers.

Le même jour, mon interprète Srei se rendit de Si Khieu à un autre gros village, Mak Lœua. Partant vers midi il longea d'abord la rive gauche du Takong, s'arrêtant un moment au Ban Boung, village de 30 cases. Sur la rive gauche sont des rizières. De grands arbres téal croissent sur l'autre rive. Traversant la rivière il atteignit bientôt le Ban Mak Lœua Maï « le nouveau », village de deux pagodes et d'une cinquantaine de cases, fondé une quinzaine d'années auparavant par les gens de Ban Mak Lœua Kao « l'ancien » qui est à une lieue et demie dans l'Est. Celui-ci est un gros village comme Sang Mœun et Si Khieu. Les gens de Mak Lœua fabriquent les thang ou hottes des bœufs. Ils tressent aussi des feuilles pour couvertures des bâts ; pour un tical on en achète dix plaques, de quoi préserver de la pluie une dizaine de bâts. Srei était venu avec un de nos conducteurs faire cette emplète. Les gens de Mak Lœua font venir ces feuilles de palmier du Mœuong Pahkonchhaie, au sud-est, où ils paient un tical les 20 plaques de feuilles pour les revendre à prix double. Srei rentra le soir à Sikhieu.

Les habitants de Sikhieu sont des Laociens à ventre noir (Lao phong dam, c'est-à-dire fortement tatoués). Ils prétendent que leurs ancêtres ont été amenés de Xieng Maï il y a 55 ans (?), et en leur qualité d'hommes du nord on les appelle aussi dans le pays *Lao Yuon*, c'est-à-dire les Laociens Yavana. L'expression est à remarquer. Les Annamites ont aussi été appelés *Yavana* en sanscrit et *Yuon* en langue indigène par leurs voisins méri-

dionaux de civilisation indienne. Aujourd'hui encore les Tcha-
mes et les Khmêrs ne les appellent que *Yuon*. Les bœufs porteurs sont nombreux à Si Khieu où il y aurait aussi 550 bœufs
royaux sous la surveillance d'un petit mandarin appelé Luong
Han. Les trois gros villages voisins : Si Khieu, Sang Mœun et
Mak Lœua auxquels on peut joindre aussi Chan Tœuk à l'ouest,
fournissent la presque totalité des bœufs porteurs qui font le
service entre Korat et Sarabouri : au Laos du moins, car il y en
a probablement d'autres du côté de Sarabouri.

On m'a dit que les bœufs forts et bien portants faisaient deux
fois ce voyage par saison. Les bœufs maigres ne le font qu'une
fois, aller et retour. Le prix usuel est de 3 ticaux par bœuf pour
l'aller. Moi, qui me trouvait dans des conditions plus mauvaises
que les Chinois de Korat, j'avais du convenir de trois ticaux et
demi, soit 77 ticaux pour 22 bœufs de rebut. J'avais donné 22
piastres d'avance. On m'a dit qu'un bœuf fort portait 80 livres
indigènes de peaux à l'aller et 90 livres, 100 même (60 kilogs)
de marchandises au retour. Les miens ne portaient pas la moitié de ces charges. Les marchands chinois n'accompagnent généralement pas leurs marchandises ; ils se contentent d'en
remettre la liste aux chefs des conducteurs avec une lettre pour
leur correspondant. Le bât, appelé *thang* ou *tang*, est formé de
deux hottes de rotin réunies par un bâton de bambou qui les
traverse aux deux tiers de leur hauteur. Des coussins sous le
bambou préservent le dos de l'animal et le tout est recouvert
par un couvercle en rotin tressé en forme de long bouclier un
peu rétréci au milieu et s'élargissant sur les hottes. Le bât est
maintenu par des cordes qui passent sous la queue, sous le cou,
sous le ventre. Enfin une muselière, petit panier de bambou,
empêche l'animal de manger pendant la marche. Un bât complet, avec ses cordes, ses coussins vaut 3 à 4 ticaux. Les deux
hottes seules valent 6 à 8 sleng. Un bœuf porteur coûte environ

20 ticaux. On ne prend que les bœufs ou les jeunes taureaux, les vaches ne portant pas. Les conducteurs, tous armés, forment généralement de forts convois ; il importe de se défendre contre les nombreux brigands de la région. Ces conducteurs, responsables pécuniairement en cas de perte de marchandises par suite de leur incurie, ne le sont plus en cas de force majeure. Chaque troupeau particulier, de dix à quinze bœufs, est conduit par deux hommes ; l'un guide et précède, l'autre chasse les bœufs.

Au début de chaque voyage, il faut invoquer la protection des esprits, en leur offrant des fleurs, une paire de poulets, un bol d'eau sur lequel on dispose les fils de coton qui serviront à lier les cornes du troupeau que l'on tient rassemblé à proximité. On invoque les esprits en leur demandant aide et protection ; que les bœufs ne soient pas harassés, que les marchandises ne soient pas abimées ! Un fil de coton est noué à chacune des cornes de tous les animaux, qu'il faut s'abstenir dès lors de frapper du pied jusqu'à la fin du voyage ; mais on peut les corriger avec une verge, une arme, etc. En outre le principal chef du convoi doit, pendant la durée du voyage, s'abstenir de courtiser les filles et de proférer une insulte, une parole grossière. Je ne devais que trop apprendre à mes dépens que la coutume n'interdit pas à ces conducteurs de boire, de s'enivrer et de voler de l'alcool.

Le mercredi 9 avril, au matin, il y eut quelque tirage pour quitter Ban Si Khiou. Les quatre conducteurs laociens, étant dans leur propre village, désiraient y passer deux nuits. Je crois bien qu'ils avaient mis mes Cambodgiens dans leur intérêt en leur indiquant des distractions agréables parmi les jeunes Laociennes de la localité. Le temps était un peu couvert et Cambodgiens aussi bien que Laociens témoignaient une crainte exagérée de la pluie. Malheureusement pour leurs projets, ayant fait

séjour l'avant-veille à Sang Mœun, je jugeai inutile et dangereux
même de perdre une journée à Si Khiou. J'ordonnai le départ.
Les Laociens, à moitié ivres, ne donnaient en somme d'autres
raisons que le désir de passer une nuit de plus en famille et il
n'y avait pas huit jours qu'ils avaient quitté leurs femmes pour
se rendre à Korat. L'un d'entr'eux, grotesque, tout petit, guère
plus haut que le grand sabre qui pendait au cordon rouge passé
à son épaule, à la démarche sautillante, n'ayant de doigts ni
aux deux pieds ni à la main gauche, infirme de naissance,
tatoué au mollet gauche d'une figure de lièvre, au mollet droit
d'un tigre surmonté d'un paon, paraissait avoir fêté en conscience son passage à sa maison et trébuchait ce jour-là plus que
de coutume ; il se vengeait de sa déception sur ses bœufs,
redoublant les insultes, les grands coups de plat de sabre,
faussant l'arme à chaque instant, la redressant ensuite avec le
pied sur le sol et invectivant les bœufs comme s'ils compre-
naient son langage !

Le ciel ayant été dûment examiné de tous côtés, nous partons
à sept heures, marchant lentement à la suite des bœufs. Nous
longeons d'abord le village qui s'étend à gauche et nous passons
près de la hutte d'un génie auquel un fidèle a offert un fusil de
bois. Au-delà de Sikhieu nous quittons la route des charrettes
qui se détourne à droite pour contourner des collines que nous
allons franchir. Nous la retrouverons avant Chan Tœuk qui est
son point terminal. Nous traversons des rizières, puis une
plaine découverte où sont beaucoup de dambauk, ou nids de
termites. Les collines se profilent nettement, à gauche, à droite,
en face. A notre gauche une ligne de grands arbres indique le
cours du Takong. Après une autre plaine de rizières appelée
Thung Si Khieu nous entrons dans des fourrés de bambous que
dominent quelques grands arbres. Le sol est un sable rouge.
Dans les clairières les bouses de bœufs amoncelées indiquent

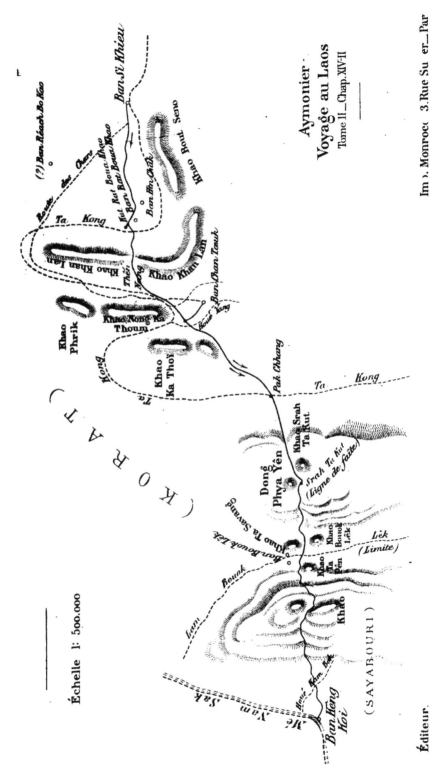

Aymonier.
Voyage au Laos
Tome II _ Chap. XIV-II

Im. Monroc 3. Rue Su er _ Par

Éditeur.

Échelle 1: 500.000

Ban Sî Khieu

(?) Ban Réach Bo Kao

Route des Chars

Khao Rout Seno

Rat Rat Botua Khao
Ban Rat Botua Khao

Ban Rin Chât

Ta Kong

Théri

Khao Khan Lèn

Khao Khan Lèn

Khao Nong Ka
Thoum

Khao
Phrik

Route Ban Chan Toeuk

Khao
Ka Thoë

Kong

Ta

(K O R A T)

Pak Chhang

Ta Kong

Khao Srah
Ta Rut

Dong
Phya Yèn

Srah Ta Rut
(Ligne de faîte)

Khao Ta Savâng

Ban Bouok Lèk

Khao
Bouok
Lèk

Lèk
(Limite)

Khao
Ka
Pèn

Bouok

Lam

Khao

Route Lam Ban

Mé Nam Sak

Ban Hèng
Hoi

(SAYABOURI)

les campements des convois. On s'en sert pour fumer les cultures de tabac, de bétel, ou comme combustible dans le but de mieux conserver le feu allumé. Nous entrons ensuite dans des hautes futaies de phchek, reang, sokkrâm ; au-dessous les nouvelles pousses des bambous commencent à se revêtir d'un beau vert tendre. De tous côtés les cigales font entendre leur gémissement prolongé que dominent les éclats rauques du chant des perdrix. Les petits papillons blancs et jaunes tourbillonnent dans l'air avant de s'abattre silencieusement par bandes. Dans ces prairies entrecoupées de bouquets de grands arbres nous rencontrons parfois des tas de colonnes préparées que les bûcherons iront vendre à Korat.

Vers onze heures, le chant des coqs et le bruit des coups des pilons qui s'abattent régulièrement dans les mortiers indiquent des cases à gauche dans les bois. C'est le Ban Hin Châk, hameau de 4 cases. Plus loin nous avons, aussi à gauche, le Ban Rat Boua Khao ; on aperçoit à 200 mètres les panaches de ses cocotiers. Soudain la piste est barrée par trois perches faciles à déplacer mais flanquées d'une cangue et de deux balises-enseignes en croix. Le barrage, plutôt conventionnel, continue à quelques mètres dans les prés à droite et à gauche de la route. Tout ceci indique la porte du corps de garde chargé de vérifier les papiers des voyageurs allant et venant. En ce moment tout est désert ; je ne vois pas un policier. Au delà, nous continuons dans la prairie et, vers midi et demi, nous nous arrêtons au tomniep ou pavillon de Rat Boua Khao ; il comprend deux petites huttes sans plancher ou treillis ; on couche par terre. A quelques centaines de mètres commence le *Kut*, ou bassin, Rat Boua Khao, c'est à dire « des royaux nénuphars blancs ». Cet étang, large de 20 à 40 mètres, a deux ou trois mètres d'eau claire et limpide sous une couche de nénuphars, de *châk* herbe flottante aux feuilles étoilées, de *saraï*, sorte d'algue. Il

s'allonge de plusieurs centaines de mètres. On me dit qu'il est
très poissonneux. Il cache aussi des crocodiles mais « ils n'ont
jamais fait de mal à personne » ; en tous cas, ils me permirent
d'y prendre tranquillement un excellent bain. Le pays devenait
plus désert, nous commencions à nous engager dans la région
montagneuse. A la nuit des voyageurs siamois vinrent camper
sous les arbres voisins.

Le jeudi 10 avril, nous quittons le pavillon à six heures et
demie, marchant lentement à la suite de nos bœufs, à travers
les clairières et les bouquets de bois où sont de nombreuses
traces de campement le long de l'étang. Bientôt, nous atteignons
le Nam Takong que nous traversons de nouveau. Son lit mesure
ici 8 mètres de largeur, 4 de profondeur et une demi coudée
d'eau. Sur ses bords croissent de grands arbres, téal et autres
essences. Cette forêt est appelée Dong Khan Lan. Au delà les
bois prennent un aspect de taillis, notre route de piétons est à
l'ombre, on n'entend que le cri strident des cigales. Peu à peu
nous montons à travers des blocs de grès rouge ; puis brusquement, arrivés au faite de la colline, nous redescendons la pente
raide sur un escalier naturel de blocs de grès. Ici, les bœufs
sont invectivés de plus belle, pour les engager à poser prudemment les pieds. Nous rencontrons des voyageurs : bonzes et
laïques. Arrivé au bas, dans la vallée, je puis me rendre compte
que nous avons franchi un col de 150 mètres environ de relief,
entre des pics de 4 à 500 mètres. La vallée où nous sommes,
appelée Thên Nong Ngam, est encore celle du Takong qui coule
ici du sud au nord, pour contourner la colline. Cette vallée est
au milieu d'un amphithéâtre de montagnes. En allant au sud
nous la remontons jusqu'à 10 heures. Le conducteur en chef,
prétendant, bien à tort d'ailleurs, que nous n'étions qu'à
moitié route de l'étape, je fais arrêter le convoi en plein bois,
au bord du Takong et près d'un petit bassin appelé Kut Phak

Nam. Ce jour se trouvait être celui de la pleine lune du mois de Chêt et une éclipse de lune eut lieu vers huit heures du soir.

Le vendredi 11 avril nous partons à six heures, continuant à remonter la vallée vers le sud, entre deux lignes de montagnes qui semblent se dresser sur la gauche à 1000 mètres et sur la droite au-delà du Takong à 1500 mètres. On appelle Chhang Khan Lan ce défilé. Vers sept heures nous traversons le Houé Hin Lap, affluent de droite du Takong. Il a encore un filet d'eau claire dans son lit de grès blanc qui est large de 10 mètres et profond de 5. Sur ses bords les arbres croissent grands et épais. Au-delà de ce cours d'eau, nous rejoignons la route des charrettes quittée à Si Khieu et qui a dû faire un long détour au nord le long du Takong. La terre noire, durcie, raboteuse, fait mal aux pieds. Nous atteignons ensuite un sol de sable rouge sous les forêts clairières dont les arbres sont des Tangko, Rovieng, Angkrong, Kantuot prei, et, avant huit heures, nous nous arrêtons au petit tomniep de Chan Tœuk (on prononce Tian Tœuk), composé de deux huttes près du Takong. Nous y rencontrons le Phou Chhuoï du Mœuong Koutsin, district de Kalasin, revenant de Bangkok où il avait été porter 14 catties d'argent, l'impôt du district pour deux années. Le pauvre homme était absent de son pays depuis le mois de juillet.

Srei alla acheter des vivres ou plutôt troquer de la pacotille contre du riz et des œufs de poule au Ban Chan Tœuk, petit chef-lieu de district qui est à une lieue au plus du campement. Le village, peuplé de Laos ventres noirs et de Siamois, compte une trentaine de cases. N'ayant pas de rizières, leur seul gagne-pain est le transport des marchandises à dos de bœufs. Ils boivent l'eau du Houé Khan Lan qui passe près du village. Le Phrah Nokhon Chau Mœuong Chan Tœuk ne réside plus dans ce village, il habite maintenant le Ban Nong Rat Boua Khao près de ma halte de l'avant veille.

Le samedi 12 avril, à six heures, nous nous remettons en route. Le sol est de sable et d'argile. La route passe dans des fourrés épineux, dans des bambous, dans des bouquets d'arbres maigres. Nous traversons le Houé Nhang, petit affluent du Ta-kong, actuellement à sec, puis quelques rizières abandonnées. Notre route de sable et de graviers monte une croupe en pente très douce que nous redescendrons avant la fin de l'étape. Les forêts clairières de phchek et de sokkram sont parsemées de fourrés de bambous. Par endroits on croirait presque que les arbres ont été plantés régulièrement. Nous remarquons des lieux de halte fréquents, mais nous ne rencontrons personne : les étapes étant longues et les gens s'attendant mutuellement pour voyager en troupes. Le silence n'est troublé que par le cri lointain et monotone du gibbon et par les éclats de voix courts et perçants de quelques oiseaux. Vers onze heures, le terrain étant redevenu relativement bas, nous quittons les forêts clairières ; la route, d'argile et de terreau noir, durci est pénible pour la marche à pieds nus. Les bœufs porteurs, voyageant les uns derrière les autres, ont tracé dans cette route de profondes ornières, régulières comme des sillons. Nous entrons dans une forêt de bambous morts. Ces graminées meurent en masse un an après avoir fructifié, ce qui est assez rare. L'année 1882 avait été une année de graines de bambous dans beaucoup de districts de Korat et en 1883 toutes ces forêts étaient mortes. Les gens du pays disent que c'est signe de guerre, de rebellion, ou tout au moins des nouvelles de guerre arrivant des pays lointains ! Toujours est-il qu'en ce moment même le roi de Siam envoyait des troupes à Nong Khaï, donc le pronostic ne s'était pas trompé !

Vers midi, nous traversons une dernière fois le Lam Tahong qui a ici 15 mètres de largeur, 4 de profondeur de rives et une coudée d'eau. Au-delà dans une clairière, sous les grand arbres koki ou téal, on a élevé une toute petite hutte. C'est l'unique abri de l'étape de *Pak chhang*. On ne l'atteint qu'en marchant sur une couche épaisse et circulaire de bouses de bœuf à demi-séchées.

Cet inconvénient à part, le lieu est plutôt plaisant en tant que clairière sous les arbres gigantesques dont les nids d'abeilles sont recueillis pour le compte du roi et au bord du Takong dont l'eau claire fait entendre son continuel murmure. Pour faire mes adieux à cette petite rivière j'y pris ce jour là deux bains, distrait par la vue de grosses hirondelles de montagnes qui rasaient la surface des eaux et par le bruit d'une forte caravane de 600 bœufs environ venant de Sarabouri. Les conducteurs affairés, couverts de poussière, criaient de tous côtés et chassaient leurs bêtes à grands coups. L'heure tardive de leur passage indiquait que notre étape du lendemain serait longue : Pak Chhang « la bouche ou l'entrée du défilé » étant en effet l'entrée du Dong Phya Yen proprement dit. Après le troupeau, passèrent quelques voyageurs, tels que trois bonzes, qui voyageaient en portant leur parasols et leurs marmites. Ces moines bouddhiques, faisant leur petit tour de saison sèche, avaient été de Kabine, leur pays, à Ayutia, au Pied sacré (Phrah Bat), à l'Ombre sacrée (Phrah Chhaï), pèlerinages fameux du Siam où il n'y avait pas d'inscriptions, me dirent-ils. De Korat ils se proposaient d'aller au sud pour rentrer à Kabine. Passa aussi un envoyé royal le Luong Visèt accompagné de quatre porteurs donnés à Sarabouri. Muni d'une lettre du Phya Maha Amat, grand mandarin de la Cour, il allait réclamer l'arriéré de l'impôt dans divers Houa Mœuong, « têtes, c'est à dire chefs-lieux de provinces ».

Le dimanche 13 avril, qui est le jour de Pâques, l'étape devant être longue, nous déjeunons avant de partir. A huit heures nous sommes en route, entrant dans le Dong Phya Yèn proprement dit. La marche est d'abord très pénible, dans des fondrières profondes

de boue, tracées par le passage des bœufs dans un terreau noir
en sol marécageux. Les sentiers latéraux sont nombreux et les
bœufs semblent vouloir se cacher dans les arbres et les buissons.
pour se dérober aux fatigues de l'étape. Au bout d'une heure le
terrain s'affermit, nous suivons une route unique, assez largement tracée, de trois à quatres mètres, sur un sol d'argile rouge
ayant l'aspect de la pierre mais plus molle que de la craie, au
milieu de bois à l'aspect de taillis dont les essences nous sont
inconnues. Les Laociens nous disent qu'il y a du sisiet. Cette
forêt silencieuse n'est animée que par les gammes descendantes
que les gibbons font entendre dans le lointain et par les nuées
innombrables de papillons voltigeant dans la longue trouée que
forme la route dans le taillis. Elle monte en pente assez douce
jusqu'au faîte que nous atteignons vers onze heures en laissant
d'abord à gauche un pic de 120 mètres environ de relief, le Khao
Srah Takut, puis, à droite, un autre de cent mètres environ de
relief, le Khao Chan Dêng. On voit mal d'ailleurs ces accidents
de terrain qui sont masqués par les arbres. Un peu avant midi
nous faisons une halte de quelques minutes dans une petite clairière, au Srah Ta Kut, bassin qui mesure 10 mètres sur 4 ; il est
revêtu en planches et rempli d'une eau très potable quoique
blanchâtre par suite de la couleur de l'argile du sol. Ce lieu
marque la ligne de faîte entre le bassin du Nam Khong et celui
du Menam.

À midi, reprenant notre marche, nous allons d'abord pendant
une heure en terrain plat, sous les grands arbres ; nous rencontrons quelques voyageurs, bonzes ou laïques, groupés par quatre
ou cinq, qui passent pressés, emportant leur petit bagage. De
distance en distance la route est semée d'ossements d'éléphants
et de bâts de bœufs porteurs. La descente commence vers une
heure, d'abord douce, puis de plus en plus raide. Les blocs de
calcaire apparaissent ainsi que cette pierre noire et dure que

les Khmêrs appellent « foie de tortue ». Nous passons près d'une clairière à mi-côte appelée Thung Savan ; c'est un lieu de campement lorsqu'il y a de l'eau à sa mare qui est actuellement à sec. Enfin, vers trois heures et demie, nous atteignons un torrent appelé Bouok Lêk. Le gîte d'étape est au-delà, hutte toute petite, haute perchée sur des colonnettes semblables à des échasses, à moitié découverte, à peine si le toit abrite un petit treillis où je puis tout au plus étendre mon matelas.

Les Laociens me demandent à rester encore ici la journée du lendemain afin de faire reposer les bœufs : l'étape suivante devant être plus dure encore. Nous sommes au milieu d'un amphithéâtre de pics de calcaire. Le torrent, appelé Lam Bouok Lêk ou Mouok Lêk, vient d'une montagne appelée Khao Sila maï, à quatre jours de marche dans le sud, mais sa source permanente sort en abondance à une matinée d'ici près du Ban Bouok Lêk qui compte une quinzaine de cases. Le torrent sert de limite aux Mœuongs de Korat et de Sarabouri ; il va par cascades se jeter dans le Ménam Sak au-dessus du Ban Tha Sao, me dit-on. A 800 mètres au nord de notre campement sont deux petits hameaux en face l'un de l'autre, comptant une dizaine de cases, sur chaque rive. C'est le Ban Khlong Takien appelé aussi Ban Bouok Lêk dont les misérables habitants brûlent des coins de forêts et vendent du sisiet. Mes Cambodgiens qui vont les visiter disent en revenant : « ce sont des gaillards qui ne découvrent pas leur dos », ce qui signifie que ces dos doivent être zébrés de cicatrices dues aux coups de bâtons des condamnations subies.

Le mardi 15 avril nous quittons Buok Lêk à six heures du matin, continuant à l'ouest dans la forêt de Dong Phya Yèn. Les arbres sont en partie des srelao, le sol est tantôt noir, tantôt argileux. Nous passons entre des pics et nous commençons à descendre, tout en remontant exceptionnellement plusieurs

gradins ; les descentes l'emportent de beaucoup sur les montées.
La route, souvent encaissée, est mauvaise, pénible. La solitude
n'est troublée que par les chants des coqs sauvages, les cris
lointains des gibbons et les coups de bec des pies. Nous
rencontrons un bœuf abandonné par des gens de Sikhieu,
parce qu'il est excédé de fatigue, disent nos conducteurs qui
le reconnaissent. Il nous suit volontairement se mêlant aux
nôtres. Bientôt on le saisit et on lui passe le bât d'un de nos
animaux qui boitait fortement. Le bât, dont il avait dû perdre
l'habitude depuis quelque temps, lui cause des démangeaisons
qui le font courir çà et là. Après avoir mis un peu de désordre
dans notre troupeau il finit par se calmer et prendre son rang.
Au bas de la montagne nous abandonnerons à notre tour un
bœuf à bout de forces et nous replacerons son bât sur le boiteux.
Les conducteurs reprendront l'autre au retour, si, d'ici là les
voleurs ne l'ont pas tué pour la peau et la chair. Les ossements
des bœufs blanchis et épars sur cette route lui donnent un air
quelque peu sinistre. Les crânes énormes des éléphants sont
plus rares. Vers neuf heures nous atteignons la station dite de
Mak Kha d'où on aperçoit plusieurs pics et même une longue
croupe, à gauche ; un peu plus bas une hutte est élevée à un
génie, on lui a offert des statuettes grossières d'éléphants et de
jeunes filles. La descente devient à peu près continue et parfois
assez raide ; nous passons près d'un lieu de halte où est une
source. Vers midi et demi nous atteignons enfin le pied des
montagnes ; sous les grands arbres la route est très marécageuse
même à cette époque ci, fin de la saison sèche. Nous rencontrons
plusieurs hommes armés ; d'autres se cachent en apercevant un
Européen. Au-delà de ces marécages nous entrons dans une
plaine en pente douce, couverte de bambous et d'arbres srelao.
A une heure et demie nous traversons le Houé Kam Bok, ruisseau
qui n'a de l'eau que par flaques dans un lit de 6 mètres de

largeur, 2 de profondeur. Nous entrons ensuite dans des forêts
clairières de reang, de phchek et de sokkrâm, où sont quelques
blocs de *bai kriem* ou conglomérat ferrugineux. Enfin à deux
heures et quart, j'arrive au village de Keng Koï.

La chaleur était terrible. Accablé de soif et de fatigue et peu
soucieux d'aller immédiatement examiner si le toit de la petite
sala, à 500 ou 600 mètres au delà du village, était, oui ou non,
un abri convenable contre les rayons du soleil, je laisse aller
les conducteurs ; suivi d'une partie de mon personnel j'entre
dans une des premières cases que je rencontre et m'adressant à
une vieille femme occupée à des travaux d'aiguille je lui dis en
siamois : « *Ma bonne mère* un peu d'eau et d'ombre s'il vous
plait ! » Elle s'empresse de me satisfaire, m'offrant bols sur bols
d'une eau limpide et savoureuse puisée à la grande jarre de la
maison. « D'où vient cette eau ? — C'est l'eau du Ménam Sak
qui coule ici à côté. — A côté ! mais au juste ? — Là, à vingt
pas. » D'instinct, sans rien analyser, cette proximité dont je
tenais ainsi à m'assurer me faisait un sensible plaisir. C'était la
fin des grandes fatigues. De Keng Koï au chef-lieu, Sarabouri, il
me restait deux petites étapes en pays plantureux à travers les
rizières qui bordent le Ménam Sak.

La traversée du Dong Phya Yên dòit être très pénible, très
malsaine pendant la saison des pluies. Les transports commerciaux sont alors interrompus ou à peu près. Le massif des
monts à traverser peut avoir de 80 à 90 kilomètres de largeur.
Il est formé de chaînes parallèles, de plateaux, de vallées qui
envoient leurs eaux vers le nord avant de les faire obliquer soit
à l'est, soit à l'ouest. En ce qui concerne la hauteur, il faut
considérer que Krachêh au Cambodge et Sarabouri à Siam sont
à peu près à la même hauteur, à la limite où la marée se fait
sentir dans les cours d'eau. Or de Krachêh, à Oubon, à Korat
et à Pak Chhang on peut s'élever de 500 mètres environ. De Pak

23

Chhang au Srah Takut, le point culminant, la différence de niveau doit encore être de 500 mètres au minimum. Donc de ce dernier point au Ménam Sak, on fait une descente d'un millier de mètres environ. Je n'ai donc jamais pu considérer comme réalisable, le projet des Siamois de relier Bangkok à Korat par une voie ferrée.

Nous étions entrés au Laos par Sting Trêng le 7 octobre 1883 et j'en sortais le dernier ce 15 avril 1884. Ces six mois avaient suffi pour faire, un peu à la course il est vrai, tous les nombreux itinéraires que je viens de relater dans ces deux volumes. J'en reporte principalement le mérite sur ces jeunes Cambodgiens qui étaient devenus mes collaborateurs pour ce voyage. En toute occasion j'ai cité leurs noms, mais je me plais à répéter que les plus dévoués, les plus intelligents et les plus consciencieux furent An, Srei, Top et Khim.

Diverses circonstances m'ont empêché jusqu'à présent de publier en entier ces Notes qui ont exigé un travail considérable : il a fallu d'abord les traduire en très grande partie et élaguer une foule de redites et de répétitions. Ainsi que je l'ai dit, dès 1885, j'en avais donné de nombreux extraits dans mes *Notes sur le Laos* [1]. Aujourd'hui encore, ce pays n'est pas très connu et, malgré un retard de près de dix années, j'estime que la publication intégrale des renseignements recueillis pendant notre voyage est opportune et utile à l'heure actuelle.

---

1. Saïgon. Excursions et Reconnaissances. Le tirage à part de cet ouvrage est en vente chez M. E. Leroux. Il contient quelques fautes d'impression dont je ne suis pas responsable, mes voyages m'ayant empêché d'en corriger les épreuves.

FIN

TABLE DES MATIÈRES

CHAPITRE III

De Nhassonthon à Phimaie

CHAPITRE IV

De Phimaie à Korat. Séjour à Korat. La ville de Korat

360 VOYAGE DANS LE LAOS

Baugé (Maine-et-Loire). — Imprimerie DALOUX.

MINISTÈRE DE L'INSTRUCTION PUBLIQUE

ANNALES

DU

MUSÉE GUIMET

BIBLIOTHÈQUE D'ÉTUDES

TOME SEPTIÈME

LES PARSIS

PREMIÈRE PARTIE

CHALON-SUR-SAONE, IMPRIMERIE FRANÇAISE ET ORIENTALE DE L. MARCEAU

D. MENANT

LES PARSIS

HISTOIRE

DES COMMUNAUTÉS ZOROASTRIENNES

DE L'INDE

PREMIÈRE PARTIE

PARIS

ERNEST LEROUX, ÉDITEUR

28, RUE BONAPARTE, 28

1898

M. JOACHIM MENANT

MEMBRE DE L'INSTITUT

PRÉFACE

L'auteur livre aujourd'hui au public la première partie de son ouvrage sur l'histoire des Communautés zoroastriennes de l'Inde.

Cette première partie comprend tous les chapitres consacrés à la vie civile des Parsis. On y suit l'homme dans les différentes phases de son existence, depuis sa naissance jusqu'à sa mort, d'après les coutumes et les usages décrits par les anciens voyageurs et les transformations qui se sont accomplies depuis le commencement du siècle.

Le développement de l'éducation a été étudié avec le plus grand soin. C'est, en effet, par l'éducation et sa direction toute occidentale que les Parsis sont arrivés à occuper la situation exceptionnelle qu'ils ont dans l'Inde. L'auteur espère avoir fait clairement comprendre dans le chapitre VIII l'évolution qui s'est produite au sein de la Communauté, et qui, après onze siècles d'isolement, a amené les Parsis à se mêler au grand courant de la vie moderne par le commerce, l'industrie, les lettres et la politique, où ils ont acquis une supériorité incontestable.

La seconde partie, qui paraîtra prochainement, est réservée à l'exposition des devoirs religieux des Parsis ; elle contiendra en outre un certain nombre de documents puisés à des sources officielles sur le Culte et les Temples.

L'auteur donnera un exposé succinct des travaux que les savants ont consacrés à la religion des anciens Perses ; mais il insistera principalement sur l'état actuel du Parsisme, cette dernière période de l'expansion contemporaine de la grande idée zoroastrienne qui, née et développée dans l'Iran, affirme encore de nos jours sa vitalité sur une terre étrangère, malgré le nombre restreint de ses adeptes.

A la suite de cette seconde partie l'auteur publiera les appendices, les éclaircissements nécessaires et une table analytique.

D. Menant.

Paris, 1er décembre 1897.

INTRODUCTION

La bataille de Néhavend avait mis fin à la dynastie des Sassanides; c'en était fait de l'Empire des Perses! Le roi Yezdedjerd avait été assassiné à Merw où il avait trouvé refuge (650), et la conquête musulmane avait achevé de s'accomplir avec une rapidité surprenante. Moins d'un siècle après ces événements, la population entière avait embrassé l'Islam. Seuls, un certain nombre de Zoroastriens rebelles à la conversion se retirèrent dans les districts du Khoraçan, où ils vécurent près de cent ans et où ils purent, sans être inquiétés, se livrer à la pratique de leur culte. Cet asile ayant cessé d'être sûr, ils gagnèrent Hormuz, à l'entrée du golfe Persique, et y firent un court séjour; puis de nouvelles persécutions les décidèrent à aller demander l'hospitalité aux Hindous. Ils mirent à la voile pour Diu, dans le golfe de Cambaye, et demeurèrent dans ces parages près de vingt ans, au bout desquels ils se mirent en quête d'une autre résidence. Après avoir interrogé leurs prêtres, ils remontèrent sur leurs navires et reprirent la mer; mais une tempête ayant assailli la petite flotte, les Persans sur le point de périr implorèrent le Dieu de leurs pères, promettant, s'ils abordaient sains et saufs au rivage indien, de faire briller la flamme sacrée et de bâtir un temple pour l'abriter. L'orage s'étant apaisé, ils purent débarquer à Sanjan, à vingt-cinq milles au sud de Daman (716). Actuellement modeste village du district de Thana, Sanjan était à cette époque, selon Edrissi, une ville commerçante et populeuse. C'est là que s'établirent les fugitifs. Bien reçus par le prince qui régnait alors, le sage Jadi Rana, ils scellèrent avec lui un pacte qui nous est parvenu rédigé sous forme de distiques ou « *s'lokas* ». Ils ne cherchèrent pas à dissimuler leurs croyances ; ils se déclarèrent adorateurs d'Ahura Mazda, ne répudièrent ni le *Sudra*, ni le *Kusti*, la vraie livrée du Zoroastrien, et avouèrent leur respect pour le Feu ; mais sur le reste ils firent toutes les concessions de nature à se concilier la bienveillance du Rana : ainsi ils s'engagèrent à parler la langue du pays, les hommes à ne plus porter d'armes, les femmes à s'habiller à la mode hindoue. Ces obligations furent strictement suivies pendant des siècles ; grâce à la tolérance et au bon accueil du prince hindou, les Persans jouirent enfin d'un peu de paix et de tranquillité. Sanjan devint leur principale résidence ; ils y bâtirent le temple promis, et depuis cette date (721) les rites zoroastriens se sont accomplis sur le sol de l'Inde.

Cette émigration fut-elle la seule ? Il est vraisemblable qu'elle fut suivie de plusieurs autres. Des témoignages probants donnent à penser qu'il y eut des colonies de Persans dans certaines localités du nord de l'Inde ; mais ces colonies ont disparu, et l'on en chercherait vainement les traces. Ce fut celle de Sanjan qui résista à l'influence du milieu et qui donna naissance à ce groupe de 89,904 Zoroastriens que nous trouvons répandus dans l'Inde et qui est celui dont nous allons essayer de retracer l'histoire.

La conquête musulmane du Guzerate apporta une grande perturbation parmi les réfugiés. Ceux-ci, reconnaissants envers les princes hindous qui les avaient accueillis, combattirent pour eux, et l'un de leurs chefs périt en défendant Sanjan ; mais peu à peu ils s'accommodèrent de leurs nouveaux maîtres. Sous la domination musulmane, ils ne comptent qu'un martyr.

Mêlés aux Banians, dont ils suivaient les coutumes extérieures, ils formèrent simplement une caste nouvelle au milieu des innombrables divisions familiales de l'Inde. Les voyageurs européens les trouvèrent d'abord humbles agriculteurs établis le long de la côte du Guzerate, puis réunis en communautés florissantes à Surate et à Bombay. Tandis que leurs frères de Perse subiront toutes les rigueurs de la conquête musulmane et seront flétris par leurs vainqueurs de l'épithète de *Guèbres*, infidèles, les émigrés de l'Inde conserveront au moins dans leur nom un souvenir de leur origine. Les Portugais les appelleront *Parseos* ou *Perseos*, les Anglais *Parsees* ou *Parsis*, les Français *Parses*. Tel relèvera leurs coutumes étranges pour les funérailles, cet autre leur respect pour le feu et le soin scrupuleux avec lequel ils gardent leurs traditions religieuses. Physiquement, ils se distingueront du reste des Hindous et des Musulmans par leur taille élevée, leur teint plus clair que celui des autres natifs et assez semblable à celui des Espagnols ; leurs femmes se recommanderont par leur blancheur et leur beauté.

Il y eut une heure solennelle dans l'existence des Parsis, celle où furent renouées les relations avec les frères restés en Perse. A la fin du XVᵉ siècle, Changa Asa, riche et pieux Zoroastrien de Nausari, envoya à ses frais un laïque lettré, Nariman Hoshang, pour obtenir des membres du clergé iranien certains éclaircissements au sujet de questions religieuses importantes ; de part et d'autre il y eut joie à se retrouver. Les Guèbres de Perse aspiraient depuis des siècles « à savoir si quelques-uns des leurs existaient encore de l'autre côté de la terre ».

Sous Akbar, les Parsis commencèrent à sortir de leur obscurité ; l'un d'eux visita la cour de Delhi et devint du chef du grand empereur un riche propriétaire foncier ; mais c'est de l'arrivée des Européens que date leur marche ascensionnelle. Les Portugais, les Hollandais et les Anglais trouvèrent en eux de précieux auxiliaires. Exempts des préjugés des hautes castes, les Parsis étaient prêts à frayer avec les nouveaux venus, et nos loges n'eurent pas de meilleurs agents. A Surate, où ils étaient établis depuis le XVᵉ siècle, ils conquirent rapidement une position exceptionnelle ; plus tard, à Bombay, leur influence devait grandir avec l'occupation anglaise et leurs destinées allaient suivre celles de la ville à la prospérité de laquelle ils contribuèrent par leur esprit commercial et industriel.

Courtiers des Européens, ils supplantèrent peu à peu près de ceux-ci les Banians adroits et serviables. D'abord agri-

culteurs, puis tisserands, charpentiers, ébénistes, constructeurs de navires, ils se sentirent attirés vers le commerce;
doués de plus de hardiesse que les Hindous, ils n'hésitèrent
pas à traverser les mers et ouvrirent des débouchés nouveaux
dans les pays de l'Extrême-Orient. Ils commençaient en
même temps à offrir aux Anglais ce concours loyal et dévoué qui a établi entre eux une si grande solidarité. C'est
ainsi que dès 1660 ils obtenaient du Grand-Mogol pour
l'*United East India C°* le privilège de fonder une factorerie
à Surate et qu'en 1760, grâce à un Parsi, la garde du
château de Surate était remise avec la charge de l'Amirauté au président de l'*East India C°*.

Au XVIIᵉ siècle, un Parsi était déjà venu en Europe; au
XVIIIᵉ, Burke en recevait un autre à Beaconsfield, et
depuis lors les relations ne cessèrent pas d'être entretenues et devinrent de jour en jour plus fréquentes. A Surate
et à Bombay, la situation de la communauté avait prospéré.
On citait les Parsis, au commencement de ce siècle, pour le
noble emploi qu'ils faisaient de leurs richesses. Ils nourris-
saient des milliers de nécessiteux pendant les famines; Tours
du Silence, Temples du Feu, *Dharmshalas*, institutions charitables, hôpitaux, collèges s'élevaient par leurs soins et par
leurs dons. Leur charité était proverbiale et secourait les
malheureux sans distinction de race, de caste et de religion.
Un de ces *merchant princes*, renommé dans l'Inde entière
pour sa bienfaisance, Jamshedji Jijibhai, était honoré de la
Knighthood (1842), puis créé *Baronet* (1857). Ce fut le
premier natif de l'Inde à qui l'on conféra de pareilles distinctions, juste récompense dans la personne d'un seul
de la longue suite de bons offices rendus au Gouvernement
anglais!

Le commerce n'avait pas absorbé toute l'ardeur des Parsis.
Plus tôt que les autres natifs, ils comprirent les avantages
de l'éducation occidentale et cherchèrent à en bénéficier.
En même temps un parti, attiré par l'Europe, se détachait
ouvertement des Hindous et en rejetait les usages jusqu'a-
lors si docilement suivis; bientôt les Parsis affirmaient une

supériorité qui leur permettait de prendre le pas sur les autres communautés dans les grandes questions de la réforme sociale et de la politique. Ils devenaient aptes aux emplois les plus élevés, dignes enfin de siéger au Parlement (1892).

Nous avons embrassé onze siècles dans ces quelques pages. Pendant ce temps que de générations humbles et résignées se sont succédé dans l'obscurité de la vie rurale et du travail ingrat des comptoirs européens, absorbées dans une pensée unique, la conservation de leur foi. Que de piété et de vertu ne leur fallut-il pas pour se maintenir intactes au milieu des populations étrangères qui les entouraient! Mais cette intégrité, qui nous semble tout d'abord impossible à garder, était plus facile qu'on ne le suppose à faire respecter dans un pays comme l'Inde où le régime de la caste repousse les étrangers, les isole et les oblige à se rapprocher. D'un autre côté, l'action de la justice qui, dans nos sociétés modernes, nivèle les rangs et les classes, ne gênait guère les Parsis sous un gouvernement autocrate, mais débonnaire comme celui des Nawabs de Surate. Les prêtres avaient conservé leur grand pouvoir pour toutes les questions religieuses; quant à la répression des délits, elle était restée entre les mains des chefs constitués d'après le système hindou en Assemblée ou *Panchayet*. L'exclusion de la caste était leur plus redoutable châtiment; seuls, les crimes punissables de mort étaient réservés à l'appréciation et au jugement du Nawab; du reste les voyageurs s'accordent à dire que rarement les différends étaient portés devant les autorités locales. Justice était faite en silence et sans bruit; encore est-il que les exécutions étaient peu nombreuses, à cause de la grande moralité des Zoroastriens. Le *Panchayet* disparut quand le contact avec les Européens eut affaibli son autorité et que les Parsis eurent réussi à faire sanctionner pour la succession et le mariage des lois spéciales basées sur leurs codes religieux.

Les Parsis ne sont donc pas un peuple sans histoire; ils ne sont pas non plus un peuple sans historien. Au XIX siècle,

un Parsi, M. Bomanjee Byramjee Patell, résolut de recons-
tituer les annales de sa nation, et il réussit à présenter dans
la *Parsee Prakâsh* la mention, suivant l'ordre chronologique,
des faits importants depuis la migration de l'Iran jusqu'à
l'année 1860, soit 1258 de l'ère de Yezdedjerd.

Dans sa préface, l'auteur, avec une modestie sans égale,
repousse toute prétention à l'originalité et déclare simplement avoir disposé des matériaux pour ceux qui voudraient
entreprendre une histoire méthodique et raisonnée de sa
communauté. Dans les 1052 pages de ce recueil, il n'en est
pas une qui ne témoigne du soin scrupuleux qui a présidé
au choix des pièces et qui ne révèle les recherches patientes
et laborieuses auxquelles il a fallu se livrer pour les ras-
sembler. Du VIIIe au XVIIe siècle il y a une grande
pénurie de documents précis. Les seuls que nous ayons sont
dus à un prêtre de Nausari, Behman Kaikobad, qui, en
1600, avait réuni les traditions éparses et avait consigné
en vers persans les souvenirs de l'Exode de Perse et de l'établissement dans l'Inde ; viennent ensuite, comme précieuse
source d'information, les *Rivâyats* ou correspondance entre
les Guèbres de Perse et les Parsis du Guzerate, puis les
archives des familles sacerdotales de Nausari, d'Ankleswar,
de Broach et de Surate. M. B. B. Patell a également relevé
les inscriptions des Dakhmas et des Temples du Feu, les
manuscrits des vieilles bibliothèques, enfin les livres publiés en Europe, voire même les simples brochures et les
articles de journaux.

Si jamais travail a été une œuvre de bonne foi, c'est
assurément celui-là. Il ferait honneur, tant il y a de soin et
de méthode dans le classement, au plus laborieux, au plus
érudit des élèves de l'École des Chartes. La *Parsee Prakâsh* n'a qu'un défaut : elle est écrite en guzerati ! Elle est
donc restée inaccessible aux lecteurs européens et à ceux
qui ne connaissent pas cette langue.

Les Parsis rentrés dans le monde moderne avaient pourtant le plus grand avantage à se faire connaitre autrement
que par les récits plus ou moins fidèles des anciens voya-

geurs. Ils étaient à même de le faire. C'est ce que comprit
M. Dosabhai Framji Karaka. En 1858, il publia en anglais
un petit-volume de 286 pages qui initiait aux mœurs et aux
coutumes de ses coreligionnaires et qui fut très apprécié.
En 1884, il en donna une seconde édition en deux beaux
volumes, où cette fois il mettait amplement à contribution
les trésors de la *Parsee Prakâsh*.

Nous avons pensé qu'il y avait lieu de présenter au lecteur français une histoire des Parsis en nous aidant des
renseignements fournis par des sources aussi sûres. Nous y
étions convié par des motifs d'intérêt scientifique et de
sympathie personnelle. Il ne faut pas oublier, en effet, que
les Parsis de l'Inde avec leurs frères restés dans l'Iran, ne
sont pas seulement les débris d'une des plus puissantes
nations de l'Orient, mais qu'ils sont avant tout les dépositaires d'une des formes religieuses les plus hautes du
monde antique. Ce rôle semble pour ainsi dire expliquer
leur longévité, car pendant des siècles ils n'en ont pas
rempli d'autre. Il y a lieu de rechercher aussi comment
s'est faite l'évolution qui les a retirés de la civilisation
orientale et qui les a poussés vers l'Occident, sans qu'ils
renoncent pour cela à leurs croyances et à leurs traditions.
D'une faculté d'assimilation merveilleuse, ils font maintenant bon marché des usages hindous, comme jadis ils
avaient sacrifié leurs coutumes iraniennes aux désirs du
Rana de Sanjan ; mais mazdayesnans et zoroastriens ils
restent ; leur profession de foi n'a pas changé. L'avocat,
l'ingénieur, le *sheriff*, le membre du Conseil du Vice-Roi,
le député à la Chambre des Communes, chacun conserve sa
croyance intacte dans la révélation de Zoroastre et son
respect pour ses Saintes-Écritures. La fidélité à un culte
qui ne compte plus que quelques milliers d'adeptes n'est
donc pas, comme on le croit généralement, l'apanage d'une
seule race et d'un seul peuple d'élection ! C'est ainsi que
l'histoire des Parsis, en tant que communauté religieuse,
peut prendre place dans les *Annales* du Musée Guimet
à côté de la traduction de l'*Avesta* publiée par le regretté

James Darmesteter. En effet. que nous resterait-il des livres sacrés de l'Iran si les réfugiés de l'Inde n'en avaient pas emporté les fragments ? Aussi avons-nous pensé qu'il convenait d'envisager cette histoire à un double point de vue et d'étudier simultanément la vie sociale et la vie religieuse, inséparables chez le Parsi.

Nous avons consacré de longs chapitres à l'explication des coutumes modernes en les rapprochant de celles que nous avaient fait connaître les anciens voyageurs, surtout Anquetil Duperron ; car si notre illustre savant a marqué une ère dans les études iraniennes, il a aussi fixé une date dans l'existence de la société zoroastrienne par son *Exposition des usages civils et religieux des Parses*. A près d'un siècle et demi de distance, il est intéressant de noter la persistance de certains de ces usages, ceux qui président aux funérailles et qui ont un caractère religieux, et l'abandon de ceux qui ont une origine purement hindoue. Pour le mariage, par exemple, le rite mazdéen est simple ; il consiste dans une bénédiction, l'*Ashirwad*, qui contient les paroles sacramentelles qui unissent les conjoints ; la procession, les fêtes, les détails de la cérémonie, tels que le *purdah*, la corde et les grains de riz, sont empruntés aux Banians. A ce sujet, il est curieux de voir jusqu'à quel point les Parsis ont fidèlement tenu leurs promesses au Rana de Sanjan. Dans le costume, il y a encore entre les Banians et les Parsis, dans quelques localités du Mofussil, des ressemblances tellement frappantes qu'un voyageur pourrait se tromper s'il ne s'en rapportait à la marque sacrée inscrite sur le front de l'Hindou !

En ce qui concerne le *Panchayet*, nous avons présenté une courte esquisse des règlements intérieurs de la communauté, suffisante pour donner une idée de la manière dont les Anciens entendaient leurs devoirs et menaient leurs justiciables. Des mentions trop nombreuses de cas presque toujours identiques auraient fatigué le lecteur ; mais nous croyons qu'il aura quelque intérêt à connaître l'exposé des motifs qui ont conduit à la promulgation du *Chattels*

Real Act, du *Parsi Marriage and Divorce Act* et de l'organisation des Parsi matrimonial Courts.

Pour l'éducation, nous avons fait voir les progrès accomplis par la production des *Reports* et des recensements; on pourra se rendre compte par soi-même de l'empressement que les hommes et les femmes ont mis à profiter des avantages de l'instruction. Les chiffres sont toujours si éloquents! C'est dans cet empressement qu'il faut trouver la cause de l'évolution que nous avons déjà signalée et que nous nous sommes efforcé d'indiquer dans le chapitre consacré au commerce, à la littérature et à la politique. Nous avons dû forcément nous restreindre et adopter, pour rendre justice à ceux qui le méritent, un plan qui nous permit, à la fois de suivre le mouvement général et d'y joindre les biographies des hommes éminents. Nous craignons d'avoir passé sous silence des noms qui sont dignes d'y figurer et d'avoir mis imparfaitement en valeur certains autres. Cela vient le plus souvent du manque d'information, d'autant plus que, pour la littérature et la politique, c'est la première fois qu'on a essayé d'en donner un aperçu méthodique. L'histoire de la presse prenait place tout naturellement dans ce chapitre, puisque c'est par elle qu'on arrive à un résultat capital, l'avènement de nos réfugiés à la vie littéraire et à la vie publique. Quant à la politique, nous désirions surtout faire ressortir le caractère spécial des Parsis, jadis intermédiaires entre les Européens et les indigènes, parfois d'officieux chargés d'affaires auprès des princes natifs, maintenant servant de trait d'union entre les gouvernants et les gouvernés et s'affirmant par une sympathie profonde pour l'Inde, leur patrie d'adoption, et les Anglais, leurs anciens amis des factoreries, leurs maîtres aujourd'hui!

Dans le mouvement de Réforme sociale qui agite l'Inde en ce moment, les Parsis ne sont pas moins zélés qu'en politique; ayant fait par eux-mêmes un laborieux apprentissage, ils ont le droit de parler avec autorité. Mais c'est ici que nous ne pouvions ni ne devions nous engager sur un

terrain qui cessait d'être le nôtre. Et pourtant, si nous
n'avions pas étudié la situation actuelle de l'Inde, il nous
eût été impossible de montrer les Parsis dans leur rôle social
et politique. On ne se ferait pas sans eux une idée
nette de la vie publique de l'Inde moderne, a fort bien dit
un des leurs ; en retour on ne se ferait pas une idée nette du
rôle des Parsis si l'on ne connaissait pas le mécanisme de
cette vie publique. C'est pourquoi il se peut que tout ce qui
touche à la politique purement indienne, le Congrès National, par exemple, ne soit pas bien clair pour le lecteur
européen, pas plus que la grande influence du premier homme
d'état de la communauté parsie, Dadabhai Naorozji, ou
celle de son plus illustre réformateur, Behramji Malabari.
Nous nous sommes contenté de jeter quelques jalons.
L'étude complète est encore à faire ; elle aurait outre-
passé les limites dans lesquelles nous devions nous restreindre.

Après avoir initié le lecteur au développement de la vie
civile, il ne restait plus qu'à l'introduire dans le sanctuaire où
le Parsi vient prier et entretenir sa foi ; mais avant de franchir
avec lui le seuil de l'*Atash Behram* ou du simple *Dad-
gah*, il importait de faire connaître les dogmes fondamen-
taux du Parsisme et de donner au moins une idée générale
de la grande place du Mazdéisme dans l'antiquité et des
travaux dont il a été l'objet dans les temps modernes. La
conquête de l'*Avesta* par Anquetil Duperron et les glorieux travaux d'Eugène Burnouf ont trouvé, d'ailleurs, un
précieux complément dans le déchiffrement des écritures
cunéiformes perses. Ainsi fut renouée la longue tradition
obscurcie par les récits des Grecs et les légendes nationales.
Le savant ne pouvait conserver de doutes après avoir épelé
le nom de Darius sur les rochers de Behistoun et de Nach-i-
Roustam et lu la profession de foi dans laquelle le roi des
rois se déclare serviteur d'Ahura Mazda, comme son
humble descendant le Parsi de Bombay !

Le Mazdéisme se présente avec le double caractère d'une
religion monothéiste et révélée. C'est par un Dieu qu'il

a été communiqué aux hommes ou plutôt à Zoroastre, le Grand Prophète, qui vint faire succéder le règne pur d'Ahura aux erreurs des doctrines polythéistes des Magiciens! Il s'appuie sur un système philosophique dualiste qui forme dans l'Avesta le dogme fondamental de la coexistence de deux principes opposés, l'un bon, l'autre mauvais, avec la promesse du triomphe définitif du premier et de la défaite du second.

Quant à cette appellation d'*Adorateurs du Feu* qui persiste aussi bien pour les Guèbres de Perse que pour les Parsis de Bombay, elle est absolument inexacte. Le Feu n'est considéré que comme un symbole, le plus pur, le plus noble emblème de la divinité, de la vertu et de la moralité.

Les doctrines morales sont fort simples ; nous y retrouvons la même division dualiste qui a présidé à l'ordre divin. Deux principes existent aussi dans l'homme sous l'influence d'Ormuzd et d'Ahriman ; ils s'affirment par les bonnes pensées, les bonnes paroles et les bonnes actions opposées aux mauvaises pensées, aux mauvaises paroles et aux mauvaises actions. La vie du Zoroastrien est donc une lutte perpétuelle entre les deux sollicitations. A lui de vaincre ; seules, ses bonnes œuvres parleront pour lui à l'heure suprême et lui assureront le bonheur éternel. Haug a dit justement que la philosophie morale de Zoroastre se meut dans la triade de la pensée, de la parole et de l'action. Il y a dans cette conception la plus antique affirmation de la responsabilité et de l'indépendance du moi.

Les pratiques du culte sont limitées ; à un âge déterminé, le Mazdéen reçoit les insignes sacrés, le *Sudrah* et le *Kusti* qui le font *Beh-din*, c'est-à-dire adepte de la bonne religion. Des purifications sont obligatoires à certaines époques et dans certaines circonstances ; les offices sont peu nombreux ; les offrandes consistent en fleurs et en parfums et, pour le plus auguste, dans la consommation par le prêtre du breuvage sacré du *Paráhóm*.

Nous avons pris grand soin à décrire le temple mazdéen

de l'Inde, si différent de l'*ayadana* achéménide ou du
sanctuaire sassanide. Pendant longtemps il ne se distinguait pas des autres demeures ; maintenant il en est qui se
recommandent par leurs proportions et leur architecture.
Les Parsis ne s'y rendent pas d'une manière régulière ; ils
vont y prier quand il leur plait, mais il n'est pas nécessaire
qu'ils s'y renferment. La nature, dans sa majesté, leur sert
souvent de Temple !

Cette extrême simplicité dans les doctrines et dans les
pratiques est, selon Max Müller, une des causes de l'attachement des Parsis à leur religion ; c'est elle qui les a empêchés
de répondre aux appels des Chrétiens, des Musulmans et des
Hindous. Nul problème compliqué, nulle difficulté théologique pour le fidèle ; une profession de foi de croire d'une
manière générale aux livres de Zoroastre suffit ; on ne
s'oblige pas à croire tous les faits qui y sont mentionnés. Il
faut reconnaitre que, pendant longtemps, cet attachement a
été aveugle ; mais tout aveugle qu'il fût, il a eu l'avantage
de rendre les Parsis aussi rebelles à la conversion qu'opposés au prosélytisme. Les anciens voyageurs ont toujours
enregistré cette particularité qui a contribué à conserver
intact le noyau de Zoroastriens sans l'accroître par de nouvelles adhésions.

Le clergé forme une classe spéciale ; malheureusement il
ne s'est pas toujours recommandé par sa science et par ses
lumières. Les prêtres ont été jugés trop sévèrement, — et ils
le sont encore, — par les gens instruits de leur propre nation,
sans qu'on ait tenu compte qu'à toutes les époques, dans une
caste si nombreuse, il y a eu des gens instruits et éclairés
tels que les auteurs du *Shikand-Gûmânîk* ou du *Mînôkhard;*
les traductions pehlvies, celles de Neriosengh en sanscrit,
par exemple ne témoignent-elles pas que, même dans ces
âges anciens, l'ignorance n'était pas si complète qu'on voulait bien le dire ? La production des œuvres de la littérature
pehlvie achèvera de dissiper cette illusion entretenue par les
récits des voyageurs qui n'avaient aucun moyen d'information ou de contrôle dans une matière aussi délicate.

Un grand changement s'est opéré. On compte actuellement parmi les prêtres des savants distingués auxquels les
érudits d'Occident sont redevables de précieux renseignements ; ils produisent des travaux remarquables, commentaires ou traductions, et ont adopté la méthode scientifique
européenne depuis la collaboration de Haug avec le Dastour
Hoshanji Jamaspji et l'enseignement de M. K. R. Kama.

Nous avons été à même de donner un aperçu du mouvement intellectuel qui s'affirme dans la classe sacerdotale.
Cet aperçu est moins complet que nous ne l'aurions souhaité,
mais il suffira pour nous initier aux préoccupations du clergé.
D'un autre côté, les fils de prêtres délaissent volontiers les
fonctions héréditaires du sacerdoce et se mêlent à la vie civile.
Ils sont généralement intelligents et réussissent dans les carrières qu'ils embrassent. On a remarqué qu'ils sont doués d'une
mémoire surprenante, ce qui vient sans doute de ce que cette
faculté a été cultivée chez eux depuis des siècles par la récitation machinale des prières et des offices, accompagnée des
minuties traditionnelles du rituel. Il est certain que nos réfugiés avaient désappris la langue dans laquelle étaient rédigés
leurs textes sacrés et que, sauf de rares exceptions, ils en
avaient perdu le sens ; mais, à notre avis, cette ignorance a
été précieuse et a beaucoup contribué à conserver pur de tout
mélange le dépôt qu'ils avaient entre leurs mains ; c'est elle qui
a permis aux débris de l'Avesta de traverser victorieusement
les siècles. Telle n'est plus la situation. Rapportés par
Anquetil Duperron, livrés aux recherches des savants, les
textes de l'Avesta ont d'abord subi le sort de documents
scientifiques longtemps désirés et accueillis avec une haute
curiosité, puis celui des autres livres religieux soumis à
l'action de la critique rationaliste. Dans ces dernières conditions, peut-on espérer que, pendant un nouveau millenaire,
ils conservent la même intégrité ; d'autant que l'Avesta
reste isolé ! Aucune religion, sauf le Mazdéisme, ne se
réclame de ses doctrines ; inférieur sous ce rapport au
judaïsme et au christianisme, il n'a pas jeté de racines dans
le monde occidental. C'est en vain que le culte de Mithra

sembla contrebalancer le christianisme au moment où toutes
les croyances orientales étaient accueillies dans la société
romaine. On sait que Mithra, une des personnifications des
forces physiques et morales, le *Yazata* du Soleil, considéré comme agent de la lumière vivifiante, avait pris place
sous les Achéménides à côté d'Ormuzd ; mais était-ce le
même Mithra dont on entendit parler pour la première fois
dans le monde gréco-romain vers 70 de J.-C., et dont le culte,
organisé sur le type des mystères de la Grèce ancienne,
s'affirmait et triomphait au IIᵉ et au IIIᵉ siècle? Le Mithria-
cisme plaisait par les mêmes raisons qui attiraient vers le christianisme, et Renan nous dit même que « si le christianisme
eût été arrêté dans sa croissance par quelque maladie mortelle, le monde eût été mithriaste ». Mithriaste, soit ; non pas
mazdéen, car les mystères mithriaques n'ont aucun rapport
avec la religion mazdéenne, qui devait rester définitivement
l'apanage d'une minorité fidèle établie dans un pays où elle
retrouvait des origines communes. En effet, il est impossible de méconnaître les affinités qui unissent l'Inde à l'Iran
dans leur langue et dans leur religion. C'est peut-être même
dans ces affinités que nous découvrons la raison de la bonne
entente de nos réfugiés avec les populations de l'Inde.

Il convient maintenant de dire quels sont les documents
dont nous nous sommes servi. Nous mettrons en première
ligne la *Parsee Prakâsh* de M. Bomanjee Byramjee Patell
et les deux éditions de l'ouvrage de M. Dosabhai Framji
Karaka pour les événements généraux, et la *Mumbai-no-
Bahar* de M. Ruttonjee Framjee Vatcha pour certaines biographies ; puis les livres, les brochures et *Reports*, gravures
ou portraits qui nous sont venus directement de Bombay.
Nous prions Shams-ul-ulma Ervad Jivanji Jamshedji Modi,
secrétaire du Panchayet parsi, prêtre desservant l'*Agyâri*
de Dadabhai Jijibhai, à Colaba, et M. M. M. Murzban,
barrister at law, d'accepter ici l'expression de notre profonde gratitude pour l'aide bienveillante qu'ils nous ont
constamment donnée et sans laquelle nous n'eussions pu
mener à bien notre travail. Nous remercions également la

Direction du Musée Guimet qui lui a permis de voir le jour. Nous ne pouvons oublier aussi les amis chers que nous avons dans la communauté parsie et qui nous ont soutenu de leurs conseils et de leur sympathie.

Si quelques erreurs se sont glissées, nous prions le lecteur de les mettre toutes sur notre compte et d'en décharger nos excellents correspondants. Nous avons arrêté notre rédaction à l'automne de 1896 ; on ne sera donc pas surpris de ne pas y trouver la mention des événements douloureux qui se sont passés pendant l'hiver de 1897 et des préoccupations pénibles qui assombrissent l'horizon de l'Inde. La communauté a fait aussi des pertes que nous n'avons pu enregistrer. Une des plus sensibles est celle de Bai Motlibai Manakji Wadia qui, par ses vertus et le noble emploi de sa fortune, a mérité d'avoir son nom inscrit dans les fastes du Zoroastrisme.

Nous espérons que les nombreuses planches que nous publions faciliteront l'intelligence du texte ; la plupart nous ont été fournies par nos fidèles collaborateurs, MM. J. J. Modi et Murzban. Un groupe mérite d'attirer l'attention (planche 2) par la raison qu'il donne des dames parsies à côté d'Hindoues, et que les deux types et les deux races mis ainsi en présence sont parfaitement définis.

Nous avons reporté dans les *Appendices* beaucoup de documents qui n'auraient pu prendre place dans l'ouvrage, tels que les recensements complets de la population parsie ; — une communication du plus haut intérêt due à M. Ardáshir Mihrábán, le chef laïque de la communauté zoroastrienne de Yezd, avec lequel M. Ed. G. Browne, le savant *lecturer of Persian* de Pembroke College a bien voulu nous mettre en rapport ; — des listes des Tours du Silence et des Temples du Feu ; — enfin un *vahi* envoyé par M. J. J. Modi et soigneusement traduit dans son intégrité par un jeune lettré parsi. On sait que les *vahis* ou registres des anciennes familles sont une des sources les plus importantes pour l'histoire de la communauté ; celui-ci donne la généalogie de la famille des Dastours de Broach. Darmesteter l'a cité, sans le publier,

dans son premier volume du ZEND-AVESTA. (*Yasna*, Introduction, Matériaux, p. CXIII.) Il vient à l'appui des explications que nous donnons sur l'organisation du clergé zoroastrien dans notre chapitre du sacerdoce.

Quant à l'orthographe des mots sanscrits, zends, pehlvis,
guzeratis, nous nous sommes toujours servi de celle qu'employait l'auteur que nous citions. Pour les noms géographiques, nous avons dû laisser de côté tout espoir d'unification ;
un exemple suffira : la Broach anglaise est la Barotch
d'Anquetil, la Bharoutch d'Élisée Reclus. En guzerati, elle
s'écrit *Bh(a)ruch ;* de sorte que, en présence de ces écarts,
nous n'y avons plus regardé de trop près. Il suffit de dire que
toutes les orthographes employées par nous peuvent se réclamer d'une paternité respectable. Pour les noms propres,
on n'ignore pas qu'il y a en guzerati deux systèmes de transcription, ceux de Gilchrist et de Jones. Nous avons presque
toujours suivi celui de Jones ; encore y a-t-il des cas où le
possesseur du nom ayant adopté celui de Gilchrist, nous
avons dû nous y rallier. Une erreur capitale, et que nous
pensons n'avoir pas commise, c'est de mêler dans un mot les
deux transcriptions.

Nous espérons que le lecteur ne se laissera pas rebuter
par la sécheresse et l'aridité des détails. Nous nous sommes
souvenu avant tout que les livres de cette série des Annales
du Musée Guimet sont destinés à l'étude plus qu'à la vulga-
risation ; aussi avons-nous souvent sacrifié à la vérité et
à la production d'un document positif le plaisir d'émettre
un jugement personnel ou une généralisation séduisante.

Paris. Septembre 1897.

PROFESSION DE FOI ZOROASTRIENNE

Tirée du manuscrit du Vendidad Sadé de Darab

(Bibliothèque Nationale, Supplément Persan, 27.)

LES PARSIS

CHAPITRE PREMIER

Exode des Parsis.

Les « Parsis » sont les descendants des anciens Perses, dont
le nom est resté fameux dans les annales du monde. Réduits
désormais à la minorité peut-être la plus restreinte de toutes
les nations du globe, on les trouve épars sur le territoire
de la Présidence de Bombay et cantonnés dans quelques
districts de la Perse moderne, à Yezd et dans le Kirmân, où
ils végètent depuis des siècles. La Bible[1], les historiens classiques[2], les traditions nationales[3] et les documents épigraphi-
ques récemment mis en lumière par les savants européens[4]
nous renseignent sur les fastes de leur histoire. Le Fars représente de nos jours la petite province *Parsua* qui a donné son
nom à une des civilisations les plus puissantes de l'antiquité.
Il est borné à l'ouest par la Susiane, au nord et à l'est par

1. La première mention des Perses y est faite dans *Jérémie*, xxxix, 3.
2. Hérodote, Ctésias, Deinon, Théopompe, Hermippe, Plutarque, Dio-
gène Laërce, Pline, Strabon, Pausanias, Dion Chrysostôme, Damascius,
Théodore de Mopsueste, etc.
3. Écrivains musulmans : Firdousi, Mirkhond, Tabari, Maçoudi,
Shahrastani, Dimisqhi, Ibn Fozlan, etc. — Écrivains arméniens: Eznik,
Elisée, etc.
4. Les inscriptions cunéiformes achéménides retrouvées en Perse et
en divers lieux, déchiffrées et publiées par Grotefend, Burnouf, Lassen,
Rawlinson, Norris, Spiegel, de Saulcy, Oppert, Menant, Kossowicz,
etc., etc.

le désert de Khavir et le Kirmân, avec un littoral sur le Golfe
Persique compris entre Bouchir et Bandar Abbas. — Dans
les temps primitifs, les habitants divisés en tribus menaient
une vie simple et agreste, supérieurs en tout à leurs voisins
de Médie, déjà amollis par la civilisation. De cinq à vingt ans,
dit Hérodote, on apprend trois choses aux jeunes Perses : à
monter à cheval, à tirer de l'arc et à dire la vérité (Hér., *Clio*,
cxxxi). C'étaient chez eux et chez les Bactriens que les principes de la religion zoroastrienne s'étaient maintenus les
plus purs.

La première Avec Cyrus, descendant d'Achéménès, les temps historiques commencent pour la Perse. Il fonda la dynastie des
Achéménides qui dura deux siècles et atteignit, par ses
conquêtes, un degré de splendeur dont on trouve en tous
lieux des traces irrécusables. Alexandre, à Arbèles[1] (331),
renversa Darius, le dernier prince achéménide, et, à sa mort,
la Perse resta au nombre des pays soumis aux Séleucides.
En 255 av. J.-C., Arsace, de la province de Parthie, se révolta
contre Antiochus Théos et jeta les bases d'un nouvel empire.
La race des Arsacides régna jusqu'à ce qu'un Perse de naissance peu illustre, Ardeschir, fonda à son tour une dynastie
nationale, celle des Sassanides (226 ap. J.-C.). Les Romains
en furent les constants adversaires; toutefois le danger le
plus pressant ne se manifesta qu'avec l'apparition des Arabes,
qui, gagnant de proche en proche, avaient déjà conquis plusieurs provinces, lorsque le roi Yezdedjerd s'apprêta à la
résistance.

La première invasion avait eu lieu sous le khalife Omar
(633)[2]; Khalud Ben Walid, à la tête de dix mille hommes,

---

1. Arrien, *Expédition d'Alexandre*, liv. III, c. xxii.
2. Weil, *Geschichte der Chalifen nach handschriftl. grösstentheils
Quellen*, etc., etc., c. ii, pp. 54 et suiv. Mannheim, 1846. Caussin de
Perceval, *Histoire des Arabes*, liv. IX, p. 400. 1848. Malcolm, *Hist. of
Persia, from the most early period to the present time*, vol. I, c. vi,
p. 170. London, mdcccxv.

et Mosanna, à la tête -de huit mille , avaient marché contre Hormaz, le gouverneur perse de l'Iraq, et l'avaient battu. Après cette victoire, Khalud s'était porté en avant et avait conquis l'Iraq; mais il fut vaincu à la journée de Marwaha (634). Quatre mille musulmans y furent tués et deux mille retournèrent à Médine; malheureusement le général perse Behman ne poursuivit pas cet avantage. Deux factions divisaient alors le pays, l'une sous Roustam, le généralissime de l'empire perse, et l'autre sous le prince Firouz. Behman, au lieu de protéger l'indépendance de sa patrie, accourut soutenir Roustam contre Firouz! Les rapides succès des Arabes les enhardirent à établir leur camp entre Kadesiah [1] et Koufah

---

1. « *Qadeçyeh.*— Bourg célèbre par les combats que s'y livrèrent les musulmans et les Persans [1]. Il est à quinze farsakhs de Koufah et à quatre milles d''Ozhaïb; longitude, 69°; latitude, 31° 2/3. Ce fut l'an 16 de l'hégire, sous le khalifat d''Omar ben Khatthab, que les musulmans, commandés par Sa'd ben Abi Waqqas, livrèrent bataille aux infidèles. Pendant l'action, Sa'd s'était retiré dans le château [2], d'où il examinait les mouvements de ses troupes. Cette mesure fut considérée comme une preuve de pusillanimité, et un musulman de l'armée fit contre lui ces vers (mètre *thawil*) :

« Ne vois-tu pas que Dieu a fait descendre la victoire sur nous, tandis que Sa'd se cachait derrière les portes de Qadeçyeh? ‖ Il pensait alors à augmenter sa famille et à rendre ses femmes mères, car les femmes de Sa'd ignorent les privations du célibat. »

Un autre poète, Bischer ben Rebi'ah, a parlé de la bataille de Qadeçyeh en ces termes (même mètre) :

« Ma chamelle s'est arrêtée aux portes de Qadeçyeh ; mon chef était Sa'd ben (Abi) Waqqas. ‖ Souviens-toi (que Dieu te guide !) des prouesses de nos épées auprès de Qodaïs, et de l'aveuglement de nos perfides enne-

---

1. Le bourg d'Elkadder, non loin de Kerbela, marque l'emplacement de l'ancienne Kadesiah. Quant à Koufah, un groupe de masures occupe celui de la capitale du khalifat, qu'on dit avoir été aussi considérable que Babylone.

2. « Il y avait à Ozhaïb un château appartenant aux Persans et nommé *Qodaïs*, d'où vient, dit-on, le nom de *Qadeçyeh*. Sa'd s'y établit avec son harem parce qu'il souffrait de la goutte et ne pouvait ni s'asseoir, ni monter à cheval. Couché sur la plate-forme de cette forteresse, il observait son armée, et des gens postés en bas transmettaient ses ordres et ses dispositions militaires. » (*Méraçid*.) (Voyez l'*Essai sur l'Histoire des Arabes* par Caussin de Perceval, III, 481-485, et Weil, *Gesch. der Chal.*, I, p. 65 et suiv.)

où les hordes nomades étaient venues renforcer leurs troupes par ordre du khalife. La lutte dura trois jours et trois nuits ; l'armée des Perses fut entièrement détruite, et l'étendard royal tomba au pouvoir des Arabes [1]. Yezdedjerd, instruit de ce malheur, s'enfuit à Holwân. Sa'd, s'étant emparé de Madaïn, se mit à la poursuite du monarque fugitif qui se retira à Reï.

L'an 20 de l'hégire, Omar rappelait Sa'd, et Yezdedjerd en

---

mis. || Ce soir-là plusieurs d'entre nous auraient voulu emprunter des ailes aux oiseaux pour pouvoir s'envoler, || lorsque leurs bataillons s'avançaient l'un après l'autre contre nous, semblables à des montagnes mouvantes. || Avec mon épée, j'ai mis le désordre dans leurs rangs, et ma lance les a dispersés ; car je suis un homme digne de manier la lance, || moi et mes dignes compagnons : Amr, père de Thawr, le martyr. Haschem, Qaïs, Nô'man le brave, et Djérir. »

Il existe un grand nombre de poésies composées en l'honneur de cette journée, l'une des plus célèbres et qui attirèrent le plus de bénédictions sur les musulmans. 'Omar ayant écrit à Sa'd pour lui demander des renseignements sur la position de Qadeçyeh, celui-ci lui donna les indications suivantes : « Qadeçyeh est entre le *fossé* et *el-'Atiq* (canal de l'Euphrate). A sa gauche, est la mer dans une baie d'où partent deux routes qui mènent à Hirah : la première, sur des coteaux élevés ; la seconde, sur le bord d'un fleuve nommé *Khousous*, qui débouche entre Khawarnaq et Hirah ; à sa droite, sont de nombreux cours d'eau qui arrosent ce pays. Toutes les peuplades qui ont fait la paix avec les musulmans avant mon arrivée tremblent devant les Persans et sont prêtes à me donner main-forte. » Les historiens des premières conquêtes divisent l'affaire de Qadeçyeh en quatre journées. Ils nomment la première journée, *la journée d'Ermath ;* la seconde, *la journée d'Agh-wath ;* la troisième, *la journée d'Amas ;* ils appellent la nuit qui précéda la quatrième affaire, *la nuit d'Hérir* ou du grondement ; et la dernière journée, *le jour de Qadeçyeh.* Le célèbre Roustem, fils de Farrokh-Zad, perdit la vie dans cette bataille, et les Persans ne purent remplacer cet habile général. (*Dictionnaire géographique, historique et littéraire de la Perse et des contrées adjacentes,* extrait du *Mo'djem el-Bouldan* de Yaqout, etc. Trad. Barbier de Meynard. Paris, 1861, p. 432.)

1. Malcolm, *Hist. of Persia,* vol. I, c. vi, p. 174. Weil, *Geschichte der Chalifen,* 2 chap., pp. 54 et suiv. Caussin de perceval, *Histoire des Arabes,* liv. X, pp. 481 et suiv. Maçoudi, *Prairies d'or,* trad. Barbier de Meynard, c. lxxvi, p. 207. Tabari, trad. II. Zotenberg, part. IV, c. xli, pp. 385 et suiv.

profitait pour réunir cent cinquante mille hommes, tous contingents tirés de la province du Khoraçán et des environs de Reï et d'Hamadan. Firouzan en reçut le commandement. Le khalife, apprenant les préparatifs du roi de Perse, envoya à son tour des renforts et plaça à leur tête son général No'mân, avec les ordres les plus stricts pour détruire la religion impie des Ignicoles. C'est à Nehawend¹ qu'après deux mois d'attente le choc des armées décida du sort de

1. *Nehawend.* — Grande ville à trois journées d'Hamadân, dans la direction de la qiblah (sud-ouest). Abou'l-Moundher Hischam dit qu'elle reçut ce nom parce qu'on la trouva toute bâtie et telle qu'elle est encore. D'autres en font remonter la fondation à Nouh (Noé) et pensent que son nom actuel est l'abrégé de *Nouh-Awend* ou *Nouh-Wand*, c'est-à-dire la ville de Noé. Hamzah croit que son nom primitif était *Nouha-Wend*, ce qui signifie « le bien multiplié ». Nehawend est située dans le IVᵉ climat, par 72° de longitude et 36° de latitude ; c'est une des plus anciennes villes du Djebal. Elle fut conquise l'an 19 ou l'an 20 de l'hégire. Abou Bekr el-Hodhaïli, s'appuyant sur le témoignage de Mohammed, fils de Haçan, dit : « La bataille de Nehawend fut livrée l'an 21, sous le khalifat d'Omar, fils de Khatthab. — Les musulmans étaient commandés par No'mân ben Mokarren el-Mouzeni ; ce général avait sous ses ordres Hodhaïfah, fils de Yemani, Djerir ben 'Abd Allah, el Moghaïrah ben Scha'bah et el-Asch'ath ben Qaïs. Lorsque No'mân, qui était un des compagnons du Prophète, fut tué, le commandement supérieur passa à Hodhaïfah ; c'est ce chef qui conclut la paix, ainsi que nous le rapportons au mot *Mah-Dinar.* Voici ce que raconte el-Moubarek ben Sa'ïb, qui tenait ces renseignements de son père : « Nehawend fut prise par l'armée de Koufah, et Dinewer par les troupes de Basrah. Comme la population de Koufah s'était considérablement accrue, une partie de ses habitants fut obligée d'émigrer dans les pays nouvellement pacifiés et soumis au Kharadj. C'est ainsi qu'ils vinrent habiter Dinewer. La province de Koufah reçut en échange de Nehawend, qui fut annexée à la province d'Ispahân, l'excédent du Kharadj prélevé sur Dinewer et sur Nehawend. Ce fut sous le règne de Mo'awiah ben Abi Soufiân que Nehawend fut nommée *Mah el-Basrah* et Dinewer *Mah el-Koufah.* Les Persans, avant la bataille de Nehawend, avaient réuni des troupes considérables ; on dit que leur armée était forte de 150,000 hommes, commandés par le *Firouzân.* A la suite de cette importante journée, qui fut appelée la victoire des victoires, la résistance des Persans s'affaiblit de plus en plus. L'opinion la plus accréditée est que ces événements se passèrent pendant la cinquième année du khalifat d'Omar, l'an 19 de l'hégire. » (Cf. *Essai sur l'Histoire des Arabes*, par Caussin de Per-

l'Iran. Trente mille Perses restèrent sur le champ de bataille, et quatre-vingt mille se noyèrent dans le fossé qui entourait le camp. Firouzan, poursuivi dans la montagne, fut tué par un détachement d'Arabes[1].

Dès lors la Perse appartint aux khalifes. Yezdedjerd s'enfuit d'abord dans le Seistan, puis à Merw ; le gouverneur de cette ville offrit au Khàqan du Turkestan de lui livrer le prince fugitif. Les Turcs entrèrent dans la ville, malgré la résistance des habitants, et le roi, profitant de la confusion, réussit à se cacher dans un moulin des environs. Le meunier tout d'abord protégea le prince, mais poussé par le désir de s'approprier ses armes et ses vêtements, il le tua lâchement. Le peuple, irrité, massacra l'assassin, et le corps d'Yezdedjerd, fils de Schahriar, le dernier souverain sassanide, fut envoyé à Istakhar pour y être déposé dans le tombeau de ses ancêtres (650 ap. J.-C.).

La conquête de la Perse s'accomplit avec une rapidité surprenante. Peu après la mort du roi, l'islamisme s'était imposé partout ; cependant certains parmi les Mazdéens résistèrent et parvinrent même à rester sur le sol de leur patrie ; d'autres, ne voulant pas accepter la loi du Koran, abandonnèrent leurs foyers et se cantonnèrent dans les districts montagneux du Khoraçân[2] où, pendant cent ans, ils purent vivre

---

cval, t. III, p. 491, et les *Annales* d'Abou'l Feda, éd. de Reiske, t. I, p. 242.) Voy. B. de Meynard, *Dict. géog. hist.*, etc., p. 573.

1. MALCOLM, *Hist. of Persia*, vol. I, c. VI, p. 176. G. WEIL, *Geschichte der Chalifen*, etc., 2 chap., p. 54. MAÇOUDI, *Prairies d'or*, trad. Barbier de Meynard, c. LXXVI, p. 233. TABARI, trad. Zotenberg, part. IV, c. XLVII, p. 467.

2. *Khoraçân.* — Vaste contrée qui s'étend du côté de l'Iraq (persan), jusqu'à Azadwar (chef-lieu du district de Djouein) et au Beïhaq ; elle est bornée, du côté de l'Inde (au sud et à l'est) par le Thokharistân, Ghaznah, le Sedjestân et le Kermân. Elle renferme des villes de premier ordre, telles que Niçabour, Merw, qui a été la capitale de l'État de Balk, Herat, Thaleqân, Neça, Abiwerd, Serakhs, et plusieurs autres cités considérables sises en deçà du fleuve Djeïhoun (Oxus). Quelques géographes ont placé dans le Khoraçân les provinces du Kharezm et

et pratiquer leur religion sans être inquiétés. — Ils furent toutefois obligés de quitter cet asile et de se réfugier en assez grand nombre dáns la petite île d'Hormuz[1], à l'entrée du Golfe Persique. Ils n'y firent qu'un court séjour et se décidèrent enfin à aller demander asile aux Hindous. Ils se procurèrent des vaisseaux et s'embarquèrent avec leurs femmes et leurs enfants.

Les relations entre la Perse et l'Inde avaient été assez

une partie de la Transoxiane, mais c'est une erreur... Lorsque l'Islam parut sur la terre, les Khoraçâniens, par une faveur toute spéciale de Dieu, l'accueillirent avec empressement ; ils acceptèrent sans résistance la paix qui leur était offerte ; ils ne furent soumis, pour cette raison, qu'à un impôt léger, et évitèrent d'être massacrés ou faits prisonniers. La conquête même eut lieu en l'an 18 de l'hégire.'Omar Ben Khattab envoya dans le Khoraçân el-Ahnef ben Qaïs, qui s'empara successivement, et en peu de temps, des deux Thabès, d'Herat, de Merw esch-Schahidjân et de Niçabour, après avoir forcé le roi de Perse Yezdidjird, fils de Schahriar, à se réfugier dans la Transoxiane chez le Khaqân des Turcs. Voy. B. de Meynard, *Dict. géog. hist.*, etc., p. 197.

1. *Hormuz.*— La ville est située sur un bras de mer qui communique avec le Fars ; elle sert de port au Kermân, et c'est là que les bâtiments venus de l'Inde déposent les marchandises à destination du Kermân, du Sedgestân et du Khoraçân. Quelques auteurs écrivent et prononcent *Hormouz.* Voy. B. de Meynard, *Dict. géog. hist.*, etc., p. 595.

Mohammed Medjdi donne quelques détails historiques sur l'ancienne ville et l'île d'Hormuz, jusqu'à l'époque de la conquête d'Albuquerque (1514). « La ville d'Hormuz appartient au IIe climat, et la chaleur y est excessive. Fondée par Ardeschir Babegân, elle fut abandonnée (en 715) par le roi Schems ed-Din qui redoutait les attaques des brigands du voisinage. Ce roi bâtit une autre ville dans l'île de Djeroun, située à un farsakh de la côte, et lui conserva le nom d'*Hormuz.* Il y a 120 ans que les Francs y exercent un pouvoir absolu. Son gouverneur, Nour ed-Din, ayant eu la fatale idée de réclamer leur secours dans une circonstance difficile, leur laissa un dixième du revenu. En peu de temps, ils usurpèrent si habilement l'autorité que le roi et le vézir de ce pays n'ont plus conservé la moindre part aux affaires. » (*Zinet,* IXe chapitre.) Avant la conquête portugaise, cette île, tributaire de la Perse et annexée au Kermân, payait une redevance annuelle de 60,000 dinars. (*Nouzhet,* fol. 670. Voyez aussi le texte arabe d'Abou'l Féda, p. 339, et les Voyages d'Ibn Batoutah, t. II, p. 230.) — B. de Meynard. *Dict. géog. hist.*, etc., p. 595 (en note).

fréquentes, et cette migration s'explique précisément par des liens antérieurs, resserrés peu de siècles avant la conquête arabe, ainsi que nous pouvons le voir d'après un intéressant résumé donné dans le *Gazetteer of the Bombay Presidency*, p. 247, et que nous reproduisons ici.

« Dans les temps légendaires, il avait existé des rapports religieux entre le grand prophète Zoroastre, vers 1000 avant J.-C.) Voyez Haug, *Essays*, 299) et le Brahmane Tchengreghatchah envoyé pour convertir ses compatriotes. (Voyez aussi dans Firdousi l'histoire du prince Isfandiyar, fils de Gushtasp, qui était un disciple si fervent de Zoroastre qu'il persuada à l'Empereur de l'Inde d'adopter le culte du feu (Elliot, *History*, v. 568). La tradition hindoue de l'introduction des prêtres du feu venus de Perse à Dwarka, dans le Kattyawar, est probablement de beaucoup postérieure (Reinaud, *Mémoire sur l'Inde*, 391-397). — On retrouve aussi un autre lien, et cette fois tout politique, dans les conquêtes mythiques de l'Inde septentrionale, qui, d'après les écrivains persans, se seraient succédées à partir de l'an 1729 av. J. C. (Troyer, *Radjatarangini*, ii. 441). Dans les temps historiques, le Pandjab fit partie des états perses, depuis sa conquête par Darius Hystaspes (510 av. J.-C.), jusqu'aux derniers jours de la dynastie achéménide (350 av. J.-C.) (Rawlinson, *Ancient Monarchies*, iv. 433).

« Vers le commencement de l'ère chrétienne, d'après l'autel du feu qui se voit sur leurs médailles, les Kanerkis ou Scythes de l'Inde, maîtres du Pandjab, paraissent avoir adopté la religion des Mages (Lassen, dans *J. B. A. S.*, ix. 456; Prinsep, *Note on hist. res. from bactrian coins*, 106). En ce qui concerne l'Inde méridionale, la mention des Mages Brahmanes dans Ptolémée (150) semble indiquer des rapports avec la Perse, mais le mot kanarais *mag* ou « fils » donne une explication suffisante.

« Des relations plus étroites entre l'Inde et la Perse datent de la restauration de la puissance perse sous les rois sassanides

(226-650 av. *J. C.*). Au v⁰ siècle, la visite du prince perse Behram (436), venu sans doute implorer aide et assistance contre
les Huns Blancs (Wilson, *Ariana antiqua*, 383), son mariage
avec une princesse hindoue, et, suivant les annales indigènes,
la fondation de la dynastie des rois Gardhabin, en resserrèrent
l'intimité (Wilford, *As. Res.*, ix. 219 ; Maçoudi, *Prairies
d'or*, ii. 191 ; Reinaud, *Mémoire sur l'Inde*, 112 ; Elliot, *Hist.*
ii. 159). Plus tard, Nouschirvan le Juste (531-579) et son petit-
fils Parviz (591-628) s'unirent par des traités et l'échange
de riches présents aux maîtres de l'Inde et du Sind
(Maçoudi, *Prairies d'or*, ii. 201). Quant à ces traités, il est
intéressant de remarquer qu'on croit retrouver l'ambassade
de Nouschirvan à Pulikesi, roi de Badami du pays sud
des Mahrattes, dans le sujet de l'une des peintures des grottes
d'Ajanta, tandis que l'autre serait une copie faite d'après les
portraits de Parviz et de la belle Shirin (Fergusson, dans
Burgess, *Ajanta Notes*, 92). Suivant certains récits, au commencement du vii⁰ siècle, un gros de Persans débarqua dans
l'Inde occidentale, et l'on suppose que c'est de l'un des chefs
considéré par Wilford comme fils de Khosrou Parviz qu'est
venue l'origine de la famille d'Oudaī pour (Gladwin, *Aïn-i
Akbari*, ii. 81 ; Dᴿ. Hunter, *As. Res.*, vi. 8 ; Wilford, *As.
Res.*, ix. 233 ; Prinsep, *Jour. Ben. As. Soc.*, iv. 684). Wilford
estimait que les Brahmanes Konkanasths étaient de même
race ; mais bien que leur origine soit douteuse, les Konkanasths se sont établis plus anciennement dans l'Inde que
les Parsis. De plus, l'Inde et la Perse étaient en relation
par des traités de commerce. Cosmas Indicopleustes (545)
trouva des Persans au nombre des principaux commerçants
fixés sur les bords de l'Océan Indien (Migne, *Patrologiæ
Cursus*, lxxxviii, 446 ; Yule, *Cathay*, I. clxxvii-clxxix), et
son assertion, quant à l'existence d'un évêque persan à la tête
des communautés chrétiennes de Kalyan (Yule, *Cathay*,
i. clxxi), dévoile des rapports fréquents entre Thana et le
Golfe Persique. Peu après Cosmas, l'empire des mers passa

des Romains aux Persans, et les flottes de l'Inde et de la
Chine visitèrent le Golfe Persique (Reinaud, *Aboulféda*, i.-ii.
ccclxxxiii.-iv). Or, ce furent ces rapports entre l'Inde occidentale et la Perse qui, en 638 (H. 16), poussèrent le Khalife
Omar (634-643) à fonder la ville de Bassora, en partie pour
les besoins du commerce, en partie pour empêcher les princes
Indiens de se porter au secours des Persans (Troyer, *Radjatarangini*, ii. 449; *Chronique* de Tabari, iii. 401), et, la
même année (638-639),lui firent activer l'envoi d'une flotte qui
ravagea les côtes de Thana (Elliot, *History*, i. 415). Tabari
(838-921) et Maçoudi (900-950) prouvent l'un et l'autre que le
district autour de Bassora et le pays soumis au roi d'Oman
étaient considérés par les Arabes comme faisant partie de
l'Inde (*Chronique de Tabari*, iii. 401; *Prairies d'or*, iv. 225).
Au viie siècle, on a remarqué que des Indiens étaient établis
dans les principales villes de la Perse, où ils jouissaient du
libre exercice de leur religion (Reinaud, *Aboulféda*, i.-ii.
ccclxxxiv). Il est bon de noter aussi qu'à partir du vie siècle,
quand les Persans commencèrent à prendre une part prépondérante dans les transactions commerciales de l'Orient, ils visitèrent non seulement l'Inde,mais encore la Chine (Reinaud,
Aboulféda, i-ii. ccclxxxiii). Vers l'époque de leur venue aux
Indes, les Parsis y étaient établis en qualité de missionnaires, de commerçants ou de réfugiés. Anquetil du Perron
(*Zend Avesta*, i. cccxxxvi) parle de Persans allant en Chine
au viie siècle avec un fils d'Yezdedjerd. Suivant Wilford (*As.
Res.*, ix. 235), une autre bande d'émigrés s'y ajouta en 750,
au début du règne des Abbassides. En 758, les Arabes et les
Persans étaient si forts à Canton, qu'ils excitèrent des émeu-
tes et pillèrent la ville (Reinaud, *Aboulféda*, i.-ii. ccclxxxv).
En 846, il est fait mention de *Muhapas* ou Mobeds à Canton
(Yule, *Cathay*, i. xcvi), et soixante ans plus tard, Maçoudi
constate qu'il y avait en Chine beaucoup de temples du feu
(*Prairies d'or*, iv. 86). »
Il est peu probable que cette migration des Persans ait été

la seule. Il dut y en avoir plusieurs, à des époques différentes, suivant que l'esprit de persécution était plus ou moins fort chez les vainqueurs. Les traditions à ce sujet sont vagues. On est dans une ignorance absolue de la manière dont le départ s'effectua et du nombre des désespérés qui quittèrent le golfe. Les seuls renseignements que l'on peut avoir sont consignés dans un ouvrage intitulé *Kissah-i-Sanjan* [1], écrit vers 1600 par un prêtre mazdéen du nom de Behram Kaikobad Sanjana, qui habitait Nauçari. Suivant cet auteur, Diu [2], petite ville dans le golfe de Cambay, au sud de la côte de

1. Voy. *Translation from the Persian of the Kissah-i-Sanjan, or history of the arrival and settlement of the Parsis in India*, by E. B. Eastwick. Dans le *Journal of the Bombay branch Royal Asiatic Society*, vol. I, p. 167. — Quant à nous, nous avons suivi l'ordre des événements tel qu'il est présenté par M. B. B. Patell dans son admirable ouvrage de la *Parsee Prâkâsh* et l'intéressant résumé de M. Dosabhai Framji Karaka.—Voyez du reste Bomanjee Byramjee Patell, *Pârsee Prâkâsh, being a record of important events in the growth of the parsee community in Western India, chronologically arranged from the date of their immigration into India to the year* 1860 A. D. —Vol. in-4°, Bombay, 1878-1888, 1053 pages (en Goudzerati) et Dosabhai Framji Karaka, *History of the Parsis*, 2 vol. in-8°. London, 1884.

2. *Diu*. — Possession portugaise, — lat. 20° 43′ 20″ Nord, long. 71° 2′ 30″ Est, — à l'entrée du golfe de Cambay, au sud de la péninsule du Goudzerat. Sa longueur est de l'Est à l'Ouest de 6 1/2 milles, et sa plus grande longueur du Nord au Sud, de 1 mille. Son port est petit, mais excellent. Le climat est sec et étouffant, le sol stérile, l'eau rare ; l'agriculture est très négligée. Les principaux produits sont le froment, le millet, la nachni, la bajri, les noix de coco et quelques fruits. La population de Diu se compose de 10,765 personnes, dont 419 chrétiens, 9,575 hindous et 771 mahométans. Au temps heureux de sa splendeur, elle s'élevait à près de 50,000 personnes, dit-on. — Il n'y a plus que 3,017 maisons, très pauvres et peu confortables pour la plupart. Par le fait, le commerce de Diu est ruiné maintenant. Les ressources des habitants consistaient jadis dans le tissage et la teinture, la pêche seule les occupe ; quelques esprits hardis tentent le trafic sur les côtes du Mozambique. L'aspect de Diu est intéressant. La forteresse, reconstruite après le siège de 1545 par Dom Joan de Castro, est d'un aspect imposant. A l'Ouest, s'étend la ville divisée en deux quartiers, celui des chrétiens et celui des païens. Des beaux édifices de Diu, il reste encore le collège des Jésuites devenu Église Cathédrale ; des

Kattyawar, fut le premier port où les réfugiés prirent terre. Ils y vécurent près de vingt ans, au bout desquels ils s'enquirent d'une nouvelle résidence. — Un passage mystérieux du *Kissah-i-Sanjan* n'explique pas cette seconde migration. « Un vieux Dastour (grand prêtre) qui s'appli-« quait à la science des présages tirés des étoiles, déclara « qu'il fallait quitter ces lieux et chercher une autre demeure. « Tous se réjouirent en entendant ces paroles, et mirent « promptement à la voile pour le Goudzerat. » — A peine éloignée des rivages de Diu, la petite flotte fut assaillie par un orage, et les Persans se crurent perdus sans ressources. Ils implorèrent alors celui pour lequel ils avaient tout abandonné, promettant de faire briller la flamme sacrée dès qu'ils auraient touché les bords indiens.

Dieu entendit la prière de ses enfants fidèles, car la tempête s'apaisa et l'on put aborder à Sanjan [1], à 25 milles au sud de Daman [2]. (716 ap. J.-C.) Le territoire de Sanjan était alors

autres couvents, celui de Saint-François sert d'hôpital militaire, celui de Saint-Jean-de-Dieu de cimetière et celui de Saint-Dominique est en ruine. (Voy. W. W. Hunter, *Imperial Gazetteer of India*, vol. III, p. 171.)

1. *Sanjan.*— Petit village dans le district de Thana, jadis une ville importante connue des Portugais et, d'après eux, sous le nom de *Saint-John*. Voy. *Imp. Gaz. of India*, vol. III, p. 174.

2. *Daman.*— Ville portugaise à 100 milles au nord de Bombay.— La superficie est de 82 milles carrés, y compris le *pargana* de Nagar Haveli ; la population est de 40,980 âmes. L'établissement se compose de deux parties distinctes : Daman et le *pargana* de Nagar Haveli, séparés par un territoire appartenant aux Anglais et par le chemin de fer qui dessert Bombay, Baroda et l'Inde Centrale. La ville fut saccagée par les Portugais, en 1532, puis rebâtie par les natifs, et reprise, en 1558, par les Portugais qui en ont fait un de leurs établissements dans l'Inde. Ils ont converti la mosquée en église et en ont bâti huit autres. Le commerce y était jadis très florissant avant la chute de la puissance portugaise dans l'Inde et s'étendait jusqu'à la côte d'Afrique, où les navires portaient les étoffes de coton fabriquées à Daman. — De 1817 à 1837, le commerce de l'opium venu de Karatchi et importé en Chine était prospère ; mais depuis la conquête du Sind par les Anglais, le transport de l'opium a été défendu, et Daman a été ainsi privé de sa plus grande source de richesses. Le sol est humide et fertile, surtout

soumis au sage Iadi Rana[1], vers lequel les Persans envoyèrent avec des présents un Dastour, pour obtenir la permission de s'établir sur ses terres et savoir les conditions qui leur seraient imposées. Le Dastour, en s'approchant du Rana, le bénit et, après lui avoir expliqué les raisons qui avaient décidé les fugitifs à quitter leur patrie, il narra leurs infortunes et demanda que ses compatriotes fussent autorisés à résider à Sanjan. On dit que le prince, frappé de l'aspect guerrier et remarquable de ces étrangers, conçut d'abord quelque crainte et voulut se faire renseigner sur leurs us et coutumes. Pendant leur séjour à Diu, les Persans avaient appris suffisamment à connaître l'esprit et le caractère des Hindous pour répondre à ses questions d'une manière satisfaisante. Les plus instruits dressèrent seize distiques *s'lokas* dans lesquels ils résumèrent leurs principales obligations[2] :

1º Nous sommes adorateurs d'Ahura-Mazda (l'Être suprême), du soleil et des cinq éléments ;

2º Nous observons le silence au bain, pendant les prières, en faisant des offrandes au feu et en mangeant ;

3º Nous employons l'encens, les parfums et les fleurs dans nos cérémonies religieuses ;

4º Nous honorons la vache ;

5º Nous portons le vêtement sacré, le *sudra* ou la che-

---

dans le *pargana* de Nagar Haveli; on y récolte du riz, du froment, du tabac; malgré les facilités de culture, un vingtième seul du territoire est cultivé. Voy. *Imp. Gaz. of India*, vol. III, p. 21.

1. Les Parsis l'appellent *Jâdé Rânâ;* le Dʳ Wilson suggère que ce fut sans doute *Jayâdeva* ou *Vana Râja* d'Anahillawâda qui régnait dans le Goudzerat de 745 à 806.

2. Il y a plusieurs manuscrits des « S'lokas », rédigés en sanscrit ou en goudzerati. On en trouve, dans l'*Indian Antiquary*, p. 214 (5 juillet 1872), une version faite d'après une traduction préparée par le Dastour Hoshang Jamasp, le grand prêtre de Pounah. L'auteur la compare à une plus ancienne, alors entre les mains du Dʳ Wilson, et y relève de nombreuses divergences; d'ailleurs, au dire même du Dʳ Wilson, il n'existe pas deux manuscrits, soit en goudzerati, soit en sanscrit, qui soient semblables, quant à la rédaction, bien qu'identiques pour le fond.

mise, le *kusti* ou la ceinture pour les reins, et le bonnet à deux plis ;

6° Nous nous réjouissons avec des chants et des instruments de musique à l'occasion de nos mariages ;

7° Nous faisons porter des ornements à nos femmes et nous les parfumons ;

8° Il nous est ordonné d'être libéral dans nos charités, particulièrement de creuser des citernes et des puits ;

9° Il nous est ordonné d'étendre nos sympathies à tous les êtres mâles et femelles ;

10° Nous faisons des ablutions avec du *gaomutra*, l'un des produits de la vache ;

11° Nous portons la ceinture sacrée, en priant et en mangeant ;

12° Nous entretenons la flamme sacrée avec de l'encens ;

13° Nous faisons nos dévotions cinq fois par jour ;

14° Nous observons soigneusement la fidélité conjugale et la pureté ;

15° Nous célébrons tous les ans des cérémonies religieuses en l'honneur de nos ancêtres ;

16° Nous usons des plus grandes précautions à l'égard de nos femmes pendant leurs couches et à certaines époques du mois.

Il faut bien reconnaître que les Zoroastriens se montrèrent, en cette occurrence, singulièrement habiles et rusés, évitant de présenter les bases véritables de leur religion pour ne mettre en relief que certaines cérémonies de peu d'importance, qui semblaient de nature à concilier le bon vouloir du Rana. Désireux de jouir aussi d'un peu de repos, les Parsis connaissaient trop bien les Hindous et leurs susceptibilités de caste et de religion pour ne pas avoir à cœur de leur complaire, et c'est ainsi qu'ils formulèrent leurs réponses avec une adresse et une subtilité qui gagnèrent la faveur du Rana. Celui-ci leur permit donc de résider dans la ville, à condition qu'ils adopteraient le langage du pays et cesse-

raient de parler celui de leurs ancêtres ; de plus, les femmes
durent s'habiller-à-la mode hindoue, les hommes ne plus
porter d'armes et accomplir de nuit les cérémonies du
mariage, suivant les rites hindous. Que pouvaient de malheureux exilés assoifés de paix et de repos, sinon accepter? C'est ce qu'ils firent. — Ils s'établirent sur de vastes
terres non loin de Sanjan, et élevèrent leurs cœurs reconnaissants vers Ormuzd. Ils résolurent de remplir le vœu qu'ils
avaient fait, lors de leur mémorable voyage de Diu à Sanjan,
et d'élever l'autel où brillerait la flamme sacrée. Les Hindous, loin de s'y opposer, se prêtèrent à la construction du
temple (721), et les rites zoroastriens s'accomplirent dès
lors sur le sol de l'Inde (*Parsee Prâkâsh*, p. 2).

Les Parsis vécurent paisiblement près de 300 ans à Sanjan ;
mais, avec le temps, leur nombre s'étant accru, certains
émigrèrent dans d'autres villes : au nord, à Cambay[1],
à Ankleswar[2], à Variav, à Vankaner et à Surate ; au sud,
à Thana[3] et à Chaul, localités que l'on peut encore reconnaître sur la carte de l'Inde. Leur première migration de Sanjan parait s'être portée vers Cambay (942-997) ; toutes
sortes de considérations les y attiraient, et ils semblent d'ailleurs y avoir prospéré[4]. L'établissement à Variav doit être

1. *Cambay.*— Capitale de l'État de ce nom, province du Goudzerat,
au fond du golfe de Cambay, au nord de l'estuaire de la Mahi. — Population (1872) 33,709 habitants. Voy. *Imp. Gaz. of India*, vol. II, p. 334.
2. *Ankleswar.*— Capitale de la subdivision du même nom dans le
district de Bharoutch. — Population (1872) 9,414 habitants. Voy. *Imp.
Gaz. of India*, vol. I, p. 203.
3. *Thana.*— District anglais dans la présidence de Bombay. Le territoire qui faisait partie des États du Peichwah, fut annexé par le gouvernement anglais, en 1818, à la chute de Baji-Rao. La population est de
847,424 habitants (1872). On y comptait 3,920 Parsis. La ville de
Thana est à 26 milles au nord de Bombay ; elle possède une station et
un port. Voy. *Imp. Gaz. of India*, vol. IX, p. 34.
4. Quelques Parsis qui, depuis leur arrivée dans l'Inde, en 636, étaient
restés dans le sud du Goudzerat, furent attirés près du temple de Kuma-
rika Kshetra, à l'embouchure de la Mahi (Xe siècle). Les nouveaux

aussi ancien que celui de Cambay. Une inscription pehlvie gravée sur les parois de la Grotte de Kanheri nous apprend qu'un certain nombre de Parsis la visitèrent, le 2 décembre 999, et, d'après une seconde inscription également pehlvie, d'autres Parsis y vinrent, le 5 novembre 1021 [1].

Nous trouvons ensuite les Parsis à Nauçari [2]; en 1142, un Mobed du nom de Kamdin Yartosht quitta Sanjan avec sa famille pour y accomplir les cérémonies religieuses réclamées par les Zoroastriens de cette localité. Si l'on peut s'autoriser d'un ancien manuscrit conservé par les descendants de Merji Rana, le célèbre grand prêtre qui vivait, il y a trois siècles, ce furent les Parsis qui donnèrent son nom à Nauçari. Quand ils y arrivèrent, en 511 de Yezdedjerd, ils trouvèrent le climat aussi agréable que celui du Mazanderan, l'une des provinces de la Perse, et nommèrent la ville *Navisari* ou Nau-Sari; depuis lors, on l'appela Nauçari-Nagmandal au lieu de Nagmandal, son nom primitif [3].

venus réussirent dans le commerce, et furent suivis par d'autres; de telle sorte que l'élément parsi devint assez fort pour chasser les Hindous de la ville. Au nombre de ceux qui s'enfuirent, il y avait un certain Kalianrai qui, s'étant réfugié à Surate, gagna une belle fortune dans le commerce des perles. Sa richesse lui donna de l'importance ; si bien qu'il put réunir une bande de Radjpoutes et de Kolis qui attaquèrent de nuit les Parsis, mirent le feu à leurs demeures et en passèrent quelques-uns au fil de l'épée; le reste prit la fuite. — Kalianrai forma alors le projet d'édifier une ville sur les ruines de la colonie parsie. (Voy. *Gazetteer of the Bombay Presidency.*)

1. La traduction de la première inscription est due à M. K. R. Kama, dans ses études sur la religion zoroastrienne, 3ᵉ vol., p. 160, et celle de la seconde à M. M. S. Watcha, dans le recueil intitulé *Zarthoshti Abhyas*, 4ᵉ vol., p. 212. Voy. *Parsee Prâkâsh*, p. 2.

2. *Nauçari*, ville du territoire du Guikowar de Baroda, sur les bords de la Pourna, à 12 milles de la mer, à 18 de Surate et à 149 de Bombay. Lat., 22°7' N.; long., 73°40' E. La population, en 1872, était de 14,700 habitants. Nauçari est une ville très florissante, dont la prospérité dépend de la colonie parsie. Voy. *Imp. Gaz. of India*, vol. VII, p. 179.

3. *Sari.* — Ville déchue du Thabarestan (Mazenderan). C'est là, dit Beladori, que résidait le Gouverneur de la province sous les Tahérides. — L'auteur du *Nouzhet*, pour indiquer la haute antiquité de cette

D'après les récits de différents voyageurs, les Parsis doivent s'être établis dans un grand nombre de villes de l'Inde supérieure ; venaient-ils de l'Inde occidentale ou de la Perse ? c'est ce qu'il est impossible de dire. Un voyageur musulman du Xe siècle, Al Isthakhri, cite quelques parties de l'Inde comme étant occupées par des Guèbres : c'est ainsi que les écrivains musulmans nomment les Parsis. Un témoignage irrécusable de leur présence à Dehra-Dun (1079) nous est fourni par l'attaque d'Ibrahim le Ghaznevide contre une colonie d'adorateurs du feu cantonnés dans cette localité. — On rencontre également des Parsis dans le Pandjab avant 1178, si l'on en croit la tradition du voyage fait cette année-là par un prêtre parsi nommé Mahyar ; il était venu d'Uch, ville située au confluent des cinq rivières du Pandjab, dans le Seistan, en Perse, afin d'acquérir une connaissance approfondie des rites religieux. Après six années d'études sous les Dastours, il rapporta dans l'Inde, en 1184, une copie de la traduction pehlvie du Vendidad [1]. — Il semble qu'il y ait eu aussi des communications entre les Parsis de Cambay et ceux du Pandjab, puisque, en 1323, les premiers possédaient des copies du Vendidad acquises par Mahyar.

Lors de l'invasion de l'Inde par Timour, on cite parmi

---

localité, en attribue la fondation à Thahomurs. Voy. au surplus B. de Meynard, *Dict. géog. hist.*, etc., p. 295. — C'est une ville ruinée ; d'après Fraser, elle avait 30,000 habitants au commencement du siècle. D'Anville et Rennell essaient d'identifier Sari avec l'antique Zadra-Karta, la plus grande cité d'Hyrcanie où l'armée d'Alexandre s'arrêta pour sacrifier aux dieux. — C'est là que se seraient accomplis les plus hauts faits de l'épopée persane. Féridoun, le héros légendaire de la Perse, serait enterré sous le seuil d'une mosquée qui s'élève sur l'emplacement d'un Temple du feu. Sari est entourée d'immenses jardins et les campagnes des environs sont couvertes de mûriers, de cotonniers, de cannes à sucre et de rizières ; elle possède un port sur la Caspienne, à la bouche du Tedjun, Farahabad, la demeure de la joie, fondée par Shah'Abbas.— Pietro della Valle en parle comme de la principale cité du Mazenderan.

[1] WESTERGAARD, *Zend-Avesta*, p. 304.

les captifs des Parsis ou Mages. Les gens qu'on représente comme croyant aux deux principes du bien et du mal et comme admettant à la fois Yazdan (Dieu) et Ahreman (le Diable) et qui offrirent une résistance désespérée aux armes de Timour, à Tughlikhpur, étaient des Parsis. On dit d'ailleurs que la colonie du Goudzerat fut renforcée par un grand nombre de Parsis qui s'enfuirent devant le conquérant. La mention que fait un écrivain musulman de la destruction des autels du feu par l'empereur Sikandar (1504) montre que, longtemps avant cette date, des émigrés parsis avaient vécu dans l'Inde supérieure. — Sir H. M. Elliot, dans son histoire de l'Inde, soutient, d'après l'opinion du Prof. Dowson, que les Guèbres du Rohilkhand, les *Magyas* de Malwa et les *Maghs* de Tughlikhpur, bien qu'ils n'offrent à présent aucune particularité religieuse, sont les restes des Parsis de l'Inde supérieure. — D'après une communication sur le Mont Abou par Sir Alexander Burnes, citée dans le *Gazetteer of Bombay*, il y avait une colonie parsie à Chandrauli, vers le milieu du XVe siècle.

On suppose que les Parsis se sont établis à Ankleswar au milieu du XIIIe siècle de notre ère; un de leurs livres religieux, le *Vispered*, y fut en effet copié en 1258. — Nul doute qu'ils ne fussent à Bharoutch [1] avant le commencement du XIVe siècle, parce qu'on y voit un « Dokhma » bâti, en 1309, par un Parsi nommé Pestanji; les ruines d'une Tour plus ancienne encore se trouvent dans le faubourg de Vajalpour.

Les établissements de Thana et de Chaul doivent avoir été fondés à une date antérieure; les Musulmans et les voyageurs européens les citent en parlant de ces deux localités, sans les

---

[1] *Bharoutch.* — District anglais dans la province de Bombay ; 350,332 habitants (1872). On y comptait 3,116 Parsis, presque tous commerçants ou agriculteurs. La capitale sur la Nerbudda a 36,932 habitants. Les Anglais y avaient une factorerie dès 1616 ; ils s'en emparèrent en 1703. Les Parsis doivent s'y être établis dès le XIe siècle ; beaucoup ont quitté Bharoutch pour Bombay. Voy. *Imp. Gaz. of India*, vol. II, pp. 224 et suivv.

mentionner sous leur nom véritable; toutefois la description
qui en est faite s'accorde bien avec celle des Parsis, et cette
opinion est confirmée par Odoric, moine italien qui voyageait
dans l'Inde au commencement du XIV⁰ siècle [1]. Les gens (à
Thana), selon lui, étaient idolâtres, car ils adoraient le feu,
les serpents et les arbres, et n'enterraient pas leurs morts ;
ils les portaient en grande pompe dans les champs et les
jetaient en pâture aux bêtes et aux oiseaux. Or comme les
Hindous brûlent ou enterrent leurs morts, les coutumes ci-
dessus relatées se rapportent évidemment aux Parsis, qui
plus tard abandonnèrent en masse le district. — La tradition conservée à Thana offre un exemple piquant de la
manière dont la colonie sut échapper à une conversion forcée
au christianisme. Les Parsis, contraints d'abjurer et n'ayant
aucun moyen de s'y soustraire, réussirent par la ruse à éviter
les persécutions dont ils étaient menacés. Ils se rendirent en
masse chez le gouverneur et se déclarèrent prêts à embrasser
le christianisme, demandant pour toute faveur de ne prononcer leur abjuration que le dimanche suivant, afin de
profiter de quelques jours de répit pour adorer le feu sacré
et célébrer une dernière fois leurs fêtes. — Les Portugais
se montrèrent si satisfaits de cette promptitude à souscrire à
leurs vœux qu'ils publièrent une proclamation pour que, le
jour fixé, personne ne troublât les Mazdéens dans l'accomplissement de leurs rites et de leurs cérémonies. Ceux-ci
préparèrent un festin auquel furent conviés les notables; le
vin coula abondamment, et pendant que les invités en goû-
taient les douceurs, les Parsis, au son de la musique et au
milieu des danses, sortirent de la ville et gagnèrent Kalyan,
au sud de Thana, où ils s'établirent [2].

[1] Voy. *Voyages en Asie du Frère Odoric de Pordenone, religieux
de Saint-François*, publiés et annotés par M. H. Cordier, p. 82. Paris,
1891.
[2] Thana fut abandonné pendant plus de trois siècles. En 1774, les
Parsis revinrent en prendre possession, d'après les termes d'un traité

Les voyageurs qui visitèrent l'Inde du XIVe au XVIe siècle. trouvèrent des Parsis dans divers endroits. Il y a lieu de
croire que rien d'important ne se passa alors dans la communauté. Les Parsis vivaient en bons termes avec les Hindous
et s'occupaient surtout d'agriculture. Vers 1305, un événement considérable prit place dans leur histoire, lors de la lutte
soutenue par le chef hindou de Sanjan contre Mohammed
Shah ou Ala-ud-din Khilji (*Parsee Prâkâsh*, p. 4), qui envoya dans le Goudzerat une forte armée commandée par
Alp Khan[1].

Le général musulman arriva sous les murs de Sanjan avec
trente mille hommes; le prince hindou, conscient du danger,
fit appel à ceux que ses pères avaient si généreusement
accueillis sur leur territoire. Les Parsis se souvinrent, et
quatorze cents d'entre eux sous les ordres d'Ardeschir, se

conclu avec un Sardar mahratte, Ragunathro Dada Saheb. Kavasji
Rastamji, de Bombay, les accompagnait, et on lui confia les fonc-
tions de *patel* dans les localités suivantes : Charnibanda, Munpesar,
Trombay, Muth, Murve, Manori, Vesava, Danda, Bandora, Kalyan,
Bhimardi et autres lieux dans l'île de Salsette.

[1] Le Dr Wilson (*J. B. B. R. A. S.*, I, 182) a suggéré que le Mahmoud
Shah du *Kissah-i-Sanjan* était Mahmoud Begada qui régna sur le
Goudzerat de 1459 à 1513. La mention de Champaner[1] comme sa capitale semble indiquer que l'auteur du *Kissah-i-Sanjan* pensait que le
prince musulman était le fameux Mahmoud Begada ; mais la conquête
du Goudzerat par Alp Khan fut si complète, qu'il n'y a pas de doute que
Sanjan ne soit tombé sous ses armes. — Le conquérant pouvait être,
quoique moins vraisemblablement, Mohammed Shah Tukalik qui
reprit le Goudzerat et la côte de Thana, en 1348, et non pas Mahmoud
Begada, puisque les autorités s'accordent à dire qu'après de longues
pérégrinations, le Feu fut apporté de Sanjan à Nauçari au commencement du XVe siècle (1419). Alp Khan serait soit Ulugh Khan,
frère d'Ala-ud-din parfois appelé à tort Alp-Khan, soit Alp Khan,
beau-frère d'Ala-ud-din. Ulugh Khan conquit le Goudzerat (1295-1297),
et Alp Khan le gouverna (1300-1320). Alp Khan du texte était sans
doute Ulugh Khan. (Elliot, III, 157, 163.) (Voy. *Gazetteer of the
Bombay Presidency*).

[1] Fort et village dans le district des Panch-Mahals, situé sur un roc isolé
de grande hauteur. Voy. *Imp. Gaz. of India*, vol. II, p. 375.

joignirent aux troupes du Rana. En défendant sa cause, ils défendaient également leur propre indépendance et la liberté religieuse qu'ils étaient venus chercher sous sa protection bienveillante. — Les armées se rencontrèrent non loin de Sanjan; déjà les Hindous pliaient sous l'effort des Musulmans, lorsque les Parsis engagèrent directement le combat. Ardeschir et les siens se précipitèrent au plus fort de l'action et obligèrent Alp Khan à fuir; mais bientôt le général musulman reparut avec de nouveaux renforts. Ardeschir s'adressant alors au prince hindou lui jura la plus complète fidélité, et bien que l'ennemi fût supérieur à la poignée d'hommes dont il disposait, il retourna sur le champ de bataille.

C'est à ce moment qu'eut lieu le combat singulier entre Ardeschir et un des chefs musulmans, combat dans lequel celui-ci fut désarçonné et tué de la main du Parsi. Alp Khan, excité par cette scène, se jeta lui-même dans la mêlée; un carnage affreux s'ensuivit et Ardeschir fut frappé à son tour par un trait qui le renversa de son cheval; le Rana périt, et Alp Khan devint maitre de Sanjan. Les Parsis durent chercher une nouvelle résidence[1].

Ils eurent grandement à souffrir de la conquête musulmane; aussi beaucoup s'enfuirent dans les montagnes de Bahrout, à huit milles à l'est de Sanjan; on y voit encore une grotte où le feu sacré fut déposé. Selon le *Kissah-i-Sanjan*, les fugitifs n'y restèrent que douze ans; après quoi, ils quittèrent ce district montagneux et se rendirent à Bansdah[2], à 50 milles au nord-est de Nauçari; quelques familles

[1] En 1839, lorsque le Dr J. Wilson visita Sanjan, il n'y trouva qu'une ou deux familles parsies; on y voit encore les ruines d'un dokhma construit avant 1400; mais il n'y a plus un seul Parsi.

[2] *Bansdah*. — État tributaire (province du Goudzerat), borné au Nord et à l'Ouest par le district de Surate, au Sud-Est par l'État de Baroda, à l'Est par les États Dang et au Sud par l'État de Dharampour. La capitale a 2,321 habitants. Voy. *Imp. Gaz. of India*, vol. I, pp. 401-402.

parsies s'y étaient déjà établies. Après quatorze ans (1331), ils
emportèrent le feu sacré à Nauçari, où leurs coreligionnaires
étaient nombreux et influents; mais la date de 1491 étant
généralement acceptée comme celle de l'année où le feu
sacré fut transporté à Nauçari, on peut conjecturer qu'entre
la fuite des Parsis de Sanjan et l'ère de leur nouvelle indépendance, il s'écoula un siècle entier et non vingt-six
années.

De Nauçari, le feu fut transféré à Surate, en 1733, par
suite des inquiétudes causées par les incursions des Pindarrys,
et fut de nouveau réintégré à Nauçari, trois ans plus tard ;
puis certaines disputes s'étant élevées dans le clergé, il fut
apporté à Balsar. Après y être resté quelque temps, on le
déposa à Udwada, le 28 octobre 1742; il y est encore. C'est
là que se trouve le temple zoroastrien le plus ancien de
l'Inde, et celui qu'on tient dans la plus grande vénération.
(*Parsee Prâkâsh*, p. 95.)

Au milieu des calamités qui suivirent la chute du Rana de
Sanjan, les Parsis continuèrent à s'adonner à l'agriculture.
Un seul incident mérite d'être rapporté. Une de leurs petites
colonies s'était établie non loin de Surate, à Variav, et était
administrée par le rajah de Rattampour, chef radjpoute, qui
prétendit lever un tribut extraordinaire sur les Parsis; ils
s'y refusèrent et défirent les troupes envoyées pour le
percevoir. Les soldats du rajah cherchèrent alors une occasion de se venger, et saisirent le moment où les Parsis étaient
conviés à un mariage. Ceux-ci surpris au milieu de leurs
femmes et de leurs enfants, furent tous impitoyablement
massacrés. On observe encore à Surate l'anniversaire de cet
attentat.

L'établissement des Parsis dans cette dernière ville est le
plus récent de tous; la première mention qui en est faite ne
remonte qu'à 1478. C'est là que la communauté acquit d'abord
sa grande importance et se trouva en contact avec les Européens. Nous verrons plus loin ses destinées.

Il est très difficile d'assigner une date certaine à l'arrivée des Parsis à Bombay. Il est probable que les marchands anglais les y attirèrent et que leur premier établissement doit être de peu antérieur à l'époque où la ville fut cédée à l'Angleterre par les Portugais comme dot de Catherine de Bragance, lors de son mariage avec Charles II Stuart (1668).

Le Dr Fryer, qui visita Bombay en 1671[1], dit que « de l'autre côté de la grande baie, vers la mer, il y a une sorte de promontoire appelé Malabar Hill, montagne rocheuse couverte de bois, sur le sommet de laquelle on voit un tombeau parsi récemment élevé[2] ». Or comme le premier soin des Parsis en arrivant dans une localité était de bâtir une « Tour du Silence », il est présumable que la communauté était peu importante avant cette époque ; elle prospéra depuis. C'est de nos jours, à Bombay, qu'on peut étudier avec le plus de fruit les transformations qui se sont accomplies depuis deux siècles et qui font des Parsis modernes les plus loyaux sujets de la Grande-Bretagne et les agents les plus actifs de la civilisation et du progrès.

Nous nous sommes borné, dans ce premier chapitre, à l'indication sommaire de leurs principaux cantonnements dans la Présidence et à un exposé succinct des faits remarquables qui ont signalé leur séjour dans l'Inde avant la venue des Européens. Désormais nous pourrons aborder franchement l'étude que nous nous sommes proposé d'entreprendre. On voudra bien, — nous l'espérons, — ne jamais perdre de vue leur douloureux exode ; et, à l'apogée de la gloire des Dadiseth, des Banaji, des Jamshedji Jijibhai, des Kama, des Petit et de tant d'autres non moins illustres, se souvenir des premiers fugitifs du royaume de Perse et de leur accueil par le Rana de Sanjan. « Bienvenue, dit le prince, à ceux

---

[1] A new Account of East India and Persia, in eight Letters, from 1672-1681, by John Fryer, in 1698. Letter II, p. 67.

[2] Ce dokhma existe encore à Malabar Hill. Il fut construit, en 1670, par Modi Hirji Watcha, ancêtre de la famille Watcha Ghandhi.

qui marchent fidèlement dans la voie d'Ormuzd! Puisse leur
race prospérer et s'accroître! Puissent leurs prières obtenir
la rémission de leurs péchés et le sourire du soleil! Que
Lakshmi, par sa libéralité et ses dons, contribue à leur
richesse et à l'accomplissement de leurs désirs; et puissent
à jamais les rares mérites de leur race et de leur esprit continuer à les distinguer au milieu de nous! »

CHAPITRE II

Les Zoroastriens en Perse.

Jetons maintenant un regard sur les Zoroastriens restés dans leurs foyers. Bien que ce soit en passant seulement que nous avons à traiter ce sujet, il est bon néanmoins de ne pas laisser de côté ce petit noyau de la communauté mazdéenne, si fidèle au culte des ancêtres, si éprouvée dans sa longue existence au milieu de vainqueurs puissants et impitoyables. Nous aurons occasion, d'ailleurs, dans le cours de cet ouvrage, de nous reporter à ces lointaines régions pour enregistrer les rapports fréquents des frères de l'Inde avec ceux de la Perse et les bienfaits inestimables procurés par les opulents Parsis de Bombay aux infortunés Guèbres de Yezd et du Kirman.

Deux cents ans après la conquête musulmane, la Perse avait complètement changé d'aspect; l'esprit national était éteint, et la population entière avait embrassé l'Islamisme. C'est en présence de changements aussi brusques et aussi complets qu'on est en droit d'agiter le troublant problème de l'influence de la race et des milieux dans l'histoire des peuples. Nous n'avons pas besoin de nous adresser aux chercheurs modernes pour le trouver nettement formulé.

D'après Renan, dès le IIe siècle, Bardesane se demandait : « Si l'homme est dominé par les milieux et les circonstances, comment se fait-il que le même pays voie se produire des développements humains tout à fait différents? Si l'homme est dominé par la race, comment se fait-il qu'une nation changeant de religion, par exemple se faisant chrétienne,

devient toute différente de ce qu'elle était[1] ? » Nous n'avons
qu'à substituer l'épithète *musulmane* à celle de *chrétienne*
pour remettre la question au point. Comment, en effet, avait
pu se produire un changement aussi radical, et à quel degré de
lassitude en étaient arrivés les Zoroastriens pour subir la loi
nivelante de l'Islam? Si nous voulions tenter de l'expliquer,
il faudrait faire un retour sur les agitations intérieures et la
politique de la cour de Perse, et cette étude nous entraînerait
trop loin; nous n'avons pu que marquer les grandes dates de
l'histoire, sans nous attarder à tirer un enseignement des faits.
Contentons-nous de dire ici que les mêmes causes firent
triompher les Arabes à la fois de l'empereur byzantin et du
shahinshah perse, et que ces causes furent la débilité et
l'épuisement des dynasties nationales en présence des
éléments vitaux apportés par les vainqueurs. Les peuples
payèrent pour l'incurie des princes; l'énergie individuelle
fut impuissante contre l'invasion de tribus disciplinées et
fanatiques commandées par des chefs tels qu'Omar et ses
lieutenants.

La nation perse fut singulièrement maltraitée[2]. L'unité
nationale étant brisée, chaque province s'accommoda, comme
elle le put, du régime imposé par les circonstances et les
appétits des chefs locaux; dès lors, les limites de l'ancien
royaume allaient varier de siècle en siècle. Au Xe, Taher,
gouverneur du Khoraçan, secouait le joug pesant des khalifes de Bagdad et établissait dans sa province l'autorité
des Tahérides; vinrent ensuite les Saffarides, les Samanides
et toutes ces dynasties étrangères qui se partagèrent la souveraineté, telles que les Ghaznévides, les Seldjoukides, etc.;
enfin arriva, avec ses calamités, le torrent des invasions auxquelles succédèrent les règnes des Sophis et de ces familles

---

[1] Renan a résumé dans ces quelques lignes précises les longues
dissertations que nous fournit le *Livre VI*, ch. x, de la *Præparatio
Evangelica* d'Eusèbe. Voy. *Marc-Aurèle*, ch. xxiv, pp. 439-440.

[2] Voy. MALCOLM, *Hist. of Persia*, vol. I, ch. viii, pp. 275 et suivv.

aux âpres convoitises qui, jusqu'ici, ont passé sur le trône
de Perse, sans-accorder au peuple des jours vraiment heureux !

Les sectateurs de Zoroastre qui n'avaient pas voulu accepter la loi du Koran s'expatrièrent, comme nous l'avons vu;
ceux qui ne purent abandonner leurs foyers et restèrent
fidèles au culte antique durent se résigner aux maux les
plus effroyables. Ils se cantonnèrent spécialement dans le
Fars et le Khoraçan; les voyageurs européens qui visitèrent
la Perse à des époques différentes ont tous été frappés de
leur situation si pénible, si précaire et se sont intéressés à
leurs mœurs, à leur langue et à leur religion. Citons ici
quelques exemples.

Pietro della Valle, lors de son séjour en Perse (1616-23),
les étudia de près. Voici ce qu'il rapporte :

« Ie fus voir ces iours passez, dit-il, leur nouuelle Ville[1]
(celle des Gaures) ou, si vous voulez, leur habitation separée;
laquelle de mesme que la nouvelle *Ciolfa*, que les Arméniens
Chrestiens habitent; comme le nouueau *Tauris*, ou *Abbas-
Abad*, dans lequel les Mahométans qui ont esté amenez de
Tauris, demeurent; est contigüe à *Hisphahan*, presque comme
vn faux-bourg : et quoy qu'à présent elle en soit séparée par
quelques jardins : neantmoins auec le temps, parce que le
nombre des habitans s'augmente prodigieusement tous les
iours, *Hisphahan*, et cette habitation des *Gaures*, avec les
deux susdites, ne feront qu'vne mesme chose. C'est pour cela
que ie ne sçay si ie les dois appeler, ou citadelles separées, ou
faux-bourgs, ou plustost des parties considérables de cette

---

[1] Shah Abbas le Grand, désireux d'accroître le commerce d'Ispahan,
fit venir 1,500 familles Guèbres et les établit en dehors de la ville, en
deçà du fleuve Zenderoud. Sous Abbas II, elles quittèrent *Gebhr-Abad*
et retournèrent dans les montagnes. Nous voyons dans Kaempfer
qu'Abbas II transporta, en effet, près de six cents familles d'agriculteurs
dans le faubourg de la colonie arménienne de Sulpha ou Sjulfa, fondée
par son aïeul, et qui confinait au sud avec le quartier des Guèbres.
(*Amœnitates exoticæ*, etc., p. 164, Lemgoviæ, 1712.)

mesme ville d'*Hisphahan*, comme sont la région au de-là du Tybre, et le bourg de nostre Rome. Cette habitation des *Gaures* n'a point d'autre nom que le sçache que celui de *Gauristan;* c'est-à-dire, selon les Persans, le lieu des infideles, presque comme nous appelons celuy des Iuifs, la Iuifverie. Ce lieu là est fort bien bâty, les ruës en sont fort larges, et bien droites, et beaucoup plus belles que celles de *Ciolfa*, parce qu'il a esté fait depuis auec plus de dessein; mais toutes les maisons en sont basses, n'ayant qu'vn plancher, sans aucun ornement, conformement à la pauvreté de ceux qui les habitent; en cela fort differentes de celles de *Ciolfa*, qui sont fort magnifiques, et très-ajustées; parce que les Gaures sont pauvres et miserables, au moins ils en donnent toutes les marques possibles : en effet, ils ne font aucun trafic, ce sont seulement des gens de campagne comme les paysans, et des personnes enfin qui gagnent leur vie avec beaucoup de peine et de fatigue. Ils sont tous vestus d'vne maniere, et d'vne mesme couleur, qui tire vn peu sur celle de ciment fait de briques. » (*Voyages*, trad. franç., Paris, 1661, t. II, p. 104.)

Vers le même temps (1618), Figueroa, ambassadeur de Philippe III en Perse, note ce qui suit :

« En la partie plus Orientale de la Perse, et en la province de *Kerman*, qui luy est frontière vers l'Orient, il est demeuré plusieurs de ces anciens et véritables Persans, lesquels, quoy qu'ils se soient meslez auec les autres, et qu'en s'vnissant avec les vainqueurs, ils n'ayent fait qu'vn peuple, n'ont pas laissé de retenir constamment leur premiere façon de viure, leurs habits et leur religion. Ainsi, ils adorent auiourd'huy le soleil, comme faisaient les anciens Perses, lorsque leur Empire estoit le premier du monde, et à leur exemple, ils ont tousiours en leur maison du feu allumé, qu'ils conseruent, afin qu'il ne s'esteigne point, auec autant de soin que fesoient autrefois les Vestales à Rome. » (*L'Ambassade de Don Garcias de Silva de Figueroa en Perse*, trad. Wicquefort, Paris, 1667, in-4°, p. 177.)

Thévenot (1664-67) déclare « qu'il y a encore dans la Perse et particulièrement dans le Kerman des gens qui adorent le feu, comme les anciens Perses, et ce sont les Guebres. On les reconnoist à vne couleur jaune, obscure, que les hommes affectent d'avoir en leurs habits, et les femmes à leur voile, n'y ayant personne qu'eux qui portent de cette couleur ; de plus, les femmes Guebres ont le visage tout découvert et ne le couvrent jamais, et pour l'ordinaire elles sont fort bien faites. Ces Guebres ont vn langage et des caractères qui ne sont connus que d'eux seuls, et, du reste, ils sont fort ignorants. » (*Suite* du *Voyage au Levant*, deuxième partie, p. 116 ; Paris, 1674.)

Avec Daulier (1665) nous pénétrons dans le quartier des Guèbres, où les rois de Perse les avaient cantonnés. « Si vous voulez passer à un quart de lieuë de Julpha en tirant vers la montagne, vous verrez un beau village composé d'une longue ruë, il se nomme Guebrabàd, c'est la demeure des Guèbres ou Gauvres, que l'on dit estre les anciens Perses qui adoroient le Feu. Le Roy leur a donné ce lieu pour habiter ; les ayant detruits en beaucoup d'autres endroits. Ils sont vestus d'une étoffe de laine fine de couleur tannée. Les habits des hommes sont de mesme forme que ceux des autres Persiens. Mais celuy des femmes est tout différent ; elles sortent le visage descouvert, et sur la teste une écharpe fagotée à la négligence, avec un autre voile qui leur couvre les épaules, ne ressemblant pas mal à nos Boëmiennes. Leur Caleçon est comme un haut de chausse de Suisse qui leur descend sur les talons. La pluspart de leurs étoffes se fabriquent à Kermàn, grande ville du costé du Midy de la Perse, où il y a plusieurs de cette Secte. Ils sont si reservez à parler de leur religion, qu'on a de la peine d'en sçavoir rien d'asseuré. Ils n'enterrent pas leurs morts, mais les laissent à l'air dans un enclos. I'ay entré dans quelques-unes de leurs maisons, où je n'ay rien vu de particulier, sinon que les femmes, bien loin de fuir de nous, comme font les autres, estoient bien-aises de nous voir et de nous parler. » (*Les Beautez de la Perse*, p. 51.)

A la même époque (1665-1671), quand Chardin vint en Perse, il trouva les Zoroastriens répandus dans la *Caramanie déserte* et surtout dans les provinces de Yezd et du Kirmân. Il les nomme *Guèbres*, du mot arabe *Gaur*, infidèle, idolâtre, prononcé *Giaour* par les Turcs.

Femme Guèbre, d'après Chardin.

« Les Perses ignicoles (Vol. IX, pp. 134 et suivv.) ne sont pas si bien faits ni si blancs que les *Perses mahométans*, qui sont ceux d'aujourd'hui ; néanmoins les hommes sont robustes, d'assez belle taille, et d'assez bon teint. Les femmes sont grossières, d'un teint olivâtre et obscur, ce qui vient, comme je crois, de leur pauvreté plutôt que du naturel, car il y en a qui ont les traits assez beaux. Les hommes portent les cheveux et la barbe longue, la veste courte et étroite, et un bonnet de laine fine, qui ressemble assez à un chapeau. Ils s'habillent de toile, ou d'étoffe de laine, et de poil de chèvre, aimant la couleur brune, ou feuille morte, comme étant peut-être la plus conforme à leur condition.

« Les femmes sont fort grossièrement vêtues ; je n'ai rien

vu qui eût si mauvaise grâce ni qui soit si éloigné de la galanterie.....

« L'habillement des *Guèbres* ressemble si fort à celui des *Arabes* qu'on peut croire que les *Arabes* le prirent d'eux, lorsqu'ils eurent conquis leur pays. Ils sont tous ou laboureurs ou manœuvres, ou foulons et ouvriers en poil ; ils font des tapis, des bonnets et des étoffes de laine très fine.

... « Leur grande profession est l'agriculture... ; ils la regardent, non-seulement comme une profession belle et innocente, mais aussi comme méritoire et noble...

« Ces *Anciens Persans* ont les mœurs douces et simples, vivant fort tranquillement, sous la conduite de leurs Anciens, dont ils font leurs Magistrats, et qui sont confirmés dans leur charge par le Gouvernement persan. » Puis viennent de nombreux détails sur leurs mœurs, leurs croyances et leurs temples ; le principal était alors auprès de Yezd, où résidait leur grand'prêtre, le *Destour Destouran*. (Éd. d'Amsterdam, chez J.-L. Delorme, M D CC XI.)

Ker-Porter (1818-1820) parle aussi des Guèbres : « Quelques-uns, dit-il, pauvres et fidèles à leur croyance, n'ayant pas le moyen de gagner un asile au loin, restèrent esclaves sur le sol natal, l'âme vers le ciel, les yeux vers la terre et répandant des pleurs sur leurs sanctuaires profanés. Pendant que les plus riches s'enfuyaient vers les régions montagneuses des frontières ou les rivages indiens, ces quelques fidèles finirent par trouver une sécurité relative dans leur extrême pauvreté et se réfugièrent à Yezd et dans le Kirman, loin de l'œil du vainqueur. Yezd contient encore quatre à cinq mille de leurs descendants, et, à cause de ce nombre relativement élevé, ils sont autorisés à y pratiquer leur culte d'une manière plus ouverte que dans les petites localités. Ils sont en général d'excellents cultivateurs, jardiniers ou artisans, etc. » (*Travels in Georgia, Persia*, etc., t. II, p. 46, London, 1821-1822.)

Le recensement de la population guèbre donne à la fin de ce siècle un chiffre dérisoire. On n'en trouve plus de vestiges qu'à Yezd et dans le voisinage, à Téhéran, à Kaschan, à Schiraz et à Bouschir. En 1854, d'après les renseignements fournis à la *Persian Amelioration Society of Bombay* et cités par M. Dosabhai Framji Karaka[1], le total s'élevait à 7,200 individus, soit 6,658 à Yezd (3,310 hommes et 3,348 femmes) ; 450 dans le Kirman, 50 à Téhéran et quelques-uns à Schiraz[2].

D'après le recensement du mois d'octobre 1879 donné par le général Houtum-Schindler[3], la population zoroastrienne comprenait 8,499 individus dont 4,367 hommes et 4,132 femmes ainsi répartis : à Yezd 1,242 ; aux environs 5,241 ; à Kirman 1,498 ; aux environs 258 ; à Bahramabad, 58 ; à Téhéran 150 ; à Kaschan, 15 ; à Schiraz, 25 ; à Bouschir, 12. Le dernier recensement (1892) montre la population sensiblement accrue et s'élevant à 9,269 individus.

Yezd et Kirman sont deux villes fort importantes, la première à deux cents milles au S.-E. d'Ispahan, la seconde à trois cent quatre-vingts milles de la mer, au port de Bandar-Abbas ; elles sont situées l'une et l'autre sur les confins des deux grands déserts, le Dasht-i-Kavir et le Dasht-i-Lut, qui occupent au nord une étendue de plus de cinq cents milles et qui sont séparés par une chaîne de montagnes rocheuses,

---

[1] *The Parsees, their history, manners, customs and religion,* ch. II, pp. 31 et suivv. London, 1858.

[2] En quinze ans, le nombre s'est accru de 18 % ou 1 1/5 % par an ; ainsi, en février 1878, il y avait 1,341 *Zoroastriens* dans le Kirman ; en août 1879, le nombre s'était élevé à 1,378, soit une augmentation de 1 4/5 %.

[3] A. HOUTUM-SCHINDLER, *Die Parsen in Persien, ihre Sprache und einige ihrer Gebräuche;* voy. Z. D. M. G. 36 *ter* Band, p. 54 et suiv. Leipzig, 1882. — Dupré (1807-1809) et Kinneir (1810) enregistrent le nombre des *Zoroastriens* en Perse et le portent à 4,000 familles. Trézel (1807-9) l'élève à 8,000 Guèbres à Yezd et dans les villages environnants ; Christie (1819) et Fraser (1821) l'estiment à 3,000 familles dans toute la Perse ; Abbot (1845) l'abaisse à 800 familles à Yezd et aux environs. Petermann (1854) compte 3,000 familles, dont 1,200 hommes à Yezd ; Goldsmid (1865) 4,500 Guèbres à Yezd et dans le Kirmân ; enfin le Cap. Euan Smith (1870) 3,800 familles.

où les caravanes se frayent péniblement leur chemin. Cette
région est redoutée-des voyageurs et à peine connue des Européens[1].

Yezd[2] ne communique avec le reste de l'Iran que par des

[1] Deux jeunes officiers de l'armée des Indes ont tenté dernièrement
la traversée des effroyables solitudes du Dasht-i-Kavir. (Voy. *Proc.
of the R. G. S.*, nov. 1891, et *Asiatic Quarterly Review*, oct. 1891.)
On a exploré plus facilement le Dasht-i-Lut, bien que les dangers ne
soient pas moindres, à cause des tourbillons de sable soulevés par les vents.

[2] *Yezd.* — « Yezd jouit d'un climat tempéré; elle est entourée de canaux
et de conduits qui portent l'eau dans l'intérieur de la ville; on y a construit
des réservoirs et des citernes d'un travail aussi remarquable que ceux
qui se voient à Kaschân. La plupart des maisons et des édifices, quoique
bâtis en briques crues, sont d'une grande solidité ; d'ailleurs la pluie est
très rare dans ce pays. La ville est bien bâtie et très propre, parce qu'on
a soin d'en enlever chaque jour les immondices, qui servent à engraisser
les champs. On y récolte du blé, du coton et de la soie; mais le blé
n'est pas assez abondant pour suffire à l'alimentation, et on en importe
du Kerman et de Schiraz ; aussi est-il d'un prix assez élevé. Parmi les
fruits de Yezd, on vante les figues dites *misqali* et les grenades. Les
habitants, autrefois schaféïtes, appartiennent maintenant à la secte
schiite; ils sont presque tous tisserands et se font remarquer par leur
probité et leur douceur, qui dégénère même en faiblesse. Hamd Allah
Mustôfi, en rendant justice à la loyauté des marchands, accuse les agents
de cette ville d'une arrogance et d'un orgueil intolérables. » (*Zinet el-
Medjalis*). (Cf. *Nouzhet*, fol. 602). Voy. B. de Meynard, *Dict. géog.
hist. etc.*, p. 611, note 1.

Pendant près de deux siècles, les gouverneurs *(atabegs)* de Yezd,
comme ceux du Lauristan, maintinrent leur indépendance; au
XIII° siècle, Ghazan Khan les supplanta. — Quant aux voyageurs
modernes qui ont visité ces régions, voici ce qu'on en sait : Marco Polo
traversa Yezd en 1272; le moine Odoric en 1325, et Josafa Barbaro en
1474. C'était alors une ville ceinte de murs de près de cinq milles de
circonférence et très connue par son commerce de soie. Tavernier, au
XVII° siècle, y séjourna trois jours, assez pour en vanter les fruits et la
beauté des femmes; au XIX°, également, les savants européens ont fait
connaissance avec cette région. Christie, ayant laissé Pottinger dans
le Baloutchistan, la traversa en revenant de Hérat (1810). Voy. A.
Dupré (1808), *Voyage en Perse*, vol. II, ch. XLII ; D' A. Petermann
(1854), *Reisen im Orient*, vol. II, ch. XII, pp. 203 et suivv.; N. de Khanikoff (1859), *Mémoire*, pp. 200-204; A. H. Schindler (1879). *Zeit f.
Gesell. d. Erd. zu Berlin;* Curzon (1889), *Persia*, vol. II, ch. 23,
pp. 238-243. London, 1892.

routes de caravanes; au sortir des plateaux argileux, des rochers et des dunes, la ville et les villages de la banlieue semblent émerger d'une véritable oasis de mûriers; le désert commence au pied même des murailles où s'accumulent les sables poussés par les tempêtes. Un cordon de ruines l'enveloppe et témoigne de son ancienne étendue. Toutefois Yezd est prospère; on y compte de 70 à 80,000 habitants composés d'éléments les plus divers, entre autres 2,000 Juifs, encore obligés de porter sur leur manteau l'insigne flétrissant, et quelques Hindous appelés dans cette localité par leurs relations d'affaires.

Il y a de beaux réservoirs, *abambars*, cinquante mosquées, huit *madressas* et soixante-cinq bains publics; un bureau de poste assure un service régulier hebdomadaire avec Bandar-Abbas et Bouschir; un télégraphe met en communication avec Kirman et Ispahan. Le commerce est florissant; au milieu du siècle, dix-huit cents manufactures donnaient du travail à neuf mille ouvriers ; ce chiffre est moindre aujourd'hui.

C'est là que se trouvent groupés les rares débris de la communauté zoroastrienne. Les Guèbres s'y livraient surtout au jardinage et à la culture du mûrier, notamment de l'espèce à fibre brune qui sert à tisser les vêtements dont le port leur était jadis obligatoire; mais un grand changement s'est opéré, et tel commerçant y possède maintenant mille chameaux. On y voit des écoles, quatre Temples du Feu et plusieurs Tours du Silence ; à 20 kilomètres au S.-O., il y a le gros bourg de Taft, où s'est conservée le plus longtemps la permission d'entretenir ouvertement le Feu sacré. La communauté a un grand'prêtre et un chef laïque, Ardeschir Meherban. Quelques Guèbres sont naturalisés Anglais, et, grâce à eux, depuis cinquante ans le commerce de Yezd s'est accru par leurs relations avec les Indes. Leur rôle est semblable à celui que jouent, dans les ports ouverts du Japon, les *compradores* et les agents chinois entre les mains desquels passent presque toutes les affaires. Cette activité est dûe aux efforts de leurs coréligionnaires de l'Inde ; car, malgré leur probité reconnue et leur intelligence réelle, les Guèbres ont été longtemps en butte aux plus humiliantes vexations.

Kirman est la ville capitale de l'antique Caramanie[1] et se

[1] *Kermân*. — « On écrit quelque fois *Kirmân ;* mais la première prononciation semble plus correcte. C'est un pays vaste et peuplé situé dans le IIIe climat ; longitude, 90° ; latitude, 30°. Il renferme un grand nombre de districts, de villes et de bourgades. Ses bornes sont : à l'est, le Mokrân et le désert qui s'étend entre le Mokrân et la mer, derrière le pays des *Belouth* (Béloutches) ; à l'ouest, le Fars ; au nord, les déserts du Khoraçân et du Sedjestân ; au sud, la mer du Fars. Sur la frontière de Sirdjân, le Kermân fait un coude et avance dans les limites du Fars ; il subit aussi une courbure sur ses côtes méridionales. Le Kermân est riche en palmiers, en céréales, en bestiaux et en bêtes de somme ; il offre de l'analogie avec la province de Basrah par le nombre de ses rivières et la fertilité de son territoire. C'est ce qui a fait dire à Mohammed ben Ahmed el-Beschari : « Le Kermân participe aux qualités naturelles du Fars ; il ressemble par ses productions au pays de Basrah, et il a aussi des rapports d'analogie avec le Khoraçân. En effet, ses côtes sont baignées par la mer ; il réunit les avantages des climats chauds et des climats froids ; il produit le noyer et le palmier, et donne en abondance les deux meilleures espèces de dattes, ainsi que les arbres et les fruits les plus variés Ses villes principales sont : *Djiraft*, *Menouqân*, *Zarend*, *Bemm*, *Sirdjân* (ou *Schiradjân*), *Nermasir* et *Berdesir*. On y recueille le toutenague *(toutia)*, dont il se fait une grande importation. Les habitants sont vertueux, honnêtes et très attachés au sunnisme et à l'orthodoxie. Mais une grande partie de ce pays est dépeuplée et ruinée, à cause des maîtres différents qui l'ont possédé et de la domination tyrannique des sultans. Depuis de longues années, au lieu d'avoir été gouverné par un roi particulier, il a été administré par des gouverneurs qui n'ont eu d'autre occupation que d'amasser des richesses et de les faire passer dans le Khoraçân. Or, cette émigration des ressources d'un pays au profit d'un autre est une des causes les plus certaines de sa ruine ; en outre, la présence d'un roi et d'une cour contribue beaucoup à la prospérité d'un État. L'époque de la gloire et de la splendeur du Kermân remonte au règne de la dynastie seldjouqide, et pendant cette heureuse période, un grand nombre d'étrangers y fixèrent leur résidence. » Voy. B. de Meynard, *Dict. géog. hist.* *etc.*, pp. 482 et suivv.

Parmi les voyageurs modernes qui ont visité le Kirman depuis le

trouve au centre des quatre grandes routes venant du sud et de l'ouest. Cette situation en fait un point fort important pour le commerce entre le Golfe Persique et les marchés du Khoraçan, de Bokhara et de Balk. Des douze mille Guèbres qui se trouvaient jadis dans cette localité, il n'en reste que treize cent quarante-un, d'après le recensement fait en 1878 par ordre du gouverneur[1]. Lors de l'invasion arabe, Kirman servit de place de refuge au roi Yezdedjerd, et passa successivement entre les mains des Beni-Buyak, des Turcs Seldjoukides, des rois de Kharezm (Khiva) et d'une famille kara-kitaïenne qui conserva le pouvoir jusqu'en 1300; elle fut aussi le siège d'un évêché nestorien métropolitain du Fars. La ville eut beaucoup à souffrir des invasions venues de l'est et de l'ouest, de Gengis-Khan, de Timour, des Afghans et de Nadir-Shah. Le siège qu'elle soutint, en 1494, est célèbre par les massacres qu'avait ordonnés Agha Mohammed-Khan[2]. C'est dans ses murs que s'était retranché le dernier de la famille des Zends, Luft Ali-Khan; trahi par les siens, le jeune prince put toutefois échapper à la cruauté du redoutable eunuque kadjar; pendant trois mois, les soldats commirent tous les excès, la ville fut livrée au pillage[3] et enfin rasée; peu après, reconstruite par Fath-Ali-Shah, elle

commencement du siècle, voyez Sir H. POTTINGER (1810), *Travels in Beloochistan*, cap. x; N. DE KHANIKOFF (1859), *Mémoires*, pp. 186-198; CURZON (1889), *Persia*, vol. II, ch. xxii, pp. 243-246.

[1] En 1878, on comptait 39,718 Musulmans, 1,341 Parsis, 85 Juifs et 26 Hindous, ce qui donne un total de 41,170 âmes. Les Hindous sont des Musulmans venus pour la plupart du Sind et de Shikarpour. Certains ont fondé à Bahramabad de puissantes maisons de commerce.

[2] MALCOLM, *Hist. of Persia*, vol. II, ch. xxi, p. 271.

[3] On rapporte que le vainqueur se fit présenter sur des plats 35,000 paires d'yeux! 30,000 femmes et enfants furent réduits en esclavage... C'est à Bam, petit village à 140 milles au S.-E. de Kirman, que Luft Ali-Khan fut fait prisonnier et livré à son ennemi qui, de ses propres mains, lui arracha les yeux avant de le faire périr. Sir H. Pottinger vit, en 1810, un trophée de 600 crânes élevé en l'honneur de la victoire d'Agha Mohammed!

recouvra par degrés son ancienne prospérité, grâce à un gouverneur habile, à la fois avare et sévère, Vekil-el-Mulk. Les ruines de Kirman occupent une longueur de trois milles; la ville moderne contenait, en 1879, 42 mosquées, 53 bains publics, 5 *madressas*, 50 écoles, 4 grands et 22 petits bazars et 9 caravansérails. Le commerce y est très important; les tapis et les châles y sont merveilleux.

La condition physique et morale des Guèbres a peu changé en Perse. Au contact des Musulmans, ils ne se sont ni relâchés ni amollis. Les femmes, dont la majorité appartient à des familles nécessiteuses, sont remarquables par la chasteté de leur vie; quant aux hommes, ils sont si renommés pour leur moralité qu'on emploie particulièrement des Zoroastriens dans les jardins du shah. — Au point de vue ethnographique, voici ce qu'on peut dire; nous suivrons le résumé donné par M. Houssay [1] :

« Lorsque, par droit de conquête, les Arabes imposèrent aux Persans une religion nouvelle, les mélanges touranoaryens étaient déjà en grande partie accomplis au nord et à l'est de l'empire. Il n'y avait à ce moment aucune différence de race, de mœurs ou de religion entre les ancêtres des Persans musulmans et ceux des Guèbres actuels. Séparés aujourd'hui par leur foi aussi sûrement que par de grands espaces, ils ne se mélangent plus; mais, issus des mêmes parents, n'ayant pas été modifiés ni les uns ni les autres depuis cette époque, on les retrouve aujourd'hui semblables dans la même région... Le seul apport ethnique qui aurait pu s'introduire chez les mahométans de Perse et point chez les Guèbres serait l'élément sémite, dû aux Arabes vainqueurs. Il n'en est pas ainsi. Les soldats de l'islam étaient assez fanatiques et assez vaillants pour imposer leurs lois et

[1] Voy. Dieulafoy, *Acropole de Suse*, etc., Appendice : *Les races humaines de la Perse*, pp. 87 et suivv. — Voyez aussi Duhousset, *Les Populations de la Perse*, pp. 4-7; N. de Khanikoff, *Ethnographie de la Perse*, pp. 19, 47, 50, 56, etc.

leur Dieu : ils n'étaient point assez nombreux pour modifier le peuple. Pratiquement il est exact de dire que cette invasion n'a pas laissé de traces en dehors des familles des Séides. Le langage seul s'en est ressenti; tous les mots ayant trait à la religion ou au gouvernement sont arabes... Les Guèbres doivent d'autant moins être considérés comme les descendants purs des Aryens, qu'ils ressemblent à leurs voisins musulmans, et que, d'autre part, ils n'ont pas tous le même type. Ceux de Yezd ont, d'après Khanikoff, des caractères aryens. Ce n'est pas parce qu'ils sont Guèbres, mais parce qu'ils habitent un pays voisin du Fars. Ceux de Téhéran ressemblent aux autres Téhéranis. Les Parsis de l'Inde, dont les ancêtres préférèrent l'exil à la conversion, se rapprochent des Parsis de Perse et diffèrent de leurs coreligionnaires du Nord. Depuis leur exode, ils ne se sont point mélangés aux peuples qui les ont accueillis; ils sont tels qu'ils étaient à cette époque. Donc, à la conquête arabe, il n'y avait pas une race unique; la distribution ethnique que l'on observe encore aujourd'hui existait déjà. Les Guèbres qui restèrent en Perse étaient des Tourano-Aryens; les émigrants, partis surtout du midi du royaume, étaient Aryens[1]. »

Le sort des Zoroastriens restés en Perse a été de tout temps misérable, ainsi que nous l'avons dit. En 1511, ils écrivaient à leurs frères réfugiés à Nauçari que, depuis le

_____

[1] D'après le général Houtum-Schindler (voyez Mémoire déjà cité, pp. 82-84), les cheveux des Zoroastriens sont lisses et épais, généralement noirs ou d'un brun sombre; on rencontre rarement le brun clair, jamais le rouge; dans le Kirmân, quelques barbes affectent cette coloration, mais elles tirent plutôt sur le jaunâtre. Les yeux sont noirs ou d'un brun intense, parfois gris ou bleus, les sourcils habituellement épais et fournis chez les hommes, délicats et bien dessinés chez les femmes. Le teint est communément olivâtre ; les joues ne sont colorées que chez quelques femmes. Les habitants des villes sont pâles et maigres; ceux des campagnes robustes et bien proportionnés. — Nous avons le regret de ne pouvoir insérer certains types envoyés pour nous de Yezd, l'impression du travail étant trop avancée pour en profiter.

règne de Kaïomar, ils n'avaient pas enduré de pareilles souffrances, même sous la domination exécrée de Zohak, d'Afra-
siab, de Tur et d'Alexandre ! En effet, les liens si longtemps
rompus entre les deux communautés s'étaient heureusement
renoués depuis la fin du XVᵉ siècle. A cette époque, Changa
Asa, riche et pieux Parsi de Nauçari, avait envoyé à ses
frais¹ un laïque lettré, Nariman Hoshang, dans le but
d'obtenir des membres du clergé iranien certains éclaircissements au sujet de questions religieuses importantes.
(*Parsee Prâkâsh*, pp. 6-7.)

Dans une lettre aux frères de l'Inde, datée de Serfabad,
1ᵉʳ septembre 1486, Nariman Hoshang déclarait que tous
les Iraniens aspiraient depuis des siècles à savoir si quelques-
uns de leurs coreligionnaires existaient encore de l'autre
côté de la terre! Après une absence de quelques années, il
revenait aux Indes, et, au bout de huit ans, il retournait de
nouveau en Perse, où il recueillait les plus curieux renseignements. — Ces rapports sont confirmés par des lettres de
Guèbres adressées à la communauté parsie de l'Inde (1511)
dans lesquelles il est dit que, « depuis le départ de Perse jusqu'à la venue de Nariman Hoshang (il y avait trente ans),
les Mazdéens ne savaient pas que leurs coréligionnaires
s'étaient établis dans l'Inde, et que c'était Nariman Hoshang
qui leur en avait donné la nouvelle. »

A partir de cette époque, les relations entre les Guèbres
et les Parsis furent assez suivies. Dès 1527, un nommé Kama
Asa, de Cambay, allait en Perse et se procurait une copie
entière de l'*Arda-Viraf-Namah*. En 1626, les Parsis de
Bharoutch, de Surate et de Nauçari y envoyaient un lettré
de Surate, Behman Aspandiar, chargé de nombreuses questions; il rapporta les réponses et de plus deux livres religieux, le *Vishtasp-Yasht* et le *Vispered*. (*Parsee Prâkâsh*,

---

¹ Pour le compte des communautés de Nauçari, de Surate, de Bharoutch, de Cambay et d'Ankleswar.

p. 11.) — Les informations obtenues ainsi par d'intelligents émissaires guidèrent longtemps les Parsis dans leurs
décisions en matières sociales ou religieuses et formèrent le
recueil des *Rivâyâts*. Toutefois les membres de la communauté de l'Inde étaient bien peu à même de soulager les
maux de leurs frères de Perse, et chaque siècle apportait à
ceux-ci un nouveau contingent de souffrances et de peines.

Quatre révolutions contribuèrent à décimer la population zoroastrienne du Kirman. Les Ghilzi-Afghans, qui
avaient gémi longtemps sous le joug de la Perse, se sou-
levèrent enfin sous la conduite d'un chef intelligent et
brave, Mir Vais, qui se rendit rapidement maître de Khandahar[1]. Le monarque persan Hussein, incapable de les
réduire par les armes, envoya pour les faire rentrer dans le
devoir des émissaires qui furent traités avec mépris. Le chef
afghan qui succéda à Mir Vais résolut de se venger et d'envahir la Perse à son tour, dès que l'occasion se présenterait;
elle ne tarda pas à s'offrir. Pendant que la frontière N.-E.
du royaume était menacée par les Afghans-Abdali de Hérat
et que le prince arabe de Mascate s'emparait des bords du
Golfe Persique, Mahmoud, qui avait succédé à son père Mir
Vais dans le gouvernement de Khandahar, fit irruption en
Perse. Cette invasion des Ghilzi-Afghans amena les plus
grands maux dans la communauté zoroastrienne, Mahmoud
ayant préféré traverser le Kirman plutôt que de s'aventurer
dans les déserts du Séistan. Les massacres et les conversions
forcées désolèrent les fidèles.

Lors de la seconde invasion de Mahmoud, celui-ci persuada aux Zoroastriens de Yezd et du Kirman de se joindre
à ses troupes et de venger ainsi les maux qu'ils enduraient
depuis des siècles[2]. Il est inutile de dire que, trop confiants, les
malheureux se laissèrent convaincre et s'enrôlèrent. De leur

[1] Malcolm, *Hist. of Persia*, vol. I, ch. xv, pp. 607 et suivv.
[2] Hanway, vol. II, p. 153.

sort ultérieur que savons-nous? Qu'advint-il d'eux sous
l'étendard de Mahmoud après la victoire d'Ispahan? (21 octobre 1722.-H.-1135 ¹). Furent-ils mieux traités et reçurent-
ils quelque récompense? Il y a lieu de croire que leur condition, loin d'être améliorée, s'en trouva plutôt aggravée.

On dit que sous le règne de Nâdir-Shah et de ses successeurs, ils eurent encore à subir l'horrible alternative de la
conversion ou de la mort. Lors du siège de Kirman, dont nous
avons parlé (p. 36), beaucoup de Zoroastriens furent passés
au fil de l'épée, et leur quartier fut ruiné et détruit à jamais.

Cette série de vicissitudes et de malheurs explique le
petit nombre des survivants, leur vie précaire, les difficultés
de l'exercice du culte, la dispersion des livres sacrés. Au temps
de Ibn Haukhal, chaque village avait son temple, ses prêtres
et son livre saint. En 1858, M. Framji Dosabhai Karaka
comptait trente-quatre Temples du Feu, tant à Yezd que dans
les environs. Actuellement il y en a quatre à Yezd même, dix-
huit dans les villages voisins et un à Kirman. Quant aux livres
religieux, il n'y en a pas d'autres que ceux qu'on trouve
dans l'Inde. Westergaard, qui visita la Perse en 1843, écrivait à son ami feu le Dᵣ Wilson, de Bombay, pour lui faire
part de sa déception ¹ : « Je me suis arrêté à Yezd onze jours
et bien que je me sois souvent mêlé à leurs réunions, je n'ai
vu que seize ou dix-sept livres en tout; deux ou trois exemplaires du *Vendidad Sadé* et de l'*Izeschné*, qu'ils appellent
Yaçna, et six ou sept du *Khorda-Avesta*. Je n'en ai pu
obtenir que deux et une fraction du troisième, une partie
du *Boundahish* et d'un autre livre pehlvi. C'est tout ce que
j'ai réussi à avoir, quelques efforts que j'aie tentés pour
me procurer en plus, par exemple, les fragments de

¹ MALCOLM, *Hist. of Persia*, vol. I, ch. xv, p. 642. — Le chef d'un
des corps de Guèbres au siège d'Ispahan s'appelait du nom musulman
de Nasser-ûllah. Hanway le considère comme un Parse ou Guèbre.

¹ *Letter from Prof. W. to the R. Dᵣ Wilson written in 1843, in
Journ. As. of Gr. Brit. and Ir. t. VIII, 1846, p. 350.*

l'*Izeschné* avec une traduction pehlvie ou pazend, dont il
n'y a qu'un exemplaire en Europe, à Copenhague. »

Le même voyageur parlant des Zoroastriens qui résident
actuellement dans le Kirman, s'exprimait en ces termes : « Les
Guèbres y sont plus maltraités que leurs frères de Yezd. Ils
n'ont que deux exemplaires du *Vendidad* et du *Yaçna*, mais
un assez grand nombre du *Khorda-Avesta*, dont toutefois ils
ne veulent pas se séparer. Ici, personne ne lit le pehlvi. Ils
se plaignent de ce qu'Agha Mohammed-Khan a livré la ville
au pillage et que la plupart de leurs livres ont été détruits et
les fidèles massacrés. »

Une des plus dures conditions de la conquête a été de tout
temps l'impôt appelé « *jazia* ». Seuls les Musulmans en sont
exemptés ; tous les infidèles habitant le royaume, Arméniens,
Juifs et Zoroastriens y sont soumis. Les Arméniens à Tauris
et dans les villes de Perse situées près de la frontière en
ont été allégés par les soins du gouvernement russe. Il est
difficile de se rendre compte de l'impôt payé par les Arméniens et les Juifs ; mais il est certain, — et on l'a vérifié, —
que la taxe annuelle dont les Zoroastriens étaient frappés
s'élevait à 660 tomans. Les gouverneurs et les collecteurs en
augmentant toujours le montant pour profiter de l'excédant,
la somme se trouvait portée à près de 2,000 tomans ou
1,000 livres sterling, soit 25,000 francs de notre monnaie.
D'après la statistique, mille Zoroastriens étaient forcés de
payer ; or, deux cents le pouvaient sans difficulté, quatre
cents avec beaucoup de gêne, et le reste se trouvait dans
l'impossibilité de le faire, même sous menace de mort. Des
scènes lamentables se produisaient lors de la perception de
cette onéreuse taxe[1]. Parfois les malheureux se tournaient
vers leurs frères de l'Inde dans l'espoir d'obtenir une intervention favorable auprès du gouvernement persan, comme

[1] Nous ne saurions enregistrer ici d'odieux détails qu'un mot seul
caractérisera : c'étaient de véritables *dragonnades*.

certaines puissances européennes l'avaient fait efficacement, en certains cas.

Flétris de l'appellation de *Guèbres* ou « Infidèles », ils éprouvaient de la part des Musulmans des vexations analogues à celles que subissent dans l'Inde les membres de la caste Mahar de la part des Hindous bien nés[1]. Toutes relations, tout commerce avec eux étant entaché de souillure, une foule d'occupations lucratives leur étaient interdites. De plus on connaît l'épouvantable inégalité de la loi en pays musulmans, où la règle générale est d'accorder au croyant aide et protection et de méconnaître ces droits pour l'infidèle. Les exemples seraient trop nombreux à citer; bornons-nous à relever cette inégalité sans autre commentaire[2].

En présence de cette situation pénible, les Parsis ne devaient pas rester indifférents. M. Dosabhai Framji Karaka écrivait, il y a plus d'un quart de siècle[3] : « Ne pouvons-nous

[1] Le général Houtum-Schindler, avant l'abolition de la *jazia*, constatait que la position des Guèbres était assez bonne, infiniment meilleure que celle des Juifs, à Téhéran, à Kaschan, à Chiraz et à Bouschir, tandis que, à Yezd et dans le Kirman, au contraire, celle des Juifs était préférable. Les vexations y étaient très cruelles. (Voyez HOUTUM-SCHINDLER, Mémoire déjà cité, p. 57.) Voici les principaux griefs des Guèbres : ils étaient menacés de la conversion forcée; les biens appartenant à une famille zoroastrienne étaient confisqués pour l'usage et le profit des prosélytes, malgré les droits des héritiers légitimes; les biens nouvellement acquis étaient susceptibles d'être frappés d'impôts au bénéfice des « Mullas » jusqu'au cinquième de leur valeur; il était défendu d'élever de nouvelles maisons et de réparer les vieilles; les Guèbres ne pouvaient porter d'habits neufs ou blancs ni monter à cheval; les commerçants étaient soumis à des taxes en plus des droits officiels de la douane; enfin le meurtre d'un Zoroastrien n'était pas puni et souvent les sanctuaires étaient envahis et profanés.

[2] Il est bon de remarquer que le gouvernement persan, fort soigneux de complaire aux ambassadeurs des cours européennes et chrétiennes, accorde volontiers sa protection aux nationaux qui sont dans le voisinage de la capitale; mais cette protection cesse dans les provinces où règnent les gouverneurs locaux soutenus par le fanatisme des habitants.

[3] *The Parsees; their History, Manners, Customs and Religion,* ch. II, pp. 49 et suivv.

donc faire quelque chose en faveur de nos infortunés frères de
Perse? Notre communauté possède des fonds considérables
et renferme des hommes connus dans le monde entier par
leur bienfaisance et leurs nobles efforts pour l'amélioration
du sort de leurs coreligionnaires?... Il nous semble qu'une
députation des nôtres à la cour de Perse, présentée et dûment appuyée par l'ambassadeur d'Angleterre à Téhéran,
pourrait tenter avec succès quelques démarches pour
mettre fin aux cruautés exercées chaque jour. Les sommes
prélevées par l'impôt de la capitation avec de si inutiles vio-
lences doivent être insignifiantes pour le revenu royal, et
il n'est pas douteux qu'une supplique des Parsis de l'Inde
n'ait de grandes chances d'être accueillie. Les princes persans connaissent rarement la véritable position de leurs
sujets, et nous espérons que nos compatriotes comprendront
l'honneur qu'il leur reviendra en soulageant les souffrances
de nos frères restés dans l'Irân. »

C'est en 1854 qu'on envoya le premier émissaire de
Bombay aux Zoroastriens de Perse, et à partir de cette
époque, on s'occupa sérieusement des moyens de leur venir
en aide, grâce au *Persian Zoroastrian Amelioration Fund*.
Les *trustees* déléguèrent M. Manakji Limji Antaria qui allait
mettre en œuvre sa grande expérience et son dévouement
dans l'accomplissement de la tâche qu'il avait acceptée. Il
partit donc (31 mars) avec les instructions du comité qui le
chargea d'ouvrir une enquête et de faire un rapport. Bientôt
les détails les plus pathétiques vinrent exciter le zèle charitable des Parsis de Bombay ; un *meeting* eut lieu, le 11 janvier 1855, sous la présidence de feu Manakji Nasarvanji
Petit (*Parsee Prâkâsh*, pp. 654 et suivv.) pour aviser aux
résolutions à prendre, d'après le rapport de M. M. L. Antaria[1].

Malgré tous les griefs relevés, il parut surtout urgent

[1] Les membres du Comité étaient : MM. Manakji Nasarvanji Petit;
Rastamji Nasarvanji Wadia; Mervanji Framji Panday; Kavasji
Ardeshir Sahair.

de faire converger_les efforts vers l'abolition de la « jazia »,
cause première des vexations et des misères des contribuables. Ces efforts ne furent lassés ni par le temps ni par
les obstacles, et après une campagne qui dura de 1857 à
1882[1], l'abolition désirée fut enfin obtenue. Pendant ce temps,
vingt-cinq longues années! tous les moyens propres à en
assurer le succès furent mis en œuvre. Ainsi M. M. L.
Antaria profitait de la bienveillante disposition de Sir Henry
Rawlinson, ambassadeur d'Angleterre à la cour de Téhéran,
pour se faire présenter au shah et lui tracer un tableau touchant des maux endurés par ses sujets zoroastriens du Kirman ; il obtenait, à la suite de cette audience, une réduction
de 100 tomans sur le montant de la contribution prélevée
annuellement (920 tomans) à Yezd et dans le Kirman.

Une autre audience fut accordée par le shah au palais de
Buckingham, lors de son voyage en Angleterre (24 juin 1873).
Un mémoire rédigé dans le style le plus fleuri et le plus
courtois, tel que l'exige la politesse des cours orientales,
fut présenté par plusieurs membres du Comité de Bombay[2].
Sir Henry Rawlinson et M. E. B. Eastwick l'appuyèrent. A
son tour, Sa Majesté trouva bon de faire savoir qu'Elle avait
entendu les plaintes de ses sujets et qu'il serait avisé aux
moyens d'améliorer la position des Zoroastriens de Perse ;
mais en Orient, hélas ! on le sait, les abus sont longs à disparaître, et malgré les bonnes promesses du shah, aucun changement ne se produisit dans la perception de l'impôt. Un
pressant appel par la voie de l'ambassadeur d'Angleterre à
Téhéran ne parvint même pas jusqu'au monarque. Ce ne fut
qu'en 1882 que Sir Dinsha Manakji Petit, président du *Persian Zoroastrian Amelioration Fund*, reçut par l'entremise de
M. Thomson, de l'ambassade d'Angleterre, la communication

---

[1] Pour les négociations au sujet de la jazia, voyez *Parsee Prâkâsh*,
pp. 659-662.

[2] MM. Naorozji Fardunji ; Dadabhai Naorozji ; Ardeshir Kharshedji
Wadia ; Dr Rastamji Kavasji Bahadurji.

du firman royal décrétant l'abolition immédiate de l'impôt (*Parsee Prâkâsh*, p. 662). Cette longue lutte avait coûté près de 109,564 roupies, soit 257,475 francs au *Persian Ameliora-tion Fund* de Bombay ! Inutile de dire avec quels transports de joie et de reconnaissance ce bienfait fut reçu par les malheureuses victimes, qui, depuis des siècles, gémissaient sous les exactions des subalternes et que la bonté éclairée du souverain remettait d'emblée sur un pied d'égalité avec ses autres sujets[1] ! Quant aux amis des communautés mazdéennes de l'Iran, ils peuvent espérer les voir prospérer et leur nombre s'accroître, en vertu des mêmes qualités et des

[1] Voici la traduction du texte du firman relevant les Zoroastriens de Perse de l'impôt de la « jazia » :

« En considération des bénédictions sans nombre qu'il a plu au Tout-Puissant de nous accorder et en actions de grâces envers Celui qui nous a donné la Couronne royale de Perse avec les moyens de soulager ses habitants, il nous est dévolu le droit de pourvoir à la tranquillité et au comfort de tous nos sujets, à quelque tribu, communauté ou religion qu'ils appartiennent, de sorte qu'ils puissent être fortifiés et rafraîchis par les eaux bienfaisantes de notre faveur spéciale.

« Parmi eux se trouvent les Zoroastriens de Yezd et de Kirman, qui descendent de l'antique et noble race de la Perse, et c'est maintenant notre désir de rendre leur paix et leur bien-être plus complets qu'auparavant.

« C'est pourquoi, par ce firman royal, nous ordonnons et commandons que les taxes et impôts de la Couronne prélevés sur nos sujets musulmans de Yezd et de Kirman soient perçus de la même manière sur les Zoroastriens qui y résident. Par ces motifs, l'impôt exigeant de cette communauté la somme de huit cent quarante-cinq tomans est aboli, et au commencement de cette année propice du Cheval, nous faisons remise de cette somme et en affranchissons à jamais les Zoroastriens. En conséquence, nous ordonnons et commandons à nos *mustaufis* et officiers de la dette du royal Échiquier de l'effacer des revenus qui doivent rentrer de Yezd et du Kirman. Les gouverneurs en fonctions ou qui seront nommés par suite à la tête de ces provinces doivent considérer tout droit au payement de ce tribut aboli à jamais, et, en ce qui concerne la présente année et les suivantes, si cette somme venait à être exigée, ils en seraient responsables et punis. De plus, dans le tribut des dîmes et impôts sur l'eau et la terre et pour tous les droits de commerce, les Zoroastriens doivent être traités de la même manière que nos autres sujets.

« Donné à Téhéran, dans le mois de Ramzan 1299 (août 1882), etc. »

mêmes aptitudes qui ont fait la grandeur et la prospérité de celles de l'Inde.

Les relations entre Bombay et la Perse ne se sont pas bornées à la seule initiative bienfaisante du Comité de Bombay [1]. Il faut enregistrer également la création d'écoles dans les villes de Kirman et de Yezd (1857) dûes à la munificence de notables Parsis et le don de sommes versées pour l'établissement de jeunes filles exposées par leur pauvreté à de terribles dangers en pays musulmans. De 1856 à 1865, près de cent mazdéennes ont été ainsi mariées par les soins de l'agent d'une association charitable. Il convient aussi de mentionner la création de dispensaires et de maisons de refuge, sans oublier dans cette liste abrégée deux fondations qui jettent un jour très intéressant sur la direction des idées religieuses chez les Parsis modernes.

Deux localités situées non loin de Yezd et tenues pour sacrées par la tradition, Koh-i-Chakmaku et Akda, entretenaient le souvenir des anciens jours de gloire par la légende touchante des deux filles d'Yezdedjerd, Khatun Banu et Hyat Banu, qui avaient disparu sans laisser de traces. Après la chûte du roi, sa famille n'ayant pas trouvé de place à Madaïn s'était réfugiée dans la citadelle d'Haft-Ajar, mais bientôt elle avait été obligée de se disperser. Meher Banu s'enferma dans la forteresse de Gorab; Khatun Banu se dirigea vers des lieux plus retirés. Dans sa marche précipitée, la princesse, épuisée, mourant de soif rencontra un *burzigar* (fermier) occupé à cultiver le sol et lui demanda un peu d'eau. Faute de source ou de citerne, le paysan lui offrit le lait de sa vache et se mit en devoir de la traire; mais au moment où le

---

[1] Le Comité a maintenant un fonds de 275,000 roupies (646,250 francs) dû à des souscriptions et à des dons faits lors des mariages ou après le décès d'un parent. à l'*Uthamna ceremony* du troisième jour. Sur ces fonds, on soutient 12 écoles ouvertes en 1882, à Téhéran, à Yezd et à Kirman.

[2] M. Manakji Limji Antaria est mort; mais son successeur est non moins zélé. Le président actuel est Sir Dinsha Manakji Petit, et le secrétaire honoraire M. Bomanji Byramji Patell.

vase débordait de liquide frais et écumant, l'animal, d'un coup de pied, le renversa sur le sol. Alors l'infortunée, privée de cette dernière douceur, continua fiévreusement sa route ; parvenue dans la montagne, désespérée, agonisante, elle se jeta à terre, priant le Tout-Puissant de la protéger, soit en arrêtant ses ennemis dans leur poursuite, soit en la dérobant à tout œil mortel. A peine avait-elle achevé sa prière qu'elle disparut dans une fente de rochers qui s'ouvrit devant elle et se referma aussitôt. Au même instant, arrivait avec un breuvage rafraîchissant le *burzigar* qui avait découvert la retraite de la princesse et qui ne trouva plus que sa petite troupe de serviteurs éplorés. A la nouvelle de cette disparition étrange, il courut à son étable et immola la vache à l'endroit même où avait été engloutie la fille de son roi. Bientôt les fidèles vinrent à leur tour offrir de semblables sacrifices, et le lieu s'appela *Dari-din* « porte de la foi ». Les pèlerins s'y rendaient en masse chaque année; mais ces sacrifices sanglants répugnaient aux Parsis de Bombay. Toutefois comme il était bon et touchant d'honorer une localité désignée par une tradition antique, M. Manakji Limji Antaria substitua à ces usages barbares des cérémonies plus en rapport avec les pratiques zoroastriennes modernes. Le sacrifice de la vache fut supprimé, et un notable de Bombay fournit les moyens d'élever un élégant monument avec de vastes demeures pour loger les pèlerins.

Hyat Banu, la seconde princesse, disparut également d'une manière mystérieuse; à l'endroit consacré par la légende, on avait construit un grand réservoir alimenté par les ruisseaux voisins. Peu à peu les murs du réservoir étant tombés en ruine, ils furent réparés par les soins généreux de M. Mervanji Framji Panday de Bombay, celui-là même qui avait élevé le monument d'Akda[1].

---

[1] Nous nous réservons, dans un travail ultérieur, de présenter les documents que nous avons été à même de réunir sur les communautés zoroastriennes de la Perse.

CHAPITRE III

Population. — Costumes. — Usages. — Fêtes.

I

C'est sur la côte occidentale de l'Inde, dans la Présidence de Bombay, que se trouvent les agglomérations les plus compactes des membres de la communauté parsie. Depuis l'exode de Perse, les réfugiés s'y sont heureusement maintenus et ont acquis peu à peu cette richesse et cette supériorité intellectuelle qui les distinguent entre tous les natifs ; nous aurons la satisfaction de le constater pour ainsi dire à chaque pas dans le cours de cet ouvrage.

La Présidence de Bombay ou, pour parler plus exactement, la Province de Bombay[1], comprend 24 districts britanniques et 19 États natifs (*Agencies*) sous la protection du Gouvernement anglais. Les frontières sont : au nord, l'État de Baloutchistan, le Pandjab et les États natifs du Radjpoutana ; à l'est, l'État mahratte d'Indore, les provinces du Centre, le Berar occidental et les États du Nizam d'Haïdarabad ; au sud, la Présidence de Madras et l'État de Maisour ; à l'ouest,

[1] A l'origine, les affaires des trois établissements de la Compagnie des Indes dans le Bengale, à Madras et à Bombay étaient administrées à part avec un Président et un Conseil formé d'agents de la Compagnie. Le terme de *Présidence* était appliqué à tout le territoire soumis à cette autorité. Cette expression n'a plus de signification réelle ; toutefois on l'emploie encore dans les actes officiels. L'Inde britannique n'est plus divisée en Présidences, mais en *Provinces*, dont huit sont des pays fort étendus, relevant de gouvernements séparés. Les Présidences de Bombay et de Madras ne sont aujourd'hui que les provinces du même nom.

la mer d'Arabie. Elle se partage en quatre grandes divisions
établies d'après les idiomes locaux ; au nord, se trouve le
Sind ou vallée inférieure et Delta de l'Indus, région essentiellement musulmane comme histoire et comme population ;
puis, plus au sud, le Goudzerat renfermant au contraire
les éléments les plus divers et les plus mêlés et comprenant
tous les districts de la côte nord, le pays mahratte et les
districts intérieurs du Dekkan ; enfin les districts où l'on parle
le kanarais, divisés à leur tour en quatre districts britanniques et huit États natifs[1].

Ce territoire s'est formé peu à peu autour de l'île de
Bombay, cédée à l'Angleterre par le roi de Portugal comme
dot de l'Infante Catherine de Bragance. Les Portugais, les premiers, avaient occupé ces parages ; ainsi, dès 1498, ils arrivaient à Calicut avec Vasco de Gama, et cinq ans plus tard
ils s'emparaient de Goa, grâce à la valeur d'Albuquerque.
Bombay leur appartenait en 1532, et pendant cent ans ils
surent se maintenir à la tête du commerce et du transit.
Deux factoreries rivales, l'une anglaise et l'autre hollandaise,
s'établissaient à Surate en 1613 et en 1618. Il faut croire que
l'acquisition de la ville de Bombay ne fit qu'un médiocre
plaisir aux Anglais ; car, en 1668, à la suite de grosses difficultés, le roi la transmettait à la Compagnie des Indes et, en

---

[1] Son territoire s'étend du 28° 47' jusqu'au 13° 53' lat. N. et du 64° 43'
au 76° 30' long. E. — Les districts britanniques, y compris le Sind,
contiennent une superficie totale de 124,465 milles carrés et une population, d'après le *Census* de 1872, de 16,349,206 âmes. Les États natifs
couvrent une superficie de près de 71,769 milles carrés, avec une population de 8,831,730 habitants, ce qui donne, pour la superficie un total
de 196,234 milles carrés, et pour la population celui de 25,180,936 habitants. L'État de Baroda n'est plus sous l'action directe de Bombay, mais
sous celle du Gouvernement suprême ; on peut toutefois le considérer
au point de vue géographique comme faisant partie de Bombay. Les
possessions portugaises de Goa, de Daman et de Diu, avec une superficie
de 1,146 milles carrés et une population de près de 428,955 âmes, sont
également comprises dans les limites de la Présidence. Voy. *Imp. Gaz.
of India*, vol. II, p. 172 (Ed. de 1881).

1686, le contrôle de toutes les possessions de la Compagnie était transféré de Surate à Bombay, érigé en Présidence indépendante (1708) lors de la fusion des deux Compagnies anglaises. Enfin, en 1773, Bombay fut mis dans un état de dépendance vis-à-vis du gouverneur général du Bengale, remplacé depuis par le vice-roi.

C'est de Bombay que les Anglais ont fait rayonner leur influence actuellement si bien établie dans ces régions. D'abord simples commerçants, ils supplantèrent peu à peu leurs rivaux des loges portugaises et hollandaises ; bientôt ils aspirèrent à un pouvoir plus solide et en vinrent directement aux mains avec les indigènes, les Mahrattes, qu'ils s'empressèrent de déloger de Colaba, trouvant le voisinage gênant. Après la première guerre mahratte qui éclata au sujet de la succession contestée du Peichwah (1774), le traité de Salbai permit aux Anglais de s'établir à Salcette, à Éléphanta, à Karanja, à Hog-Island, etc. (1782). Le château de Surate fut entre leurs mains à partir de 1759, et, en 1800, l'administration de cette ville leur était abandonnée par le nawab, dont les descendants se contentèrent de porter le vain titre jusqu'en 1842.

La deuxième guerre mahratte eut son origine dans le traité de Bassein (1802) par lequel le Peichwah acceptait le système subsidiaire, système adopté depuis lors par les Anglais ; elle eut pour résultat un accroissement de territoire dans le Goudzerat et d'influence morale à la cour des Peichwahs et des Guickowars. L'intervalle de paix fut employé à réprimer les invasions des pirates qui infestaient les golfes de Cambay et de Cutch.

En 1807, les États de Kathyawar étaient placés sous le protectorat britannique et, en 1809, le Rao de Cutch était forcé de signer un traité par lequel il s'engageait à prendre part à la destruction des pirates ; d'un autre côté, à peine le Peichwah Baji Rao était-il remis sur le trône par une armée anglaise, qu'il commença à comploter l'expulsion des Anglais du Dekkan. — En 1817, il attaqua le résident lui-même, Mountstuart Elphinstone, qui se retira à Kirki, où avec de faibles troupes il parvint à mettre en déroute l'armée entière du Peichwah ; bientôt le prince fit sa soumission entre les mains de Sir John Malcolm. On lui assura une pension de 80,000 livres ; mais il fut privé de ses États, et Bombay acquit de la sorte les districts de Pounah, d'Ahmadnagar, de Nasek, de Cholapour, de Belgaum, de Kaladji, de Dharwar, d'Ahmedabad et le Konkan. A la même date, Holkar abandonnait ses droits sur le district de Kandesch et Satara tombait entre les mains des Anglais en 1848, à la mort du dernier descendant du Mahratte Sivaji. En 1860, les *non regulation districts*[1] des Panch Mahals furent cédés par Scindhia, et en 1861, les limites sud de la Présidence s'accrurent encore par l'annexion du district nord du Kanara pris à Madras. Dès lors, l'histoire de la Présidence de Bombay est dépourvue d'incidents ; le calme ne cessa de régner, même lors de la révolte de 1857. L'armée locale a toutefois rendu de grands services dans l'Afghanistan, en Perse, en Birmanie, en Chine, à Aden et en Abyssinie. Tout occupé de réformes administratives et du bien-être du pays, le Gouvernement est entré depuis plus d'un demi-siècle dans une voie de prospérité complète avec des hommes comme Mountstuart Elphinstone, Malcolm et Lord Reay[2].

D'après le recensement général de 1891[3], le nombre des

---

[1] Voyez pour l'explication de ce mot, Sir John Strachey, *L'Inde*, préf. et trad. de J. Harmand, ch. vi. p. 145. Paris, 1892.

[2] Voy. Sir William Wilson Hunter, K.C.S.I. *Bombay 1885 to 1890, a study in Indian Administration*. London, 1892.

[3] La population entière de l'Inde s'élève à 287,223,431 habitants : Brahmanes 207,731,727 ; cultes aborigènes 9,280,467 ; Sikhs 1,907,83 ; Jains 1,416,633 ; Zoroastriens 89,904 ; Bouddhistes 7,131,361 ; Juifs 17,194 ; Chrétiens 2,284,380 ; Musulmans 58,321,164 ; formes diverses 42,763. Voy. *Statistical abstract relating to British India from* 1883-84 *to* 1892-93, 28th nber. London, 1894. *Distribution of population according to religion, sex, and civil condition*, etc., p. 26, n° 14.

Parsis dans l'Inde s'élevait à 89,904, soit un excédant de
4.91 sur celui du 17 février 1881 qui n'en comptait que
85,397. Le 26 février 1891, la population entière de la Présidence de Bombay, y compris les États natifs et Aden, for-
mait un total de 26,960,421 habitants[1], dont 76,774 Parsis
(39,285 hommes et 37,489 femmes). Le surplus se partageait
entre Madras, le Bengale et les villes du territoire du
Guickowar de Baroda où se trouve, entre autres établissements florissants, l'antique communauté de Nauçari. Il convient d'y ajouter ceux de la Chine et de quelques localités
étrangères, plus les 9,269 Iraniens; on aura ainsi le nombre
exact des Zoroastriens répandus sur le globe, c'est-à-dire
cent mille au plus!

Nous renvoyons au *Zoroastrian Calendar* pour tous les
renseignements sur la statistique; dans un chapitre spécial
(pp. 119 et suivv.), on trouve un minutieux relevé de la population de la ville et de la Présidence de Bombay [2]. Nous en
détachons ici un tableau (voy. ci-après, p. 54), qui donne la
répartition de la population dans les différents centres.
Nous voyons en première ligne Bombay avec ses 47,458
Parsis, Surate et ses 12,757, puis Bharoutch, Thana, Pounah,
Karatchi, jusqu'aux plus petites localités, qui parfois ne figurent plus que pour une simple unité.

---

[1] Parsis 76,774; Hindous 21,440,957; Musulmans 4,390,995; Chrétiens 170,009; Jains 555,209; Juifs 13,547: tribus aborigènes 292,023;
Bouddhistes 674: Sikhs 912: Brahmo-Somaj 34; formes diverses, 51.
Dans aucune partie de l'Inde, les religions et les races ne sont aussi
mêlées que dans la Présidence de Bombay. Voy. *Ethnology of India
by* M. Justice Campbell, dans le *Journal of the Asiatic Society. Supplementary number*, vol. XXXV, part II, pp. 140, etc., etc.

[2] *The Zoroastrian Calendar for the year of Yezdigird* 1262, 16th
September 1892 *to* 15th *September* 1893; *printed and published at
the Bombay Vartman Press, by* Muncherjee Hosungjee Jagosh, 1892
(guzerati). Les tableaux sont très soigneusement faits; un lecteur
curieux y trouvera le dénombrement de la population parsie de Bombay d'après les divers quartiers, des comparaisons avec les recensements
antérieurs et des remarques sur la communauté.

TABLEAU DE LA POPULATION PARSIE

dans la Présidence de Bombay[1].

NOMS DES VILLES ET DES DISTRICTS	Non mariés		Mariés[2]		Veufs et Veuves		Total
	H.	F.	H.	F.	H.	F.	
Bombay..............	14,091	10,153	9,804	9,258	810	3,342	47,458
Ahmedabad...........	230	175	203	175	12	40	835
Kheda................	49	31	39	27	»	7	153
Panch-Mahal..........	43	15	40	13	3	3	108
Bharoutch............	754	623	702	865	70	259	3,273
Surate...............	2,990	2,535	2,597	3,212	266	1,157	12,757
Thana................	1,001	802	845	860	78	334	3,920
Colaba	39	29	51	32	7	9	167
Ratnagiri...	6	3	4	2	»	»	15
Kanara...............	1	»	8	»	1	»	10
Kandesch	119	73	199	99	10	8	508
Nasek...............	127	77	108	75	6	14	407
Amadnagar...........	51	45	41	37	5	10	188
Pounah..............	622	476	402	386	42	98	2,026
Cholapour...........	67	59	54	41	3	8	232
Satara..............	32	40	29	24	1	8	134
Belgaum.............	17	3	22	15	1	3	61
Dharwar.............	37	23	40	41	2	2	135
Bidjapour...........	8	4	5	4	1	2	24
Karatchi	424	301	310	282	26	65	1,408
Haïdarabad..........	17	10	11	8	»	»	46
Shikarpour..........	20	9	27	12	1	2	71
Thar et Parkar.......	»	»	1	»	»	»	1
Sind Supérieur........	2	»	3	2	1	»	8
	20,738	15,486	15,545	15,459	1,346	5,371	73,945
États natifs...........	606	480	761	495	55	114	2,511
Aden................	88	37	138	40	8	7	318
	21,432	16,003	16,444	15,994	1,409	5,492	76,774

[1] Voy. *Zoroastrian Calendar*, p. 126.
[2] La disproportion entre les deux sexes s'explique par l'usage général qui n'autorise pas les domestiques parsis à amener leurs femmes dans les villes où ils sont employés.

Vu l'importance de Bombay, nous citerons pour cette ville un mémoire lu par M. B.-B. Patell, devant la *Société d'Anthropologie de Bombay*[1]. On y trouve la statistique des naissances, des morts et des mariages dans la ville de Bombay de 1881 à 1890. Pendant ce laps de temps, la moyenne des naissances s'est élevée par an à 1,450, et celle des femmes mariées donnant le jour à des enfants à 13.293 pour cent. Celle des morts a atteint 1,135 (575 du sexe masculin, 500 du sexe féminin) et 92 mort-nés (52 du sexe masculin et 40 du sexe féminin). La moyenne annuelle des décès chez les enfants avant l'âge de 5 ans a été de 469 (236 du sexe masculin et 233 du sexe féminin); de 5 à 10 ans de 27 (13 du sexe masculin et 14 du sexe féminin); de 11 à 20 de 47 (20 du sexe masculin et 27 du sexe féminin); de 21 à 30 de 65, avec pour les deux sexes, la proportion de 27 à 38; de 31 à 40 de 62, avec égalité pour les deux sexes; de 41 à 60 de 177 (67 hommes et 90 femmes). Au-dessus de 80, on arrive à 37, dont 13 hommes et 24 femmes.

Depuis dix ans, quatre personnes sont mortes à 100 ans, deux à l'âge de 101 et de 105 ans, une autre enfin à 110 ans. Ces centenaires étaient toutes des femmes. La principale cause de mortalité chez les Parsis est la fièvre (tab. D); ainsi sur 1,135 décès, 293 peuvent lui être attribués, 150 aux maladies nerveuses, 91 aux affections des voies respiratoires, 70 à la dyssenterie, 38 à la phtisie, 100 à la vieillesse, et le reste à diverses autres causes, telles que rougeole, pleurésie, diarrhée, etc., etc. Selon le tableau dressé par M. Patell (tab. E), la moyenne la plus élevée de la mortalité à Bombay se trouve dans le quartier du Fort, viennent ensuite Dhobie Talâo, Bâherkot, Khetwady, etc., suivant la proportion de la population de ces localités.

---

[1] STATISTICS *of* births, deaths *and* marriages *amongst the Parsees of Bombay, during the last ten years;* dans le *Journal of the Anthropological Society of Bombay*, II, n[ber] I, pp. 55-65.

On avait craint à un moment, après la crise de 1865, qu'un décroissement de population sensible ne se produisit à Bombay ; mais c'était une crainte exagérée que fit disparaître le recensement de 1881. On constata, au contraire, que les conditions de vie chez les Parsis comme moralité et hygiène avaient abaissé la moyenne de la mortalité chez les individus, hommes faits, femmes et enfants. Ces derniers, bien soignés et tendrement élevés, fournissent une race superbe, susceptible de culture et douée d'une santé parfaite. Ainsi, de 1872 à 1881, la population parsie s'était accrue de près de dix pour cent; le mouvement a continué, et, comme nous l'avons dit, on estime la plus-value, en 1891, à 4.91.

C'est en vain qu'on chercherait des agglomérations de la population parsie en dehors des régions que nous avons indiquées[1]. Il y a soixante ans environ, un voyageur musulman avait essayé de faire croire à l'existence d'une colonie de Parsis à Khoten, pays situé au sud-est de Kaschgar; mais Sir Alexander Burnes, dans une communication à M. Naorozji Fardunji, dissipa cette illusion[2].

On ne peut attacher plus d'importance à l'assertion récem-

[1] Nous renvoyons à la *Parsee Prakâsh*, pour tous ces détails intéressants, les lecteurs qui peuvent lire et comprendre le guzerati.

[2] « Si je n'ai pas encore répondu à votre lettre du 19 novembre, dit-il, c'est que je désirais faire des recherches spéciales concernant le bruit étrange qui s'est répandu par le Syoud au sujet d'une tribu de Parsis établie à Khoten, restée fidèle aux coutumes zoroastriennes et encore gouvernée par ses propres rois. Je puis vous dire que c'est une légende dénuée de fondement, et que le major Rawlinson, si compétent en ces matières, partage mon sentiment. Je suppose que le Syoud, voyant l'état prospère de ses coreligionnaires à Bombay, s'imagina qu'en flattant votre vanité il agirait sur votre bourse. D'ailleurs le pays de Khoten n'est pas la *terra incognita* qu'il a dépeinte. J'ai été en rapport avec des gens qui y ont séjourné; c'est une dépendance de la Chine, habitée par des Musulmans sujets de l'Empire : les seuls Chinois qui s'y trouvent font partie de la garnison. D'après tout ce qu'on m'a dit du Khoten et des pays adjacents, je n'ai eu de difficulté que pour définir quels sont les commerçants chrétiens qui fréquentent ces marchés. Je pense que ce sont des Russes ou des Chrétiens nestoriens. »

ment émise selon laquelle les membres de la tribu des Kafirs Shiaposch habitant la contrée au nord-est de Caboul, seraient des descendants de la même race, certains de leurs usages, leur manière d'exposer les morts, par exemple, se rapprochant de ceux des Zoroastriens. Sir Alexander Burnes[1], dans le récit de son voyage à Caboul, en 1836-37-38, raconte que le plus curieux de tous les visiteurs du pays des Kafirs[2] fut un personnage venu de Caboul vers 1829. Il se donnait pour un Guèbre (adorateur du feu) et un Ibrahumi (sectateur d'Abraham) qui avait quitté la Perse pour retrouver les traces de ses ancêtres. Pendant son séjour à Caboul, il se mêlait volontiers aux Arméniens et se faisait appeler *Sheryar*, nom assez répandu chez les Parsis modernes. On s'efforça de le dissuader, mais en vain, de s'aventurer chez les Kafirs; il alla à Jalalabad et à Lughman, où il laissa ses bagages, et pénétra comme simple mendiant dans le Kafiristan par la voie de Nujjeet. Il resta absent plusieurs mois, et, à son retour, il fut massacré par les Huzaras de la tribu des Ali Purast. Malik-Usman, outré de la conduite de ses compatriotes, exigea une amende de 2,000 roupies comme prix du sang. Tous ces détails furent donnés par les Arméniens de Caboul à Sir Alexander Burnes; mais il ne put arriver à savoir si le malheureux Sheryar était un Parsi de Bombay ou un Guèbre du Kirman ; toutefois un document trouvé sur le voyageur et émanant du Shah de Perse, laisse croire que la dernière hypothèse est la vraie.

Le recensement de 1881 permet de relever certains faits intéressants qui renseignent sur les occupations et le genre de vie des Parsis à Bombay ; ainsi on comptait alors 855 prêtres et personnes vouées au culte, 141 instituteurs,

---

[1] Voy. CABOOL : *beeing a Narrative of a Journey to, and Residence in that City, in the years* 1836, 7, *and* 8. By the late Lieut.-Col. Sir Alexander Burnes. London, 1842.

[2] VIVIEN SAINT MARTIN, *Nouveau Dictionnaire de Géographie universelle*, t. III, p. 9. Paris, 1887.

34 institutrices, 33 ingénieurs, 1,384 commis et 115 employés. Les constructions navales semblaient être une de leurs carrières favorites, car sur 46 constructeurs 26 étaient Parsis. Quant aux Dubashes ou courtiers de navires, sur un total de 159, on comptait 146 Parsis. Toutes les occupations et les travaux manuels étaient largement représentés, à l'exception du métier de tailleur qui n'était exercé que par un seul membre dans la communauté. A un moment, sur les 9,584 mendiants de la ville de Bombay, on ne trouvait que 5 Parsis et une Parsie. Quant aux malheureuses victimes du vice et de la débauche, un Parsi n'a pas craint d'affirmer que pas *une seule* de ses coréligionnaires ne peut être accusée de vivre du salaire de l'infamie[1]! Les voyageurs ont fait la même remarque ; ainsi, selon Mandelslo, l'adultère et la paillardise étaient considérés par les Parsis comme les plus grands péchés qu'ils pouvaient commettre et qu'ils auraient puni sans doute de mort, s'ils avaient eu l'administration de la justice. (Voy. *Voyages*, etc., trad. Wicquefort, p. 184.) Or, à ce propos, Anquetil enregistre précisément une exécution sommaire sous la sanction du Panchayet, avec l'approbation du gouverneur musulman de Bharoutch (Voy. *Zend-Avesta*, t. II, p.606); et Stavorinus nous montre à la fin du siècle les femmes parsies maintenues sages par la crainte du châtiment. (Voy. *Voyage*, etc., vol. I, ch. xxviii, p. 363.)

Voici le relevé en sept classes des occupations des Parsis, tel qu'il résulte du recensement de 1881 :

	Hommes	Femmes
Métiers......................	1,940	59
Domestiques [2].................	2,079	416
Commerçants.................	3,317	2

[1] « Returned herself as living on the wages of shame. » Voy. Dosabhai Framji Karaka, *Hist. of the Parsis*, vol. I, ch. III, p. 99.

[2] Les Parsis ne se sont jamais adonnés à certaines occupations comme celles de journalier, de porteur de palanquin, de barbier, de blanchisseur, etc., etc.

	Hommes	Femmes
Agriculteurs...................... ...	67	»
Industriels....................	3,610	87
Pas classés....................	565	139
Divers.......................	13,737	22,579

Il y a lieu de s'étonner de l'éloignement des Parsis pour les occupations agricoles et la carrière militaire. L'agriculture avait été très florissante entre les mains des premiers colons; mais les goûts changèrent, et d'hommes des champs les Parsis devinrent citadins. Au commencement du siècle, certains possédaient encore des terres fort étendues et dépensaient beaucoup d'argent pour les améliorer ; peu à peu elles passèrent en d'autres mains, ce qui est assurément fort regrettable sous tous les rapports[1].

Quant à leur répugnance apparente pour le service militaire, nous nous adresserons pour l'expliquer à un Parsi éclairé qui, dans cette circonstance, s'est fait le porte-parole de ses coreligionnaires. En effet, les Perses, dans les temps antiques, se sont distingués entre tous par leur valeur et leur courage. Dans l'inscription gravée sur son tombeau, à Nakch-i-Roustam, le roi Darius pouvait dire, avec un juste sentiment d'orgueil, qu'on n'avait qu'à regarder les images de ceux qui soutenaient son trône pour savoir jusqu'en quels lieux le

[1] Notons les efforts de Sir Richard Temple, gouverneur de Bombay (1877-80), qui, de passage à Nauçari, rappelait aux Parsis certains versets du *Vendidad* ayant trait spécialement aux occupations agricoles ou pastorales, et les exhortait à continuer la tradition. Depuis, un riche Parsi de Bharoutch, M. Rastamji Manakji, a pris à bail du chef de Rajpipla une grande étendue de terres dans les Panch-Mahals, et les exploite avec succès. Il avait été devancé par Kavasji Framji Banaji dans son beau domaine de Pavai. Lord Mayo a reconnu hautement la grande importance des études agricoles et, en 1870, il déclarait que les progrès de l'Inde en richesse et en civilisation dépendaient de ceux de l'agriculture. — Voy. STRACHEY, *Inde*, trad. Harmand, ch. IX ; HUNTER, *Bombay*, etc., pour la question de l'éducation agricole, ch. VI, pp. 158-159-166, et pour la fondation de la chaire d'agriculture à Baroda sous les auspices du Guickowar, à l'instigation de Lord Reay, p. 168.

soldat perse avait porté sa lance ! Les luttes fameuses soute-
nues par les Ardeschir, les Shapour, les Noushirvan témoignent que cette humeur belliqueuse ne s'était pas amoindrie.
Pourquoi les descendants de tels héros s'abstiennent-ils de
prendre part aux exercices militaires et à la défense du pays [1]?

M. Dosabhai Framji Karaka explique ainsi cet éloignement [2]. Il rejette d'abord avec indignation l'idée émise par
certains auteurs européens qu'il provient de motifs purement religieux, à cause du culte qu'ils sont censés rendre au
feu, culte qui les empêcherait de tirer le canon ou d'épauler un
fusil. Or rien ne s'oppose à ce qu'ils se servent du feu dans le
maniement des armes offensives et défensives. Lors de certaines émeutes, à Bombay, on a vu des boutiques d'armuriers
rapidement vidées par les Parsis, et, il y a trente-cinq ans, ils
se joignirent avec enthousiasme au premier mouvement des
volontaires ; mais, en 1877, on ne s'adressa qu'aux Européens.
Cependant, s'écrie M. D. F. Karaka, il n'y a certes pas de natifs
plus désireux que les Parsis de participer à la défense des intérêts britanniques ! Dans quelques postes, ils se sont joints
aux volontaires et ont obtenu des distinctions très enviées [3].
Ils peuvent arriver à une grande adresse dans le maniement
des armes à feu : par exemple, M. Dorabji Padamji, fils de
Khan Bahadur Padamji Pestanji, est un des meilleurs tireurs
de l'Inde [4].

---

[1] Voyez pour l'armée dans l'Inde : STRACHEY, *Inde*, trad. Harmand. ch. III, pp. 52 et suivv. — HUNTER, *Bombay*, etc., ch. XIV, pp. 448
et suivv.

[2] DOSABHAI FRAMJI KARAKA, *Hist. of the Parsis*, vol. I. pp. 101
et suivv.

[3] L'enrôlement des Parsis comme volontaires, à l'exclusion des autres
nationalités, a reparu depuis la publication du livre de M. D. F. Karaka.
A Quetta, à Karatchi, à Pounah, les Parsis sont admis librement dans
le corps des volontaires européens, et dernièrement (juin 1894) M. Dinsha Dosabhai Khambatta s'est enrôlé comme lieutenant dans les « *Poonah
volunteers* » ; il est maintenant lieutenant dans le « *Quetta Corps* ».

[4] Padamji Pestanji est le chef de la communauté parsie de Pounah ;
lors des dernières révoltes, il obtint pour prix de ses services le titre de

La plus sérieuse des raisons qui s'opposent à l'enrôlement des Parsis dans les armées nous semble l'insuffisance de la solde. Nous le répétons : c'est un Parsi qui parle. Nous ne voudrions ni affaiblir les motifs ni exagérer les griefs ; nous estimons que ces questions sont très délicates et méritent d'être traitées avec tact et mesure, puisqu'elles touchent aux rapports de sujets dévoués avec un gouvernement dont ils n'ont qu'à se louer. D'un autre côté, quand on considère la valeur morale et l'intelligent concours que les Parsis apportent à ce même gouvernement, on ne sera pas surpris des conclusions qu'on va voir si nettement formulées [1].

Les soldats indigènes, hindous ou musulmans, sont payés à raison de 7 roupies par mois, soit 14 shillings (17 fr. 50), y compris les rations, tandis qu'un Parsi remplissant le plus modeste emploi de cuisinier ou de domestique gagne le double de cette somme. Pendant les troubles, quand Bombay était privé de troupes européennes, beaucoup de Parsis se seraient de grand cœur enrôlés dans l'armée, si on leur avait accordé la paye des soldats européens. C'est pour eux un regret, peut-être bien une sorte d'amoindrissement dont ils sentent l'importance, d'être obligés de mettre en avant des considérations pécuniaires ; mais leur genre de vie, même pour les plus pauvres, ne peut se comparer avec celui des Hindous et des Musulmans de semblable classe. Ceux-ci vivent avec 7 roupies : Hindous et Musulmans d'une même famille se contentent d'une seule chambre, ce que le plus humble Parsi ne voudrait admettre à aucun prix. La femme hindoue ou musulmane, pour se vêtir, réclame à peine un ou deux *saris*

Khan Bahadur ; il est membre du *Legislative-Council* et a le rang de *Sardar* de première classe dans le Dekkan.

[1] « We have not the slightest hesitation in saying that the Parsis would be found to be as good and brave soldiers as the Anglo-Saxons, while their loyalty and attachment to the government they are called upon to serve would always be above suspicion. » Voy. *Hist. of the Parsis*, vol. I, ch. III, p. 103.

à raison de trois roupies et ses enfants vont tout nus jusqu'à l'âge de dix ans. Quant à la femme parsie, il lui faut plusieurs *saris*, des pantalons, des chemises, des souliers et des habillements convenables pour ses enfants. Comment un soldat parsi pourrait-il vivre et nourrir sa famille avec 7 roupies par mois ?

M. D.F.Karaka termine son long et éloquent plaidoyer par une phrase où perce l'expression du regret éprouvé par les Parsis d'être simplement assimilés aux indigènes, alors qu'ils se sentent moralement et intellectuellement d'une race supérieure. Pourquoi ne pourraient-ils se pourvoir de commissions dans l'armée aussi bien que les Allemands ou les Européens[1]? C'est alors seulement qu'ils se sentiraient complètement identifiés avec la nation britannique[2].

Les Parsis se partagent dans l'Inde en deux sectes, les *Shahanshahis* et les *Kadimis*[3]. Quand Anquetil Duperron arriva dans l'Inde, la division était faite, et il les trouva « plus animées l'une contre l'autre que ne le sont chez les Mahométans celles d'Omar et d'Aali ». Toutefois les Parsis n'admettent pas cette définition ; les différences n'entachent pas la foi et n'ont rien de commun avec celles des Shiites et des Sunnites. Le schisme[4] a pris naissance au sujet d'une discussion sur la

---

[1] «For if a German or a European of another nationality can secure a commission in the British army, why should not a Parsi, who is the born subject of the Queen-Empress ? » Voy. *Hist. of the Parsis*, vol. I, ch. III, p. 104.

[2] Les opinions sont divisées parmi les Parsis eux-mêmes au sujet de leur nationalité et de leur position dans l'Inde. Hon'ble P. M. Mehta les considère comme natifs *to the back-bone*, M. Dadabhai Naorozji, M. P., est du même avis, tandis qu'un certain nombre refusent d'y être assimilés.

[3] Le nom de *Shahanshahi* veut dire « impérial » et celui de *Kadimi* est tiré de *qadim* « ancien ». Les Shahanshahis sont également appelés *Rasmis*, de *rasm* « coutume », c'est-à-dire celle qui est suivie dans l'Inde.

[4] Sur ce schisme, voyez ANQUETIL DUPERRON, *Zend-Avesta*, *Disc. prél.*, p. CCCCXXVI. —WILSON, *The parsi Religion*, pp. 35-36. — HAUG,

date exacte du comput de l'ère de Yezdedjerd, le dernier roi
de l'ancienne monarchie persane. Cette division ne se
retrouve pas chez les Zoroastriens restés dans leur patrie.

Les Parsis comptent leur année sur le pied de 365 jours,
chaque mois est de trente jours; l'année commence avec le
mois *Fravardin* et finit avec le mois *Spendarmad*. A la fin des
360 jours, on ajoute cinq jours appelés *Gathas;* les cinq
heures et cinquante-quatre secondes n'entrent pas dans le
compte, de sorte que les anciens Persans, pour se mettre
d'accord avec l'année solaire, avaient fait, dit-on, à la fin de
chaque cent vingtième année l'intercalation ou *kabisa*, c'est-
à-dire qu'ils avaient ajouté un mois à la période. Les Zoroastriens persans, après la perte de leur indépendance, soit
ignorance, soit simple oubli, avaient cessé de pratiquer la
kabisa, tandis que les Parsis avaient continué d'intercaler
pendant leur résidence dans le Khoraçan; de là, l'origine
des deux sectes dont nous nous occupons.

En 1720[1], Jamasp Vilayàti, savant zoroastrien venu de

Essays, pp. 57-58. — ASPANDIARJI KAMDIN a résumé la controverse de la
Kabisa dans un livre paru à Surate, en 1826, *A historical account of
the ancient leap year of the Parsees* (guzerati). — M. K.R.KAMA a
fait, en 1869, une série de conférences sur l'ancien comput, et a publié
l'*Ère de Yezdedjerd* (guzerati).

[1] Voici comment Anquetil Duperron raconte les incidents de cette
lutte mémorable[1] : « Il y a quarante-six ans, — plus ou moins, — qu'il
vint du Kirman un Destour fort habile, nommé Djamasp. Il avait été
envoyé pour réunir les Parses divisés à l'occasion du *Penom*, linge double dont les Parses, dans certaines circonstances, se couvrent une partie
du visage. Les uns voulaient qu'on le mît aux mourants, d'autres ne le
voulaient pas. Djamasp décida en faveur des derniers, selon l'usage du
Kirman. Si ce Destour n'avait pas fait le voyage de l'Inde, cette frivole
contestation aurait fait couler des ruisseaux de sang.

» Djamasp crut encore devoir examiner le Vendidad, qui avait cours
dans le Guzarate. Il en trouva la Traduction Pehlvie trop longue et peu
exacte en plusieurs endroits. L'ignorance était le vice dominant des
Parses de l'Inde. Pour y remédier, le Destour du Kirman forma quelques Disciples, Darab à Surate, Djamasp à Nauçari, un troisième à

[1] *Disc. prél.*, pp. CCCXXVI et suiv.

Perse, s'établit à Surate pour donner des conseils aux
Mobeds, et ce fut lui qui découvrit que ses coreligionnaires
de l'Inde étaient en retard d'un mois sur leurs frères de l'Iran;
mais on attacha peu d'importance à ce fait. Toutefois, en 1746,
un autre Iranien, Jamshed, et quelques Mobeds adoptèrent

Barotch, auxquels il apprit le Zend et le Pehlvi. Quelque temps après,
las des contradictions qu'il avait à essuyer, il retourna dans le Kirman.
Les livres que ce Destour a laissés dans l'Inde, sont une Copie exacte du
Vendidad Zend et *Pehlvi*, le *Feroüeschi*, la traduction du *Vad-
jerguerd* et le *Nérenguestan*. Ces deux ouvrages sont en Persan, mêlé
de Zend, et purement Cérémoniaux.

» Darab, premier Disciple de Djamasp, et Destour Mobed consommé
dans la connaissance du Zend et du Pehlvi, voulut corriger la Traduction
Pehlvie du *Vendidad* et rectifier quelques endroits du Texte Zend, qui
lui paraissaient ou transposés, ou présenter des répétitions inutiles. Il
commença par expliquer à de jeunes Théologiens Parses les Ouvrages de
Zoroastre, que les Mobeds lisaient tous les jours sans les entendre. Un
Peuple asservi, qui depuis longtemps pratiquait mille cérémonies dont
il ignorait le sens et la cause, devait naturellement se livrer à des abus
sans nombre : ce fut ce que remarqua Darab, plus instruit que les autres.
Les purifications étaient multipliées; le Texte Zend était inondé de Commentaires Pehlvis, souvent très inconséquents. Darab tenta d'abord la
voie de l'instruction. Mais il trouva un Adversaire puissant dans la personne de Manscherdji, Chef du parti qui ne voulait pas de réforme, et
fils lui-même de Mobed.

» Un autre sujet de division les anima encore l'un contre l'autre.
Darab avait pour parent, Kaous, dont j'ai parlé ci-devant, qui avait reçu
du Destour Djamasp les premières teintures de l'Astronomie, selon les
principes d'Oulough beigue. Ce Destour Mobed s'étant depuis perfec-
tionné sous un autre Parse venu du Kirman, il y a environ trente-six
ans, fit voir par les Tables d'Oulough beigue, que, le *No rouz* (le premier
jour de l'année) devait s'avancer d'un mois, et que, par conséquent, il y
avait eu erreur jusqu'alors. Une Lettre des Destours d'Yezd, datée du 22 du
mois Aban de l'an 1111 d'Yezdedjerd (de J.-C. 1742), et apportée par le Parse
Espendiar, confirma la découverte de Kaous, mais ne le mit pas à l'abri
de la haine de ses confrères. Elle alla si loin, que Darab, il y a seize à
dix-sept ans, fut obligé de se retirer à Daman chez les Portugais; et
Kaous à Cambaye chez les Anglais. Lorsque j'arrivai à Surate, presque
tous les Parses de l'Inde suivaient le parti de Manscherdji, parce qu'il
était riche et puissant: Darab, dont la science était reconnue par ses
Adversaires mêmes, avait quelques Disciples, qui, dans la suite, se
montrèrent plus librement, lorsque l'autorité de Manscherdji eut baissé
à Surate avec celle des Hollandais, dont il était le Courtier. »

la date acceptée par les Zoroastriens de Perse et prirent le nom de *Kadîmis*. Le reste de la communauté s'appela *Shahanshahis* et conserva l'ancien système. Peu à peu, le nombre des adhérents de Jamshed s'accrut. Or, il faut bien faire remarquer ici que c'est à Surate que les Parsis ont été d'abord ainsi divisés, et que pendant un certain temps la bonne harmonie n'en souffrit pas ; mais deux hommes respectables, Mancherji Kharshedji Seth, de la secte des Shahanshahis, et Dhanjisha Manjisha, de celle des Kadîmis, mirent littéralement le feu aux poudres, malgré leurs bonnes intentions. Afin d'obtenir quelques clartés, Dhanjisha Manjisha envoya en Perse, à ses frais, un prêtre de Bharoutch, Kavas Rustam Jalal. Né à Bharoutch, en 1733, c'était un lettré versé dans l'arabe et le persan. Il resta douze ans en Perse, et en Turquie, visita Yezd, Ispahan, Shiraz et Constantinople, et revint à Surate en 1780. Pendant son séjour en Perse il avait obtenu une audience de Kerim Khan. — Quelques mois avant son retour, Dhanjisha Manjisha était venu à Bombay et y avait jeté les fondements de la secte kadîmie sous les auspices de Dadiseth, l'un des hommes les plus influents de l'époque. Mulla Kavas suivit son patron à Bombay et fut nommé *Dastour* de l'*Atash-Behram* construit pour la secte kadîmie par Dadiseth lui-même (Dadibhai Nasarvanji) et qu'il consacra le 29 septembre 1783 ; l'année suivante, il quitta Bombay et se fixa à Haïderabad, dans le Dekkan, où il fut honoré de l'amitié du Nizam ; il y resta jusqu'à sa mort, arrivée en 1802. (*Parsee Prakâsh*, p. 92.)

La secte kadîmie continuait de prospérer à Bombay, lorsque, au commencement du siècle, s'éleva la grande controverse de la *Kabisa*, c'est-à-dire de ce fameux mois d'avance que les Kadîmis avaient sur les Shahanshahis (*Parsee Prakâsh*, pp. 62, 198, 863, 867, etc.). Mulla Firoz[1],

---

[1] Mulla Firoz succéda à son père Mulla Kavas comme Dastour des Kadîmis (1802) ; à peine âgé de huit ans, il avait accompagné Mulla

fils de Mulla Kavas, et un autre prêtre distingué, Fardunji
Marzbanji, se firent les champions de la secte des Kadìmis,
tandis que la masse du peuple guidée par Kharshedji Manakji Shroff se groupait sous le patronage du pieux Dastour
des Shahanshahis, Edalji Dorabji Sanjana[1], et tenait bon
pour la date observée par les Parsis depuis leur arrivée dans
l'Inde. On organisa des *meetings* auxquels furent conviés
des Mogols lettrés, afin de donner des explications, et, s'il
était possible, de terminer la discussion. Les journaux furent
remplis d'articles virulents; des brochures parurent en grand
nombre, et le peuple, en certains cas, sembla disposé à régler la question par des voies de fait, argument irréfutable !

Les Shahanshahis soutenaient que la religion zoroastrienne
admettait un mois d'intercalation à la fin d'une période de
120 ans, et que, à la chute de l'Empire perse, il y eut bien
une intercalation lors de leur séjour dans le Khoraçan, mais
qu'une fois dans l'Inde, ils avaient abandonné cet usage; de

Kavas en Perse et avait appris le persan et l'arabe. En 1786, il écrivit
en persan un curieux récit de son voyage, *Derich Kherde Manjumi.*
En 1830, il publia l'*Avijeh-Din* pour réfuter les arguments du Dastour
Edalji Dorabji Sanjana. Le gouverneur de Bombay, M. Jonathan Duncan, l'engaga à enseigner le persan et à traduire le *Desatir.* M. Duncan
étant mort, Mulla Firoz continua son œuvre de concert avec M. William
Erskine, et l'acheva en 1819. Il mourut en 1830 (*Parsee Prakâsh*,
p. 229), et légua sa collection de livres zends, pehlvis, etc., à la communauté kadìmie; la bibliothèque qui les contient est située dans le « Fort »
et porte son nom. On doit à Mulla Firoz un poème sur la conquête de
l'Inde par les Anglais, le *George Namah*, qui fut terminé et publié en
1837 par son neveu et successeur, le Dastour Rastamji Kaikobadji. A la
mort de celui-ci (1854) (*Parsee Prakâsh*, p. 635), les Kadìmis se cotisè-
rent pour fonder un *madressa* qu'ils appelèrent *Mulla Firoz*. (*Parsee
Prakâsh*, p. 647.)

[1] Edalji Dorabji Sanjana était estimé pour sa piété et son mérite.
C'était, de son temps, un des meilleurs savants en zend et en pehlvi ;
il connaissait également à fond le sanscrit. On lui doit plusieurs
ouvrages sur la religion mazdéenne entre autres, un livre intitulé
Khorche Véhijak, qui motiva en réponse l'*Avijeh-Din* de Mulla Firoz.
Il mourut en 1847 (*Parsee Prakâsh*, p. 495).

là, leur retard d'un mois sur le comput des Kadîmis. Ceux-ci déclaraient, d'autre part, que l'intercalation était défendue dans le calendrier zoroastrien, qu'elle n'avait lieu que pour les événements politiques, et que jamais on n'avait pratiqué ce mode de calcul dans le Khoraçan.

La science moderne a fait rentrer dans de justes limites cette question palpitante. M. Kharshedji Rastamji Kama, de la secte kadîmie, connu par ses études sur la religion zoroastrienne, a prouvé, ou tout au moins tenté de le faire, dans un ouvrage sur le comput de Yezdedjerd, que les Shahanshahis et les Kadîmis étaient les uns et les autres dans l'erreur (1870). Les Kadîmis avaient tort en niant que la nouvelle année des Parsis commençait le 21 mars, car d'après la connaissance plus exacte qu'on a de la langue de l'Avesta et le déchiffrement des monnaies pehlvies, il est démontré que la religion zoroastrienne admettait l'intercalation, et les Shahanshahis avaient également tort en ce que, depuis la ruine de l'Empire perse, il n'y a pas eu d'intercalation, comme ils le prétendaient. L'opinion des Kadîmis, d'accord avec la date acceptée par les Zoroastriens de Perse, qui prouve qu'il n'y avait pas eu d'intercalation après la chute de la dynastie nationale, est absolument correcte; mais l'intercalation n'étant pas ordonnée par la religion zoroastrienne, il se trouve que, de part et d'autre, on se trompait dans la controverse de la *Kabisa*.

Les plus graves discussions avaient surgi à la suite de cette querelle religieuse; il s'était produit des scènes de violence vraiment surprenantes. Ainsi, à Bharoutch (1782-1783), un certain Homaji Jamshedji frappait une femme enceinte et était condamné à mort; d'autres s'en tiraient avec de simples amendes. Au plus fort de la lutte, les familles étaient divisées; les mariages entre Kadîmis et Shahanshahis très rares [1].

---

[1] On échangeait les épithètes les plus offensantes entre Kadîmis et Shahanshahis, telles que celle de *churigar* (*churi*, bracelets (*bangles*), et *gar*, ouvrier), terme de mépris emportant avec lui une idée de débilité; les enfants des deux sectes se poursuivaient dans les rues en s'injuriant, il y a cinquante ans à peine.

Maintenant bien des difficultés sont aplanies; il arrive parfois que les époux appartiennent aux deux sectes et, dans ce
cas, les enfants suivent invariablement celle du père. Les
nuances sont peu sensibles; ainsi la prononciation seule est
quelquefois différente: *Ahu, Vohû* se dit *Ahî, Vohî* chez les
Kadìmis. Il y a des variantes dans certaines cérémonies du
culte et certaines formules liturgiques; la plus grande diver-
gence, c'est dans la mention du mois et la date du jour,
lorsque le fidèle récite ses prières. Toutes les fêtes sont observées dans les deux sectes, à des dates différentes.

Les Shahanshahis sont de beaucoup supérieurs en nombre
aux Kadìmis[1]. Ces derniers ne comptent guère plus de dix à
quinze mille adhérents. Beaucoup occupent de très hautes
situations : M. F. N. Patell, les membres des familles Kama,
Dadiseth, Banaji, etc., en font partie. Les Shahanshahis
sont représentés par Sir Jamshedji Jijibhai, Sir Dinsha
Manakji Petit, et beaucoup d'autres non moins respectables.

II

Les Parsis, lors de leur venue dans l'Inde, apportèrent
dans leur costume national certains changements, en vue de
complaire aux princes qui les avaient accueillis. C'est ainsi
qu'on peut noter la ressemblance de l'*Angarakhā* et du turban des hommes ainsi que celle du *Sari* des femmes avec les
vêtements des Hindous du Goudzerat. Les voyageurs n'ont
jamais signalé que de légères particularités. La barbe noire

---

[1] La secte des Shahanshahis possède à Bombay deux grands prêtres :
le Dastour Jamaspji Minocherji et Shams ul ulma Dastour Peshotan
Behramji Sanjana; à Pounah, il y en a un seul, le Dastour Hoshangji
Jamaspji. — La secte des Kadìmis a comme grands prêtres : le Dastour
Kharshedji Phirozji Mulla Firoz, élu par toute la communauté, attaché au Dadiseth Atash-Behram, et le Dastour Kharshedji Bezonji, attaché au Framji Kavasji Banaji Atash-Behram.

UNE FAMILLE PARSIE

des Parsis les avait frappés surtout. Mandelslo[1] en notait la coupe, semblable à celle qu'on affectait en France, il y avait cinquante ans, disait-il, ce qui reporte à l'époque de Henri IV. Quant aux cheveux, ils les coupaient en réservant une petite touffe au sommet de la tête ou les laissaient croître complètement. Ogilby était frappé en plus de la forme recourbée de leur nez[2]. D'autres constataient la parfaite ressemblance de leur costume avec celui des Hindous et remarquaient la mèche de cheveux qu'ils laissaient croître des deux côtés des oreilles, comme les Persans modernes[3].

Au XVIIIe siècle, Anquetil Duperron relevait les particularités suivantes : « Le *Saderé*, le *Kosti* et le *Pénom* sont les habits distinctifs des Parses[4]. Le reste de leur habillement dans le Guzarate leur est commun avec les Banians[5] et consiste dans des caleçons qui descendent plus bas que le genouil, des pantoufles dont la pointe est recourbée en dessus, une robe longue plissée sur les hanches comme un jupon, qui se met sur le *Saderé* et que l'on assujétit avec une large ceinture qui fait plusieurs fois le tour du corps. Ils se couvrent la tête d'une toque, espèce de Turban qui, sous une forme générale, varie dans la distribution comme nos coëffures[6]. »

L'enfant jusqu'à sept ans, c'est-à-dire jusqu'à l'investiture du *Sudra* et du *Kosti*, porte un seul vêtement, une large

---

[1] MANDELSLO, *Voyages de Perse aux Indes orientales*, etc., p. 186.

[2] OGILBY's *Atlas*, V, 1670, pp. 218 et suiv.

[3] PINKERTON, vol. X, pp. 214-220.

[4] Le *saderé* est une chemise qui se met sur la peau, le *kosti*, une ceinture qui se lie sur le *saderé*, le *pénom* ou *padam* une sorte de voile qui couvre la bouche et qui est maintenu par des cordons noués derrière la tête. Voy. les figures ci-après p. 70, n°s 1 *Saderé*, 2 *Kosti*, 3 *Padam*, que nous avons empruntées à Anquetil Duperron (*Zend-Avesta*, t. II, pl.9). Nous donnons plus loin l'explication de ces importants objets.

[5] On nous assure que le costume des Banians est encore porté dans certaines localités éloignées des grands centres.

[6] ANQUETIL DUPERRON, *Zend-Avesta*, t. II, § 1, p. 529.

chemise de coton, de flanelle ou de soie, appelée *Jabhla*, qui l'enveloppe depuis le cou jusqu'aux genoux. Dans les classes

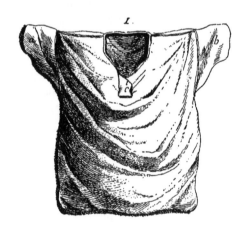

Habits des Parses.

1, Sadcrè. 2, Kosti. 3, Padam.

aisées, l'usage des pantalons s'est introduit. La tête est coiffée d'une sorte de petite calotte ou *Topi*, et les pieds sont chaussés légèrement. Garçons et filles sont habillés de même. Les filles se reconnaissent à leur longue chevelure et aux

petits ornements d'or qu'elles portent aux oreilles et au cou
à partir de l'âge de deux à trois ans[1].

Le costume d'intérieur se compose d'une longue chemise
de belle mousseline, *Sudra*, de la ceinture, *Kosti*, d'un gilet
à manches en étoffe blanche, de larges pantalons de soie,
des pantoufles et d'une calotte noire en soie de Chine. Pour
sortir, ils revêtent l'*Angarakhā*, large vêtement sans ceinture dont les manches ont le double de la longueur du bras
et se retroussent en plis sur les poignets; puis ils placent un
turban brun sombre, *Pagri*, sur la calotte. La grande toilette
comporte de plus une sorte de longue redingote appelée
Jama et une ceinture en mousseline blanche, *Pichori*.
L'ample *Jama*, toujours en coton, descend jusqu'à la cheville,
et la ceinture s'enroule plusieurs fois autour de la taille.
Cette toilette se porte pour les cérémonies, les mariages et
les funérailles, quelquefois même aux réceptions chez le
gouverneur général. Beaucoup de Parsis s'habillent maintenant à l'européenne et ne conservent que le turban, quelque
incommode qu'il puisse être; souvent même, dans leurs
voyages, ils le mettent de côté et adoptent nos coiffures
européennes[2].

[1] Nous avons entre les mains des photographies de petites filles parsies des hautes classes qui sont habillées à l'européenne, en jolis costumes de chez les bons tailleurs de Londres.

[2] Les classes nécessiteuses ont, aux Indes, un très médiocre souci de
l'habillement: un simple lambeau d'étoffe autour des reins suffit à vêtir
un ouvrier, et les ascètes, avant l'occupation anglaise, allaient complètement nus. Les Hindous se contentent, pour la plupart, d'une pièce
d'étoffe, *dhoti*, serrée à la taille et descendant jusqu'aux pieds, et d'une
autre, *uttariya*, sorte de vêtement sans couture jeté gracieusement sur les
épaules comme une toge romaine; souvent un ample pardessus, l'*angarakhā*, complète le costume. Dans le Dekkan, le Bengale et l'Inde du
Sud, les classes inférieures, y compris les Brahmanes pauvres, portent
rarement quelque chose sur la tête, même par les temps froids. Un
pan de vêtement sert à s'envelopper au besoin. Les classes supérieures,
se servent d'un turban fait d'une pièce d'étoffe de vingt à cinquante
yards selon la caste, et appelé « *phenta* ». Quant aux princes et aux
hauts dignitaires, leur costume officiel est d'une richesse inouïe; mais

Les prêtres sont vêtus de blanc et ne se rasent ni la tête ni le visage ; ils ne se servent pas de souliers en cuir pendant les offices, mais de chaussures en bois, hautes d'un pouce, avec une cheville en bois entre les deux orteils pour fixer la sandale. Le costume de la secte des Kadîmis ne diffère pas de celle des Shahanshahis. Quelques prêtres kadîmis ont adopté une longue robe pareille à celle de leur grand prêtre Mulla Firoz. Les prêtres shahanshahis ont le même costume que les laïques, à la seule différence qu'il est en coton blanc ainsi que le turban.

Les femmes revêtent, comme les hommes, le *Sudra* et ceignent le *Kosti*[1]. Leur robe ou *Sari* a 6 yards (5 m. 48) de longueur ; elle est généralement en soie ou en satin, parfois brodée, et dans les grandes circonstances frangée d'or. On enroule l'étoffe autour de la taille, puis on la rejette sur la tête d'où elle retombe gracieusement sur le bras droit. Les femmes portaient jadis la veste ou *Choli*[2], avantageusement remplacée de nos jours par un corsage à l'européenne, ainsi qu'on pourra s'en rendre compte d'après les planches et les portraits.

Elles avaient adopté l'anneau d'or aux trois perles suspendu à la narine ; comme toutes les femmes de l'Inde, elles se chargeaient d'une profusion de bijoux qui constituent,

maintenant certains adoptent les vêtements européens : ainsi le Maharajah de Qutch Behar se montrera volontiers, lors de ses grandes réceptions, le vrai type du souverain oriental et se présentera dans la vie privée habillé comme un gentleman anglais.

[1] Voy. dans Anquetil Duperron la description des modes des Musulmanes et des Hindoues au XVIIIe siècle, *Zend-Avesta*, *Disc. Prél.*, pp. ccclij et suiv.

[2] Le *choli*, porté dans l'Inde aussi bien par les Musulmanes que par les Hindoues, Brahmines, Baniannes et autres, est une sorte de brassière qu'on met aux filles dès l'âge de sept ans pour soutenir la gorge. Les manches descendent un peu au-dessous du coude. Depuis près de dix ans, les dames parsies de Bombay l'ont abandonné, sauf dans certaines grandes cérémonies, les mariages, par exemple ; mais on le voit encore à Bharoutch, à Surate et dans les petites localités.

on le sait, la dot de la jeune épouse. L'anneau est totalement abandonné ; mais à cause des fortunes colossales de la communauté, le goût des joyaux et des pierreries est resté très vif, et beaucoup de dames parsies en possèdent pour plusieurs lakhs de roupies.

Les hommes sont, en général, bien proportionnés[1]. « Leur taille, dit Mandelslo[2], n'est point des plus grandes, mais ils ont le teint plus clair que les autres *Indosthans* et leurs femmes sont sans comparaison plus blanches et plus belles que celles du pays et que les Mahométanes. » La Boullaye Le Gouz insiste sur cette blancheur du teint des Parsis[3]. Stavorinus déclare qu'il est plus blanc que celui des Maures et des Gentoux et diffère même peu de celui des Espagnols. Fryer, bien avant le voyageur hollandais, l'avait qualifié de *straw-colour*[4]. Les femmes, plus blanches encore que les hommes, avaient, selon Stavorinus, la taille svelte, de grands yeux noirs pleins de feu avec des sourcils bien arqués d'un noir d'ébène, placés à une assez grande distance au-dessus des

---

[1] Nous n'insisterons pas sur les caractères ethnographiques des Parsis. — M. Justice Campbell résume ainsi ce qu'on en peut dire. Ils sont, d'après lui, d'un type arien très prononcé, quoique altéré par suite de leur longue résidence dans l'Inde, et même épaissi si on le compare aux figures du Nord plus finement découpées ; toutefois on y retrouve généralement l'accentuation des traits que nous sommes en droit d'attendre d'une extraction originairement persane. Voy. *Ethnology of India*, dans le *Journal of the Asiatic Society, supplementary number*, vol. XXXV, part II, p. 140. — Les voyageurs ont toujours remarqué le soin extrême avec lequel les Parsis ne se mariaient qu'à des femmes de leur loi et de leur nation et attribuaient à cela la conservation de la pureté de la race ; néanmoins, malgré tous leurs efforts à repousser l'alliance des non-Mazdéens, il est certain qu'il y a eu des unions avec les représentants des races au milieu desquelles ils ont vécu ; à notre connaissance, nous en pourrions citer plusieurs exemples. Ces infractions à une règle si absolue n'ont pas lieu de surprendre, et il serait maladroit de ne pas en convenir.

[2] MANDELSLO, *Voyages*, etc., p. 186.

[3] LA BOULLAYE LE GOUZ, *Voyages et Observations*, ch. xx, p. 189.

[4] J. FRYER, *A new account of East India and Persia in eight letters*, etc., etc., p. 197.

yeux, pour ajouter à leur beauté, dit-il. Elles avaient le front
élevé, le nez un peu aquilin, la bouche petite et garnie de
dents d'une blancheur éclatante, le sein beau, les jambes
bien faites et la démarche aisée[1]. Forbes reconnaissait que
les Parsis étaient une vaillante race, athlétique et bien formée ; il vantait la beauté des femmes, mais déplorait leur em-
bonpoint précoce quasi viril qui, dès vingt ans, les déformait[2].

Nos contemporaines sont en général fort jolies et d'une
grâce très particulière ; elles gagneraient encore si elles
consentaient à montrer leur chevelure ; mais bien qu'il
n'y ait aucune défense religieuse, les Parsis tiennent pour
péché et contraire à la religion d'avoir la tête découverte,
soit le jour, soit la nuit[3]. C'est ce qui fait que l'homme porte
constamment sa calotte et que la femme se couvre les cheveux avec un bandeau de linge blanc très fin, *mathabana*,
à peu près comme les religieuses catholiques ; toutefois, il y
a une tendance générale à dégager le front et la chevelure.
Les jeunes femmes rejettent en arrière le *mathabana* et
montrent volontiers leurs bandeaux, innovation qui eût
semblé une immodestie sans nom au commencement du
siècle. Dans certaines familles libérales, les jeunes filles le
mettent complètement de côté[4]. Quelques-unes avaient
adopté une sorte de calotte sur laquelle, pour sortir, elles

---

[1] STAVORINUS, *Voyage par le cap de Bonne-Espérance et Batavia,
à Samarang, à Macassar*, etc., etc., t. I, ch. XXVIII, p. 362.

[2] FORBES, *Oriental Memoirs*, vol. I, ch. VI, p. 83.

[3] Les Parsis ont toujours la tête couverte et les pieds chaussés, ce
qui leur a souvent occasionné de sérieux ennuis. Les Hindous ayant
l'habitude d'ôter leurs chaussures pour entrer dans un appartement,
les employés du Gouvernement anglais se croient insultés quand un
Parsi s'en dispense. La même chose a lieu en Europe au sujet du *pagri ;*
mais ce sont des nuances qui tendent de plus en plus à s'effacer.

[4] Methibai, fille de Rastamji Kavasji Banaji, le « *Merchant prince* »
de Calcutta, mariée à Mervanji Jehangir Framji Banaji, et sa mère
Dunbaiji ont été les premières à consentir à montrer leurs cheveux et à
relever le *mathabana*. Miss Shirin Manakji Kharshedji et sa sœur,
Mme K. R. Kama, sont les premières qui l'ont rejeté entièrement.

DAMES PARSIES ET HINDOUES

relevaient leur *sari*, mais l'ensemble était si peu gracieux que cette mode a été rapidement abandonnée[1].

III

Les Parsis mènent de nos jours une vie semi-hindoue, semi-européenne. Pour plaire à leurs généreux hôtes du Goudzerat, ils avaient adopté une partie de leurs mœurs ; mais le temps aidant, des changements se sont insensiblement produits, et actuellement ce sont ceux d'entre les natifs qui se rapprochent le plus des usages européens, dans les hautes classes, s'entend[2].

Il n'est jamais facile de donner un aperçu exact des coutumes d'un peuple ; quand il s'agit des Parsis, il est très délicat, très osé même d'en entreprendre une simple esquisse, car ils traversent depuis près de cinquante ans une période de transformation sociale qui ne laisse pas de compliquer étrangement la tâche du narrateur. Il faut connaître leur histoire politique et religieuse, entretenir des relations cordiales avec les membres de la communauté, être en un mot un ami de leur race et de leurs institutions pour démêler, au milieu des contradictions apparentes, l'immutabilité de leurs croyances et dégager nettement le but qu'ils ont enfin atteint.

Pour nous renseigner dans les âges lointains nous avons

---

[1] Nous renvoyons pour les costumes aux planches 1, 2 et 3 intitulées *Famille Parsie*, *Dames parsies* et *Groupe d'Enfants*. — On n'a qu'à regarder attentivement les nombreux portraits que nous publions pour se rendre compte des changements qui se sont accomplis depuis un demi-siècle et qui, d'un membre du Panchayet tel que Kavasji Framji, ont transformé un Parsi de Bombay en député au parlement anglais, comme M. Dadabhai Naorozji.

[2] Nous conseillons au lecteur, pour se rendre compte de la position exacte des Parsis au milieu des populations de l'Inde, de lire les deux travaux de M. Monier Williams, *Religious Thought and Life in India*, etc., 2d Ed. London, 1885, et *Modern India and the Indians*, etc. 3d Ed. London, 1879.

les récits des voyageurs[1] qui les rencontraient dans leurs courses aventureuses, récits plus ou moins véridiques, plus ou moins écourtés. Au XIVᵉ siècle, le Frère Jordanus les désignait à l'attention ; dès lors les voyageurs n'oublièrent plus de les mentionner. Les Portugais les appelèrent *Parseos* ou *Perseos ;* les Anglais et les Français *Parsees* et *Parsis,* termes dont ils se servaient pour se désigner eux-mêmes. Mêlés aux Banians, ils en suivaient presque toutes les coutumes, en apparence du moins. C'est H. Lord (XVIIᵉ siècle), chapelain de la factorerie anglaise de Surate qui, le premier. prit soin de les étudier d'une manière approfondie. Il s'entre-

---

[1] Nous ne pouvons citer ici que les principaux : FRIAR JORDANUS, *The Wonders of the East, translated from the latin original as published in Paris in* 1839, *in the « Recueil de Voyages et de Mémoires »,* *of the Society of Geography,* etc., etc., by Col. Henry YULE. C. B., p. 21. London, MDCCCLXIII. — J. DE BARROS, *Da Asia, Dos feitos, que os Portuguezes fizeram no descubrimento, e conquista das mares e terras do Oriente.* Decada primeira, lib. VIII, cap. 9. Lisboa, MDCCLXXVII. — HERBERT (Sir T.), *Travels into Africa and Asia the Great,* p. 107. — TERRY, *in* PURCHAS, *His Pilgrimes in five bookes,* 2ᵈ part. London, 1625. Voy. *A Relation of a Voyage to the Eastern India observed by Edward Terry, Master of Arts and Student of Christ Church in Oxford,* etc., etc., § IV, p. 1479. — H. LORD, *Discoveries of the Banians and Parsees,* dans *Pinkerton's Voyages and Travels,* etc., vol. VIII, pp. 558 et suivv. — MANDELSLO, *Voyages de Perse aux Indes Orientales,* mis en ordre par Olearius, trad. Wicquefort, pp. 179-186. — DE LA BOULLAYE LE GOUZ, *Les Voyages et Observations* du Sieur, ch. XIX-XX, pp. 187-190. A Paris, MDCLIII. — P. F. VICENZO MARIA, *Il Viaggio all' Indie orientali,* ch. II, p. 250. Venetia, MDCLXXXIII. — J. FRYER, *A New Account of East India and Persia in eight letters, being nine years travels,* begun 1672 and finished 1681, pp. 67, 117, 197. London, MDCXCVIII. — J. OVINGTON, *Voyages faits à Surate et en d'autres lieux de l'Asie et de l'Afrique,* t. II, ch. VII, pp. 77-87. — Fr. VALENTIJN, *Oud en nieuw Oost-Indien,* t. IV, 2ᵉ part., p. 153. Dordrecht et Amsterdam, 1724-26. — J. S. STAVORINUS, *Voyage par le Cap de Bonne-Espérance et Batavia, à Samarang, à Macassar, à Amboine et à Surate* en 1774, 75, 76, 77 et 78, etc., trad. du Hollandais, vol. I, ch. XXVIII, pp. 359 et suivv.; vol. II, ch. II, pp. 1-11. — J. FORBES, *Oriental Memoirs : A narrative of seventeen years residence in India,* vol. I, ch. VI, pp. 78 et 83, etc., 2ᵉ édition. London, 1834.

tint avec un de leurs prêtres à l'aide d'un interprète, et donna
des renseignements fort curieux sur leurs mœurs et sur leur
religion. Au siècle suivant, Anquetil Duperron, par ses
rapports intimes avec les Dastours, put marquer exactement un point dans leur histoire et mettre en lumière des faits
aussi nouveaux que précieux ; nous aurons toujours soin de le
citer en bon lieu[1], d'autant que, jusqu'à la moitié de ce siècle,
aucun travail d'ensemble n'avait paru sur les Parsis. On
n'avait pour se renseigner que des fragments de mémoires ou
des anecdotes, parfois même des faits divers tirés des gazettes;
et alors que la religion mazdéenne devenait de plus en plus
accessible, les mœurs de ceux qui la pratiquaient restaient au
contraire dans l'ombre, malgré l'importance qu'ils acqué-
raient chaque jour. En 1852, Briggs faisait paraître un intéressant petit livre[2] qu'il avait écrit à la sollicitation de
quelques amis, parce que, disait-il, le peu qu'on savait
jusqu'alors des Parsis était mêlé aux discussions théologiques du Dr Wilson. Or, la *Parsi religion*[3] du savant docteur

---

[1] « Indépendamment de ce que leurs propres Destours m'ont appris
pendant les trois années que j'ai passées à Surate, j'ai assisté à la plupart de leurs cérémonies et consulté leurs *Ravaëts* qui présentent une
correspondance suivie des Parses du Kirman avec ceux de l'Inde. Voilà
les sources dans lesquelles j'ai puisé ce que je vais dire de leurs usages
civils et religieux. » *Z.-A.*, t. II, p. 528. On peut se fier à Anquetil ;
Haug (*Essays*, p. 25) le qualifie de *trustworthy man ;* il n'écrivit que
ce que les Dastours lui enseignèrent, et l'on apprendra non sans quelque
surprise que l'œuvre d'Anquetil a été considérée par les Dastours eux-
mêmes comme une autorité traditionnelle. Le grand'prêtre Edalji Dorabji
Sanjana (*vide supra*, p. 66) le cite dans son ouvrage sur les miracles
de Zoroastre: *Maujaza't-i-Zartoshti.* —Nous avertissons le lecteur qu'il
ne s'étonne pas, dans les passages où figure la transcription d'un texte
zend, de ne pas la trouver d'accord avec celle qui est adoptée de nos jours.
Les progrès de la science en philologie et en grammaire ont facilité la
possession d'une langue qu'Anquetil ne put apprendre que par l'enseignement oral, et qu'à son tour il ne put transmettre que grâce à sa prodi-
gieuse facilité à en saisir les articulations.

[2] Briggs, *The Parsis, or modern Zerdusthians.* Bombay, 1852.

[3] Wilson, *The Parsi religion : as contained in the Zend-Avasta,*
etc., etc., *American Mission Press.* Bombay, 1843.

n'était pas de nature à satisfaire la curiosité, quant aux coutumes et aux mœurs de ses intelligents adversaires ; son caractère agressif était trop accentué. Briggs traita le sujet avec quelques développements, mais toutefois d'une manière superficielle.

On pourrait croire qu'à notre époque, pour se faire l'historien des Parsis, on n'a qu'à les peindre tels qu'ils s'offrent à nous. — En tant qu'impression de vie et description pittoresque, le lecteur y gagnerait; mais pour la vérité, il y perdrait assurément. Cela tient à des considérations très spéciales qu'il faut signaler ici. Les Parsis sont trop éclairés pour ne pas se rendre compte de la transformation sociale qu'ils subissent ; ils en connaissent les causes, se soumettent à ses exigences et savent le but vers lequel ils dirigent leurs efforts. Dès que l'occupation anglaise de l'Inde les eût tirés de cette vie hindoue qui avait été leur depuis tant de siècles, ce ne furent plus désormais les richesses et la considération qui s'y attache qu'ils convoitèrent, mais bien plutôt les avantages inestimables procurés par l'éducation mise à la portée de ceux qui voulaient en bénéficier. A partir de ce moment, ils ambitionnèrent de réaliser cette assimilation merveilleuse, et il convient de dire qu'ils ont pleinement réussi. Pour se renseigner, le mieux sera d'écouter les voix autorisées de la communauté; nous aurons ainsi des guides excellents.

En 1858, un Parsi de Bombay, jeune alors et qui devait fournir une brillante carrière, M. Dosabhai Framji, consacrait un volume entier à ses coreligionnaires ; très attaché à l'Angleterre, il avait publié à l'âge de 28 ans le *British Raj* (guzerati et mahratte) pour mettre en relief les bienfaits procurés aux natifs par l'occupation européenne. Dans son livre sur les Parsis[1], écrit dans l'anglais le plus pur, comme

---

[1] DOSABHOY FRAMJEE, *The Parsees: their history, manners, customs and religion.* London, 1858. — Vingt-six ans plus tard, paraissait agrandie et refondue une nouvelle édition, celle que nous avons eu occasion de citer et dont nous ferons un usage très fréquent.

il convenait d'ailleurs à un élève de l'*Elphinstone Institution*, il aborda franchement l'esquisse de leur histoire, de leurs usages et de leur religion. Il terminait cette esquisse rapide (286 pages in-8°) en déclarant que ses contemporains étaient bien différents de la génération précédente, et augurait pour l'avenir une marche ascensionnelle. Il ne se trompait pas [1].

En 1861 (13 mars), dans une conférence faite à Liverpool devant la *Société Philomathique* [2], M. Dadabhai Naorozji, indiquait publiquement le grand changement qui était en voie de s'opérer dans la communauté parsie et déclarait qu'il y avait alors une différence aussi grande entre les deux fractions qui la divisaient que jadis entre les Anglais et les Parsis, grâce au système d'éducation qui avait prévalu depuis vingt ans. Or, il faut bien le dire, ce changement ne s'était pas accompli sans rencontrer une vive opposition. En effet, les Parsis étant arrivés d'emblée à une culture tout européenne, grâce à leurs rares qualités d'assimilation et non par suite d'efforts lents et gradués, un abîme s'était creusé entre ceux qui avaient profité de cette culture et ceux qui l'avaient systématiquement repoussée. La différence était si marquée que le conférencier, en décrivant les coutumes de ses coreligionnaires, déclarait qu'aucun des détails fournis ne pouvait être applicable à la communauté tout entière. Entre les deux partis extrêmes,— l'un fidèle aux coutumes par respect pour la tradition, l'autre porté vers les avantages de la civili-

---

[1] A cette époque, au sein même de la communauté, M. B. B. Patell traçait l'histoire de la vie politique, religieuse et civile de ses coreligionnaires depuis leur établissement dans l'Inde et commençait son grand travail de la *Parsee Prakâsh*, qui restera le monument le plus remarquable des efforts aussi désintéressés que persistants d'un homme de cœur et de haute culture intellectuelle. Voy. au surplus ce que nous en avons dit dans l'*Introduction*.

[2] M. Max Müller jugea cette conférence si intéressante qu'au mois d'août 1862, il prenait la peine de la faire connaître et d'écrire à ce sujet un long article. Voy. : *Chips from a german workshop*, trad. française de G. Harris, sous le titre : *Essais*, etc., 2e édit., Paris, 1872.

sation européenne,—se plaçait une classe modérée, incertaine du choix, sollicitée par les uns de se prononcer en leur faveur et si étroitement surveillée par les autres qu'il lui était impossible de le faire; si bien que certains membres de cette fraction timide en arrivaient à s'arroger le droit d'appartenir aussi bien aux réformateurs qu'aux orthodoxes, d'être à la fois attachés aux antiques traditions et partisans des mesures libérales. Un exemple pris dans la vie journalière expliquait parfaitement cette situation. Ainsi, disait M. Dadabhai Naorozji, quand on déclare d'une manière générale que les Parsis se servent de couteaux, de fourchettes, il faut prudemment sous-entendre *certains*, — non pas tous. Dans telle demeure, on verra une table dressée avec un luxe tout anglais; dans telle autre, au contraire, le maître du logis suivra la mode hindoue, accroupi sur une natte, avec tous ses mets en petits tas sur un large plateau posé sur un tabouret de quelques pouces de haut! A côté, une timbale de cuivre étamé contiendra sa boisson, et ses mains rempliront l'office de cuillers et de fourchettes. Or, ce n'est pas que ce digne mazdéen ne soit à même d'acheter un mobilier européen; mais il préfère son ancienne manière de vivre. Tout changement lui répugne; juste effet d'une révélation trop brusque d'habitudes jusqu'alors inconnues et préconisées par l'éducation anglaise!

Nous suivrons donc M. Dadabhai Naorozji dans cette intéressante étude, en nous souvenant qu'elle remonte à 1861, et que bien des remarques ne sont plus applicables à l'état présent.

Il divisait tout d'abord les Parsis entre les Orthodoxes *old class* et les Réformateurs appelés par opposition *young class*. Voici, suivant lui, l'emploi de la journée d'un orthodoxe[1]:

[1] « Lorsque le Parse se réveille, il dit : *L'abondance et le Behescht... Je prie avec pureté de pensée*, etc., jusqu'à *pour vous l'adresser;* puis il se lève et examine d'abord, si l'habit qu'il va mettre, et celui avec lequel il a dormi, ne sont pas souillés. Il se peigne, délie ensuite le

Après avoir dit les prières du *Kosti*[1], le Parsi se frotte les mains et les pieds avec du *Nirang*, puis il l'enlève avec de l'eau[2], prend un bain, s'il le veut, et récite de nouveau la prière du Kosti; s'il s'est fait raser ou s'il a eu la nuit une évacuation, il faut qu'il se baigne, autrement il ne peut toucher à rien. Il nettoie ses dents, dit encore la prière du Kosti pour la troisième fois, et finit ses ablutions par les prières usuelles. Ensuite le Parsi orthodoxe déjeune seul; suivant la coutume essentiellement hindoue[3], la maitresse de la

Kosti, et le tenant en double des deux mains, le visage tourné du côté du Soleil, il récite la prière du *Kosti*. Cette prière achevée, il prend de l'urine de bœuf, et la tenant dans ses mains, il dit trois fois: *Soit brisé, brisé schetan Ahriman, ce maudit*, etc. *L'abondance et le Behescht*, etc...

« Le Parse fait ensuite le *Padiao*[1], en récitant le *Vadj Sérosch*. Cette prière achevée, il se sèche avec de la terre, et se lave ensuite avec de l'eau, en recommençant le même *Vadj*; puis il ôte et remet le *Kosti* avec les cérémonies décrites dans le *Néreng Kosti*, répète une troisième fois le *Vadj Sérosch*, et récite l'*Hoschbanm*, qui est la prière du matin.

« Après ces prières, il est ordonné aux Parses de mettre du bois et des odeurs dans le feu de leur cuisine, et de réciter les *Néaeschs*, etc. » ANQUETIL DUPERRON, *Z.-A.*, t. II, p. 565.

[1] *Nirang gômêz* ou *nirang dini*, urine de bœuf préparée par deux prêtres. C'est le liquide purifiant par excellence. Son usage est ordonné par Ahura-Mazda dans le *Vendidad*, farg. 19, v. 20-21. — Nous verrons plus loin sa préparation et son emploi; il est mentionné dans les « *S'lokas* » comme ne devant nullement étonner les Hindous, car les brahmanes eux-mêmes se servent des cinq produits de la vache pour nettoyer toute impureté intérieure.

[2] Quand on veut enlever le *nirang*, il faut requérir l'aide d'une autre personne pour verser l'eau; parce que, avant la cérémonie du *nirang* et tant que les mains en sont encore imprégnées, on ne peut toucher à rien. Si l'on est seul, il faut prendre le vase avec son mouchoir ou son *sudra* et verser l'eau, d'abord sur une main, puis reprendre le vase de cette main pour laver l'autre et ensuite la figure et les pieds.

[3] Chez les Hindous, la cérémonie du dîner (*Bhojana-vidhi*) a un

[1] « Le *Padiao* consiste à laver avec de l'eau les mains et les bras jusqu'aux coudes, le visage jusque derrière les oreilles, et les pieds jusqu'à la cheville, eu disant : *Que ma (prière) plaise à Ormusd! Qu'il brise celui qui est caché dans le crime (Ahriman), et accomplisse publiquement mes souhaits jusqu'à la résurrection, lorsque je célèbre (ses louanges)!*

» *L'abondance et le Behescht*, etc., trois fois. » ANQ. DUP., *Z.-A.*, t. II, p. 545.

maison ne parait pas. Les autres membres de la famille,
hommes et enfants, même les petites filles, y assistent ; mais
les dames en sont exclues et prennent leurs repas après leurs
maris.

Si deux ou trois personnes déjeunent ou dinent en même
temps (pas ensemble, ne confondons pas), chacun a pour siège
une natte, quelque boite ou coffre, et devant soi une assiette
de cuivre jaune de la grandeur d'un plateau sur laquelle
des portions des mets composant le repas sont disposées par
tas ; parfois on les sert dans de petites soucoupes. On ne
fait usage ni de couteaux, ni de fourchettes ; on se sert de
ses doigts. Quand on mange dans la même assiette, il
faut avoir soin de ne pas se mettre les doigts dans la
bouche, mais d'y jeter adroitement le morceau ; quand on
ne réussit pas et qu'on le laisse tomber, il faut se laver les
mains avant de toucher de nouveau au plat. Pour l'eau également, il importe qu'elle soit versée dans la bouche, sans
approcher le vase des lèvres. D'ailleurs, le Parsi ne peut
jamais toucher à l'intérieur de sa bouche ; toute chose touchée
devient impure et doit être purifiée. C'est ainsi que pour

caractère tout religieux, ce qui explique l'exclusion des étrangers. Les
hommes assis à terre, les jambes croisées, sont servis par les femmes
de la famille. On offre le riz avec les condiments variés et les sucreries
habituelles sur de larges feuilles de bananier (palāsa), personne ne se
met à manger sans avoir satisfait à certains rites religieux : d'abord,
l'ācamana, ou absorption de l'eau pour la purification intérieure, puis
des prières dont l'une est composée de passages tirés du Taittiriya
Brāhmana, pour appeler la bénédiction sur tout le monde extérieur et
celui qui la réclame, enfin pour exalter la nourriture qu'on va absor-
ber, etc. — H. Lord estimait que les Parsis avaient une grande
liberté religieuse au sujet des repas, mais qu'ils n'en jouissaient
pas volontairement pour ne pas offenser les Banians avec lesquels ils
vivaient et les Maures sous le gouvernement desquels ils étaient. Toutefois, selon lui, s'ils mangeaient seuls, c'est qu'ils estimaient que c'était
le meilleur moyen de se conserver plus purs et plus nets, étant persua-
dés qu'ils participaient à la souillure des autres quand ils mangeaient
avec eux. Cette défiance a pendant longtemps porté les Parsis à n'accepter
que les sucreries et les pâtisseries faites par les Européens.

boire dans un verre, quand on ne peut se laver les mains,
vu le lieu où l'on se trouve et la qualité des gens qui vous
entourent, il faut le tenir avec son mouchoir. Cette coutume subsiste encore chez les orthodoxes qui ont des rapports
forcés avec les Européens[1].

Le maître de maison vaque ensuite à ses occupations; et, à
midi, assiste de nouveau à un autre repas précédé des prières
ou tout au moins de la récitation du Kosti. Dans l'après-midi,
quand il est libéré de ses affaires, il va, soit au bord de la mer[2],

[1] « II. —Avant de prendre leurs repas, les Parses font le *Padiav*. La
nourriture doit être pure et mise dans des vases séparés: ils peuvent
manger de tout, excepté du chien et des productions d'Ahriman,
telles que sont les rats, les chats, les serpens, les loups, les grenouilles,
etc...

« Lorsque le manger est sur la table, le Parse ayant le *Pénom*[1], récite
la prière, *Ormusd Roi*, etc. Il mange ensuite sans parler[2], ayant toujours le *pénom* sur le visage. L'usage des Parses et de la plupart des
Orientaux est de ne boire qu'à la fin du repas; ils tiennent le vase
au-dessus de leurs lèvres, à une petite distance, penchent la tête en
arrière, et versent l'eau dans leur bouche, au lieu de toucher le vase des
lèvres. Les Parses ont surtout attention qu'il ne tombe rien de leur
bouche, sur le plat ni sur leurs habits; et deux personnes ne doivent
pas prendre au même plat, à cause de la salive qui peut rendre le manger impur: aussi, selon la règle, ne doivent-ils jamais reporter à la
bouche ce qui en est sorti, ni même toucher leurs lèvres de leurs mains,
qui sont le seul instrument dont ils se servent ordinairement pour
manger. Après avoir mangé, le Parse se lave la bouche, et prononce
l'action de grâce : *C'est le désir d'Ormusd*, etc. » ANQUETIL DUPERRON,
Z.-A., t. II, p. 566.

[2] C'est le spectacle le plus touchant et le plus beau qu'on puisse
imaginer que la vue de cette masse imposante et recueillie de fidèles
venus le soir réciter leurs prières, en se promenant sur la grève; tous
les voyageurs en ont été particulièrement frappés. Il est à propos de se
rappeler que les œuvres pieuses et les prières du rituel d'un Brahmane
moderne sont plus nombreuses que celles d'un Parsi. Cinq heures par

[1] Les prêtres seuls portent le *pénom* ou *padam* pendant les prières et le
repas.
[2] Pendant la prière, les repas et les fonctions naturelles, il est défendu
de parler: on peut seulement proférer des sons non articulés, à peu près
comme les muets: c'est ce qu'on appelle parler en *Vadj*. (ANQ. DUP., *Z.-A.*,
. II, p. 598.)

soit au temple[1], quelquefois aux deux pour dire des prières qu'il répète une dernière fois avant le repas du soir et avant de se mettre au lit[2].

Les mêmes devoirs religieux incombent aux femmes ; mais à cette époque (1861), leur ignorance ne leur permettait pas de les accomplir strictement, les prières étant dites dans la langue de l'Avesta.

Confinées dans leur intérieur par suite de la conquête musulmane, elles n'avaient de distractions que celles que leur procuraient les fêtes de famille, sanctifiées par les œuvres de piété : de là une concentration intense de la vie intime et un zèle louable pour la continuation des usages légués par la tradition. La position de cette petite communauté iranienne, établie au milieu des populations si mélangées du Goudzerat, conviait, d'ailleurs, à cette existence spéciale, qui a été sa sauvegarde pendant des siècles, et lui a permis de conserver fidèlement le dépôt sacré de sa foi et de sa nationalité.

jour suffisent à peine pour les remplir. Le temps ainsi employé est le plus souvent dérobé aux travaux intellectuels, ce qui est un grand obstacle aux progrès de l'éducation.

[1] La fréquentation des temples n'est strictement ordonnée qu'en certains jours pour les cérémonies des morts, aux *Gâhânbârs* et autres fêtes spéciales, et l'on n'y prononce jamais de discours en langue vulgaire (guzerati). Chacun s'y rend à son gré, ou bien on donne quelque argent aux prêtres pour le faire à sa place.

Dans la classe orthodoxe, rien n'égale le respect des fidèles envers les ministres du culte, les aumônes qui leur sont libéralement faites et les soins empressés dont ils sont l'objet.

[2] « II. Avant que se coucher, le Parse fait l'examen de ses actions, et lorsqu'il est sur son lit, il se tourne du côté du feu, ou d'une lampe allumée, ou de la lune, ou à l'ouest, ou enfin du côté de deux personnes qui ont fait le *Kheschi*[1] et dit avant que de s'endormir : *Ormusd, roi excellent,* etc., et si, pendant la nuit, il se réveille, ou se tourne, étant réveillé, d'un côté à l'autre, à chaque fois il doit dire, *l'Abondance et le Behescht et c'est le désir d'Ormusd...* » ANQUETIL DUPERRON, *Z.-A.,* t. II.

[1] C'est-à-dire le *Khêtûk-das*, deux cousins germains unis par mariage ; nous verrons plus loin l'excellence de cette pratique.

En ce qui concernait. la *young class*, M. Dadabhai
Naorozji signalait les sujets sur lesquels de sérieuses difficultés s'étaient déjà élevées : pour le *Sudra* et le *Kosti*,
aucune objection n'avait été ouvertement formulée, bien
qu'on se fût demandé si l'on ne pouvait pas devenir
mazdéen, sans l'investiture des insignes sacrés ; mais pour
le *Nîrang* et son usage, — qualifié par M. Max Müller de
révoltant[1], — il s'engagea une longue controverse. Les réformateurs maintenaient que les livres originaux de Zoroastre
ne contenaient aucune injonction formelle au sujet de
cette pratique. La *old class* alléguait des ouvrages des
prêtres des premiers siècles et certains passages du Zend-
Avesta, passages repoussés par les adversaires comme
ne s'y rapportant aucunement. — La conséquence fut
pour la *young class* d'abandonner l'usage du *Nîrang* et
pour certains de la *old* d'ébranler leur foi dans son efficacité.

 Venait ensuite la grosse question des fiançailles et des
mariages précoces dont l'abolition s'imposait, à mesure que
l'éducation faisait des progrès ; mais la communauté entière
sembla d'abord rejeter cette réforme, quoique, au fond,
approuvée par beaucoup ; et le plus grand nombre restait
neutre, dans la crainte d'encourir le blâme des journaux ou
de fomenter des divisions dans les familles. Cette question
se reliait intimement à celle de l'éducation qui tendait à
abolir par ses progrès les coutumes d'isolement et d'insocia-
bilité et à reconnaître aux femmes le droit à la fois de recevoir une instruction sérieuse et raisonnable et de sortir de
leur retraite. A l'époque où M. Dadabhai Naorozji fit sa
conférence, quelques dames commençaient à prendre part

---

[1] « Le parti libéral a complètement renoncé à cet usage révoltant ;
mais les partisans de la vieille école y demeurent fidèles, etc., etc. » Max
Müller, *Op. cit.*, p. 253. — Nous nous permettons d'ajouter, comme
opinion toute personnelle, que le Nîrang dîn n'a ni aspect répugnant
ni odeur désagréable.

aux repas de famille ; mais deux ans avant (1859), quand on avait cherché à les admettre au salon et à la salle à manger, cette innovation avait été qualifiée de dangereuse. Le principal argument était tiré des conséquences désastreuses de cet usage chez les Anglais, telles que les nombreux cas de divorce et les tracas domestiques attribués au mélange des deux sexes. Lors de la création de l'école des filles, la clameur n'avait pas été moindre. « Douze ans se sont écoulés, s'écriait M. Dadabhai Naorozji, et ceux-là même qui étaient le plus opposés à ce progrès sont devenus à leur tour d'ardents promoteurs de l'instruction et de zélés protecteurs de nos écoles ! » Le sentiment général était désormais à peu près unanime en faveur de l'éducation des femmes, qui les élevait du rang de simples esclaves à celui de compagnes éclairées et responsables, capables de comprendre les devoirs de l'époux et de partager ses joies et ses peines. A cette époque, une difficulté restait sans solution ; c'était le manque de maîtresses dans les classes de filles ; en effet, comment pouvait-on en former de capables, quand une enfant entrait à l'école à six ans et en sortait à douze? Les mariages précoces étaient aussi un obstacle sérieux au recrutement du personnel enseignant. Nous verrons au chapitre spécialement consacré à l'éducation combien les progrès, sous ce rapport, ont été rapides et satisfaisants.

Quant aux repas, la « *young class* » avait accepté dès 1859 les chaises, les tables, les verres, les assiettes, les cuillers et les fourchettes qui remplaçaient avantageusement les usages hindous; et dès lors cessaient également ces perpétuelles ablutions, mais, hélas ! au grand déplaisir des vieux orthodoxes. Pour les mesures restrictives au sujet des dépenses ruineuses des mariages. on croirait que, vu leur origine hindoue, il n'était besoin que de rappeler aux Parsis leurs propres coutumes ; mais, au contraire, la lutte fut très vive. Une association dont nous aurons occasion de parler plus loin, le guide des adorateurs de Mazda, *Râhnumâi Mâzdayashnân*

Sabhá, par ses assemblées, ses publications distribuées gratuitement, s'efforça de ramener le mariage à une simple cérémonie religieuse, et de réduire les fêtes à de justes limites, suivant les moyens de chacun. Il en était de même des dépenses occasionnées après les décès. A leur tour, les antagonistes des novateurs organisèrent pour défendre leurs intérêts une société qu'ils appelèrent le *vrai guide*, celui qui est digne de diriger les Mazdéens, *Raherastnumâi Mâzdiashnâ Association*. — En terminant cet exposé, l'éminent orateur espérait voir disparaître rapidement les coutumes arriérées et l'accord se faire entre les deux partis.

Trente-cinq ans se sont encore écoulés, et toutes les réformes ne sont pas accomplies. Orthodoxes et réformateurs continuent la lutte, mais les vieux usages sont vigoureusement battus en brèche et la vie européenne pénètre de plus en plus dans les intérieurs. Nous avons vécu côte à côte avec des Parsis des hautes classes; nous avons effectué ensemble de courts voyages, et rien ne les distinguait ni comme costume, ni comme habitudes des Anglais qui nous entouraient. Pourquoi s'attacheraient-ils désespérément à des usages empruntés aux populations étrangères auxquelles leur vie d'exilés les a simplement associés? En quoi la pureté de leur foi serait-elle entachée par leur abandon? Comprend-on, par exemple, qu'un jeune homme élevé dans nos Universités d'Europe et revenu à Bombay puisse se soumettre sans répugnance à une foule de pratiques surannées, à celle qui l'oblige, le jour de la célébration de son mariage, à traverser à pied la ville entière de Bombay avec toute la pompe hindoue, alors qu'il est ingénieur, médecin, avocat, et qu'il s'est mêlé à la vie mondaine de nos capitales? Il le fait néanmoins de bonne grâce, pour céder aux vœux de son entourage; mais au fond il souhaiterait de pouvoir s'y soustraire, et il s'y soustraira un jour ou l'autre.

Il faut donc distinguer entre toutes ces coutumes celles qui sont empruntées aux Hindous et celles qui sont fondées

sur l'autorité de traités spéciaux, chargés d'en transmettre
la tradition d'âge en âge. Pour l'abandon des premières, il
ne peut y avoir d'objection sérieuse; quant aux secondes, la
question est plus délicate. Nous verrons bientôt la richesse
de la littérature sacrée. A côté de l'Avesta, dont l'extrême
simplicité dans sa partie dogmatique est, selon Max Müller,
un des motifs de l'attachement du Parsi à sa religion, figure
une série de livres rédigés en pehlvi ou en persan; tels que,
par exemple le *Shâyâst là Shâyâst*[1], les *Rivâyats*[2], le *Sad-
Dar*[3], et qui contiennent tous des prescriptions, des injonctions dont le caractère affirmatif et traditionnel peut assez

---

[1] *Shâyâst là Shâyâst*, ainsi nommé dans les temps modernes à
cause de l'emploi fréquent de la formule *Shâyad*, « il est convenable »,
et *là Shâyad*, « il n'est pas convenable». Ce Traité contient plus de dix
mille mots et parle des péchés et des bonnes œuvres, des divers modes
de purification, de l'usage des insignes sacrés et de divers autres sujets. Les savants européens l'appellent parfois le *Rivâyat pehlvi*. —
Voyez pour les manuscrits, l'époque de la rédaction et la traduction :
WEST, *Pahlavi Texts*, vol. V, part I. *Intr.*, p. LIX.

[2] Les *Rivâyats* appartiennent à la littérature persane ; ce sont des
recueils de pièces traditionnelles qui donnent les plus grands détails sur la
théologie des Parsis, leur morale et les pratiques de leur religion. Ils renferment de curieuses correspondances avec les Guèbres de Perse au sujet
de la liturgie et des cérémonies, ainsi que sur certains points de discipline.

[3] Le *Sad Dar*[1] (cent portes) est un abrégé de théologie pratique et
cérémoniale composé de cent chapitres qui sont comme autant de portes
conduisant au ciel. C'est le premier texte zoroastrien traduit et publié
par le D' Hyde (*Hist. Relig. vet. Pers.*, p. 448-512) sur la version persane en vers faite en 1495 par Irân-Shâh (fils de Malik Shâh). Il respire
l'esprit zoroastrien le plus pur et se présente avec l'autorité d'un livre
respecté; il est fréquemment cité au XVIIe siècle par les compilateurs
parsis des Rivâyats. Voyez pour les manuscrits, l'époque de la rédaction et la traduction, WEST, *Pahlavi Texts*, vol. XXIV, part III. *Intr.*,
p. XXXVI. Le *Sadder Boundehesch*, consigné dans le *vieux Ravaët*,
rapporté par Anquetil et conservé à la Bibliothèque Nationale, contient, indépendamment de ce qui regarde la morale et les devoirs de
la religion, des explications sur l'origine des êtres, du premier homme,
de l'envoi de la loi dans le monde, de la mission de Zoroastre, etc., etc.

---

[1] *Dar*, littéralement « porte », appliqué par extension aux chapitres d'un
livre et aux sujets qu'il traite.

souvent causer quelque embarras aux casuistes zoroastriens. Reste à savoir jusqu'à quel point on est obligé de suivre docilement la tradition, si l'on ne peut pas s'en affranchir sans entacher sa foi, s'il n'est pas permis en un mot de distinguer entre le dogme et la discipline?

Anquetil Duperron, avant de présenter l'ensemble des usages civils et religieux des Parsis au XVIIIe siècle, prévenait le lecteur de ne pas s'étonner des différences qui existaient entre les coutumes qu'il allait décrire et les prescriptions des ouvrages de Zoroastre, un intervalle de plus de deux mille ans devant produire des nuances semblables. Il ajoutait qu'il était peu de religions au monde qui n'eussent donné le spectacle de variations nombreuses, que c'était un fait attesté par l'histoire de tous les peuples et que la nature de l'homme en rendait raison. En effet, les religions les plus stables en apparence n'ont-elles pas offert l'exemple des changements les plus complets pour le rituel et les pratiques, dès lors que les assemblées ou le chef les ont jugés nécessaires?

Il est évident que tant que les Parsis s'en sont tenus avec les Européens aux simples relations commerciales, ces graves problèmes et ces difficultés théologiques ne devaient pas les troubler; mais à présent que bon nombre d'entre eux embrassent des carrières libérales, se mêlent à la vie politique, et aspirent à prendre une part active aux fonctions du gouvernement, leur caractère d'isolement ne saurait plus exister. La chose publique les réclame et les oblige à faire fléchir, non leur foi séculaire, mais quelques coutumes incompatibles avec les préoccupations modernes et leurs nouveaux devoirs.

Revenons à Bombay[1] où nous voyons les Parsis tels qu'ils

---

[1] Nous ne pouvons essayer de donner ici une description de Bombay, moins encore d'enregistrer les récits des voyageurs qui en parlent. Nous renvoyons pour tous les détails à l'*Imperial Gazetteer of India*, vol. II, pp.179 et suivv., et parmi les ouvrages français aux narrations de deux de nos compatriotes. — A. GRANDIDIER (1862-1864), *Voyage dans les provinces méridionales de l'Inde*. Voy. *Tour du Monde*, t. XX, pp.123 et suivv. — L. ROUSSELET (1863-68), *L'Inde des Rajahs*, pp. 36 et suivv.

s'offrent à l'œil européen. Dans cette ville de près de huit
cent mille habitants, avec ses types divers, ses races mêlées,
où se coudoient Anglais, Hindous, Arabes, Persans, Métis
portugais, Arméniens, Juifs et Abyssins, l'étranger les distingue tout d'abord. « Rien de patriarcal comme une famille
de Parsis, disait M. Grandidier, il y a 25 ans ; le père à la
figure grave, la mère au regard placide, les enfants à l'air
mutin et éveillé offrent un de ces tableaux dont le regard ne
peut se lasser. » Quant aux femmes, leur coiffure de toile blanche, *mathabana*, donnait, selon lui, à leur physionomie déjà
fort douce l'air recueilli et résigné des nonnes européennes.
Sur l'*Esplanade*, on les voyait dès cette époque prendre
le frais dans de somptueuses voitures, et chaque soir
sir Jamsehdji Jijibhai, le fils du premier baronnet, passait avec sa famille dans sa calèche attelée de quatre pur
sang, rapides comme l'éclair et conduits par un cocher anglais.
Ce luxe n'a fait que s'accentuer avec les années ; et c'est précisément le mélange des coutumes hindoues et anglaises qui,
par leur contraste, donne un relief étrange à la société parsie
contemporaine. Ainsi on verra des réceptions tout européennes chez tel des plus riches de la communauté, et peu
après, les mêmes grandes dames qui ont assisté à ces fêtes ne
refuseront pas de suivre docilement à pied la file des invités
le jour d'un mariage, c'est-à-dire de se conformer à un usage
essentiellement hindou.

Les demeures des Parsis sont aujourd'hui, à Bombay, les
plus belles de la ville. Au XVIIe siècle, Mandelslo trouvait
les Parsis cantonnés dans un seul quartier, dans de petites
maisons sombres et mal meublées. Forbes, à la fin du
XVIIIe, déclarait que les plus belles villas et les plus jolis
jardins à Surate leur appartenaient, et depuis lors tous
les voyageurs en ont fait la remarque. On peut citer de nos
jours Petit-Hall (Malabar Hill) qui appartient à Sir Manakji
Dinsha Petit ; Tata-House (*Esplanade-Fort*) à M. J.-N.
Tata, qui se distingue par la richesse de son style et ses vastes

GROUPE D'ENFANTS PARSIS

proportions. Il convient de mentionner également les rési-
dences de MM. J.-C. Jehangir Readymoney et J.-A. Seth;
puis comme agrément et confort intérieur, les belles habitations de MM. P.-M. Mehta et M. C. Murzban (*Gules-
tan-Esplanade*); une agréable maison construite par un
Parsi d'Aden a passé dernièrement entre les mains d'un
membre de la communauté israélite.

Dans les hautes classes, les meubles sont élégants, le service se fait à l'anglaise. Jadis les convives, par centaines,
accroupis à terre, étaient servis sur de larges feuilles d'arbre
(palāsa). Cette coutume tout hindoue ne subsiste plus que
dans certaines circonstances, pour les mariages, par exemple;
on place alors devant chaque personne une feuille de seize à
dix-huit pouces, sur laquelle les serviteurs déposent les mets.
Quand la première série des convives a fini, on remplace les
feuilles, et ainsi de suite jusqu'à la dernière; c'est à celle-ci
que dînent l'amphitryon et ses amis. Les Parsis aisés font trois
repas par jour; le matin après les ablutions, à midi, le soir,
à huit heures, sans préjudice du *five o'clock tea*. On les
prend en commun. La coutume pieuse d'offrir les actions de
grâces avant et après subsiste encore. L'usage des chaises
est général; ce n'est plus qu'aux fêtes des *Gâhânbârs* qu'on
déploie sur le plancher une étoffe de coton.

Les Parsis sont sobres, boivent peu de vin, moins encore
de liqueurs spiritueuses, et ont l'ivresse en horreur[1]. Ils prisent par-dessus tout les habitudes de tempérance : ainsi au
commencement du siècle, le Panchayet alors en pleine

[1] Les livres religieux ne repoussent pas l'usage du vin, mais prêchent
la modération. — Aderbad Marespand, dans le *Pand-Namah* y convie,
—Le *Dinkart* considère l'abus comme un péché qui éloigne l'homme de
ses devoirs. — Le *Dâdistân-i-dini* permet le vin et veut que chacun
sache la quantité qui lui convient; il étend même ses conseils de
prudence jusqu'aux marchands de vin, et déclare que celui qui vend
une boisson dont le chaland fait un mauvais usage doit être considéré
comme coupable.—Voyez J. J. Modi, *Wine among the ancient Persians*
(anglais), Bombay, 1888.

possession de ses droits, ordonna sous peine d'excommunication la fermeture d'une boutique de marchand de vin
tenue par un Parsi dans un quartier fréquenté par des
coreligionnaires[1].

Toutefois le Zoroastrien n'a rien de l'ascète; il n'admet
pas les austérités comme un hommage à la divinité, et la
privation des joies de la vie ne constitue pas un mérite à ses
yeux. Anquetil Duperron remarquait que de toutes les religions connues, celle des *Parses* était peut-être la seule dans
laquelle le jeûne ne fut ni méritoire ni même permis. « Le
Parse, au contraire, croit honorer Ormusd en se nourrissant
bien, parce que le corps frais et vigoureux rend l'âme plus
forte contre les mauvais génies; parce que l'homme sentant
moins le besoin, lit la parole avec plus d'attention, a plus de
courage à faire de bonnes œuvres, etc...[1] »

L'hérésie de Mazdak au sein même du Zoroastrisme
causa les plus graves divisions politiques et religieuses, et
c'est en partie les jeûnes et les mortifications des chrétiens
qui furent cause de l'horreur qu'ils inspirèrent aux Perses
sous les rois sassanides.

Le Vendidad repousse formellement le jeûne: «Et que
l'on apprenne par cœur ce verset, dit-il: Qui ne mange pas
n'a point de force, ni pour faire vaillante œuvre de religion,
ni pour cultiver ni pour engendrer avec vaillance. C'est en
mangeant que tout l'univers corporel vit; en ne mangeant pas, il périt » (Farg. 3, v. 33). Au fargard suivant,
nous apprenons la différence entre celui qui se mortifie et

---

[1] Les Parsis sont les premiers dans l'Inde qui fabriquèrent des bois-
sons fermentées. Le « sack » n'est autre que le *maucra*, et le *bcuora* en est
une variété. L'arack a été distillé par eux pendant des siècles ; c'était,
comme on le sait, la liqueur favorite des Européens dans l'Inde à la fin
du dernier siècle. En 1852, un Parsi, nous dit Briggs (*op. cit.*, p. 83),
avait le privilège du Gouvernement de Bombay pour la fourniture de
l'arack, et un autre la ferme des tabacs.

[1] *Z.-A.*, t. II, *Cérémonial et Morale de Zoroastre*, p. 601.

celui qui use modérément des biens temporels pour se sus-
tenter et se fortifier. «Et de deux hommes, celui-là qui
s'emplit le ventre de viande reçoit mieux en lui Vohu-Mano
que celui-qui ne le fait pas. Celui-ci est quasi mort; l'autre
vaut un *asperena*, vaut un mouton, vaut un bœuf, vaut un
homme! » (Farg. 4, v. 48.)

Le Sad-Dar (ch. LXXXII, v. 123) dit positivement qu'il
faut bien se garder de jeûner, parce que, dans la religion
mazdéenne, il n'est pas convenable de passer un jour sans
manger. Le jeûne consiste à s'abstenir de pécher des yeux,
de la langue, des oreilles, des mains et des pieds. Certains,
en effet, sont obligés de faire effort pour rester un jour
sans manger; dès lors qu'ils emploient cet effort à refréner
tout péché de pensée, de parole ou d'action! Selon Albiruni,
celui qui jeûnait devait en expiation nourrir un certain nombre de personnes. (*Chronology of ancient nations*, p. 217.)

Il faut admettre que, dans ce cas, les Parsis n'ont pas subi
l'influence des Hindous; ils ont résisté pendant des siècles
aux exemples d'abstinence les plus effrayants, et n'en ont
pas changé pour cela leurs habitudes pondérées. En effet,
nulle religion au monde ne saurait être comparée à celle de
l'Inde, quant à la sévérité des jeûnes et à leur durée. Pour
l'Hindou, ce n'est pas un simple exercice de mortification,
mais un moyen d'accumuler des mérites religieux sans nombre, et d'acquérir en plus une sorte d'affranchissement des
lois de la nature, quelque chose de surnaturel et d'éthéré
qui le soustrait aux exigences de l'humanité. C'est ainsi que,
par suite d'un long jeûne, un homme arrive à un état qu'on
appelle *laghima,* c'est-à-dire que son enveloppe devient
si légère par l'abstinence que la force de gravitation perd
tout pouvoir de le retenir à la terre et qu'il peut flotter à son
gré suspendu dans les airs[1]!

---

[1] Voy. pour les jeûnes, *Manu*, liv. XI, 212-13. Ed. STREHLY, *Annales
du Musée Guimet, Bibliothèque d'études*, t. II, et le *Dharmasindhu*,
ch. VI, p. 190 et suivv. Ed. BOURQUIN, *Annales du Musée Guimet*, t. VII.

Si nous pénétrons dans les intérieurs, nous y trouvons solidement établie une vie de famille irréprochable indiquée dans sa hiérarchie et l'exercice des droits de ses chefs. Les maris sont généralement bons et tendres[1]; les épouses, non moins conscientes de leurs devoirs que les Européennes, sont dignes de la place élevée qu'elles occupent dans la société parsie. D'après leurs lois religieuses, elles sont membres de la même communauté que les hommes et participent aux mêmes cérémonies[2]. Libérées des entraves auxquelles les Hindoues et les Musulmanes sont encore soumises, elles prennent une part active aux soins du ménage chez les artisans et s'occupent dans les hautes classes de la direction de la maison et de l'éducation des enfants. La vie extérieure leur est ouverte; jadis les dames ne paraissaient pas en public, n'allaient jamais à pied et ne sortaient qu'en voitures fermées, les stores baissés; seules les femmes du peuple jouissaient de quelque liberté[3]. On les voit en landau découvert se promener seules ou avec des amis et des membres de

[1] Les mauvais traitements sont très rares, plus rares encore les plaintes en justice. Les maris parsis ont rompu totalement avec certaines coutumes dures et répressives des Hindous qui ne s'accordent nullement avec l'idéal de la femme, tel qu'il ressort de l'Avesta.

[2] Voy. DARAB DASTUR PESHOTAN SANJANA, *The Position of zoroastrian women in remote Antiquity*. Bombay, 1892.— Nous aurons occasion plus loin de consulter cet excellent petit traité.

[3] Les femmes zoroastriennes, en Perse, se sont toujours montrées à visage découvert (voy. *supra*, p. 29). Dans l'Inde, à leur arrivée, les Parsis se conformèrent aux usages du pays qui, avant la conquête musulmane, permettaient aux femmes de sortir sans se voiler; et après, ils continuèrent à suivre les coutumes des Banians avec lesquels ils vivaient. (Voy. MANDELSLO, *Voyages*, etc., p.158). Fryer (*Lettres*, etc., p. 118), admirait les Parsies allant puiser l'eau et évoquait à leur sujet des souvenirs bibliques. Stavorinus (*Voyages*, etc., etc., p. 363) les rencontrait souvent dans les rues, mais par groupes; il était rare qu'une jeune fille fût laissée sans escorte. Peu à peu, à cause de la fortune toujours croissante de leurs époux, les dames parsies opulentes prirent les habitudes des Hindoues des hautes classes et se séquestrèrent comme elles, jusqu'à ce que les mœurs européennes vinrent à leur tour les faire sortir de leur retraite.

leur famille. Il est bon de faire remarquer toutefois que ces allures libres cessent lorsque les occupations des maris les appellent à vivre dans les états natifs où elles se conforment aux usages indigènes, mesure à la fois de prudence et de dignité.

Elles accompagnent volontiers leurs maris sur le continent, et même y viennent seules dans un but spécial d'étude ou de distraction. On est loin maintenant de l'époque où l'on citait comme un événement digne d'être enregistré dans la *Gazette de Bombay* (16 juillet 1838) le départ pour Calcutta de la femme de Kavasji Rastamji Banaji. Vingt-quatre ans plus tard, en 1862, les deux filles de M. Manakji Kharshedji venaient en Angleterre; et en 1865, M. Dadabhai Naorozji, aujourd'hui M. P., y amenait toute sa famille. Depuis lors les dames parsies visitent non seulement l'Europe, mais encore le Nouveau-Monde, et certaines ne le cèdent aux Américaines ni en indépendance ni en fierté.

A Bombay, elles paraissent aux réceptions européennes, où on les reconnaît facilement à leurs gracieuses toilettes qu'elles auraient assurément le plus grand tort de quitter pour nos modes mesquines. Ce fut à l'époque un gros événement que l'introduction de l'élément étranger dans les fêtes de famille, et le *Bombay Times* du 11 mars 1840 s'empressait de signaler à un bal, offert par Jamshedji Jijibhai (plus tard baronnet) en l'honneur de la reine d'Angleterre, la présence du gouverneur, de sa femme et d'une partie de la société anglaise. — Une particularité très remarquable avait distingué cette réunion de toutes celles qui avaient été données jusqu'alors à Bombay et probablement dans l'Inde entière. Pendant la soirée, la femme de Jamshedji, Bai Avabai et ses trois belles-filles, Mrs Kharshedji Jamshedji, Mrs Rastamji Jamshedji et Mrs Sorabji Jamshedji, reçurent dans leurs appartements privés Lady Carnac, Lady Mac Mohon, Lord Keane, Sir Thomas Wilshire et plusieurs autres personnes de distinction[1]. Rastamji Kavasji donnait à Calcutta le même exemple en ouvrant aux Européens ses splendides salons, dont les honneurs étaient faits par les femmes de sa famille ; et souvent le Gouverneur Général prenait plaisir à être reçu dans de si gracieuses conditions. C'est ainsi que les Parsis avaient secoué peu à peu les préjugés hindous pour acquérir les joies intimes du foyer et les distractions mondaines, en y associant leurs compagnes ; mais un Européen aura peine à comprendre combien il fallut de souplesse et d'intelligence pour opérer un tel changement, vu ce que nous appelons l'influence du milieu ! Ceci demande en passant un mot d'explication ; nous aurons occasion de revenir sur ce sujet.

Dans l'Inde, les femmes, musulmanes et hindoues, partagent un sort identique. Nul besoin de parler ici de la Musulmane, dont les conditions morales et intellectuelles sont les mêmes en tous pays, depuis la plus petite bourgade jusqu'à la capitale où l'amène le bon plaisir du maître. Quant aux Hindoues, c'est la conquête musulmane qui a amené le régime de claustration auquel elles sont soumises ; leur vie est la plus étroite, la plus resserrée qu'il soit possible d'imaginer. Pour l'indigente, on la cache soigneusement dans des cours intérieures étouffées et fétides ; pour l'opulente, on la relègue dans la partie la plus reculée du palais ou du *bungalow ;* l'une et l'autre ne sont pas mieux traitées.

Dès l'antiquité, il est vrai, les législateurs n'avaient pas été tendres pour la femme ; selon Manu, c'est un être incom-

---

[1] One remarkable peculiarity distinguished this party from any ever given in Bombay, probably in India, and deserves to be noted as a large stride towards the European state of Society. During the evening, the Lady of Jamsetjee Jejeebhoy and her three daugthers in-law, Mrs Cursetjee Jamsetjee, Mrs Rustomjee Jamsetjee, and Mrs Sorabjee Jamsetjee, received visitors in one of the apartments. Lady Carnac, Lady Mac Mohon, Lord Keane, Sir Thomas Wilshire and many other ladies and gentlemen were introduced in succession and conversed with these ladies, of whom two were of distinguished beauty, and all comported themselves with grace and dignified courtesy. (*Bombay Times,* 11th March 1840.)

plet, enclin au mal plus qu'au bien, irresponsable et partant dégagé de ses devoirs religieux. Assimilée aux gens des classes inférieures, aux Soudras, elle ne doit avoir connaissance ni du Véda ni de ses commentaires ; mais il est permis de lui enseigner certains *Sûtras* et elle est autorisée à lire les *Itihâsas*. En thèse générale, on peut lui communiquer tout ce qui est renfermé dans la tradition, *smriti;* toute la révélation, *sruti,* lui est interdite ; la cérémonie du mariage lui tient lieu d'investiture. Néanmoins, souvenir de l'âge védique, sa présence à côté de son mari est indispensable pour l'accomplissement régulier du sacrifice du feu au lever du jour et pour les offrandes aux mânes ; mais elle ne peut seule se livrer à aucun acte religieux autre que les purifications et les offrandes aux hôtes. Cependant, en l'absence de son mari, elle entretient l'un des trois feux du foyer, (les deux autres étant éteints au départ du maître de la maison,) auquel, à son retour, le Brahmane rallumera ses deux autres feux. Fiancée à trois ou quatre ans, mariée à huit, à onze ou douze, elle rejoint alors son mari sans oser en prendre le nom ; quand elle en parle, c'est le seigneur, le maître, le *vara* (choisi) ; d'un autre côté, jamais l'époux ne fait allusion à sa femme, et il n'est pas séant pour un étranger de s'enquérir de sa santé ni même de la mentionner. Les femmes vivent dans un isolement complet ; leurs seules récréations sont les cancans des *zenanas* ou l'accomplissement de quelques pratiques superstitieuses. Cette réclusion et cette ignorance sont moins complètes dans les régions où ne domine pas l'élément musulman, par exemple, l'Inde-Occidentale et les pays mahrattes.

Il convient de dire que les femmes prennent en sous-main une large part aux affaires ; elles sont douées pour la plupart d'une grande finesse et d'un sens pratique très développé. Certains États indigènes ont été gouvernés du fond des *zenanas,* tel le Bhopal qui doit sa prospérité et sa tranquillité à deux générations de femmes intelligentes. Le gouvernement anglais n'oubliera pas aisément les services que lui a rendus la Bégaum Secunder. A la mort de son mari, Jehangir Mohammed, elle rejeta les règles musulmanes du *purdah*, parut aux yeux de ses sujets fièrement campée à cheval, le visage découvert, et dirigea pendant plus de vingt ans les affaires de son État[1]. Toutefois Musulmanes et Hindoues acceptent volontiers leur vie retirée. L'exemple de la Maharani de Kutch Béhar, dont les salons de Calcutta (Alipore) sont ouverts à la colonie anglaise, n'est pas suivi. Fille de Keshub Chunder Sen, chef d'une des sectes du Brahmo-Somaj[2], la princesse a profité des bienfaits d'émancipation et d'instruction que cette société s'efforce de faire pénétrer et de répandre, sans obtenir jusqu'ici des résultats bien encourageants. Et pourtant Max Müller l'a dit excellemment : l'avenir de l'Inde est entre les mains des femmes : « Dès que la population féminine de l'Inde pourra être tirée de son état actuel de dégradation, qu'une meilleure éducation et une religion plus pure auront fait comprendre aux femmes de l'Inde le sentiment de la responsabilité morale et du respect de soi-même, aussitôt qu'elles auront appris qu'il y a chez la femme dans le véritable amour quelque chose qui est au-dessus des lois de la caste et de la malédiction des prêtres, ce sera leur influence qui aura le plus de force, d'une part, pour faire éclater les barrières artificielles de la caste, et de l'autre pour maintenir dans l'Inde, comme ailleurs, la vraie caste

[1] La Begaum Secunder mourut en 1868. — Sa fille lui succéda et suivit l'exemple de sa mère. Son premier mari étant mort en 1867, elle se remaria, en 1871, avec Maulvi Sadik Musari, et se retira dans le *purdah*. Sa fille, Sultan Jahan, épousa en 1874 Ahmed Ali Khan, de la même tribu que la famille régnante de Bophal qui, on le sait, est d'origine afghane.

[2] Pour le Brahmo-Somaj, voyez l'excellent résumé donné par Monier-Williams dans *Religious Thought and Life in India*, ch. xlx, pp. 475 et suivv. On sait que cette société fut fondée par le Rajah Rammohun Roy vers 1828, dans le but de concilier les doctrines religieuses antiques avec les exigences de la vie moderne et en même temps de rendre à l'hindouisme sa pureté primitive. La Maharani Sunity Devi est née en 1864. .

du rang, des manières, de l'intelligence et du caractère....»
Cet idéal, les femmes parsies l'ont réalisé[1].

Les Pârsis sont d'humeur sociable. « Non seulement, dit
Forbes[2], ils acquièrent des richesses, mais encore ils jouissent du confort et du luxe qu'elles procurent; ils associent
volontiers leurs amis les Anglais aux fêtes qu'ils donnent,
soit à Bombay, soit à Surate et dans lesquelles se mêlent
agréablement le faste oriental et le goût européen... » Au commencement du siècle, Ardeshir Dady se faisait connaître par
les splendides réceptions qu'il offrait aux Européens. Les
tables couvertes de mets recherchés, les vins rares et généreux, la musique et les danses, tout concourait à procurer
aux hôtes les plaisirs les plus exquis. En 1804, dans sa demeure près de Parell, il donnait un dîner au Right Honourable
Lord Viscount Valentia, dont le *Bombay Courier*[3] (1er décembre) célébrait l'élégance et la splendeur. Ces traditions
d'hospitalité sont fidèlement suivies. Les naissances et les
mariages sont autant de prétextes pour réunir la famille.

A une époque, les *Nautchs* ou danses de Bayadères
étaient le divertissement dont on régalait ses invités. A en
croire les voyageurs, le *nautch* officiel des Hindous est généralement décent, parfois même guindé ; les femmes sont rare-

---

[1] Au sujet de la condition de la femme dans l'Inde, voyez la remar-
quable étude de la PUNDITA RAMABAI SARASVATI : *The High-Caste
Hindu woman, with an introduction by* RACHEL L. BODLEY, A.M.,
M.D., *Dean of woman's medical College of Pennsylvania.* George
Bell and Sons. London, 1890.

[2] J. FORBES, *Oriental Memoirs*, vol. III, pp. 411-412.

[3] « On thursday last, Ardeshir Dady, one of the principal Parsee
inhabitants of this Island, gave an elegant dinner at his house near
Parell, to the Right Honorable Lord Viscount Valentia, at which was
present a select party comprizing some of the first characters in the
settlement. The dinner we understand exhibited an abundance of every
article which was in season, and the entertainment was generally con-
ducted in such a manner as to afford great satisfaction to the noble Lord
and the other guests who were present. » — (*Bombay Courier*, 1ᵈ de-
cember 1804.)

ment belles; toutefois c'est un spectacle très voluptueux et
très énervant. Les nautchnis au teint pâle, aux grands yeux
noirs, couvertes de diamants et d'étoffes précieuses, attendent le signal de la danse, accroupies dans un coin, près des
musiciens. Tout à coup elles se lèvent, déploient leurs
écharpes, secouent leurs jupes plissées et font vibrer les grelots des anneaux attachés aux chevilles et dont le tintement
sert à marquer le pas. M. Rousselet, témoin de ces fêtes,
raconte qu'après un chœur préliminaire accompagné de
violes et de tam-tam, elles formèrent un demi-cercle. L'une
d'elles s'approcha des spectateurs, les bras arrondis, le voile
flottant; elle tournait doucement sur elle-même avec un léger
frémissement du corps qui faisait résonner les grelots ; la
musique douce et languissante semblait la bercer ; ses yeux à
demi clos se fermèrent peu à peu[1]....

Les dames parsies des hautes classes se mêlant à la société
des hommes, de telles danses n'ont plus leur raison d'être, et
la musique indienne dégagée de l'influence de la nautchni a
repris le rang respectable qu'elle mérite. Disons en passant
que M. K. N. Kabraji a beaucoup contribué chez les Parsis
à cette heureuse amélioration. Désormais la conversation et
les concerts remplacent les spectacles surannés des danses
indigènes [2].

---

[1] ROUSSELET, L'Inde des Rajahs, pp. 28 et suivv.

[2] A Madras, au mois de mai 1893, dans un meeting de l'Hindu social reform Association, présidée par le Rev. Dr Miller, on décida que
la présence des nautchnis aux réjouissances de famille avait une mauvaise influence sur la société et les individus, ce qui donna occasion à
l'évêque de Bombay d'écrire une lettre dans laquelle il déclarait que
l'introduction de ces danseuses dans les demeures constituait une violation de la sainteté du foyer et des lois de la morale. — Sans donner tous
les détails que comporte ce sujet, voici de nos jours la situation des
nautchnis, de celles qui n'appartiennent pas au service spécial d'un
temple, bien entendu. Ces filles possèdent des bijoux pour des sommes
énormes, et leurs profits sont excessifs ; ainsi on dit qu'à Lucknow elles
gagnent facilement 15 roupies par soirées et parfois 200, lors des naissances et des mariages. — D'après les census, on compte 270,956 ac-

A côté de la grande dame élégante et lettrée qui fréquente Government-House, reçoit les Anglais et vient elle-même en Europe, n'oublions pas ses humbles sœurs des classes inférieures. Plus orthodoxes, plus routinières, ces dernières se distinguent surtout par leur charité et leur spontanéité, ces mêmes qualités que nous trouverons poussées au plus haut point chez les richissimes commerçants Parsis. Pour elles, point de caste ; comme leurs émules, les grands bienfaiteurs de l'humanité, les Ardeshir Dady, les Banaji, les Jamshedji, les Cama, les Dinsha Petit, elles n'ont nul souci de ces divisions arbitraires.

Dans leur humble sphère, sans autres guides que les traditionnels exemples des leurs et les lois religieuses qui sont la règle de leur vie, elles s'élèvent à une hauteur morale au-dessus de tout éloge. Prenons un exemple.

La mère du généreux réformateur, Behramji Malabari, ne craignait pas de se mêler à la foule des Hindoues, ses voisines, dans le populeux faubourg de Surate qu'elle habitait. Petite et brune, charmant tout le monde par sa jolie figure ronde et ses beaux yeux taillés en amandes, Bhikhibai possédait l'énergie des femmes de sa race et portait dans son brave cœur un ardent amour de l'humanité souffrante, une pitié sans nom pour ses misères et ses peines. Souvent accompagnée du petit Behramji accroché à un des plis de son *sari*, elle allait soigner les infortunées privées de tout secours médical. Un soir, ayant trouvé sur le seuil de sa porte un petit être déposé dans un panier, elle l'abrita sans s'informer de la caste à laquelle il appartenait, ce que nulle Hindoue n'aurait jamais consenti à faire. Or il arriva que, le lendemain, on sut que le délaissé était l'enfant du balayeur des rues (*mahar*) ! Ses voisines hindoues

teurs, danseurs et chanteurs, dont la moitié est du sexe féminin, et près de 167,633 personnes de réputation douteuse, dont les deux tiers sont également des femmes. On peut voir au Musée Guimet un beau portrait d'une *nautchni* du temple de Madoura.

eurent soin de lui faire durement sentir la témérité de son zèle !

C'est dans les villages surtout que la femme parsie accuse nettement sa supériorité. Rien de plus touchant que de la voir accomplir avec une dignité sereine les devoirs de son état, gardant purs en son cœur les trois grands principes de sa foi : bonnes pensées, bonnes paroles, bonnes actions. On comprend alors que si l'éducation anglaise a pu quelque chose en faveur de la culture intellectuelle, elle n'a eu rien à changer, quant à la direction morale. Une de nos amies, Bai D. B., nous a donné des détails vraiment intéressants sur son genre de vie. A Udwada, petit village de la côte non loin de Daman, au nord de Bombay, se trouve le sanctuaire zoroastrien le plus vénéré, autour duquel se sont groupées quelques familles parsies, toutes de race sacerdotale et pour la plupart adonnées à un commerce peu productif. La petite colonie n'est entourée que d'Hindous de la caste la plus infime, celle des *mahars* « balayeurs ». Les maisons composées d'un simple rez-de-chaussée sont étroitement serrées les unes contre les autres ; souvent huit ou neuf personnes sont obligées de vivre sous le même toit, avec la modique somme de 80 fr. par mois. Sur la foi de l'antique tradition, la maîtresse du logis, debout avant l'aurore, après avoir fait ses ablutions et récité ses prières, ouvre la porte principale pour donner passage au mal nocturne; puis elle procède à une cérémonie spéciale qui consiste à encenser la maison avec des parfums, du bois de santal, etc., usage également suivi dans les plus riches demeures. Elle balaye le plancher, lave le devant de la porte, y répand de la chaux en signe de bon augure, puis met tout en ordre pour prendre son travail au lever du soleil. Alors elle va puiser l'eau à la fontaine, et rien n'est comparable à l'élégance de ces belles femmes avec leur *sari* rouge ou orange, soutenant d'une main la jarre sur leur tête, tandis que l'autre retombe le long du corps dans une pose d'élégant abandon. Sa besogne de ménagère-achevée, elle peut encore fabriquer des *kostis* et gagner une somme assez ronde. Sa science est bornée, mais elle sait se conduire, assister son mari de ses conseils dans toutes les circonstances difficiles et diriger ses enfants ; comme la grande dame parsie, elle est responsable de ses actes, honorée dans le cercle de famille et respectée des races étrangères.

IV

L'année zoroastrienne se compose de douze mois, soit 360 jours, plus cinq jours complémentaires appelés *gâhs* ou *andargâhs*[1]. Chaque mois est consacré à une divinité. qui lui donne son nom. Le premier est le mois des *Fravashis* (*Farvardin*) ; viennent ensuite ceux d'*Asha-Vahishta* (*Ardibahisht*), de *Haurvatàt* (*Khordâd*), de *Tishtrya* (*Tir*), d'*Ameretat* (*Murdàd*), de *Khshathra Vairya* (*Shahrévar*), de *Mithra* (*Mihr*), d'*Apô* (*Aban*), d'*Atar* (*Adar*), de *Dathush* (*Dai*), de *Vohu-Manô* (*Bahman*), de *Speñta Armaiti* (*Asfandârmad*).

Chacun des trente jours est dédié à une divinité spéciale ; le 1er, le 8e, le 15e et le 23e, à la divinité suprême appelée le premier jour de son nom d'*Auhrmazd* et les trois autres de son épithète de *Dai* « créateur ». Le mois est ainsi coupé en quatre semaines, les deux premières de sept jours, les deux suivantes de huit.

Les cinq jours complémentaires sont consacrés aux cinq *Gâhs* ou *Gâthas*, c'est-à-dire aux cinq séries d'hymnes révélées à Zoroastre et considérées comme divines : ils portent chacun le nom d'une de ces *Gâthas* : *Ahunavaiti*, *Ushtavaiti*, *Speñta Mainyu*, *Vohu Khshathra*, *Vahish-*

[1] Voy. *supra*, pp. 62-68, les discussions entre les Shahanshahis et les Kadimis au sujet de la *kabisa*.

tôishti. L'ensemble des invocations aux trente jours forme le *Siroza.*

La journée est divisée en cinq parties ou *veilles* dites en zend *Asnya,* en pehlvi *Gâs,* en persan *Gâh;* chacune de ces veilles est consacrée par des prières spéciales : 1° *Ushahina,* à partir de minuit ; 2° *Hâvani,* la matinée ; 3° *Rapithwina,* midi ; 4° *Uzayéirina,* la soirée ; 5° *Aiwisrûthrima,* la première moitié de la nuit. L'invocation du jour et du mois est un élément indispensable dans toutes les cérémonies religieuses.

Au IV° siècle de l'ère chrétienne, Adarbad Marespand, le grand et sage dastour, écrivit, dit-on, pour son fils Zarathustra, un petit traité intitulé *Madegan lak yom,* dans lequel sont détaillées les vertus particulières de chaque jour du mois zoroastrien qui sera, en effet, plus ou moins propice pour certaines affaires ou certaines actions; ainsi le premier semble le plus favorable pour prendre possession d'une demeure nouvelle ou d'un jardin et tel autre pour entreprendre une œuvre religieuse ou mondaine; quelques-uns pour commencer un voyage, régler une affaire domestique, ordonner des réunions et des fêtes. Un petit nombre sont réservés au repos et aux œuvres pies. Inutile de dire que ces préceptes si excellemment recueillis par Adarbad Marespand ne servent plus de guides aux Parsis et sont même peu répandus et peu connus[1].

Les Parsis ont des fêtes religieuses très importantes. Anquetil Duperron en donne une description minutieuse que nous reproduisons ici[2].

« Les différents temps de l'année, auxquels les Parsis sont particulièrement obligés de célébrer les Offices dont je viens de parler, sont des fêtes que je vais faire connaître en peu de mots.

---

[1] Trad. du pehlvi par le Dʳ Darasha Peshotanji Sanjana. — Voyez F. D. KARAKA, *Hist. of the Parsis*, vol. I, ch. III, pp. 132 et suivv.

[2] ANQUETIL DU PERRON, *Z.-A.*, t. II, pp. 574 et suivv.

« I. D'abord tout jour dont le nom concourt avec celui du mois, comme le jour *Farvardin* du mois *Farvardin*, etc., est un jour de fête, qui se célèbre par des banquets et par des prières. Il est alors ordonné aux Parses d'aller au *Derimher*, de faire *Néaesch* au Feu, se tenant loin du *Keisch* du Mobed, qui, de là, leur rappelle dans une courte instruction les devoirs que la loi leur impose.

« Les fêtes les plus solennelles chez les Parses sont :

« 1° Le *No rouz*, c'est-à-dire, *le nouveau* (*le premier*) *jour* (*de l'année*). Cette fête dure six jours. Elle commence au jour *Ormusd* du mois *Farvardin* (c'est le petit *No rouz*), et finit au jour *Khordâd*, appelé le grand *No rouz*. Les *Ravaëts*[1] nous apprennent pourquoi ce dernier jour est plus solennel chez les Parses que le premier. C'est le jour *Khordad*, est-il dit dans ces ouvrages, qu'Ormusd a créé le Monde, et ce qu'il renferme ; que Kaïomorts a triomphé d'Eschem ; que Meschia et Meschiané sont sortis de la terre, et que plusieurs événements considérables de l'ancienne histoire des Perses sont arrivés : Gustasp a embrassé la loi le jour *Khordad*, et c'est à ce jour que doit se faire la résurrection.

« 2° Le *Meherdjan* qui dure six jours. Le jour *Mithra* du mois *Mithra* est une fête célèbre chez les Parses. Les qualités de *Mithra*, détaillées dans l'*Iescht* qui porte le nom de cet Ized, le font assez connaitre. Les Parses distinguent deux *Meherdjans*. Le premier commence la fête, et arrive le 16 : on le nomme le petit *Meherdjan*. Le second, qui est le grand *Meherdjan*, tombe au 21. Chez les Parses le dernier jour des fêtes est le plus solennel.

« 3° Les *Gâhanbars*. Ce sont six fêtes, de cinq jours chacune, instituées par *Djemschid* en mémoire des différens temps auxquels les êtres qui composent l'univers ont été produits[2].

---

[1] *Vieux Ravaët*, fol. 252. Id., fol., 86. verso, 87, etc.
[2] *Vieux Ravaët*, fol. 237 verso.

« 4° Les *Gâtâhs*. Ce sont les dix derniers jours de l'année. Les Parses croient que pendant les cinq premiers de ces jours, les âmes des bienheureux descendent vers la terre, à la distance de trois portées d'arc; et que pendant les cinq derniers (les Épagomènes), qui sont les *Farvardians*, c'est-à-dire, (*les jours des*) *Feroüers de la Loi*, les mêmes âmes et celles des damnés viennent visiter leurs parents. Ils s'empressent en conséquence de leur faire la réception la plus magnifique : les maisons sont purifiées et ornées. On ne sort pas de chez soi de dix jours, et l'on fait, pendant les cinq derniers, des festins *Darouns*, c'est-à-dire, des festins précédés de la récitation de l'*Izeschné*, du *Vendidad* et de celle du *Daroun*, pour lequel on donne au Prêtre un habit neuf.

« On commence par réciter l'*Afergan*. Le Prêtre qui célèbre cet Office a devant lui, ainsi qu'au *Daroun*, des fleurs, des fruits, du lait, du vin et de la viande : on peut mettre à la place de la viande, du riz, des pâtisseries. Dans l'Inde il doit y avoir huit fleurs, et cinq au Kirman[1]. On n'emploie dans cet office ni *Barsom*, ni *Hom*, ni pains *Darouns*. Au Kirman on met près de l'*Atesch-dan* un vase plein d'eau nommé *Navé*.

« Pour l'ordinaire ce sont deux Mobeds qui officient, l'un en Djouti, l'autre en Raspi. Un seul peut cependant faire *Afergan*. Les Parsis assis autour du lieu où se fait l'Office disent : *C'est le désir d'Ormusd* etc., et peuvent ensuite parler en *vadj;* cela n'interrompt pas la prière.

« Avant que de commencer l'*Afergan*, le Raspi ayant le *Pénom*, met dans le feu du bois de santal ou des odeurs préparées, ce qu'il continue de faire pendant tout l'Office ; alors le Djouti ayant aussi le *Pénom*, récite l'*Afergan* du *Gâhanbar*, et après ces mots *de Mediozerem*, il récite le *Doupnéreng*, etc. (Au Kirman on ne le récite pas) ; Après quoi, il continue l'*Afergan*.

---

[1] *Vieux Ravaët*, fol. 249 recto et verso. — *Petit Ravaët*, fol. 54 recto.

« II. Le *Doup Néreng* se récite encore aux *Djaschnés* qui sont des banquets de religion. Lorsque le festin est préparé et que tous les convives sont assemblés dans un jardin, le Mobed, ayant le *Pénom*, s'approche du feu et des mets. Il met plusieurs fois des odeurs dans le feu en prononçant le *Doup-Néreng* ou l'*Afrin-Miezd*, et lorsque la prière est achevée, le repas commence.

« L'office du *Daroun* est aussi suivi de ces *Djaschnés*. Le Prêtre donne au peuple une partie des pains *Darouns* et du *Miezd* qu'il a béni. Les Parsis montrent leur zèle en mangeant abondamment des mets préparés. La loi, dans ces occasions, ordonne aux riches d'envoyer aux pauvres quelque chose de ce qui a été préparé pour le festin, et même de leur donner de l'argent pour célébrer dignement les *Gâhanbars ;* ou bien on fait pour cela chez les riches des quêtes appelées *Djademgoï :* cette action est très méritoire, soit qu'on la fasse pour les autres, ou pour soi-même.

« Les Parses célèbrent encore par des festins le jour de leur naissance, la naissance de leurs enfants, et le jour auquel ils ceignent le *Kosti* pour la première fois. On peut, sur leurs autres fêtes, consulter les *Farhangs Djehanguiri* et *Bèrhankatée*, l'ouvrage Persan, qui a pour titre *Hadjaeb al Makhloukat*, c'est-à-dire, *Les Merveilles des créatures*, première partie, section 13, art. 6, *sur les mois des Parses ;* les *notes* de Golicis *sur Alfragan*, p. 21 et suiv. ; et le Dr Hyde *de Religione Vet. Pers.*, cap. 19 et 20.

« III. Une des dernières fêtes des Parses est celle des laboureurs. Elle arrive le jour *Espendarmad* (le 15) du mois *Espendarmad* (dernier de l'année). Voici les cérémonies qu'on y observe.

« Après les prières ordinaires, le Prêtre met un habit propre, récite l'*Izeschné*, le *Daroun* à l'honneur des sept *Amschaspands*, (à l'honneur d'*Ardibehescht*, selon quelques Destours), et dit : *Que ma prière plaise à Ormusd*, etc., (ci-d. p. 156, *Iescht d'Ardibehescht*), jusqu'à, *Ormusd dit à Sapet-*

man Zoroastre, etc. Ensuite il écrit avec de l'encre de safran, sur la peau de cerf, ou sur du papier, le *Tâvid* suivant qui est en Pehlvi.

« *Au nom du juste Juge Ormuzd, le jour Espendarmad du mois Espendarmad, je lie la gueule de tous les Kharfesters, des Dews, des Daroudjs, des Magiciens, des Paris, des Dews qui rendent aveugles, de ceux qui rendent sourds, de ceux qui affoiblissent, des pécheurs, des Aschmoghs, des loups, des suppôts de l'Enfer, des Darvands, des violents; au nom des Izeds, au nom du fort Feridoun allaité par une vache, au nom de l'Astre Taschter, au nom de l'Astre Satevis, au nom de l'Astre Venant, au nom des Astres qui composent Haftorang. L'abondance et le Behescht*, etc., etc.

« Le Mobed achève le *Vadj* d'*Ardibehescht*, en disant : *Je fais izeschné et neaesch à Ardibebescht*, etc., (ci-dessus p. 160, jusqu'à, l'*Iescht de Khordad*), et donne ce *Tavid* aux Parses, qui le payent deux Peças (la 32ᵉ partie d'une roupie d'argent, qui est de 48 sols).

« Les Parses doivent exposer ce *Tavid* à la fumée d'un feu dans lequel on a mis les cinq choses suivantes : de la corne d'un animal tué le jour *Mithra* du mois *Mithra;* de la graine de coton; de la résine; de l'ail, et de l'Espand. Ils l'attachent ensuite à leur porte, en dedans, avec de la colle ou avec des clous[1]. Il faut que les coqs, les cornes des animaux qu'ils ont dans leur maison, la porte même, tout soit peint en rouge. Ils jettent ensuite dans tous les coins de leur maison du sable, sur lequel le Mobed a prononcé, en le remuant avec un couteau, le *Néreng* qui commence par, *Le mois Espendarmad*, etc.

« Les Parses croient, par cette dernière cérémonie, chasser les Dews de leur maison, ou du moins les empêcher d'y exercer leur empire. Ils signalent pendant ce jour leur dévotion, en tuant toutes les productions d'Ahriman qu'ils rencontrent, ainsi qu'ils faisaient du temps d'Agathias. »

---

[1] *Vieux Ravaët, loc. citat.*

Voici actuellement les fêtes observées dans la communauté parsie; nous suivrons les indications de M. D. F. Karaka[1]. Elles ont pour but de créer des rapports sociaux entre les membres de la communauté et de faire fleurir la charité et la bienfaisance.

La plus grande est celle appelée *Pateti*[2] observée plus ou moins strictement par tous les Zoroastriens. C'est le jour d'Ahura Mazda du mois Fravardin appelé également *No rouz*. Chez les Kadimis, elle tombe un mois plus tôt que chez les Shahanshahis. Ce jour-là, le Zoroastrien se lève de meilleure heure que de coutume et fait ses ablutions; après avoir revêtu des habits neufs, il prie *Ahura Mazda* et implore sa bénédiction pour lui et sa famille. Il se rend ensuite à l'*Atash-Behram* (le grand Temple du Feu) et fait des offrandes de bois de sandal. Ses prières terminées, il distribue des aumônes aux prêtres et aux indigents. Le reste du jour se passe en réjouissances et en échanges de vœux de nouvel an.

Rapithvan. A l'origine, c'était l'annonce du commencement du printemps; mais cette fête n'a plus de signification, puisque on ne tient pas compte de l'intercalation. Elle a lieu le troisième jour du premier mois; une imposante cérémonie se fait au Temple du Feu en l'honneur de l'Amshaspand Ardibahist qui préside au feu et à la lumière.

Khordad-Sal. Cette fête se célèbre en commémoration de plusieurs événements importants arrivés le jour de Khordad, dans le mois *Fravardin*, et donnés dans un petit traité pehlvi appelé *Madegan Binae-Fravardin Yome-Khordad*. On y célèbre par certains rites religieux la révélation d'Ahura-Mazda à Zarathusthra et l'anniversaire de la naissance du prophète; puis on se divertit en famille.

[1] *Hist. of the Parsis*, chap. III, pp. 144 et suivv.
[2] *Pateti* est une forme corrompue du mot *paitita* qui signifie : celui qui se repent, ce qui indique que, ce jour-là, on demande à Dieu l'absolution des péchés commis pendant l'année.

Amerdad-Sal. C'est le jour que les Parsis donnent au plaisir après les dix jours du Mouktad. Les livres sacrés n'attachent pas d'importance à cette fête, qui a été ajoutée au Khordad-Sal par les partisans des vacances.

Les *Gâhânbârs* ou fête des saisons arrivent six fois par an. D'après l'ancienne coutume de la Perse, les fidèles se réunissent pour prier; le paysan, le pauvre et le riche se mêlent et mangent ensemble, après les prières. Cet usage subsiste encore: il y a un banquet auquel participent tous les membres de la communauté.

Les six Gâhânbârs[1] sont:

1° Le *Maidhyôi-Zaremaya* (*Métôkzarmé*), la mi-printemps, le quarante-cinquième jour de l'année, à l'équinoxe du printemps (1-5 mai, 11-15 *Ardibahist*), commémore la création du ciel.

2° Le *Maidhyôi-shema* (*Métôkshem*), la mi-été, le cent cinquième jour de l'année (11-15 Tir, 30 Juin-4 Juillet), commémore la création des eaux; c'est la fête qui clôt la saison où se fait la fenaison.

3° Le *Paitishhahya* (*Pétishah*), le cent quatre-vingtième jour de l'année (26-30 Shahrêvar, 12-16 Septembre), com-

---

[1] La division normale de l'année dans l'Avesta est de deux saisons, l'été et l'hiver. L'été, *hama*, comprend les sept premiers mois, et l'hiver, *zayana*, les cinq autres, plus les cinq jours complémentaires. Cette division a une valeur religieuse, non seulement pour le rituel, mais encore pour les pratiques qui varient suivant les saisons. D'après le *Boundahish*, xxv, 20, l'année était divisée en quatre saisons correspondant aux nôtres. — Les fêtes des *Gâhânbârs* (en zend *yâirya*) divisent l'année en six périodes et ont une double signification, à la fois mythique et agricole. Les *Gâhânbârs* auraient été établis par Ormuzd pour fêter les actes de la Création, qui avait duré un an et s'était accomplie en six actes successifs pour la création du ciel, des eaux, de la terre, des plantes, des animaux et de l'homme. Après chacun de ces actes, Ormuzd avait célébré avec les Amshaspands une fête de cinq jours, dite *Gâhânbârs*. Voyez BURNOUF, *Commentaire sur le Yaçna*, 302 suite. — ROTH, *Der Kalender des Avesta*, z. d. m. g., 1880, 698. — DARMSTETER, *Zend-Avesta*, vol. I, *Yaçna*, p. 36.

mémore la création de la terre. C'est la fête qui clôt la saison
où se fait la moisson.

4° L'*Ayâthrima* (*Ayâsrim*), le deux cent dixième jour de
l'année (26-30 Mihr, 12-16 Octobre), commémore la création des plantes.

5° Le *Maidhyâiriya* (*Mélyâriya*), le deux cent quatre-
vingt-dixième jour de l'année (16-20 Dai, 31 Décembre-
4 Janvier), commémore la création des troupeaux ; il porte
l'épithète de *Saredha*, où règne le froid.

6° Le *Hamaspathmaêdaya* (*Hamaspatmédim*), le trois
cent soixante-cinquième jour de l'année (15-20 Mars), commémore la création de l'homme. Il est dit celui « où l'on célèbre
le sacrifice », parce qu'il s'agit des fêtes célébrées durant les
derniers jours de l'année en l'honneur des Fravashis des
ancêtres. (Yt. XIII, 49 sq.)

Atash-Behram-Salgari ou *Srosh Roz*. Les fils de feu
Hormasji Bamanji Wadia bâtirent un grand Temple du Feu
en l'honneur de leur père décédé à Bombay, et le dix-septième
jour du second mois est l'anniversaire de son inauguration.
Ce jour-là, le Dastour ou grand prêtre accomplit la cérémonie
du *Jasan* en présence des Parsis qui se réunissent au Temple
du Feu. C'est une vraie fête ; les dames se rendent à l'Atash-
Behram en grande toilette et des réjouissances signalent la
fin de la journée.

Le *Jamshed Naoroz* tire son nom du roi Jamshed de la
dynastie des Pischdadiens qui, le premier, le célébra en Perse.
On l'appelle aussi *Sultani Naoroz*. Ce jour-là, le soleil entre
dans le signe d'Aries, et c'était le commencement de la nouvelle année pour les anciens Perses ; le nouvel an des Parsis devrait avoir lieu à cette date au lieu de celle du *Pateti*.
Nous avons vu la négligence des Parsis de l'Inde à intercaler un
mois entier après chaque période de cent vingt ans, pour combler la lacune causée par leur omission du quart d'un jour à la
fin de l'année (*supra* p. 63). C'est un jour de fête pour les Parsis ;
les loges maçonniques le célèbrent également à Bombay.

Zarthosti Diso. Le prophète Zoroastre mourut, dit-on, à l'âge de soixante-sept ans à Bactres, la capitale des rois Kéaniens. L'anniversaire de sa mort arrive le onzième jour du dixième mois; il est religieusement gardé.

Mouktad. Le nom de Mouktad est une forme corrompue venue de *Mouktiatma*, l'âme qui a passé de purgatoire en paradis, et désigne les dix derniers jours de l'année zoroastrienne; elle renferme les cinq derniers jours du mois Spendarmad et les cinq jours intercalaires appelés *Gâthâs Gâhânbârs* dédiés aux mânes des défunts *Frohars* (*Fravashis*). On les emploie à réciter des prières et à célébrer des cérémonies en mémoire des parents décédés. Suivant un passage du *Farvardin Yasht*, les *Frohars* des Zoroastriens visitent la maison de leurs descendants pendant dix jours et dix nuits à l'époque de l'*Hamaspatmédim*, en murmurant: « Qui nous louera, qui nous offrira un sacrifice? » Ces jours-là se passent en prières. Dans une pièce bien nettoyée et blanchie à la chaux, on place sur une table de marbre des vases de cuivre ou d'argent remplis d'eau avec des fleurs. On change l'eau au moins quatre fois pendant la fête qui dure dix-huit jours. Les prières se disent devant cette sorte d'autel.

Il y a un certain nombre de cérémonies religieuses appelées *Jasans*, à la suite desquelles on distribue des fleurs et des fruits aux assistants. On en compte douze; c'est lorsque le nom du jour est identique avec celui du mois. Ainsi le dix-neuvième jour de chaque mois et le premier mois étant appelés l'un et l'autre *Farvardin*, le dix-neuf de ce premier mois sera le *Jasan-è-Farvardiân*. Nous citerons le *Jasan Avan* ou *Arduisura* en l'honneur d'Arduisura Anahita, le génie tutélaire des Eaux. Les Parsis, par suite de leur longue existence avec les Hindous, leur ont emprunté certaines coutumes telles que de jeter dans la mer des offrandes de sucre, de farine, de noix de coco, etc.; mais les classes éclairées s'en abstiennent. Il se tient aussi à cette époque une foire à Bombay à laquelle tous les habitants prennent part. L'*Adar Jasan*, en l'honneur d'Adar, le génie du Feu, se célèbre le 9ᵉ jour du 9ᵉ mois. Hommes et femmes se rendent aux temples et paraissent en public parés de leurs plus beaux vêtements ; il y a également une foire à Bombay à cette occasion. Le *Behman Jasan*, en l'honneur de l'Esprit qui régit le monde animal, a lieu le 2ᵉ jour du 11ᵉ mois ; les Parsis nourrissent d'herbes, pendant un mois, les animaux égarés ou ceux qu'on dépose à leur porte, et, pendant un jour, ils s'abstiennent de manger de la chair et de boire du vin.

Il convient de dire, en terminant, que les étrangers ne sont pas admis à ces fêtes dans l'intérieur des familles. C'est depuis peu que la grande cérémonie de l'Investiture des insignes sacrés a été rendue publique, ainsi que nous le verrons dans le chapitre suivant ; mais ces solennités, bien qu'elles aient un caractère tout privé, ne sont pas dépourvues de grandeur. Elles sont réglées avec sagesse par le chef de la famille, qui y joue un rôle que nous autres Européens avons quelque peine à comprendre ; ce rôle pour ainsi dire sacerdotal force l'entourage au respect des coutumes séculaires et des traditions religieuses léguées par les ancêtres.

CHAPITRE IV

Vie domestique des Parsis.
Naissance. — Investiture du Sudrah et du Kusti.
Mariage.

Avant de pénétrer dans les détails de la vie intime des
Parsis, il est bon de se souvenir de ce que nous avons dit
précédemment au sujet des nombreux emprunts qu'ils ont
faits aux Hindous. L'Avesta n'a légué que des prescriptions
fort restreintes auxquelles les fidèles sont restés passion-
nément attachés; mais les concessions que ceux-ci ont
été obligés de faire à leurs hôtes du Goudzerat les ont
conduits peu à peu à admettre une foule de pratiques qui,
pour les Hindous, ont un caractère religieux et en sont absolument dépourvues aux yeux des Mazdéens[1] : seule la forme
extérieure subsiste, dépouillée de sa signification comme
rite. Tous les voyageurs ont fait la remarque de cette docile
adoption, sans être à même de distinguer des nuances si
délicates à saisir pour des étrangers. Nous aurons soin de
noter ces emprunts; mais nous prions le lecteur de ne pas les
confondre avec les rapprochements que certains auteurs ont

---

[1] La vie de l'Hindou est réglée par des devoirs religieux qui, depuis
sa naissance jusqu'à sa mort et même au delà, le tiennent asservi sous
la domination de la caste sacerdotale. Douze rites appelés *sanskaras*
étaient prescrits par les anciennes collections de règles domestiques
Grihya-sutras et par le code de Manu pour la purification de l'être
humain, corps, âme et esprit, afin de le débarrasser de la souillure
contractée dans le sein de sa mère. A l'heure actuelle, de ces douze
rites quelques-uns subsistent encore chez les orthodoxes. Voy. MONIER
WILLIAMS, *Religious Thought and Life in India*, ch. XIII, pp. 351 et
suivv., et ch. XIV, pp. 370 et suivv.

tentés sur le fonds commun des doctrines primitives de
l'Avesta et du Véda. D'autre part, chaque fois qu'un usage
se réclamera de l'autorité des Rivâyats, nous l'indiquerons
autant que possible, parce qu'il revêt par cela même un
caractère traditionnel et qu'il a reçu la sanction des deux
communautés zoroastriennes. Rappelons encore que nous
avons dit d'une manière générale que les réformateurs et les
membres des hautes classes s'efforcent de détacher leurs
coreligionnaires de certaines pratiques considérées comme
superstitieuses et de les ramener à d'autres plus rationnelles.
Voyons maintenant quelles sont les coutumes encore suivies
par la majeure partie des Parsis lors des grands événements
de la vie : — la naissance, — l'investiture du Sudrah et du
Kusti — et la célébration du mariage.

Avant que l'enfant vienne en ce monde, la jeune femme
qui le porte est soumise à certaines cérémonies[2]. Dès que
la bonne nouvelle est connue, les deux familles en éprou-
vent une grande joie; car le but du mariage étant d'avoir des
enfants, plus l'alliance est féconde, plus elle est heureuse.
Au cinquième mois de la grossesse, la belle-mère offre une
robe neuve à sa bru; celle-ci s'empresse de la revêtir et de se
rendre chez ses parents qui, à leur tour, lui en donnent une
en témoignage de satisfaction.

[1] Voy. HAUG, *Essays, etc.*, *Relationship between the brahmanical
and zoroastrian religions*, pp. 267 et suivv.
[2] « Lorsqu'une femme est grosse de quatre mois dix jours, son mari
ne doit plus la voir. C'est alors que l'enfant est formé, et que l'âme est
unie au corps; et si en la voyant il blesse l'enfant, c'est un crime qui
mérite la mort[1]. » ANQUETIL DUPERRON, *Z.-A.*, t. II, p. 563.
[1] *Vieux Ravât*, fol. 189 recto.

Au septième mois, parfois au neuvième, on procède à la cérémonie de l'*Agharni*[1]. — On choisit un jour favorable ; dès le matin, la belle-mère habille la jeune femme d'effets neufs et offre à ses parents un cadeau consistant en poisson, en lait caillé, en sucre, etc. Ceux-ci renvoient ces présents, mais sensiblement augmentés ; et, à midi, un copieux repas est porté aux membres de la famille et aux amis. Dans l'après-midi, on répand sur le parquet d'une chambre orientée vers l'ouest de la chaux (*chunam*) et des poudres de diverses couleurs sur lesquelles on trace des dessins représentant des poissons, des paons, des oiseaux et des fleurs. La jeune femme prend place sur un tabouret de bois de deux à trois pouces de haut ; on l'habille d'une robe neuve et on lui fait sur le front une petite marque avec de la poudre rouge (*kunku*)[2] ; on met ensuite dans les plis de son sari, près du sein, une noix de coco, des feuilles de bétel, des dattes et autres fruits secs, symboles de la fécondité.

Ainsi parée, elle se rend chez ses parents accompagnée de ses alliées et de ses amies qui ont emporté dans un panier du froment et des bonbons, emblèmes d'abondance et de bonheur. En arrivant à la demeure paternelle, elle est reçue à l'entrée par sa mère, qui l'accueille en lui jetant une pluie de riz et en brisant sur le seuil un œuf et une noix[3] ; puis elle

---

[1] Voy. Dosabhai Framji Karaka, *Hist. of the Parsis*, ch. iv pp. 154 et suivv. L'*Agharni* est un usage essentiellement hindou et n'est guère suivi que par les classes inférieures et illettrées de la communauté.

[2] La marque sur le front dans l'Inde est le signe du devoir accompli ; la plus importante est celle qui suit les trois ablutions sacrées du matin, du midi et du soir. Pour les hommes, elle est faite avec une pâte jaune ou blanche, de la poudre de bois de santal ou d'aloès et un peu d'eau ; pour les femmes, elle est composée d'une substance de couleur rouge sang.

[3] Les œufs jouent un rôle important dans les cérémonies des Parsis ; ainsi, pour souhaiter la bienvenue à un hôte respecté, on apporte un plateau chargé d'objets considérés comme de bon augure, tels qu'une noix de coco, un œuf, une poignée de riz, de l'eau et du sucre façonné en petits gâteaux. Dès que l'hôte se présente à la porte, la maîtresse du

pose le pied droit dans la maison et se rend directement à la chambre où elle doit être délivrée. Là, après avoir pris une lumière d'une main, une tasse d'eau de l'autre, elle fait sept fois le tour de cette chambre en arrosant le plancher, pour que sa progéniture ne connaisse pas les ténèbres et que, suivant la phrase consacrée, « elle jouisse du soleil de la vie et ne manque jamais d'eau ». Sa mère lui enlève ses vêtements, lui met une robe neuve, lui offre des bonbons et des sucreries et la renvoie chez son mari avec le froment et les autres objets, dont elle a augmenté le nombre et la quantité. Peu après, la mère du mari donne à son fils des présents, tels qu'habits neufs, bagues, châles, le tout placé sur un plateau avec des bonbons en forme de cônes, enveloppés de papier argenté. Les femmes qui apportent ces cadeaux sont retenues à dîner, et à l'issue du repas elles chantent des couplets en rapport avec la circonstance. Lorsque l'époque de la délivrance approche, la belle-mère remet à la jeune femme quelques pièces d'argent, une noix de coco, et la renvoie chez ses parents après lui avoir marqué le front avec de la poudre rouge.

Quelques jours avant la date présumée de l'accouchement, on prépare la chambre de la jeune mère, et dès que celle-ci commence à souffrir, on l'y transporte; elle y trouve un lit de fer garni de coton et un berceau également en fer[1]. Le jour de l'accouchement, la belle-mère vient visiter

lieu ou, si elle est veuve, une de ses parentes, s'avance avec le plateau à la main; après avoir pris un œuf, elle le balance sur la tête du nouveau venu, le brise sur le sol et fait de même pour la noix de coco. Elle jette ensuite les grains de riz et émiette les gâteaux de sucre sur la tête du visiteur au-dessus de laquelle elle élève les mains, en murmurant des bénédictions et en faisant claquer ses doigts à la hauteur des tempes; enfin elle le convie à entrer, le pied droit le premier.

[1] « Quand une femme est à son terme, on la couche sur un lit de fer, parce que les métaux souillés se lavent, et qu'un lit de bois ne pourrait plus servir. Il doit y avoir dix femmes ou au moins cinq, dans sa chambre. Leur office, selon le *Ravaët* du *Recueil pehlvi*, est de préparer ce qui est nécessaire pour l'enfant, de secourir la mère, et de faire les fonctions de la sage-femme. Pendant trois jours et trois nuits, on allume

sa bru et dépose sur son lit quelques roupies et quelques grains de riz comme augures favorables. La mère de la jeune femme donne un repas à celle du jeune homme, et avant de se retirer elle reçoit en cadeau une robe neuve. Le lendemain, la mère du mari envoie des bonbons à ses parents et à ses amis.

Suivant le rite mazdéen[1] la femme est supposée impure pendant quarante jours après sa délivrance, et durant ce temps il ne lui est permis de toucher à aucun objet, sauf à son lit et au berceau de l'enfant. Personne ne peut approcher d'elle, et il lui est défendu de marcher sur un tapis. Les gens riches ou aisés qui habitent de vastes demeures ont une pièce affectée aux femmes; mais lorsque plusieurs familles vivent ensemble sous le même toit, le propriétaire réserve généralement une chambre au rez-de-chaussée pour ses loca-

dans cette chambre un grand feu, pour éloigner les Dews. Il faut aussi empêcher les pécheurs d'en approcher.

« Lorsqu'une femme est en travail, le Mobed prie pour elle ; et dès qu'elle est délivrée, la première chose qu'on lui présente, ainsi qu'à l'enfant, est le *Perahom*, ensuite elle se lave; et lorsqu'elle ne se sent plus de l'infirmité de ses couches, elle fait le *Si-schoé* (au Kirman, le *Baraschnom* [1]). Elle passe ainsi quarante jours séparée du commerce des hommes, et son mari ne peut la voir qu'au bout de quarante autres jours. » Anquetil Duperron, *Z.-A.*, t. II, pp. 563-564.

[1] Purifications dont il sera parlé dans un chapitre spécial.

[1] D'après l'Avesta, la femme à certains moments est considérée comme impure : elle est *dashtân* (Voy. Darmesteter, *Zend-Avesta*, vol. II, *Vendidad*, farg. 16, p. 230). Chaque mois, elle est tenue à l'écart dans une chambre isolée au rez-de-chaussée (*armésht-gâh*, lieu de l'infirme, de l'immobile) appelée dans cette occasion *Dashtânishtân*, et elle n'en sort qu'après avoir subi les purifications prescrites (Voy. *Sad-Dar*, xli, lxviii et lxxvi; voy. aussi Anquetil Duperron, *Z.-A.*, t. II, pp. 562-63). Les renseignements du voyageur français s'appuient sur les usages alors en vigueur et l'autorité du *Sadder Boundehesch* cité dans le *Vieux Ravaët*. — La femme près d'accoucher est assimilée à la *dashtân* et reste isolée dans l'*armésht-gâh*. Pour celle qui met au monde un enfant mort et les purifications auxquelles elle est assujettie, voy. *Vendidad*, farg. 5, vi, 45-62; *Sad-Dar*, lxxvii, et Anquetil Duperron, *Z.-A.*, t. II, p. 563.

taires. — Cette coutume d'isolement est très préjudiciable
à la mère et à l'enfant qui manquent d'air, alors qu'ils en
auraient l'un et l'autre un si grand besoin. La grande dame
soignée par ses servantes peut prendre chez elle quelque
exercice, les tapis enlevés; et lorsque l'enfant n'est pas allaité
par la mère[1], une fois lavé, on le remet à la nourrice qui
l'emporte dans une autre chambre, évitant ainsi tout contact
impur. S'il y a des adoucissements pour la Parsie riche, il
n'en est pas de même pour l'indigente : celle-ci reste confinée
dans un appartement étroit, presque toujours situé au rez-de-
chaussée, où elle respire un air vicié[2]; malgré sa faiblesse, elle
est obligée de se servir elle-même et souvent paie de sa vie
une trop fidèle observance de ces pratiques meurtrières. Dieu
seul sait le nombre des malheureuses qui en ont été victimes!

Le quarantième jour, la femme prend un bain, et dès
qu'elle est purifiée elle peut se mêler à la vie de famille.
Sauf le lit et le berceau, tous les objets qu'elle a touchés
doivent être jetés[3]. En 1884, M. Dosabhai Framji Karaka
nous apprenait que les Parsis commençaient à reconnaître la

---

[1] Dans l'Inde, les femmes allaitent elles-mêmes leurs enfants. On
doit donner du lait aux garçons pendant dix-sept mois et aux filles
jusqu'à quinze (Voy. ANQUETIL DUPERRON, Z.-A., t. II, p. 564). Les
Ravaëts conseillent de prendre des nourrices pour des raisons d'hygiène; de nos jours leur usage est général dans la communauté.

[2] Le quartier de Dhobie-Talao, à Bombay, exclusivement habité par
les Parsis, est composé d'immenses maisons; le propriétaire réserve au
rez-de-chaussée une pièce spéciale pour ses locataires, lors des couches
de leurs femmes.

[3] Voy. p. 13 du Mémoire du Docteur Temulji B. Nariman, cité infra,
p. 120. On pourra se rendre compte qu'une des grandes causes de la
mortalité chez les femmes parsies, c'est la fièvre puerpérale engendrée par
la séquestration dans des pièces malsaines ; ajoutez-y le peu de soin
des sages-femmes indigènes qui, le plus souvent par leur manque de
propreté, sont les premières à propager le terrible fléau. D'un autre côté,
les vêtements et les tentures, au lieu d'être détruits, sont donnés aux
Bhangees ou Halalcores et sont revendus sans prendre garde s'ils ne
proviennent pas d'une personne décédée d'une fièvre infectieuse ; ils
deviennent ainsi les agents les plus actifs de la contagion.

faute qu'ils commettaient en soignant ainsi leurs épouses,
mais personne n'osait encore rompre avec ces usages rou-
tiniers ; pourtant si le médecin, vu la gravité du cas, ordonnait de transporter la mère et l'enfant dans une autre
chambre, il était généralement obéi. Dans les hautes classes,
le médecin européen était même appelé en consultation ;
alors, devenu impur par le contact de la malade, il se reti-
rait sans serrer la main de ceux qui l'entouraient ; quant aux
médecins parsis, ils prenaient le plus grand soin de se laver
et de changer de vêtements, à la satisfaction des matrones.

L'ingérence des femmes dans le corps médical et l'initiative des docteurs donnent l'espoir que ces coutumes cruelles
sont à la veille de disparaître. Des hôpitaux élevés par des
Parsis charitables pour les femmes et les enfants leur assu-
rent peu à peu des soins éclairés. Nous ne saurions passer sous
silence une institution due à l'instigation du Dr Temulji B. Nariman, de l'Université de Bombay, la seule fondation de ce
genre dans l'Inde entière. Après plusieurs années d'études
consciencieuses, convaincu que la recrudescence de la fièvre
puerpérale provenait de causes faciles à supprimer, il fit part
de ses remarques aux membres de la *Grant College Medical
Society*, et à la sollicitation d'amis européens, dans une
conférence publique au *Framji Kavasji Institute* présidée
par Sir Jamshedji Jijibhai (16 août 1884), il développa ses
vues et exposa le besoin urgent de porter remède aux conditions d'hygiène si nuisibles aux femmes parsies pendant
leurs couches[1]. Il reprit son sujet pour la seconde fois devant
la *Grant College Medical Society;* il réussit à faire partager
ses sentiments à un certain nombre de personnes dévouées
et même à réunir une petite somme pour l'organisation d'un
hôpital temporaire, où l'on essaierait un traitement capable

---

[1] *Observations on the increased prevalence of puerperal fever, or
fever after child-birth, among the Parsees in Bombay; its causes and
prevention.* On y verra résumées les principales causes de la mortalité
chez les femmes parsies et les remèdes qu'il convient d'y apporter.

d'enrayer les effets désastreux qu'il avait si souvent constatés. Le 7 mai 1886, il se forma un comité, peu nombreux
d'abord, et qui plus tard s'accrut d'un grand nombre d'adhérents ; le 21 mars 1887, un hôpital fut ouvert dans une petite
maison située près de la station des « Marine Lines of the
B.B. and C.I. Railway ». Bientôt, en présence des résultats
excellents obtenus dès la première année, le 30 juin 1888,
dans une réunion de la communauté parsie, on proposa, de
donner à l'institution un caractère permanent. Des sommes
considérables furent recueillies, grâce au zèle de certains
membres du comité, tels que MM. Sorabji Shapurji Bengali
et Sorabji Framji Patel, pour l'acquisition du terrain et la
construction d'un édifice convenable[1]. Le Gouvernement y
contribua à l'origine en cédant l'emplacement pour la moitié
de sa valeur. Sauf cette aide gracieuse, il convient de dire que
tout le reste est dû à la seule initiative des Parsis[2]. En 1892,
Khan Bahadur M. C. Murzban prépara des plans pour l'érection d'un établissement vaste et commode dans Hornby Road[3].

Pendant ce temps, l'hôpital temporaire prospérait ; les demandes d'admission devenaient de plus en plus nombreuses.
Les femmes des classes moyennes n'avaient aucune répugnance à y faire, moyennant rétribution, des séjours de plusieurs semaines. Les malades étaient divisées en trois
classes : un cinquième était admis gratuitement, trois cin-
quièmes payaient 1 r. 8 et un cinquième 3 r. par jour. La
première année, il y eut 77 entrées, la seconde 100, la troisième 131, la quatrième 136, la cinquième 142, la sixième
165 ; total 751. Aux mois d'août-septembre 1894, le nombre

---

[1] Citons les noms de Hon'ble M. N. N. Wadia, M. J. N. Tata, M. V. J.
Wadia, Sir Dinsha Manakji Petit, M. Byramji Jijibhai, M. Pestonji
Hormusji Kama, M. Jehangir Rastamji Modi, etc., etc.
[2] M. Nasarvanji J. Wadia, fils de Bai Motlibai, versa à la trésorerie
le complément de la somme (13,000 r.) et rendit ainsi le comité seul
possesseur de la propriété.
[3] La pierre de fondation fut posée le 28 mars 1893, en présence du
gouverneur de Bombay, Lord Harris.

était de 1,000 ; en janvier 1895, de 1,100, et pas un cas de
fièvre puerpérale ne s'était encore produit[1]! — Les fonds
actuellement entre les mains du docteur Temulji B. Nariman, secrétaire honoraire du comité, s'élèvent à près d'un
lakh de roupies, soit 235,000 francs. Nous ne pouvons manquer de signaler le concours aussi zélé que désintéressé de
ses collaborateurs, les docteurs Cowasji Pestonji, Dinsha
B. Master et Jehangir J.Cursetji, qui, depuis le début jusqu'à
nos jours, n'ont cessé d'apporter à cette œuvre admirable
leur dévouement et leur science ; la part que Mrs Temulji y
a prise ne saurait.être également passée sous silence.

Le nouvel hôpital a été inauguré le 11 janvier 1895, en
présence du Gouverneur de Bombay, Lord Harris [1]. L'édifice
offre les meilleurs aménagements, que M. Murzban a heureusement combinés avec les plus impérieux besoins d'hygiène et de confort (voy. pl. 4.) [3].

« Lorsque l'enfant est né, nous dit Anquetil, la mère envoie
chercher du *Perahom* chez un Mobed, y trempe un peu de
coton, le presse dans la bouche de l'enfant, et lui donne
ensuite du lait. Il faut le laver après cela trois fois avec de
l'urine de bœuf, et une fois avec de l'eau, parce qu'il est
impur. Avant cette cérémonie, celui qui le toucherait serait
obligé de se purifier. Si on ne le lave pas, ce sont les parents
qui portent le péché, et non l'enfant [4].

[1] Cet hôpital est exclusivement réservé aux Parsies.
[2] Voy. *Bombay Gazette*, 11th January 1895.
[3] Il y a trois entrées dont la principale est au nord. Six grandes
chambres bien aérées pouvant recevoir 20 malades occupent le rez-de-
chaussée où se trouvent le dispensaire et le logement des infirmières,
une chambre pour les malades atteintes de la fièvre et un ensevelis-
soir pavé de marbre. Un grand escalier en pierre bleue à balustrade
de fer forgé conduit à la salle des opérations (40 pieds de haut), ven-
tilée par des portes en fer ajouré ; quatre chambres sont disposées pour
16 malades. Au second étage, deux vastes chambres peuvent en recevoir
six autres, ce qui porte à 42 le total des lits disponibles. Le plan permet
des agrandissements futurs, à mesure que le besoin s'en fera sentir.
[4] Si nous interrogeons les coutumes des Mazdéens de Perse, nous verrons

Pl. 4.

Les Parsis

DERTRAUD SC.

« Le Mobed, ou quelque Astronome prend ensuite le thème de la naissance, pour voir quelle sera la destinée de l'enfant, et lui donne un nom: c'est ordinairement celui de quelque Ized, ou de quelque Perse célèbre. Dans l'Inde les Parses ont aussi des noms Indiens. » (*Z.-A.*, t. II, p. 551.) Ce mobed ou astronome d'Anquetil est le *Joshi* des Hindous, et les coutumes que nous allons décrire au sujet de sa présence dans les intérieurs parsis doivent être comptées au nombre des emprunts que nous avons signalés. Aussi est-il bon de voir le rôle que joue ce personnage dans la série des pratiques étranges qui, chez les Hindous, accompagnent la naissance de l'enfant. C'est après la cérémonie dans laquelle se donne le nom au nouveau-né (*Nâma-karana*), le dixième ou douzième jour après sa venue en ce monde, qu'on fait venir l'Astrologue de la famille (*Jyotisha* — corrompu en *Jyoshi* ou *Joshi*) pour tirer l'horoscope du temps exact de sa naissance et désigner la constellation sous laquelle il est né, avec une prophétie de la durée probable de sa vie et des circonstances bonnes ou mauvaises de sa carrière future. C'est ce qu'on appelle l'acte de naissance (*Janmapatra*); il est toujours écrit en sanscrit, et si les parents sont riches, sur

d'après Chinon qu'ils n'ont pas l'usage de la circoncision comme les Mahométans, mais qu'ils pratiquent quelque chose de semblable au baptême, « parce qu'ils lavent l'enfant, dit-il, quelques jours après sa naissance dans de l'eau où ils ont fait bouillir quelques fleurs ; et durant qu'on le lave, leur prêtre, qui est présent, a coutume de faire quelques prières. Quand l'enfant meurt sans cette sorte d'ablution, il ne laisse pas, selon eux, d'aller en paradis avec les autres, ne reconnaissant point de péché originel ; mais seulement ils disent que les parents rendront compte de cette négligence en cette cérémonie, qui est de profit pour l'enfant, et augmente son mérite et sa grâce devant Dieu ». (*Relations nouvelles du Levant*, p. 444. Lyon, 1671.) — Tavernier copie simplement ce passage (*Six Voyages en Turquie, en Perse et aux Indes*, t. I, p. 436. Paris, 1676-77). Corneille Le Bruin ne fait que constater la présence du prêtre qui verse de l'eau bénite et la coutume de donner à l'enfant le nom d'un de ses prédécesseurs. (*Voyages par la Moscovie en Perse et aux Indes Orientales*, t. II, p. 388. Amsterdam, 1778.)

un rouleau de 60 yards de long, qui prend plus de trois ou quatre mois à préparer et coûte de grosses sommes d'argent[1].

Voici, d'après M. D. F. Karaka, comment les choses se passent chez les Parsis[2].

Dès qu'une femme ressent les premières douleurs, on remet une montre entre les mains d'un des membres de la famille qui doit noter l'heure exacte, à une minute près, de la naissance de l'enfant. Si tout va bien, le cinquième jour, il y a réjouissance, et les parents de la jeune accouchée envoient un repas à ceux du mari; la nuit du sixième jour, a lieu une pratique essentiellement hindoue. On place près du lit de la mère un plateau contenant une feuille de papier, de l'encre et une plume, une noix de coco et de la poudre rouge pour le service de la déesse qui est censée présider à la destinée de l'enfant et supposée devoir apporter la bonne chance ; l'opinion commune dans l'Inde veut que la destinée de chacun soit fixée la sixième nuit à partir de la naissance.

Le lendemain matin, on interroge le papier; on n'y voit naturellement aucune trace d'écriture, mais les parents se consolent en pensant que le sort du nouveau-né est irrévocablement arrêté; aussi, quelques jours après, la belle-mère envoie des habits pour l'enfant et la mère, des joujoux en argent, un mouchoir de soie, une noix et des feuilles de bétel, des muscades, etc. Le même jour ou plus tard, suivant les convenances, on convie à la maison un astrologue (*Joshi*), soit parsi, soit hindou; dès qu'il est arrivé, il s'assied sur un tapis étendu à terre, et s'efforce de prendre l'attitude et le visage d'un sage qui sait lire dans le livre de l'avenir. Les enfants l'entourent et volontiers riraient sous cape, n'étaient les regards sévères des vieilles parentes auxquelles le *Joshi* inspire une terreur respectueuse. L'astrologue

[1] Voy. MONIER WILLIAMS, *Religious Thought and Life in India*, ch. xiv, p. 372; à la page 373, il y a la traduction d'un horoscope.

[2] Voy. DOSABHAI FRAMJI KARAKA, *Hist. of the Parsis*, vol. I, ch. IV, pp. 160 et suivv.

commence gravement par demander la date exacte de la
naissance à la dame la plus âgée ; celle-ci, fort troublée
par le bruit qui se fait autour d'elle, ne manque pas de
renvoyer les enfants et se borne à prier une parente de
remettre le papier où sont consignés le jour, les minutes
et les secondes. Le *Joshi* tire de son turban un long bâton
de craie et dessine sur une planche en bois placée devant
lui un certain nombre de figures, pendant qu'il compte les
étoiles sous l'influence desquelles l'enfant est né ; toute la
partie féminine de l'assemblée est généralement fort émue
et se presse pour entendre le sort du nouveau-né. Le *Joshi*
fait alors connaître les divers noms qu'on peut lui donner,
et les parents choisissent ; mais, depuis quelques années, on
ne s'en rapporte plus à ce tiers importun et chacun suit son
goût personnel. Après que le *Joshi* a donné les noms, la
dame la plus qualifiée s'avance et lui pose un certain nombre
de questions. Bien stylé et fort au courant de ce qui se passe
dans les familles, le compère sait parfaitement formuler ses
réponses, de manière à ce que le plus souvent ses petites
prédictions s'accomplissent ; de sorte que si d'ordinaire les
femmes se montrent satisfaites, les hommes raillent doucement entre eux cette coutume arriérée que le progrès finira
par abolir [1].

Les noms des Parsis sont de deux sortes, les uns d'origine
persane, les autres d'origine hindoue ; ils ne se transmettent
pas de génération en génération. Ainsi, quand on donne
un nom à un enfant, *Beramji*, par exemple, on ajoute celui
du père, *Jehangir*, ce qui fait *Beramji Jehangir* ; or, si
à son tour celui qui porte ce dernier nom a un fils qui s'ap-

---

[1] Le papier est un usage tout à fait abandonné ; le *Joshi* n'est plus
convié que par manière d'agrément et de passe-temps. Les progrès de
l'éducation sont en voie de chasser tous ces usages superstitieux. L'horoscope, d'après M. Dadabhai Naorozji (voy. mémoire déjà cité, *supra*,
p. 79), servait au moins à une chose : c'était à enregistrer le jour de la
naissance de l'enfant et le nom de ses parents !

pelle *Pestanji*, je suppose, on ajoutera *Beramji* et ainsi de suite. Cependant l'habitude est venue de s'attribuer un *atak* ou affixe qui indique la profession qu'on suit et qui passe de génération en génération, jusqu'à ce qu'il se produise un changement dans la carrière[1]; alors on prend un autre *atak*. Parfois aussi le nom d'un ancêtre fameux[2] se transmet en s'ajoutant au nom du père au lieu de l'*atak*, mais sans que cette coutume persiste plus de quatre ou cinq générations.

Voici, d'après M. D. F. Karaka, la liste des noms les plus usités dans la communauté. Ceux qui sont marqués d'un astérisque sont d'origine hindoue; les autres sont persans.

NOMS D'HOMMES.

Adarji.	Dorabji.	Homji.
Ardeshir.	*Dosabhai.	Hormasji.
Bamanji.	Edalji.	Jalbhai.
Bapuji.	Erachji ou Erachsha	Jamaspji.
Barjorji.		Jamshedji.
Bejanji.	*Fakirji.	Jehangir.
Beramji.	Fardunji.	*Jijibhai.
*Bhikhaji.	Firozji ou Firozsha	*Jivaji.
*Bhimji.	ou Phirozsha.	*Jivanji.
	Framji ou Framroz.	
		Kaikhosru.
*Dadabhai ou Dadi.	*Ghandhibhai.	Kaikobad.
*Dajibhai.	Godrezji.	Kavasji ou Kavasha
Darasha.	Gustadji.	Kerbadji.
*Dhanjibhai ou		Kharshedji.
Dhanjisha.	*Hiraji.	Khodabax.
Dinsha.	*Hirji ou Hirjibhai.	*Kuvarji.

[1] Wadia, constructeur; Patel, maire; Master, maître, etc.

[2] Banaji, Dadiseth, Vikaji, ou bien un simple surnom, Enti, Ready-money, etc., etc. Les distinctions conférées par le gouvernement anglais ont donné une stabilité à certains noms de famille, tels que Jijibhai et Petit.

NOMS D'HOMMES (*Suite*).

*Lavji.
*Limji ou Limjibhai.

*Manakji ou Manak-
sha.
Mancherji ou Man-
chersha.
Marzban.
Merjibhai.
Mervanji.
*Motabhai.

Nadarsha.
*Nanabhai.
Naorozji.
Nasarvanji.

Palanji.
Pestanji ou Pesho-
tanji.
*Pochaji.

Rastamji.
Ratanji ou Ratansha

Santokji.
Savaksha.
Shapurji.
Sheriadji.
Sorabji.
Suklaji.

Tehmuras.
Temulji.

Ukarji.

NOMS DE FEMMES.

Aimai.
Alibai.
Avabai.

Bachubai.
Banubai.
*Bhikhaiji.

*Chandanbai.

*Dhanbai.
Dinbai.
*Dosibai.

Gulbai.

*Hirabai.

*Jaiji.
Jarbai.

Kharshedbai.
*Kuvarbai.

*Manakbai.
Meherbai.
Mithibai.
*Motibai.

*Nahlibai.
Navazbai.

Pirozbai.

*Ratanbai ou Ratubai
*Rupabai.

*Sakarbai.
Shirin.
*Suklibai.
*Sunabai.

*Virbaiji.

Les enfants sont doucement traités et élevés avec soin.
« Lorsque l'enfant a trois ans, d'après Anquetil (*Z.-A.*, t. II,
pp. 551-552), le père doit faire pour lui une offrande à
Mithra, le jour et le mois qui portent le nom de cet Ized. —
L'enfant jusqu'à sept ans n'est engagé à rien[1]. Ce qu'il

---

[1] *Sadder Boundehesch* (*Vieux Racaët*), fol. 148 verso.

peut faire de mal retombe sur ses père et mère, qui, jusqu'à
cinq ans¹, ne doivent point lui apprendre ce que c'est que
le bien et le mal, mais seulement le garantir de toute
impureté, et lorsqu'il commet quelque faute, lui dire
simplement de ne la pas faire². — S'il arrive qu'un enfant
âgé de sept ans touche un mort, ou quelque chose d'impur,
on lui donne le *Ghosel* ou le *Si schoé* ou même le *Baraschnom*, s'il est instruit, quoiqu'en règle le *Baraschnom* ne
doive s'administrer qu'à dix ans. — Jusqu'à huit ans, il
est défendu de frapper les enfants, à moins qu'ils ne soient
d'un naturel hardi et ne craignent pas la punition.

« II. Lorsque l'enfant a sept ans, dans l'Inde, il ceint le
Kosti, de quelque sexe qu'il soit, et reçoit auparavant le
Baraschnom, s'il est instruit, ou simplement le *Si schoé*.
Au Kirman on ne met le *Kosti* qu'à dix ans³.

« A huit ans, les enfants sont obligés à la récitation des
Néaeschs.

« Depuis sept ans jusqu'à dix la moitié des péchés retombe
sur les parents, et le reste sur l'enfant ; et c'est proprement à
dix ans qu'il entre dans le Corps des Parses, selon les
Ravaëts. Mais, il paraît par le *Vendidad*, par le *Sadder*,
et même par les *Ravaëts* que ce n'est réellement qu'à quinze
ans (quatorze ans, trois mois, et les neuf mois passés dans
le ventre de sa mère), qu'il est ordonné au Parse, sous peine
de péché, de mettre le *Kosti* et de s'instruire de la loi. Il
faut qu'il choisisse un Destour pour directeur⁴.

« L'enfant doit à ses parents une soumission absolue⁵. Celui
qui répond trois fois à son père ou à sa mère et ne leur obéit

¹ Hérodote nous apprend (liv. I, cxxxvi) que chez les Perses les enfants
ne paraissaient pas devant leurs pères avant l'âge de cinq ans. Valère-
Maxime fixe ce terme à sept ans (liv. II, vi).
² *Sadder Boundehesch* (*Vieux Ravaët*), fol. 148 verso.
³ *Ravaët de Kamdin*.
⁴ *Sadder, Port.* 50. *Sadder Boundehesch*, fol. 148 verso, 157 recto.
Id., fol. 149 recto.
⁵ *Vieux Ravaët*, fol. 139 verso.

pas, est digne de mort. On a vu dans le Livre des *Ieschts* la formule que les Parsès[1] doivent réciter pour obtenir d'Ormusd que leurs enfants cessent d'être désobéissants. C'est à quoi se bornent leurs prières. Il semble même que Zoroastre n'a pas supposé que les enfants pussent aller plus loin : le parricide ne paraît pas au nombre des crimes dont les livres zends prescrivent la punition[2]. »

II

Anquetil nous a enseigné que trois signes distinguent le mazdéen : le *Kosti*, le *Sadéré* et le *Pénom* (*Z.-A.*, t. II, p. 309). Les deux premiers sont encore pieusement portés par les fidèles, hommes ou femmes ; le troisième n'est plus que l'apanage des prêtres. La cérémonie qui les confère est la plus importante de la vie religieuse de l'individu ; s'y soumettre est un devoir urgent, s'y soustraire un péché détestable. Zarathustra interrogeant Ahura Mazda pour savoir quel est l'homme qui fait venir la destruction invisible apprend que c'est d'abord celui qui enseigne une religion mauvaise, puis immédiatement après celui qui laisse passer trois printemps consécutifs sans ceindre la ceinture sacrée (*Vendidad*, farg. 18. 9). Le quatrième des mâles de la Druj démoniaque, c'est celui-là même qui, homme ou femme, étant âgé de plus de quinze ans, va sans porter la ceinture et la chemise sacrées ; rien ne peut le racheter ; les Daèvas mettent en lui la mort

---

[1] Cette prière donnée par Anquetil (*Z.-A.*, t. II, p. 140) se récite en attachant à la main gauche de l'enfant un *Tavid*, formule écrite sur parchemin ou papier, comme préservatif contre les maux du corps et de l'âme ou contre les attaques des mauvais génies.

[2] D'après Hérodote (liv. I, cxxxvii), les Perses disaient que nul des leurs n'avait jamais tué son père ni sa mère, et qu'en examinant l'origine de ceux qui commettaient de tels crimes, on arrivait à se convaincre que c'étaient des enfants supposés ou illégitimes, un père ne pouvant être tué par son propre fils.

jusque dans la langue et la graisse (*Vendidad*, farg. 18,
54-59). Ces anathèmes se retrouvent dans les traités liturgiques qui transmettent la bonne tradition.

Comment pouvoir se soustraire à l'investiture, quand.
c'est Ahura Mazda lui-même qui est venu en ce monde le
Kosti à la main et par la puissance de la ceinture sacrée a
défait le mauvais esprit (*Bundahish*, xxx. 30); que la première personne qui l'a ceint, c'est Jamshed, fils de Taha-
mouras (*Saddar*, x. 3), et que la pire suggestion du démon
Andar, c'est de se laisser persuader de ne pas porter la
ceinture et la chemise sacrées (*Bundahish*, xxviii. 8-10)?
Aussi marcher sans *kosti* ni *sadéré* (courir délié), est-ce un
gros péché (*Saddar*, lxxxii. 1-3), et avant quinze ans,
hommes et femmes doivent se soumettre à l'investiture
(*Saddar*, x. 1), dont les bénéfices, d'ailleurs, sont inestimables. Grâce à elle, le mazdéen participe à toutes les bonnes
œuvres de la communauté (*Saddar*, x. 6), même quand il
sommeille (*Saddar*, lxxxiv. 2). Il est donc nécessaire de
revêtir le *sadéré* et de ceindre le *kosti*, parce que le corps
est ainsi protégé et que l'âme en profite[1]. En nous reportant
aux *S'lokas,* on verra qu'il est fait mention du *kosti* et du
sadéré, dont les avantages, dirent les envoyés au Rana, sont
égaux au *Snána*, l'ablution dans le Gange. Les Hindous
étaient à même d'en apprécier pleinement les mérites ; on sait,
en effet, que les Brahmanes ont comme les Parsis l'investiture
du cordon sacré. Ce cordon (*yajnopavita*) consiste en trois
fils de coton de couleur blanche, emblème de la pureté, noués
à un endroit déterminé par un nœud sacré appelé *brahma-
granthi;* chacun de ces trois fils est formé de trois autres
plus fins. Des textes religieux sont récités pendant la confection du cordon qui n'est porté qu'après avoir été béni par les
Brahmanes. C'est le signe distinctif de leur caste; par là on

---

[1] Voy. aussi *Shâyast lâ-Shâyast,* iv. 13. — *Nirangistan,* farg. iii,
éd. Darmesteter. *Zend-Avesta,* vol. III, p. 136. — *Minôkhard,* ii.
35. — *Ardà Virâf Namah,* xxv. 6.

est deux fois né (*Dvi-ja*)[1]. Tout fidèle devrait confectionner lui-même son cordon sacré; cependant on en fait maintenant un commerce.

L'investiture ou initiation (*upanayana*) a lieu à l'âge de neuf ans, quand l'enfant commence à apprendre les Védas; depuis ce moment jusqu'à sa mort, l'adepte ne doit plus quitter cet insigne qu'il faut remplacer, aussi souvent qu'il se brise ou vieillit, par un nouveau qu'on suspend au cou et sous le bras droit avant d'enlever l'ancien[2].

Nous suivrons pour les détails de l'investiture du *sudrah* et du *kusti*, telle qu'elle se pratique de nos jours, un petit traité écrit par le Dastour Jamaspji Minocheherji Jamaspasana à l'occasion de la cérémonie accomplie pour les trois petits-fils de Sir Dinsha Manakji Petit et qui eut lieu dans sa résidence de Petit-Hall (Malabar Hill), le dimanche 20 mars 1887. Nous y trouverons réunis tous les détails que la liturgie contemporaine peut fournir[3].

L'investiture a lieu à l'âge de sept ans et trois mois; selon les prescriptions de l'Avesta, si l'enfant n'est pas assez intelligent pour comprendre l'importance de l'acte qu'il va accomplir, on la retarde, toutefois jamais au delà de quatorze ans et trois mois, après que le candidat a été préalablement instruit. Dès lors, il devient membre de la communauté zoroastrienne, un *beh-dîn*, c'est-à-dire un fidèle de la bonne religion (*Vanuhi Daêna*).

On choisit généralement l'anniversaire de la mort du grand-père, d'un parent, ou tout autre jour consacré par des

---

[1] Voyez MONIER WILLIAMS, *Religious Thought and Life in India*, ch. XIII, p. 360, et ch. XIV, pp. 377-378.

[2] Voy. *Brahmakarma* ou rites sacrés des Brahmanes, trad. pour la première fois par M. A. Bourquin, dans les *Annales du Musée Guimet*, t. VII, p. 89.

[3] *A short treatise on the Navjot ceremony by Dastur Jamaspji Minocheherji Jamaspasana*, M. A. Ph. D., etc. Bombay, 1887. La planche 5 représente cette importante cérémonie.

souvenirs de famille[1]. Le candidat doit se soumettre au *nahân*
ou ablution qui se célèbre soit au *Dari Mihr*[2], soit dans une
chambre dont l'aire est en pierre ou en terre battue. Fille ou
garçon, on l'assied devant le grand prêtre qui lui fait réciter
le *bàj* (prière qu'on dit avant les repas) et boire trois fois du
Nirang-i-din ; avant de boire, l'enfant dit à voix basse : « Je
bois pour la purification de mon corps et de mon âme. » Le
prêtre récite le *Patet* ou prière de repentir des péchés commis
volontairement ou involontairement et fait mâcher au candidat une feuille de grenadier ; puis on le baigne, on le revêt
de pantalons, on le coiffe d'une calotte et on l'enveloppe à
mi-corps dans une ample pièce d'étoffe blanche. Ainsi préparé, il est conduit à l'appartement où doit avoir lieu la
cérémonie du *Navjot*[3] et où se trouvent réunis les prêtres
vêtus de blanc, les hommes et les femmes, parents et invités, parés de leurs plus beaux atours[4]. — Le Dastour et les

---

[1] La cérémonie qui fait le *Beh-din* s'appelle *Nô-zûd* chez les Parsis
de l'Inde, et chez ceux de Perse *Sadré Kôsti Dàdan*, c'est-à-dire *investiture du Sadéré et du Kosti*. Les riches font souvent de grandes libéralités à cette occasion. Le mot *nô-zûd* désigne en Iran, comme *nàbar*,
la cérémonie qui fait l'Hèrbad. Ce sont les Parsis d'Iran qui,
selon M. Darmesteter, sont dans le vrai; car le mot *nô-zûd* signifie
littéralement « nouveau Zaotar», et par suite ne saurait convenir à la
cérémonie première qui fait, non le prêtre, mais le fidèle, et s'applique à
des enfants. D'après le Saddar V, tous les fidèles, même les femmes,
doivent célébrer le *Nô-zûd;* et d'après Anquetil, deux femmes qui sont
Nô-zoudes peuvent faire l'office du *Raspi* et même du *Djouti*. Les
laïques empêchés d'être initiés font célébrer pour leur bénéfice les
cérémonies du *Nô-zûd:* c'est alors le *Giti khirîd* « achat dans ce monde ».
Il y a des nuances fort délicates. Voy. *Saddar* V et Anquetil Duperron,
Z.-A., t. II, p. 553-554.

[2] Pas dans l'*Izishn Gâh*.

[3] Composé de deux mots persans *Nav* (nô) nouveau et *jot* (joti), celui
qui accomplit une cérémonie.

[4] Des étrangers (non-mazdéens) sont depuis quelque temps conviés à
cette cérémonie. La planche que nous publions donne une idée de la
fête; à gauche, figurent à côté de Sir Dinsha M. Petit et de sa femme, feu
Lady Sakarbai, le gouverneur de Bombay, Lord Reay, Lady Reay et
des Européens de distinction présentés à la famille Petit.

INVESTITURE DU KUSTÎ

prêtres prennent place sur un tapis ; un grand silence règne
dans l'assemblée. Alors l'enfant tenant le *sudrah* de la main
droite s'assied sur un tabouret bas devant le Dastour qui,
pendant que le feu brûle dans un vase magnifique[1], récite
avec les autres prêtres le *Patet d'Aderbad* ou prière de
repentir à laquelle s'unit le candidat. La prière terminée,
celui-ci se lève ; le Dastour retire l'étoffe blanche qui l'enveloppe, lui fait tenir le *sudrah* des deux mains qu'il prend
dans les siennes, et récite en pazend le *kalma-i-din* (profession de foi zoroastrienne) ; en prononçant l'*Ahuna-vairyo*[2],
l'enfant passe d'abord sa main droite dans la manche droite du
sudrah, puis la gauche dans la manche gauche. C'est ainsi
qu'il revêt peu à peu le *sudrah*, en ayant soin que le *girébán*
soit placé sur la poitrine ; alors le Dastour debout derrière
lui, la figure tournée vers l'Orient si la cérémonie se fait
le matin, ou vers l'Ouest si elle se fait dans l'après-midi,
récite le *nirang-i-kusti*[3] en passant le *kusti* trois fois autour
de la taille. de l'initié, avec deux nœuds devant et deux
nœuds derrière[4]. Après quoi, l'enfant reprend sa place sur
le tabouret ; le Dastour récite l'*Hoshbam* en l'honneur de
la vérité, de l'honnêteté et de la pureté, applique sur le
front du nouvel adepte un peu de poudre rouge *kunku*, lui
passe une guirlande de fleurs autour du cou, puis met dans
sa main du *pan*, c'est-à-dire des noix de bétel, des noix
sèches, des noix de coco et de l'argent qu'on partage ensuite
entre les familles des prêtres. Ceci fait, le Dastour prononce
le *Tandarosti* en jetant sur la tête de l'enfant de petits
morceaux de *kopra* (mélange de noix de coco, de riz, d'a-
mandes et de graines de grenadier) ; il reprend son siège, et

---

[1] C'est le feu ordinaire et non le feu sacré.
[2] La prière la plus auguste de l'Avesta qu'Ormuzd prononça avant
la création matérielle ; pour son commentaire, voy. *Yaçna*, hâ xx.
[3] Voy. ci-après, p. 137.
[4] Voy. pl. 6, d'après une photographie que nous a gracieusement communiquée M. Eos, de Bombay.

tous les prêtres se joignent à lui pour bénir le jeune mazdéen. La cérémonie dure une heure à peu près et se termine par une distribution d'*attar* et de *pan* faite par le chef de famille et la remise d'une somme d'argent aux Dastours. — L'enfant est revêtu sur l'heure de beaux habits neufs; il reçoit des présents et prend part au festin qu'on donne dans sa famille.

Anquetil Duperron nous fournit les explications suivantes au sujet du *sudrah*, telles qu'il les tenait de Darab.

« I. Le *Saderé* est nommé en zend *Setéhr péeschenghé*, c'est-à-dire, *tapis (étoffe) utile*, et en pehlvi *Chev Kosti*, c'est-à-dire, *(qui se met) sous le Kosti*[1]. C'est une espèce de chemise blanche à manches courtes, ouverte par le haut, et qui, pour l'ordinaire, ne passe pas les hanches. Au bas de l'ouverture, qui descend sur l'estomac, est une petite poche, qui, selon les Parses, est la marque de Zoroastre, et distingue ce vêtement de ceux des autres Nations qui pourraient y ressembler. L'usage est de faire des *Saderés* de toile de coton ou d'étoffe de poil : on peut encore employer la toile de lin ou les étoffes de soie non teinte. Dans le Kirman, il y a des Parses qui en portent d'aussi longs que nos chemises.

« Les Destours rapportent à Zoroastre l'invention du *Saderé*, ce que j'entends de l'obligation Religieuse de le porter. Car il parait par les livres zends, que *Hom* l'avait reçu d'Ormusd avec le *Kosti*. Peut-être même la petite poche qui descend sur l'estomac, n'a-t-elle été ordonnée, que pour distinguer le *Saderé* de Zoroastre de celui qui était en usage avant ce législateur. » (*Z.-A.*, t. II, p. 529.)

Le mot *Sudrah* employé couramment (guzerati : *Sadaro*) se compose de deux noms persans, *Sud* profit, et *Rah* che-

---

[1] HENRY LORD, *Hist. de la relig. des Pers.*, p. 200. *Voy. les figures de Persépolis dans Chardin, Voyag., t. III, in-4°. Pl. 58, 59. — Ravaet du Recueil Pehlvi.*

min; de là *Sudrah* signifie à proprement parler le vêtement qui mène au chemin juste et profitable[1]. On le fait en fine mousseline; il se compose de neuf parties : le devant, le dos, le *giréban* ou *Kissa-i-Kerfa* (la poche des bonnes actions), les deux manches, les deux *tiris* ou petites pièces triangulaires du côté droit de la partie inférieure et les deux *tiris* semblables du côté gauche. Chaque partie du *sudrah* donne un enseignement moral : ainsi le *giréban* signifie la foi et la confiance, et montre qu'on a adopté la religion zoroastrienne après en avoir compris les mérites et l'excellence. Toutes les fois qu'un Mazdéen met son *sudrah*, il doit regarder le *giréban* et se demander s'il est rempli d'actions vertueuses ou de péchés[2].

Reprenons les renseignements d'Anquetil Duperron pour le *Kusti*.

« II.— Le *Kosti*, nommé en zend *Eevïaonghené*, c'est-à-dire *lien*, est la ceinture des Parses. Ils le mettent sur le *Saderé*, qui touche la peau immédiatement, et ne doivent le quitter ni jour ni nuit[3].

« Le *Kosti* est double et d'un seul tissu[4]. On le fait pour l'ordinaire de laine ou de poil de chameau. Ce sont les femmes des Mobeds qui sont chargées de ce travail : et lorsque le Mobed en coupe les extrémités, il récite une

---

[1] Le mot zend est inconnu; le pehlvi donne *shapik* et *tashkûk*.

[2] D'après le Dastour Jamaspji Minocheherji Jamaspasana. Voy. *op. cit.*, pp. 10-15.

[3] « On distingue les Parsis par un cordon de laine, ou de poil de chameau, dont ils se font une ceinture, qui fait deux fois le tour du corps, et qui se noue en deux nœuds sur le dos ; c'est la seule marque de leur religion, et elle est tellement inséparable de leur profession, que si par malheur elle se perd, celui qui est assez malheureux pour l'avoir égarée ne peut ni manger, ni boire, ni parler, ni même bouger de la place où il se trouve qu'on ne lui en ait apporté une autre de chez le prêtre qui les vend. Les femmes en portent aussi bien que les hommes depuis l'âge de douze ans, auquel on les croit capables de comprendre les mystères de la religion. » MANDELSLO, *Voyages*, etc., p. 183.

[4] *Raraet du Recueil Pehlvi.*

prière qui fait partie des *Nérengs Parsis*[1]*;* après quoi les femmes achèvent leur ouvrage.

« Le *Kosti* doit être composé de soixante-douze fils, et faire au moins le tour du corps. La largeur de cette ceinture dépend de la grosseur des fils. On voit dans le Kirman des *Kostis* brodés, et qui ont plusieurs doigts de large. Celui dont se servent les Parses de l'Inde est fort étroit ; il n'a que deux lignes de large, sur neuf pieds, huit pouces de long. Les Parses prétendent que c'est Djemschid, qui, instruit par *Hom*, a inventé le *Kosti*. Avant Zoroastre, quelques Parses le portaient en écharpe, d'autres le mettaient autour de leur tête : maintenant il leur sert de première ceinture. On voit sur les monuments de Persépolis[2] des figures qui portent le *Kosti*. » (*Z.-A.*, t. II, pp. 529-530.)

Le *Kusti* (zend *aiwyâonha, Evanghin*) est une ceinture creuse et cylindrique faite de soixante-douze fils de laine blanche tressés dont on entoure trois fois la taille. Ces trois tours représentent les bonnes pensées, les bonnes paroles, les bonnes actions. Les soixante-douze fils répondent aux soixante-douze *hâs* du Yaçna; ils sont tressés en six gros fils de douze chacun. Ces six fils représentent les six *Gâhânbârs* et séparent dans l'homme la région supérieure, qui appartient à Ormuzd, de la région inférieure vouée à Ahriman (*Saddar*, x. 5).

Voici comment on procède de nos jours à sa fabrication. La laine est soigneusement filée; le fil, tordu et doublé, est passé soixante-douze fois autour d'une sorte de métier après que les bouts en ont été noués ensemble[3]. Les fils sont ensuite

---

[1] Anquetil la cite à la page 116 du t. II; elle est intitulée : **XLVI**, *Nèreng (que l'on récite avant que) de couper un habit (dans une pièce d'étoffe), ou le Kosti. On dit d'abord le Vadj Sérosch. Si le tailleur est Parse, celui pour qui est l'habit, doit lui donner un morceau d'étoffe.*

[2] *Voyage de Chardin*, t. III, pl. 58, 59.

[3] Voyez la planche 7 communiquée par M. Eos; elle représente une jeune Parsie de la caste sacerdotale en train de tisser un Kusti. On a de la sorte une idée fort exacte du métier tout primitif dont elle se sert.

Pl. 7

Les Parsis

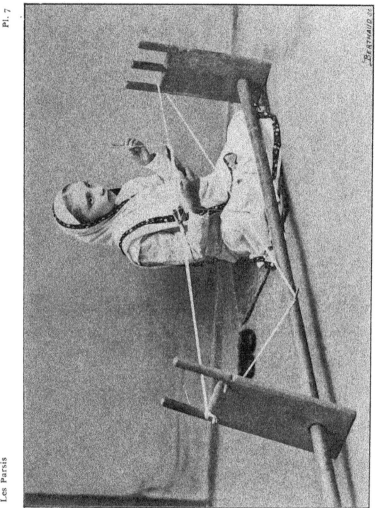

divisés en six parties de douze chacune et tissés ensemble au
moyen d'un autre fil qui relie chaque division de douze. Les
fils sont réunis au moyen d'une sorte de palette appelée
Kateli. La longueur d'un *Kusti* varie de six à douze pieds ;
quand il ne reste plus qu'un pied et demi à tisser, on l'enlève
du métier et on le donne à un mobed qui, après avoir récité
les paroles rituelles, coupe les fils non tissés du milieu. On
retourne le *Kusti* au moyen d'une grande aiguille; puis on
tricote ensemble les fils non tissés et l'on forme trois petits
glands à chaque bout; enfin, le cordon terminé, on le lave
pour qu'il devienne d'un beau blanc. La meilleure laine est
celle qui vient de Kattiawar; le plus grand nombre des *Kustis*
se fait à Nauçari, et on les expédie dans les localités où se
trouve une communauté parsie[1].

Nous ne pouvons omettre de consigner ici la prière du
Kusti (*Nirang-î-Kusti*) qui fait partie du Khorda Avesta et se
récite en pazend[2]. Nous avons vu (*supra*, p. 8) la grande
place qu'elle tient dans le rite mazdéen.

« *0. Hórmezdi hvadáé.* Hòrmezd le Seigneur! Qu'Aharman soit réduit à l'impuissance, écarté au loin, frappé et brisé!

« Frappés et brisés soient Aharman et les Devs, les Druj,
les sorciers, les damnés, les aveugles et les sourds, les tyrans
et les malfaiteurs, les *Ashmog*, les damnés, les ennemis,
les Péris.

(*Aux mots* « Aharman, etc. », *le Parsi, tenant de la main
gauche le bout du kusti, le secoue vers la droite, une fois,
deux fois, trois fois, pour symboliser l'expulsion des démons.*)

« Que les mauvais rois perdent la royauté !

(*Ici le Parsi secoue doucement le Kusti de la main gauche
vers la droite, ayant la main droite sur la poitrine.*)

---

[1] Voy. Dastour Jamaspji Minocheherji Jamaspasana, *op. cit*, pp. 16-17.
[2] ANQUETIL DUPERRON, *Z.-A.*, t. II, pp. 3-4; DARMESTETER, *Zend-
Avesta*, vol. II. *Khorda Avesta*, pp. 685-686.

« Qu₃ les ennemis soient confondus! Que les ennemis soient réduits à l'impuissance!

« *Hormezdi hvadâê*. Hôrmezd le Seigneur!

« *Ezh hamâ gunâh*. De tous mes péchés je fais pénitence et repentir ; de toutes les mauvaises pensées, les mauvaises paroles, les mauvaises actions (*le Parsi divise le Kusti en trois parties*) que dans le monde j'ai pensées, dites ou faites ; où je suis tombé, où je me suis enraciné ; de tous ces péchés de pensées, de paroles et d'actions, retombant sur le corps ou retombant sur l'âme, d'ordre spirituel ou d'ordre matériel, je fais retour, contrition et repentance; en trois paroles, je me repens.

(*Ici, le fidèle baisse la tête, en signe de contrition, et élève le Kusti dont il se touche le front.*)

« 1. KHSHNAOTHRA. Réjouir Ahura Mazda ! Écraser Angra Mainyu ! C'est le désir le plus ardent des fidèles loyaux. (*Le fidèle reporte le Kusti au front, puis le met autour du corps en disant l'Ashem Vohû.*) Je fais louange de la sainteté : ASHEM VOHÛ... *Yathâ ahû vairiyô* (2 fois). ASHEM VOHÛ.

Parse achevant la Prière du Kusti, d'après A. Duperron.

(*En disant l'*AHUNA, *il tient les deux bouts devant lui. Au mot* SHYAOTHNANÂM « *aux œuvres* », *il fait un nœud par devant en passant le bout droit du Kusti de dehors en dedans. Au second* AHUNA, *au même mot, il fait un deuxième nœud par devant; il repasse les deux bouts par derrière et fait deux nœuds par derrière, en disant l'Ashem Vohû. En faisant ces quatre nœuds, il se dit en lui-même: que Dieu est un; que la loi de Zoroastre est la vraie; que Zoroastre est le vrai prophète et qu'il est lui-même résolu à faire le bien.*)

· « Viens à mon secours, ô Mazda! (*3 fois*). Je suis adorateur de Mazda.

(*Il prononce ces mots, les deux mains posées par devant sur le Kusti.*) Voy. fig. p. 138.

« FRAVARÂNÈ. Je me déclare adorateur de Mazda, disciple de Zarathusthra, en louange et déclaration.

« ASTUYÈ. Je loue la bonne pensée, je loue la bonne parole, je loue la bonne action; je loue la bonne religion de Mazda, qui repousse les querelles et fait déposer les armes; je suis la Hvaêtvadatha, qui est sainte, qui est la plus grande, la meilleure, la plus belle des créatures présentes (passées) et futures; qui est suivante d'Ahura, suivante de Zarathusthra.

« A Ahura Mazda, je fais goûter toutes les choses bonnes. Voilà la louange de la religion de Mazda. ASHEM VOHÛ. »

Nous ne nous arrêterons pas à faire ressortir la haute portée morale de cette prière qui rappelle au fidèle, chaque fois qu'il la répète, sa grande mission ici-bas et sa coopération à la destruction du mal, au triomphe d'Ormuzd. Nous y reviendrons plus loin, avec les développements qu'elle comporte.

Nous avons vu comment le Parsi devient Mazdéen; mais l'étranger peut-il, lui aussi, entrer dans la communauté?
— Cette grande question de savoir si la religion parsie autorise le prosélytisme n'est pas encore résolue. On dit bien que les exilés perses prirent d'abord des femmes hindoues qui se conformèrent naturellement aux coutumes de leurs maris. Les registres du vieux Panchayet nous offrent l'exemple d'un Parsi (1818) demandant à élever dans la religion mazdéenne sa fille née d'une concubine hindoue; cette requête fit grand bruit à l'époque. Le Panchayet y accéda; toutefois il fut arrêté en principe que nul autre, sauf celui qui était né de père et de mère parsis, ne serait investi des insignes sacrés. — On a tenté d'élargir les portes de la religion mazdéenne; mais les nouveaux adeptes sont mal

vus et les *Trustees* du grand Temple du Feu, à Bombay, leur en ont refusé l'entrée[1].

Il faut bien l'avouer d'ailleurs : l'apostolat répugne aux Parsis. Leur seul souci, c'est de se conserver intacts et d'empêcher qu'on entame leur petite communauté. Ils n'ont jamais cherché à faire de prosélytes; au dernier siècle, Stavorinus en fait l'observation très judicieuse. — Si la religion, au point de vue scientifique, n'est pas un élément suffisant pour le classement des races, dans le cas présent il semble que race et religion se tiennent d'une manière si étroite qu'on ne saurait répudier l'une sans déchoir de l'autre; aussi le souvenir pénible qu'ont laissé certaines conversions au protestantisme, celles qui sont dues spécialement à l'influence du Dr Wilson, lors de son arrivée dans l'Inde, est encore très vivace. Quelques mots à ce sujet sont absolument nécessaires. Deux jeunes Parsis nommés Dhanjibhai Nauroji et Hormazdji Pestanji, qui suivaient la *General Assembly Institution* fondée par le Dr Wilson en 1835, abjurèrent, furent baptisés par ses soins (1839), et devinrent

---

[1] Au nombre des actions les plus odieuses consignées dans l'Avesta, la première de toutes, c'est celle de l'homme qui fait passer un fidèle à une autre foi, à une autre loi, à une doctrine inférieure et le fait dévier en pleine connaissance, en pleine intelligence. (*Vendidad*, farg. 15.) Voilà pour la préservation de la croyance; quant à son expansion, le texte antique ne dévoile pas un désintéressement aussi complet que celui des Parsis modernes. Loin de repousser les gens de bonne volonté pour assurer le triomphe d'Ahura et le rendre maître universel, l'Avesta convie chacun à y travailler, et on lit enregistrée dans les *Gâthas* (hâs 28-31) une aspiration pieuse vers la victoire définitive du Bien, un appel pressant pour travailler à la conquête des hommes. N'oublions pas toutefois que cette royauté toute spirituelle chantée dans les hymnes gâthiques, les rois sassanides cherchèrent à l'établir temporellement et appliquèrent avec une rigueur extrême les lois contre les infidèles; mais ce sont là des questions très délicates que nous ne pouvions laisser passer sans les signaler, bien qu'il soit impossible de les discuter dans une simple note. D'après Anquetil-Duperron, la communauté au XVIIIe siècle n'était pas si fermée qu'il n'y eût une cérémonie spéciale pour l'infidèle qui voulait devenir Beh-dîn. Voy. *Z.-A.*, t. II, p. 554.

eux-mêmes ministres de la religion protestante[1]. La communauté parsie ressentit vivement cet abandon d'une foi pour laquelle les ancêtres avaient tant souffert. Les parents et les amis des convertis firent entendre des réclamations très vives et évoquèrent enfin l'affaire devant la Cour suprême de Bombay (mai 1839). La foule se porta en masse contre le Dr Wilson, et le verdict rendu peu après en sa faveur, loin d'apaiser les ressentiments, conduisit vers la fin de 1839 à la publication de l'*Anti-Conversion Memorial*, signé de 2,115 noms et réclamant des lois préservatrices contre l'influence des missionnaires[2]. Le Gouvernement répondit en accordant à ces derniers, ainsi qu'aux natifs, une protection égale ; il faisait ressortir que le remède était entre les mains mêmes des parents, qui pouvaient empêcher ces tentatives de conversion en n'envoyant pas leurs enfants dans les écoles protestantes.

La presse s'étant occupée de cette affaire regrettable, les attaques de part et d'autre avaient été d'une violence extrême. C'était le moment où la venue des missionnaires à Bombay donnait lieu à une série d'écrits polémiques et apologétiques inaugurés par l'opuscule du Dr Wilson, *A lecture on the Vendidad sade of the Parsis*, qui parut à Bombay en 1837 et émut profondément les Parsis ; cet

---

[1] Voy. *The Parsi religion as contained in the Zand-Avasta*, etc., etc. *American Mission Press*, Bombay, 1843. On y lira avec intérêt le récit de la conversion de Dhanjibhai Nauroji fait par lui-même, pp. 85 et suivantes.

[2] Certains journaux anglais ayant annoncé un soulèvement, les chefs du parti parsi s'empressèrent de faire savoir au Gouvernement que jamais pareille idée n'était venue à l'esprit des Mazdéens de Bombay, quelque peinés qu'ils eussent pu être de la conversion des jeunes gens, quelque froissés qu'ils se trouvassent des suggestions des feuilles publiques qui ne les accusaient rien moins que de l'enlèvement projeté des nouveaux convertis pour les envoyer à Nauçari et les y mettre à mort (*Bombay Courier*, 11th may 1839). — Le secrétaire du Gouvernement répondit de manière à calmer cette irritation et à la satisfaction générale (*Bombay Courier*, 14th-21th may 1839).

opuscule contenait de très vives attaques contre leurs livres sacrés[1]. Les journaux le *Chabuk* et le *Durbin* furent bientôt remplis d'articles de controverse[2], et l'on fonda sous le titre de *Rahnamá-i-Zartusht* un écrit périodique destiné uniquement à la défense du zoroastrisme.

Plusieurs ouvrages parurent également pour en soutenir les doctrines. Le premier, écrit en guzerati par Dosabhai Sohrabji (1840), est intitulé : *Talim-i-Zurtoosht ; or the doctrine of Zoroaster, for the instruction of Parsi youths, with an answer to Dr Wilson's lecture on (the) Vandidad.* — Ce livre, remarquable par l'élévation des sentiments et le vif désir de concilier les exigences de la foi et celles de la raison, ne sembla pas toutefois l'expression de la majorité et mécontenta la partie orthodoxe de la communauté ; si bien que Jamshedji Jijibhai (plus tard baronnet) s'adressa à Edal Daru[3], chef de la secte des Rasmis, pour la réfutation des attaques des chrétiens. Le vieux prêtre, qui vivait loin du monde en grande odeur de sainteté, consentit à sortir de sa retraite (1840) et composa en guzerati un ouvrage sous le titre de *Maujaza't-i-Zartoshti*, c'est-à-dire les miracles indubitables de Zoroastre accompagnés d'une exposition de la foi zoroastrienne, ouvrage dans lequel il se fondait sur le *Zartusht Namah* qu'il suppose avoir été écrit sous le titre de *Wajar-Kard* par Mediomah, frère d'Arjasp et disciple de Zoroastre lui-même. Enfin, en 1841, Aspandiarji Framji publiait en guzerati et en anglais le *Guide de ceux qui se sont égarés, Hadie-Gum-Raha'n*, écrit à la requête de Seth Jijibhai Dadabhai, un des patrons les plus distingués de la religion mazdéenne. — La *Parsi religion* du Dr Wilson fut la réponse à tous ces traités, œuvres de bonne foi et de

[1] C'était le résumé des conférences publiques du Dr Wilson.

[2] Les attaque dirigées contre le D. Wilson dans le *Durbin* ont été réunies dans un volume sous le titre de *Nirang ha* par Kalam Kas, 1841. (in-12, 347 pages).

[3] Edalji Darabji Sanjana. Voy. *supra*, p. 66.

sincérité parfaite, dans lesquelles les auteurs ne cherchaient
à rien déguiser_et professaient simplement leurs croyances.
La connaissance très réelle des textes religieux acquise par le
Dr Wilson rendait la partie d'autant plus sérieuse que le
docteur possédait à fond les idiomes locaux et qu'il avait en
réserve mille moyens d'embarrasser ses adversaires ; sa subtilité de savant doublée de son expérience de missionnaire lui procurait des ressources que les Dastours, sortis
pour la première fois de leur long silence, ignoraient totalement. Nous recommandons de lire, si un de nos lecteurs est
tenté de le faire, tout ce qui a trait au monothéisme ; on y
verra la réelle habileté du docteur qui voulait prouver aux
mazdéens que, bien qu'ils s'avouassent monothéistes, ils ne
pouvaient ni ne devaient l'être, en s'en tenant à la con-
texture de certains textes. Il terminait son acerbe critique
par un appel pressant aux Parsis éclairés qui commençaient
à se préoccuper des questions religieuses, jusqu'alors abandonnées à la caste sacerdotale, et se flattait de les attirer au
Christianisme par la logique de ses raisonnements.

Le trouble fut grand dans les consciences et dans les
familles. La communauté se défendait de tout son pouvoir ;
inquiète, elle craignait un retour aux persécutions, dont elle
était exempte depuis l'arrivée dans l'Inde ; mais peu à peu
tous ces mauvais souvenirs s'effacèrent. A la mort du
Dr Wilson, les Parsis joignirent leurs regrets à ceux des
Européens. Voici un exemple de leur esprit libéral et éclairé :
beaucoup de leurs enfants sont élevés dans des établissements religieux où les professeurs ne cherchent en rien à
influer sur leurs déterminations ni à peser sur leur conscience. Nous avons à ce sujet l'opinion même d'un Parsi :
« Un demi-siècle d'éducation européenne a amené une meilleure manière d'envisager les efforts des missionnaires et a
apporté un changement considérable dans les appréciations
des Parsis. Ils regardent certaines menées avec une indifférence parfaite et plus d'un ne craint pas de dire que mieux

vaut la fréquentation d'un honnête chrétien que celle d'un mauvais Parsi. Ils savent parfaitement que le Gouvernement n'a pas la plus légère idée de se mêler de leurs affaires religieuses et que si un Parsi abandonne sa religion, c'est de son plein gré. Ils s'abstiennent de blâmer le missionnaire qu'ils veulent croire poussé uniquement par sa conscience et son zèle pour le service de son divin maître[1]. »

Quant à nous, juges impartiaux de la question, nous nous permettrons de dire aux convertis, peu nombreux, il est vrai, qu'ayant abandonné la communauté parsie, il ne leur sied pas de se réclamer au loin des avantages d'une nationalité qu'ils ont volontairement perdue, moins encore de porter sur leurs anciens coreligionnaires du culte mazdéen des jugements qui risqueraient de les faire mal connaître. Le silence dans ce cas est préférable, comme après la rupture avec un ami cher : *Nihil enim turpius quam cum eo bellum gerere, quicum familiariter vixeris!*

III

Le mariage tenu en grand honneur dans la religion zoroastrienne suit de près l'investiture des insignes sacrés; c'est l'événement le plus considérable de la vie du Parsi, un de ses devoirs les plus impérieux[2]. Le Vendidad donne hautement la préférence à l'homme marié sur le célibataire (farg. 4-47); d'un autre côté, la faute la plus grave que puisse commettre

---

[1] DOSABHAI FRAMJI KARAKA, *Hist. of the Parsis*, vol. II, ch. VI, p. 294.

[2] « Après le *kosti* et le *gueti-kherid*, rien n'est pour le Parse d'une obligation plus étroite que le mariage. Les deux premières cérémonies font le disciple de Zoroastre; le mariage rend le Parse citoyen et le met en état de remplir son devoir de portion du genre humain. » ANQUETIL DUPERRON, *Z.-A.*, t. II, p. 556. Voyez aussi son *Système cérémoniel et moral des livres zends et pehlvis*, etc., etc. *Z.-A.*, t. II, p. 611.

une fille, c'est de demeurer volontairement vierge. Le célibat perpétuel ne lui constitue pas un titre de vertu, et quelques bonnes œuvres qu'elle ait pu faire, elle restera en enfer jusqu'à la résurrection; aussi est-elle en droit de se présenter devant son père ou celui qui est chargé d'elle et de lui demander un mari, et si les parents repoussent obstinément sa prière, ils commettent un crime dont ils auront à répondre[1]. Dans une conférence faite à Bombay, M. Darab Dastur Peshotan Sanjana a résumé les idées avestéennes sur le mariage[2]. Nous allons en détacher quelques passages qui, mieux que toutes les amplifications auxquelles nous pourrions nous livrer, mettront en relief la position des femmes dans l'antique Iran et feront voir clairement qu'au point de vue social, moral et religieux, elle n'était ni moins relevée, ni moins enviable que celle qui leur est accordée de nos jours chez les nations civilisées.

Les Iraniens, selon M. Darab Dastur Peshotan Sanjana (*op. cit.*, p. 10), assignaient au mariage un but plus noble que la simple procréation des enfants; ils n'avaient en vue que le perfectionnement moral et spirituel, tel que la foi zoroastrienne le recommande, pieux idéal qui se réalisera au moment de la résurrection, quand l'esprit de l'homme aura atteint son maximum de pureté. D'après Zoroastre, l'humanité est créée pour soutenir ici-bas une lutte incessante contre le mal et faire triompher le bien; il s'ensuit que le principal mobile du mariage sera de contri-

---

[1] Anquetil Duperron (*Z. A.*, t. II, p. 557) renvoie au *Sadder Boundehesch*, dans le *Vieux Ravaët*. Voy. aussi le *Sad-Dar*, éd. WEST, *Pahlavi Texts*, vol. XXIV, ch. XVIII, p. 278.

[2] *The position of Zoroastrian women in remote antiquity*, etc. Bombay; Education Society's Press, 1892. Cette conférence eut lieu le 18 avril 1892, sous la présidence de Hon'ble Sir Raymond West, dans le *Bai Bhikaiji Shapurji Bengali Hall* de l'école des jeunes filles parsies. Voyez aussi les *lectures* faites par Sorabji Bengali Shapurji, il y a plus de trente-cinq ans, si je ne me trompe, et reproduites dans un journal indigène appelé *Jagat Premi*.

buer à la grande rénovation future. Or cette rénovation
ne pouvant être faite par l'individu seul, mais par une
lignée de fils, petits-fils et arrière-petits-fils, c'était vraiment
bien un but tout religieux que poursuivaient les hommes
et les femmes quand, par l'union conjugale (*nâirithwana*),
ils prenaient part: 1° à la propagation de la race ; 2° à l'expansion de la foi zoroastrienne ; 3° à la stabilité du royaume de
Dieu par la victoire du bien. (*Yasna* LXVIII. 5 ; XXX. 9 ; XXX.
IV. 15 ; XLVI. 3 ; LXX. 5 ; *Yasht* XIX. 89, 98 ; VIII. 15 ; X. 38,
65 ; XIII. 148-155.) Pour cette raison, l'Iranien honorera la
mère de nombreux enfants, de nombreux fils hardis et
savants[1] (*Visp.* I. 5, etc.). Des enfants mâles, une troupe
d'enfants mâles et la pureté d'âme seront des bénédictions d'égal mérite. (*Yt.* VIII. 15.) On saluera le don
d'un fils comme celui d'une souveraineté ou de la béatitude
céleste. (*Yt.* X. 65.) De beaux enfants et une lignée directe de descendants seront accordés aux femmes pieuses par
Haoma[2]. (*Yas.* IX. 22.) Le Vendidad proclame en conséquence que « l'homme marié est au-dessus de celui qui ne
l'est pas ; celui qui a une demeure fixe au-dessus de celui qui
n'en a pas ; celui qui a des enfants au-dessus de celui qui n'a
pas de progéniture ». (*Vend.* IV. 47.) Voici la bénédiction
qu'appela Zoroastre sur le roi Vishtaspa et la reine Hutaosa :
« Puissiez-vous engendrer dix rejetons mâles qui vous ressemblent dans votre constitution corporelle ! Puissent trois
d'entre eux embrasser la vocation du prêtre, trois celle du
guerrier, et trois celle de l'agriculteur ! Puisse l'un d'eux
suivre les traces de Jamaspa (c'est-à-dire devenir un sage),
afin que vous soyez assistés à jamais par sa suprême sagesse ! »
(*Yasht*, frag. XXIV. 3.)

Chez les Iraniens, les filles à leur venue en ce monde

---

[1] Les historiens grecs nous ont conservé le souvenir de ce respect.
La mère de nombreux enfants, d'après Strabon, recevait du roi de
grandes récompenses. (STRABON, XV. 733.)

[2] Suivant l'Avesta, les hommes mariés et les femmes mariées qui

étaient aussi bien accueillies que les fils, quoique moins utiles que ceux-ci à la gloire du père. Nulle part, dans l'Avesta, on ne relève de traces de mécontentement à leur naissance, et le nom de *kanya* implique au contraire une idée de grande tendresse pour elles[1].

La vierge zoroastrienne était élevée sur le sein de sa mère; pour conserver la pureté de son sang, elle n'était nourrie que de lait pendant ses deux premières années. — Nulle instruction régulière ne lui était donnée avant sept ans, le péché ne tou-

sont impies ne sont pas capables d'engendrer des enfants. Les bons esprits appellent la stérilité sur eux. (*Yas.* XI. 3.)

[1] Le désir de tout Hindou pieux, c'est d'avoir un fils. L'*Aitareya-Brahmana* du Rig-Veda (VII, 3. 13) déclare que quand un père voit la figure d'un fils, il paie en lui une dette et gagne l'immortalité ! Selon Manu, l'homme est parfait quand il est composé de trois personnes : de lui-même, de sa femme et de son fils (VII. 3)[*]. Si sa femme est un ami, sa fille sera, hélas ! un objet de compassion; en effet bien que la fille doive être considérée comme digne de tendresse (IV. 185) et l'égale d'un fils (IX. 130), on sait combien les temps modernes ont méconnu ces antiques préceptes, et l'on ne peut passer sous silence l'effroyable coutume qui, dans l'Inde, autorise l'infanticide des filles. Des raisons de gêne intérieure, des difficultés de vie matérielle l'ont peu à peu fait passer dans les mœurs. Dès 1802, le gouvernement anglais s'était préoccupé de faire cesser cet abus cruel. En 1870, un *act* législatif a essayé d'organiser un système d'enregistrement des naissances, et, en 1888, un mouvement favorable s'est produit au Radjpoutana dans le but de supprimer les causes d'infanticide; mais c'est par mille moyens aussi détournés que perfides que les parents arrivent à se soustraire à tout contrôle et à se débarrasser d'innocentes créatures. Les Parsis n'ont jamais suivi ces exemples cruels qu'ils réprouvent hautement. — Voyez, à titre de renseignement curieux, un travail émanant d'un membre de la communauté : *An Essay on female infanticide by Cooverjee Rustomjee Mody, late assistant teacher in the Elphinstone Institution. To which the prize offered by the Bombay government, for the second best essay against female infanticide among the Jadajas and other Rajpoot tribes of Guzerat, was awarded. — Printed by order of Government at the Bombay Education Society's Press, 1849.* (*Parsee Prakâsh*, p. 534.)

[*] Voy. dans la *Calcutta Review*, oct. 1892, un article intitulé « *Hindu Family* », par Guru Proshad Sen. On y trouve la défense des institutions antiques et de la position de la femme dans la société et la famille au point de vue conservateur hindou.

chant pas l'enfant avant cet âge. (*Din.* vol. **IV**, p. 263.) Elle
était alors investie des insignes sacrés et entrait dans l'*air-
patastân*, école où elle recevait une instruction élémentaire dont les livres religieux formaient la base. C'est la mère
qui l'initiait à ses devoirs domestiques. L'Avesta contient à
ce sujet quelques préceptes moraux, des règles de conduite,
des allusions plus ou moins claires à ses occupations ; c'est
ainsi qu'il parle des soins à donner aux animaux domestiques (*Yas.* xxiii. 3), de l'art de filer et de tisser la ceinture sacrée et les vêtements (*Vend.* v. 67 ; *Yt.* v. 87), de
l'obligation de surveiller les laboureurs dans les champs
(*Yas.* lxviii. 12) et de traire les vaches. D'un autre côté,
elle prenait part aux cérémonies publiques ou privées ; mais,
avant tout, elle s'efforçait de devenir la joie de l'époux qui
lui était réservé. (*Vend.* iii. 3.) On lui inculquait les principes moraux et religieux de l'Avesta ; elle devait être libérale, pieuse, bonne pour tous, reconnaissante envers Dieu,
douce, obéissante, fidèle à ses promesses et au souvenir
des chers défunts, capable en un mot d'acquérir les mêmes
vertus qui caractérisaient les hommes de bien. « Nous honorons la femme pieuse, franche d'esprit, de parole et d'action,
qui est digne de respect par son excellente éducation (*hûsh-
hâm-sâstâm*), qui est obéissante à son mari, qui est chaste et
aussi dévouée à ses tuteurs (ses parents) qu'Armaiti et les
autres anges femelles (à la divinité).» (*Gâh.* iv. 9.) « Elle (la
vierge) aura l'esprit absorbé dans la piété, et ses actions l'y
conduiront. » (*Yt.* xi. 4.) C'est ainsi que la jeune Zoroastrienne, par son éducation, était élevée pour embellir la
demeure de son père, et que son esprit était en même temps
disposé à recevoir les rudiments de la vie morale, tout comme
l'enfant moderne ceux de la grammaire.

Avant son mariage, elle était sous la tutelle du chef de
famille, père, grand-père, frère ou fils adoptif du père.
Dans ses prières quotidiennes, elle demandait d'obtenir un
mari et d'accomplir les préceptes de Zoroastre. « Accorde-

nous cette bénédiction, ô Vayu; puissions-nous avoir un mari jeune et bien fait, qui nous fasse de beaux présents, qui vive longtemps et nous engendre des enfants : un mari bon, savant et éloquent (*Yt.* xv. 40), » car « infortunée est la belle vierge qui reste sans enfants et n'a pas de mari! » (*Vend.* iii. 24.)

A quinze ans, âge normal de la puberté chez les deux sexes (*Ys.* ix. 5; *Vend.* xiv. 15; xviii, 54), les parents ou les tuteurs de la jeune fille étaient obligés de chercher à l'établir. L'Avesta enregistre quatre professions distinctes, celles du *prêtre*, du *guerrier*, de l'*agriculteur* et de l'*artisan*. Les parents ou leurs représentants devaient penser naturellement à choisir le gendre dans celle de ces professions qu'eux-mêmes exerçaient. Rarement la jeune fille avait à décider par elle-même. Sa main était recherchée par un intermédiaire qui s'enquérait de sa généalogie, de sa condition et de ses vertus. Il est bon de faire remarquer ici que, dans l'antique Iran, le mariage ne se faisait ni par rapt ni par achat, mais par une sage sélection réglée d'après les mérites de l'époux. Quant à ceux de l'épouse, voici les conseils du Minô-i-Kherad : « Choisissez pour épouse une femme qui possède les talents qui lui conviennent, parce que cette femme-là est une bénédiction et qu'elle est respectée dans la communauté. » (ch. ii. 30.) Atrôpâtâ dit à son fils : « Aimez toujours une femme prudente et modeste et n'épousez que celle-là. Que votre gendre soit un homme de bon caractère, de bonne volonté et plein d'expérience dans sa profession. Ne vous inquiétez pas s'il est pauvre.» Dans le Vendidad II, 37, nous trouvons la défense implicite de contracter le mariage avec un lunatique, un indigent, un impuissant, un infidèle, un lépreux.

Poursuivons et voyons la position de la femme mariée dans la société primitive iranienne (*op. cit.*, p. 35). Les mots qui, dans l'Avesta, désignent la femme sont *ghenâ*, *nâiri* et *nmânô-pathni*. Le premier mot signifie, par étymologie,

celle qui engendre des enfants, celle qui porte, la mère. Le
second est une simple forme féminine du mot *néré, mâle,
homme, héros.* Le troisième veut dire littéralement « la dame
ou maitresse de la maison », comme le mari est généralement
appelé « le seigneur ou le maître de la maison ». On trouve
ainsi une preuve linguistique qui permet de supposer qu'à
l'époque de l'Avesta, la position de l'épouse iranienne était
égale à celle de son mari. M. Darab Dastur Peshotan Sanjana
fait ressortir avec beaucoup d'habileté cette supériorité de la
femme zoroastrienne sur toutes celles de l'antiquité[1] ; puis
après avoir constaté cette jouissance incontestée de ses droits
civils et sociaux-, il la montre participant aux cérémonies
et aux offrandes solennelles. Les maîtresses de maison qui
ont dans le cœur de bonnes pensées, de bonnes paroles, de
bonnes actions, qui sont obéissantes et soumises à leurs
seigneurs, sont également invitées dans le Vispered à la
cérémonie de l'offrande avec les hommes pieux et orthodoxes. Le *Yasht* XIII. 154 montre la femme capable d'acquérir les mêmes vertus morales et spirituelles que son
époux et de coopérer avec lui aux progrès de l'humanité par
la suppression du mal. Chaque fois que l'Avesta fait allusion
aux hommes pieux, il n'omet pas de mentionner les femmes
pieuses et parle de la participation commune des époux à
cette œuvre bénie.

Abrégeons en nous reportant aux noms des vierges et des
épouses immortalisées dans le XIIIe Yasht; nous y trouvons
une longue liste qui rappelle l'âge d'or de l'histoire iranienne,
alors que les femmes servaient leur pays par la prédication
et par les armes. On y glorifie l'esprit (la *fravashi*) de ces
femmes excellentes et courageuses qui luttèrent toute leur
vie pour le triomphe du progrès spirituel auquel tout Zoroastrien aspire, et « dont l'âme mérite sacrifice et la *fravashi*

---

[1] Cf. Geiger, *Ostiranische Kultur im Alterthum*, trad. en anglais par
M. Darab Dastur Peshotan Sanjana. London, 1885. Ier vol., pp. 60-70.

invocation ! » Leurs noms seuls sont parvenus jusqu'à nous,
sans que le détail de leurs œuvres ait survécu'. Nous n'avons
dans les-fragments de la littérature pehlvie aucun renseignement à cet égard '.

Revenons maintenant aux usages que nous voyons établis
chez les Parsis modernes dans la communauté de l'Inde. Au
nombre des promesses faites dès le VIII⁰ siècle au Rana de
Sanjan, les *S'lokas* enregistrent celle de se conformer aux
coutumes suivies dans le Goudzerat ; à partir de ce moment

' Depuis l'émigration dans l'Inde, le nom des Parsies, vierges ou
femmes qui se sont illustrées par leurs mérites, a cessé d'être mis à côté
de celui des hommes vertueux. M. Darab Dastur Peshotan pense qu'on
devrait reprendre cette noble tradition et inscrire ceux de Lady Avabai
Jamshedji Jijibhai, de Bai Mithibai Hormasji Wadia et de Lady
Sakarbai Dinsha Petit.

' Est-ce dans l'histoire des princesses achéménides transmise par
les Grecs que nous irons chercher ces modèles illustres ? Étrange ano-
malie ! C'est dans l'épopée persane, le Shah-Nameh*, qu'on trouve la
fidèle évocation des types primitifs de la Perse. « Firdousi n'a nul souvenir de la femme musulmane, vendue et achetée, captive. Il n'a peint
que la femme perse. Les héroïnes, dans son livre fidèle à la vraie
tradition, sont d'une fierté, d'une grandeur antique. Si elles pèchent, ce
n'est pas faiblesse. Elles sont rudement fortes et vaillantes, d'initiative
hardie, de fidélité héroïque. L'une d'elles, au lieu d'être enlevée, enlève
son amant endormi. Elles combattent avec leurs maris, affrontent tous
les hasards... La fille de l'empereur de Roum, persécutée par son père
pour avoir épousé le héros Gustasp, est admirable pour lui ; elle partage
ses souffrances, sa glorieuse pauvreté. La fille d'Afrasiah, le grand
ennemi de la Perse, le roi de Touran, laquelle s'est donné pour mari
un jeune héros persan, le défend, le nourrit, le sauve. Quand le cruel
Afrasiah, pour prolonger ses douleurs, le scelle vivant sous une pierre,
elle va quêtant pour lui. Noble image de dévouement que nulle histoire,
nulle poésie n'a surpassé. A la longue, il est délivré. Sa glorieuse épouse
le suit en Perse ; elle triomphe, est adorée, portée sur le cœur du
peuple... » (MICHELET, *La Bible de l'Humanité*, p. 122.)

* Quand Michelet avançait cette audacieuse opinion, se doutait-il qu'un
jour un savant français, Darmesteter, entre l'école védisante et l'école traditionnelle, finirait par devenir partisan tellement résolu de cette dernière
qu'il ne craindrait pas de déclarer que les seuls commentaires sûrs et authen-
tiques de l'Avesta, ce sont le *Shâh Nâmêh*, le *Boundahish* et le *folklore
persan ?*

disparurent les antiques traditions de la patrie dont le souvenir allait se perdre et s'effacer graduellement sans laisser de traces; aussi les voyageurs ont-ils tous remarqué que les cérémonies du mariage étaient essentiellement hindoues, celles des Banians par le fait. Avec l'adoption des mœurs étrangères, vinrent les abus. La plaie de l'Inde, ce sont les mariages précoces, précédés de ces fiançailles bizarres d'un garçon de trois ans et d'une fille de deux; mieux encore, il y a trente ou quarante ans à peine, on avait l'habitude dans le Goudzerat de négocier le mariage d'enfants à naitre[1].

Nous ne pouvons nous étendre ici sur ces désastreuses coutumes hindoues et mettre en lumière les efforts tentés pour les détruire. Les lois religieuses voulant les femmes mariées avant l'âge de neuf ans, la pensée de l'établissement s'impose presque au moment de la naissance. Or, cet établissement est généralement très difficile, très laborieux

[1] Voyez dans la biographie de Behramji M. Malabari par M. Dayaram Gidumal, (London, 1892.) les nobles efforts tentés par M. Malabari, de la communauté parsie, pour abolir la funeste coutume des *Infant marriages*. Citons, à ce propos, l'initiative prise, en 1888, par les chefs du Radjpoutana à l'effet de fixer l'âge de la célébration du mariage pour les garçons et les filles à dix-huit et à quatorze ans; la même assemblée se préoccupa également de réduire les dépenses excessives qui rendaient les noces hindoues des causes de ruine dans les familles. Cet exemple fut suivi, et neuf mois plus tard la *National social conference*, à Allahabad, recommandait d'élever graduellement l'âge des conjoints d'après la règle des chefs radjpoutes. — Le sentiment en faveur de l'abolition des *Infant marriages* est loin toutefois d'être général. Cf. dans l'*Asiatic Quarterly Review*, oct. 1890, un intéressant article intitulé « *Child marriage and enforced widowhood in India, by a brahmin official* », et « *History of Child marriage* » par M. R. G. Bhandarkar dans la *Zeitschrift d. deutsch. morgenl. Gesellsch.*. XLVII (1893), p. 143, ainsi que la réplique de M. Jolly, *ibidem*, p. 610. — Il convient de dire que les adeptes du Brahmo-Somaj sont absolument opposés aux *Infant marriages*, dont Keshub Chunder Sen a été l'un des premiers à faire ressortir les graves inconvénients. Quant aux Hindous orthodoxes, ils déclinent ces sympathies et vont même jusqu'à accuser les Européens de ne pas se rendre compte des embarras qu'ils causent en usurpant un rôle de réformateurs d'abus dont ils ne devraient pas se préoccuper.

à cause des différences de castes et des dépenses excessives occasionnées par la sotte vanité des parents; de là une idée de déchéance et de honte quand ceux-ci ne réussissent pas; de là également ces fiançailles ridicules de fillettes avec des vieillards décrépits, unions monstrueuses et criminelles qui amoindrissent physiquement et moralement la race[1].

Malgré leurs relations avec les Européens, les Parsis n'avaient pas échappé à la contagion[2]; vers le milieu de ce siècle (1852), Briggs (*op. cit.*, p. 48) ne pouvait citer que deux seuls exemples dans les familles de Seth Manakji Kharshedji et de Sir Jamshedji Jijibhai, où les parents laissaient leurs filles se marier à l'âge de la puberté.

Depuis cinquante ans, les registres montrent que la majorité des Parsis se marie de quinze à vingt ans; cependant on trouve encore quelques exemples de mariages précoces. Ainsi un vieux prêtre parsi fort riche, ayant de nombreux enfants et petits-enfants, voulut régler de son vivant le sort de tous les siens; la presse parsie entière ne put retenir un cri d'indignation, et de pareils abus auront peine à se reproduire. En Perse, le jeune homme n'est pas marié avant vingt ans et la fille avant quinze; aussi l'absurdité de

---

[1] NILKANTA CHATTERJI, *Kulinism amongst the Brahmins in Bengal; Calcutta Review,* july 1891. — Ward remarque qu'on encourt une si grande disgrâce en ne mariant pas ses enfants que, dans une circonstance, on vit un certain nombre de filles hindoues mariées à un vieux Brahmane, au moment où ses amis le portaient au Gange pour y mourir. Cf. *Views on the Hindoos,* vol. III, p. 181.

[2] «Ils marient leurs enfants étant fort jeunes, mais ils souffrent que le père et la mère les élèvent chez eux jusqu'à ce que l'âge de quinze ou seize ans leur puisse permettre de consommer le mariage.» MANDELSLO, éd. Wicquefort. p. 184. — « Dans le Guzarate, où les Parses suivent les usages indiens, on accorde les enfants à deux ou trois ans; ils restent après cela chez leurs parents, etc., etc.» ANQUETIL DUPERRON, *Z.-A.,* t. II, p. 556. — Au Kirman, les fiançailles bien que précoces n'autorisaient pas le mariage avant une certaine époque. Voy. *Sadder Boun-'dehesch,* dans le *Vieux Ravaèt,* fol. 155 verso. *Ibid.,* fol. 253 verso. *Ravaët de Kamdin.*

ιindoue avait-elle toujours révolté les gens sensés.

Panchayet avait promulgué un édit contre les récoces, mais ce fut sans succès; si bien que, 'ant été informé des fiançailles du fils de l'hor- ji Nasarvanji, âgé de deux ans, avec la fille Beramji Patel, âgée de sept semaines, le Pans avoir tenté d'inutiles remontrances, réunit la

A G

MARIAGES CHEZ ᴅᴇ 1881 ᴀ 1890

AGE	1881			1882			1883			1884		
	H.	F.	T.	H.	F.	T.	H.	F.	T.	H.	F.	
5 ans...	1a	3b	4	»	»	»	»	1c	1	»	1e	
10 »	5	23	28	1	16	17	2	12	14	2	14	
15 »	37	165	202	19	113	132	22	123	145	23	170	
20 »	86	148	234	69	137	206	64	128	102	99	203	
25 »	171	39	210	136	42	178	134	47	181	86	64	
30 »	47	4	51	57	4	61	51	5	56	88	2	
35 »	25	2	27	25	1	26	34	»	34	38	»	
40 »	6	»	6	5	»	5	6	»	6	11	1	
45 »	3	»	3	1	»	1	1	»	1	6	»	
50 »	3	»	3	»	»	»	2d	»	2	1	»	
55 »	»	υ	»	»	»	»	»	»	»	1	»	
ᴏTAL........	384	384	768	313	313	626	316	316	632	455	455	

ᴜs.

n an et demi; la seconde, deux ans et demi, et la troisième **quatre** an s.

l'autre cinquante ans.

communauté parsie au Temple du Feu Dadiseth et excommunia les parents, leur interdisant tout contact avec les laïques et défendant aux prêtres d'aller célébrer chez eux.

Voici un tableau des mariages dans la ville de Bombay ; nous l'empruntons au Mémoire déjà cité de M. B. B. Patell. (Voy. *supra*, p. 55.) Il donne un aperçu des conditions du mariage au point de vue de l'âge, de 1881 à 1890.

G·

DE 1881 A 1890

1886			1887			1888			1889			1890		
H.	F.	T.	H.	F.	T.	H.	F.	T.	H.	F.	T.	H.	F.	T.
»	2g	2	»	»	»	»	»	»	»	»	»	»	»	»
3	14	17	»	3	3	»	7	7	»	4	4	»	»	»
14	98	112	8	103	111	11	84	95	11	73	84	7	62	69
70	176	246	58	163	221	52	157	209	34	159	193	38	131	169
138	47	185	145	51	196	146	48	194	132	66	198	111	59	170
71	10	81	74	14	88	64	11	75	71	11	82	63	9	72
35	2	37	33	1h	34	20	1i	21	37	1	38	30	1	31
11	»	11	10	»	10	7	»	7	20	»	20	10	»	10
5	»	5	6	»	6	7	»	7	7	»	7	2	»	2
1	»	1	1	»	1	1	»	»	1	»	1	1	»	1
1	»	1	»	»	»	»	»	»	1	»	1	»	»	»
349	349	698	335	335	570	288	308	616	314	314	628	262	262	524

ans, mariée à son cousin âgé de six ans.
e fille mariée à un veuf de cinquante-deux ans.
des deux, âgée de trois ans, mariée à un garçon de huit ans.
e-cinq ans. — *i* Trente-cinq ans.

Comme il nous est impossible de présenter un travail complet, pas plus pour ce qui regarde la statistique que pour les
autres détails de la vie sociale des Parsis, et que nous sommes
forcé de nous contenter de simples indications, il est préférable de concentrer nos recherches sur un seul point à l'aide
de documents précis. Nous voyons donc que la moyenne
des mariages a été de 1881 à 1890 de 323 par an, ce qui
donne 1.275 pour cent pour les hommes et 1.387 pour les
femmes. La plupart des unions se sont contractées entre
dix et vingt ans. En général, chez les Parsis, on se
marie avant quarante ans. Il est vrai que nous voyons
figurer quelques mariages au-dessus de cet âge sur le
tableau G; mais ce sont à proprement parler de seconds
mariages avec de vieilles filles, mariages qui ne sont pas
comptés comme seconds mariages suivant les coutumes
parsies. De même, trente-cinq ans semble la limite extrême
chez les femmes pour rester libres, quoiqu'il y ait l'exemple
d'une Parsie mariée à trente-huit ans, en 1884. D'autre part,
les mariages précoces disparaissent rapidement ; toutefois
nous trouvons encore, en 1881, celui de deux fillettes d'un
an et demi et de deux ans et demi, ainsi que celui d'un
garçon de deux ans; et, en 1884, figure le cas d'une enfant de
trois ans mariée à son cousin âgé de six.

Nous ne croyons pas être autorisé à affirmer que les
mariages ou tout au moins les fiançailles précoces n'existent
plus parmi les Parsis de la présidence de Bombay et de
l'Inde entière; néanmoins il est certain que les progrès de
l'éducation ont changé les conditions anciennes. Les jeunes
gens des classes éclairées semblent fort disposés à suivre les
mœurs anglaises, d'après le choix personnel et l'inclination
partagée[1] ; mais, pour être juste, nous ne saurions taire

---

[1] M. Peshotan Hormusji Dastur a plaidé devant *The High-Court* de
Bombay et *The Parsi matrimonial Court* pour obtenir la dissolution de
son mariage et celui de sa femme contracté quand ils étaient enfants.
Les *High-Courts* refusèrent d'intervenir, estimant que le mariage fait

l'attachement de certains parents orthodoxes à des coutumes qui assuraient, selon eux, des avantages matériels à leurs enfants et procuraient en même temps à ceux-ci des unions heureuses, dues à la prévoyance des ascendants.

L'âge du mariage arrivé, sur qui se portera le choix du Parsi ? Sera-t-il libre de suivre son inclination personnelle ou son ambition ? — Écartons d'abord les alliances avec les non-Mazdéens ; le premier soin sera de se conserver pur de tout mélange, et d'éviter l'immixtion de l'élément étranger[1]. La loi religieuse protège le fidèle contre cette déchéance. L'union recommandée comme la plus méritoire[2] sera celle des cousins germains, le *khêtûk-das* (en zend *hvaêtva-datha*)[3]. Nous ne pouvons entrer ici dans les discussions passionnées qu'a soulevées le *khêtûk-das*. Le désir de conserver la pureté de la race, de s'unir à une femme élevée dans la même famille et de sauvegarder des intérêts matériels, avouons-le aussi, la crainte de négliger, en s'alliant à une étrangère, les pratiques du culte expliquent parfaitement la persistance d'une coutume antique dont on retrouve des traces jusque chez les Arméniens persisés, et dont les Patriarches chrétiens s'offensaient si fort[4].

par les tuteurs du couple était légal et liait les conjoints jusqu'à leur majorité.

[1] « Ils ne s'allient qu'avec ceux de leur loi et nation qui est la raison pourquoi ils ont conservé la blancheur et la beauté de leur sang dans les Indes et autres lieux où ils ont fui, etc., etc. » LA BOULLAYE LE GOUZ, *Les Voyages*, etc., ch. xx, p. 189. Voyez aussi STAVORINUS, *Voyage*, etc., vol. I, ch. xxviii, p. 363. Les autres voyageurs font la même remarque.

[2] « L'alliance la plus recommandée est le *kheschi* (ou *khétoudas*, c'est-à-dire *donner son parent*) : c'est le mariage entre cousins germains. » ANQUETIL DUPERRON, *Z.-A.*, t. II, p. 556 ; voyez aussi son *Système cérémoniel et moral*, etc., pp. 611-612.

[3] Le mot *hoaêteadatha* ne paraît que cinq fois dans l'Avesta. Voyez *Yas.*, xii, 8 ; *Vp.*, III, 3, 10 ; *Gâh.*, iv, 8 ; *Yt.*, xxiv, 17 ; *Vend.*, viii, 13, 35-36.

[4] WEST, *The meaning of khêtûk-das*, dans les *Pahlavi Texts*, II, 389-430 ; CASARTELLI, *What was khêtuk-das?* p. 8 ; HUBSCHMANN, *Uber die*

Réduit à ces proportions, le *khêtûk-das* n'a rien qui puisse surprendre ou froisser. Les exemples du mariage entre parents ne manquent pas chez les autres peuples ; mais ce genre d'union prend un tout autre caractère mis en regard des assertions des auteurs anciens et des faits tirés de l'histoire ou de la légende qui viennent entacher d'une manière fâcheuse cette pureté de mœurs dont les Mazdéens sont si fiers. En effet, que l'Avesta recommande le mariage entre cousins germains comme une action qui mérite le ciel, il n'y a en cela rien d'excessif ou d'anormal ; toutefois quand on lit certains passages des écrivains étrangers et qu'on voit qu'il était permis non seulement d'épouser sa sœur, mais sa propre mère, c'est là ce qui révolte les sentiments naturels et justifie les efforts des Dastours à trouver dans l'étude des textes une explication pour repousser ces dires injurieux[1].

L'épouse choisie, l'époux devra lui être fidèle. Les voyageurs ont tous constaté la monogamie chez les Parsis, bien que certains affirment qu'ils peuvent prendre une seconde femme en cas de stérilité de la première[2] ; d'autres estiment pourtant qu'il leur faut l'assentiment de celle-ci. « Un homme selon la loi ne doit avoir qu'une femme, mais si cette femme est stérile, elle peut permettre à son mari d'en prendre une seconde pour avoir des enfants. Cet homme habite avec cette seconde femme après avoir reçu la bénédiction nuptiale comme pour un second mariage, et il est obligé de garder chez lui la première. Il ne pourrait pas même en prendre une seconde, si celle-là n'y consentait pas. Pour ce qui est de la femme, si son mari est impuissant, il ne lui est pas permis

persische Verwandtenheirath (*Z. D. M. G.*, 1889, 308-312) ; DARMESTETER, *Zend-Avesta*, vol. I, *Yasna* 12 et 13. Appendice, p. 126.

[1] DARAB DASTUR PESHOTAN SANJANA, *Next-of-kin marriages in old Iran.* London, 1888.

[2] *A general collection of the best and most interesting travels, by John Pinkerton*, etc., vol. X, p. 214-220.

de se marier de son vivant à un autre homme[1]. » M. Darab
Dastur Peshotan Sanjana repousse l'hypothèse de la poly-
gamie dans l'antiquité iranienne (*op. cit.*, p. 42); d'ailleurs
aucun passage de l'Avesta ne traite cette question.

Voici maintenant la manière dont les unions se contractent le plus souvent, quand elles ne peuvent avoir lieu entre
les consanguins. Les préliminaires du mariage sont pour la
plupart empruntés aux mœurs des Hindous.

Les deux sexes jusqu'à présent se voyaient peu, en général, de sorte que les mariages avaient rarement la chance de
se faire par suite d'une inclination mutuelle. Souvent ils
étaient et sont encore parfois arrangés par l'entremise d'un
prêtre au courant de la position respective des familles.
Le nom d'une jeune fille mis en avant, les parents ou les
tuteurs du jeune homme entrent en rapport avec ceux de la
jeune fille et demandent qu'on leur communique l'horoscope[2] de cette dernière, afin que l'astrologue puisse être
consulté sur l'opportunité du choix. On donne également
l'horoscope du jeune homme au même astrologue pour savoir
si les étoiles des futurs époux sont en harmonie; l'union
dépend beaucoup de la réponse.

Si les étoiles sont déclarées favorables, les parents cherchent à se connaître; ceux de la jeune fille s'inquiètent surtout
de l'humeur de la belle-mère dont le bonheur de la nouvelle
mariée dépend totalement[3]. Enfin, lorsque les parents sont

---

[1] ANQUETIL DUPERRON, *Z.-A.*, t. II, p. 561. Voyez aussi son *Précis
raisonné du système théologique, cérémoniel et moral des livres zends
et pehlvis*, etc., *Z.-A.*, t. II, p. 612.

[2] L'horoscope n'est généralement plus réclamé; chez les Hindous, à
cause du décès conjectural des conjoints, il est encore de la plus grande
importance, puisqu'il prédit lequel des deux sera veuf ou veuve; par
conséquent, il convient pour la jeune fille, d'éviter autant qu'il se peut
une pareille éventualité.

[3] Jadis l'enfant, à peine âgée de neuf à dix ans, se trouvait sous la
domination de sa belle-mère, devenue proverbiale chez les Hindous,
sasu-cha-jach. En effet, si la dame est d'humeur difficile et exigeante,

éclairés de part et d'autre, les fiançailles ont lieu au jour fixé par l'astrologue. Il n'y a aucune cérémonie, sauf un échange de présents, ce qui rend le contrat de mariage *pucka* ou complet, en un mot indissoluble[1]. Il n'y a pas d'époque assignée à la célébration définitive, mais elle ne doit jamais être reportée au delà de l'époque où la jeune fille a atteint l'âge de la puberté[2].

Certaines dates semblent plus favorables; aussi beaucoup de mariages ont-ils lieu le même jour. Quelque temps avant la fête, si les deux familles sont riches, il y a une série de de dîners, jadis accompagnés de *nautchs* comme chez les Hindous; de plus; un échange de cadeaux dispendieux est encore obligatoire[3]. Or il arrive chez les Parsis que ce sont

---

nul ne peut imaginer les misères qui sont réservées à la nouvelle venue, mal protégée par un mari dont la jeunesse même est une cause d'indifférence et dont les sentiments délicats sont rarement éveillés en faveur de sa petite compagne. Celle-ci, isolée dans un intérieur dépourvu de sympathie, subit le bon plaisir de son dur seigneur, et fait un cruel apprentissage de la vie, sans grand espoir d'une revanche si les dieux lui refusent un fils.

[1] Anquetil Duperron (*Z.-A.*, t. II, pp. 557-558) déclare que cet accord ne pouvait être rompu, bien que les contractants fussent enfants. Certains juristes parsis ne croient pas à l'indissolubilité de l'engagement; les fiançailles peuvent être annulées comme chez les Anglais à la suite d'un procès en dommages-intérêts pour rupture de promesse de mariage. Un cas s'est même déjà présenté devant *The High-Court* de Bombay ; mais le mariage, une fois consommé, n'est dissous que devant *The Parsi matrimonial Court.*

[2] Anquetil Duperron enregistre cinq sortes de mariages (*Z.-A.*, t. II, p. 560) et cite à l'appui l'autorité des *Ravaëts*. Il distingue deux cérémonies, celle du *Nam-zad* qui répond à nos fiançailles et celle du *Nékah* qui est la bénédiction nuptiale donnée chez la fiancée. *Ibid.*, p. 557-558. Avant la célébration du mariage. les deux fiancés devaient boire un peu de *Nereng gomez din*, faire le *Ghosel* de *Nereng* et d'eau, et mettre des habits neufs. La jeune fille était soumise à une purification, suivant certaines prescriptions. Cf. H. LORD : *Hist. de la Rel. des anc. Pers.*, p. 200.

[3] Pour le mariage chez les Hindous, voyez MONIER WILLIAMS, *Religious Thought and Life in India :* sa célébration dans l'antiquité, ch. XIII, pp. 363 et suivv., et dans les temps modernes, ch. XIV, pp. 379 et suivv.

des occasions de dépenses peu en rapport avec les revenus. On veut imiter les gens riches, et ceux de la classe moyenne s'endettent quelquefois pour le reste de leur vie[1].

On lance des invitations très nombreuses pour le jour du mariage ; souvent on compte plus de quinze cents convives[2]. La cérémonie se célèbre le soir, après le coucher du soleil, conformément aux promesses faites au Rana de Sanjan.

Les hommes prennent place sur des chaises et des bancs rangés sous les vérandahs et des deux côtés de la voie publique qui fait face à la maison ; l'intérieur de l'habitation est réservé aux femmes[3]. Tous les invités ont revêtu leurs plus beaux atours : les hommes l'antique *jama,* d'allure ample et majestueuse, et la large ceinture de mousseline blanche, *pichori;* les femmes le *sari* souple et gracieux, frangé d'or ou bordé de *jick*[4], sans oublier leurs plus riches bijoux. Un peu avant le départ de la procession, l'usage veut que les amies de

[1] La *Rahnumai Mazdayasnan Subha* a tenté de courageux efforts pour ramener le mariage à des usages moins coûteux.

[2] Voy. dans l'*Indian Antiquary,* vol. XIX, 1890, et vol. XXI, 1892, *Parsi and gujarati nuptial songs* par PUTLIBAI D. H. WADIA. On y trouve le texte et la traduction de quelques chants de noce en usage chez les Parsis et les Hindous du Goudzerat. Cette poésie remonte à une très haute antiquité et il est intéressant de la consulter.

[3] On a construit pour la célébration des mariages des salles spacieuses pouvant contenir de deux cents à mille personnes à la fois, avec des dégagements suffisants pour que les invités soient assis pendant que la procession se forme et de vastes salons pour recevoir les dames et les enfants. Ces établissements sont divisés en deux parties, l'une pour le cortège de la fiancée, l'autre pour celui du fiancé ; on en compte sept : 1° *Meherwan Bag,* fondé par Mervanji Framji Panday (de Yez. 1240); 2° *Allbless Bag,* fondé par Edalji Framji Allbless (de Yez. 1238) ; 3° *Elahi Bag,* fondé par Sir Jamshedji Jijibhai (de Yez. 1208); 4° *Kama Bag,* fondé par Pallonji Kharshedji Kama (de Yez. 1238); 5° *Manekji Seth's Wadi,* fondé par Manekji Naoroji Sethna (de Yez. 1119); 6° *Hormazd Bag,* fondé par Cowasji Hormusji Shroff (de Yez. 1241); 7° *Hormusji Pestonji Bottlewalla's Wadi* (de Yez. 1233).

[4] Sorte de broderie en argent spéciale à la communauté parsie ; on s'en sert pour garnir les *saris* et confectionner les *topis.* C'est une luxueuse fantaisie réservée aux gens riches.

la fiancée se rendent chez le fiancé pour lui offrir un cadeau composé d'une robe et d'une bague d'or ou de diamant, disposés sur un plateau que porte dans sa main droite la mère de la jeune fille. Ce message rempli, l'aimable ambassade revient en hâte, et au coucher du soleil on parfume les invités d'eau de rose contenue dans des aiguières d'or ou d'argent[1]; on leur distribue des bouquets de roses ou de fleurs odorantes et de petits paquets triangulaires de *pan-sopari*[2], composés d'une feuille de bétel et d'une noix enveloppées dans une feuille d'or. — C'est alors que le cortège se forme précédé d'un orchestre de musiciens natifs ou anglais, et s'avance en bon ordre vers la demeure de la jeune fille[3]. Le fiancé, ayant à ses côtés le prêtre qui doit

[1] Assez semblables aux aiguières de provenance persane, celles de Tauris, par exemple.

[2] Le *pan-sopari* est un composé de la noix d'aréca, de feuilles de bétel, de camphre et de cardamome, le tout mêlé de chaux vive. Les natifs, hommes ou femmes, mâchent le *pan-sopari* après chaque repas et ne manquent pas de l'offrir à l'hôte ou à l'étranger.

[3] La planche 8 représente le départ de la procession au moment où elle quitte Petit-Hall, la résidence de Sir Dinsha M. Petit, lors du mariage de son petit-fils, Jijibhai Framji Dinsha Petit, avec la fille aînée de Sir Jamshedji Jijibhai, Bai Dinbai (3 mars 1894). Les voyageurs admirent toujours l'ordre et l'éclat de cette pompe, à laquelle la ville entière applaudit et qu'escorte la foule la plus sympathique; car il convient de dire, à l'honneur des populations de Bombay, que des femmes de haut rang comme celles qui ont la bonne grâce de se prêter à un usage antique ne courent aucun risque et n'ont à redouter nul ennui. Le plus grand respect les entoure; étrangers et natifs n'ont jamais dépassé les bornes d'une bienveillante curiosité. L'état social de l'Inde permet une condescendance semblable; d'ailleurs la générosité de la communauté parsie ne les protège-t-elle pas? Comment les frères nécessiteux oseraient-ils envier une richesse dont ils ont chaque jour une si large part? Que l'on jette les yeux autour de soi, qui donc, dans la ville, a bâti ces asiles, ces hôpitaux, sinon ces mêmes grandes dames qui accomplissent avec simplicité une coutume traditionnelle? — Nous avons le regret de n'avoir pu donner qu'une réduction de la belle planche qui nous a été communiquée, ce qui nous empêche de nommer toutes les femmes distinguées qui s'y trouvent. Au centre, on voit Mrs Framji Dinsha Petit, née Bai Avabai Nasarvanji Manakji

accomplir la cérémonie, marche en tête suivi des invités, hommes et femmes ; en arrivant chez la fiancée, les femmes entrent dans la maison, les hommes restent ensemble, et on leur distribue des bouquets et des *biddas* (noix de bétel).

Après le coucher du soleil commence la cérémonie nuptiale ; elle a lieu généralement dans une grande salle au rez-de-chaussée dont on a couvert le sol d'un tapis, *galicha*. Les mariés, assis face à face, sont séparés par une tenture de mousseline, *purdah*, qui les cache l'un à l'autre, tandis que leurs mains se réunissent par-dessous; alors on déploie autour d'eux une pièce de mousseline dont les extrémités sont nouées par un double nœud. Les prêtres, en récitant les prières de l'*Ahuna vairyo,* entourent sept fois le couple de la même manière avec une petite corde, *suttar*. Au septième tour, la corde est nouée sept fois sur les mains jointes des époux ainsi qu'autour du double nœud des bouts de la tenture déployée autour d'eux[1]. Ceci fait, on brûle de l'encens sur le feu placé dans un vase métallique plat; puis, d'un geste rapide on laisse tomber le rideau. Les nouveaux mariés, auxquels on a remis des grains de riz, se hâtent d'en jeter l'un à l'autre, aux applaudissements de l'assemblée[2]; ils s'asseoient ensuite côte à côte, pendant que deux dastours,

Petit, la mère du fiancé; elle soutient avec ses parentes le plateau où sont disposés les cadeaux et les guirlandes de fleurs. Nous omettons à dessein les noms guzeratis de ces différents objets, ne voulant pas surcharger le texte déjà trop souvent obscurci par des mentions de ce genre.

[1] Ces cérémonies ne sont suivies que chez les Shahanshahis.

[2] Le *purdah* entre les deux mariés signifie qu'après avoir été séparés ils vont être réunis. Le serrement des mains et le nœud de la corde donnent à entendre que désormais ils sont unis. La pièce de mousseline qui les entoure annonce qu'ils ne font plus qu'un; le nœud sera le symbole d'affection du mari et de la femme que rien ne pourra rompre; le nombre sept correspondant au nombre de fois qui les lie est de bon augure chez les Parsis, à cause des sept Amshaspands, des sept cieux et des sept continents connus des anciens Perses; enfin les grains de riz jetés l'un à l'autre et comptés avec tant de soin par les parents et les amis indiquent le degré d'affection de celui d'entre les conjoints qui réussit à les jeter le premier.

l'un près de l'époux, l'autre près de l'épouse, récitent l'*Ashir-
waḍ*[1]. Le plus âgé prononce les bénédictions suivantes :
« Puisse le Seigneur qui sait tout vous bénir dans la personne de nombreux enfants et petits-enfants et vous accorder une longue existence, une amitié tendre au cœur, une
vie d'au moins cent cinquante ans ! »

Deux personnes prennent place près du couple, l'une à côté
du marié, l'autre à côté de la mariée. Le prêtre officiant
demande d'abord à celui qui représente le père si le mariage
se fait avec son agrément, et si « en présence de l'assemblée
réunie dans telle ville (on spécifie le jour, le mois et l'année
de l'empereur Yeźdedjerd), il a consenti, suivant les coutumes et les lois de la religion mazdéenne, à prendre cette
épousée en mariage pour ce jeune homme sur la promesse
de lui payer deux mille « derams » d'argent pur et deux
« denars » d'or rouge[2] (du titre de la ville de Nishapour)? »
Sur la réponse affirmative, le prêtre demande alors au représentant du père de la jeune mariée « s'il a promis de donner
à jamais cette enfant de sa famille en mariage à (on dit le
nom du mari), avec de bonnes pensées, de bonnes paroles et
dans l'intention du bien? » Sur une nouvelle réponse affirmative, le prêtre s'adresse aux mariés et leur dit : « Avez-
vous consenti l'un et l'autre à agir suivant votre promesse
d'un cœur honnête jusqu'à la fin de votre vie? — Oui,
disent-ils, nous y avons consenti. »

Les Dastours font ensuite une petite allocution toute pratique dans laquelle ils proposent aux jeunes époux de nobles
exemples pris parmi les défunts illustres de la Perse
antique et adressent une prière fervente au Tout-Puissant
pour qu'il leur accorde les qualités morales et sociales qui
leur sont nécessaires. — Dans cette prière, on invoque
les trente *yazatas*, qui donnent leurs noms aux trente

---

[1] Bénédiction qui se trouve dans le *Khorda-Avesta*. L'Avesta est
muet sur les rites qui accompagnent la célébration du mariage.

[2] Simple formulaire sans effet et sans échange réel.

jours du mois parsi, et qui sont considérés comme les esprits tutélaires symbolisant les bonnes qualités souhaitées aux conjoints. Tout ceci se dit en *pazend*, langue qui fut après le pehlvi celle de la Perse et qui a été parlée couramment dans les derniers jours de la dynastie sassanide. Les bénédictions se donnent dans la langue même de l'*Avesta;* ce sont des passages de la dernière partie du Yasna.

Enfin suivent d'autres bénédictions en *pazend*, où sont mentionnés les noms des rois défunts et des héros de la dynastie kéanienne. Les prêtres invitent le couple à imiter les vertus qui ont rendu ces hommes illustres ; ils nomment également les principaux objets de la Création, le soleil, la lune et expriment le vœu que les jeunes époux possèdent les attributs que ces planètes sont censées représenter. Une partie de ces bénédictions est donnée également en sanscrit pour se conformer aux prescriptions du Rana de Sanjan[1].

La cérémonie se termine par la récitation du *Tandarosti* réclamant la force physique, l'énergie et la santé pour les nouveaux mariés. Le mariage est dès lors conclu ; les conjoints, s'ils sont majeurs, leurs frères ou tuteurs, s'ils sont mineurs, avec les deux personnes représentant les pères ou les tuteurs signent un certificat de mariage qui est enregistré ultérieurement au bureau du greffier des mariages parsis[2].

---

[1] M. Darab Dastur Peshotan Sanjana (*op. cit.*, p. 49) regrette que dans les prières ci-dessus énoncées, il ne se retrouve pas le souvenir de certains passages des Gâthas (*Yasna*, LIII. 3-5, *Gâtha Vahishtoishti*), considérés comme la plus ancienne formule de mariage adressée par Zarathustra à sa fille Pouruchishta, lors de son union avec le philosophe Jamaspa. Les formules actuelles consistent dans une double bénédiction en deux langues différentes, le pazend et le sanscrit, avec, à la fin, trois courtes citations de l'Avesta. (*Yasna*, LIX. 30-31 ; LIV. 1 et LXVIII. 11.) Il pense qu'il serait désirable qu'une version guzeratie du pazend, claire et rythmée, fût substituée à la version sanscrite défectueuse et qu'on fît quelques insertions des passages précités des *Gâthas*, qui contiennent de si nobles idées sur le mariage et les devoirs mutuels du mari et de la femme.

[2] La plus sérieuse des réformes dues au Brahmo-Somaj est celle qui

Le marié, accompagné de ses amis, revient chez lui où l'attend un banquet; les amis de la mariée sont reçus chez son père. Les femmes sont servies d'abord, les hommes ensuite. Les Parsis, depuis leur établissement dans l'Inde, se sont abstenus de manger de la viande le jour de leur mariage, pour ne pas déplaire aux Hindous souvent conviés au repas. On se contente de poisson, de légumes, de fruits, de conserves, etc. On boit abondamment des vins d'Europe ou du pays, et l'on porte de nombreux toasts. Les hommes en général prolongent la fête fort avant dans la nuit; les dames au contraire se retirent chez elles de bonne heure. Après minuit, une répétition de la cérémonie nuptiale est accomplie par les prêtres devant les parents et quelques amis[1].

Toutes les cérémonies d'un mariage parsi tendent à se rapprocher de plus en plus des usages européens et les splendeurs orientales à disparaitre. Au siècle dernier, Anquetil faisait ainsi part de ses impressions: «Rien de plus brillant que cette pompe. Le cortège est quelquefois composé de plus de deux mille personnes, et les enfants des amis et des parents du marié n'en font pas le moindre ornement: revêtus d'habits tissus d'or et d'argent, et entourés de plusieurs domestiques, ils montent de superbes chevaux richement enharnachés. — On voit paraitre ensuite les meubles et la garde-robe de la fille, son lit même; tout est porté en triomphe. — Le mari à cheval et magnifiquement

---

touche à la célébration du mariage; elle souleva de véritables tempêtes et excita les plus amères récriminations de la part des orthodoxes. Le 22 mars 1872, parut l'*Act*, devenu loi, qui sanctionnait le mariage dépourvu de cérémonie religieuse entre les natifs ne professant aucune des religions suivantes : christianisme, judaïsme, hindouisme, islamisme, parsisme, bouddhisme, jaïnisme, etc. C'était le mariage civil introduit dans la société hindoue. Quant aux Parsis, nous verrons au chapitre du Panchayet les lois nouvelles qui ont trait au mariage, au divorce, à la succession, etc.

[1] Cet usage n'est pas suivi dans la secte kadimie; il a son origine dans le mariage hindou.

habillé, est accompagné de ses amis et de ses parents: les amies de la mariée, dans des voitures couvertes, suivent son carrosse, qui est fermé de treillis de canne. De temps en temps on tire pendant la marche des coups de fusil, des fusées, des pétards, et le spectacle est relevé par la lueur d'un nombre prodigieux de torches allumées et par le son, tantôt grave, tantôt glapissant d'une multitude d'instruments[1]. » (*Z.-A.*, t. II, pp. 558-559.)

En 1803, le récit des fêtes données au sujet du mariage contracté entre les familles d'Ardeshir Dady et de Sorabji Muncherji trouvait place dans le *Bombay Courier* (29 January 1803)[2].

Voici un épisode d'une noce parsie donné par un des plus intelligents visiteurs de l'Inde moderne. L'élément européen, on le voit, est entré à flots dans la haute société parsie[3].

« La demeure de C... J... se trouvait au milieu d'un

---

[1] Cf. HENRI LORD, *Hist. de la Relig. des Banians*, etc., p. 91, et *Hist. de la Relig. des Pers.*, p. 202.

[2] « For some weeks past, the most splendid preparations have been making for celebrating the nuptials between the families of Ardeshir Dady [1] and Sorabjee Muncherjee, Parsee merchants of this place, in a style of Eastern magnificence and grandeur, which almost realised some of the most large coloured description of the Arabian Nights. The eye is every where attracted by a profusion of lights and glittaring ornements disposed in all the variety of Oriental taste. The welcome guests are enchanted with the display of female elegance in the graceful evolutions of the dance, the charming performers breathing the perfumes of Arabia, whilst the millifluous airs of soft music ravish the senses. Tables covered with the soft exquisite viands and generous wines display the attentive hospitality of the happy Fathers, and the gay and luxuriant scene is animated and enlivened by the captivating charms of the European Fair, blended with the most sombre graces of Circassia. » (*Bombay Courier*, 29th January 1803.)

[1] Nous avons déjà eu occasion de citer ce nom (p. 99); nous le retrouverons encore dans le cours de cet ouvrage. Ardeshir Dady s'était fait une grande réputation de luxe et de générosité.

[3] L. ROUSSELET, *L'Inde des Rajahs*, pp. 37 et suivv.

grand jardin illuminé à giorno; des lustres éclairaient les allées et les arbres étaient couverts de fruits et de fleurs de feu. A peine eus-je pénétré dans ce lieu enchanté que je me vis au milieu d'une nombreuse société de gentlemen parsis qui, vêtus de leurs robes de cérémonie, longues, blanches et flottantes se promenaient en causant; ce costume des anciens Perses donnait à la scène un caractère asiatique dont elle manquait un peu par elle-même... Je trouvai C... qui me fit entrer dans un riche salon, où devait se célébrer la cérémonie; les *Dustours* en grande tenue se tenaient en cercle et récitaient déjà leurs monotones psalmodies; pendant ce temps, une bonne musique militaire placée dans la *vérandah* nous jouait des valses et des quadrilles. Quand tous les invités furent rangés autour du vaste salon, on fit cesser les accords profanes et un grand dustour entonna l'hymne du mariage de cette voix nasillarde dont les clergés de beaucoup de religions ont le privilège; ensuite les prêtres se mirent en rang et vinrent à la rencontre de l'heureux couple qui entra par une des grandes portes de la salle. Le jeune homme tout en blanc, le cou paré de colliers de fleurs, marchait à côté de la fiancée qui, drapée dans un superbe *Sarri* de brocard, nous cachait à demi ses traits sous un voile. Arrivés au milieu de la salle, les deux jeunes gens se prosternèrent, et le grand dustour s'étant placé près d'eux, le groupe fut couvert d'un énorme châle de cachemire formant tente et le cachant complètement. Lorsque vingt minutes après le bruit infernal des prêtres eut cessé et que le voile fut retiré, les jeunes gens étaient mariés; la jeune femme fut alors entourée d'un cercle nombreux de dames parsies, la félicitant, l'embrassant en pleurant de joie, et le marié vint embrasser son père et serrer la main de ses amis.

« Après cette curieuse cérémonie, on nous fit passer dans le jardin où, sous la sombre voûte des manguiers et des tamariniers, un magnifique souper nous attendait; les vins les plus fins, les mets recherchés d'Europe et les plus belles

fleurs des tropiques couvraient entièrement la table. Des
musiques anglaises et indiennes alternaient leurs harmonies,
tantôt nous berçant doucement sous quelque langoureux
refrain goujerate, tantôt faisant éclater la ritournelle d'un
brillant quadrille parisien. Vers onze heures, nous fûmes
présentés aux dames parsies ; la plupart portaient des costumes couverts d'or, de diamants et de perles et qui miroi-
taient sous l'effet des lustres d'une manière féerique ; je
causai avec quelques-unes d'entre elles qui parlaient admirablement l'anglais. Ce mélange de mœurs hindoues et de
dehors presque européens ne pouvait être présenté sous un
plus agréable jour que celui de cette fête... »

En Perse, le mariage zoroastrien a conservé sa simplicité.
Il n'est pas précoce comme aux Indes : le fiancé a au moins
vingt ans, et la fiancée quinze. Le jour de la cérémonie, les
parents et les amis du jeune homme se rendent à la demeure
de la fiancée où on les régale de confitures et de sorbets.
Le plus âgé demande à la jeune fille si elle consent à
accepter pour mari celui que sa famille a choisi. Sur la
réponse affirmative, le cortège se joint à celui de la fiancée et
retourne chez le jeune homme. — Quand tout le monde est
assis, le prêtre se tient devant le fiancé et lui adresse un discours en *dari*[1]. La fiancée est un peu plus loin mêlée aux
dames de sa suite et ne peut entendre l'allocution qui a pour
but d'inviter le jeune homme à suivre les commandements de
Dieu et de son prophète Zoroastre, de prier trois fois le
jour, de prendre part à tous les *Gâhânbârs* et à tous les
Jasans, de remplir ses devoirs vis-à-vis de ses parents, etc.

Le prêtre officiant récite ensuite certaines prières de
repentir, loue Ahura Mazda et invoque sa bénédiction pour
toute la terre ; puis il demande au père de la jeune fille s'il
consent à la donner au jeune homme présent. Sur une
réponse affirmative, il s'enquiert de ce dernier s'il est résolu

[1] Idiome propre aux Zoroastriens de Perse.

à la prendre pour femme. Sur une nouvelle réponse, fiancé
et fiancée, la main dans la main, tournent trois fois autour
d'un feu ardent. On assiste à un banquet et les invités se
séparent.

Nous donnons le récit d'un mariage célébré à Bombay
d'après les coutumes zoroastriennes de Perse. Nous l'empruntons au *Rast Goftar* du 18 février 1894 (guzerati).

« La cérémonie commença par l'arrivée des sept témoins
du mariage tenant une lumière à la main, et qu'introduisit
un Persan d'âge mûr. Ces sept personnages formèrent un
cercle autour de·la grand'mère paternelle de l'épousée; le
chef demanda alors à la vieille dame d'une voix assez forte
pour être entendue de tous ceux qui étaient présents où était
Goolnar Ardeshir Goostashp (la fiancée); à quoi il fut
répondu qu'elle était allée dans le jardin cueillir des fleurs,
et la même demande répétée fit savoir que, cette fois,
elle était occupée à tisser. — Sept autres questions furent
posées de la sorte et amenèrent pour réponses évasives et
ironiques que la jeune fille était allée au marché vendre
l'étoffe qu'elle avait tissée, porter son pain au four, cueillir
des grenades dans le jardin, etc.; à la septième question,
la fiancée, habillée de blanc, apparut et répondit simplement : « Me voici. » — Le but de cette première partie
de la cérémonie est de montrer que la position de la jeune fille
chez les Iraniens est très relevée et que le prétendant, pour être
agréé, doit réitérer plusieurs fois sa demande. — La fiancée
à peine entrée, il s'engagea un colloque ; le plus âgé des
témoins s'adressa successivement aux sept autres et leur
demanda s'ils avaient entendu la réponse de la fiancée? Les
témoins dirent que oui; alors, se tournant vers celle-ci, il
lui dit : « Acceptez-vous votre mariage avec... Irani (le
fiancé)?» Sur la réponse affirmative, il demanda aux témoins
s'ils l'avaient entendue. Tous ensemble répondirent encore
à haute voix que oui. — Alors il s'adressa à l'épousée
pour savoir quel était son tuteur? Elle déclara que c'était

son père. Le porte-parolē et les témoins s'approchèrent du père de la fiancée et lui demandèrent s'il n'avait pas déjà accordé à quelque autre prétendant sa fille, et si de son entier assentiment il la donnait pour la première fois en mariage? Le père répondit oui à toutes ces questions; alors, le chef demanda aux témoins s'ils avaient entendu les réponses du père de la fiancée et ceux-ci répliquèrent que oui.

« Le fiancé et le père de la fiancée s'assirent ensuite sur des tapis, l'un en face de l'autre. Le beau-père prit dans sa main droite une poignée de sept sortes de fruits secs, amandes, dattes, raisins, noix, figues, etc., et mit sa main gauche dans celle du fiancé; un de ses parents (son frère ou à défaut toute autre personne), les deux mains étendues sur leur tête, soutint un mouchoir de soie de la couleur d'une feuille de bananier et renfermant une paire de ciseaux, une grenade entière, un œuf et des confitures sèches; puis on apporta dans un encensoir du feu avivé par un mélange de bois de santal et de plusieurs sortes de parfums; un prêtre s'approcha du fiancé et du beau-père et leur lut en *dari* une longue liste de conseils. Cette lecture dura presque trois quarts d'heure; c'était d'abord une exhortation à la pratique générale de la vertu et à l'éloignement du péché, suivie d'une énumération des prières quotidiennes et des fêtes annuelles, avec un appel pressant à conserver pieusement la mémoire des défunts, à porter le *Sudrah* et le *Kusti*, à obéir aux parents et grands-parents, à respecter les prêtres et à se rendre à leurs pieux avis, etc., etc. Ceci achevé, le fiancé fut obligé de reconnaitre devant le prêtre que, tout en épousant la jeune fille, le père de celle-ci resterait son tuteur et conserverait le droit de donner d'utiles avertissements, et que de son plein gré et de celui de son père, lui, le mari, il se chargerait de sa femme et pourvoirait à tous ses besoins. Le prêtre reçut la déclaration du père de la fiancée que celui-ci cédait sa fille à son gendre.

« La cérémonie terminée, tout le monde se leva et les

jeunes gens désormais mariés s'assirent sur deux chaises à
côté l'un de l'autre ; deux prêtres se placèrent en face d'eux
et jetèrent sur la tête du couple des grains de grenades et
des morceaux de noix séchées, en chantant des bénédictions [1]. »

Le couple étant jeune vit ordinairement chez les parents ;
parfois six, sept et huit fils résident auprès de leur père,
les jeunes femmes sous la tutelle de la belle-mère : tâche
difficile pour celle-ci que de diriger avec tact et mesure ce
monde féminin où éclatent les jalousies, les luttes mesquines
de jeunes et jolies filles, le plus souvent de grandes familles,
riches de leur chef et désireuses d'affirmer leur personnalité !
Pourtant on s'accommoda de ce genre de vie, et la coutume
ancienne prévalut longtemps ; elle est encore assez généralement suivie dans la communauté [2].

La vie conjugale se passe d'ailleurs dans le plus grand
calme [3] ; d'une part, l'adultère chez l'épouse est presque
inconnu ; de l'autre, la loi religieuse met l'époux en garde
contre ce crime horrible [4] et l'éloigne de la *Jahi*, la femme

---

[1] La traduction de ce passage est due à M. M. M. Murzban.

[2] On commence à adopter les habitudes européennes et les jeunes gens
prennent parfois des habitations distinctes.

[3] « La femme doit respecter son mari pour ainsi dire comme Dieu
même, car [1] *le juste Juge Ormusd dit dans la Loi : J'ai exempté les
femmes (de la récitation) des Néaeschs pour qu'elles fassent Néaesch
à leurs maris.*

« Le matin, après avoir ceint le *Kosti*, la femme doit se présenter
devant son mari, et se tenant debout, les mains sous les aisselles, lui
adresser sa prière et lui dire neuf fois : *Que désirez-vous que je fasse ?*
Elle fait ensuite le *Sidjdah*, en baissant le corps et en portant trois fois
la main de son front à la terre et de la terre à son front, et va sur-le-
champ exécuter ses ordres, etc. » ANQUETIL DUPERRON, *Z.-A.*, t. II,
pp. 561-562. Cf. *Saddar*, ch. LIX.

[4] Voyez dans le *Z.-A.*, t. II, p. 140, un *taoïd* pour rendre la femme
docile et la faire rentrer dans le devoir, si elle s'en écarte.

[4] «... S'il commet un adultère, indépendamment de la peine que
mérite toute liaison criminelle, son âme ne passera pas le pont, que le

de mauvaise vie; de sorte que l'accord règne le plus souvent
dans les ménages parsis. Toutefois la répudiation a été
pratiquée à toutes les époques; Anquetil Duperron enregistre quatre cas où le mari était autorisé à en faire usage.
Nous verrons au chapitre du Panchayet avec quel soin les
anciens veillaient sur les femmes et les filles des coreligionnaires pour les maintenir dans la voie droite et respectable.

La mort ayant dissous l'union, le veuf ou la veuve peuvent
se remarier. Au XVIIe siècle, La Boullaye le Gouz (ch. xx,
p. 189) déclarait que les Parsis ne prenaient qu'une femme
et ne se remariaient pas étant dans le veuvage. Le voyageur
français omet de parler des veuves; Mandelslo (trad. Wicquefort, p. 184) nous rassure à leur sujet et nous apprend
qu'elles avaient la liberté de se remarier[1]. De nos jours, si
elles sont très jeunes et n'ont pas d'enfants, elles profitent
de cet avantage; mais, en général, elles vivent indépendantes
et fidèles au veuvage, exemptes des peines et des épreuves
endurées par les veuves Hindoues[2]. On verra, d'après le

mari de la femme qu'il aura séduite ne lui ait pardonné. » ANQUETIL
DUPERRON, Z.-A., t. II, p. 562. Cf. Saddar Boundehesch, dans le Vieux
Rav., fol. 161 verso, et Saddar, ch. LXIII; pour l'adultère de la femme:
Ibid., ch. LXVII.

[1] Les veuves des Banians n'étaient pas obligées de se brûler, mais ne
pouvaient pas se remarier. Cf. MANDELSLO, trad. Wicquefort, p. 160;
LORD, Hist. de la Rel. des Banians, ch. IX, p. 60; OVINGTON, Voyage,
etc., vol. II, ch. III, p. 28.

[2] Chacun connaît la cruelle coutume hindoue qui, pendant longtemps, força les veuves de haute caste à suivre leur époux sur le bûcher
funéraire. En vain les missionnaires auxquels se joignit Rammohun
Roy élevèrent-ils la voix, comme l'avait fait jadis le grand monarque
Akbar. Ce ne fut qu'en 1829 que Lord William Bentinck prohiba le
rite des Sattis, et que la peine capitale fut édictée contre ceux qui y
prendraient part; mais la loi n'eut d'effet qu'en 1844. Arrachée au
bûcher, la veuve hindoue n'a échangé la mort que pour une vie misérable. On a beaucoup écrit à ce sujet; nous pensons n'avoir besoin que
de renvoyer ici au livre de la Pundita Ramabai, The High-Caste

(Suivez la note, p. 176.)

tableau H emprunté au mémoire déjà cité de M. B. B. Patell
(*supra* p. 55), que les veuves à Bombay ne convolent guère au-
dessus de 40 ans et les veufs au-dessus de 60; toutefois, en
1883, une femme se remaria à l'âge de 45 ans et un homme à
celui de 65. Il est bon de faire remarquer qu'on ne trouve pas
chez les Parsis ces unions monstrueuses de vieillards et

REMARIAGES DES

AGE	1881			1882			1883			
	H.	F.	T.	H.	F.	T.	H.	F.	T.	H.
De 11 à 15 ans	»	»	»	»	»	»	»	»	»	»
16 à 20 »	»	1	1	1	3	4	»	4	4	»
21 à 25 »	»	4	4	»	5	5	»	7	7	»
26 à 30 »	1	6	7	1	3	4	2	9	11	1
31 à 35 »	2	7	9	3	3	6	7	3	10	1
36 à 40 »	3	»	3	4	»	4	8	1	9	4
41 à 45 »	7	»	7	1	»	1	2	1*b*	3	3
46 à 50 »	3	»	3	1	»	1	4	»	4	»
51 à 55 »	2	»	2	3	»	3	1	»	1	2
56 à 60 »	»	»	»	»	»	»	»	»	»	2*c*
61 à 65 »	»	»	»	»	»	»	1*a*	»	1	»
Total	18	18	36	14	14	28	25	25	50	13	1

a 65 ans.
b 45 ans.
c L'un 58, l'autre 60 ans.

d'adolescentes, ainsi que nous l'avons signalé; moins encore
ce honteux trafic, fréquent chez les Hindous, par lequel un
homme épouse successivement cinq ou six jeunes femmes
livrées par les familles, heureuses d'être ainsi soulagées d'un
fardeau encombrant (*supra*, p. 153)

Le mariage étant tenu en grand honneur dans la religion

A 1890

	1886			1887			1888			1889			1890		
T.	H.	F.	T.	H.	F.	T.	H.	F.	T.	H.	F.	T.	H.	F.	T.
»	»	1*d*	1	»	»	»	»	»	»	»	»	»	»	»	»
1	1	2	3	»	1	1	»	2	2	»	»	»	»	»	»
5	1	5	6	»	1	1	»	5	5	»	7	7	»	2	2
6	2	3	5	»	2	2	1	6	7	3	5	8	1	3	4
5	2	2	4	2	2	4	2	2	4	4	4	8	3	4	7
4	2	»	2	1	1	2	4	1	5	4	1	5	1	1	2
3	2	»	2	»	»	»	5	»	5	2	»	2	2	»	2
3	3	»	3	1	»	1	2	»	2	2	»	2	2	»	2
1	»	»	»	2	»	2	2	»	2	»	»	»	»	»	»
»	»	»	»	1*e*	»	1	»	»	»	1	»	1	1	»	1
»	»	»	»	»	»	»	»	»	»	1*f*	»	1	»	»	»
23	13	13	26	7	7	14	16	16	32	17	17	34	10	10	20

iariée à l'âge de 11 ans.
is.
ns

mazdéenne, il s'ensuit qu'une action bonne entre toutes sera de faciliter les unions. Au nombre des œuvres recommandées par l'Avesta figure au premier rang la charité envers les coreligionnaires sous trois formes également excellentes, don d'argent, d'épouse et d'instruction (*Vendidad*, farg. IV-44). A cet effet, les Parsis, toujours pratiques, ont fondé récemment, pour venir en aide à celles de la communauté dont les faibles ressources étaient un obstacle à leur établissement, *The Parsi Ladies Marriage Benefit Fund*. Les membres sont recrutés parmi les jeunes Parsies d'âge encore tendre. A son entrée, chaque membre au-dessous de 18 ans, représenté par un tuteur, verse une somme de Rs. 5, qu'il continue à payer tout le temps de sa participation. Les appels, faits pour subvenir aux frais du mariage d'un des membres (2, 4, 6, 8 *annas*), sont réglés par la section à laquelle la demoiselle appartient. Si un

hindu woman, ch. v, *Widowhood*, dans lequel sont résumés les maux endurés par les veuves dans l'Inde, avec un appel pressant pour y porter remède. Quant au remariage des veuves, quelques Babous honorables de Calcutta, des citoyens éclairés de Bombay ont donné de courageux exemples; mais il est peu probable que cette réforme passe d'ici longtemps dans les mœurs. L'opposition est très violente. Quand Raj Narain Bose, le premier, l'introduisit dans sa famille, les habitants de la localité voulurent le lapider! En général, l'exclusion de caste suffit pour terrifier les novateurs et réprimer leur zèle. — Les brahmanes orthodoxes défendent éloquemment la position exceptionnelle et étrange de la veuve rendue, par la mort de son époux, une sorte d'objet de culte de la part des siens. Ils se retranchent derrière leurs institutions et avertissent les Européens de n'avoir pas à se mêler de leurs affaires de famille; comme pour les *Infant marriages*, ils prennent même la peine de nous dire que nous ne savons pas le mal (*mischief*) que nous faisons en nous immisçant dans l'inextricable réseau de leurs lois civiles et religieuses. Voy. *Child marriage and enforced Widowhood in India, by a Brahmin official*, dans *The Asiatic Quarterly Review*, oct., 1890, et *Re-marriage of Hindu widows*, by TRIPURA CHARAN BANERJEA, dans *The Calcutta Review*, oct., 1889. Pour la campagne généreuse entreprise par M. Beramji M. Malabari en faveur des veuves, nous renvoyons encore à la biographie de ce noble réformateur par M. Dayaram Gidumal, pp. 195 et suivv.

membre se marie ou atteint sa 28ᵉ année sans se marier, il peut faire un appel en sa faveur et recevoir sa quote-part, moins 10 % déduits pour les frais communs du *Fund*. Cette quote-part varie naturellement d'après le nombre des associées et suivant le temps qu'on a figuré sur les registres. Le nombre des membres s'élève à près de 5,000 ; mais la société n'a pas encore été enregistrée dans le *Companies Act* de 1866. *The Parsi Ladies Marriage Benefit Fund* est une des meilleures institutions capables d'encourager le mariage et de diminuer les chances d'immoralité.

L'immoralité! Voilà, en effet, le vice le plus odieux au Mazdéen. Le désir de maintenir la pureté des mœurs a de tout temps préoccupé le souverain législateur et, après lui, les chefs de la communauté; leurs livres augustes les y convient. Ouvrons l'Avesta: nous y voyons l'union illégale entre les deux sexes sévèrement condamnée (*Vendidad*, xviii, iv. 60-65); la femme de mauvaise vie y est reconnue impropre à offrir une prière (*Yt.*, xvii, 54) et si funeste qu'il faut l'éviter (Sec. 57 du XVIIᵉ *Yasht*)! Quant à l'infanticide, ce moyen succinct et facile de faire disparaître le témoin gênant d'amours illicites, il est strictement proscrit (*Vendidad*, xv. 11-14; Yt., xxv. 29); aussi la destruction du fruit de l'adultère au moyen de drogues infâmes était-elle considérée, dès l'antiquité, comme un crime énorme et tombant sous l'application d'une loi rigoureuse. La femme légère, son amant et sa complice étaient également coupables d'avoir entravé l'œuvre de la nature; l'enfant sauvé de la destruction perfide, rejeton illégitime et victime innocente de parents égoïstes, devait être nourri et élevé aux dépens du père naturel jusqu'à l'âge de sept ans (*Vendidad*, xv. 45). — Ormuzd l'a déclaré dans ses immortels colloques avec Zoroastre : ce qui l'afflige le plus, c'est la *Jahi*, la femme de mauvaise vie, celle qui mêle en elle la semence des bons ou des méchants, des idolâtres ou des non-idolâtres, des pécheurs ou des non-pécheurs. Écoutez ses méfaits : « Son

12

regard dessèche un tiers des eaux puissantes, qui coulent des montagnes, ô Zarathushtra; son regard frappe dans leur croissance un tiers des belles plantes aux couleurs d'or qui poussent, ô Zarathushtra. — Son regard fait disparaître un tiers de la vigueur de Spenta Armaiti, ô Zarathushtra. Son approche fait disparaître dans le fidèle un tiers de ses bonnes pensées, de ses bonnes paroles, de ses bonnes actions, un tiers de sa force, de sa vigueur victorieuse, de sa sainteté. — Je te le dis, ô Spitama Zarathushtra, de pareilles créatures sont à tuer plus que les ˙vipères, plus que les loups hurlants, plus que la louve sauvage qui fond sur la ferme, plus que la grenouille avec ses mille petits qui fond sur les eaux! » (*Vendidad,* xviii, iv. 60-65. Cf. *Saddar,* lxvii.)

En retour, la femme vertueuse, comme nous l'avons dit, est invitée au sacrifice. Dans l'office du *Yasna* (Hâ 53, sp. 52, *Gâtha Vahishtôishti*), le *Zot* et le *Raspi,* glorifiant la parole de Zarathushtra, célèbrent les exhortations du Prophète à sa fille Pourucista qu'il a donnée à Jamaspa, frère de Frashaoshtra, et à laquelle il fait connaître ses devoirs de femme, comme épouse envers Jamaspa, comme fille envers lui-même; devenue sainte à l'égal de tous les saints par le seul accomplissement de ses devoirs, elle jouira de la récompense suprême!

CHAPITRE V

Funérailles.

Les Parsis suivent encore pour les funérailles les mêmes rites que ceux qu'on trouve prescrits dans l'Avesta ; en lisant tel chapitre du Vendidad, on peut se convaincre facilement que les usages modernes sont restés d'accord avec les livres sacrés, autant du moins que le permet la marche des siècles. Les précautions prises contre la contagion, les cérémonies célébrées auprès du défunt, l'étrangeté du mode de sépulture ont de tout temps frappé les voyageurs qui ont parcouru la Perse[1] et l'Inde[2].— Le Frère Jordanus (Jourdain de Séverac)

[1] Pietro Della Valle, *Voyages*, etc., trad. franç., t. II, p. 107. — Thevenot, *Suite du voyage au Levant*, p. 216. — Figueroa, *L'Ambassade de don Garcias de Silva Figueroa en Perse*, traduct. Wicquefort, p. 178. — Chinon, *Relation*, etc., p. 465.— Tavernier, *Voyage*, etc., t. I, p. 438. — Chardin, *Voyages en Perse et autres lieux*, t. III, p. 131. — Sanson, *Voyage ou Relation de l'état présent du royaume de Perse*, etc., p. 261. — Corneille le Bruin, *Voyage*, etc., t. II, p. 389. — Westergaard, *Letter from Prof. W. to the R. D*^r*. Wilson*, etc., etc. Journ. As. Soc. of Gr. Brit. and Irl., t. VIII, p. 352, 1846. — H. Petermann, *Reisen im Orient*, vol. II, ch. xii, p. 205. — E. G. Browne, *A year amongst the Persians*, pp. 88-89 ; 471-472.

[2] Voyez entre autres: Friar Jordanus, *The Wonders of the East; translated from the latin original as published in Paris in 1889, in the « Recueil de Voyages et de Mémoires »*, etc., by Col. Henry Yule, p. 21. — Odoric de Pordenone, *Voyages*, etc., etc., publiés et annotés par M. H. Cordier, p. 82. — Terry *in* Purchas, *A Relation of a voyage to the Eastern India*, § IV, p. 1479. — H. Lord, *Discovery of the Banians and Persees*, etc., ch. I, p. 571. — Mandelslo, *Voyages*, etc., trad. Wicquefort, p. 184-185. — De La Boullaye le Gouz, *Les Voyages*, etc., ch. xx, p. 190.—J. Fryer, *A New Account of East India*

raconte qu'il y a en ce pays (l'Inde) une sorte de païens qui n'enterrent pas leurs morts, mais qui les jettent au milieu de tours non couvertes et les exposent tout nus à la voracité des oiseaux du ciel. — Le Frère Odoric de Pordenone, en parlant des habitants de Thana, sans savoir au juste à quelle secte ils appartiennent, rapporte « qu'en cette contrée est la guise que on n'enterre point les mors, mais on les laisse enmy la champaigne pour la grant chaleur qui là règne. » —Terry, au XVIIe siècle, signale également l'exposition des corps. « Il en est, dit-il, parmi les Gentils, qui ne brûlent ni n'enterrent leurs morts ; on les appelle Parsis. Ils entourent une certaine étendue de terrain avec de hauts murs de pierre, loin des maisons et des chemins fréquentés ; ils y déposent les cadavres enveloppés dans des draps, n'ayant ainsi d'autre tombe que l'estomac des rapaces. » —H. Lord, Mandelslo et les autres voyageurs cités en note relèvent les détails des cérémonies qui, chez les Parsis, accompagnent les funérailles.

Ces cérémonies sont de deux sortes : celles qui disposent des restes du défunt, celles qui ont trait au bien de son âme [1].

---

and Persia in eight letters, etc., etc., p. 117.— OVINGTON, Voyages, etc., t. II, ch. VII, pp. 83-87. — E. IVES, A Voyage from England to India in the year MDCCLIV and an historical narrative of the operations of the squadron and army in India, etc., etc., pp. 32-33.— ANQUETIL DUPERRON, Zend-Avesta, t. II. Usages civils et religieux des Parses, § XI, pp. 581-591. — STAVORINUS, Voyage, etc., t. II, ch. II, pp. 11-17. — FORBES, Oriental Memoirs, t. I, ch. VI, pp. 82-83. — NIEBUHR, Voyage en Arabie, etc., t. II, p. 39.

[1] Nous suivrons ici les détails donnés par M. JIVANJI JAMSHEDJI MODI, B. A., dans son Mémoire intitulé : The funeral ceremonies of the Parsees, their origin and explanation, lu le mercredi 30 septembre 1891 devant la Société d'Anthropologie de Bombay. Voy. Journal of the Anthropological Society of Bombay, vol. II, n° 7, pp. 405-441. — On comparera avec intérêt les explications données par Anquetil Duperron dans son Exposition des usages civils et religieux des Parses ; § XI. Cérémonies funèbres, etc. Z.-A., t. II, pp. 581-591. On pourra faire ainsi des rapprochements curieux au point de vue de la persistance des coutumes qui, à peu de chose près, sont pour la plupart semblables à celles qu'observa le voyageur français, il y a bientôt cent cinquante ans.

Les premières se rapportent toutes aux idées zoroastriennes
d'hygiène, d'isolement, de purification et de propreté, et
tendent à éloigner les dangers de la contagion et l'influence
néfaste et pernicieuse de la *Druj Nasu*[1] qui, après la mort,
s'empare du cadavre; les secondes sont religieuses et propi-
tiatoires.

I

Dès que l'état d'un malade est jugé désespéré, la chambre
dans laquelle on se propose de déposer le corps est soigneusement lavée (*Vend.*, farg. VIII, 8); le linceul ou la robe dont
on doit revêtir le défunt a été blanchi dans la maison
même. — La famille se réunit autour de l'agonisant, et
les prêtres (deux ou plusieurs) mandés près de lui récitent
le *Patet* ou prière de repentir à laquelle il s'efforce de se
joindre; s'il le peut, cette prière lui assure des bénédictions que n'obtiendra pas celui qui ne l'aura pas répétée dans
son entier[2]. A défaut du *Patet*, la courte formule de l'*Ashem
Vohû* est considérée comme suffisante (*Yasht*, frag. XXI,
14-15). « Quelle est la récitation de l'*Ashem Vohû* qui en
grandeur, bonté et excellence est égale à toute la région du
Khanirath avec ses troupeaux et ses chefs? » Ahura Mazda

[1] « Aussitôt après la mort, aussitôt que l'esprit a quitté le corps, la
Druj Nasu fond des régions du Nord sous la forme d'une mouche[1]
furieuse, genoux courbés en avant, queue en arrière, avec des bour-
donnements sans fin, et semblable aux plus infects *Khrafstras*. »[2]
Vendidad, VII. 2. — Le mot *nasu* a deux sens: il désigne soit le cadavre,
soit le démon, la Druj, qui prend possession du cadavre et dont la
présence se marque par la décomposition du corps et l'infection.

[1] La mouche des cadavres.
[2] Désignation générale des bêtes malfaisantes.

[3] « Lorsque un homme est prêt à rendre le dernier soupir, on récite
pour lui le *Vadi Sérosch*, et on lui dit plusieurs fois dans l'oreille:
L'abondance et le Behescht, etc. C'est le désir d'Ormusd, etc... »
ANQUETIL DUPERRON, *Z.-A.*, t. II, p. 581.

répondit : « O saint Zarathushtra, c'est vraiment l'*Ashem*
qu'un homme récite à la fin dernière de sa vie, en professant
bonnes pensées, bonnes paroles, bonnes actions. » (Cf. *Saddar*, xlv. 9.) — Il est enjoint au xii° fargard du Vendidad (chapitre consacré aux prescriptions relatives à la durée
du deuil) une plus longue période de deuil aux survivants
d'un *Tanu-peretha* (pécheur) qu'à ceux d'un *Dahma* (juste);
or, selon la tradition, le *Tanu-peretha* est celui qui n'a
pas dit au moment de sa mort la prière du *Patet* ou n'a pas
récité l'*Ashem Vohû*, le *Dahma* celui qui a dit la prière et
récité l'*Ashem Vohû*.

Un peu avant qu'il expire, on fait boire au mourant quelques
gouttes de *Hôm* (le *haôma* préparé pour le sacrifice), en
symbole d'immortalité et de résurrection, ou bien l'on presse
sur ses lèvres des grains de grenade[1]. Après le décès, on le
lave entièrement avec de l'eau et on le revêt de vêtements
blanchis par un membre de la famille et destinés à être
détruits[2]. Un de ses parents lui met le *Kusti* en récitant la
prière *Ahura Mazda Khodâi*, et on le dépose sur un drap de
coton blanc étendu sur le sol. Deux veilleurs prennent place
à ses côtés, et quelqu'un, penché vers cette oreille fermée
désormais aux bruits de ce monde, murmure la courte
formule de l'*Ashem Vohû*. C'est la dernière fois que les
parents peuvent voir le défunt. Nul ne doit toucher au
cadavre devenu la proie de la *Druj Nasu;* ceux qui le
couvrent du *Kafan* ou linceul, ainsi que les porteurs, sont
seuls autorisés à se mettre en contact avec le corps ; tout
autre est obligé, s'il le fait par erreur, de se soumettre à
des purifications spéciales, *Rimani*.

Le corps est confié à des personnes qui ont l'habitude de
ces funèbres apprêts ; elles se lavent complètement, revêtent

---

[1] Ces cérémonies ne sont pas observées dans toutes les familles.

[2] Quand un homme meurt et reçoit l'ordre du départ, plus vieux le
linceul qu'on lui fait, mieux cela vaut. Il faut quelque chose d'usé et de
lavé, rien de neuf pour jeter sur le corps du mort. Cf. *Saddar*, ch. xii.

des habits propres, accomplissent la cérémonie du *Kusti*[1] et récitent le *Srôsh-bâj* jusqu'au mot *Ashahê;* puis faisant *paivand*[2], elles pénètrent dans la chambre mortuaire. Les veilleurs se retirent, et les deux personnes préposées à cette triste besogne recouvrent le corps d'un drap; seule la figure reste découverte, sauf dans quelques parties du Goudzerat où l'on met le *Padan*[3] aux morts. On enlève le corps et on le dépose sur une dalle de pierre placée dans un coin de la chambre[4], de façon à ce que la tête ne soit pas tournée vers le Nord[5], région maudite d'où est venue fondre sur le cadavre la funeste *Druj Nasu;* les mains sont pieusement croisées sur la poitrine. On décrit ensuite avec un clou ou un couteau de fer trois *Kasha* ou cercles, afin de montrer que le terrain compris dans ces cercles est réservé au cadavre et que nul ne doit en approcher sous peine de contagion[6]; puis les deux

[1] Rappelons que la cérémonie du *Kusti* consiste: (a) à se laver les parties découvertes du corps ; (b) à dénouer le *Kusti* et à réciter la prière appelée *Kem nâ Mazdâ* (*Yasna*, hâ 46, s. 7; hâ 44, s. 16. *Vendidad*, VIII, 21, et hâ 49, s. 10); (c) à le remettre en récitant la prière de *Ahura Mazda Khodâi*, etc., etc. Vide *supra*, p. 137.

[2] On fait *paivand* en tenant une pièce d'étoffe entre deux personnes pour montrer qu'elles sont unies pour faire une chose. Comme règle générale, l'homme ne doit pas accomplir seul une cérémonie religieuse, surtout dans des circonstances aussi *périlleuses* que celles dont il s'agit. Cf. *Vendidad*, III. III, 14 : « Que jamais homme ne porte seul un mort, etc., etc. »

[3] Voy. *supra*, p. 70, et ANQUETIL DUPERRON, *Z.-A.*, t. II, pp. 529-530. Le *Padan*, en zend *paitidana*, est une pièce de coton blanc que les prêtres se mettent sur la figure quand ils sont en présence du feu sacré, qu'ils disent leurs prières ou qu'ils accomplissent quelque devoir du culte, pour empêcher la salive ou leur souffle de contaminer les choses saintes.

[4] Dans certains villages du Goudzerat, on a conservé la vieille coutume avestique de déposer le corps dans une fosse de quelques pouces de profondeur sur une couche de sable. Cf. *Vendidad*, VIII. 8.

[5] On évite le Nord dans toutes les cérémonies des Parsis : l'enfant pour la cérémonie du *Navjot*, les époux lors de la bénédiction de l'*Ashirwad*, les prêtres pendant les offices ont toujours le visage tourné du côté opposé au Nord.

[6] D'après l'Avesta, *Vendidad*, V. III a. 10, dans chaque maison

personnes qui ont pris soin du corps quittent la maison en faisant *paivand* et en achevant la récitation du *Srôsh-bâj*.

Vient après le *Sag-dîd*[1] « regard du chien » pour expulser la *Druj Nasu*. On parle dans l'Avesta d'un chien à quatre yeux qui figure dans les cérémonies funèbres[2] ; or on entend par là le chien qui a deux taches, semblables à des yeux, placées juste au-dessus des siens. On approche du mort le museau de l'animal, et c'est alors que la *Druj* se trouve chassée[3]. Le *Sag-dîd* est répété à chaque *gâh*, c'est-à-dire cinq fois par jour. Dans le cas où il serait impossible de se procurer un chien, le *Sag-dîd* des rapaces, vautours ou corneilles, est considéré comme suffisant.

Le *Sag-dîd* terminé, on apporte dans la chambre du feu qu'on entretient avec du bois de santal et de l'encens, pour purifier par ces parfums les germes de maladie qui se trou-

---

dans chaque bourg on devait élever trois chambres (*katak*) destinées à recevoir le cadavre avant d'être transporté à la Tour du Silence, et les quartiers des Guèbres ont encore en Perse une maison affectée à cet usage pour les indigents. Cf. Anquetil Duperron, *Z.-A.*, t. II, p. 583 cité *infra* à la page 186. — On dit qu'il y a de ces chambres mortuaires (*nasa-khana*, maison de cadavres) dans les petites localités du Goudzerat où résident les Parsis. Les grandes villes ont dans l'Inde des *nasa-khana*, mais elles ne sont employées que pour conserver les bières en fer avec lesquelles on emporte les morts et les dalles où l'on dépose les corps ; elles servent de demeures aux porteurs.

[1] « Elle (la *Druj Nasu*) reste sur lui (le cadavre), jusqu'à ce que le chien ait vu le corps ou l'ait dévoré, etc. » *Vendidad*, VII, 3. Cf. farg., VIII. IIb, 14-22 où se trouve la description du *sag-dîd* du chemin, qui semble n'être plus pratiqué.

[2] Le chien tacheté était une espèce particulière qui possédait le don de regarder en face un homme s'il était mort, et de se détourner s'il était encore en vie. C'est ainsi que les anciens Perses s'assuraient si la vie était réellement éteinte.

[3] « Quand l'âme est censée sortir du corps, on fait le *Sag-did* (c'est-à-dire, *le chien voit*), en présentant un chien au moribond : et pour que l'animal dirige sa vue sur lui, on jette du pain de son côté, ou bien on en met près de lui quelques morceaux, etc., etc. » Anquetil Duperron, *Z.-A.*, t. II, pp. 581-582.

vent dans l'air[1] (*Vend.*, VIII. 79-80). Un prêtre reste près du feu
et récite des fragments de l'Avesta jusqu'à ce qu'on enlève le
corps pour le porter à la Tour du Silence. Le prêtre et les
autres personnes doivent se tenir au moins à la distance de
trois pas du défunt, sage précaution en cas de maladie infectieuse : O créateur du monde matériel, à quelle distance du
saint homme (doit être la place du cadavre)? — Ahura
Mazda répondit : A trois pas. (*Vend.*, VIII. 6-7.)

Le corps est porté de jour à la Tour du Silence, jamais de
nuit, parce qu'il faut qu'il soit exposé au soleil. « Les Maz-
déiesnans exposeront le corps, le regard au soleil. » (*Vend.*,
v. 13.) Si la mort vient au commencement de la nuit, la cérémonie a lieu le matin; mais si c'est à une heure avancée de la
nuit ou le matin, elle se fait le soir. En cas de mort acciden-
telle, on attend plus longtemps, et le Vendidad (VII, 5) déclare
que la décomposition ne commence qu'après un *gâh* et
qu'on peut conserver sans crainte le cadavre du défunt.

Une heure à peu près avant le temps fixé pour le transport
du corps à la Tour, deux *Nasâ-sâlârs*[2], habillés de blanc,

---

[1] «... De tout côté où le vent porte le parfum du feu, de ce côté le feu
va tuer par milliers les *Daêvas* invisibles, les démons, engeance des
ténèbres, les couples de *Yatus* et de *Pairikas*. » Le mot *daêva* désigne
toute influence mauvaise, physique, mentale ou morale; les *yatus* sont
des sorciers (naturels ou surnaturels); les *pairikas*, des démons féminins.

[2] Il y a deux classes de porteurs : (*a*) les *Nasâ-sâlârs* qui peuvent seuls
pénétrer dans la Tour du Silence; (*b*) les *Khândyas* qui sont chargés
de transporter le cadavre de la maison à la Tour, où il est repris par les
Nasâ-sâlars. — Les *Nasâ-sâlârs*, qui sont en contact avec les cadavres, ne
sont pas de la caste sacerdotale ; ce sont de simples Beh-dîns. Ils sont
généralement logés dans des édifices séparés; il ne leur est permis
d'aller aux *Atash Behrams* (principaux Temples du Feu) que lorsqu'ils
sont purifiés par le *Barashnum* qui oblige à une retraite de neuf
jours et de neuf nuits. Dans les fêtes publiques (*Jasans* ou *Gâhânbârs*), ils prennent leur repas à l'écart. A peine le défunt est-il mort,
qu'on les prévient. Ils étaient jadis payés par les familles, mais les
salaires réclamés étant devenus exagérés, les *Trustees* du *Panchayet*
formèrent un fonds spécial pour leur attribuer des allocations mensuelles (1860). Feu Rastamji Jamshedji Jijibhai, avec sa générosité carac-

les mains emmaillotées dans un *dastânâ* et se tenant en
paivand, entrent dans la maison après avoir accompli la
cérémonie du *Kusti*[1]. Ils apportent la bière de fer appelée
gêhân ; le bois, à cause de sa nature poreuse, est défendu
dans les cérémonies funèbres. Les porteurs doivent être
deux, même si le défunt est un petit enfant. Nul ne doit
porter le mort seul. (*Vend.*, III. 14.)

Les *Nasâ-sâlârs* placent la bière près du corps et prennent
le *bâj*[2], puis ils récitent à voix étouffée : « *Be Dasturi i dâdâr*

téristique, se mit à la tête de la liste et couvrit le déficit des trois premières années. Sur ce fonds, 48 hommes sont engagés à raison de 20 à
34 roupies par mois ; ils doivent offrir leurs services en n'importe quel
endroit entre Colaba et Bandora (faubourgs de Bombay). — Il y a
quelques années, un jeune Parsi de la famille Dadiseth rapporta d'Angleterre, pour transporter les morts au Dakhma, un char en fer richement
décoré, assez semblable à ceux dont on se sert en Europe; mais sauf
chez certaines familles éclairées, le sentiment général repoussa cette innovation, et le char ne fut pas employé.

[1] « Lorsque le *Sag-did* est fait, les *Nesasalars* (c'est-à-dire les *Chefs
des morts*) unis par une corde, et ayant des sacs aux mains, désha-
billent le mort, le lavent, et lui mettent un habit vieux. Car, s'il y avait
un seul poil, un seul fil neuf dans l'habit du mort, ce serait le plus grand
crime. A Nauçari, on lui couvre le visage du *Pénom*[1], pour cacher la
pourriture ; mais à Surate on ne suit plus cet usage, depuis la décision
du Destour Djamasp.

« Ensuite deux Nesasalars (quatre, si c'est une femme grosse) vont
au *Zâd-marg* (c'est-à-dire, *la mort abonde*), qui est le lieu où l'on dépose
les morts en attendant qu'on les porte au *Dakhmê*. Ces Nesasalars ayant
commencé près du mort le *Vadj Sérosch*, entrent dans le *Zâd-marg*, y
prennent un cercueil (*Djenazé*) de fer[2] et l'apportent près du cadavre[3]. »
ANQUETIL DUPERRON, *Z.-A.*, t. II, p. 583.

[1] C'est, d'après Anquetil, ce qu'Ovington avait pris pour du papier blanc.
De son temps (1691), à Surate, on mettait le *Pénom* aux morts.

[2] Au rapport de Darab, les cercueils étaient autrefois de bois ; on les lavait
et ils resservaient ensuite à d'autres morts.

[3] Cf. *Henri Lord, lib. cit.*, p. 205.

[2] Prendre le *bâj*, c'est réciter le *Srôsh-bâj* jusqu'au mot *Ashahê*
dans la prière *Kemna Mazda* qui forme une partie du *Srôsh-bâj*. Quand
les devoirs exigés sont rendus au mort, le *bâj* se trouve fini, c'est-à-dire
que le reste du *Srôsh-bâj* est récité. Ce *bâj* est pris par les prêtres à certaines occasions, au moment du bain ou pendant le *Barashnum*.

Ahura Mazda[1], etc., etc., » et s'asseyent en silence. S'il sont obligés de parler, ils le font à voix étouffée sans ouvrir les lèvres : cela s'appelle parler en *bâj*[2].

On procède alors au *Gâh-Sârnâ*, c'est-à-dire à la récitation des Gâthas destinées à chasser la Druj et à donner du courage moral aux survivants[3]. Deux prêtres[4], après avoir accompli la cérémonie du *Kusti* et récité les prières du *gâh* spécial au moment de la journée où l'on se trouve, se rendent à la chambre dans laquelle est déposé le corps. Arrivés à la porte, se tenant en *paivand*, ils mettent le *padan*, prennent le *bâj* et récitent la Gatha *Ahunavaiti* (*Yasna*, hâs 28-34) qui traite d'Ahura Mazda, de ses *Ameshaspentas*, de la vie future et de la résurrection. Quand ils ont récité la moitié de la Gâtha jusqu'au Hâ XXXI, 4, ils s'arrêtent; les *Nasâ-sâlârs* soulèvent le corps de la dalle et le placent sur la bière de fer; après quoi les deux prêtres se tournant vers la bière achèvent de réciter la Gâtha. Une fois encore on fait le *Sag-dîd ;* les

---

[1] (Nous l'accomplissons) suivant les lois d'Ahura Mazda, celles des Amshaspands, du saint Sraosh, d'Aderbad Marespand et celles du Dastour de notre époque.)

[2] Pour le *bâj*, voyez *supra*, p. 83. Le *bâj* à table est un des signes auxquels les Musulmans reconnaissaient les Guèbres. Voy. ALBIRUNI, *Chronology*, etc., p. 204; MAÇOUDI, II. 108. — Les prières en parsi sont toujours dites en *bâj*.

[3] Voy. *Vendidad*, X. 1-2. « ...Comment lutterai-je contre la Druj qui du mort se précipite sur le vivant, etc., etc. » Ahura Mazda répondit: « Récite à haute voix les paroles des Gâthas qui se répètent par deux fois, etc., etc. » Le passage auquel il est fait allusion est le commencement de la *Gâtha Ahunavaiti*.

[4] « Alors deux Mobeds ayant changé d'habit, et se tenant par la manche, regardent le cercueil. Ils ne peuvent voir le mort, parce que les Nesasalars ont mis un voile devant. S'il n'y a dans l'endroit qu'un Mobed, il faut qu'il prenne pour second un Herbed, ou un Behdin qui ait fait le *Baraschnom*, ou même un chien. Mais un homme qui n'est pas Parse ne doit pas faire cet Office ; on peut seulement le charger d'ensevelir le mort; et si l'on est seul à rendre ce devoir au mort, il est ordonné de faire ensuite le *Baraschnom*. » ANQUETIL DUPERRON, *Z.-A.*, t. II, p. 583. Cf. MANDELSLO, *Voyag. des Indes*, etc., etc. *Petit Ravaët*, fol. 81 recto, 83 ; *Ravaët du Recueil Pehlvi*.

parents et amis s'approchent du défunt et le saluent[1]. Ces
cérémonies achevées, les *Nasâ-sâlârs* couvrent le visage du
mort; ils attachent le corps à la bière qu'ils enlèvent sur leurs
épaules et le confient en sortant de la maison aux autres
porteurs, *Khândyas*, dont le nombre varie suivant la
pesanteur de la charge. Ceux-ci prennent le *bâj* et marchent
par couples en *pâivand*[2].

Après l'enlèvement du corps, on jette du *nirang* pour
désinfecter la dalle et le ·court chemin parcouru par les
Khândyas, lorsqu'ils portent le corps de la maison jusqu'à
la voie publique; tout ce qui a approché du cadavre doit être
purifié de la sorte.·

Quand la bière quitte le domicile mortuaire, les assistants
en signe de respect accompagnent le défunt jusqu'au bout de
la rue, le saluent et se rangent des deux côtés de la voie pour
laisser passer le cortège. — Le prêtre, ou parfois le chef de la
famille lui-même, rend le salut et congédie l'assemblée. Ceux
qui veulent aller jusqu'à la Tour du Silence prennent le *bâj*,
et se tenant en *paivand* suivent à la distance d'au moins
trente pas; ils doivent être vêtus de blanc. Les prêtres
marchent en tête du convoi[3].

---

[1] Ce salut est appelé *Sejdo*.

[2] « Les Mobeds regardant donc le cercueil, récitent l'*Iescht gâhan*, qui
commence par : *Que ma prière plaise à Ormusd*, etc., *L'abondance et
le Behescht*, etc. *C'est le désir d'Ormusd*, etc., cinq fois, etc., le *Vadj
Sêrosch*, jusqu'à, *par votre puissance*. Ils regardent encore le cercueil
et récitent les 28, 29, 30. 31 *hâs* de l'*Izeschnê*, qui sont les quatre premiers
Cardês du *Gâh Honoüet ;* et à ces paroles du quatrième *Cardê : iêhïâ
oûeretâ ceîninâ drodjem*, c'est-à-dire, *pour que j'enlève, que j'anéan-
tisse le Daroudj*, ils se taisent et se tournent vers les Nesasalars qui ont
récité le *Vadj Sêrosch*, jusqu'à, *par votre puissance*. Ceux-ci coupent
un pain en quatre, en jettent les morceaux l'un après l'autre du côté du
mort, en faisant le *Say-did ;* puis se regardant mutuellement trois fois,
ils mettent le corps dans le cercueil et le portent dehors, etc., etc. »
Anquetil Duperron, *Z.-A.*, t. II, pp. 583-584.

[3] « Après cela les Nesasalars portent le mort au *Dakhmê*, le cercueil
couvert d'un linceul. Dans l'Inde on choisit quelques personnes pour
relayer les porteurs, au Kirman, le nombre est fixé à quarante. Elles

Arrivés à la Tour, les *Khândyas* posent la bière à terre et les *Nasâ-sâlârs* découvrent la figure du défunt. Les amis, placés à la distance de trois pas, ont la permission d'y jeter un dernier regard, et les prêtres font encore une fois le *Sag-dîd*[1]. On ouvre la lourde porte de la Tour dans laquelle les *Nasâ-sâlârs* pénètrent et déposent le corps sur l'un des *pavis*[2]; le mort est dépouillé de tous ses vêtements pour le laisser nu[3], selon le *Vendidad*, VIII. 10 : « Deux fortes-personnes le porteront et le mettront nu, sans vêtement, sur cette terre, sur de l'argile, des briques, de la pierre et du mortier. » Les *Nasâ-sâlârs* enlèvent les vêtements au moyen de crochets en fer ou d'instruments et les jettent dans un puits en dehors de la Tour. Leur besogne terminée, ils sortent et referment la porte[4]. Alors les assistants, restés à une certaine

vont deux à deux, se tenant par la manche, et portent, quatre à la fois. Les parents et amis unis de même, et deux à deux, suivent en silence le Convoi jusqu'à quatre-vingt-dix pieds du *Dakhmè*[1]. » ANQUETIL DUPERRON, *Z.-A.*, t. II, p. 584.

[1] *Henry Lord, lib. citat.*, p. 206.

[1] « Lorsque l'on est proche de ce lieu, les Nesasalars posent le corps sous une voûte qui est à l'entrée, et vont ouvrir la porte, à laquelle ils font le *Sag-did*. Ils portent après cela le mort dans le *Dakhmè*[1], et l'arrangent dans un *Kesche*, de manière qu'il ne touche pas les autres corps : puis ils sortent du *Dakhmè*, rapportent le cercueil dans l'endroit où ils l'ont pris, et achèvent le *Vadj Sérosch*, comme les Mobeds. » ANQUETIL DUPERRON, *Z.-A.*, t. II, p. 585.

[1] *Petit Ravaët*, fol. 62, verso. *Vieux Ravaët*, fol. 653, verso.

[2] Le *Pavi* est le compartiment dans lequel on dépose le corps du défunt.

[3] Le corps doit être exposé nu pour que les oiseaux puissent apercevoir facilement leur proie et que l'œuvre de destruction soit ainsi plus rapide. Les vêtements jetés dans un puits à côté de la Tour sont détruits par l'action de la chaleur, de l'air et de la pluie. A Bombay, on se sert d'acide sulfurique pour hâter cette destruction.

[4] « Les Nesasalars et ceux qui les ont aidés, rompent les liens qui les unissent, et déchirent les sacs à main qui leur ont été fournis par les parents : ils en mettent les morceaux dans un trou pour qu'ils y pourrissent. Les Nesasalars posent leurs habits dans un lieu particulier, font le *Ghosel*, et mettent un autre habit qui leur est donné par les parents.

distance, se lèvent et finissent le *bâj*, c'est-à-dire achèvent le
Srôsh-bâj qu'ils n'avaient récité en prenant le *bâj* que jusqu'au mot *Ashahê*. Les couples se séparent; les parents se
lavent avec du *nirang* la figure et les mains, font la cérémonie du *Kusti*, disent le *Patet* en mentionnant le nom du
défunt, et retournent chez eux après avoir pris un bain.

On entretient du feu pendant trois jours à l'endroit où le
corps a été placé avant d'être enlevé, et l'on y jette du santal
et de l'encens. Pendant dix jours si c'est l'hiver, et pendant
trente jours si c'est l'été, personne ne doit approcher de ce
lieu. On y allume une lampe près de laquelle on place des
vases de fleurs renouvelées soir et matin; au bout de ce
temps, la chambre est entièrement lavée. Pendant trois jours,
la famille s'abstient de viande et ne se permet qu'une
nourriture composée de légumes et de poisson, *parhizt*
(abstinence); les amis intimes suivent l'exemple des proches.
Jadis il était défendu de faire cuire les aliments dans la
maison ; les parents ou les amis les préparaient pour la
famille en deuil et les lui envoyaient[1].

Un document fort intéressant nous est fourni par M. B. B.
Patell dans un mémoire lu à la Société d'Anthropologie de
Bombay (vol. III, n° 3): c'est le relevé en guzerati des
dépenses faites à l'occasion du décès de son trisaïeul Rastamji Dorabji Patel, survenu le 12 avril 1763. On y voit les cou-

---

C'est à l'achat de ces habits que sont destinées quelques pièces d'argent,
que l'homme et la femme mettent de côté lorsqu'ils se marient.

« Les personnes qui ont suivi le convoi achèvent le *Vadj Sérosch*
depuis, *par votre puissance*, et font le *Padiao Kosti* à l'intention du
mort ; puis ayant le pouce sur la terre, ils disent: *C'est le désir d'Ormusd* etc., et le Mobed célèbre le *Nêaesch* du Soleil dans un *Atesch-gâh*
particulier, qui doit être au moins à quatre-vingt-dix pieds du *Dakhmê*.
On récite ensuite la prière qui se dit à la vue du *Dakhmê*, le *Patet
Mokhtât* (des âmes); et les parents font l'*Ascho-dad*, en donnant des
habits ou de l'argent à un Mobed pur, à un juste qui est dans l'indigence. » ANQUETIL DUPERRON, *Z.-A.*, t. II, p. 585.

[1] Cf. *Saddar*, LXXVIII, 1-2 ; *Shâyast lâ-Shâyast*, XVII, 1-2.

tumes suivies par la communauté au XVIIIe siècle, la grande
importance des cérémonies accomplies lors des funérailles,
la profusion et les dépenses qu'elles entraînaient. D'après le
nombre des feuilles de bananier, on peut supputer celui des
personnes conviées le 4e jour après la mort d'un parent, *Cheharum*, et le jour anniversaire, *Shalroz*, sorte de bout de l'an
religieusement observé. On peut faire aussi des comparaisons intéressantes sur le prix du riz, du froment, des
légumes et des fruits. On y voit celui du *ghee* ou beurre clarifié, des œufs, des feuilles de bananier, du mouton, etc., les
gages des domestiques, enfin le salaire des prêtres pour la
récitation des offices : par exemple, en 1763, la prière du
Vendidad était payée 5 *annas ;* elle est maintenant de 5 *roupies ;* pour le *Yàsna* le prêtre recevait un *annà* et un quart ;
de nos jours il réclame une *roupie !*

Suivons M. B. B. Patell dans son relevé. — A l'instant
même du décès, nous trouvons une coutume ruineuse
pour les familles. Lorsqu'un Parsi allait mourir ou était
mort, l'usage voulait que tous les prêtres de la ville se
rendissent à la maison mortuaire pour prendre part à la cérémonie dite *Akhiànà* et qu'ils reçussent en échange de leurs
prières de l'argent et du froment (*ashodad*). Pareil abus se
présentait aussi quand il s'agissait de régler les gages de ceux
d'entre eux qui suivaient à pied le convoi, *pàyàmoji ;* les
prêtres encore venaient en foule, bruyante assistance, souvent difficile à contenter ! Sur la liste des dépenses nous
voyons enregistrés jusqu'aux souliers pour les porteurs auxquels la famille donnait des habits neufs, le pain pour les
chiens entretenus aux Tours du Silence, le santal et l'encens pour le feu des *Sàgrîs*, enfin les gages des porteurs.
pàyàmoji. Entre autres articles, au 3e jour, *Oothumna*,
figurent des pièces de mousseline rayée, *dorio*, et divers
effets, ainsi que les ustensiles pour les cérémonies du
Shiâv et du *Bàj*, de l'étoffe blanche pour la confection des
chemises sacrées ; car pour l'*Oothumna*, de même que pour

l'*Akhiânà* et le *Pàyàmoji,* tous· les prêtres de la localité
accouraient et réclamaient argent et vêtements, y compris
la chemise sacrée.—Venaient ensuite les dépenses du 4ᵉ jour,
Cheharum. Jadis les Parsis, comme les Hindous, avaient
l'habitude de donner de grands repas à cette date ; aussi
voyons-nous mentionnés d'amples achats de froment, de
beurre clarifié, de riz, de fruits, mangues et autres, plus un
mouton de 42 livres[1], la location de grandes pièces d'étoffe
(*patharnás*) qu'on étendait à terre pour les convives, enfin les
gages des serviteurs et les feuilles de bananier. On peut encore
faire à ce sujet quelques observations curieuses. Ainsi nous
comptons 1,500 feuilles ; supposons avec M. Patell qu'il s'en
trouvât un quart de perdues par le gaspillage, et nous voyons
que la famille avait fait des invitations très nombreuses, plus
restreintes toutefois que celles du premier anniversaire,
Shâlroz, où nous notons 2,300 feuilles !

Quant aux serviteurs, pour expliquer leur petit nombre (17),
il faut se souvenir qu'à Bombay, il y a cinquante ans[2], les
proches parents et les amis aidaient beaucoup au service. Au
10ᵉ jour, *Dasmá,* les frais sont moindres ; mais les 400 feuilles
de bananier accusent une grande affluence. Au 30ᵉ jour,
Mâsisâ, le nombre augmente ; il est porté à 650 ; et ainsi se
suivent les dépenses du jour anniversaire du 2ᵉ, du 3ᵉ et
du 4ᵉ mois. Au 5ᵉ, qui était le 11ᵉ de l'année parsie consacré
à Behman, l'Amshaspand qui protège les troupeaux, tous
les Parsis, il y a un demi-siècle, s'abstenaient de viande ce
mois-là[3] ; de sorte que, sur la liste, il y a abondance de

---

[1] C'est le jour où les parents peuvent de nouveau manger de la viande.
On égorgeait un mouton dont on offrait la graisse au feu : c'est ce qu'on
appelait le *Zôhri àtash ;* la viande était mangée par les fidèles. Voy.
dans DARMESTETER, *Zend-Avesta. Vendidad,* farg. XVIII. 70, p. 254,
les explications qu'il donne à ce sujet. Cf. *Shâyast là-Shâyast,* XVII. 5.

[2] Cette coutume subsiste encore de nos jours dans les petites villes du
Goudzerat.

[3] *Khichdi* est le nom du plat spécial qu'on prépare pendant ce mois ;
certains orthodoxes sont restés fidèles à cette coutume.

légumes. Les achats aux 7ᵉ, 8ᵉ, 9ᵉ, 10ᵉ et 11ᵉ mois sont portés en bloc. Au premier anniversaire (*Shâlroz*), ils sont considérables, à cause du banquet dont le nombre des convives est indiqué, comme nous l'avons vu, par celui des feuilles de bananier, 2,300 ; ce repas eut lieu sans doute, — s'il faut s'en rapporter à la mention spéciale : « Combustible pour faire la cuisine au jardin », — dans le Fort, au Manakji Seth's *Wâdi* (jardin). Cet établissement avait été fondé dès 1735 pour que la communauté pût célébrer commodément ses fêtes publiques et privées[1].

Quelque écourtées que soient ces citations, elles nous prouvent à quel point les dépenses occasionnées par les décès étaient excessives, ruineuses, et le plus souvent n'avaient d'autres mobiles que la vanité et le désir d'éclipser les amis. Il était donc urgent d'y porter remède ; le Panchayet s'en préoccupa, et le 25 décembre 1823, dans une réunion tenue au Temple du Feu de Dadi Nasarvanji Seth, de sages réformes furent enfin décrétées ; il en sera parlé longuement au chapitre suivant. Nous avons vu que les prêtres arrivaient en masse, parfois par centaines, dans les maisons où un décès avait eu lieu, et réclamaient leur part de l'*ashodad* (don en argent) ; souvent pour l'obtenir, ils devenaient importuns, audacieux même. Toutefois la caste sacerdotale avait encore un tel pouvoir que, sans l'autorité du Panchayet, on n'aurait pu déraciner cet abus ; ceux-là seuls qui étaient convoqués par la famille eurent dorénavant le droit de se présenter. Quant à la coutume qui, le 4ᵉ, le 10ᵉ, le 30ᵉ jour de chaque mois de la première année et ensuite lors de chaque anniversaire, obligeait d'envoyer aux parents et amis des plateaux chargés de sucreries, de fruits, de dîners préparés, jusqu'à des vases en métal[2], le Panchayet y mit

---

[1] On s'en sert encore pour la célébration des mariages. Voy. *supra*, p. 161.

[2] C'était une vieille coutume d'envoyer aux parents et amis les ustensiles qui avaient servi aux cérémonies religieuses.

encore bon ordre et restreignit ces dépenses fastueuses et inutiles[1].

L'usage voulait également qu'après un décès les dames Parsies comme les Hindoues visitassent les parentes et amies du défunt ; pendant de longs mois, ce n'étaient qu'allées et venues, gémissements, jeûnes et macérations, toutes choses défendues par la religion mazdéenne[2]. Les femmes assises sur un tapis étendu près de l'endroit où le corps avait été déposé recevaient les visites de condoléance. Le Panchayet réprima ces excès ; dix jours d'abord, puis trois ensuite furent consacrés aux lamentations ; actuellement, dans les hautes classes, les trois jours sont réduits à un seul, celui du décès[3].

[1] La *Rahnumai Mazdayashnan Sabha* a également tenté de louables efforts pour arrêter les dépenses ruineuses des funérailles. — Il s'est formé à Bombay un *Fund*, le 17 septembre 1889 : *The Bombay Zoroastrian Mutual Death Benefit Fund*. Il est établi pour faire face aux frais des funérailles et est accessible aux habitants de la ville et des faubourgs de Bombay ; y sont admises les personnes des deux sexes au-dessous de cinquante-cinq ans et au-dessus de vingt. — Ce *Fund* est la première société de ce genre qui ait introduit l'usage de l'examen médical pour ses membres. Il est divisé en deux classes, et le nombre maximum des membres ne peut excéder 2,500. — Par suite de cet arrangement et de son tarif modéré, des personnes avec de petits émoluments mensuels y prennent part. A chaque décès, tous les membres sont appelés à verser leur quote-part d'après leur âge et leur classe, suivant les tableaux dressés par le comité de direction. On fait face aux dépenses par le prélèvement de 10 pour cent sur les versements de chaque membre défunt. — Le droit d'entrée est de Rs. 10 pour la première classe et de Rs. 5 pour la seconde. Le troisième *Fund* vient de se former.

[2] Cf. *Saddar*, ch. xcvi.

[3] Pour le deuil, voyez *Vendidad*, farg. 12. L'usage actuel n'ordonne pas de deuil en dehors des trois premiers jours. Rappelons une coutume superstitieuse de la Perse qui fait abandonner la maison du père défunt parce que la maison d'un homme doit mourir avec lui ; le fils craindrait « le mauvais pas. » Toutefois cette coutume semble assez opposée à l'esprit pratique du zoroastrisme. Au fargard 1. 6, le Vendidad blâme les gens de l'ancienne *Arie* de délaisser leurs demeures quand un homme vient à mourir.

II

Le corps, devenu d'abord la proie de la *Druj nasu*, puis abandonné à la voracité des rapaces, disparaît rapidement ; mais que va devenir l'âme ? Les devoirs rendus à la triste dépouille, les survivants abandonneront-ils l'être cher qu'ils ont perdu dans les régions nouvelles où il va s'engager avant d'atteindre le but suprême ? La piété des parents et des amis n'aura garde de le laisser sans souvenir, sans assistance[1].

Suivant les livres sacrés, l'âme, exhalée dans le dernier souffle de vie[2], erre encore trois jours sur les confins de ce

---

[1] « Les devoirs auxquels les parents sont obligés à l'égard du mort, ne se bornent pas là[1]. Les Parses croient qu'après la mort, l'âme sans forces, comme l'enfant qui vient de naître, voltige le premier jour dans le lieu où la personne est morte ; le second, dans le *Kèsche* où l'on l'a placée, ou dans le *Zâd-marg* où le cadavre a été déposé ; le troisième, dans le *Dakhmé*, pour tâcher en quelque sorte de rentrer dans le corps ; et le quatrième, près du pont *Tchinecad*, où Mithra et Raschné-ròst l'interrogent et pèsent ses actions. » Anquetil Duperron, *Z.-A.*, t. II, pp. 585-586.

[1] *Sadder Boundehesch*, dans le *Vieux Rac.*, fol. 142 recto. Henry Lord, *lib. cit.*, p. 206-207.

[2] D'après le grand Boundahish, Auhrmazd a composé l'homme de cinq éléments : le corps, la vie, l'âme, la forme et le *Fróhar*[1]. — Le corps est la partie matérielle. La vie est l'élément lié au vent. L'âme est ce qui, dans le corps, avec le secours des sens, entend, voit, parle et connaît. La forme est ce qui est dans la sphère du soleil. Le Fróhar est ce qui est devant le seigneur Auhrmazd. — Ces éléments ont été créés de telle sorte que, quand sous l'action du démon, l'homme meurt, le corps retourne à la terre, la vie au vent, la forme au soleil et l'âme se lie au Fróhar, de sorte qu'ils ne peuvent faire périr l'âme. Voy. dans l'Avesta le *Farcardin Yasht* (Yasht xiii) ; l'union y est si étroite entre l'âme et la Fravashi que par moment elles sont confondues : « Les âmes des morts qui sont les Fravashis des saints. »

[1] En zend, *Fracashi* ; c'est dans la personnalité humaine l'élément le plus haut. La conception des Fravashis est un des traits caractéristiques de la doctrine zoroastrienne.

monde et revoit en cet état le tableau fidèle de ses actions
passées : vision heureuse et consolante, si le défunt a été
vertueux ; au contraire, s'il a été pervers, vision lugubre et
troublante qui le laisse plein d'inquiétude et d'effroi sur son
sort. Le *Hâdhôkht Yasht* (Yasht XXII) décrit les joies et les
souffrances de l'âme vertueuse ou coupable durant les trois
jours qui suivent la mort pendant lesquels elle reste encore
près du corps qu'elle a quitté, — les parfums délicieux et les
odeurs infectes qui viennent à elle du Midi ou du Nord,
régions du Paradis et de l'Enfer, — sa rencontre avec une
figure féminine adorablement belle ou d'une laideur repous-
sante, qui n'est autre que sa propre *Daêna*, sa religion,
c'est-à-dire l'incarnation de ses œuvres, bonnes ou mauvaises, — son passage au Paradis ou à l'Enfer où elle est
accueillie soit par les consolations des anges, soit par les
railleries des démons et où elle est nourrie d'ambroisie ou
de mets infectés de poison. Cette description est une des plus
heureuses créations de la morale zoroastrienne, peu adonnée,
en général, à la fantaisie[1].

« I. Zarathushtra demanda à Ahura Mazda : « Ahura
Mazda, esprit très bienfaisant, créateur du monde des corps,
ô saint ? quand un juste meurt, où demeure son âme cette
nuit ? »

« II. Ahura Mazda répondit : « Elle repose près de sa tête,
chantant la Gâtha *Ushtavaiti* et ne parlant que bonheur.
« *Le bien à quiconque fait du bien à âme qui vive. Que
Mazda le tout-puissant lui donne (ses dons)!* » Cette
nuit-là son âme aspire autant de joie que tout ce qu'en peut
contenir le monde des vivants. »

Il en est de même de la seconde nuit et de la troisième.

Au fargard III. 19, Zarathushtra demande à Ahura Mazda
où, quand un méchant meurt, demeure son âme cette nuit, puis

---

[1] Ce thème a été repris dans le *Minôkhard*, II, 123-194 ; l'*Ardâ Vîrâf*,
XVII ; le *Grand Boundahish*, le *Dâdistân*, etc. ; on le retrouve dans le
Yasht XXIV, 53-65.

la seconde, et la troisième ? Et Ahura Mazda répond qu'elle tourbillonne près de sa tête, chantant la Gâtha *Kima* (la Gâtha du désespoir). « *Vers quelle terre me tournerai-je, ô Ahura Mazda ? Où irai-je porter ma prière ?* » Et cette nuit-là son âme aspire autant de tristesse que tout ce qu'en contient le monde des vivants.

Pendant ces trois jours, l'âme faible, et débile comme à sa naissance, a besoin de protection[1]. Srôsh, l'Ized qui veille sur le monde matériel, est chargé de la garder[2]. C'est lui qui fera le compte des œuvres du défunt, et en qualité de psychopompe l'assistera lors du pénible passage du pont Chinvat. Toutes les cérémonies religieuses seront accomplies en conséquence pendant les trois jours qui suivent le décès pour la satisfaction, *Khashnûman*, de Srôsh.

Au commencement de chaque *gâh,* deux ou plusieurs

---

[1] « C'est pour la soulager et lui procurer la protection des esprits célestes, et en particulier celle de Sérosch, contre les efforts d'Ahriman qui cherche à l'attirer dans l'Enfer, que l'on récite des prières pendant trois jours et trois nuits, supposé toutefois que le Parse est mort pénitent; car selon les *Ravaëts,* on ne doit pas prier pour celui qui est mort dans son péché[1]. Le *Zendêh-ravan*[2] que l'on a fait pendant la vie supplée à ces prières, lorsqu'il n'y a personne pour les prononcer ». Anquetil Duperron, *Z.-A.,* t. II, p. 586.

[1] *Petit Ravaët,* fol. 49 verso. *Vieux Ravaët,* fol. 247 recto. *Petit Ravaët,* fol. 46 recto.

[2] Le *Zendêh-ravan* est un *Sraosh Daroun* célébré pour le bénéfice d'un vivant considéré comme en danger de mort. Chaque Parsi doit le faire célébrer au moins une fois dans sa vie, les trois premiers jours de la fête des *Fravashis.*

[2] « O beau et saint Srôsh ! protège-nous dans ces deux mondes matériels et dans le monde spirituel » (*Yas.,* LVII, 25). Srôsh étant le protecteur de l'âme dans ce monde, toutes les prières d'un Zoroastrien commencent par un *Srôsh bâj.* C'est pour cela que le Parsi récite le *Srôsh Yasht* (*Yas.,* LVII) avant de se coucher, pour que son âme soit protégée pendant qu'il sommeille. — Conf. *Boundahish,* XXX, 29 ; — *Sadilar,* LXXXVII ; — *Shâyast lâ-Shâyast,* XVII, 3. — Pour les cérémonies après la mort, voyez J. J. Modi, *op. cit.,* pp. 26-36, et West, vol. V, *Pahlavi Texts,* le résumé d'après les *Rivâyâts* persans dans le *Shâyast lâ-Shâyast,* ch. XVII, p. 383, en note.

prêtres assistés des parents récitent le *Srôsh bâj*, les prières du Gâh où l'on est et le *Patet,* afin d'obtenir le pardon de Dieu pour les manquements du défunt. Le soir, au commencement du gâh *Aiwisruthrim*[1], deux prêtres accomplissent la cérémonie de l'*Afringân*[2] en l'honneur de Srôsh. Le *Zaotâ* commence l'Afringân par ce qu'on appelle un *Dibâché,* prière en pazend dans laquelle on invoque la protection de *Srôsh* pour l'âme du défunt dont on mentionne le nom. Le *Dibâché* achevé, les deux prêtres récitent les sept kardés du Srôsh Yasht (L.VII, 15-19) qui célèbre Srôsh, protecteur de ᴄe monde, destructeur de la Druj et des démons[3].

Outre ces prières et ces cérémonies accomplies pendant trois jours et trois nuits au domicile du défunt, on récite dans les temples voisins le *Yasna* et parfois le *Vendidad* en *khashnûman* de Srôsh.

---

[1] De l'apparition des étoiles à minuit.

[2] Les *Afringâns* sont des prières accompagnées de bénédictions qui se récitent en quatre circonstances et sous quatre formes différentes ; l'une d'elles est en l'honneur des morts, c'est l'*Afringân Dahmân*. Les quatre Afringâns se composent de deux parties : la première variable pour chacun d'eux, la seconde uniforme qui est proprement l'*Afrin* ou Bénédiction désignée dans l'Inde sous le nom d'*Ashirwad*. La récitation de l'*Afringân* peut se faire dans sa propre demeure ; elle exige la présence de deux prêtres : le *Zot* assis vers le sud a devant lui un vase d'eau, à droite des fruits, à gauche des fleurs ; le *Raspi* est en face de lui avec le feu. Les fleurs sont rangées en lignes parallèles ; mais nous sommes obligé de nous borner. Nous verrons plus loin la cérémonie dans son entier.

[3] « Pendant trois jours, on fait chaque jour l'*Iescht* de Sérosch, le *Daroun*[1] de Sérosch, le Patet *Mokhtât* et l'*Afergan* de Sérosch, qui commence par : *C'est le désir d'Ormusd,* etc., cinq fois, etc. Mais après le *Koschnoumen,* on ne récite que le septième *Cardé* du *Sérosch-Iescht,* après lequel on dit : *C'est le désir d'Ormusd,* etc., deux fois, et le reste du *Sérosch Vadj,* sans, *Soyez toujours,* etc. (ce qui s'observe pendant un an). Au Kirman, le *Patet* et l'*Afergan* de Sérosch ne se disent que le troisième jour au gâh *Evesrouthrem.* »

[1] Office spécial dont il sera parlé plus loin.

Au gâh *Uzirin* [1], le troisième jour, on célèbre une cérémonie qu'on appelle *Oothumna*. Les parents et les amis
s'assemblent ; on récite les prières du *gâh*, le *Srôsh Hâdhôkht*, le *Patet* et l'on y ajoute une prière en pazend en *khashnûman* de Srôsh dans laquelle on nomme le défunt. Cette cérémonie est très importante, parce que c'est au moment où elle
s'achève qu'on annonce les donations faites par les parents et
les amis pour commémorer le souvenir du défunt et les legs
qu'il a faits lui-même. Les Parsis ont aussi une autre coutume. A la fin de la cérémonie que nous venons de
mentionner, le grand prêtre ou à son défaut un *akâbar*, le
chef de la communauté, propose devant l'*Anjuman* assemblé
de rappeler dans toutes les cérémonies publiques le nom du
défunt, dont il énumère les bienfaits. Le silence est le mode
d'adhésion. C'est ainsi que le nom de Sir Jamshedji Jijibhai, bienfaiteur de la communauté, est rappelé dans
tous les temples parsis de l'Inde. Cette coutume est fort
antique ; le *Farvardin Yasht* contient une longue liste des
hommes illustres de l'Iran, décédés avant la rédaction de ce
Yasht. L'*Afrin-i-Rapithvan*, écrit plus tard en pazend, enregistre également quelques noms de l'époque sassanide.
Aucun honneur ne surpasse celui d'être associé aux cérémonies du culte [2].

Si le défunt a quinze ans et n'a pas laissé de postérité, on

---

[1] De la moitié de l'après-midi à l'apparition des étoiles.

[2] La formule a varié suivant les époques ; celle qui se trouve dans le
Farvardin Yasht est celle-ci : « Nous invoquons la *Fravashi* du saint
Yima de Vavanghâna ; » celle de l'*Afrin :* « Puisse le saint esprit de
l'empereur Kae Vaslasp être avec nous ! » Voici la formule usitée de
nos jours dans le *Dibâchê* en pazend de l'Afringan: « Que le Behdin Jamshed Behdin Rustam de pieuse âme soit rappelé ici ! » — On se souvient
que le mot Behdin est appliqué aux laïques de la communauté zoroastrienne. Si le défunt appartient à la classe sacerdotale, et a été initié,
c'est-à-dire s'il a subi les cérémonies du *Nâvar*, il prend le titre
d'*Ervad* ; dans le cas où il n'a pas été initié, on l'appelle *Ostâ* et la
femme de même classe *Osti*. Quant à un grand prêtre, on le qualifie le
Dastour. Cf. J. J. Modi, *op. cit.*, p. 32-33.

lui attribue un fils qui appartient généralement à une famille alliée, et dont proclame le nom publiquement.

Poursuivons maintenant la lecture du *Hâdhôkht Yasht :* nous allons accompagner l'âme dans ses dernières pérégrinations :

« 7. A la fin de la troisième nuit, à l'aube, l'âme du juste se croit portée parmi les plantes et les parfums, et il lui semble que de la région du Midi, des régions du Midi, souffle un vent parfumé, le plus doucement parfumé de tous les vents.

« 8. Et il semble à l'âme du juste comme s'il aspirait ce vent de ses narines :

« D'où souffle ce vent, le plus parfumé des vents que j'aie jamais aspiré de mes narines ? »

« 9. Et dans cette brise il croit voir s'avancer sa propre Religion, sous la forme d'une belle jeune fille, brillante, aux bras blancs, forte ; haute de taille et droite ; aux seins relevés, au beau corps ; noble et d'un sang illustre, dans la taille de quinze ans et belle de forme à l'égal des plus belles créatures qui soient.

« 10. Et l'âme du juste lui demande et lui dit :

« Qui es-tu, vierge, la plus belle vierge que j'aie jamais vue ? »

« 11. Et elle, qui est sa Religion à lui-même, lui répond : « Jeune homme, aux bonnes pensées, aux bonnes paroles, aux bonnes actions, à la bonne religion, je suis ta propre Religion.

« Chacun t'aimait pour la grandeur, la bonté, la beauté, le bon parfum, la force victorieuse et triomphante de l'ennemi que je trouve en toi (que tu parais à moi).

« 12. Car tu m'aimais, jeune homme aux bonnes pensées, aux bonnes paroles, aux bonnes actions, à la bonne religion, pour la grandeur, la bonté, la beauté, le bon parfum, la force victorieuse et triomphante de l'ennemi que tu trouves en moi (que je parais à toi).

« 13. Quand tu voyais un homme qui faisait dérision, qui se livrait à l'idolâtrie, qui refusait la charité et mettait son blé sous clef, alors tu t'asseyais en chantant les Gâthas, en sacrifiant aux Bonnes Eaux et au Feu d'Ahura Mazda, et en réjouissant le juste, venu de près ou de loin.

« 14. Aimée, tu m'as rendue plus aimée ; belle, tu m'as rendue plus belle ; désirable, tu m'as rendue plus désirable ; j'étais assise au premier rang, tu m'as fait asseoir plus avant encore, par tes bonnes pensées, tes bonnes paroles, tes bonnes actions. Et désormais les hommes m'adoreront, moi, Ahura Mazda, longtemps adoré et consulté (de toi[1]). »

« 15. Le premier pas que fait l'àme du juste le porte en bonne pensée.

« Le second pas que fait l'âme du juste le porte en bonne parole.

« Le troisième pas que fait l'àme du juste le porte en bonne action.

« Le quatrième pas que fait l'âme du juste le porte dans la lumière infinie[2].

« 16. Alors les justes morts avant lui lui demandent : « Comment es-tu mort, ô juste? Comment es-tu venu, ô juste, des demeures peuplées de bétail, de ce monde de désirs et d'amour? Comment es-tu venu du monde des corps dans le monde de l'esprit, du monde périssable dans le monde qui ne périt pas? Comment te trouves-tu du long bonheur[3]? »

« 17. Ahura Mazda dit :

---

[1] Ormuzd reprend alors la parole; ce n'est plus la *duéna* qui parle.

[2] Les trois étages du Paradis sont le lieu des bonnes pensées, *Humat gâh;* le lieu des bonnes paroles, *Hûkht gâh;* le lieu des bonnes actions, *Hoarsht gâh (Minôkhard,* LVII, 13). Le Garôthmân, le Paradis suprême, celui d'Ormuzd, est le lieu de la Lumière infinie. Cf. l'*Ardâ Virâf* VII, VIII, IX pour la description des trois paradis.

[3] Inutile de faire ressortir la sublimité de ce passage; tout lecteur attentif l'y découvrira facilement et trouvera dans ses propres pensées le meilleur commentaire.

« Ne l'interrogez pas ainsi, celui qui vient de faire le terrible, l'effrayant chemin, le chemin de détresse où se séparent le corps et l'âme.

« 18. Qu'on lui apporte le beurre du *Zaremaya*[1] ; c'est là la nourriture, après la mort, du jeune homme aux bonnes pensées, aux bonnes paroles, aux bonnes actions, à la bonne religion ; c'est là la nourriture, après la mort, de la femme riche en bonnes pensées, riche en bonnes paroles, riche en bonnes actions, bien instruite, soumise à son maître et sainte[2]. »

Quant au méchant, le *Hâdhôkht Yasht*, poursuivant le parallélisme adopté dans sa rédaction, nous apprend qu'à la fin de la troisième nuit, à l'aurore, son âme se croit portée parmi les neiges et les infections et que du Nord souffle un vent empesté. Le premier pas que fera cette pauvre âme condamnée la portera en mauvaise pensée, le second en mauvaise parole, le troisième en mauvaise action, le quatrième dans les ténèbres infinies[3].

« 34. Alors les méchants morts avant lui lui demandent :

« Comment es-tu mort, ô méchant ? Comment es-tu venu des demeures peuplées de bétail, de ce monde de désirs et d'amour ? Comment es-tu venu du monde des corps dans le monde de l'esprit, du monde périssable dans le monde qui ne périt pas ? Comment te trouves-tu de la longue douleur ? »

« 35. Et Angra Mainyu dit :

« Ne l'interrogez pas ainsi, celui qui vient de faire le terrible, l'effrayant chemin, le chemin de détresse, où se séparent le corps et l'âme.

« 36. Qu'on lui apporte du poison et des mets infectés de

---

[1] Le beurre du mois Zaremaya, le second de l'année (avril-mai), est le meilleur et a été pris pour désigner la nourriture céleste.

[2] Paix soit à ce juste. Il est sauvé (*Ashô*) !

[3] Les trois enfers intermédiaires, *Dushmat, Duzhukht, Dushvarsht*, correspondent aux trois paradis intermédiaires et conduisent aux Ténèbres infinies, où réside Ahriman.

poison; c'est là la nourriture, après la mort, du jeune homme aux mauvaises-pensées, aux mauvaises paroles, aux mauvaises actions, à la mauvaise Religion. C'est là la nourriture, après la mort, de la méchante femme, riche en mauvaises pensées, en mauvaises paroles, en mauvaises actions, mal instruite, non soumise à son mari. »

Sa ruine est consommée, jusqu'au jour où Ormuzd triomphera à jamais d'Ahriman:

L'aurore qui suit la troisième nuit après la mort est considérée, ainsi que nous venons de le voir, comme le moment suprême[1]; c'est alors que l'âme, qui a cessé d'errer, s'achemine vers le pont Chinvat qui s'étend par-dessus l'Enfer et conduit en Paradis. Pour les justes, il a la largeur de neuf lances ; pour les méchants, il est étroit comme le tranchant d'un rasoir (*Dinkart*, ix, 20, 3). Il est gardé par Mithra, assisté de Rashnu et d'Arshtât; tous trois jugent les actions de la vie passée de l'homme : — si ses bonnes œuvres pèsent d'un atome plus que ses mauvaises, son âme peut franchir le pont et aller en Paradis avec les *yazatas* célestes ; — si elles sont égales aux mauvaises, elle va dans un endroit appelé *Hameshta gehân*[2]; — si les mauvaises l'emportent, elle est précipitée dans l'Enfer.

Pendant que l'âme subit son jugement, les survivants s'efforcent par leurs prières de lui venir en aide dans cette épreuve décisive[3]. Les cérémonies faites la veille au gâh

[1] Cf. le petit traité écrit en parsi. l'*Aogemaidè*, qui commence par ces paroles : « Nous venons, contents et soumis. » Il inculque, dit le Dastour Jamaspji, une sorte de résignation sereine à la mort.

[2] J. J. Modi, *op. cit.*, p. 24. Cf. Darmesteter, *Zend-Avesta. Vendidad*, pp. 271-272. note 98

[3] « La troisième nuit, au gâh *Oschen*, on célèbre quatre *Darouns*, le premier à l'honneur de Raschné-râst, le deuxième à celui de Ram Ized, le troisième à l'honneur de Sérosch, avec six pains Darouns, trois grands et trois petits; le quatrième, à l'honneur des Ferouers des saints. Les trois premiers *Darouns* sont de six *Cardés ;* au quatrième, qui est de neuf *Cardés*, on met quatre habits, des fruits et du fromage à côté

Uzirin, sont répétées avec l'*Afringân* et les prières du *Bâj* pour implorer la miséricorde divine à l'heure du jugement redoutable. Les cérémonies du *Bâj* sont célébrées, les premières en l'honneur de Rashnu et d'Arshtat qui assistent le Meher, les secondes en celui de Râm-Khâstra qui préside à l'atmosphère raréfiée ou l'Éther; c'est pour cela que lorsqu'un juste meurt, son âme s'élève dans les religions supérieures sous la forme de *Râm-Khâstra* ou avec son assistance. Le troisième *bâj* est en l'honneur d'*Ardâfarosh*, c'est-à-dire de toutes les âmes auxquelles va s'unir le défunt. Le quatrième *bâj* est en l'honneur de *Srôsh* qui a gardé l'âme pendant son séjour dans l'autre monde et, après la mort, a été l'arbitre de son sort. La récitation du *Bâj* achevée, le prêtre reçoit un costume blanc complet appelé *shiâv* avec le pain sacré et les autres accessoires du sacrifice.

On célèbre encore les cérémonies de l'*Afringân* en l'honneur des morts le quatrième jour (*Cheharum*), le dixième (*Dahum*), le trentième (*Sirôz*), et un an après le décès (*Shâlroz*); enfin les derniers jours de chaque année sont consacrés aux défunts[1].

des pains *Darouns*[1]. Tout cela est pour le prêtre qui se revêt du premier habit la troisième nuit, du deuxième le troisième jour, du troisième au bout de six mois et du quatrième à l'anniversaire. Au Kirman on ne donne que trois habits. » ANQUETIL DUPERRON, *Z.-A.*, t. II, p. 566.

[1] Pains sans levûre qui figurent comme offrandes dans les offices.

[1] « Le quatrième jour, lorsque le soleil paraît, on fait l'*Afergan* à Dahman, et l'on met dans le feu de la graisse d'une brebis, que l'on mange ensuite à l'intention du mort. Cette brebis doit avoir au moins un an, ainsi que tous les animaux que l'on tue, que l'on mange, ou que l'on bénit[1].

« Le dixième jour après la mort, on fait l'*Izeschné* et le *Daroun* à l'honneur des Feroüers, et l'*Afergan* à Dahman deux fois (au Kirman une fois), dont une avec l'*Afergan* de *Serosch*. Le trentième jour, on célèbre l'*Izeschné* et le *Daroun Si-rouzé*, avec deux *Afergans* à Dahman (au Kirman avec un seul) et l'*Afergan* de *Serosch*; et le Raspi fait le *Daroun* de Serosch. Le trente-unième, on fait l'*Izeschné* et le *Daroun*

[1] *Relat. du Levant du Père de Chinon*, p. 468. *Ravaët de Kamdin*, etc., etc., voy. *supra*, p. 192.

Les âmes des ancêtres, les saintes *Fravashis* sont, comme nous l'avons-vu (*supra*, p. 112), l'objet d'un culte pieux de la part des survivants[1]. L'Hindou adore ses *pitris*, ses ancêtres morts; le Zoroastrien adore sa propre *Fravashi* et celle de tous les hommes morts; aussi les *Fravashis des justes* sont-elles invoquées en masse comme une seule divinité. Les dix derniers jours de l'année leur sont consacrés, c'est-à-dire les cinq derniers jours du mois *Spandarmat* et les cinq jours complémentaires qui suivent (10-20 mars); ce sont ceux qui forment le sixième *Gâhânbâr*, le *Hamaspathmaédaya*. On suppose que les âmes visitent alors leurs anciennes demeures terrestres, et ces dix jours se passent en cérémonies en l'honneur des morts, en banquets ou *jasans*, qui sont à la fois des actes de souvenir religieux et des actes de charité, car on y convie tous les pauvres de la communauté. (Cf. ALBIRUNI, *Chronology*, p. 210.)

des Feroüers, deux *Afergans* à Dahman, avec l'*Afergan* à Serosch (au Kirman simplement l'*Afergan* des Feroüers). Les mêmes prières se répètent le sixième mois (au Kirman on ne prie pas pour les morts le sixième mois), au bout de l'année, et tous les ans, le jour de la mort (et dans l'Inde, le jour précédent). L'année même de la mort, tous les jours, et ensuite tous les ans, le 10, le 30, le 31ᵉ jour, on récite avant le repas le 24ᵉ *hâ* de l'Izeschné, et au bout de l'année, et tous les ans le jour de la mort (et dans l'Inde, le jour précédent) on fait l'*Izeschné* et le *Daroun Si-rouzé*, l'*Afergan* et l'*Afrin Dahman*, et le Raspi récite le *Daroun* de Serosch.

« Si l'on négligeait de célébrer la troisième nuit les quatre *Darouns* que la loi prescrit, l'âme serait sans protection jusqu'à la résurrection. Pour les autres prières, si l'on ne peut les faire les trois premiers jours, on doit au moins les réciter une fois dans ces trois jours, et particulièrement le troisième. Cependant, en cas d'impossibilité, il est permis de les remettre au quinzième jour après la mort, au bout du mois ou à la fin de l'année... »

ANQUETIL DUPERRON, *Z.-A.*, t. II, p. 586-587.

[1] En se reportant aux *s'lokas*, nous voyons que les Persans avaient affirmé hautement leur culte pour la mémoire de leurs ancêtres. Voy. *supra*, p. 14.

Nous nous arrêterons ici; comme le dit Anquetil Duperron en achevant l'énumération des offices qu'il est ordonné
aux parents de faire célébrer à l'intention du défunt, ce
serait donner la liturgie, le rituel complet plutôt qu'une
simple description des usages religieux ; et nous ajouterons,
avec lui également, que peut-être sommes-nous entré dans
des détails que la nouveauté du sujet aura peine à faire sup- ·
porter.

III

Voici maintenant quelques détails sur les Dakhmas ou
Tours du Silence[1]. Suivant les prescriptions de l'Avesta, ces
Tours sont généralement construites au sommet des collines
ou sur une éminence. « Créateur du monde des corps, saint !
Où porterons-nous le corps des morts, ô Ahura Mazda ? Où
le déposerons-nous ? — Ahura Mazda répondit : Sur les lieux
les plus élevés, ô Spitama Zarathushtra... » (*Vend.*, VI,
v. 44-45.)

La Tour du Silence est bâtie en vue de répondre aux exigences des cérémonies funèbres et des précautions sanitaires
auxquelles on est tenu vis-à-vis des survivants[2]. C'est une

---

[1] Hérodote et les auteurs classiques ne nous renseignent pas sur les
croyances des Perses au sujet de la vie d'outre-tombe. Quant au mode de
sépulture, l'Avesta repousse toute forme qui peut souiller les éléments
ou la Terre. Hérodote dit formellement que les Perses regardaient le feu
comme un Dieu et qu'il n'était pas plus permis par leurs lois que par
celles des Égyptiens de brûler les morts. « Cela est défendu chez les
Perses, parce qu'un Dieu ne doit pas se nourrir du cadavre d'un homme. »
(Hér. III. 16.) Strabon atteste aussi que brûler un cadavre, c'était un crime
puni de mort (XV, III, 14). Selon Hérodote, le corps du défunt n'était
enseveli qu'après avoir été déchiré par les oiseaux de proie ou les chiens.
« Pour ce qui est des Mages, dit-il, je sais de source certaine qu'ils
agissent ainsi... en tous cas, c'est après avoir couvert de cire le cadavre
que les Perses l'enfouissent dans la terre. (Hér. I, 140.) — Voyez pour
l'architecture funéraire de la Perse antique, G. PERROT et C. CHIPIEZ,
l'*Histoire de l'Art dans l'Antiquité*, *Perse*, p. 592.

[2] Voyez *infra*, p. 210 le plan et la coupe d'un Dakhma empruntés au

construction massive en pierre de taille[1]; quelques marches[2]
conduisent du sol à une porte en fer qui ouvre sur une plate-
forme circulaire avec un puits profond au centre. La plate-
forme est pavée de larges dalles en pierre et est divisée en
trois rangs de tables ou lits (*Kesh*), correspondant aux trois
préceptes moraux de la religion zoroastrienne : bonnes
pensées, bonnes paroles, bonnes actions. Le premier rang est
attribué aux hommes, le second aux femmes, le troisième
aux enfants ; en consultant le plan, on verra le passage
réservé aux porteurs. Le corps complètement dépouillé de
ses vêtements est livré aux vautours qui, en moins d'une
heure, accomplissent leur lugubre besogne ; les os rapidement desséchés par la chaleur sont jetés dans le puits et
achèvent de s'y consumer. Des trous pratiqués dans les parois
intérieures du puits amènent l'eau des pluies dans quatre
canaux au pied de la Tour. Ces canaux sont en communication avec quatre puits souterrains dont le fond est couvert de
sable. Des morceaux de charbon et de pierre à sablon sont
placés à l'extrémité de chaque canal et sont renouvelés de
temps en temps. C'est ainsi que se trouve observé le précepte
de l'Avesta : « La Terre notre mère ne sera pas souillée ! »

travail déjà cité de M. J.-J. MODI, dans le *Journal of the Anthropo-
logical Society of Bombay*, etc., etc. Le plan en relief se trouve au
Musée Guimet; c'est celui de la Tour élevée le 3 mai 1832 par Framji
Kavasji Banaji, à Chaupati Hill (Bombay).

[1] Les vieilles Tours, celles de Kalyan, par exemple, étaient en brique
cuite. C'est ainsi que lorsque le voyageur persan Kâûs vint de Perse à
Nauçari appelé par Manekshah (Cf. ANQUETIL DUPERRON, *Z.-A.*, I. II,
26) pour l'éclairer sur la religion, une des premières choses qu'il fit ce
fut de bâtir un nouveau Dakhma, ceux qu'avaient les Parsis n'étant
qu'en brique cuite, ce qui dans la religion est une abomination. Voy.
DARMESTETER, *Zend-Avesta, Vendidad.* Appendice B, p. 155. — La
première Tour en pierre fut bâtie dans l'Inde, à Cambay, par Hirjee
Assa, de Surate.

[2] Les vieux Dakhmas de Nauçari n'ont pas de degrés : on y accédait
par des échelles dans la crainte des profanations. En Perse, on hisse
encore les corps au moyen de cordes. (Voy. *infra.* p. 219.)

L'érection d'une Tour du Silence est considérée comme un acte de haute piété. Des cérémonies religieuses en accompagnent les différentes phases et sont accomplies au moment où l'on creuse le sol, lorsqu'on jette les fondations, enfin le jour même de la consécration[1].

[1] Voy. J. J. Modi, *op. cit.*, p. 19-24. — Anquetil Duperron nous avait déjà donné les détails suivants:

« La loi de Zoroastre ordonne de porter les corps morts sur des montagnes, ou dans des endroits éloignés des villes et de toute terre habitée. Il faut que ces endroits soient au moins à trente gâms (90 pieds) du feu, de l'eau, du lieu où l'on lie le *Barsom* (le *Derimhcr*), et à trois gâms de l'homme pur, c'est-à-dire, du lieu qu'habite, ou par lequel passe l'homme pur. Mais surtout ils doivent être situés de manière que les animaux carnaciers ne puissent pas porter dans les lieux habités, les portions de cadavres qu'ils en auroient enlevés.

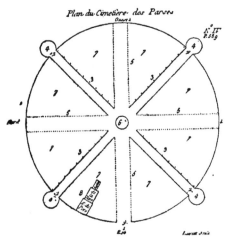

Plan du Cimetière des Parses

« On voit encore au Kirman des *Dakhmés* construits sur les montagnes. Dans l'Inde ils sont seulement hors des villes.

« Le mot *Dakhmé* est zend (peut-être est-ce une abréviation de *Dâctïo mancïo*). Le lieu que désigne cette expression est encore appelé en zend *Dâctïo gâtcïâo* (en parsi *Dâdgâh*), *lieu de justice,* parce que c'est là que les hommes reçoivent le prix de leurs œuvres.

« On trouve dans les *Ravaëts* les cérémonies que l'on doit observer en construisant ces bâtiments[1]. On prend pour l'emplacement du *Dakhmé* un terrain sec, inculte et éloigné des lieux cultivés, sur lequel on récite neuf *Darouns* à l'honneur de différents Izeds, et l'*Afʳrgan* à Dahman.

« Ensuite on creuse la place des murs([1]); puis, disant à chaque clou : *C'est le désir d'Ormusd*, etc., on enfonce les quatre grands clous([2]) aux quatre coins en dedans, et les trente-six clous([3]), qui sont plus petits, et placés sur deux lignes qui se coupent et dont les extrémités répondent aux quatre creux([4]), qui sont hors des murs. Ces trente-six clous marquent

[1] Le *Ravaët de Kamdin,* le *Vieux* et le *Petit Ravaët.*

Au centre de l'emplacement désigné, un prêtre entoure
d'un *pavi* une certaine partie du terrain; or par *pavi* (de
pav, sacré), on entend une tranchée de quelques pouces de
profondeur qui isole l'enclos ainsi délimité. Les offices du
Yasna, du *Bâj* et du *Vendidad* ne sont célébrés que dans
des endroits ainsi réservés; à l'*Atash-Behram*, le feu sacré
brûle dans un grand vase entouré du sillon protecteur. Le
pavi tracé, on y accomplit les cérémonies du *Bâj* en l'honneur de Srôsh qui guide les âmes des morts, d'Ahura-Mazda,
de Spandârmat, d'Ardâfarosh, c'est-à-dire de toutes les
âmes des défunts et des sept Amshaspands; puis le prêtre,
de sa propre main, creuse une partie du terrain destiné à
la Tour.

Quelques jours après, quand le sol a été entièrement
déblayé par des ouvriers, le matin, deux prêtres, pour jeter
les fondations, font la cérémonie du *Tânâ* qui prend son
nom du fil dont on se sert pour marquer l'emplacement de

les rigoles que l'on doit pratiquer pour l'écoulement des eaux qui se
déchargent dans ces quatre creux. Les deux cent six petits clous(⁵) se
placent en croix, et divisent le terrain du *Dakhmë* en quatre parties
égales.

« Après avoir enfoncé tous ces clous, on entoure trois fois les quatre
grands d'un cordon de cent fils d'or ou de cotton, en disant le *Vadj
Sérosch*. Ces fils marquent que le plancher du *Dakhmë*, que le bâtiment entier est, pour ainsi dire, suspendu et ne touche pas à la terre.
On couvre ensuite tout cela de pierres ou de mastic, et l'on achève les
murs et le plancher ou sol intérieur du *Dakhmë*.

« Au milieu du *Dakhmë*, est un grand trou(⁶) revêtu de pierres, dans
lequel le *Nesasalar* jette les os deux fois l'an, lorsqu'il nettoie le
Dakhmë.

« L'intérieur du *Dakhmë*(⁷) est d'un pied et demi plus haut que le
terrain sur lequel il est construit. La pierre ou le mastic qui le couvre,
doit avoir au moins quatre doigts d'épaisseur. Les murs ont cinq gazz
et demi (environ onze pieds, six pouces et demi) de haut, et sont
enfoncés en terre de cinq gazz (environ dix pieds, six pouces). La porte
(⁹) est à l'Est, et doit être de pierre ou de fer.

« Le *Dakhmë* renferme trois cent soixante-cinq *Kesches* (⁸). Ce sont
des places pour les corps, terminées par un bord de mastic haut de deux
doigts. » ANQUETIL DUPERRON, *Z.-A.*, t. II, pp. 587-589.

14

la Tour. Ce fil formé de cent et un autres fils tissés ensemble
doit être d'une longueur suffisante pour envelopper trois fois

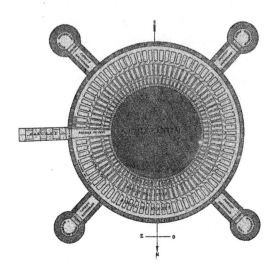

PLAN D'UN DAKHMA — COUPE

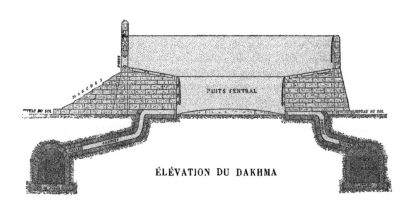

ÉLÉVATION DU DAKHMA

la circonférence de la Tour. Avant de s'en servir, souvent
on le fait *pav*, c'est-à-dire qu'il est lavé, séché et purifié selon

certains rites. Pour le tenir, les prêtres enfoncent dans le
sol trois cent et un clous de différente grosseur. Après avoir
récité le *Srôsh Bâj* jusqu'à *Ashâhé*, ils les fixent en répétant
à chacun l'*Yatha Ahu Vairyo*. Il convient de dire que les
clous sont plantés aux endroits qui répondent à l'emplacement des canaux souterrains et des puits. On passe alors le
fil autour de chacun d'eux, en ayant soin qu'il ne touche pas
au sol. (Cf. ANQUETIL, note ci-dessus, p. 209.)

La consécration dure trois jours. La Tour est entourée
d'un *pavi*, et dans le puits central appelé *Bhandar* deux
prêtres, pendant trois jours consécutifs, récitent l'office du
Yasna au *gâh Havan*[1] et celui du *Vendidad* au *gâh Usha-
hin*[2], en l'honneur de Srôsh, le guide de l'âme pendant les
trois jours et les trois nuits qui suivent la mort. Le quatrième jour, qui est celui de l'ouverture de la Tour, on
célèbre le *Yasna* en l'honneur d'Ahura Mazda, puis le *Bâj*
et l'*Afringan* en celui d'Ahura Mazda, d'Ardâfarosh, de
Spandârmat, l'Amshaspand qui protège la terre dont une
partie va être occupée par les cadavres, enfin de l'Ized *Srôsh*.

Dans la cérémonie de l'*Afringan* célébrée devant toute la
communauté, on mentionne le nom du bienfaiteur aux frais
duquel la construction de la Tour a été faite, et l'on appelle
des bénédictions sur lui. Si c'est en mémoire d'un parent
défunt, on le proclame également.

Les assistants pénètrent ensuite dans la Tour[3], et jettent
dans le puits central de la monnaie d'or et d'argent, parfois
des bagues et des joyaux. Ces offrandes concourent à par-
faire la somme nécessaire pour la construction de la Tour, si
elle est bâtie par l'*Anjuman*, c'est-à-dire par la communauté entière ; si elle est due à la générosité d'un seul fidèle,

[1] De l'aurore à midi.
[2] De minuit à l'aurore.
[3] Avant la consécration du Dakhma, tous peuvent y pénétrer, les
chrétiens ainsi que les membres des autres sectes, mais après les *nasâ-
sâlârs* seuls ont le droit d'y entrer.

les dons reviennent au grand-prêtre du district sous la juridiction duquel est placée la ville voisine.

A chaque Dakhma est attachée une sorte de chapelle,
sâgrî, où se retirent les assistants pendant que les *Nâsâ-
sâlârs* déposent le corps dans le *Kesh*. Les *sâgrîs* sont
divisées en deux parties distinctes; dans l'une, qui est
ouverte, on récite des prières et l'on y vient pieusement à
certains jours anniversaires; dans l'autre, qui est fermée, on
entretient le feu. Du côté qui fait face à la Tour, un treillis
aux trous obliques en conduit un rayon vers les morts à
travers une fente ménagée dans le parapet de la Tour.

Nous allons maintenant lire quelques descriptions de
Tours du Silence d'après les voyageurs qui, dans l'Inde ou
en Perse, les ont étudiées avec intérêt. Nous verrons une
grande ressemblance dans les usages des deux communautés,
quelque éloignées qu'elles fussent l'une de l'autre, et bien que
pendant longtemps elles eussent été ignorantes de leur sort
respectif, puisque ce n'est qu'au XVe siècle que les relations
se sont renouées entre les Dastours de Nauçari et ceux de
Kirman. (Voyez *supra*, p. 39.)

Le lieu de sépulture des Zoroastriens est, en Perse comme
dans l'Inde, la Tour massive avec ses divisions et ses dalles
de pierre où les morts sont exposés à la voracité des oiseaux
de proie, jusqu'à ce que les os nettoyés de leur enveloppe
charnelle soient jetés dans le puits où ils achèvent de se
détruire. Mais avant d'aller plus loin, ne pouvons-nous pas
nous demander si la forme du Dakhma n'a pas été différente,
et si au temps de la rédaction du Vendidad elle était celle
que nous voyons adoptée depuis tant de siècles? Le fargard
VI, 49-51 donne à ce sujet une explication que nous ne saurions passer sous silence : c'est la description des *Astôdâns*.

« 49. Créateur du monde des corps, saint! Où porterons-
nous les os des morts (quand les oiseaux ont dévoré les chairs
et qu'il ne reste plus que le squelette), ô Ahura Mazda? où
les déposerons-nous?

« 50. Et Ahura Mazda répondit : On fera pour eux un réceptacle (astôdân[1]) hors de l'atteinte du chien, de l'atteinte du renard, de l'atteinte du loup, inaccessible aux eaux de pluie d'en haut.

« 51. Si les adorateurs de Mazda ont les moyens, ils le construiront en pierres, en plâtre ou en terre ; s'ils n'ont pas les moyens, ils déposeront le mort sur la terre, sur son drap et son coussin, vêtu de la lumière du ciel et regardant le soleil. »

Il était donc expressément ordonné de porter les morts sur les lieux élevés, aux Dakhmas (44-45), mais il n'était pas défendu de recueillir les os au lieu de les jeter dans le puits central de la Tour. — Au IXᵉ siècle, l'auteur du Dadistan (xviii) fait encore allusion à cette dernière coutume : « Quand les oiseaux carnivores ont dévoré la graisse, cette graisse qui, non dévorée, pourrit et devient puante et chargée de vermine, on recueille les os dans un ossuaire (astôdân) élevé au-dessus du sol et couvert d'un toit, de sorte que la pluie ne puisse tomber sur le débris mort, que l'eau ni l'humidité n'y puissent atteindre, que chien ni renard n'y puissent pénétrer. » M. Jivanji Jamshedji Modi[1] pense que ce chapitre du Dadistan vise deux réceptacles différents : les premiers, véritables monuments comme ceux de l'époque achéménide; les seconds, faits de deux pierres et qui rappellent les ossuaires en terre rapportés au Louvre par M. Dieulafoy[3]. Ainsi se trouvent expliquées les splendeurs monumentales des tombes des rois et des grands person-

----

[1] *Astôdân*, d'après les auteurs compétents, signifie proprement « ossuaire ».

[2] *Bulletin de l'Académie des Inscriptions et Belles-Lettres*. Lecture du 30 octobre 1889.

[3] Il y a à Bombay un ossuaire envoyé de Bouschir par M. Malcolm qui répond à la définition du *Dâdistân*; il est à peu près carré et fait d'une seule pierre; le couvercle est également d'une seule pierre. Il est troué de quatre trous aux quatre côtés et de quatre trous sur le couvercle.

nages; les os délivrés de leur enveloppe pouvaient recevoir une sépulture honorable. Les moins riches se contentaient de l'*astôdân* percé de trous ; pour les pauvres, ils restaient exposés dans leur nudité, vêtus de la lumière du ciel et regardant le soleil[1] ! Ce qu'il importait, c'était d'éviter à la terre toute souillure par le contact du cadavre ; le *Saddar* (xxxiii) nous apprend que, si l'on enfouit un cadavre, l'Amshaspand Spandârmat en frissonne aussi fort qu'un homme qui aurait dans sa chemise un serpent ou un scorpion ; ainsi en est-il de la Terre, et quand on fait paraître un cadavre enfoui, elle est délivrée de chagrin. Spandârmat rassurée, il faut également ment songer à ne pas priver l'homme de la lumière et à lui laisser la vue du soleil ! De là ces précautions et ces usages étranges qui étonnent les voyageurs et les érudits.

La distinction de l'exposition des corps et de la sépulture des ossements n'existe plus. Les Zoroastriens modernes ne s'en préoccupent pas et s'en tiennent à la coutume antique de la Tour du Silence qui nous reporte fort haut dans l'histoire ; lorsque nous sommes à même de la constater, la tradition apprend qu'elle remonte à une époque à laquelle nous ne pouvons atteindre. Dans l'Inde, dès le XIVe siècle, nous l'avons vu signaler[2] ; en Perse, les voyageurs européens l'enregistrent également. Prenons parmi ces derniers celui qui nous semble le plus autorisé et le mieux renseigné, le Chevalier Chardin (XVIIe siècle). Il va nous décrire le cimetière des Guèbres, situé, dit-il, à une demi-lieue d'Ispahan, en un lieu écarté. A cette époque, les Guèbres jouissaient d'une liberté relative.

« C'est une Tour ronde, qui est faite de grosses pierres de taille ; elle a environ trente-cinq pieds de haut, et quatre-

---

[1] Voyez *supra*, page 213.

[2] Il est encore utile de revenir à ce que nous avons dit plus haut, c'est que les relations entre la Perse et l'Inde n'étaient pas alors renouées ; quand Kaus vint à Nauçari éclairer ses coreligionnaires, il ne releva que des irrégularités et ne changea pas les rites.

vingt-dix pieds de diamètre, sans porte et sans entrée. Le
peuple dit que quand ils veulent enterrer un *mort*, ils font
une ouverture à ce *Tombeau*, en ôtant du bas trois ou quatre
grosses pierres, qu'ils remettent ensuite avec des couches de
plâtre qu'ils passent par-dessus; mais c'est une fable, et je
sais de science certaine le contraire. Cette *Tour* a au-dedans
un degré fait de hautes marches, attachées contre le mur en
tournant. Quand ils portent un *mort* dans ce *Tombeau*, trois
ou quatre de leurs prêtres montent avec des échelles sur le
haut du mur, tirent le *Cadavre* avec une corde, et le font
descendre le long de ce degré qui est cent fois plus dangereux et plus difficile qu'une échelle, n'y aïant rien à quoi
on puisse se tenir; car ce ne sont que des Pierres fichées
dans le mur, à trois ou quatre pieds l'une de l'autre, non pas
en ligne droite, mais en tournant, et qui n'ont pas plus de
neuf pouces d'assiette, aussi avais-je bien peur de tomber,
tant en montant qu'en descendant. Ils n'y ont point fait de
porte, de crainte que le peuple ne l'enfonçât, ou ne se la fît
ouvrir pour piller ou profaner un lieu pour lequel ils ont
beaucoup plus de vénération que les *Mahométans* ni les
Chrétiens n'en font paraitre pour les *Tombeaux* de leurs
morts.

« Il y a dans celui-ci une manière de *Fosse* au milieu, que
je vis remplie d'ossements et de guenilles. Ils couchent les
Morts tout habillés sur un petit lit fait d'un matelas et d'un
coussin. Ils les rangent tout autour contre le mur; si serréz
qu'ils se touchent les uns les autres, sans distinction d'âge,
de sexe ou de qualité; et ils les étendent sur le dos, les bras
croisez sur l'estomac, contre le menton, les jambes croisées
l'une sur l'autre, et le visage découvert. On met proche du
Mort, à son chevet, des *Bouteilles de Vin*, des *Grenades*, des
Coupes de Fayence, un *Couteau* et d'autres ustensiles,
chacun selon ses moïens.

« Comme ce peuple est fort misérable, et sous le joug
d'une religion ennemie, on peut juger par les choses qu'ils

font encore présentement, ce qu'ils faisaient lorsque leur religion était soutenue de l'Autorité Roïale, et accréditée par le Zèle de la Multitude. Quand il n'y a pas de place pour un *Mort*, ils en font une, en tirant les corps les plus consumez dans cette fosse que j'ai dit être au milieu du *Cimetière*. Je crois avoir remarqué que la sécheresse de l'air de *Perse* et surtout d'*Ispahan* est si grande qu'il consume les cadavres en peu de temps, et qu'il en empêche l'infection. J'ai fait divers tours dans ce *Sépulchre*, et j'admirais qu'il n'y sentit point mauvais. J'y vis des corps encore frais, il n'y avait rien de gaté aux mains, et aux pieds qui étaient nuds; mais le visage l'était beaucoup, à cause que les corbeaux qui remplissent le *Cimetière*, et qui sont par centaines aux environs, se jettent d'abord sur cette partie.

« A cinquante pas de ce *Sépulchre*, il y a une petite maison de terre, au-devant de laquelle on pose le corps du *Mort*, et aussi-tôt le Convoi s'en retourne comme si l'enterrement était fait, à la réserve des *Prêtres* et des *Parens*, qui se retirent dans cette petite *Case*, d'où le principal prêtre se met à observer par quel endroit et comment les Corbeaux entameront ce *Corps*. Comme il y en a toujours beaucoup autour de ce *Cimetière*, à cause des *Cadavres*, qui y sont exposés à découvert, il ne manque pas d'en venir fondre bien-tôt quelcun dessus, et de s'attacher d'abord aux *yeux*, à ce que l'on assure, comme une partie délicate que ces Oiseaux carnassiers aiment plus que le reste. Le *Prêtre* qui fait des observations par un petit trou, pour ne pas effaroucher l'oiseau funèbre, prend garde à quel œil il touche le premier, et dans quelles circonstances, et il en tire ses conjectures, tant pour la condition du *Deffunt* dans l'autre vie, que pour la fortune de ses enfants et de ses héritiers dans celle-ci. Le côté droit est, dit-on, le bon côté. Si l'oiseau s'y attache, le *Prêtre* fait un cri de joie, auquel les *Parents* répondent. Mais s'il s'attache au gauche, c'est un sujet de tristesse. C'est ce que l'on assure généralement dans tous les

Païs où il y a des *Guèbres;* mais j'en ai vu quelques uns, qui m'ont pourtant nié toute cette *Magie* ou cette *Superstition*, et qui m'ont dit, à l'égard de cette *Maisonnette*, qui est au-devant de leur *Cimetière*, que c'est pour y déposer les *Morts* pendant qu'on fait quelques cérémonies sur eux, avant que de les ensevelir[1]. »

Vers le milieu de ce siècle (1843), Westergaard, lors de sa visite aux vieilles provinces persanes, n'omettait pas de parler des Dakhmas. Dans sa lettre au Dr Wilson, il donne une description de l'un d'eux[2]. Les Guèbres avaient eu beaucoup à souffrir des persécutions des musulmans et les profanations de leurs cimetières et de leurs temples étaient pour ainsi dire journalières.

« Le Dakhma est situé à un *farsakh* et demi au sud de Yezd et à un *farsakh* d'un petit village appelé Ali Shahi, sur la pente d'une colline, près de la route de Kirman ; il est entouré d'un mur en pierre de quatorze pieds de haut ; la porte est située au nord, à six pieds au-dessus du sol, et à cet endroit le mur est un peu plus élevé. On parvient à gagner la plateforme par une cavité de trois pieds carrés, fermée par une pierre. J'eus quelque difficulté à la déplacer, mais à la fin j'y réussis avec la pointe de mon épée et j'entrai dans la Tour, ou plutôt je m'y glissai, malgré la Druj Nasu et toutes les Drujs possibles. Le Dakhma est divisé en deux parties par un mur qui s'étend de l'ouest à l'est. Au nord les corps étaient déposés sur le sol, hommes, femmes, enfants, sans distinction, ainsi qu'on pouvait facilement s'en rendre compte par les lambeaux de leurs vêtements. Tous étaient odieusement lacérés par les oiseaux de proie. J'en troublai deux qui étaient en train de déjeuner..... Les Parsis prétendent que leurs morts n'ont aucune mauvaise odeur, mais ici je vous certifie que je fus très désagréablement convaincu

---

[1] CHARDIN, *Voyages en Perse et autres lieux*, etc., t. III, p. 131.

[2] *Letter from Prof. W. to the R. Dr Wilson*, etc., dans le *Journ. As. Soc. of Gr. Brit. and Irl.*, t. VIII, p. 352. (1846.)

du contraire par deux corps déjà exposés depuis cinq ou six jours..... Les os jetés ensuite dans la division du sud où le sol s'abaisse sensiblement sont entassés en monceau. Comme quelques corps étaient couchés sur l'estomac, je les retournai du bout de mon fouet, et je fus surpris de les trouver si légers. Les crânes sont aussi résistants que les autres crânes, ce que vous pouvez mentionner, etc , etc. »

M. Edward G. Browne, qui visitait la Perse en 1887-1888, donne ainsi la description d'un Dakhma situé à trois milles au sud de Téhéran, sur un des contreforts de la montagne appelée Kúh-i-Bibi Shahrbánú. A l'entrée de la vallée, du côté opposé au *dakhmé*, on voit, sur la paroi de la montagne, une inscription rupestre, grossière imitation des monuments de Persépolis; à l'extrémité, s'élèvent les restes gigantesques de murailles qu'on dit avoir fait partie de l'enceinte de l'antique cité de Reï (Rhagès).

« Le *dakhmé* des Guèbres est bâti à moitié chemin d'une chaîne de collines qui descend de la montagne (Kúh-i-Bibi Shahrbánú) du côté nord; on l'aperçoit de fort loin. C'est une Tour circulaire en argile ou en brique crue de cette couleur grise commune à tous les édifices de la Perse. Le mur qui n'a ni porte ni accès est à l'extérieur d'à peu près quarante-cinq pieds de haut; à l'intérieur, comme nous pûmes nous en convaincre en grimpant de la colline sur laquelle s'élève la Tour à un endroit qui la domine, la hauteur, à cause de la plateforme, n'est probablement pas de plus de dix pieds. Cette plateforme est une surface unie, divisée à des intervalles réguliers par des fosses rectangulaires. Quand un Zoroastrien meurt, son corps, porté par deux de ses coreligionnaires préposés à cette besogne, est déposé dans une de ces fosses. Les rapaces qui voltigent aux alentours s'abattent immédiatement sur le cadavre, le mettent en pièces, dévorent les chairs et ne laissent que les os qui tombent dans la fosse. Il ne reste que bien peu de chose de ceux qui sont déposés dans ce charnier; de la colline d'où je

pouvais voir tout l'intérieur, je ne comptai que deux crânes
et quelques os. Par le fait, le nombre des Zoroastriens habitant Téhéran est très restreint et les décès ne s'élèvent guère
à plus de deux ou trois par an ; ainsi s'explique le peu d'occupants du *dakhmé*. Les villes de Yezd et de Kirman ont
chacune deux *dakhmés*, construits de la même sorte et situés
comme celui-ci sur des collines à plusieurs milles hors des
villes. Ces cinq *dakhmés* forment, d'après ce que je suis
autorisé à croire, le nombre total de ceux qui sont actuellement en usage en Perse. Cette manière d'exposer les morts

DAKHMÉ PRÈS DE TÉHERAN

frappe souvent l'Européen comme très répugnante ; ce serait
en effet absolument impraticable dans un pays très peuplé,
plat et doté d'un climat humide. En Perse l'air est si pur, le
soleil si puissant, les habitants sont si rares, les montagnes si
nombreuses, que j'ai tout lieu de penser que cette coutume
ne devait avoir aucun inconvénient, même à l'époque où la
population entière était zoroastrienne [1]. »

[1] EDWARD G. BROWNE, *A Year amongst the Persians*, 1887-1888, ch. v,
p. 89. La Tour que nous donnons est celle qu'a décrite M. E. Browne ;
elle est esquissée d'après le dessin publié dans le *Tour du Monde*, 1866,
1er semestre, p. 229, pour illustrer le voyage de M. de Blocqueville :
Quatorze mois de captivité chez les Turcomans (1860-1861).

Dans l'Inde, nous avons vu le Frère Jordanus (Jourdain de Séverac) et le Frère Odoric de Pordenone relever les coutumes étranges des Parsis qui abandonnaient leurs morts à la voracité des rapaces. Terry, au XVII⁰ siècle, explique que, loin des maisons et des chemins fréquentés, ils entouraient de murs de pierre une certaine étendue de terrain, et y déposaient leurs cadavres. Mandelslo est plus explicite en parlant des Tours de Surate : « Ces cimetières, dit-il, sont trois lieux clos d'une muraille de douze ou quinze pieds de haut, dont l'un est pour les hommes, l'autre pour les femmes et le troisième pour les enfants. Sur l'ouverture des fosses, il y a des barres couchées en forme de grille sur lesquelles ils mettent les corps qui y demeurent jusqu'à ce que les corbeaux et autres oiseaux carnassiers les ayent mangés et que les os tombent dans la fosse, etc., etc. » (*Voyages*, etc., p. 184-185). Ovington, en parlant des sépultures des Parsis, confirme l'exactitude de cette description (*Voyages*, t. II, ch. VII, p. 83-87). Henry Lord fait une distinction dans l'attribution des Dakhmas de Surate; selon lui, l'un était réservé à ceux qui avaient mené une vie exemplaire et l'autre à ceux dont la vie avait été scandaleuse (*op. cit.*, p. 205). Anquetil Duperron dément cette assertion, de même que celle de Mandelslo qui rapporte que les hommes sont déposés dans l'un des *Dakhmés*, les femmes dans l'autre et les enfants dans un troisième. « Les *Dakhmés* dans l'Inde servent indifféremment à tous les Parses, dont les corps y sont placés dans des *Késches* séparés. » (*Z.-A.*, t. II, p. 591.)

Anquetil nous a donné une description des *Dakhmés* de Surate. A son époque, il en comptait trois, érigés dans un lieu inculte, à un tiers de lieue de la ville, en sortant par la porte du Sérail; l'un était neuf, l'autre presque détruit; dans le troisième, le trou du milieu était rempli et les *Késches* étaient brisés. Les murs étaient hauts de onze pieds environ; le terrain du dedans était élevé de trois pieds et demi au-dessus de celui du dehors. La porte à deux battants était

percée à peu près au milieu de la hauteur du mur, et pouvait
avoir trois pieds et demi de haut sur deux de large. Autour
des murs en dehors, plusieurs trous recevaient les eaux qui
découlaient du Dakhma[1].

« Quelque temps après (sa visite au *Derimher* qui eut lieu
le 20 juin 1760), j'allai hors de Surate, voir les *Dakhmés*
(cimetières) des Parses. Ce sont des espèces de tours rondes,
dont les murs sont faits de pierres quarrées, et qui peuvent
avoir quinze toises de diamètre. Tandis que je faisais le tour
de ces Cimetières, dont les murs étaient assaillis par une
armée de corbeaux, de grailles et autres oiseaux carnaciers,
plusieurs Parses qui me voyaient de loin, murmuraient
contre ma curiosité. Sur ces entrefaites, arriva un convoi
dont je fus obligé de m'éloigner. De l'endroit où je m'arrêtai,
je vis les *Nesa salars* faire le *sag-did* (c'est-à-dire, *présenter le chien*) et porter le corps dans le *Dakhmé*. Ensuite
le Convoi, qui était resté à plus de quatre-vingt pas de là,
revint en priant, les hommes deux à deux, et se tenant par
la manche, comme en allant. A mon retour les murmures
augmentèrent ; dans les rues de Surate, plusieurs Parses
disaient hautement que j'avais profané le lieu de leur sépulture : mais ces plaintes n'eurent pas de suite[2]. »

Stavorinus, en nous parlant de sa visite aux Tours du
Silence de Surate, va nous renseigner à cet égard ; on verra
qu'Anquetil courut des dangers assez sérieux : « Il y a
plusieurs de ces puits dans les environs de Surate ; mais le
principal se trouve à une demi-lieue hors de la porte Double.
Le champ sur lequel ce puits est construit peut avoir un
quart de lieue de circonférence, et appartient en propriété
aux Persans. Il est un peu plus élevé que les terres adja-

---

[1] Les Tours du Silence élevées à Surate à l'époque d'Anquetil (1760)
étaient au nombre de cinq : une en ruine était antérieure à 1600 ; une
seconde avait été bâtie par Nanabhoy Poonjia Mody ; les autres avaient
été construites en 1725, 1735, 1742 par des souscriptions publiques.

[2] ANQUETIL DUPERRON, *Z.-A.*, *Disc. Prél.*, pp. ccclx, ccclxj.

centes; le sol en est d'une argile forte et pierreuse, où les
grandes chaleurs ont produit de profondes crevasses. Le peu
de bois taillis et de broussailles épineuses qu'on y apperçoit
çà et là portent les marques les plus visibles de l'extrême
aridité de ce terrain, sur lequel ils paroissent plutôt languir
que croître.

« Le profond silence, la lugubre solitude, le croassement
des corbeaux et des corneilles qui se tiennent ici en grand
nombre pour dévorer les cadavres, tout offre une image frap-
pante du tableau que les anciens poètes ont fait des bords de
l'Achéron. Sur ce terrain sont quatre puits dont deux sont
tombés entièrement en ruine, et se trouvent couverts dans
l'intérieur d'herbes et de broussailles. Le puits qu'on a construit il y a trois ou quatre ans[1], est, comme les autres, d'une
forme circulaire. Sa circonférence est de trois cents pieds sur
seize à dix-sept pieds d'élévation au-dessus du sol. Il est bâti
en pierre de taille fort dure et garni d'un bord par le haut.

« L'ouverture par laquelle on y porte les cadavres se
trouve, comme celle des autres puits, tournée vers l'est,
pour que le soleil levant puisse y darder ses rayons. Cette
ouverture, qui est pratiquée dans le haut du mur sous le
bord, a plus de cinq pieds d'élévation; elle est fermée par
deux fortes portes en pierre garnies d'une serrure ; de sorte
qu'il est impossible d'y entrer. On y monte par un talus sur
lequel je grimpai; mais je n'y trouvai aucune fente par où
je pusse porter ma vue dans l'intérieur. Sur le bord, au-
dessus de la porte, il y a un frontispice semi-circulaire, sur
lequel sont gravées en lettres persanes des sentences relatives à ce triste lieu.

« Au nord-est, nord-ouest, sud-ouest et sud-est, à douze
pieds environ du grand puits, il y en a quatre autres plus

---

[1] Une de ces Tours fut bâtie en 1764 après la visite d'Anquetil, et la
plus grande de l'Inde fut construite en 1771. Ce fut celle-là sans doute
que Stavorinus visita.

petits, maçonnés sous terre, qui s'élèvent à trois ou quatre pieds au-dessus du sol en forme de voûte, dans laquelle il y a plusieurs trous. Ces puits servent à recevoir les eaux qui découlent des cadavres, ou que la pluie y amène, par autant de rigoles qui communiquent avec le grand puits. Il est impossible de se former une idée de l'horrible puanteur qui infecte les environs et qui me causa un affreux mal de tête dont je me ressentis longtemps ; fruit de mon indiscrète curiosité.

« J'avais laissé mes domestiques et les porteurs de mon palanquin à une assez grande distance de l'endroit où sont les puits, parce qu'on m'avait prévenu que la curiosité qu'avait eu le frère de M. de Briaucourt, chef de la factorerie françoise, de voir par lui-même la disposition intérieure d'un de ces tombeaux, lui aurait immanquablement coûté la vie, si M. de Briaucourt n'était pas accouru à temps à son secours avec quelques soldats. Comme on avait épié ses démarches, il fut attendu à la porte de la ville par une troupe de Persans, dont l'intention était sans doute de le massacrer. J'eus le bonheur aussi que le garde du cimetière, qui a sa demeure près d'un petit temple consacré au feu, était dans ce moment à la ville ; de sorte que je me trouvai absolument seul dans ce lieu[1]. »

D'après ces quelques citations, nous pouvons constater d'une part l'horreur inspirée à l'Européen par ces tristes sépultures, de l'autre le respect religieux que le Mazdéen, leur a voué de tout temps et les efforts qu'il a tentés pour les soustraire aux empiètements des infidèles. L'inviolabilité des Tours du Silence a été sans cesse l'objet de vives réclamations, l'étranger ne pouvant être conduit dans ces lieux que par la curiosité, et son intrusion constituant une offense[2].

---

[1] STAVORINUS, *Voyage, etc., etc.*, t. II, ch. II, pp. 11 et suivv.
[2] « Et certè nemo, nisi summâ curiositate ductus, illum locum lustrare tentabit. » HYDE, *Veterum Persarum et Parthorum et Medorum*

En Perse, nous avons vu que l'accès en est facile, car l'humble *dakhmé* construit dans la montagne n'est pas gardé et ne pourrait l'être ; la position malheureuse des Guèbres ne leur permet guère, d'ailleurs, de se montrer exigeants ! Dans l'Inde, au contraire, les Parsis ont su faire respecter leur culte, obtenir des garanties et s'assurer une protection efficace. En 1792, une proclamation du Gouverneur de Bombay venait calmer leurs justes susceptibilités : un Européen avait, paraît-il, violé l'enceinte d'une des Tours. L'émotion fut si vive qu'il ne fallut rien moins pour l'apaiser que l'assurance du renvoi du coupable par le Gouvernement, dans le cas où il serait au service de la Compagnie, et s'il ne l'était pas, de son expulsion du territoire de la Présidence [1].

L'inviolabilité des Dakhmas assurée, une question vient naturellement se poser à l'esprit du lecteur européen : qu'adviendrait-il si un corps, par suite d'erreur, était déposé vivant

---

religionis historia, etc., etc. MDCCLX, p. 419. La planche XIII, p. 415, donne le dessin de deux Tours au sujet desquelles Anquetil a fait une importante rectification. Ce dessin tout de fantaisie donne une fausse idée du Dakhmé en présentant la porte sous le terrain du dedans ; il semble donc que les morts soient sur une espèce de terrasse, ce qui n'est pas. — *Z.-A.*, t. II, p. 590.

[1] « Whereas it has been represented to Government, by the Caste of the *Parsees*, that a European Inhabitant of this island, unobservant of that decency which enlightened people show to the religious ceremonies of the Natives of India, had lately entered one of the repositories for their dead, to the great distress, inconvenience, and expense of the said Caste: — the Acting President in Council has thought fit to reprimand the person alluded to for his improper conduct ; and in order to mark in the strongest manner his discountenance of such unwarrantable proceedings, and to deter others from the commission of the like indignities in future, he hereby causes it to be signified that whoever shall intrude themselves on the Temples, Tombs, or religious ceremonies of the Natives, residing under the protection of this Government, will be suspended the Hon'ble Company's service if in their employ, or if free merchants, mariners or others, be adjudged to have forfeited their licenses, and will be sent to Europe. By order of the Acting President in Council. WILLIAM PAGE, Secretary, *Bombay Castle, 29 th February 1792.* »

dans un *pavi* de la lugubre plate-forme ? Stavorinus fait allusion à cette éventualité et déclare que les *Nasâ-sâlârs* avaient ordre de tuer le malheureux qui oserait se relever de sa couche de pierre[1]. En 1826, on répandit le bruit étrange qu'un Parsi s'était échappé de l'un des Dakhmas de Bombay et que, pour se soustraire à la fureur de ses coreligionnaires, il s'était réfugié soit à Thana, soit dans un quartier retiré de la ville. Le Panchayet et les parents des défunts firent des recherches minutieuses pour savoir à quoi s'en tenir à ce sujet, mais leur enquête n'aboutit à aucun résultat. Le Panchayet, afin de calmer les populations fort troublées de cette rumeur, publia une proclamation dans laquelle une récompense de 200 roupies était promise aux *Nasâ-sâlârs* ou à tout autre individu qui, dans l'avenir, aiderait une personne exposée par erreur dans la Tour à regagner sa demeure.

Il y a 115 Tours du Silence dans l'Inde ; 65 sont actuellement employées ; 24 sont hors d'usage et 15 sont en ruine[2]. Sur ce nombre, 67 ont été bâties à l'aide de souscriptions publiques, 45 aux frais de pieux *Beh-dins* et 3 par de riches

[1] « Les corps qu'on a une fois déposés dans ces puits ne peuvent plus en sortir, sous quelque prétexte que ce soit ; et si, par accident, une personne qu'on aurait cru morte, revenait à elle-même après y avoir été portée, les préposés de ce funeste lieu ont ordre de la tuer sur le champ, ainsi qu'on en a eu, dit-on, anciennement plus d'un exemple. Ils s'imaginent que si quelqu'un venait à sortir d'un de ces puits, Dieu en serait tellement irrité, qu'il défendrait à la terre de porter des fruits, et que les habitants seraient affligés des plus terribles calamités. » STAVORINUS, *Voyage, etc., etc.*, t. II, chap. II, p. 17. — Niebuhr, en parlant de la fermeture de l'une des Tours du Silence de Bombay, donne une raison bien curieuse : « Cet édifice est actuellement fermé, dit-il, depuis que, à ce qu'on raconte, une jeune et belle fille qui était morte fort subitement et enterrée tout de suite avait reçu encore une visite de son amant dans ce lieu funèbre. » *Voyage, etc.*, t. II, p. 40.

[2] Voyez *Notes on the Towers of Silence in India*, by M. BOMANJEE BYRAMJEE PATELL, dans le *Journal of the Anthropological Society of Bombay*, vol. II, n° 1, pp. 55-65. On trouvera la liste complète des Tours dans les *Appendices*. Nous suivons l'orthographe des noms telle qu'elle est donnée dans le mémoire de M. B. B. Patell.

15

dames mazdéennes[1]. On en compte 7 à Bombay, 1 à Calcutta,
à Madras, à Alpai, sur la côte de Malabar, 2 à Aden et à
Kurrachee ; dans les provinces centrales, 1 à Ajmere, à
Mhow, à Neemuch, à Bhusaval ; dans le district de Surate,
11 à Surate même, 2 à Randeir, 3 à Bulsar, 4 à Tena, 2 à
Oodwâda, 1 à Sumali, à Mandvi, à Pardi, à Khergaum,
à Amrolee et à Bardoli ; dans le district de Broach 8,
dont 4 à Broach même, 2 à Ankleshwar, 1 à Ilao et à
Karanj. Il y en a 2 à Ahmedabad, 1 à Deesa, à Abu et 3 à
Cambay ; dans le Deccan, 2 à Poona, 4 à Ahmednagar, 1 à
Satara et à Sholapur ; dans le district de Thana, 16 dont
2 à Thana, 4 à Kalyan, 1 à Sanjan[1], 2 à Nargol, 2 à Davier,
3 à Tarapur, 1 à Borigad et à Godar, près de Sanjan,
2 dans le district de Nassick, 1 à Deolalee et 1 à Igatpura ;
dans les États du Nizam, 1 à Hyderabad, à Aurungabad, à
Balapur et 3 à Jaulna. Dans les établissements portugais, on
en trouve 3 à Daman et 1 à Diu ; dans les États du Guickowar
de Baroda, 2 à Baroda, 5 à Navsari, 3 à Billimora, 4 à Gandevi, 1 à Chikli, 1 à Tavri, à Mahava et à Sungad, près de
Navsari[3].

Les Parsis ont des enclos séparés pour leurs sépultures à
Macao, à Canton, à Singapore, à Hong-Kong et à Shanghai,
en Chine ; à Colombo et à Galle, dans l'Ile de Ceylan ; à Telli-
cherry, à Mangalore, à Cochin et à Cannanore sur la côte

---

[1] Ce sont : à Kalyan, la Tour bâtie par Navazbai, la veuve de Nusser-
wanji Dadabhoy Mody (1799) ; à Karanj, celle qui est due à Dinbai, la
veuve de Poojiajee Manajee (1828), et à Khergaum celle qui a été élevée
par Motibai, la veuve de Bomanjee Jamsetjee Moola (1882).

[2] Des neuf grosses Tours qui existaient à Sanjan, il ne reste que les
vestiges de l'une d'elles bâtie avant 1400, dont les murs sont en ruine ;
le *bhandár* seul existe.

[3] Comme les Parsis en arrivant dans une localité s'empressaient
d'ériger une Tour du Silence, si le nombre des membres de la communauté et leurs moyens le permettaient, on peut, en suivant les indications ci-dessus, avoir une idée assez exacte de leurs cantonnements
dans l'Inde.

de Malabar[1] ; à Delhi, à Lahore, à Ferozepore, à Rawal Pindee, à Mooltan, à Peshawar, à Sakar et à Sind dans l'Inde, enfin à Zanzibar et à Londres[2].

C'est à Bombay qu'on est le mieux à même d'étudier les sépultures des Parsis. Les *Dakhmas* forment un groupe imposant de sept grosses tours bâties au sommet de Malabar Hill, au-dessus du « Tulsi Reservoir » et des « Water Works ». Une des plus anciennes mentions qui en soient faites se trouve dans les lettres de Fryer[3]. A l'époque où ce voyageur vint à Bombay, une seule tour s'élevait sur la colline, celle de Modi Hirji Watcha. Ives, au XVIIIe siècle, en compte deux. « Un gardien, dit-il, placé à une petite distance se montre très irrité si l'on veut approcher des édi-

[1] Stavorinus en parlant des Parsis qui s'éloignaient de leurs familles pour les besoins de leur commerce, mentionne que, dans certains cas, les parents de ceux qui mouraient au loin, ne négligeaient aucun soin pour transporter leurs cendres dans les Tours ; certains dépensaient jusqu'à vingt mille roupies pour assurer aux défunts une sépulture suivant les préceptes de leur religion. (*Voyage*, etc., t. I, ch. xxviii, p. 361.)

[2] Les Parsis ont un endroit réservé pour leurs morts à Woking (Surrey), où *The London Necropolis C°* possède des terrains d'une grande étendue. En 1863, les Parsis y acquirent 25,000 *yards* carrés pour leur usage exclusif. Un comité formé à Londres prend soin de son entretien et de celui des tombes. On y a élevé un petit édifice en pierre. C'est là qu'on apporte les corps dans un cercueil et qu'on accomplit les rites funéraires, mais les cérémonies ne sont pas aussi complètes que dans l'Inde, parce qu'il n'y a pas de prêtres. En général, les deux Parsis qui les représentent sont de la caste sacerdotale, sans pour cela avoir reçu les ordres. De 1862 à 1894, seize Parsis, onze hommes, deux femmes et trois enfants, ont été ainsi inhumés loin de leur pays et de leurs bien-aimés coreligionnaires !

[3] *Op. cit.*, p. 67. « On the outside of the great inlet to the sea is a great point abutting against Old Woman's Island, and is called Malabar Hill, a rocky woody mountain, yet sends forth long grass. A top of all is a Parsee tomb lately raised. On its declivity towards the sea, the remains of a stupendous Pagoda near a tank of fresh water which the Malabars visited it mostly for. » (*Extract* from Dr John Fryer's Book of Travels, published in the year 1698. L'auteur arriva à Bombay le 8 décembre 1673.)

fices, par la raison qu'on trouble les vautours et qu'on les empêche d'accomplir leur besogne. Pourtant un matin, je résolus de satisfaire ma curiosité et de jeter un coup d'œil dans l'intérieur d'une des Tours. J'y vis plusieurs corps. Les os étaient dépouillés de chair, et le peu qu'il en restait était si bien desséché par l'ardeur du soleil qu'il ne s'en exhalait aucun effluve délétère, comme on était en droit de s'y attendre[1]... » Ives ajoutait dédaigneusement qu'à tout prendre cette coutume était odieuse et que les raisons données par les Parsis pour justifier l'attachement qu'ils avaient pour elle étaient vraiment ridicules[2].

Coutume et attachement, voilà les deux grands points qu'il convenait de présenter sous leur jour véritable. Les Parsis ont montré, à cet effet, un admirable bon sens, et pour y parvenir ils se sont quelque peu départis de leur extrême réserve. Il est évident que du jour où ils ont accordé l'entrée des enclos réservés et qu'ils ont donné des explications sur les rites qui accompagnent les funérailles, les répugnances des autres communautés religieuses ont commencé à disparaître[3]. Au risque de nous répéter dans certains détails, nous allons enregistrer la description des Tours du Silence de Bombay, telle que nous la devons à un des hommes les plus éclairés et les plus impartiaux qui en aient parlé, Sir M. Monier-Williams. Ses impressions, sa manière de voir doivent, selon nous, faire autorité, quant au sentiment des Européens sur le mode de sépulture des Parsis.

[1] E. Ives, A voyage from England to India, in the year MDCCLIV, etc., etc., p. 33.
[2] « Upon the whole, this is a most odious and abominable custom, and the reason they give for following it, is truly ridiculous. »
[3] De 1875 à 1884, plus de quatre mille personnes de toutes nationalités et de tout rang ont visité le grand parc des Tours du Silence à Bombay. Voyez : Reference to a model of a Tower of Silence, with explanatory notes relating to the mode of the Disposal of Dead Bodies of the Parsees. With an appendix. Bombay, 1885. Le plan de la Tour est le même que celui que nous avons donné p. 210.

UNE TOUR DU SILENCE A BOMBAY

« Les *Dakhmas* ou Tours du Silence sont bâtis dans un jardin au point le plus élevé de Malabar Hill, sur une colline située au Nord de Back Bay, fameuse par les *bungalows* et les parcs des riches habitants de Bombay, Européens ou Natifs.

« On arrive à ce jardin par une route bien entretenue, accessible aux seuls Parsis et fermée pour les autres par de solides portes en fer ; mais grâce au tout-puissant Sir Jamsetjee Jejeebhoy, je pénétrai sans obstacle et toutes les portes s'ouvrirent devant moi comme par enchantement[1]. Je traversai rapidement un enclos aussi bien entretenu qu'un parc, et je trouvai le Secrétaire du Panchayet parsi, M. Nusserwanjee Byramjee, qui m'attendait. Il me conduisit au point le plus élevé du terrain réservé, et nous nous arrêtâmes sur la terrasse de la plus grande des trois *Sâgrîs* ou maisons de prières qui dominent les cinq Tours du Silence. Cette *Sâgrî* contient le feu qui, une fois allumé et consacré par une cérémonie solennelle, est entretenu nuit et jour avec de l'encens, du bois de santal et ne doit jamais s'éteindre. Rien ne peut surpasser en beauté la vue dont on jouit de cette terrasse[2]. A nos pieds s'étendait la ville de Bombay en partie cachée par des plantations de cocotiers ; sa baie et son port étincelaient sous les rayons de la brillante lumière de Décembre ; au loin se déployait la chaine des Ghâtes, et autour de nous s'épanouissait un jardin comme on n'en admire que dans les pays tropicaux[3]. Il n'y a pas de propriété apparte-

---

[1] *An Account of the Towers of Silence* by Prof. Monier Williams, M.A., D.C.L., of Oxford, Boden Professor of Sanskrit, published in the London *Times* of the 28th January 1876. — La vue que nous donnons pl. 9, est due à M. Félix Régamey et a été faite par lui sur les lieux mêmes.

[2] Le prince de Galles rendit visite aux Tours de Silence de Bombay lors de son voyage aux Indes (1875). Voyez à ce sujet *The Bombay Gazette*, 18th nov. 1875. Les étrangers sont parfois admis à pénétrer dans l'enclos réservé.

[3] Au sud-ouést, on distingue le Prongs Light-House ; au nord-est, Sion Fort, Coorla Hill ; plus loin on aperçoit les vaisseaux dans le port, Karanjah Island, Butcher Island, les rochers d'Éléphanta, Matheran

nant à un seigneur anglais qui soit mieux entretenue, et l'on aurait peine à donner une idée de la magnificence des massifs d'arbrisseaux en fleurs, des cyprès et des palmiers dont elle est ornée. C'est bien là l'idéal du lieu du silence sacré et de l'éternel repos [1].

« Mais quels sont donc ces cinq édifices circulaires qui, çà et là, émergent mystérieusement du feuillage? Ce sont des masses énormes de maçonnerie assez résistantes pour durer des siècles, bâties en granit noir et dur, revêtues d'une couche de chaux blanche ; à peine méritent-elles le nom de tours, car leur hauteur est hors de proportion avec leur diamètre. La plus grande des cinq, bâtie avec de si solides matériaux que sa construction a coûté 3 lakhs de roupies, semblait avoir 90 pieds de diamètre et tout au plus 25 pieds de hauteur. La plus ancienne et à la fois la plus petite fut érigée en 1670, lorsque les Parsis s'établirent à Bombay ; les membres de la famille Modi, à laquelle cette tour est due, y sont seuls déposés, et c'est ainsi que les ossements de générations entières s'y trouvent entassés. Une seconde Tour fut construite en 1756, et les trois autres au siècle suivant [2]. Une sixième

Hill et les Sayadree Mountains dans l'éloignement ; plus bas les plantations de cocotiers de Chaupati, Gaumdevi et Girgaum ; puis la ville de Bombay avec ses monuments: Sir Cowasjee Jehangier College, le Byculla Club, le Jamsetjee Hospital et à droite l'hôtel des Postes, la haute Tour de l'Université, etc., etc.

[1] L'odeur désagréable souvent constatée par les voyageurs n'existe plus, et les précautions hygiéniques sont telles qu'aucun des riches habitants de Malabar Hill n'a eu lieu de se plaindre du voisinage des Tours du Silence.

[2] Nous ne suivrons pas ici M. Monier Williams. Il y a à Bombay sept Tours du Silence. Voici, d'après M. B. B. Patell (voyez les *Appendices*), l'ordre de leur érection : la première fut bâtie par Mody Hirjee Vacha et consacrée en 1670; la seconde par Maneckjee Nowrojee Sett et consacrée en 1756; la troisième par des souscriptions publiques et consacrée le 7 mai 1779 ; la quatrième par Mancherjee Jeevanjee Readymoney et consacrée le 9 septembre 1786 ; la cinquième par Dady Nasserwanjee et consacrée le 22 avril 1798; la sixième par Framjee Cowasjee Banajee et consacrée le 3 mai 1832; la septième par Cowasjee Eduljee Bisny et consacrée le 7 mai 1844.

s'élève à l'écart des autres ; elle est carrée : c'est là qu'on porte les corps des condamnés, car les os des criminels ne peuvent être mêlés à ceux du reste de la communauté. Un détail très caractéristique achève de donner un relief étrange à ces édifices si merveilleusement entourés de cyprès, de palmiers et d'arbustes délicats ; quoique dépourvu d'ornements et même de la plus modeste moulure, le parapet de chaque Tour possède un couronnement qui attire et fascine le regard : en guise de motifs décoratifs, se dessine sur le ciel la silhouette de vautours vivants ! Lors de ma visite, les oiseaux serrés côte à côte, la tête tournée vers l'intérieur, formaient un cercle parfait autour du parapet de la Tour ; et c'était si paresseusement qu'ils s'y étaient installés, leur immobilité était si complète que, n'était leur couleur, on eût pu les prendre pour des sculptures de pierre !

« Telle est la description de l'extérieur des fameuses Tours du Silence ; après leur consécration solennelle, nul, sauf les porteurs, n'y pénètre, et le grand prêtre lui-même ne peut en approcher à plus de 30 pieds. On me montra un modèle de la disposition intérieure.

« Figurez-vous une colonne ronde, sorte de cylindre massif de 12 à 14 pieds de haut et d'au moins 90 de diamètre, bâti en pierre avec, au centre, un puits de 15 pieds de profondeur et de 45 de diamètre, conduisant par un trou pratiqué dans la maçonnerie à 4 canaux disposés à angles droits l'un de l'autre et terminés chacun par des creux remplis de charbon. Un parapet en pierre de 14 pieds de hauteur entoure la partie supérieure de cette masse solide et empêche de voir à l'intérieur. C'est ce parapet qui, à l'extérieur, paraît former une seule masse avec l'appareil en pierre, et qui, à cause de son revêtement de chaux, donne à l'ensemble l'apparence d'une tour écrasée. La plateforme est divisée en 72 compartiments ou cases ouvertes qui, partant du point central, sont disposés comme les rayons d'une roue et sont partagés en trois rangées concentriques séparées les unes des autres par d'étroits conduits de pierre qui servent de rigoles pour amener l'humidité dans le puits et dans les canaux inférieurs. Il est bon de faire observer que le nombre trois est l'emblème des trois préceptes de Zoroastre, et le nombre soixante-douze celui des chapitres du Yasna, une des sections du Zend-Avesta.

« Chaque rangée de cercueils de pierre est séparée par un passage, ce qui fait ainsi trois passages circulaires ; le dernier entoure le puits central. Ces trois passages sont traversés par une allée qui conduit à la porte unique par laquelle entrent les porteurs. Dans la première rangée sont placés les corps des hommes, dans celle du milieu ceux des femmes, et dans la dernière, la plus petite, près du puits, ceux des enfants.

« Pendant que j'étais occupé avec le Secrétaire à examiner le modèle de la Tour, une certaine agitation parmi les vautours appela notre attention : une centaine d'oiseaux réunis sur l'une des Tours commencèrent à bouger, tandis que d'autres se laissaient tomber lourdement des arbres du voisinage. La cause de ce mouvement nous fut bientôt révélée : un convoi approchait. Le corps, à quelque rang qu'appartienne le défunt, riche ou pauvre, que la demeure soit proche ou éloignée, est toujours porté à la Tour par les *Nasasalars* qui forment une classe à part dans la communauté. Les personnes qui suivent le convoi viennent après. Comme les porteurs sont supposés impurs à cause de leurs fonctions, ils vivent complètement séparés du reste de la communauté et sont largement rétribués.

« Avant d'enlever le corps de la maison où sont assemblés les parents et les amis, on récite des prières contenant certaines *Gâthâs* ou préceptes moraux, et le cadavre est exposé aux regards d'un chien que les Parsis considèrent comme un animal sacré. Cette dernière cérémonie est appelée *Sag-dîd*.

« Le corps enveloppé dans un drap blanc est placé ensuite sur une bière de fer, et les porteurs habillés de vêtements blancs s'avancent vers les Tours ; les parents et les amis, éga-

lement habillés de blanc et unis deux à deux par un
mouchoir, suivent à la distance d'au moins trente pieds.
Les funérailles dont je fus témoin étaient celles d'un enfant.

« Quand les porteurs furent arrivés au chemin en pente
qui conduit à la porte de la Tour, les assistants au nombre de
huit entrèrent dans une des maisons de prières. « Là, me dit
le Secrétaire, ils répètent certaines formules et demandent
que l'âme du défunt entre le 4e jour après sa mort dans le
repos éternel. »

« La Tour choisie pour l'exposition contenait déjà les
restes de plusieurs membres de la famille. Les deux *Nasasalars* ouvrirent la porte rapidement et emportèrent respectueusement le corps de l'enfant dans l'intérieur ; puis, détails
invisibles pour tous, le déposèrent selon les rites dans un des
Kesh le plus rapproché du puits central. Cinq minutes après,
ils reparurent avec la bière et le drap blanc. A peine eurent-
ils refermé la porte qu'une douzaine de vautours, rapidement
suivis par d'autres, s'abattirent sur le corps. Bientôt les
oiseaux repus revinrent s'établir sur le parapet ou s'envolè-
rent dans les arbres : ils n'avaient laissé qu'un squelette ! Pendant ce temps les porteurs entrèrent dans un bâtiment voisin
où ils changèrent leurs vêtements et se lavèrent. Peu après,
nous les vîmes en sortir et déposer non loin dans un réceptacle en pierre les vêtements employés pour les funérailles et
désormais hors d'usage ; car pour éviter que la contagion ne
se répande en ville, pas un fil ne quitte le jardin, et des habillements neufs sont fournis pour chaque convoi. Au bout de
quinze jours, un mois tout au plus, les mêmes porteurs
retournent à la Tour, et, munis d'instruments en forme de
pincettes, les mains gantées, ils jettent le squelette desséché
dans le puits central où les os trouvent enfin leur dernier asile.
C'est là que se confondent les cendres de générations entières
et qu'elles y restent des siècles à l'abri des profanations.

« La vue révoltante des vautours repus me fit tourner le
dos à la Tour avec un geste de dégoût ; je demandai au

Secrétaire comment on pouvait justifier une coutume pareille.
Sa réponse fut celle-ci : « Notre prophète Zoroastre, qui
vivait il y a plus de trois mille ans, nous a enseigné à considérer les éléments comme des symboles de la divinité. La
terre, le feu, l'eau, dit-il, ne doivent jamais être souillés
dans n'importe quelles circonstances par le contact de la chair
putréfiée. Nus nous venons en ce monde; nus nous devons
le quitter. Il faut que les molécules de nos corps soient
anéanties aussi rapidement que possible pour que la Terre,
notre mère, et les êtres qu'elle contient ne soient souillés
d'aucune façon. Il est évident que notre Prophète a été le
plus grand de tous les officiers de santé, et c'est en suivant
ses prescriptions que nous avons bâti nos Tours sur le sommet des collines, au-dessus de toutes les habitations humaines. Nous ne reculons devant aucune dépense lorsque nous
les construisons pour nous procurer les plus durs matériaux,
et nous plaçons les corps putréfiés à ciel ouvert sur des lits
en pierre qui reposent sur une épaisseur de quatorze pieds de
solide granit, non pour être la proie des vautours, mais pour
être anéantis de la manière la plus rapide en évitant de souiller
la terre ou de contaminer un seul des êtres vivants qui l'habitent. Dieu envoie les vautours[1], et il convient de dire que

---

[1] On pourrait craindre que des débris humains enlevés par les vautours ne fussent jetés soit sur les routes, soit dans les jardins environnants.
Il n'en est rien. Le *Commissioner of Police* et président du *Municipal
Corporation* a déclaré en pleine séance (23 janvier 1882) que pendant
les quinze années qu'il avait résidé à Bombay et tout le temps qu'il
avait exercé sa charge, il n'était jamais parvenu à sa connaissance que
des lambeaux de chair ou des ossements fussent tombés hors des murs
de l'enclos des Tours.— Quant aux vautours, leurs habitudes sont telles
qu'on peut être pleinement rassuré; ces oiseaux, lourds et voraces, ne
volent jamais bien loin : gorgés de nourriture, ils digèrent engourdis le
plus près possible de leur proie que, par la disposition de leurs serres, ils
ne peuvent ni saisir ni transporter. — A Bombay, ils sont au nombre de
110; bien qu'il y ait des mâles et des femelles, ils ne se reproduisent pas;
on n'a jamais trouvé leurs petits; ils ne meurent pas là. On ne sait ni où ils
naissent ni où ils ont leur nid. (Cette dernière communication est due à
M. M. C. Murzban et citée dans DARMESTETER, *Avesta*, *Vendidad*, p. 156.)

ces oiseaux accomplissent leur besogne plus rapidement que
des millions d'insectes; si nous confiions nos morts à la terre.
Au point de vue sanitaire, rien de meilleur que notre système; l'eau de pluie qui lave les squelettes est conduite par
des canaux sur du charbon qui la purifie. Ici même, dans ces
cinq Tours, sont confondus les os de tous les Parsis qui ont
vécu à Bombay depuis deux cents ans; c'est ainsi qu'unis
dans la vie, nous sommes encore unis dans la mort! »

« Quand le Secrétaire eut achevé de me présenter la
défense des Tours du Silence, je ne pus m'empêcher de
penser que si l'exposition des corps choque nos idées et nos
sentiments européens, notre manière d'enterrer les morts,
aux yeux des Parsis, doit être tout aussi révoltante. L'abandon du cadavre à l'appétit de myriades de vers dévorants ne
nous cause de terreur que parce que leur travail mystérieux
échappe aux regards des survivants; aussi n'oublions pas
qu'il est défendu aux Parsis de suivre le vol des oiseaux!
Pourquoi donc nous étonner de leur préférence pour un
mode de destruction plus rapide? Lequel des deux est le plus
raisonnable au point de vue de la salubrité? »

Le vendredi 10 novembre 1876, Sir M. Monier Williams
rendait une nouvelle visite aux Dakhmas et en parlait en
ces termes : « Il n'y a pas d'endroit à Bombay où la brise
soit aussi saine que dans les beaux jardins qui les entourent.
Pendant mes voyages dans l'Inde, de Kashmir au cap Como-
rin, rien ne m'a autant intéressé que mes deux visites aux
Tours du Silence! »

CHAPITRE VI

Le Panchayet.

§ 1

Nous ignorons les lois et les coutumes qui régirent les Parsis lors de leur établissement dans le Goudzerat. Il est probable que les notables de la communauté durent profiter des avantages de leur position pour régler les affaires intérieures, et ainsi prévalut peu à peu le système hindou du *Panchayet.* On sait que dans l'Inde, en effet, chaque village, chaque ville a son Panchayet, dont les fonctions ont beaucoup d'analogie avec celles des conseils municipaux européens. L'institution de ces assemblées est fort ancienne; à l'origine, elles se composaient de cinq *(pancha)* membres; car un proverbe déclare que « la voix de Dieu est dans les cinq » *(Panch men Paramésvara).* Aujourd'hui elles ne sont nulle part réduites à ce nombre.

Au temps de Manu (XII, 110), il y avait deux conseils, l'un de quatre membres, l'autre de onze. A présent, chaque caste, chaque métier, chaque association a son Panchayet; à une époque même, les régiments natifs élisaient leurs officiers et les petits états leurs chefs. Les Anglais ont toujours encouragé les populations à régler de la sorte les contestations intimes, et ont consolidé l'autorité des Panchayets, sans pour cela donner de validité légale à leurs décisions.

Le gouvernement intérieur des Parsis fut donc basé sur le régime du Panchayet. Ce furent les plus riches ou les plus instruits qui devinrent les chefs; les exilés allaient désormais bénéficier des avantages de la tolérance des Hindous et, caste nouvelle, garder leur indépendance en se perdant au milieu des divisions familiales de l'Inde. La tradition servit longtemps- de base à leurs règlements; mais, comme nous l'avons vu (*supra*, pp. 38-39), le besoin se fit sentir de renouer avec l'Iran des relations suivies pour s'éclairer sur bien des points litigieux. On comprend facilement qu'étant données les circonstances dans lesquelles les Parsis quittèrent la Perse et leur vie nouvelle au milieu de populations de race et de culture différentes, il était important de se rapprocher des frères restés dans la mère patrie[1]. C'est ainsi que les *Rivayâts* formèrent peu à peu un ensemble de questions et de réponses qui firent loi dans mainte circonstance.

En 1642, la *Parsee Prakâsh* enregistre une première assemblée à Nauçari[2]; mais il semble que le Panchayet ne fut constitué qu'à l'époque où Bombay passa entre les mains des Anglais, quand la colonie parsie fut assez prospère pour étendre son influence civile sur les villes du Goudzerat, tandis que les prêtres, à Nauçari, continuèrent, comme ils l'ont fait depuis, à exercer l'autorité suprême en ce qui concernait les questions religieuses. Le Panchayet se composa des anciens et des membres influents de la communauté, et ses ordonnances furent docilement obéies sans que les parties fissent jamais appel aux autorités locales; il possédait

---

[1] Les Perses fugitifs n'emportèrent avec eux que les livres purement liturgiques; ce fut au XVe siècle, comme nous l'avons vu, que les relations renouées avec l'Iran donnèrent un nouvel essor à la vie religieuse de la communauté. Les Zoroastriens, quelque persécutés qu'ils eussent été, n'avaient pas encore subi les dernières rigueurs du siège de Kirman et étaient à même de fournir de précieux renseignements sur la saine tradition. En compulsant les *Rivâyâts*, on se rend compte d'ailleurs assez facilement des documents que les Iraniens possédaient encore. (*Parsee Prakâsh*, p. 7.)

[2] La première mention d'une assemblée du Panchayet est faite dans la *Parsee Prakâsh*, p. 14. Cette réunion eut lieu le 6 novembre 1642, au sujet des dépenses exagérées faites lors des fiançailles qu'il convenait d'enrayer au moyen d'amendes. Cette précieuse information est tirée d'un ancien manuscrit appartenant à la Bibliothèque du premier Dastur Meherji Rana par Ervad Jamaspji Sorabji Dastur Meherji Rana.

d'ailleurs une arme redoutable — l'excommunication — qui aurait suivi la désobéissance; pareille à l'exclusion de caste chez les Hindous, elle privait le délinquant de tout rapport avec ses coreligionnaires, l'éloignait des cérémonies religieuses, des mariages et des convois funèbres; enfin, s'il venait à mourir, elle lui enlevait le consolant privilège d'être inhumé selon les rites parsis. Nous avons peine à comprendre un état de choses si particulier, si différent des habitudes et de l'esprit de nos sociétés modernes. Cette organisation est pourtant très juste, très profitable et pendant longtemps elle porta des fruits excellents. Les voyageurs ont toujours remarqué la docilité des parties et la sagesse des juges[1].

Toutefois, vers le milieu du XVIIIe siècle, le Panchayet de Bombay sentit décroître sa force. A l'origine, les délinquants étaient frappés avec un soulier, mais lorsque les Anglais furent devenus maîtres de Bombay, ce moyen de répression souleva quelques difficultés. C'est ainsi que le Panchayet, en juin 1778, adressa une pétition au gouverneur William Hornby[2], afin qu'on lui accordât l'autorité néces-

---

[1] Mandelslo constate que les Parsis portaient leurs différends devant deux des plus considérables de la nation et qu'ils ne plaidaient jamais devant d'autres juges. (*Voyages*, éd. Wicquefort, p. 184.) En parlant de Surate et de la position des chefs de la communauté parsie, Stavorinus s'exprime en ces termes : « Ils leur tiennent lieu en même temps de prêtres ou pontifes, et sont chargés de terminer à l'amiable les petits différends qui s'élèvent entre eux. Le vol, le meurtre et autres grands crimes qui troublent l'ordre de la Société sont punis par le Nabab ou gouverneur de la ville. Celui-ci se conduit néanmoins avec beaucoup de circonspection, parce qu'il est obligé de ménager davantage les Persans que les Mores et les Gentoux, tant à cause de leur grand nombre que de leur courage; aussi vivent-ils, pour ainsi dire, dans une entière indépendance. D'ailleurs il ne se commet parmi eux, à ce qu'on m'a dit, que fort peu de ces délits capitaux; et comme ils vivent isolés dans des quartiers particuliers où ils ne permettent à aucun étranger d'habiter, il leur est facile de tenir secret tout ce qui peut n'être pas à leur avantage. » *Voyage*, etc., t. II, ch. I, p. 6.

[2] La permission de frapper avec le soulier se continua, — dit-on, — jusqu'en 1823.

saire pour l'infliger. Cette permission lui fut pleinement donnée ainsi que le droit de s'ingérer dans les affaires privées et religieuses de la communauté, celui de punir les coupables selon les coutumes déjà en vigueur et de conserver l'usage du « soulier », sans employer d'autre punition corporelle. (*Parsee Prakâsh*, p. 56.)

Ce fut la première fois que le Panchayet fut investi d'un pouvoir régulier avec la sanction du gouvernement. Sept ans plus tard, il s'éleva une violente contestation qui nécessita encore l'intervention du gouvernement, au sujet d'une ordonnance déjà ancienne (1777) qui défendait tout mariage entre les filles de *Beh-dins* (laïques) et les fils de *Mobeds* (prêtres), en réponse à une autre ordonnance faite par ces derniers qui voulaient bien épouser des filles de laïques, mais ne permettaient pas aux leurs de s'établir en dehors de la classe sacerdotale. Or la querelle s'était ranimée par le mariage ou les fiançailles d'un fils de *Mobed* avec une fille de *Beh-din*, malgré la loi édictée par le Panchayet. Trois Européens, MM. John Forbes, Edward Ravenscroft, James Stevens, furent délégués pour connaître de l'affaire et présenter un rapport sur les meilleurs moyens de la terminer (21 avril 1786). Les membres de la commission donnèrent leur avis ; ils déclarèrent que l'ordonnance faite par les mobeds était injuste et autorisait pleinement les rancunes des *Beh-dins*. Ces Messieurs avaient mis le doigt sur la plaie ; les prêtres n'avaient fait cette ordonnance que pour s'enrichir en accaparant les filles richement dotées, sans que les laïques pussent, à leur tour, profiter de ces avantages en épousant des filles de mobeds bien rentées.

Cette discussion fournit aux commissaires l'occasion d'émettre le vœu que le Panchayet, dont l'autorité semblait plutôt usurpée que reconnue, fût investi par le gouvernement d'une manière formelle du droit de terminer les petites querelles et les discussions en matière religieuse ; mais ils se montrèrent hostiles à l'emploi du soulier et en demandèrent l'abolition. Le gouverneur décida en conséquence que lo Panchayet ou assemblée générale des Parsis avait le droit de faire des règlements pour le bien et le profit de la communauté, ainsi qu'il est d'usage chez les indigènes soumis au gouvernement britannique (15 mai 1786).

Le Panchayet fut donc autorisé à envoyer le nom de vingt-quatre personnes parmi lesquelles douze devaient être choisies pour former un comité qui prendrait en main la direction des affaires intérieures des Parsis. Cet appel fut entendu et compris. Vingt-quatre noms furent mis en avant, et le 1ᵉʳ janvier 1787, le Panchayet fut constitué avec injonction de rendre bonne justice, sans crainte ni partialité[1]. (*Parsee Prakâsh*, p. 68.)

Pendant près de vingt ans cette institution prospéra; mais la mort ayant éclairci les rangs des anciens membres, elle déclina peu à peu. Le 4 mars 1818, les « leaders » essayaient toutefois de se montrer à la hauteur de leurs fonctions. Un « meeting » réunissait au Temple du Feu Dadiseth la communauté entière pour élire dix-huit membres, douze laïques et six prêtres, et élaborer d'utiles réformes. (*Parsee Prakâsh*, p. 136.)

Pour nous rendre compte de la manière dont se passaient ces assemblées, nous allons consulter une sorte de compte rendu de cette séance qui nous mettra au courant des préoccupations de l'époque et des austères devoirs des délégués. Avant l'adoption de ces lois et règlements (*Bundobusts*), il n'y avait pas de formules écrites ou enregistrées. Les *Bundobusts* sont les édits du Panchayet qui définissaient le genre de châtiment qu'on devait infliger au transgresseur des lois de la caste. La promulgation se faisait en envoyant dans chaque rue, place ou lieu habité par les Parsis, un

---

[1] Les douze désignés par le gouverneur furent : Jamshed Boga Modi, Nanabhai Beramji, Manakji Naorozji Wadia, Dadabhai Nasarvanji, Hirji Jivanji, Sorabji Mancherji, Shapurji Bamanji, Dastur Kavasji Rastamj, Sorabji Nanabhai Seth, Dorabji Framji, Kavasji Bhikhaji et Dosabji Fardunji (16 mars 1787).

crieur qui proclamait que tel jour, à telle heure, dans tel
Temple, une assemblée allait se tenir pour statuer sur telle
ou telle affaire. Tout Parsi, à quelque rang qu'il appartint,
avait le droit de prendre part à cette réunion, d'émettre un
vote ou une proposition que les chefs soumettaient à la sanction des membres; d'ailleurs ceux-ci étaient invariablement
proposés aux assemblées générales et formellement élus par
acclamation; aucun mandat,— religieux ou de nature civile,
— ne pouvait être accordé ou retiré qu'après avoir reçu, à
défaut de la sanction de la communauté entière, celle de la
majorité de tout le corps des Parsis présents à l'assemblée.
Au grand honneur de ceux qui furent investis pendant longtemps de ce pouvoir, il convient de dire qu'ils surent gagner
et conserver l'estime et le respect, non-seulement des Parsis
de Bombay, mais encore de ceux du Goudzerat et des autres
parties de l'Inde. Leurs décisions furent tenues pour valables
même par la Cour Suprême et les autorités judiciaires de
Bombay, jusqu'au jour où l'insubordination se mit dans la
communauté et le désaccord parmi ses chefs. Revenons à
la séance du 4 mars 1818[1].

« *Sumat* 1874 *Mah Vud* 12, le mercredi (correspondant au)
4 mars 1818 de J.-C. et le premier jour du 6e mois *Shurevur*
de l'ère de Yezdezurd 1187. — Ce jour-là, tout le *Punchyat*
ou assemblée générale composée de *Dastoors*, de *Mobeds* et
de *Behdins* fut convoqué dans le Temple du Feu de Sett
Dadabhoy Nesserwanjee, et il fut résolu ce qui suit :

« Attendu que de temps immémorial toutes les querelles

---

[1] Nous aurons souvent recours, dans les citations qui vont suivre à une
brochure intitulée: *The Parsee Panchayet; its rise, its fall and the causes
that led to the same. Being a series of letters in the Bombay Times of
1844-45, under the signature of Q. in the Corner. (Republished at the
request of some gentlemen of the Parsee community and with the permission of the author.)* Bombay, 1860. La signature était celle de
Manakji Kharshedji, juge à la Cour *of Small Causes*, fils de Kharshedji
Manakji Shroff, élu membre du Panchayet par l'Assemblée générale du
4 mars 1818.

dans notre caste ayant rapport, soit à la religion, soit à d'autres sujets, ont été soumises aux principaux chefs ou membres du Punchyat, et ont été réglées par eux avec l'approbation de toute notre caste. Il y a longtemps que douze personnes ont été choisies parmi les membres de notre Punchyat et reconnues par le Gouverneur Général (*in council*) et que deux ou quatre d'entre ces douze avaient l'habitude de connaître de toutes les affaires et de décider lorsqu'on les portait devant elles. Après leur mort, les gens continuèrent d'en référer à leurs fils que leur compétence mettait à même de juger. Plusieurs de ces derniers sont morts à leur tour ; d'un autre côté notre communauté augmente tous les jours à Bombay, et beaucoup parmi nous se trouvent hors de la bonne voie et transgressent nos lois ; c'est pourquoi le Punchyat entier s'est assemblé en ce jour et a décidé que douze « *Behdins* » et six « *Dustoors* » et « *Mobeds* », en tout dix-huit individus, connaîtraient des différends qui s'élèveraient entre les gens de notre caste ainsi que des plaintes portées devant eux, qu'ils entendraient le plaignant et feraient comparaître le défendeur pour recueillir les témoignages respectifs et juger ainsi qu'il convient.

« Les noms des dix-huit individus ainsi choisis sont : Laïques : Dawur Framjee Nanabhoy, Vadiajee Jamsetjee Bomanjee, Sett Cursetjee Ardaserjee, Sorabjee Vatcha Ghandy, Burjorjee Dorabjee, Dady Burjorna, Cursetjee Manockjee Shroff, Dunjeebhoy Sorabjee Readymoney, Vadiajee Hormusjee Bomanjee, Framjee Cowasjee Banajee, Dadabhoy Cowasjee Soyer, Pestonjee Bhicajee Pandena, Nowrojee Maharjee. — Les six Dustoors et Mobeds sont : Dustoorjee Cursetjee Jamsetjee, de Nowsary, Moola Pherozjee Cowasjee, Sett Merwanjee Nowrojee, Sett Rustomjee Sapoorjee, Punthitree (*Panthaki*) Dorabjee Framjee, Andhearoo Hormusjee Dorabjee Luskaree.

« Les personnes ci-dessus mentionnées ont été nommées suivant les règlements ; mais afin d'obvier aux retards qui peu-

vent se produire quand il faut les réunir à la fois, si les affaires sont de peu d'importance, comme Vadiajee Jamsetjee
Bomanjee et Vora[1] Framjee Nanabhoy Davur ont jugé jusqu'ici dans ces sortes d'affaires, il est résolu qu'ils continue-
ront à le faire selon les lois du Punchyat. Dans le cas où ils le
croiraient nécessaire, ils s'adjoindraient deux ou quatre autres collègues parmi ceux qui viennent d'être nommés, et ainsi
réunis ils s'efforceraient de rendre justice aux intéréssés.
Leurs décisions agréées des parties seront approuvées par le
Punchyat; mais si quelqu'une des parties, après avoir
accepté la décision, refuse de s'y soumettre, elle sera punie
par le Punchyat selon l'étendue de son crime[2].

« En outre, si le plaideur est mécontent de la sentence des
deux ou quatre juges et demande que les dix-huit se réunissent ou bien que dix ou douze connaissent de son cas; de
plus s'il a le désir d'ajouter d'autres membres aux dix-
huit déjà mentionnés, alors on pourra adjoindre six
membres, et le cas sera jugé conformément. Si la décision obtient l'approbation du Punchyat et si quelqu'une
des parties refuse de s'y soumettre, le Punchyat punira le
récalcitrant suivant l'étendue du crime.

« En outre, si le plaignant demande que son cas soit renvoyé devant le Punchyat réuni, on assemblera un Punchyat général où siègeront jeunes et vieux qui décide-
ront, et si l'assemblée se divise, il est ordonné alors que la

[1] Ancien titre d'honneur pour les laïques répondant au *seth* ou *sahib*
d'aujourd'hui.

[2] La grande autorité du Panchayet est pleinement dévoilée par le
dernier paragraphe dans lequel il est expressément dit que, — quoique
ces *Bundobusts* ne soient signés que par certains membres de la communauté et non par tous, — ils engagent *tous* les Zoroastriens (*wearing
the badge of Zordost*) qui vivent maintenant à Bombay, ceux qui dans
la suite y arriveront et s'y établiront, et quant à ceux qui ne se con-
formeront pas aux règlements ci-dessus énoncés ils seront punis par le
Panchayet. — Suivent les signatures des membres du Panchayet et une
longue liste de celles des plus respectables Parsis de l'époque.

décision de la majorité soit considérée comme valable et
acceptée comme telle. Si quelqu'une des parties refuse de se
soumettre, elle sera punie par le Punchyat, suivant son
crime. »

Viennent ensuite d'intéressants règlements au sujet du
mariage. La bigamie avait toujours été strictement prohibée
chez les Parsis ; pendant des siècles on avait obéi scrupuleu-
sement aux lois, mais peu à peu il s'introduisit un relâche-
ment regrettable. Certains époux renvoyaient leurs femmes
pour incompatibilité d'humeur ou pour cause de stérilité, et
en épousaient d'autres ; dans ces cas-là, le Panchayet s'était
toujours réservé le droit de décider, soit en sanctionnant,
soit en rejetant les requêtes [1].

Ces usages avaient duré pendant des siècles ; mais au
commencement du XIXᵉ on s'aperçut que beaucoup d'épouses innocentes étaient délaissées par des époux vicieux et

---

[1] « Un homme, selon la loi, ne doit avoir qu'une femme : mais si cette
femme est stérile, elle peut permettre à son mari d'en prendre une
seconde, pour avoir des enfants. Cet homme habite avec cette seconde
femme, après avoir reçu la bénédiction nuptiale, comme pour un
second mariage ; et il est obligé de garder chez lui la première. Il ne
pourrait même en prendre une seconde, si celle-là n'y consentait pas.
Pour ce qui est de la femme, son mari a beau être impuissant, il ne lui
est pas permis de se marier de son vivant à un autre homme. »
Sadder Boundehesch, dans le *Vieux Rav.*, fol. 139 verso. *Ravaët
de Kamdin.*

« Lorsque la femme obéit fidèlement aux ordres de son mari, il est
enjoint à celui-ci de bien vivre avec elle et de lui fournir tout ce dont
elle peut avoir besoin. Mais si elle est rebelle, qu'elle dise quatre fois à
son mari : Je ne veux pas de vous, je ne suis pas votre femme, etc., et
persiste un jour et une nuit dans cette disposition, le mari peut se
séparer d'elle, et n'est obligé, ni au douaire, ni à rien de ce qu'il a promis : cette femme est digne de l'enfer. »
Sadder Boundehesch, loc. cit.

« Il est permis au mari de répudier sa femme dans trois autres cas ;
sçavoir : 1° lorsqu'elle mène publiquement une vie scandaleuse ; 2° lorsqu'elle se laisse approcher dans ses temps critiques ; 3° lorsqu'elle est
adonnée à la magie. » ANQUETIL DUPERRON, *Z.-A.*, t. II, *Usages civils et
religieux des Parses*, p. 561.

que l'impunité allait toujours croissant. C'est alors que le Panchayet avait résolu d'arrêter le mal et avait convoqué cette réunion à l'effet de promulguer des lois spéciales visant ces abus. Il en résulta un ensemble de règlements fort curieux.

La fermeté de ces décisions avait fait rentrer dans le devoir bon nombre de délinquants. On verra, par le cas suivant, avec quelle vigueur le Panchayet savait faire respecter ses décrets. Un nommé Jamsetjee Byramjee Luskuree, parent d'un des membres du Panchayet, était revenu de Calcutta à Bombay possesseur d'une grosse fortune; il ne craignit pas d'enfreindre les lois nouvellement en vigueur et se maria du vivant de sa femme dans une petite localité des environs de Surate. Le Panchayet réunit aussitôt l'*Anjuman* : Jamsetjee et sa nouvelle épouse furent non-seulement excommuniés, mais encore le propre père de Jamsetjee fut forcé de les chasser du foyer paternel pour ne pas à son tour encourir l'excommunication. Blessé au vif, le riche Jamsetjee ne connut plus de mesure et ne craignit pas de frapper le prêtre auquel était délégué le devoir de lui signifier la sentence. Toutefois, appelé à comparaître devant les magistrats, il exprima des regrets au sujet de la scène fâcheuse qui s'était passée et se montra prêt à se soumettre à telle punition qu'il plairait au Panchayet de lui infliger, conservant au fond l'espoir qu'on en userait avec ménagement; mais le Panchayet convoqua une seconde réunion et arrêta la résolution suivante (10 avril 1818) : « Que ledit Jamsetjee Byramjee Luskaree prendrait de sa main un de ses souliers, s'en frapperait cinq fois la figure en présence de la communauté assemblée pour assister à cette réparation, et qu'ensuite un *putka* (étoffe grossière) au cou, il demanderait pardon au Panchayet, ainsi qu'au prêtre qu'il avait insulté, et qu'il remettrait à celui-ci le montant de la somme qu'il avait fallu débourser pour le poursuivre. »

Ce fut le 16 juin 1818, dans le Temple du Feu Dadiseth, que Jamsetjee fut jugé et condamné à s'humilier devant tous ses coreligionnaires. Le 2 juillet suivant, après des soumissions et des excuses sans nombre, Jamsetjee, afin d'obtenir sa réintégration, n'en fut pas moins bel et bien obligé, le *putka* au cou, de comparaître devant le Panchayet, de remettre à sa première femme tous ses biens et ses joyaux et de déposer entre les mains du Panchayet une somme de deux mille roupies pour son entretien. Sa seconde femme fut forcée de se soumettre à une purification et de payer une amende au Panchayet. — Ce ne fut qu'après avoir accédé à ces dures conditions que Jamsetjee Byramjee fut admis de nouveau dans le șein de la communauté[1].

Les effets de l'exclusion de caste évités par l'obéissance de Jamsetji n'étaient pas illusoires. En 1793 (12 juillet), nous voyons dans un *meeting* au Darimehr de Seth Banaji Limji le cas d'un nommé Framji Cooverji qui tenait une boutique de spiritueux. (*Parsee Prakâsh*, p. 873.) Ledit Framji s'était plaint au Gouverneur que Seth Pestonji Bomanji Wadia, de son chef et sans le consentement du Panchayet, l'avait exclu de sa caste pour bigamie, et qu'un *mobed*, dans une tournée générale, avait empêché les coreligionnaires de se pourvoir chez lui ; de là un grand dommage dans son commerce. Toutefois d'autres Parsis, coupables de bigamie, n'avaient pas éprouvé de telles rigueurs ni des pertes aussi sérieuses dans leurs affaires. Le Gouverneur avait renvoyé la pétition au Panchayet qui, après avoir pris connaissance des deux documents, déclara que Framji Cooverji avait été légalement exclu de sa caste; que Seth Pestonji Wadia n'avait agi que d'après les vœux de la communauté et non d'après sa propre initiative; enfin que la défense d'acheter des spiritueux chez Framji était juste, puisque nul coreligionnaire ne pouvait se mettre en contact avec un Parsi excommunié[2]. Quant

[1] *The Parsee Panchayet*, etc., p. 7-9.
[2] Le *Bundobust* mentionne une assemblée antérieure, tenue le 19 février

à ce qui regardait les autres Parsis qui avaient épousé une seconde femme du vivant de la première, ceux-là l'avaient fait dans des circonstances spéciales, avec l'agrément du Panchayet.

Ces exemples de bigamie étaient très fréquents. Ainsi, en 1792 (20 décembre), on discutait au Darimehr de Banaji Limji sur le cas d'un Parsi qui avait obtenu d'un mobed de le marier secrètement à Pelah selon les rites. Le mariage fut dissous; la seconde femme dût retourner chez ses parents et tout rapport avec son mari lui fut interdit. Le délinquant, la femme coupable et celles qui l'avaient suivie à Pelah, durent se soumettre à une purification, enfin les valets du Panchayet eurent l'ordre de se rendre chez la seconde femme et de briser les bracelets en verre (*bangri*) qu'elle portait aux poignets [1]. — En 1794 (8 mars), dans le village de Soomalee près de Surate, un Parsi marié se conduisait mal avec une coreligionnaire ; réprimandé comme il convenait et invité à se mieux comporter vis-à-vis de sa femme légitime, l'époux infidèle accéda par écrit à quitter celle qui l'avait détourné de ses devoirs et à reprendre la vie conjugale. Quant à sa complice, il fut résolu qu'un des serviteurs du Panchayet la remettrait entre les mains du *Patel* et autres respectables Parsis de Soomalee qui la surveilleraient étroitement afin de l'empêcher de récidiver, et que le Modi de Surate, pour le compte du Panchayet, paierait Rs. 4 par mois pour son entretien. Dans le cas où cette femme n'agirait pas suivant l'arrangement pris par le Panchayet, celui-ci en informerait les autorités gouvernementales.

1791, où sont définies les causes et les conséquences de l'excommunication.

[1] Les bracelets en verre sont portés par les jeunes filles et les femmes mariées. On les leur enlève quand elles deviennent veuves. C'est une vieille veuve qui s'approche de la nouvelle et brise ses *bangri*, dès que le corps du défunt a été enlevé du domicile conjugal.

Des femmes venaient aussi réclamer leur liberté devant la redoutable assemblée dans le cas où leurs époux, partis au loin pour les besoins de leur commerce, ne reparaissaient plus au domicile conjugal[1].

L'une, Heerabai, par l'entremise de son oncle paternel Naorozji Jamshedji Mehta, se plaignait de ce que son mari Jamshedji Dorabji Watcha était au Bengale depuis neuf ans, et elle priait le Panchayet de s'intéresser à son sort. L'assemblée décida qu'on écrirait au mari, et qu'après une année écoulée sans réponse, sa femme aurait l'autorisation de se marier. Comme règle générale, il fut décrété dans la même réunion que les maris qui, à cause de leurs occupations, se rendraient dans des pays lointains devraient revenir dans leurs familles au bout de dix ans. A l'expiration de ce délai, leurs femmes pourraient en appeler au Panchayet et, avec sa permission, contracter une nouvelle union ; mais si le mari était obligé de rester absent plus de dix ans et qu'il ait eu le consentement de sa femme, celle-ci n'aurait pas lieu de se plaindre ni d'intenter d'action contre son mari[2]. (18 mars 1794. Voy. *Parsee Prakâsh*, p. 875.)

Voyons maintenant pour les épouses coupables et la permission accordée au mari d'épouser une seconde femme : dans une assemblée générale de Parsis, tenue dans la maison de Seth Lavji Nasarvanji Wadia (28 octobre 1792), un charpentier se plaignait de la mauvaise conduite de sa femme qui, malgré les injonctions réitérées du Panchayet, continuait de se dérober à la vie conjugale. Sur quoi le Panchayet lui permit d'épouser une seconde femme, ordonna

---

[1] Nous trouvons plus tard (*meeting* du 7 février 1811) le cas d'une femme dont le mari était parti avec un régiment à Hayderabad. Sur l'assurance donnée au Panchayet que l'individu avait été tué dans un engagement, cette femme eut la permission de se remarier.

[2] STAVORINUS, *Voyage*, etc. Liv. II, ch. I, p. 6, enregistre la coutume qu'avaient les Parsis de tenter au loin les chances de fortune, à Cochin, sur la côte de Coromandel ou autres lieux de l'Inde.

que la coupable eût la tête rasée et qu'elle fût gardée par son mari dans la propre maison de celui-ci ; dans le cas où elle ne voudrait pas y rester, le Panchayet dûment avisé prendrait les mesures nécessaires pour l'y contraindre.

Dans cette même séance un autre jeune Parsi eut la permission de contracter un second mariage, à cause de la légèreté de mœurs de sa femme.

Le Panchayet s'était constitué, comme nous le voyons, le gardien austère de la vertu des femmes de la communauté et avait pris à tâche de les maintenir dans la voie droite. Les voyageurs européens s'accordent à convenir qu'il y réussissait habituellement. « L'adultère et la paillardise sont les plus grands péchés qu'ils (les Parsis) puissent commettre et qu'ils puniraient de mort s'ils avaient l'administration de la justice. » (MANDELSLO, *Voyages*, etc., p. 184.) Anquetil Duperron, dont nous avons cité l'autorité (Voy. *supra*, p. 58), a enregistré une exécution sommaire dont la lecture inspire un réel effroi. Nous ne pensons pas qu'Anquetil ait mal compris son maître et ami Darab. Un autre passage de Stavorinus que nous donnerons ensuite permet d'ajouter foi au récit tragique de notre compatriote.

« Il y a plusieurs années qu'une jeune Parse de Barotch se laissa séduire par un Parse[1]. L'affaire fut portée devant le chef civil qui, sur la décision des prêtres, les condamna tous les deux à la mort. Le Parse, qui avait des parents mobeds, trouva le moyen de s'évader : mais la mère même de la Parse, animée par les prêtres, fut la plus ardente à presser son supplice. Le gouverneur musulman[2], gagné par

---

[1] Anquetil oublie de nous dire si c'est bigamie, adultère ou simple séduction d'une jeune fille.

[2] L'autorité du *Dastour* ou *Destour*, le chef suprême des Parsis, très affaiblie au temps d'Anquetil, était alors toute spirituelle et ne consistait qu'en prééminence, en égards et en respects extérieurs, à moins que le chef civil ne fût assez puissant auprès des Musulmans ou des Indiens pour faire respecter les décisions du Pontife. *Zend-Avesta*, t. II, p. 606.

une somme considérable, permit aux Parses de suivre leurs
usages. Cette fille fut donc amenée dans l'Assemblée du
peuple, conduite par sa mère, qui lui mit ensuite la tête sur
ses genoux, lui tordit le col, et les prêtres achevèrent
d'immoler cette victime de leur zèle sanguinaire. Lorsque
Darab me rapportait ce fait, il me semblait le voir tremper
avec la gaieté du fanatisme ses mains dans le sang de cette
Parse[1]. » (Zend-Avesta, t. II, p. 606.)

Cette exécution nous reporte au milieu du XVIIIe siècle.
Vingt ans après Anquetil, Stavorinus, à son tour, étudiait les
mœurs de la communauté et se montrait affirmatif dans le
même sens: « Ils (les Parsis) punissent entre eux, et quelquefois
même de mort, l'adultère et le libertinage ; mais il faut qu'ils
reconnaissent pour cela la souveraineté des Mores[2]. Ces châ-
timents se font en secret, soit en lapidant le coupable ou en le
noyant dans la rivière, ou en le faisant expirer sous le bâton;
ils emploient également le poison. Aussi quelques moyens
qu'on mette en usage, il est bien rare qu'on parvienne à
séduire une femme persane, tant est forte chez elles la
crainte d'une mort certaine, si leur délit vient à être
connu[3]. Elles ne manquent pourtant pas de tempérament.
On en voit journellement dans les rues chercher de l'eau à
une grande distance de leurs maisons[4] ; mais elles sont tou-

---

[1] Anquetil juge trop sévèrement Darab : le supplice d'une coupable
devait peu toucher un prêtre austère ; d'ailleurs cet usage est essentiellement hindou et se retrouve de nos jours dans les intérieurs natifs où la
pratique de la cold suttee est la plupart du temps l'œuvre même de la
mère de la délinquante. Voy. Indian Spectator, 1883.

[2] Désignation habituelle des Musulmans par les Portugais qui la
transmirent aux Hollandais et aux Anglais.

[3] L'Européen qui essayait de détourner les épouses des natifs était généralement dénoncé à la Cour des Directeurs. Voyez Parsee Prakâsh,
p. 72, le cas d'un Deputy of police qui avait eu une conduite légère dans
l'exercice de ses fonctions. Hindous, Parsis, Musulmans signèrent la même
pétition pour l'empêcher d'obtenir un nouveau poste (24 novembre 1790).

[4] Fryer les compare aux Israélites, et la scène lui rappelle le puits
de Jacob.

jours accompagnées de plusieurs femmes de leur nation. »
(*Voyage, etc.* Liv. I; ch. xxviii, p. 362.) C'est le soir, en effet,
que les femmes dans l'Inde viennent puiser l'eau à la rivière
ou à la citerne. Pour l'étranger, c'est un spectacle intéressant et poétique ; mais le Panchayet, peu soucieux de ces
questions subsidiaires, fut frappé avant tout des inconvénients que ces allées et venues, ces courses nocturnes pouvaient avoir au point de vue de la moralité.

Consultons le *Bundobust* de 1819. — Le 4 novembre,
A. D. 1819, le Panchayet s'assembla dans le grand Temple
Dadiseth. Un dénonciateur anonyme portait à la connaissance de l'Assemblée des abus exorbitants[1]. Il se plaignait
de ce que plusieurs hommes et femmes de leur caste avaient
l'habitude de commettre des actes criminels dont les conséquences, si on ne les punissait pas en temps, retomberaient
sur le Panchayet lui-même. Les noms des femmes n'étaient
pas écrits lisiblement ; ceux des hommes étaient omis.
L'auteur déclarait réserver le droit de se faire connaitre
quand le Panchayet aurait pris ses observations en considération. Sommé de comparaître et de prouver la véracité des
faits qu'il avait avancés, il s'y refusa. Toutefois l'Assemblée
jugea bon de passer outre et de s'occuper du fonds même des
dénonciations, en déclarant à son tour que les conséquences
en retomberaient sur la tête de l'inconnu. Les faits étaient
d'ailleurs exacts : il est certain, dit le *Bundobust*, que les
femmes de notre caste se comportent avec trop de liberté[2] ; les
maris eux-mêmes permettent à leurs épouses et aux femmes

---

[1] Le dénonciateur signait *Bundikhoda* « une créature de Dieu. »

[2] Les Parsis ont pendant longtemps partagé les répugnances des Hindous à produire leurs femmes en public ; ainsi, le 19 juin 1857, tous
les membres des diverses communautés religieuses de Bombay s'adressèrent aux juges de la Cour Suprême pour demander que les natives de
haut rang fussent dispensées de comparaître comme témoins devant les
Cours, et, s'il le fallait, qu'elles fussent interrogées chez elles. Le
« *Chief Justice* » répondit que les Cours ne pouvaient établir de
distinctions de cette sorte.

de leur famille de se rendre dans des lieux de prières fréquentés par les autres castes, d'aller chercher de l'eau depuis
l'aube jusqu'à minuit, et de se rendre chez leurs parents à
des heures avancées de la nuit sans être escortées par leurs
serviteurs et sans lanternes allumées. Si donc une femme
est rencontrée sur la voie publique sans domestiques ni
lanternes avant le lever ou après le coucher du soleil, le
Nasâ-sâlâr, et, à son défaut tout Parsi respectable, qui la
rencontrera, aura le droit de s'emparer d'elle et de la renfermer dans une des maisons mortuaires (*Nasa-khana*)[1].

Le Panchayet défendait également à toute femme de la communauté d'aller à *Mama Devi*, à Bhooleshwur, à Mahaluks-
mee, à Walkeshwur, ou dans n'importe quelle des localités
où se trouvent des Pagodes, de suivre les rites du *Hooly*[2],
ou de permettre aux enfants de s'y associer, pas plus que
de fréquenter les endroits réservés au culte musulman, *Mama
Harjanee*, les *Durgahs*[3], à Mahim, etc., ou autres sanctuaires
de l'Islam ; en un mot, de n'accomplir aucune des cérémonies
de l'hindouisme ou de la religion musulmane[4].

[1] Pour l'explication de ce mot, voy. *supra*, pp. 84-85.

[2] Voyez dans *Gujarat and the Gujaratis* de B. M. MALABARI, pp. 345
et suiv., la description de la fête du *Hooly* (st *holaka*) : Season of free love
and free language, of *rang* and *rag* (red paint and music), etc.— Cette
fête a lieu à l'équinoxe du printemps et dure les dix jours qui précèdent
la pleine lune du mois *P'halguna*. C'est une sorte de carnaval en l'honneur de Krishna. Les passants sont poursuivis et couverts de poudre
rouge ou inondés de liquide jaune. Des chants obscènes remplissent les
rues et les danses rassemblent les Hindous autour de grands feux.

[3] Persan *dargah ;* mot employé dans l'Inde pour désigner le sanctuaire d'un saint musulman.

[4] Les chefs du Panchayet, en 1832 (9 juin), empêchaient les coreligionnaires d'assister même en simples spectateurs à la dernière journée
du *Mohurrum* et en publiaient la défense dans le *Bombay Samachar*.
Le *Mohurrum*, dans l'Inde, a lieu au 1er mois de l'année lunaire musulmane, pendant la période de jeûne et de deuil réservée à la commémoration de la mort des deux fils d'Ali, Hassan et Hussein (669-680), et les
fêtes n'y sont pas exclusivement réservées aux shiites. Voy. YULE AND
BURNELL, *A glossary of Anglo-Indian words and phrases of kindred
terms*, etc., London, 1886.

Quant aux femmes qui avaient l'habitude de se procurer des charmes ou des amulettes et de les faire porter à leurs maris et à leurs enfants, il y avait pour elles disgrâce et excommunication, de même que pour celles qui fréquenteraient les demeures des prêtres jaïnas et brahmanes.

L'Assemblée entière ratifia ces mesures, et un *Nasàsàlàr* fut chargé de les proclamer selon les usages en vigueur.

En 1823, dans une assemblée tenue au grand Temple de Dadabhai Nasarvanji, on confirma et remit en vigueur une série de règlements d'une date antérieure, qui avaient pour but de fixer les dépenses occasionnées par la mort d'un parent. Nous allons suivre le résumé des dix-neuf articles que cite M. Manakji Kharshedji[1]. (*The Parsee Panchayet, etc.*, pp. 15-17).

Avant leur promulgation, il était d'usage pour les prêtres de se rendre sans invitation dans les maisons où il y avait une cérémonie quelconque, afin de réclamer l'*ashodad* comme chose qui leur était due ; souvent des rixes s'ensuivaient et les gens peu riches se mettaient dans la gêne pour distribuer l'*ashodad* ; mais les prêtres avaient une telle influence que les fidèles préféraient s'endetter plutôt que de les renvoyer sans les contenter. Il fut ordonné que nul prêtre ne devrait se rendre chez un Parsi sans être prié, ni réclamer l'*ashodad*. Les laïques ne devaient le donner qu'aux prêtres qu'ils avaient invités ; d'ailleurs ils pouvaient en inviter autant qu'il leur plairait et que leurs moyens le leur permettraient.

Le 4e, le 10e et le 30e de chaque mois de la première année et après, à chaque anniversaire de la mort d'un Parsi, soit homme, soit femme, la coutume obligeait de faire porter chez les parents et les amis des plateaux chargés de sucreries, de fruits, de dîners tout préparés, jusqu'à des vases de

---

[1] *Meeting* du 5 juin 1796 au Darimehr de Seth Banaji Limji.(*Parsee Prakâsh*, p. 878.) Les règlements visaient les cérémonies pour les funérailles et les mariages.

cuivre ou de terre[1], et de donner des repas à toute la caste[2].
Dès 1796, la sagesse du Panchayet y avait mis bon ordre, et
lors des cérémonies funèbres il avait été défendu de se livrer
à de telles dépenses ; libre à chacun de réunir un nombre
limité d'invités, qui ne devait jamais être supérieur à celui
qui peut consommer plus de *200 livres* de viande, quantité
maximum permise pour une seule fête. De même, il était
défendu de servir de la volaille dans ces occasions : tout
individu voulant donner un dîner à la caste entière pouvait le
faire, mais seulement lors des *Gahânbârs*[3] (Voy. *supra*,
p. 110) et le repas ne comporter que du riz et du *curry*,
sans viande ni volaille.

Un autre usage sanctionné par la coutume et emprunté
entièrement aux Hindous, c'étaient les visites des femmes
chez les parentes, amies et simples connaissances, pendant
les mois qui suivent le décès d'un membre de la famille. Réunies des heures entières, elles pleuraient, se lamentaient ensemble ; de plus, pour marquer leur douleur, elles jeûnaient,
et étendues sur le sol elles refusaient de se coucher dans
un lit, toutes choses défendues par la religion zoroastrienne
et considérées comme mauvaises pour la santé. Le Panchayet
régla les conditions du deuil et des lamentations : pour les
enfants de un à sept ans, trois jours ; pour tout individu au-
dessus de cet âge, dix jours seulement.

Or peu après la promulgation de ces règlements, il arriva

---

[1] Dès le 5 juin 1796, il était défendu de distribuer les fruits et les
vases de métal qui avaient servi à une cérémonie religieuse. Voy. *supra*
p. 193.

[2] Pour les cérémonies célébrées après la mort ou *sraddhas*, voyez
Monier Williams, *Religions Thought and Life in India*, ch. xi,
pp. 274-312. Les dîners de caste sont très coûteux. Cet usage tout hindou s'était introduit dans la communauté (voy. *supra*, pp. 190-193). Par
le fait qu'y a-t-il de plus douloureux que le spectacle d'un vieillard qui
se dépouille de son bien pour nourrir la *caste*, à la mort d'un fils ou
d'une fille? Cf. B. M. Malabari *Gujarat and the Gujaratis*, pp. 284-288,

[3] « Dans leurs fêtes, ils s'assemblent au nombre de cent ou de deux
cents dans les faubourgs de la ville ; chacun y apporte à manger selon

qu'une sœur d'Hormasji Bomanji Wadia, un des membres
les plus distingués de la communauté et les plus puissants
du Panchayet, y contrevint ouvertement, et envoya des dîners
à ses parents. Un des membres du Panchayet en ayant été
avisé, fit saisir les vases et les mets et en disposa en faveur
d'un certain nombre de Parsis indigents qu'il réunit dans le
Temple. Puis Hormasji Bomanji Wadia fut informé de la
conduite de sa sœur et engagé à venir en faire justice dans
une assemblée générale. A la gloire d'Hormasji Bomanji,
quelle que fût sa situation privilégiée parmi les Parsis, il
agit avec une entière impartialité ; il réunit le Panchayet,
et après avoir exprimé tous ses regrets au sujet de la conduite de sa sœur, il obligea un des fils de la dame (Ardeshir
Framji Wadia) de payer pour elle une amende au Panchayet.

Au nombre des réformes tentées par le Panchayet, notons
également les efforts pour enrayer les *infants-marriages*
(Voy. *The Parsee Panchayet, its rite, its fall*, etc., pp. 17–
19) et diminuer les dépenses qui accompagnaient les cérémonies des fiançailles ainsi que la célébration du mariage[1]. Les
présents aux mariés, aux invités et aux parents, le plus souvent excédaient les revenus des familles et pesaient toute la
vie sur les conjoints. Néanmoins la coutume des mariages
précoces ne disparut pas aisément ; les membres du Panchayet,
soigneux de donner l'exemple, avaient l'habitude de ne
marier leurs enfants qu'à un âge convenable, mais les

---

sa volonté et ses moyens, et le tout mis ensemble est mangé en commun
par tous ceux qui sont présents. » OVINGTON, *Voyages, etc.*, pp. 80-81.

[1] Pour le mariage d'un Parsi, soit mobed, soit *Beh-din*, il était également défendu de faire un usage immodéré de viandse, parce que, disait
l'ordonnance de juin 1796, il n'était pas convenable d'immoler tant
d'animaux un jour propice. On ne devait consommer que 301 livres de
viande entre le « *mandasaro* » (c'est-à-dire le jour où commencent les
fêtes) jusqu'à la veille de la célébration même du mariage. Les amendes
et l'exclusion de caste punissaient la transgression de ces lois. A la même
date, le Panchayet défendait aux femmes de chanter dans les rues en
se rendant aux fêtes nuptiales et de dire des prières devant la mer.

usages hindous avaient si complètement prévalu que ce ne
fut pas l'œuvre d'un jour de les déraciner dans la communauté. Nous reviendrons ici sur un cas cité *supra*, pp. 154-239.
C'est à tort que nous avions pris, p. 154, la défense du Panchayet de fiancer le fils de Beramji Nasarvanji Ghadiali, âgé
de deux ans, avec la fille d'Hormusji Beramji Patel, âgée de
sept semaines, comme l'exemple d'un mariage précoce
désapprouvé par l'Assemblée. Cette défense était uniquement
intervenue à cause de l'ordonnance antérieure qui prohibait
tout mariage entre la fille d'un *Beh-din* et un mobed, et
entre un *Beh-din* et la fille d'un mobed. (Voyez *supra*,
p. 239, le cas tel qu'il doit être compris d'après les minutes
du Panchayet[1].)

Nous venons de voir le Panchayet rompant les unions, répri-
mant les époux volages, corrigeant les femmes légères, arrêtant le luxe et la dépense, en un mot s'érigeant en sévère gardien de la moralité et de la vie privée des coreligionnaires.

Dans les questions religieuses il ne se montrera ni moins
inquisiteur, ni moins autoritaire : il interviendra entre les
mobeds et les *Beh-dins*, aussi bien pour régler *l'ashodad* que
pour entendre les plaintes des laïques mécontents des irrégularités des prêtres qui, par exemple, ne craignaient pas de
perdre les précieux effets du *Barashnum* (purification nécessaire avant la célébration de certaines cérémonies) en allant
boire du *toddy* pendant les offices à l'*agyâri* (temple); d'autres
se mettaient au service des Hindous et amoindrissaient ainsi
la dignité de leur ministère. Lors de la grande agitation
soulevée par la conversion au protestantisme de deux

---

[1] Le 27 octobre 1785, eut lieu la séance qui excommuniait les parents
(*Parsee Prakâsh*, p. 65); le 21 avril 1786, plusieurs Parsis firent des
observations au Gouverneur sur cette sentence. (*Parsee Prakâsh*, p. 66.)
Le 1er mai 1786, nous trouvons le résumé de ce rapport (*Parsee Prakâsh, Ibidem*), et le 15 mai 1786, comme nous l'avons indiqué *supra*,
p. 240, le gouverneur décidait que le Panchayet avait le droit de faire
des règlements pour le bien de la communauté et que l'ordonnance de
1777 était juste et sage. (*Parsee Prakâsh*, p. 67.)

jeunes Parsis (Voy. *supra*, p. 140) le Panchayet agira avec autorité, réclamera les enfants pour les remettre aux parents (16 mai 1839, *Parsee Prakâsh*, p. 339) et soutiendra la cause de ceux-ci devant les Cours anglaises.

C'est au Panchayet encore que s'adressera un père anxieux d'obtenir les avantages de l'investiture pour sa fille naturelle, née d'une concubine étrangère. (17 août 1818, *Parsee Prakâsh*, p. 139.)

La sollicitude de l'auguste assemblée ne reculera même pas devant les mesures vexatoires. Le 17 avril 1818, un *meeting* de la communauté parsie se tint au Manakji Seth Wadi (jardin). Jamshedji Nanabhai Guzdar, d'accord avec plusieurs autres Parsis, présenta une pétition, se plaignant que, dans la rue Cowasjee Patell où il habitait, une boutique de spiritueux avait été ouverte par un Parsi nommé Dadabhai Limji Pithavalà, et il demandait que cette boutique fût fermée, parce qu'il n'était pas convenable qu'il y eût des boutiques de cette sorte dans une rue habitée par les Parsis. Sur quoi le *meeting* résolut qu'ordre serait intimé au boutiquier de s'en aller au prochain *Dewali* (nouvelle année hindoue). (Voy. *supra*, p. 92.)

Mais la grande autorité du Panchayet diminuera à mesure que le *British Raj* prendra pied en terre indienne.

Nous avons vu que l'exclusion de caste était le moyen de répression à l'égard des transgresseurs des édits du Panchayet. Passons maintenant aux peines infligées par les gouvernements étrangers. Les voyageurs nous disent comment, dans les temps anciens, les membres de la communauté en usaient envers les coreligionnaires fautifs. Stavorinus nous fait entendre clairement qu'ils savaient se faire justice eux-mêmes et qu'ils trouvaient moyen, vu leur résidence dans un seul quartier, de tenir secret ce qu'ils ne voulaient pas faire connaître aux étrangers. (Voy. *supra*, p. 238, en note.) Pour l'adultère et le libertinage, ils ne se privaient pas de sévir cruellement parfois; mais quand les exécutions

17

n'étaient pas secrètes, (et elles devaient l'être souvent!) à Surate, il fallait obtenir la permission du Nawab qui, comme on le sait, tint la ville pour le Mogol jusqu'en 1800.

Quant au vol, au meurtre et autres grands crimes, ils étaient punis par le Nawab lui-même. Niebhur rapporte que lorsque l'un ou l'autre des Parsis tombait entre les mains de la justice, ils n'épargnaient point l'argent pour l'arracher, s'il se pouvait, au supplice public ; mais si les membres de la société se conduisaient mâl et s'il n'y avait plus d'amendement à espérer, ils les chassaient de leur communion : « De mon temps, dit-il, un Parsi fut pendu pour crime de sodomie. On me dit que d'origine il n'était pas de leur nation, mais qu'un de leurs marchands l'avait acheté comme esclave. » Niebhur ajoute : « Ils ne rejettent donc point ceux d'une autre religion comme les Hindous, mais même ils reçoivent aussi des prosélytes[1]. »

Cette dernière assertion est vraie dans une certaine mesure. A de rares intervalles, nous rencontrons des investitures de *Sudrah* et de *Kusti* accordées à des étrangers ; mais le rapport de Stavorinus est exact. (*Op. cit.*, t. II. ch. II, p. 9.) Les Parsis n'ont jamais cherché à faire de prosélytes et ont toujours vécu en paix avec leurs voisins « Mores et Gentoux » ainsi qu'avec les Anglais.

A ce sujet, il assez curieux de relever le nombre de Parsis qui, jusqu'à nos jours, ont été exécutés d'après les lois anglaises. Les cas sont intéressants à enregistrer.

Nous débutons par celui d'Homaji Jamshedji Baroochwalla qui vendait des légumes à Bharoutch au moment de la grande querelle de la Kabisa. (Voy. *supra*, p. 67.) Il donna un coup de pied à Benbai, femme d'un mobed du nom de Padshah, et lui occasionna une fausse couche, des suites desquelles elle mourut[2]. Il fut amené à Bombay, jugé, puis pendu

---

[1] *Voyage en Arabie*, t. II, p. 39.

[2] On assure que cette femme était une zélée Kadimie et animait son parti contre les *Rasmis*.

près d'un réservoir[1] situé non loin de Churchgate street (Fort) (31 juillet 1783. *Parsee Prakâsh*, p. 62.)

Les adeptes de sa secte virent en lui un martyr de leurs convictions religieuses, et les gens de Bharoutch ont conservé l'habitude de célébrer un office religieux en son honneur[2].

Plus d'un demi-siècle après, le 21 avril 1844, un nommé Mancherji Hormuzdiar Chandaroo, cousin de Seth Naorozji Dorabji Chandaroo, éditeur du *Bombay Chabook*, fut poignardé près de son bureau à dix heures du matin.

Dix-huit Parsis furent accusés de ce crime. Le 17 juillet 1844, ils comparaissaient devant le *Chief Justice ;* le procès dura huit jours.

Sur les dix-huit accusés, le jury en acquitta huit, en trouva dix de coupables, et en recommanda six à la clémence des juges. Les six furent condamnés à la déportation, les quatre autres à être pendus ; mais un de ces derniers, Barjorji Jamshedji, ayant avoué que lui seul avait frappé Mancherji, des démarches furent faites auprès du *Chief Justice* pour commuer la peine des autres accusés.

Barjorji Jamshedji fut pendu par un coreligionnaire, et son corps reçut la sépulture suivant les rites parsis. Il avait repoussé les missionnaires et un Zoroastrien converti qui, dans sa prison, étaient venus le solliciter de changer de religion. (26 juillet 1844. *Parsee Prakâsh*, p. 435.)

Le 26 mars 1847, un charpentier parsi fut condamné à mort pour le meurtre d'un jeune Hindou et pendu non loin de la prison. (3 avril 1847. *Parsee Prakâsh*, p. 488.)

---

[1] Ce réservoir n'existe plus.

[2] D'autres Parsis envoyés avec Homaji devant les Cours anglaises furent simplement condamnés à l'emprisonnement et aux amendes. D'après le *Bombay Samachar*, 22 janvier 1827, nous savons que pour obtenir la mise en liberté de ces Parsis, on forma un *Fund ;* 3,900 roupies furent réunies et servirent à leur élargissement. A cause de ce procès le Dastour Aspandiarji, successeur du Dastour Kamdinji, était venu à Bombay. Il retourna à Bharoutch en grande pompe après avoir reçu les plus grands hommages. (12 septembre 1783.)

Le 19 décembre 1850, deux Parsis étaient condamnés et exécutés comme coupables d'homicide sur la personne d'une marchande d'huile. (*Parsee Prakâsh*, p. 557.) Un autre Parsi, dans la même session, était également condamné pour le meurtre d'une danseuse. Tous les trois furent pendus près de la vieille prison, à Byculla.

En 1855, un négociant parsi fut tué à Singapore. Le fils de la victime ayant introduit une action en justice contre le frère du défunt, à propos de son héritage, il fut reconnu que ce frère était précisément l'auteur de l'assassinat. Sur quoi le coupable fut jugé, condamné et exécuté le 4 février 1857. (*Parsee Prakâsh*, p. 723.)

On peut aisément se figurer, d'après ce que nous savons déjà des habitudes et des sentiments des Parsis, la répugnance qu'ils pouvaient avoir à abandonner à la justice étrangère le soin de venger la société des attentats commis par leurs coreligionnaires, d'autant que nos procédés européens d'instruction judiciaire répugnent non-seulement à leur manière de voir, mais encore à leurs convictions religieuses.

C'est ainsi que l'enquête des *coroners* sur les cadavres des personnes décédées, soit par suicide, soit par mort violente, froisse leurs susceptibilités et attaque leurs coutumes les plus respectables. Il n'est pas sans intérêt de reproduire ici la discussion soulevée à ce sujet au milieu du siècle, et qui d'ailleurs n'aboutit entre le gouvernement et la communauté qu'à une assurance réciproque d'estime et de bon vouloir, sans que de part et d'autre on se fît la moindre concession.

Le 14 avril 1840, M. P. W. Le Geyt, le *Chief police magistrate*, par ordre du gouvernement, dans une lettre à Seth Naorozj Jamshedji Wadia et aux autres anciens du Panchayet, leur faisait savoir qu'il existait beaucoup de préjugés dans la communauté au sujet de l'enquête du *coroner* sur les cadavres des personnes décédées, soit par suicide[1], soit par

---

[1] Voyez dans le *Journal of Anthropological Society* : *Suicide amongst*

mort violente ; il priait d'indiquer la manière de conduire
ces enquêtes de façon à ne pas blesser les susceptibilités
religieuses, pour que le gouvernement agît en conséquence.
(*Bombay Samachar,* 30 avril 1840.) A cet effet un *meeting*
des notables, laïques et Dastours, fut tenu, à Colaba, chez
Seth Naorozji Darabji Sanjana. Cinq Dastours et un Ervad
furent priés d'envoyer aux membres du Panchayet, dans le
délai de huit jours, des observations et des éclaircissements
tirés de leurs livres religieux sur les points choisis par le
gouvernement. Le 29 avril, une lettre signée par quatre-
vingt-treize Parsis fut adressée aux Dastours et publiée dans
le *Bombay Samachar,* 3 mai 1840. Cette lettre contient le
passage suivant :

« Nous considérons que comme il n'est permis à nul étranger, sauf à un Parsi, de jeter les yeux sur le corps d'un Parsi
défunt et qu'il n'y a aucun texte religieux qui autorise l'au-
topsie d'un cadavre, il vous faut être précis, véridiques
et pleins de la crainte de Dieu dans les réponses que
vous êtes appelés à donner, en ce qui concerne les passages
auxquels il est fait allusion, car le sujet est grave. Don-
nez donc les réponses conformément à vos préceptes religieux, puisqu'elles seront désormais la base de conventions avec le gouvernement qui seront mises en vigueur
pour toujours. »

En réponse à cette lettre, les Dastours firent parvenir
(12 mai 1840) à Seth Hormasji Bomanji Sethna et autres
signataires une copie de leurs décisions envoyée aux

the Parsees of Bombay during the last twlce years, by M.B. B. Patell.
L'auteur regrette que les cas de suicides soient plus nombreux, toute proportion gardée, dans la communauté parsie que dans les autres; il les énumère avec soin et en dresse un tableau fort intéressant. Certaines causes
nous semblent puériles, mais sont parfaitement d'accord avec les exigences
de la vie de famille dans l'Inde. C'est ainsi que d'autres ont presque
disparu, celle par exemple qui jadis était la principale : le désaccord
de la femme avec sa belle-mère. Le poison, de tous les moyens employés le plus en faveur; vient après la submersion.

membres du Panchayet [1]. Ils considéraient le *post mortem examination* comme coupable et défendaient tout contact avec le cadavre.

Le 26 mai, un nouveau *meeting* des chefs parsis fut tenu chez Seth Naorozji Wadia. Le *Mehta* du Panchayet, Seth Ardeshir Dadabhai, lut la réponse des Dastours. Après avoir pris l'avis des membres présents, il fut résolu que, d'après la religion parsie, il n'était pas permis de toucher au corps d'un Parsi défunt, ni d'en faire un *post mortem examination*, et que le gouvernement devait en être informé, d'après l'avis des Dastours.

Seth Jamshedji Jijibhai donna l'avis suivant:

« S'il parvenait à la connaissance des membres du Panchayet le cas d'un Parsi ou d'une Parsie empoisonnés ou tués d'une manière quelconque, lesdits membres devraient tâcher de faire une enquête et de donner des éclaircissements aux autorités, de façon à faire punir le malfaiteur pour que son exemple serve de leçon. »

La motion de Seth Jamshedji Jijibhai fut approuvée, et le 29 mai les chefs envoyèrent à M. Le Geyt la réponse à sa lettre du 14 avril ; ils informaient le gouvernement que bien que le *post mortem examination* répugnât à leurs susceptibilités religieuses, néanmoins ils donneraient tout leur concours au gouvernement en vue de faire accepter les règlements qui seraient d'accord avec ces susceptibilités.

M. Le Geyt, ayant communiqué cette réponse aux autorités gouvernementales, celles-ci refusèrent de l'accepter, et, le 17 juillet 1840, le secrétaire écrivit à M. Le Geyt pour l'informer que « le *Coroner*, qui est investi de ses pouvoirs par la Cour suprême, peut être prié d'agir avec prudence selon les exigences des enquêtes après décès et les lois qui les règlent, mais qu'il doit également respecter les sentiments religieux et les préjugés des natifs. »

---

[1] Voyez le *Bombay Samachar* du 14 mai 1840.

Le 29 juillet, M. Danvers, *active police magistrate*, invita les chefs parsis à accueillir la réponse du gouvernement. Pour sa part, il leur conseillait de s'entendre avec les membres de leur communauté et de ne pas soulever d'inutiles objections, afin de permettre à la loi d'être appliquée et respectée. (*Bombay Samachar*, 2 août 1840.)

Le 5 août suivant, le Panchayet tint un nouveau *meeting* chez Seth Naorozji Jamshedji Wadia. Il fut arrêté que des copies de la correspondance échangée entre le gouvernement et le Panchayet au sujet des *post mortem examinations* seraient traduites en guzerati et seraient répandues parmi les Parsis pour leur instruction, afin que les cas de mort par le poison fussent à l'avenir légalement constatés par le gouvernement, et que nul appui ne fût donné à la contravention des règlements. (*Khôlase Panchayet*, p. 37.)

Le Panchayet, constitué comme nous l'avons vu en 1818 (*supra*, p. 242), était composé de membres proposés et élus en due forme par un vote général, lors des grandes assemblées ; puis survinrent des changements que nous allons enregistrer[1].

En 1823 (15 octobre), de nouveaux sièges se trouvèrent vacants par le décès de leurs occupants[2] ; et, peu après, Hormasji Bomanji Wadia étant mort, il y eut un commencement de dislocation. Des irrégularités se produisirent ; bientôt des doutes sur l'intégrité des juges et l'impartialité des sentences se glissèrent dans l'esprit des justiciables, et ceux-ci sentirent le besoin de s'en remettre aux décisions des Cours anglaises. Il est évident que la partialité s'intro-

---

[1] A partir de cette époque jusqu'à la dissolution du dernier Panchayet, chaque élection se faisait aux assemblées générales. Jehangir Framji Davar succéda à son père, Framji Nanabhai ; Ratanji Bomanji Wadia à son frère Jamshedji Bomanji ; Naorozji Jamshedji Wadia à son oncle Ratanji Bomanji.

[2] Naorozji Meherji et Darabdaro Framji furent remplacés par Jamshedji Jijibhai et Hormusji Dorabji.

duisait dans l'assemblée ; on avait des égards pour les
riches, d'inexorables rigueurs pour les moins favorisés de
la fortune. Un cas très grave s'étant présenté, — véritable
déni de justice[1], — le grand-père de la victime, Naorozji
Jamshedji Wadia, fit paraître dans le *Samachar* du
15 juin 1836 une lettre dans laquelle il se reportait à une
lettre antérieure (8 juin) où il avait exposé les raisons qu'il
avait de donner sa démission de membre du Panchayet, et
il en renouvelait l'exposé des motifs.

Sa démission fut suivie de celle de ses deux collègues,
Framji Kavasji Banaji et Kharshedji Manakji Shroff,
qui avaient une situation solidement établie dans la communauté et faisaient autorité en toute matière.

Framji Kavasji approuvait la retraite de Naorozji Wadia. Avec une énergie, une virulence que trahit chaque
mot dans la traduction anglaise, (le document guzerati
n'existe pas : Voy. *Parsee Prakâsh*, p. 293) il expliquait, lui
aussi, les raisons qui l'avaient amené à donner la sienne.

C'était un homme hautain et indépendant ; ardent partisan de l'éducation européenne, claivoyant dans les affaires
de sa caste, il avait le sentiment le plus élevé de sa responsabilité et de ses devoirs[2] ; aussi se sentait-il parfaitement
libre de donner son opinion sur les causes d'une déchéance
qu'il n'avait pas la force d'arrêter. « Si je voulais essayer d'expliquer les raisons de ma retraite, s'écrie-t-il, il me faudrait
un bien gros volume ! » Alors s'adressant à ses coreligionnaires....: « Il en est, dit-il, qui s'appellent Zoroastriens et
qui sont devenus si insouciants qu'ils ne considèrent plus
l'adultère et le libertinage comme quelque chose de criminel et de honteux. On les voit abandonner leurs épouses
légitimes pour vivre avec des femmes perdues, et à notre

---

[1] Voy. *The Parsee Panchayet*, etc., pp. 23-24.
[2] Voyez sa vie écrite par son petit-fils Khoshru Navrosji Banaji :
Memoirs of the late Framji Cowasji Banaji, Bombay, 1892, et son
portrait, pl. 11.

FRAMJI KAVASJI BANAJI

honte leurs enfants sont admis au nombre des Zoroastriens.
Loin de punir ces coupables, on les laisse participer à nos
rites et à nos fêtes (les Gahanbars), pénétrer même dans les
Temples..... Quant à nos femmes, l'heure est proche où,
comme les Hindoues et les Musulmanes, les grelots aux chevilles, elles iront danser dans les *Nautchs!*»

Les *Bundobusts*, dictés par la sagesse des Anciens,
étaient mis de côté. La question du règlement des droits
des enfants légitimes et des bâtards prenait une tournure
menaçante pour la sécurité des familles, faute de fermeté
de la part du Panchayet. Dans sa propre famille, celle des
Banaji ! un cas ne s'était-il pas produit, celui de la bâtarde
d'une Française de Maurice, mariée par la vieille Heerjeeni
Soona à son jeune fils ? Et tout cela, à qui la faute, sinon
au Panchayet qui, connaissant ces crimes, les avait tolérés
par faiblesse ou insouciance ?

Kharshedji Manakji Shroff[1] adhéra aux raisons données
par ses deux collègues ; son message au Panchayet n'en fut
que le corollaire.

Or il arriva que Naorozji Jamshedji Wadia, peu après la
publication de sa lettre du 15 juin 1836, se laissa persuader
de reprendre ses fonctions ; Framji Kavasji eut la même
faiblesse, mais il paraît que Kharshedji Manakji Shroff,
seul, tint ferme et ne reparut plus aux assemblées.

En 1838, le Panchayet appuyé par une partie, fort respectable d'ailleurs, de la communauté, fit un effort pour
reconquérir son ancienne position et solliciter par la voie
gouvernementale un mandat formel du *Legislative Council*
de Bombay ; il posait certaines questions relatives aux
droits d'héritage et réclamait que, suivant les réponses,
on pût édicter une loi.

Les Parsis ne se ménageaient pas, du reste, et avouaient

---

[1] Élu à l'assemblée de 1818. Voyez l'article consacré à sa biographie
dans *Mumbai-no-Bahar*, pp. 377-400.

humblement l'impuissance du Panchayet pour le bien comme pour le mal. « Tant que la caste a été peu nombreuse et qu'elle est restée soumise aux décisions du Panchayet, la nécessité d'une autorité reconnue n'était pas aussi impérieuse qu'elle le semble maintenant à ceux qui sont intéressés au bien-être et à la prospérité de la nation. Un esprit nouveau a surgi récemment et porte chacun à agir comme bon lui semble, et cela, le plus souvent contre les décisions du Panchayet, l'esprit de nos lois et de nos usages.

« Les classes inférieures s'aperçoivent de l'impuissance du Panchayet à se faire obéir, et ne respectent ni son autorité, ni ses décisions ; pourtant n'était-ce pas avec un juste orgueil que la communauté pouvait, vis-à-vis des autres, se prévaloir de cet exercice de libre et bonne justice qu'elle a exercé depuis tant de siècles sans conteste ! »

Les signataires suppliaient qu'on investît le Panchayet d'une autorité qui contrôlât les vicieux et encourageât les vertueux.

Cette requête ne fut pas transmise au gouvernement, mais soumise aux juges de la Cour Suprême de Bombay qui s'y montrèrent défavorables. Il ne leur semblait pas à propos que les Parsis fussent seuls juges des questions matrimoniales, et dans le cas où leur autorité serait revêtue d'un caractère légal, il s'ensuivrait fatalement des difficultés. Une des conséquences inévitables serait qu'à moins qu'ils n'eussent un « lawyer » en qualité d'assesseur, — ce que probablement la communauté ne désirait pas, — il s'élèverait de fréquents conflits entre leur Cour et la Cour Suprême. Enfin les juges firent si bien ressortir les inconvénients d'une sanction légale accordée aux jugements du Panchayet que celui-ci en fut réduit à essayer par lui-même de reconquérir cette autorité si ardemment convoitée ; mais la tentative échoua encore.

Peu à peu les effets de la sentence de l'excommunication cessèrent d'effrayer les fidèles, et le Panchayet, à son tour, n'osa plus s'en servir, soit contre les riches, soit contre les pauvres. Désarmée, sans contrôle effectif, la grande institution avait virtuellement cessé d'exister[1] !

La situation du Panchayet est donc totalement changée ; à proprement parler, c'est celle d'un conseil d'administration chargé de la gestion de fonds considérables employés à de nobles et charitables institutions. Nous allons voir maintenant comment ces fonds se sont trouvés ainsi réunis entre les mains des *trustees*.

Nous lisons dans la *Parsee Prakâsh*, p. 175, 28 novembre 1823 : « Aujourd'hui les membres du Parsi Panchayet se sont réunis chez Seth Hormusji Bomanji Wadia, M. Hormusji Wadia ayant adressé une lettre aux membres du Panchayet pour leur faire savoir qu'à l'avenir il ne serait plus le seul *trustee* des fonds du Panchayet[2]. Le *meeting* fut réuni pour se concerter sur la teneur de cette lettre et il fut résolu à l'unanimité que quatre *trustees*, c'est-à-dire Seth Hormusji Bomanji Wadia, Seth Framji Kavasji Banaji, Seth Naorozji Jamshedji Wadia et Seth Jamshedji Jijibhai seraient dési-

---

[1] Signalons ici les intéressantes observations de M. K. R. Câmâ publiées en 1860 sur le Panchayet. (*Parsee Prakâsh*, p. 813.)

[2] L'éditeur de la *Parsee Prakâsh* nous apprend qu'avant que les fonds du Panchayet ne fussent confiés à Seth Hormusji Wadia en 1820, ils étaient gardés par Seth Framji Nanabhai Behramji Davar ; mais à partir de l'époque de la publication du document ci-dessus relaté, les fonds restèrent entre les mains des *trustees*, et, chaque année, on publiait un *Report*. — Le 1ᵉʳ décembre 1823, Hormusji Bomanji remit les fonds aux *trustees* désignés le 28 novembre précédent. Ces fonds s'élevaient en espèces à 15,863 roupies et en papier à 2,000 roupies, rapportant 5 °/₀. Le même jour, Seth Naorozji Jamshedji Wadia remit aux *trustees*, avec 2,196 roupies provenant de la collecte faite à la cérémonie de l'*Uthamna*, lors du décès de son père. (*Parsee Prakâsh*, p. 175.) — De cet argent Seth Jamshedji Jijibhai garda en main 2,000 roupies, et le 2 décembre déposa la balance de 18,026 roupies chez M. Remington, Crawford et Cⁱᵉ. Le compte fut ouvert au nom des quatre *trustees*; l'intérêt fixé fut de 5 °/₀, et comme l'argent appartenait à un fonds charitable, la maison de commerce convint d'abandonner la commission lors du retrait ou du dépôt des fonds. (*Kholase Panchayet*, pp. 151-52.)

gnés comme les *trustees* des fonds du Panchayet et que parmi
ceux-ci Seth Framji Kavasji serait le trésorier ; qu'en
cette qualité ce serait lui qui réunirait les souscriptions, et
dès qu'elles s'élèveraient à 1,000 roupies l'argent serait déposé entre les mains de MM. Remington, Crawford and Cᵒ,
chez lesquels on ouvrirait un compte au nom du Panchayet
Parsi. » (*Bombay Samachar*, 2 février 1824.)

Le 25 août 1826, nous lisons encore dans la *Parsee
Prakâsh*, pp. 200-201: « Aujourd'hui quelques membres de
la communauté Parsie ont envoyé un long mémoire aux
membres du Panchayet, etc., etc. » Les pétitionnaires commençaient par remercier ces Messieurs d'avoir mis les fonds
du Panchayet sur un aussi bon pied, de les faire fructifier et
d'en publier chaque année le compte pour l'édification de la
communauté ; ils émettaient ensuite divers vœux : 1° qu'à l'occasion des décès, les *Nâsâ-sâlârs* abusant de la situation des
familles des défunts en se faisant payer des salaires trop
élevés, il importait de prendre des mesures à ce sujet; 2° qu'il
était utile d'ouvrir des écoles dans le *Fort* et en dehors
(*Baherkote*) pour instruire aux frais du Panchayet les fils
de *Mobeds* dans l'étude du *Zend-Avesta ;* 3° que le Panchayet devait recommander à tous les membres de la communauté de suivre, pour les dépenses à faire au moment
des décès et des mariages, les lois et les règlements consignés
dans les livres du Panchayet, adoptés et suivis par Hormusji
Bomanji Wadia et sa famille ; 4° enfin qu'au sujet des querelles entre les belles-mères et les belles-filles, les époux et
les épouses, la communauté devrait se réunir pour statuer
et faire respecter les lois déjà édictées.

Nous voyons, le 4 septembre 1826, que les membres du
Panchayet répondirent à cette pétition dans le *Bombay
Samachar*. Ils remerciaient les soussignés et déclaraient
que les membres du Panchayet n'avaient pas servi la
communauté de la valeur d'un *anna* à une roupie (formule
polie).

La réponse en outre faisait comprendre que les Parsis ne contribuaient en rien aux fonds du Panchayet, ni à l'occasion des décès et des mariages, ni lors des fêtes du premier jour de l'année, soit des Kadimis, soit des Shahanshahis ; que beaucoup prenaient avantage de tout prétexte pour s'immiscer dans les affaires du Panchayet et décourageaient ainsi les membres, quelque disposés qu'ils fussent à servir la communauté ; que si les Parsis en certaines circonstances contribuaient aux fonds du Panchayet, et par là à leur accroissement, le Panchayet ouvrirait alors des écoles dans le *Fort* et à *Baherkote* pour donner de l'éducation aux indigents (en ce qui concerne l'étude du zend et du guzerati), et prendrait des mesures pour régler les salaires des *Nâsâ-sâlârs* ; que l'assemblée allait se concerter pour aviser aux moyens d'améliorer les conditions de la vie commune entre maris et femmes ; que quiconque voudrait présenter ses observations était libre d'écrire au Panchayet, et qu'après avoir pris connaissance de la requête, les membres s'entendraient avec cent ou deux cents personnes compétentes de la communauté au sujet des arrangements nécessaires et les soumettraient ensuite à l'approbation d'un *meeting* général. (*Parsee Prakâsh*, pp. 200-201.)

Nous avons donné des extraits de cet intéressant échange de lettres pour permettre au lecteur européen de pénétrer et de comprendre, grâce à ces détails, le mécanisme de cette organisation si spéciale mieux que nous ne saurions le faire à l'aide de considérations générales.

Ce fut en 1847 que les *trustees* du Panchayet de Bombay commencèrent à publier un livre de comptes pour chaque année ; jusqu'alors les comptes avaient été donnés dans le *Bombay Samachar*. (*Parsee Prakâsh*, p. 493, en note.)

A l'heure actuelle, le Panchayet a la direction des *Funds* dont nous donnons ci-dessous la liste. Il y a près de 40 grands *Funds* et 80 petits à Bombay, en tout 120, dont, en 1893, le total s'élevait déjà à 2,927,981 roupies.

Voici la liste des principaux :

1° *Fund* pour l'entretien de la corporation des Nâsâ-sâ-lârs[1].

2° *Fund* pour servir des allocations mensuelles au soulagement des Parsis aveugles, estropiés ou incapables de se suffire.

3° *Fund* pour soutenir les Parsis tombés dans l'indigence.

4° *Fund* pour soutenir les écoles religieuses des Parsis.

5° Le « *Zarthosti Madressa Fund* », à la mémoire de Sir Jamshedji Jijibhai, premier *baronet*.

6° *Fund* dû à la générosité de Sir Jamshedji Jijibhai, au profit des pauvres de Surate.

Les *trustees* de Bombay ont également sous leur contrôle des comités qui, dans diverses localités de l'Inde, veillent à l'administration des fonds affectés à ces mêmes localités.

Cette année, Sir Jamshedji Jijibhai et les quatre autres membres du *Board of trustees of the Parsi charitable Fund*[2] ont publié un gros volume contenant un compte rendu détaillé de l'administration des biens placés sous leur contrôle pour l'année 1894-95, soit 34,70,000 roupies dont 30,00,000 fournies par les Parsis de Bombay et le reste par

---

[1] Voy. *supra*, p. 185, note 2. Près de 3,80.000 roupies sont payées annuellement aux 48 porteurs ; 25,000 roupies servent à l'entretien des enclos, au salaire des gardiens des Tours, des veilleurs et des jardiniers.

[2] Sir Jamshedji Jijibhai, C. S. I. président ; Kharshedji Furdunji, Esq. ; Sir Dinsha Manakji Petit, Bart. ; Hormusji Edalji Allbless, Esq.; Kavasji Kharshedji Jamshedji Esq. ; Shams-ul-ulma Jivanji Jamshedji Modi, B. A. secrétaire. — Sir Jamshedji Jijibhai est le président du Board, par la raison que les premiers fonds ont été baillés par le premier *baronet*. — Voy. pl. 12, le portrait de Sir Jamshedji Jijibhai, le troisième *baronet*.

SIR JAMSHEDJI JIJIBHAI, BART,

ceux de l'Inde. En outre les *trustees* ont l'administration de 2,25,000 roupies appartenant à la communauté hindoue, et pour le soulagement des Zoroastriens indigents de Surate et de Naôsari 2,05,000, ce qui forme un total de 39,00,000 roupies. Les *trustees*, avec le concours du secrétaire, M. J. J. Modi, et assistés d'un personnel de commis et de comptables, ont si soigneusement administré ces fonds que pas une seule irrégularité n'a été constatée dans le cours de cette laborieuse gestion[1].

§ II[2]

On comprend sans peine que, d'une part, le Panchayet, étant réduit à ce simple rôle d'institution charitable, de l'autre, les Parsis n'ayant pas de code reconnu pour régler les droits d'héritage, les questions de mariage ou de divorce, il en soit résulté une confusion regrettable et des conflits, jadis apaisés par l'autorité de l'*Anjuman*. Ainsi par exemple, pour les droits de succession, s'il s'élevait primitivement une discussion, elle était tranchée d'après les principes généraux d'équité et de justice. Il semblait, en effet, que l'antique usage réclamât la division égale de la succession d'un défunt entre tous ses enfants, la propriété fût-elle mobilière ou foncière. Il ne se produisait jamais de contestation, quant au partage des terres par testament; mais quand les Parsis s'aperçurent que ces droits d'héritage et de succession pouvaient être réglés par la loi anglaise (nulle clause n'ayant été stipulée au profit des Parsis,

[1] Voyez *Bombay Gazette*, 1er septembre 1896.
[2] Le chapitre entier est rédigé suivant les données de M. D. F. Karaka; Voy. *Hist. of the Parsis*, vol. I, ch. v, pp. 214-279. La grande autorité de l'auteur en matière législative nous a engagé à suivre le résumé si clair et si instructif qu'il a présenté dans ce chapitre.

comme pour les Hindous et les Musulmans), beaucoup de fils aînés, dont les pères étaient morts *ab intestat,* voulurent se prévaloir des avantages de la loi anglaise pour dépouiller leurs frères.

Telle était la situation de la communauté après la chute du Panchayet. C'est alors que les chefs sentirent la nécessité d'un Code pour donner des lois sur le mariage, le divorce et la succession *ab intestat.* Des efforts dans ce sens furent faits dès 1835 ; mais ils n'aboutirent qu'en 1865.

Avant cette époque, la loi qui réglait les rapports sociaux des Parsis n'était pas la même à Bombay que dans le Mofussil. Quand la Charte Royale de 1824 constitua la Cour Suprême, les Parsis du Mofussil étaient soumis à une jurisprudence différente de celle des villes de la Présidence, et les tribunaux qui connaissaient des affaires n'étaient guidés que par les coutumes et les usages alors en vigueur dans la communauté, conformément aux clauses du « *Regulation* 4 » de 1827. Par ces clauses il était ordonné qu'à défaut d'*Acts* du Parlement et de *Regulations* du gouvernement applicables à un cas quelconque, la coutume du pays où s'élèverait le procès, — et s'il n'en existait pas, — la loi du défendeur servirait de base à la décision; en outre si dans quelque affaire ayant son origine, soit dans un cas particulier à une loi quelconque (excepté la loi hindoue et la loi musulmane), soit dans une règle ou un usage de la secte ou de la caste, un doute s'élevait au sujet de cette loi, de cette règle et de cet usage, la Cour devrait s'éclairer en prenant l'avis de gens versés dans cette loi ou celui des chefs de la caste et de la secte; enfin, à leur défaut, celui de toute autre personne au courant de ces matières[1].

---

[1] Voy. pour la législation aux Indes : Sɪʀ Jᴏʜɴ Sᴛʀᴀᴄʜᴇʏ, *L'Inde*, trad. Harmand, Lecture vɪ, pp. 143-161 et la troisième édition du *Digest of the Hindu Law of inheritance, partition and adoption,* par Wᴇsᴛ et Bücʜʟᴇʀ. 2 vol., Bombay, 1884. — La codification de la loi criminelle de l'Inde anglaise est complète ; celle de la loi civile est beaucoup plus difficile.

C'est ainsi qu'on en usait à l'égard des Parsis du Mofussil[1] ; toutefois, malgré le tact et l'intelligence des juges, cette jurisprudence encourageait les conflits et retardait le cours de la justice.

A la *Recorder's Court* de Bombay, on suivit pendant quelque temps les usages du Mofussil. Tel fut le cas des « Ghistas », dans lequel Sir James Mackintosh, avant de quitter l'Inde en 1811, fut amené à admettre le droit d'héritage pour le fils naturel d'un Parsi mort *ab intestat,* parce que l'enfant avait reçu l'investiture des insignes sacrés. Cette décision, qui causa une grande sensation dans la communauté parsie, fut réformée par Sir John Newbold (successeur immédiat de Sir James Mackintosh), et il est probable que cet exemple, — qui n'est malheureusement pas unique, — de la difficulté d'introduire une bonne législation chez les Parsis exerça une grande influence sur l'esprit des juges, et les incita à enlever aux Parsis le bénéfice de la clause de la Charte de 1828 par laquelle les affaires de contrat, d'héritage et de succession étaient réglées, pour les Musulmans, par leurs lois et leurs coutumes, et, pour les Gentoos, par les lois et les coutumes des Gentoos. Les juges de la Cour Suprême ayant refusé d'assimiler les Parsis aux Gentoos, il s'ensuivit que les Parsis étaient soumis à la loi anglaise pour les questions de contrat, d'héritage et de succession.

Les Parsis du Mofussil et des villes de la Présidence furent donc exposés à des ennuis de deux sortes : dans le Mofussil, aux incertitudes et aux fluctuations dans les jugements provenant nécessairement de ce qu'on admettait l'usage comme preuve à défaut de l'écrit, et que les litiges se trouvaient ainsi encouragés ; dans les villes de la Prési-

---

[1] Le terme « Mofussil » s'applique au pays et au district par opposition à la Capitale de la Présidence. Le mot hindoustani « *Mufassal* » gnifie, dans une acception propre, « séparé, distinct », et par extension « provincial ».

dence l'inconvénient était beaucoup plus grave : celui d'être soumis en fait de contrat, d'héritage et de succession à un système de lois complètement en désaccord avec les usages sociaux ; tandis que, pour les questions relatives au mariage, il est évident que les Parsis étaient dépourvus de toute législation avant 1865.

Ces considérations avaient déjà amené la publication d'une lettre de M. Borradaile aux communautés de Surate et de Bombay (1828), dans laquelle l'habile légiste faisait valoir qu'en l'absence de tout code régulier, des litiges s'étaient élevés par le simple fait que les Parsis n'avaient ni lois antiques, ni coutumes écrites ; aussi le gouvernement pensait-il qu'il était à propos pour les Parsis de Surate et de Bombay de prendre conseil et de mettre par écrit leurs coutumes d'après lesquelles on rédigerait un code à leur usage. Une série de questions étaient jointes à ce document. Les Parsis n'y répondirent que huit ans plus tard, le 18 août 1836 ; toutefois, avant cette époque, un fait qui s'était passé devant la Cour Suprême de Bombay les avait rendus très désireux de régler ces graves affaires. Il s'agissait du fils aîné d'un Parsi mort *ab intestat,* qui réclamait ses droits selon la loi anglaise, et se portait seul héritier de son père. Le 20 novembre 1835, une pétition au *Legislative Council* demandait protection contre l'application de la loi anglaise, et le 13 janvier 1837, le *Legislative Department* affirmait le principe que les coutumes nationales des Parsis n'étaient pas reconnues par la loi comme celles des Musulmans et des Hindous, en ce qui concernait les héritages, le mariage et la succession[1]; toutefois les Parsis qui, dans la juridiction des Cours Suprêmes, étaient en possession d'immeubles dont ils avaient hérité suivant leurs coutumes nationales,

[1] Voyez *Correspondence on the subject of the law of inheritance among the Parsees between Manockjee Cursetjee and some of the prominent members of the Parsee community at Bombay and others in 1837-38, and 1859.*

ne devaient pas être troublés dans leur jouissance. — Il
était évident, selon' l'avis des membres réunis au Conseil,
qu'on était en présence d'un de ces cas dans lesquels la
stricte application de la loi irait contre le but que se propose toute loi, c'est-à-dire qu'on enlèverait la sécurité à
la propriété et qu'on ébranlerait la confiance des justiciables dans les institutions qui les régissaient.

Tels sont les principes qui ont guidé la législation indienne dans la promulgation de l'*Act* IX de 1837, qui déclare que la propriété immobilière, dans la juridiction des
Cours Suprêmes, en ce qui concerne sa transmission par
le testament d'un Parsi ou par le décès d'un Parsi mort *ab
intestat*, doit être considérée, — et elle l'a toujours été, —
comme de nature immobilière. (Voyez les *Appendices*
pour la teneur de l'*Act*.)

Cet *Act* s'appliquait simplement aux Parsis domiciliés à
Bombay et établissait une distinction entre ceux-ci et les
habitants du Mofussil. Aussi les Parsis ne se montrèrent-
ils pas satisfaits, et, en 1838, ils adressèrent une autre
pétition dans laquelle ils prenaient pour base les réponses
aux questions de M. Borradaile et demandaient qu'on fît
une ordonnance, selon les termes de ces réponses, au
sujet des droits d'héritage et de succession reconnus par
la communauté parsie. Les choses en restèrent là néanmoins, à cause de démarches faites en sens inverse par certains Zoroastriens qui professaient des opinions différentes.

Dans les réponses à M. Borradaile, deux points étaient dignes surtout d'attirer l'attention : ainsi quand un Parsi mou-
rait *ab intestat*, on proposait d'accorder un droit d'héritage à
la veuve et aux filles, en fixant ce droit à un huitième pour
chacune, et de donner à la femme mariée la faculté de disposer par testament, du vivant même de son mari, avec ou
sans son assentiment, de tous les biens qu'elle avait apportés
de la maison de son père.

Quatre ans après le « Chattels Real Act » de 1837, les

Parsis de Bombay, par une lettre datée du 5 mars 1841 et adressée à M. Borradaile[1], donnèrent leur avis sur les inconvénients provenant de la subordination à la loi anglaise en matière d'héritage de la propriété des Parsis morts *ab intestat* malgré l'*Act* de 1837. A l'appui ils citaient des exemples de date récente, tel celui d'un Parsi remarié laissant des enfants mineurs d'un premier mariage. Dans ce cas, la loi anglaise accordait un tiers à la veuve et le reste aux enfants par parts égales. Or, selon les lois et coutumes des Parsis, ce procédé n'était pas juste, parce que le fils se trouvait dans l'impossibilité de porter dignement le nom de son père, tandis que les filles (s'il y en avait) étaient embarrassées de biens de gestion difficile et exposées parfois aux mauvais procédés de parents injustes ou de mandataires indélicats.

Les juges de la Cour Suprême comprirent le mal; ils avaient souvent fait valoir aux Parsis les avantages qu'il y aurait pour eux à préparer un code qui, accepté par la masse de la communauté, serait appliqué par les cours anglaises. Sir Erskine Perry, *Chief Justice* de la Cour Suprême de Bombay, écrivait en 1843 à un « leader » Parsi : « Je suis si pleinement convaincu — et cela depuis longtemps — de la nécessité qu'il y a de prendre des dispositions législatives en faveur des Parsis, que j'ai résolu de présenter un rapport au Gouvernement, afin de mettre en lumière les points en litige et de discuter les diverses dispositions qu'il serait à propos d'adopter. »

Des tentatives furent faites pour la rédaction d'un code, mais elles échouèrent, faute d'entente. Toutefois, en 1855, grâce à des efforts persévérants, on obtint enfin le succès désiré. Le 20 août, en réponse aux avertissements parus dans tous les journaux guzeratis, un *meeting* eut lieu dans un des Temples du Feu, pour prendre des mesures à l'effet de promulguer des lois obligatoires pour les Zoroastriens. (*Parsee Prakâsh*, pp. 678-687.)

---

[1] Il était alors membre de l'*Indian Law Commission*.

Trois mille personnes s'y rendirent ; les chefs de la communauté et les membres les plus influents y assistèrent. Le but du *meeting* fut défini par M. Naorozji Fardunji, qui fit longuement l'historique des efforts tentés par les Parsis pour obtenir un système de législation uniforme. C'est ainsi que fut fondée la *Parsi Law Association;* on constitua un comité de cent cinquante membres, dont vingt formèrent un sous-comité auquel fut confié le soin de préparer un code et de faire parvenir une pétition au « *Legislative Council of India* » pour en obtenir la promulgation.

Manakji Nasarvanji Petit (mort en 1859) fut le premier appelé à présider ; Framji Nasarvanji Patel (mort en 1892) lui succéda ; Naorozji Fardunji (mort en 1885) et Sorabji Shapurji Bengali (mort en 1893) en furent les secrétaires honoraires. Le Comité se mit à l'œuvre et réunit les éléments d'un code qui fut envoyé au Gouvernement, puis soumis au *Legislative Council* par feu M. Le Geyt, alors membre du Conseil Suprême. Une commission fut chargée de l'examiner, et, le 19 mai 1860, le *Legislative Council* organisait des commissions d'enquête pour se rendre compte des sentiments et des vœux de la communauté parsie. Beaucoup d'opinions se produisirent librement de la part des Parsis établis à Surate, à Baroutch, à Thana, à Ahmadabad, à Baroda, à Poona et dans les autres localités de la Présidence de Bombay.

Ces renseignements et ceux qu'avait fournis la *Parsi Law Association* furent envoyés de la part du Gouverneur de Bombay au *Legislative Council*, et le comité chargé de présenter ce rapport demanda que le Gouvernement nommât une commission pour faire une enquête préliminaire au sujet des usages reconnus comme lois par la communauté parsie et de l'urgence d'une législation spéciale. Les principes d'après lesquels l'enquête devait être conduite étaient ceux-ci : « La commission, était-il dit, si elle siégeait à Bombay, pourrait recevoir le témoi-

gnage des députations parsies de toutes les autres villes
dont on avait en main les pétitions au sujet du code, entendre les arguments en faveur des dites communautés et
prendre conseil de toutes les autorités écrites ou orales auxquelles on avait eu ou auxquelles on pourrait avoir recours :
enfin émettre une opinion réfléchie sur chaque point séparément, ce qui permettrait de spécifier dans chaque cas l'usage
suivi, la tradition ou le vœu de la majorité de la communauté
parsie tout entière, ainsi qu'on le lui avait fait connaitre. »

La commission fut convoquée par le Gouverneur de Bombay
le 26 décembre 1861 ; elle se composait de l'Hon'ble M. Justice Arnould, de M. H. Newton et de M. Framji Nasarvanji
Patel, président du comité de la *Parsi Law Association*, représentant les Parsis de Bombay, et de Rastamji Kharshedji,
le Modi de Surate[1], représentant ceux du Mofussil.

La première réunion eut lieu le 15 février 1862 ; ce jour-
là même, le comité de la *Parsi Law Association* soumit
à la commission un projet de code supplémentaire pour les
fiançailles, le mariage et le divorce. Il convient d'expliquer
maintenant comment les Parsis étaient arrivés à le préparer.

Un an après la formation de la *Parsi Law Association*,
on était entré dans une nouvelle phase de la vie légale des
Parsis. Le 17 juillet, le Conseil privé décidait (pour le cas
d'Ardeshir Kharshedji *versus* Pirozbai) que la Cour Suprême
de Bombay (abolie en 1862) n'avait pas de juridiction (en matière ecclésiastique) lors du procès d'une femme parsie contre
son mari, à l'effet d'obtenir la restitution de ses droits conjugaux ou l'allocation d'une pension alimentaire. Il intimait en
même temps que la dernière Cour Suprême (en matière civile)

---

[1] Le titre de « *Modi* » est hindou et a été donné à une famille de
Surate par les Anglais, il y a un siècle. Le *Modi* était pour les Parsis
une sorte d'arbitre dans les affaires litigieuses et dans les matières
civiles que la loi ne reconnaissait pas. Il siégea d'abord en conciliation
avec le Nawab, ensuite avec les Anglais ; ses services étaient gratuits.
La famille du Modi de Surate se considère d'ailleurs comme la plus
noble de celles qui quittèrent la Perse et se réclame d'origine royale.

pouvait apporter quelques adoucissements à la violation des
devoirs et des obligations découlant de l'union matrimoniale
chez les Parsis. Mais c'était une expérience coûteuse et pleine
d'aléa ; aucun Parsi ne voulait la tenter. Au point de vue
pratique, les Parsis étaient donc, en ce qui touchait le mariage, dépourvus de lois, et la *Parsi Law Association*, dès que
la décision du Conseil privé fut connue dans le cas précité,
se mit en devoir de porter remède au mal en rédigeant un
code supplémentaire et en le soumettant à la commission
présidée par Sir Joseph Arnould, afin qu'il pût être examiné
en même temps que le projet d'*Act* relatif à la succession
ab intestat. La commission, après une longue enquête de
huit mois, présenta son rapport le 13 octobre 1862, recommandant à l'attention des législateurs l'*Act* de succession,
l'*Act* de mariage et de divorce (nº 10 de 1865, nº 15 de 1865).

Le premier point soumis à l'examen de la commission fut
celui de savoir quelles étaient les coutumes, si toutefois il y
en avait, reconnues par les Parsis de l'Inde concernant le
droit des femmes à l'héritage d'un Parsi mort *ab intestat?*

La commission arriva à la même conclusion que M. Borradaile en 1825, à savoir que les Parsis n'avaient pas de
code, car les livres qu'ils possédaient avant leur sortie de
Perse étaient pour la plupart perdus, et les conventions
qu'ils avaient promises au Rana de respecter formaient, avec
les usages locaux insensiblement adoptés, un ensemble de
règles et de lois qui différaient à beaucoup d'égards des coutumes du pays fondées sur la loi hindoue. En conséquence
la commission reconnut que les coutumes qui avaient jusqu'alors réglé les droits des femmes n'admettaient pas leur
capacité à hériter de la propriété d'un Parsi mort *ab intestat*, et que les veuves et les jeunes filles parsies, (excepté
récemment à Bombay), avaient été considérées comme
ayant droit à une pension alimentaire sans pour cela prétendre à une part d'héritage.

La seconde question posée était celle-ci : Quelles sont les

lois, si toutefois il y en a, qu'on trouve dans les livres sacrés
des Parsis ou dans leur littérature traditionnelle, revêtues
d'un cachet d'authenticité indiscutable ?

D'après d'anciens ouvrages pehlvis et, ajoute M. D. F. Karaka, selon M. Haug, grande autorité en matière religieuse,
on arriva à la conclusion que l'Avesta ne contient aucun
précepte sur la manière de distribuer les biens entre les
parents d'un défunt, homme ou femme, mourant *ab intestat*,
mais que c'était contre l'esprit de l'antique loi zoroastrienne
d'exclure les femmes du droit d'héritage.

Il y eut échange de lettres avec les Dastours les plus
éminents ; on se convainquit que la capacité d'hériter
n'était nullement contestée aux femmes dans les livres sacrés,
et qu'une loi affirmant ces droits n'allait pas à l'encontre de
la discipline antique.

La troisième question était celle-ci : Supposant la capacité
d'hériter des femmes parsies, dans les cas où les mâles
mouraient *ab intestat* quelles devaient être les parts respectives de la veuve et des filles?

La somme fixée fut d'une moitié pour la veuve et d'un
quart pour chaque fille ; les Parsis du Mofussil trouvèrent
cette somme trop élevée et la charge trop onéreuse pour les
familles pauvres, relativement plus nombreuses dans le
Mofussil qu'à Bombay. La commission, après examen, se
rallia à l'opinion que ces craintes étaient chimériques et
qu'elles étaient surtout basées sur l'horreur du changement
et de l'innovation. Bien que le Modi de Surate fût au nombre des membres de l'opposition, la majorité fut d'avis d'accepter le montant des sommes fixées.

La quatrième question sur laquelle la commission avait à
statuer était celle-ci : Les femmes mariées parsies avaient-elles par coutume ou d'autre façon, le droit, pendant la vie de
leurs maris, de garder ou de disposer d'une propriété distincte;
dans la négative, était-il à propos de leur accorder ce droit
et, si on le leur accordait, quelle pouvait en être l'étendue?

La réponse prouva que l'usage, jusqu'alors, avait été de considérer que les femmes parsies avaient en leur possession, dans une certaine limite, la propriété personnelle de leurs effets, bijoux et autres cadeaux faits par la famille de leur père au moment du mariage. Les facultés additionnelles allouées aux femmes dans le nouveau code, telles qu'elles avaient été amendées par la commission, semblèrent des innovations, mais furent jugées convenables.

La cinquième question était assez subtile :

Avait-on fait une réserve au sujet de la nécessité d'une législation spéciale concernant les points en litige dans le projet de code d'héritage et de succession, ou les Parsis du Mofussil devraient-ils s'en rapporter, comme ils l'avaient fait jusqu'alors, à la coutume, et les Parsis des villes de la Présidence à la loi anglaise ? — La commission comprit alors que les Parsis du Mofussil, d'accord avec leurs frères de Bombay, étaient convaincus que les lois anglaises d'héritage, de succession et de propriété entre conjoints étaient complètement en désaccord avec celles que réclamait la communauté parsie. Les représentants des Parsis du Mofussil, ayant comparu devant la commission, déclarèrent énergiquement qu'ils adopteraient le code sans modification plutôt que d'être placés comme les Parsis de Bombay, pendant la judicature de la dernière Cour Suprême et depuis l'établissement de la Haute-Cour, sous l'autorité de la loi anglaise, en ce qui touchait ces points.

Le comité choisi par le *Legislative Council* avait relevé dans son rapport que la loi anglaise de *Chattels Real*, pendant un quart de siècle, avait réglé dans les cas de mort *ab intestat* la transmission de toute la propriété des Parsis dans les limites de la juridiction de la Cour Suprême, et qu'il n'y avait pas d'exemple qu'il en fût arrivé aucun désagrément. M. Naorozji Fardunji produisit devant la commission de si nombreux exemples des vexations et des ennuis causés aux Parsis par l'application de la loi anglaise de la division de la propriété en cas de mort *ab intestat* que la commission demanda que la législature voulût bien les prendre en considération.

Quant à ce qui touchait la loi anglaise relative à la propriété entre mari et femme, la commission remarqua que la loi anglaise qui confond la femme avec le mari et la rend incapable pendant le mariage de contracter, de posséder ou de disposer de ses biens, était absolument opposée aux sentiments de la communauté parsie et en désaccord avec sa manière de voir sur les rapports conjugaux et les droits du mari; que cette loi n'était applicable qu'aux Anglais, et même qu'elle ne leur est utile qu'à cause des *settlements*, expédient auquel on a recours quand il n'y a rien ou presque rien à attendre du chef de la femme, et qui, lorsqu'on en use, conduit à l'institution par contrat et convention d'une loi *pro hac vice*, en mettant de côté la loi stricte du pays. En 1858, la législation anglaise, par l'*Act* qui protège les gains de la femme mariée, atténua autant qu'elle put les défauts de cette loi.

Il n'y a pas de doute que la nation anglaise n'accueille avec joie un code de loi civile substantive, dont un des plus grands bienfaits serait de détruire des lois surannées et de substituer un système plus civilisé à l'ordonnance barbare et féodale du droit coutumier par laquelle la femme, en ce qui concerne la propriété, est confondue avec le mari, ou, pour employer un langage plus correct au point de vue historique et technique, par laquelle la *Feme* est *coverte* par le *Baron*.

Les membres de la commission furent d'avis sur ce point que la communauté parsie de Bombay avait mis le doigt sur un mal social, et qu'ils avaient eu raison d'introduire un cas pour obtenir une protection efficace contre le droit coutumier anglais de *Baron* et de *Feme*.

La sixième question envisageait l'opportunité de l'amélioration du sort des Parsis des villes de la Présidence au moyen d'une législation spéciale et restreinte, tout en lais-

sant les Parsis du Mofussil sous un système de loi séparé,
et l'on demandait si ce n'était pas le moment de s'occuper de
cette importante définition.

Malgré les répugnances des Parsis du Mofussil, qui
déclaraient préférer le régime du *statu quo*[1], c'est-à-dire
rester justiciables des cours ordinaires qui réglaient les
décisions suivant les coutumes acceptées par leur juridiction, les observations de la commission conclurent à la nécessité d'unifier la loi. Ce serait avantageux pour les Parsis du
Mofussil, disait le rapport, que leurs lois d'héritage, de succession et de propriété dans le mariage, fussent fixées d'une
manière stable, et non d'après le bon plaisir de simples coutumes. La commission estimait, d'ailleurs, que la persistance
des Parsis du Mofussil à repousser les dispositions du projet
de code n'était basée ni sur des motifs religieux, ni sur
des inconvénients sérieux, et bien qu'une législation spéciale
fût peut-être désirable, la commission concluait toutefois
à l'application des articles du projet de loi à toute la communauté parsie de l'Inde, avec tels amendements que le Conseil
Suprême jugerait convenable d'y ajouter.

Après avoir rédigé le projet du *Succession Act* dans ses
grandes lignes, la commission s'occupa du code supplémentaire des fiançailles, du mariage et du divorce. Y avait-il
urgence à établir une législation spéciale pour ces questions, et, si elle existait, la législation proposée dans le
projet de code était-elle de nature à soulever des objections? La réponse était facile. Ces réformes avaient toujours été jugées nécessaires. Bien avant cette époque les
Parsis de Bombay, très supérieurs à leurs coreligionnaires
du Mofussil comme culture intellectuelle et comme valeur
morale, avaient vécu depuis la décision du Conseil privé
(1856) dans la plus complète illégalité en ce qui concernait
le mariage. Chacun suivait son humeur et son inclination;

---

[1] Le Modi de Surate seul ne partagea pas l'avis de ses coreligionnaires.

un mémoire préparé par le Secrétaire de la *Parsi Law Association* et soumis à la commission fit connaître en moins de deux ans vingt-six cas de bigamie ! Cette simple constatation ne suffisait-elle pas pour démontrer la nécessité d'une revision dans la législation ?

Or, le Code pénal indien, appliqué par la législation de 1860, a toujours considéré que tout second mariage contracté pendant la vie d'un des conjoints était une offense qui entraînait une peine, et que la clause de la loi était destinée à enrayer et à diminuer la tendance à la bigamie toujours croissante chez les Parsis. Il convient ici de bien considérer cette question. Si les Musulmans et les Hindous peuvent prendre plusieurs femmes, ils en trouvent la sanction dans leurs livres sacrés et ne tombent pas sous l'application du Code pénal indien, quand ils se marient du vivant de leur première femme. Pour les Parsis, la chose est tout autre. Il est certain que leurs livres sacrés ne nous sont pas parvenus dans leur entier et qu'il est difficile d'être renseigné sur les usages purement zoroastriens ; mais on se souvient qu'il avait toujours fallu l'autorité du Panchayet pour autoriser les seconds mariages (Voy. *supra*, pp. 248-249). Cette sanction était nécessaire ; d'ailleurs, si ces cas eussent été portés devant une cour criminelle avant le *Parsi Marriage and Divorce Act*, il est douteux qu'on eût obtenu un arrêt contre le délinquant, dès lors qu'on pouvait plaider l'usage et la coutume en faveur du délit.

Nous arrivons ici à un point fort important de la discussion. Selon nous, cette tendance à la bigamie provenait principalement de la désastreuse coutume des *infant-marriages*. En Europe, le poids et l'ennui d'unions mal assorties contractées prématurément amène presque toujours chez l'homme le besoin de rechercher dans la maturité de l'âge, la plénitude de ses facultés et le développement heureux de sa carrière, des engagements nouveaux plus en rapport avec son humeur, son inclination et ses intérêts. Les codes européens donnent à présent une satisfaction plus ou moins large sur ce point, et dans les pays où le divorce s'obtient facilement, par consentement mutuel, un austère censeur peut considérer tous ces divorces suivis de mariages comme autant de cas de bigamie. Si déjà un mariage prématuré est cause de grandes douleurs domestiques, l'*alea* dans les *infant-marriages* est autrement redoutable! Pour les deux époux il y a part égale de désenchantements, de répugnances et de dégoûts. A ces êtres unis dès le berceau par des liens sacrés et indissolubles, la vie matérielle apportera son contingent de maladies et d'épreuves; la vie intellectuelle, ses succès et ses déboires, sans que les conjoints aient le droit de faire valoir leur aversion ou leur inclination. Nous n'avons pas à retracer ici l'histoire des *infant-marriages* [1].

[1] Au sujet de la validité des *infant-marriages*, citons de nouveau le cas de M. Peshotan H. Dastur marié à l'âge de sept ans à Meherbai, âgée de six ans (Voyez *supra*, p. 156). Le mariage ne fut pas consommé, mais aucune tentative de répudiation ne fut faite par le jeune homme qui ne demanda l'annulation de son union qu'au bout de dix-neuf ans, se basant sur ce qu'il s'était refusé à tout rapport conjugal. La défenderesse soutenait que son mariage était valide, qu'il avait été célébré en bonne forme et qu'elle était bien la femme légitime du plaignant. L'affaire fut portée devant la *High Court* de Bombay (22 décembre 1888) et le jugement rendu par l'Hon'ble Justice Scott contre M. Peshotan H. Dastur. Un des grands points invoqués contre le mari était celui-ci: Bien que la meilleure des formes du consentement soit la consommation, ce n'est pourtant pas la seule. Il en est d'indirectes, tirées de rapports tout extérieurs. Or, si le plaignant s'était constamment refusé à la consommation du mariage, il semble que ce ne fut que par un simple goût personnel, car il n'avait pas mis en doute, pendant dix-neuf ans, la validité de son union et avait accordé à sa jeune épouse toutes les prérogatives extérieures auxquelles elle avait droit comme femme légitime[1].

Ce triste débat partagea l'opinion publique et donna lieu à de nombreuses discussions. Le jugement de Justice Scott est d'ailleurs irréprochable et rendu conformément aux clauses du *Parsi Marriage and Divorce Act* de 1865. Il est évident que cet *Act* a besoin d'une revision, et bien que

[1] Voyez pour les considérants le jugement de Justice Scott dans le *Times of India*, 22 décembre 1888. — Cf. le jugement de Justice Farran dans le procès de Rukhmabai, *Indian Law Report*, *Bombay Series*, 1886. Vol. X, p. 30-31.

En 1892, un Parsi, M. B. M. Malabari, a procuré à l'Inde
le grand bienfait de l'« *Age of Consent Act* » qui a mis une
barrière aux mariages précoces; mais, en 1863, les Parsis
étaient encore tellement *hindouisés*, sauf des exceptions
honorables, que la communauté repoussait la salutaire
influence européenne ; si bien que la *Parsi Law Association*, dans son projet de code, avait non-seulement inséré des
clauses pour la validité des fiançailles et des mariages entre
enfants, mais encore avait prescrit des pénalités quant à la
violation des devoirs et des obligations qui en résultaient.
Comme on pense, ces clauses n'obtinrent pas l'approbation
des membres européens de la commission qui considéraient
avec raison ces coutumes d'origine essentiellement hindoue, dépourvues de sanction par la loi zoroastrienne et
en tout opposées au progrès moral ou social ; aussi ces
Messieurs n'en recommandèrent-ils pas l'insertion. Ils
firent observer en outre que tous les changements qu'on
pouvait apporter dans le sens de l'abolition de ces coutumes
seraient favorablement accueillis par la minorité riche et
influente de la communauté. M. D. F. Karaka témoigne de
la rectitude de cette opinion (*op. cit.*, p. 268), car, dit-il,

les Parsis soient débarrassés, grâce à leur haute culture, de la coutume
tout hindoue des *infant-marriages*, l'ambiguité du texte pourrait autoriser des abus. C'est ainsi qu'un autre cas est en ce moment pendant
devant la *High-Court* de Bombay, celui de Shirinbai Mancherji Bharu-
cha *versus* Kharshedji Masalawala. La cause avait été portée d'abord devant le *Subordinate Judge* de Broach, puis en appel à la *District Court*,
enfin, en dernier ressort, devant la *High Court*. C'est l'épouse qui, cette
fois, sollicite sa liberté. Quand ces pages seront imprimées, le jugement
aura sans doute été rendu.
    Ces deux cas tombent sous le n° XXXVII du *Parsi Marriage and
Divorce Act*, qui déclare que nul procès ne peut être intenté pour obliger à un mariage — ou à un contrat découlant d'un mariage — quand le
mari a moins de seize ans et la femme quatorze.— Quant à la restitution
des droits conjugaux, ce reste de la vieille législation ecclésiastique
anglaise, introduite en 1877 dans la législation hindoue et abolie en
Angleterre, elle reste en vigueur pour les Parsis comme pour les Hindous, malgré les efforts tentés récemment pour s'en débarrasser.

si une sanction légale eût été donnée à ces coutumes par
l'application de peines criminelles, les Parsis n'auraient pu
s'en débarrasser aussi rapidement qu'ils y sont arrivés.
(Voyez *supra*, pp. 154-155, le tableau où sont enregistrés
les différents âges des conjoints.)

Une autre question sur laquelle les membres européens
de la commission n'étaient pas d'accord avec les Parsis,
c'était celle de savoir si la législation indienne pouvait accepter la différence de foi religieuse existant avant ou à l'époque
d'un mariage comme motif suffisant pour annuler ledit mariage *ipso facto;* mieux encore de reconnaître la différence de
croyance se produisant après le mariage comme raison valable
de le rendre nul ? — Les membres européens de la commission s'empressèrent de déclarer qu'ils ne pouvaient conseiller
l'adoption de l'une ou l'autre de ces clauses par la législation
indienne. Tant que le sentiment religieux conserverait sa
force et son exclusivisme chez les Parsis, on n'avait pas
besoin de ces prohibitions ; l'obstacle moral suffisait, et la
législation ferait un pas rétrograde en se basant sur la violation de ces sentiments pour obtenir la dissolution d'une
union.

La question était plus délicate quant au changement de
religion par une des parties contractantes pendant la durée
du mariage. — Le *Governor in Council* était d'avis que le
mariage devait être considéré, le cas échéant, comme annu-
lable à la demande de l'un ou l'autre des conjoints, tout en
réservant une clause spéciale en faveur de la femme si sa
conduite était irréprochable. Cette conclusion était motivée
par le sentiment qui guide le législateur anglais dans tous ses
rapports avec les natifs, à savoir son désir de ne pas blesser
les convictions religieuses qui, en Orient, sont plus vives et
tiennent plus de place qu'en Occident dans la vie de l'individu.

La restriction proposée dans la section XII était particulièrement odieuse ; dans le cas où le sentiment religieux

n'aurait pas été assez fort pour empêcher un Parsi, homme
ou femme, de contracter un mariage avec une personne de foi
différente, l'intervention de la loi pour annuler ledit mariage
conclu civilement semblerait singulièrement dure et oppres-
sive. Au sujet de ces deux questions importantes sur lesquelles
les membres européens de la commission différaient de leurs
collègues indigènes, le gouvernement tomba d'accord avec
les premiers (20 octobre 1863).

L'*Act* fut promulgué et rédigé suivant les idées exprimées
par Sir Joseph Arnould, M. Henry Newton et le gouvernement de Bombay (7 avril 1865). Voyez *Appendices*.

Restait encoré une question à résoudre par la commission, celle de savoir si le Panchayet, tel qu'il était constitué
dans le projet de code supplémentaire, serait un tribunal
compétent pour connaître des questions de divorce et de
mariage chez les Parsis ?

La commission fut d'avis sur ce point que si le Panchayet
était soumis, quant à la pratique et à la procédure, aux règlements ajoutés dans le projet d'*Act*, il n'y aurait pas d'inconvénient à ce qu'il fût autorisé à connaitre de ces affaires
sujettes à appel devant les Hautes-Cours.

Les Parsis ne virent pas cette ouverture avec plaisir. Le
recrutement du Panchayet pouvait offrir des défaillances,
les membres ne plus inspirer la même confiance ; de plus, le
droit d'appel étant réservé, tous les cas portés devant le
Panchayet pouvaient l'être, — et ils le seraient infailliblement,
— devant la Haute-Cour. Quelle serait alors l'utilité de
faire revivre l'autorité du Panchayet en matière de délits
conjugaux ?

La législature agit sagement en instituant une cour à Bombay devant laquelle les causes matrimoniales seraient jugées
par un juge de la Haute-Cour, assisté de onze délégués Parsis
nommés par le gouvernement après avoir été désignés, pour
la ville, par les *Justices of the Peace* parsis, et, pour le Mofussil, par le juge et les délégués choisis par ce dernier d'ac-

cord avec la communauté. Les Cours des districts devaient
être présidées par le juge du *Zillah* (district).

. Voici quelques passages du rapport de M. Anderson qui
donnent un aperçu de cette législation spéciale: « Le principal
changement apporté par le Bill, disait-il, est la substitution
des Cours aux Panchayets. En ce qui concerne les Panchayets,
une courte explication est ici nécessaire. L'appellation em-
pruntée aux Hindous par les Parsis ne semble pas en effet
très heureusement choisie et ne donne pas une idée exacte
du tribunal qu'on se propose d'établir. Les membres devaient être choisis par les Parsis eux-mêmes parmi des
hommes les plus dignes de confiance, sans qu'on eût jamais pensé que le mode primitif d'investigation que suggère l'idée même d'un Panchayet dût être adopté pour les
Parsi Matrimonial Courts, et j'admets volontiers que celles-
ci constitueront des tribunaux plus puissants que les Panchayets, et rempliront toutes les conditions que la Législature a
le droit d'imposer à une institution investie de hautes responsabilités. On se propose donc d'établir des Cours matrimoniales dans les villes de Calcutta, de Madras et de Bombay
et des Cours de districts dans tels endroits qu'il conviendra-
dra au *Governor General in Council* et aux gouvernements
locaux de désigner. Un district, d'après l'*Act*, pourra comprendre plus d'un seul district judiciaire ordinaire, et les
endroits dans lesquels, à cause du petit nombre des Parsis
qui y résident, les gouverneurs locaux ne jugeront pas
nécessaire d'établir des cours matrimoniales, seront considérés comme placés sous la juridiction des principales
cours matrimoniales des villes de la Présidence.

« Les Cours matrimoniales à Calcutta, à Madras et à Bombay, seront présidées par le *Chief Justice* ou tout autre juge
de la Haute-Cour siégeant dans ces villes, assisté de onze
délégués, et les cours de district par un juge de district
assisté de sept délégués[1].

[1] Le nombre des délégués des *Parsi matrimonial Courts* est fixé

19

« Les délégués devront être des Parsis nommés par les gouvernements locaux, au nombre de trente pour une ville de
la Présidence, et n'excédant pas celui de vingt pour un
district, tel qu'il est constitué d'après cet *Act.* Parmi ces délégués seront choisis par roulement ceux qui siégeront au
procès dans les cours matrimoniales. Les délégués devront
être nommés à vie ou jusqu'à leur démission, avec la clause
habituelle attachée à tout office judiciaire : « Quamdiu se
bene gesserit. » Les gouvernements locaux, nous en sommes
sûrs, prendront soin de choisir pour ces positions des Parsis respectables et intelligents, et nous pensons que la
position de délégué deviendra maintenant un objet de noble ambition pour tout gentleman Parsi. Dans les procès
portés devant les cours matrimoniales les questions de loi
et de procédure seront définies par le juge-président, mais
la décision, d'après les faits, devra être celle de la majorité
des délégués connaissant du procès. Si l'une ou l'autre des
parties le souhaite, on pourra obtenir le huis-clos. La procédure devra être autant que possible celle du Code de procédure civile, avec faculté d'appel devant la *Haute-Cour*.

« Maintenant il me semble, continue M. Anderson, que
les cours qu'on se propose d'établir rempliront le but du
Bill. Tous les procès réclamant la déclaration de nullité de
mariage, la dissolution par suite d'abandon, le divorce et la
séparation judiciaire, la restitution des droits conjugaux seront par le fait jugés par les Parsis eux-mêmes ; d'autre part
la présence et le contrôle d'un juge expérimenté seront
une garantie pour le public, non-seulement de l'impartialité
de l'instruction, — impartialité qu'on aurait pu suspecter si
les procès eussent été laissés exclusivement au jugement des
Parsis, — mais aussi du soin qu'on aura pris pour que les règles compliquées des dépositions et les nombreuses minuties

comme il suit : Bombay, 29 ; Poona, 12 ; Karachi, 26 ; Surate, 10 ;
Broach, 5 ;. Ahmadabad, 5.

qui sont comprises dans la direction d'un procès soient dûment observées ; enfin, point important pour un tribunal encore nouveau dans ses fonctions, que le zèle et la capacité des avocats ne pèseront pas plus que leur juste poids pour ceux auxquels a été confié le pouvoir de décider.»

Les *Matrimonial Courts* ont été ainsi constituées et ont donné d'excellents résultats. En 1883, M. Justice Melvill, au moment de prendre sa retraite, énumérait les avantages qu'elles offrent aux justiciables, à la fois au point de vue des dépenses qui sont inférieures à celles des procès devant la *Small Causes Court,* et à celui de leur composition, donnant hautement la préférence à un corps constitué avec un soin scrupuleux sur le jury anglais, le plus souvent livré au hasard. Quant aux rapports des délégués Parsis avec le président des Cours, l'honorable magistrat se plaisait à en reconnaître la courtoisie et la cordialité.

C'est ainsi que les Parsis, après douze cents ans d'exil, étaient enfin arrivés à faire inscrire leurs coutumes dans le code des vainqueurs du pays où ils avaient trouvé une bienveillante hospitalité.

CHAPITRE VII

Éducation

L'éducation dans l'Inde est une des questions les plus intéressantes qu'on soit à même d'étudier. En présence des différences de races et de religions avec lesquelles le gouvernement anglais est obligé de compter, on se demande comment il est arrivé aux résultats déjà obtenus[1]. L'Hindou, en général, n'a pas repoussé l'éducation européenne ; intelligent et pratique, il l'a favorablement accueillie, comme lui facilitant des débouchés dans la vie et des carrières honorables, tout en réservant soigneusement ses convictions et en obligeant au respect de ses susceptibilités de Castes. Quant au Musulman, il a paru longtemps résister ; ses préoccupations religieuses, ses traditions sont autant de barrières qui semblent s'opposer à toute fusion sous un système commun d'éducation et le pousser souvent à méconnaître l'utilité des connaissances de l'Occident ; de sorte que, sauf dans certaines provinces du N.-O. et de l'Ouest, il y a plus d'Hindous que de Musulmans dans les divers services du gouvernement[2]. Ne sont-ce pas du reste des difficultés analogues que nous rencontrons en pays

[1] D'après le dernier *Census* (1891), sur 261,838,296 individus, on compte : 3,195,220 en cours d'étude (2,997,558 hommes, 197,662 femmes) ; 12,097,530 sachant lire et écrire (11,554,035 hommes, 543,495 femmes) ; 246,547,176 illettrés (118,819,408 hommes, 127,727,768 femmes), soit 94,16 0/0 d'illettrés. — Pour les femmes dans les deux communautés, Hindouisme et Islamisme, qui, presque à elles seules font l'Inde, le nombre des illettrées est de 100 0/0.

[2] Voyez pour l'éducation, Sir John Strachey, *L'Inde*. Préface et traduction de J. Harmand. Paris, 1892. *Lecture* VII, pp. 162-195.

chrétien ? A-t-on pu facilement faire accepter à des gens même éclairés une éducation séparée de l'enseignement de l'Église ? Voudrait-on alors que les adeptes de religions asiatiques plusieurs fois séculaires et même millénaires se résignassent du premier coup à répudier leurs anciennes traditions ? Brahmanes ou Mollahs sont les dépositaires autorisés de la saine orthodoxie et se croient obligés d'enrayer tout mouvement libéral.

Le gouvernement anglais, avec un grand sens pratique, s'est abstenu de porter atteinte aux convictions des indigènes, de faire disparaître les idiomes locaux ou d'effacer les gloires des littératures nationales ; aussi les défiances tendent-elles à disparaître et la bonne entente à s'affirmer de plus en plus.

Entre toutes les races réunies dans les provinces anglaises du vaste Empire indien, celle des Parsis possède à un degré très remarquable les qualités d'assimilation les plus rares et les plus précieuses, et elle a bénéficié largement du nouveau système d'éducation européenne qui cherche à prévaloir et à supplanter l'ancien. Ce système vaut à lui seul une étude approfondie à laquelle il ne convient pas de se livrer ici. Toutefois nous ne croyons pas inutile de résumer ce qui a trait à la Présidence de Bombay ; on comprendra mieux la place que les Parsis se sont faite dans le mouvement intellectuel contemporain. Pour cela, retournons un peu en arrière.

Quand l'autorité de la Compagnie des Indes fut établie [1], elle se trouva en présence de quatre anciennes méthodes d'éducation : 1º l'enseignement donné par les Brahmanes à

[1] C'est Warren Hastings, le premier Gouverneur Général au Bengale, qui eut l'honneur de fonder le premier collège (1782) et de l'entretenir à ses frais pendant plusieurs années ; en 1791, on en établit un second à Bénarès ; l'un et l'autre avaient pour but de mettre les Hindous et les Musulmans à même de se rendre aptes à un service public. Voy. Col. G. B. Malleson, *Life of Warren Hastings, first Governor General of India*, 1894.

leurs disciples; 2° les *Tols* ou centres de science sanscrite ;
3° les *Maktabs* et *Madrasas* ou écoles et collèges des Musulmans ; 4° les écoles de village. — Laissons de côté les développements de l'instruction dans les autres provinces pour
ne nous occuper que de la Présidence de Bombay[1].

L'histoire de l'éducation s'y divise en six périodes.
La première s'étend jusqu'en 1825, quand fut mise en vigueur la clause du *Charter Act* de 1815 attribuant annuellement un lakh de roupies pour les besoins de l'instruction. C'est alors qu'on remarque dans l'Inde entière, et
surtout dans la Présidence de Bombay, l'activité toujours
croissante des missionnaires chrétiens avec la protection de
l'État. Les Catholiques continuèrent leur œuvre commencée
sous la domination portugaise. *The American Missionary
Society* ouvrit une école pour les garçons en 1814, et dix
ans plus tard la première école pour les filles (natives) à Bombay. L'Église Écossaise était à l'œuvre à Bombay et dans
le Konkan ; *The London Missionary Society* s'établissait
à Surate et dans les autres villes du Goudzerat; *The Church-
Missionary Society* s'étendait jusqu'au Deccan, au Konkan
et au Sind, tandis que *The Irish Presbyterian Missionary
Society* se cantonnait dans le Kàthiàwàr. *The Bombay
Education Society*, alimentée par des donations volontaires,
était établie en 1815, et *The Native School and Book Society*
en 1822.

Mountstuart Elphinstone fut appelé le premier à présider
The School Society; ayant obtenu des subsides de l'État, il
s'efforça d'organiser et d'étendre l'instruction[2]. C'est lui
aussi qui fit retour d'une partie du *dakshina* ou don des
Peichwahs à sa destination primitive, c'est-à-dire à l'encouragement de l'instruction à Pounah, qui défendit et justifia

[1] Nous avons vu *supra*, p. 49, qu'on se sert du terme *présidence*
dans les actes officiels; mais il n'y a plus ni président ni conseil
comme au début de l'administration de la Compagnie.
[2] *Report of the Indian Education Commission*, p. 12.

la création du *Poona Sanskrit College,* récemment fondé dans la capitale des Mahrattes (1824)[1].

La seconde période fut close en 1839, quand lord Auckland publia la *Minute* qui termina la longue controverse entre les *Orientalists* et les *Anglicists.* Les *Orientalists,* qui réclamaient la continuation des anciennes études classiques orientales, furent battus; la victoire des *Anglicists* fut due en partie à Lord Macaulay qui se servit de sa haute influence comme membre du Conseil du Gouverneur général pour faire adopter cette déplorable conclusion : à savoir que les études orientales n'avaient besoin d'aucun encouragement de la part de l'État.

Cette période fut à proprement parler une période de lutte et d'émulation entre les divers comités (1825-1839). L'*Elphinstone College,* malgré ses ressources, ne prospérait guère; les *Districts Schools* dans le Goudzerat, enlevées à la surveillance de la *Native School Society* et placées sous celle de fonctionnaires locaux, périclitaient. C'est alors que le gouverneur de Bombay créa un service spécial et forma un *Board of Education* de six membres, dont trois furent nommés par le Gouvernement et trois par la *School Society* (1840). L'histoire de l'éducation dans la Présidence, de 1840 à 1855, est celle de ce *Board;* l'homme d'action, Sir Erskine Perry, *Chief Justice* de Bombay, en fut le président (1843-1852). Grand partisan de l'éducation supérieure, il estimait qu'en concentrant les subsides du gouvernement au profit des hautes classes on agirait sur les masses, en vertu de la *downward infiltration*[2]. Grâce à son initiative, le nombre des écoles anglaises fut doublé, et l'on obtint de la part des élèves une assiduité satisfaisante. Signalons à cette époque la fondation du

---

[1] *Memorandum on the Origin and Development of the Poona and Deccan Colleges.* Ce mémoire est de la plus haute importance et montre les rares qualités d'éducateur d'Elphinstone.

[2] L'instruction, disait-on, filtrerait de haut en bas et l'éducation des

Grant Medical College et l'addition d'une branche anglaise au *Poona Sanskrit College*, connu maintenant sous le nom de *Deccan College*.

Avec l'*Educational Despatch* de la Cour des Directeurs se trouve close la première époque de l'histoire de l'éducation dans l'Inde (1854). On soupçonna John Stuart Mill d'en avoir été l'instigateur ; l'honneur en revient surtout à Sir Charles Wood, plus tard Lord Halifax. Les principes en furent acceptés et confirmés par le secrétaire d'État en 1859, après que les pouvoirs de la Compagnie lui eurent été enlevés par l'*Act for the British Government of India* et passés à la Couronne. Dès lors l'éducation des natifs fut considérée comme un devoir qui s'imposait[1]. On réclama des Universités dans les villes de chaque Présidence, des départements séparés pour l'instruction dans chaque province et l'inspection régulière des écoles confiées à des délégués du Gouvernement. L'*Education Department* de Bombay fut formé lors de la publication du *Despatch*[2] (1855). Les traits caractéristiques de cette période, la quatrième (1855-1870), furent l'extension de l'instruction secondaire et l'encouragement donné aux *High-Schools*, écoles dans lesquelles l'anglais fut reconnu comme moyen d'instruction dans les classes d'enseignement supérieur, et les langues indigènes dans les classes élémentaires ; de plus, on devait enseigner l'anglais partout où on le réclamerait.

Le *Department of Public Instruction* s'efforça d'abord de concentrer entre ses mains la direction des études ; tout en

classes supérieures réagirait sur l'ignorance du reste de la population. L'instruction primaire fut presque complètement mise de côté, sauf dans les provinces du N.-O., où le Gouverneur J. Thomason jeta les fondements d'un vaste système d'écoles élémentaires de village.

[1] Chaque province possède un département spécial de l'instruction (*Educational Department*) sous les ordres d'un fonctionnaire appelé *Director*, assisté d'un personnel nombreux chargé de l'administration des bourses et des subsides.

[2] *Report of the Indian Education Commission*, p. 33.

continuant les traditions du *Board*, il n'accordait qu'en
1863 des subventions *(grants-in-aid)* aux institutions des
missionnaires et des professeurs libres, et enfin, en 1865, la
libéralité des subventions était suffisante pour donner de
l'élan à l'initiative privée. Dès 1857, la fondation de l'Uni_
versité de Bombay[1] avait permis d'exercer une influence
sérieuse et un contrôle efficace sur le cours des études de la
Présidence entière[2].

En 1871, la cinquième période s'ouvrit par le transfert du

[1] En 1857, on créait les Universités de Calcutta, de Madras et de
Bombay, et, en 1887, celle d'Allahabad. Ces universités sont des corps
d'examinateurs et non des corps d'enseignement comme celles d'Oxford
et de Cambridge. Leur constitution est copiée sur l'Université de Londres.
En 1882, une Université fut fondée à Lahore (Pundjab) avec une organisation différente. C'est à la fois un corps d'enseignement et d'examen[1].

[2] Les *Arts Colleges*[2] affiliés à l'Université de Bombay sont au nombre
de neuf : le *Deccan College*, à Pounah, et l'*Elphinstone College* à Bombay, sous la direction du Gouvernement; les *Rajaram* et *Sámaldás
Colleges*, soutenus par des états natifs; quatre sont aidés par le Gouvernement : le *College of the Free General Assembly of the Kirk of Scotland*
(*Wilson College*) et celui de *Saint-Xavier,* le *Gujarat College* à Ahmedabad et le *Sind College* à Karachi; enfin le *Fergusson College*, à
Pounah, ne reçoit pas de subvention. Pour les spécialités, citons le
Law College à Bombay, le *Law Class* au *Deccan College*, le *Grant
Medical College* à Bombay, le *College of Science* à Pounah devenu
le *Civil Engineering College*.

[1] L'examen d'entrée donnant droit à l'immatriculation est ouvert à tout le
monde. Il porte sur l'anglais, une langue classique ou indigène, l'histoire,
la géographie, les mathématiques et, à Madras et à Bombay, sur les éléments
des sciences physiques. Les candidats sont ordinairement âgés de seize à
dix-huit ans, et, d'après les observations de l'*Éducation Commission*, les
connaissances exigées sont équivalentes à peu près à celles d'un jeune Anglais
de seize ans d'intelligence moyenne. Cet examen, subi avec succès, donne
accès à tous les collèges affiliés aux universités. Après deux ans d'études le
jeune homme peut se présenter au premier examen *ès arts*, qui comprend
l'anglais, une langue classique (européenne ou orientale), l'histoire, les mathématiques, la logique, et, facultativement, une des branches des sciences
naturelles. Deux années plus tard, il peut se présenter aux examens du
B. A. *degree* (Bachelier ès Arts). On délivre des diplômes ès arts. ès lois,
médecine, d'ingénieur civil. Le M. A. *degree* (maître ès arts) couronne les
études complètes; il porte sur une ou plusieurs des matières suivantes :
les langues, l'histoire, la philosophie et la morale, les mathématiques pures
ou appliquées, les sciences physiques.

[2] Les collèges affiliés sont de deux sortes : ceux qui ne poussent pas les
étudiants au delà du premier examen ès arts et ceux qui forment des bache-
liers et des maîtres ès arts.

contrôle de l'éducation, d'après le projet de décentralisation
de lord Mayo, aux gouvernements locaux, et il se produisit
un redoublement d'ardeur en faveur de l'instruction primaire, base nécessaire de tout progrès (1871-1883). En 1882,
l'*Indian Education Commission* s'efforça de consolider les
divers systèmes que l'expérience avait démontré devoir être
les meilleurs suivant les besoins locaux, en tenant compte de
toutes les classes et de toutes les races, et traça les grandes
lignes d'après lesquelles les divers départements de l'Instruction publique pouvaient se développer pour former un système d'éducation vraiment national.

Lord Reay, en arrivant aux Indes (1885), s'attacha spécialement à l'éducation primaire[1]. La théorie de la *downward
filtration* avait été reconnue comme peu profitable, tandis
que l'extension de l'éducation primaire devait produire au
contraire un développement de tendance *upwards*. En 1853,

---

[1] « La routine quotidienne d'une école indigène hindoue est à peu près
la même dans toute la Présidence. Chaque matin, vers 6 heures, le *Pan-
toji*, qui est parfois un Brahmane et le prêtre de beaucoup de familles
dont les enfants suivent l'école, fait sa ronde dans le village et réunit ses
élèves, ce qui lui prend un certain temps ; dans telle maison, l'enfant ne
veut absolument pas aller à l'école ; dans telle autre, les parents ont
toutes sortes d'instructions à donner au sujet de l'opiniâtreté de leur fils ;
dans une troisième, on lui demande d'administrer une punition *illico*. Dès
qu'il a rassemblé un nombre d'élèves suffisant il les emmène chez lui.
Pendant la première demi-heure, on chante une invocation au Soleil, à
Sarasvati, à Gaupati ou à quelque autre divinité. Après cela, les garçons,
qui savent écrire tracent les lettres de leurs *kittas* ou cahiers avec une
plume sèche ; le but de cet exercice est de donner un libre jeu aux doigts
et au poignet et de les accoutumer à tracer la courbe des lettres. La leçon
finie, les garçons commencent à faire des copies, et les plus jeunes enfants, dont on ne s'est pas encore occupé et qui n'ont été jusque-là que de
simples spectateurs, sont pris en main par le fils du maître ou par un
des plus anciens élèves. Le maître lui-même se consacre spécialement à
un de ces anciens et à ceux dont il a annoncé devoir faire l'éducation
dans un temps donné. Tous les élèves sont assis dans une petite chambre
ou vérandah, et la confusion des sons s'élevant de trois ou quatre rangées de gamins lisant et criant à la fois, dépasse tout ce que l'imagination peut concevoir. » (*Report of the Indian Education Commission*,
p. 65.)

le *Board of Education* avait enfin accepté de s'occuper de l'instruction primaire d'une manière efficace. Quelque défectueuses que fussent les méthodes, on les maintint, et l'on s'appliqua à encourager les écoles indigènes. On avait tenté d'ouvrir cette année là-même une école dans chaque ville ou chaque village de la Présidence, à condition que les habitants payassent la moitié du traitement du maître, bâtissent l'école et achetassent les livres scolaires. Des tournées d'inspecteurs avaient été organisées ; on choisit d'excellents maîtres; mais on négligea totalement les institutions populaires, les écoles de villages indigènes qu'on laissa dans la plus grande souffrance.

Lord Reay, malgré les défectuosités des anciennes méthodes, loin de les proscrire radicalement, s'attacha à y apporter des améliorations, plutôt qu'à créer de nouveaux établissements primaires. Il se tourna ensuite vers l'instruction secondaire dont il s'efforça de diriger les études comme préparations aux examens de l'Université. C'est dans les *Reports of the Indian Education Commission* qu'on trouve l'histoire entière de l'éducation dans la Présidence de Bombay, résumée avec beaucoup de soin par Sir W. W. Hunter, dans le chapitre vi de son livre sur *Bombay,* qui nous a guidé jusqu'ici [1]. Nous y renvoyons pour l'histoire de la fondation des divers Collèges et autres établissements dus aussi bien au Gouvernement qu'à l'initiative privée ; on y verra la manière habile avec laquelle le gouvernement se désintéressa peu à peu de l'administration des Écoles et des Collèges pour n'en conserver que la surveillance et ne remplir pour ainsi dire que

[1] Voyez pour l'éducation dans l'Inde : *Statement exhibiting the moral and material progress and condition of India during the year* 1894-95. 31ˢᵗ number. Ordered, by the House of Commons, to be printed, 8 June 1896 ; et pour l'éducation dans la Présidence de Bombay : SIR W. W. HUNTER, *Bombay,* 1885-1890, *A Study in Indian Administration,* ch. vi, pp. 126-188 ; à consulter aussi le *Report of the Director of Public Instruction in the Bombay Presidency for the year 1894-95,*

le rôle d'un aimable visiteur et d'un critique bienveillant (p. 163), enfin les efforts du Gouverneur pour développer les études agricoles [1], la science vétérinaire [2], les arts du dessin [3], l'instruction pratique, les industries techniques [4] et ses soins pour l'instruction des Musulmans, des Castes inférieures et des Tribus aborigènes.

I

Les Parsis, après leur exode et leur établissement dans l'Inde, continuèrent sans doute à se servir de leur propre langue ; mais, peu à peu, entourés qu'ils étaient de populations étrangères, ils l'abandonnèrent pour adopter le guzerati [5], dialecte des Hindous avec lesquels ils vivaient, et l'étude du persan fut réservée à un petit nombre d'érudits qui s'y

---

[1] *Poona College of Science.*

[2] *Bombay Veterinary College.*

[3] *Jamsetjee Jeejeebhoy School of Art.*

[4] *Victoria Jubilee Technical Institute.*

[5] Le guzerati appartient à la grande famille des langues ariennes et est proche parent du Mahratti, de l'Hindi, du Bengali, du Panjabi, etc. Cette parenté consiste dans les points suivants : (a) ces langues possèdent toutes des termes sanscrits en nombre à peu près égal ; (b) tous les verbes auxiliaires, quoique différents comme terminaisons, peuvent se retrouver dans le sanscrit ; (c) ainsi que les pronoms, adverbes, conjonctions et prépositions (à l'exception des dérivés de l'arabe) ; (d) beaucoup de mots familiers ou d'usage domestique sont communs à toutes ces langues.
En ce qui concerne les mots en guzerati, pour ne donner qu'un seul exemple, près des trois quarts de ceux commençant par ૪ *k* sont sanscrits. Bien que l'élément sanscrit domine, on reconnaît aussi l'introduction de termes arabes et persans qui ont été apportés par l'hindoustani, et qui ne sont pas employés seulement par les Parsis, mais encore par les Ahmadabadis. Quelques mots viennent également des idiomes européens ; d'autres ont leur origine dans le zend et le pehlvi et sont surtout en usage chez les Parsis. Quant à cet élément, distinct du sanscrit, indépendant de l'Arabe et du Persan, et que nous appellerons scythique ou touranien (?), il est représenté par les mots commençant par les lettres cérébrales et le ઝ *jha*, ainsi que par les particules d'imitation simples ou redoublées.
Le guzerati, tel qu'il est usité par les Parsis, a subi quelques transfor-

appliquèrent d'une manière toute spéciale et toute savante.
L'instruction ne dépassait pas la lecture, l'écriture et
l'arithmétique. Le contact des Européens, à Surate, excita
chez les Parsis le désir de parler couramment l'anglais, désir
né d'ailleurs de leur intérêt même qui, pour les besoins de
leur commerce, exigeait la connaissance de l'idiome des gens
avec lesquels ilstrafiquaient. Ce ne fut toutefois qu'au commencement du siècle, quand les Eurasiens[1] se mirent à la
tête d'écoles anglaises à Bombay, que les Parsis comprirent,
certains du moins, les avantages d'une éducation occidentale.

Le premier pas dans ce sens fut fait à Bombay, comme nous
l'avons vu (suprà, p. 294), par l'établissement de la *Bombay
Native Education Society* sous les auspices de Mountstuart
Elphinstone. Les Parsis virent clairement les bienfaits que
les natifs étaient en droit d'attendre de cette admirable ins-

mations; les mots persans y sont plus nombreux; en outre, certaines
lettres de l'alphabet ne sont ni inscrites ni prononcées par les Parsis
comme par les Hindous; ainsi les Parsis ne font pas de différence entre
les lettres Ƨ (*ta*) et Ꝅ (*ta*) qui correspondent au *t* dur et doux de l'anglais; il en est de même de la lettre Ꝅ *na* qui correspond à l'*n* anglais,
ainsi que la lettre Ⱳ *ṇa,* et toutefois le Ⱳ et le Ꝅ sont prononcés
par les Parsis sans distinction, comme le Ꝅ , tandis que les Hindous
en font sentir la différence. Ces nuances regardent les Parsis de Bombay
et des environs plutôt que ceux des districts éloignés, du Kathiawar par
exemple, qui, n'étant entourés que d'Hindous, parlent le guzerati avec
la prononciation purement hindoue. Les Parsis se sont longtemps servis
du guzerati mélangé de persan; le premier qui a cherché à se rapprocher du guzerati hindou, c'est M. K. N. Kabraji. Un poète de grand
mérite, M. B.-M. Malabari a pris rang également parmi les meilleurs
auteurs guzeratis et a travaillé à faire disparaître la différence fâcheuse qui a existé si longtemps entre le guzerati parsi et le guzerati
hindou. Citons également dans ce sens les efforts et les succès de
M. J. A. Taleyarkhan.
Quant à l'étude du persan, elle a reçu depuis quelque temps une heureuse impulsion; une Société s'est fondée pour en propager l'étude en
dehors de l'enseignement régulier des madrasas.
[1] Nés d'un père européen et d'une mère indienne.

titution et pénétrèrent la pensée de son éminent fondateur,
qui, par l'instruction, voulait les amener à prendre part à
l'administration du pays; aussi quand Mountstuart Elphinstone se retira (1827)[1], ils furent du nombre de ceux qui
coopérèrent à la fondation d'un établissement pour perpétuer à jamais le nom de l'homme de bien qui le portait si
dignement[2]. Cet établissement fut assidûment fréquenté
par les Parsis qui ne négligeaient aucune des occasions de
s'instruire qui leur étaient offertes[3].

Nous avons vu que les parents ne craignaient même pas
d'envoyer leurs enfants chez les missionnaires chrétiens!
Bientôt, d'ailleurs, ils allaient avoir la facilité de les faire
élever dans un établissement fondé par un Parsi et procurant

[1] Mountstuart Elphinstone fut gouverneur de Bombay du 1ᵉʳ nov. 1809
au 1ᵉʳ nov. 1827. Il resta dans l'Inde trente-deux ans sans avoir jamais
pris un congé. Voy. pour les bienfaits de Mountstuart Elphinstone dans
la Présidence de Bombay: B. HEBER, *Narrative of a journey through
the upper provinces of India from Calcutta to Bombay*, etc., etc., et
Mountstuart Elphinstone, by J. J. COTTON, 1892.

[2] Le 22 août 1827, dans un *meeting*, on décida d'élever un monument en
l'honneur de Mountstuart Elphinstone; on recueillit ainsi 229,656 roupies
pour la dotation de chaires d'anglais, de sciences et d'arts européens. Cette
somme se trouva bientôt portée à 443,901 roupies, dont l'intérêt est augmenté par une souscription annuelle du Gouvernement de 22,000 roupies.
Les premiers professeurs arrivèrent en 1835 et s'établirent à l'Hôtel de
Ville. Deux ans plus tard, il y eut fusion avec *The Native Education
Society's School*, près de l'Esplanade, et l'*Elphinstone College* sous le
nom d'*Elphinstone Institution*. Le premier *Report* date de 1840. — En
1856, la séparation se fit; l'*Elphinstone Institution* redevenue indépendante fut transformée en *High-School*. Elle est, depuis 1872, *Esplanade
Road*. Le *College* fut transféré d'abord à Byculla, plus tard à Tanker-
ville, Baboola Tank Road; le 2 février 1871, il fut installé (Parell Road)
dans les magnifiques bâtiments connus sous le nom de *Cowasjee
Jehanghier Buildings*, plus tard affectés au *Victoria Technical Jubilee
Institution*, et l'*Elphinstone College* fut alors logé dans un local neuf
bâti dans le *Fort*.

[3] D. F. KARAKA, *Hist. of the Parsis*. vol. I, ch. VI, p. 286 : « They
are convinced that the time has arrived when without a sound and
liberal education, no Parsi can hold his own, whatever may be his
position without it by reason of birth or wealth. »

aux familles peu aisées, même aux indigentes, les ressources les plus précieuses : *The Sir Jamsetjee Jeejeebhoy Parsee Benevolent Institution.* Comme il est entretenu et suivi exclusivement par les Parsis, il est bon de nous étendre un peu longuement sur sa fondation, ses progrès et son état présent.

Nous verrons plus loin qu'en 1842 un Parsi bienfaisant et éclairé, Jamshedji Jijibhai, fut promu, le premier des natifs, à la dignité de la *Knighthood.* Ses coreligionnaires, en lui adressant leurs félicitations[1], le prièrent de leur permettre de donner son nom à un fonds de réserve qu'ils avaient formé pour la traduction en guzerati des principaux ouvrages en langues européennes qui pourraient être utiles aux Parsis et qui seraient distribués à bas prix, souvent même donnés gratis, pour l'avancement de l'éducation dans la communauté.

Dans ses remerciements, Sir Jamshedji Jijibhai leur expliqua qu'à ce projet il en rattachait un autre qu'il caressait depuis longtemps, à l'effet de venir en aide aux Parsis pauvres de Bombay, de Surate et de la Présidence. « Vous savez, leur dit-il, l'état misérable dans lequel vivent certains de notre race et l'ignorance sans espoir dans laquelle grandissent leurs enfants. Mon but est de créer un fonds dont les intérêts seront appliqués à soulager les indigents et à leur donner de l'instruction. Je me propose de placer la somme de *trois cent mille* roupies dans les fonds publics et de les mettre à la disposition de *trustees* qui, avec les intérêts, mèneront à bonne fin l'œuvre que j'ai mentionnée. »

Quinze parts dans la Banque du Bengale furent ajoutées à ce premier versement ; Lady Jamshedji (Avabai) en souscrivit cinq, le Panchayet trente-cinq ; ces cinquante-cinq dons volontaires furent évalués, à l'époque, à 396,000

[1] 15 juin 1842, *Parsee Prakâsh,* pp. 393-394.

roupies, ce qui porta les ressources de l'Institution à près de 40,000 roupies par an; les frais déduits, ce revenu est divisé en 400 parts dont 180 sont consacrées à l'entretien des écoles de Bombay, 70 à celles du Goudzerat; 150 sont allouées au soulagement des Parsis, vieillards, indigents ou malades, à Bombay, à Surate et autres villes : Naôsari, Udwada, Broach, Balsar, Bilimora et Gandevi, ainsi qu'au réglement des funérailles ou aux dépenses des fêtes lors des mariages des jeunes filles. Le gouvernement de l'Inde en a l'administration et paie l'intérêt à raison de 6 0/0 pour une encaisse de 300,000 roupies.

Un comité composé de douze membres [1] est chargé de la surveillance et de la direction ; tous les trois ans, quatre des membres sont appelés à se retirer à tour de rôle ; un membre est élu par le Gouvernement et les trois autres par la Société de l'Institution dont le candidat doit être membre. Tout Parsi peut faire partie de cette société moyennant 2 roupies par mois, ou 24 par an, enfin par un seul versement de 500 roupies en cinq paiements annuels aux fonds de l'Institution.

L'instruction, dans les écoles de garçons, est placée sous le contrôle d'un Principal; celle des filles sous celui d'un inspecteur, placé lui-même sous les ordres du Secrétaire de l'Institution. Les Écoles du Mofussil sont dirigées par des comités locaux qui reçoivent leurs instructions du Comité central de Bombay. Toutes ces écoles sont inspectées par le Gouvernement.

Les enfants des Parsis indigents sont toujours acceptés de préférence; or sont considérés comme indigents les

---

[1] Sir Jamsetjee Jejeebhoy Bart., C. S. I. Président; Cursetjee Furdoonjee Parakh; Sir Dinshaw Manockjee Petit, Bart.; Cowasjee Cursetjee Jamsetjee; Hormusjee Eduljee Allbless ; Jamsetjee Bomanjee Wadia; Byramjee Nusserwanjee Servai ; Jamsetjee Cursetjee Jamsetjee; Bomanjee Dinshaw Petit, Jehangir Byramjee Marzban, Sirdar Khan Bahadur Dorabjee Padamjee, Hormusjee Byramjee Cama; Furdoonjee Jamsetjee, Secrétaire et Trésorier.

parents qui n'ont que 40 roupies à dépenser par mois. Si les classes sont assez vastes, les enfants qui peuvent payer sont admis et ils paient d'après leurs moyens et la classe où ils sont placés ; mais ils ne versent jamais moins de 1 roupie par mois dans les classes *Anglo-Vernacular* et de huit annas dans les classes *Vernacular*. De plus, ils sont exposés à être priés de se retirer pour faire place aux enfants indigents, dans le cas où il n'y aurait pas moyen de loger tout le monde.

Les écoles furent ouvertes le 17 octobre 1849.

On compte en tout 23 écoles : 7 à Bombay et 16 dans le Goudzerat. A Bombay, il y a 4 écoles pour les garçons et 3 pour les filles ; dans le Mofussil, 8 pour les garçons et 8 pour les filles. Au 1er mai 1894, le nombre des garçons, suivant les classes, était de 1,574 et celui des filles de 1,265, ce qui donnait un total de 2,839 [1]. Des 7 écoles de Bombay, *High, Middle, Primary Schools* et *The Central Girls' Primary School* sont logées à Hornby Row [2]; une école de filles [3] et une

[1] Voy. *The Schools of the Sir Jamsetjee Jejeebhoy Parsee Benevolent Institution, with extracts from the Reports of the Government Educational Inspectors for* 1892-93, p. 6.

[2] La pierre de fondation fut posée le 21 février 1871 par Sir Seymour Fitzgerald, Gouverneur de Bombay, et la cérémonie de l'inauguration eut lieu le 20 novembre 1872 par Lord Northbrook, Vice-Roi et Gouverneur Général de l'Inde.

[3] Chaque inspection amenait des éloges. Voici les propres expressions de M. Kirkham dans son rapport au Panchayet ou *Managing Committee,* après un intervalle de quatre années écoulées depuis sa dernière visite : « L'inspection de cette année offre deux points d'intérêt spécial ; d'abord, je n'avais pas visité l'Institution depuis quatre ans, et j'étais ainsi en position de juger de la direction de son développement ; en second lieu, la date de ma visite coïncidait avec la fin de la dixième année de l'exercice du Principal, et cette circonstance m'invitait naturellement à me reporter aux années précédentes, de 1873 à 1883. Je puis certifier que ces deux comparaisons sont très favorables à l'époque actuelle. Partout j'ai trouvé dans l'Institution le même désir de bien faire que j'avais déjà remarqué en 1879... Je suis heureux de pouvoir parler au Panchayet dans des termes aussi élogieux de l'École des filles. Toutes sont d'ailleurs surveillées par M. Nanabhai Nasarvanji avec la plus grande sollicitude. Les études sont, il est vrai, exclusivement faites en guzerati ; mais, dans leur propre

20

école de garçons, — cette dernière fondée par feu Rustamjee J. Jejeebhoy et affiliée à l'Institution en 1864,— sont à Dhobi Talao et les autres écoles de filles à Mamadevi.

Jusqu'en 1873 les *Principals* de l'Institution étaient des Européens : Professor Robert Lott, 1er décembre 1850 ; Professor Henry Green, 25 octobre 1852; A. G. Fraser, 1er octobre 1854 ; J. Burgess, 16 février 1861 ; enfin, en décembre 1873,la direction fut confiée à un Parsi, M. D. N. Wadia, de l'Université de Bombay.

La *High-School* de l'Institution occupe une place très en vue parmi les *High-Schools* de la Présidence. De sérieux succès aux examens de l'Université attestent les capacités des professeurs et des élèves. On commença à y envoyer ceux-ci en 1864. Nous publions ci-dessous un tableau intéressant à consulter[1].

idiome, les jeunes filles ont acquis un haut degré de compréhension et un fonds sérieux de connaissances. Quant aux manières et au ton, je suis venu à la *Central Institution* sans être attendu, dès neuf heures du matin, et j'ai été à même d'observer les groupes d'élèves dans les divers corps de bâtiment et leurs rapports les uns avec les autres, jusqu'à ce que la cloche sonnât dix heures et demie. Les garçons étaient vigoureux, pleins de santé et de bonne humeur, sans être turbulents, et les manières des jeunes filles réunies sur l'escalier me semblèrent tout à fait charmantes. »

[1] SIR JAMSETJEE JEJEEBHOY PARSEE BENEVOLENT INSTITUTION
ÉCOLES DE GARÇONS A BOMBAY
Tableau montrant le nombre de garçons qui ont réussi à leur examen d'entrée à l'Université depuis l'époque à laquelle l'Institution commença à envoyer des candidats jusqu'en 1893[1*].
DE 1864 à 1873 SOUS L'ANCIEN PRINCIPAL M. LE Dr BURGESS.

1864	1865	1866	1867	1868	1869	1870	1871	1872	1873	TOTAL	MOYENNE par année.
5	»	2	6	9	6	2	4	11	7	52	5.2

DE 1874 A 1893																					
1874	1875	1876	1877	1878	1879	1880	1881	1882	1883	1884	1885	1886	1887	1888	1889	1890	1891	1892	1893	Total	Moyenne par année.
6	19*	4	3	9	18§	18	11	11	19**	17	13	12	23*	19	12	21§	19	25**	10	280	14.4

```
        *  sur 21 candidats        *  sur 29 candidats
        §  —  23   —               §  —  29   —
        ** —  21   —               ** —  35   —
```

[1*] Voy. page 19 du *Report* pour 1892-1893.

On pourra aussi se faire une idée exacte des débouchés offerts par l'instruction donnée à l'*Institution* en consultant la liste suivante des élèves qui ont passé leurs examens et conquis des grades universitaires ou autres distinctions.

NOMS DES ÉLÈVES		GRADES universitaires et autres DISTINCTIONS	OCCUPATIONS PRÉSENTES
Jamsedji Edalji Daruwala..	1875	B A, B Sc.	Professeur de Mathématiques au Guzerat College.
Fakirji Ratanji..	»	L M & S	Médecin.
Ardesar Dadabhai Aria.....	»	B A	Employé au Secrétariat.
Dinsha Hormasji Motiwala.	»	L M & S	Chirurgien adj. (2nd Grade.)
Phirozsha Palanji Mulla ..	»	L M & S	Chirurgien adj. (3rd Grade.)
Kekobad Hormasji Rao....	1876	L M & S	
Nasarwanji Framji Mirza...	»	B A, L L B. N. Vasudev Scholar for 1880.	
Dhanjibhai Rustamji Boga.	1877	L C E	Employé dans l'Etat de Baroda
Nasarwanji Framji Bansha.	»	L M & S	
Sorabji Jamsedji Daji......	1878	L C E	
Adarji Mernosji Masani...	»	M A, B Sc. Chancellors's Medallist, and N. Vasudev Scholar for 1882.	Professeur de Biologie, Baroda College.
Kavasji Motabhai Batliwala	»	L M & S	Médecin.
Dinsha Edalji Sabja........	1879	L M & S	
Sorabji Kavasji Doctor. ...	»	G B V C	[Hospital.
Merwanji Dadabhai Masani.	»	L M & S	Chirurgien, Rander Charit'*
Dorabji Manekji Patel.....	»	B A	Maitre adjoint à la
Ardesar Kavasji Vakil......	1880	L C E	Baroda High School.
Dhanjibhai Rustamji Tata..	»	L M & S	Médecin.
Navrosji Mancherji Lakdawala..................	»	L M & S	
Shapurji Dosabhai Bharucha	»	L M & S	
Hormasji Manekji Masina..	1881	L M & S Charles Morehead Prizeman.	Chirurgien hon^re au Jamsetjee Hospital, and *Tutor in Surgery* au Grant Medical College.
Kovaji Nasarwanji Koyaji..	»	B A, L L B.	Commis.
Rustamji Mancherji Nanji..	»	L M & S	
Sorab Kavasji Doctor	1882	L R C P, &c	
Sorabji Nasarwanji Koyaji.	1883	B A, L L B.	Commis.
Kavasji Manekji Sutaria....	»	B A	
Dinsha Fardunji Mulla.....	»	M A	Commis.
Dinsha Mancherji Mobedjina	»	L C E	Employé sous les ordres de *l'Executive Engineer*, Bombay.
	»	B A	
Edalji Rustamji Kanga.....			
Nanabhai Hormasji Mus...	»	B A, LL B.	*Solicitor*, High Court.

1. Voy. pages 20-21 du *Report* pour 1892-1893.

NOMS DES ÉLÈVES	GRADES universitaires et autres DISTINCTIONS		OCCUPATIONS PRÉSENTES
Sorabji Dosabhai Khambata	1883	B A	
Kaikhashru Mancherji Hiramanek.................. ...	1884	L M & S	Médecin
Khodabax Ratanji Wachha.	»	L C E	Ingénieur.
Hirjibhai Framji Marker...	1885	B A	Head Master, Sir Kawasjï
Rustamji Fardunji Mulla ..	»	B A	Jehangir Navsari Jarthosti
Mancherji Kharsedji Vesavewala..................	1886	B A	Madresa.
Framji Mancherji Mobedjina	»	L C E	Ingénieur.
Dinsha Dosabhai Katrak...	1887	B A	
Rustum D. N. Wadia......	»	B A	Fellow, Elphinstone College. Prépare au M. A.
Manchersha Manekji Rao..	»	B A	
Pestanji Kuvarji Motiwala	»	B A	Prépare au M. A.
Bejanji Fardunji Madan ...	1888	B A	
Jijibhai Dosabhai Khambata	»	B A	
Phirozsha Rustamji Modi..	»	L M & C Charles Morehead Prizeman.	
Rustamji Manekji Kalapesi.	»	L M & S	
Jamsedji Dosabhai Wachha.	»	B A	
Rustamji Framji Bhathena.	1889	L C E	Se destine à entrer au Cooper's Hill College.

A côté de la *Parsi Benevolent Institution*, nous trouvons la *Behramji Jijibhai Charitable Institution* (anglo-vernacular) fondée par Behramji Jijibhai pour élever gratuitement les enfants Parsis jusqu'à leur examen d'entrée à l'Université. Des *Reports* sont publiés annuellement[1].

Quant aux *High-Schools* de Bombay, beaucoup sont entre les mains des Parsis. Nous donnons en note le nombre

---

[1] Le fondateur, Behramji Jijibhai, décédé le 12 septembre 1890, était le quatrième fils de Jijibhai Dadabhai, un des grands commerçants du commencement du siècle. Il siégea pendant quatre ans au *Legislative Council* ; en 1880, il donna une somme de 30,000 roupies pour établir à Pounah une école médicale pour les natifs. On lui doit aussi un dispensaire à Mehmudabad en souvenir de sa femme. Le bâtiment de la *Behramji Jijibhai Charitable Institution* est situé en face de la station des *Marine Lines,* près du Fort. — On compte dix-huit institutions ou maisons d'éducation fondées à Bombay par des Parsis pour les enfants de toutes les religions, aussi bien que pour ceux de la communauté, et vingt-trois dans les autres parties de l'Inde.

des jeunes gens (Parsis) qui, dans les principales, ont passé
leurs examens d'entrée à l'Université jusqu'en 1893[1].

Pour contenter les Parsis, il ne leur suffisait pas d'avoir
conquis la possibilité de s'instruire, il fallait encore que ceux
qui avaient si largement bénéficié de l'éducation fussent à
même de la donner aux autres. Depuis quinze ans, beaucoup

[1] *Fort Proprietary High-School* établie en 1860 ; jeunes gens
inscrits : 525 ; nombre de ceux qui ont réussi : 355. — *Fort High-
School* établie en 1865 ; jeunes gens inscrits : 851 ; nombre de ceux
qui ont réussi : 361. — *New High-School* établie en 1891 ; jeunes gens
inscrits : 779 ; nombre de ceux qui ont réussi : 56.
Voici la liste des dotations faites par les Parsis à l'Université de
Bombay : 1° *The Manakji Limji Gold Medal* (1863) de 5,000 roupies
pour le meilleur travail sur un sujet choisi par l'Université ; 2° *The
Homeji Cursetji Dady Prize* (1863) de 5,000 roupies pour un prix
en livres accordé au meilleur essai sur un sujet littéraire ou historique ;
3° *The Cowasji Jehangir Latin Scholarship* (1868) de 5,000 roupies
pour une bourse annuelle de 200 roupies en faveur d'un étudiant
qui aura passé en latin ses examens d'immatriculation ; 4° *The Bai
Manekbai Byramji Jijibhai Prize* (1871) de 2,000 roupies pour un prix
en livres à décerner à un étudiant qui aura obtenu, lors de l'examen d'immatriculation, les notes les plus élevées en sciences ; 5° *The Dossabhoy
Hormusji Cama Prize* pour une bourse de 200 roupies au bénéfice d'un
gradué en médecine pour le meilleur travail dans la science médicale ; 6°
The Merwanji Framji Panday Scholarship (1876) de 6,000 roupies pour
une bourse annuelle de 240 roupies en faveur d'un étudiant qui a
passé ses examens d'ingénieur avec le plus de points ; 7° *The Jamshedji
Dorabji Naegamwala Prize* (1882) de 3,000 roupies pour un prix
annuel de 120 roupies en livres pour l'étudiant ayant passé les examens
de *"Licentiate of Civil Engineering"* avec le plus de points dans
l'*Engineering Field and Office Work ;* 8° *The Jamshedji Nasarwanji
Petit Zend Scholarship* (1887) de 4,500 roupies pour une bourse de
200 roupies par an au bénéfice du candidat qui aura passé les examens
du degré de *M. A.* avec le plus de points en Zend et en Pehlvi ; 9° *The
Bai Shirinbai Ratanshaw Parakh Scholarship* (1889) pour une bourse
de 20 roupies par mois et valable pendant cinq ans à être attribuée au
candidat, — femme, — de la communauté parsie ayant passé ses examens
d'immatriculation avec le plus de points, et faisant ses études pour la
licence en médecine et en chirurgie dans un Collège médical ou toute
autre institution spéciale; 10° *The Aimai K. R. Cama Fund* de la
valeur de 5.000 roupies, etc., etc.

de jeunes Parsis élevés à l'*Elphinstone Institution* sont
devenus à leur tour des maîtres distingués. Le premier qui
occupa une de ces situations que Mountstuart Elphinstone,
dans sa prévoyance, pensait devoir être remplies un jour
par des natifs, fut M. Dadabhai Naorozji, nommé à la
chaire de Mathématiques et de Philosophie naturelle.
Nous ferons connaître plus loin la place éminente que cet
homme de bien occupe dans la Communauté[1]. Plus tard,
M. Jamshedji Ardeshir Dalal fut *vice-principal* de l'Elphinstone High-School[2]. Nous avons vu (*supra* p. 306) la position
de M. D. N. Wadia à la tête de la *Jamsetjee Jejeebhoy
Benevolent Institution*. Plusieurs des *High–Schools* sont
dirigées avec succès par des Parsis ayant sous leurs ordres
des professeurs parsis, presque tous sortis de l'*Elphinstone
Institution*.

Si nous considérons la composition de l'Université de

[1] Dadabhai Naorozji naquit à Bombay au mois de septembre 1825 ;
orphelin à l'âge de quatre ans, il fut entièrement élevé par sa mère ; il
fréquenta l'*Elphinstone School* (alors l'*Elphinstone Institution*) et se fit
remarquer par ses rares aptitudes aux sciences mathématiques, aptitudes qu'il développa au *College* où il obtint de brillants succès en philosophie et en économie politique. Il y remporta des prix et gagna des médailles. Très apprécié par le Président du *Board of Education,* Sir Erskine Perry, celui-ci voulut l'envoyer en Angleterre étudier le droit
(1845), offrant de lui payer la moitié des frais, à condition qu'un des
chefs de la communauté se chargeât de l'autre; mais l'impression causée
par la conversion de deux jeunes Parsis (Voyez *supra,* p. 140) refroidit
l'élan. Plus tard, la mort d'un professeur d'anglais conduisit M. Dadabhai à obtenir la chaire de mathématiques vacante (1852-54). C'était
le premier natif appelé à remplir une de ces chaires réservées par la
prévoyance d'Elphinstone à un sujet indien. Le reste de la carrière de
M. Dadabhai n'appartient plus au professorat. Dès 1855, il quittait
Bombay pour prendre une part dans la maison de commerce Cama et
Cie, la première maison indienne établie à Londres et à Liverpool. Sauf
à de rares intervalles, il allait établir sa résidence permanente en Europe
et diriger ses vues vers la politique. C'est comme homme politique que
nous le retrouverons bientôt.

[2] Actuellement attaché au département de la justice dans l'Etat de
Baroda.

Bombay, nous verrons que, depuis sa fondation (21 février 1857) jusqu'à 1893, nous comptons au nombre des «Fellows» 69 Parsis sur 320[1].

Jusqu'en 1894, voici le nombre total des Parsis ayant passé les examens de l'Université de 1859 à 1894 :

Examen d'immatriculation 2.759

de 1862 à 1894 :

Premiers examens en Arts.................. 729
Degré de B. A. (*Bachelors of Arts*) 367
— de M. A. (*Masters of Arts*)................... 45
— de LL. B. and Literature.................... 81
Degré d'ingénieur L. C. E. (*Licentiates of Civil Engineering*)................................ 62
Degré de B. Sc. (*Bachelors of Sciences*)............. 8
— de L. M. and S. (*Licentiates of Medecine and Surgery*) 223
— de M. D. (*Doctors of Medicine*)............... 2

On comprend que les Parsis, en possession de tels avantages intellectuels, se sont trouvés à même d'occuper des places enviées dans l'administration ou le gouvernement et d'y rendre de réels services : aussi les verrons-nous choisir à leur gré la magistrature, le *Covenanted civil service*, les travaux publics et la médecine. Comme juges, il y a un nombre considérable de Parsis dans les différentes juridictions ; ainsi, à Bombay, on en compte trois à la cour des *Small Causes* (MM. R. M. Patel, *Acting Chief Judge*, M. Kharshedji et Hormusji Dadabhai). En 1893-94, sur 412 *Justices of the Peace* de toutes nationalités[2], il y avait 110 Parsis, et 36 *barristers* parsis étaient inscrits au barreau en Angleterre et à Bombay. Le premier Parsi qui se rendit en An-

---

[1] Les premiers Parsis qui ont été honorés de cette distinction sont Sir Jamshedji Jijibhai et Bomanji Hormusji Wadia. Les premiers qui passèrent l'examen d'entrée à l'Université sont Ardeshir Pestonji Sethna et Framji Sorabji Bharocha.

[2] C'est le 2 avril 1834 que plusieurs natifs, dont un certain nombre de Parsis, furent nommés *Justices of the Peace* à Bombay.

gleterre pour étudier le droit, est M. Firozsha Mervanji
Mehta, membre du Conseil du Vice-Roi. Nous aurons occasion
de parler longuement de ses succès dans la vie politique de
la Présidence de Bombay[1]. Vers la même époque, on comptait 27 *solicitors* parsis sur un total de 93 appartenant à
toutes les nationalités[2].

Dans le *Covenanted civil service*, nous trouvons cinq Parsis : MM. Kharshedji Rastamji Ardeshir Wadia ; Kavasji
Jamaspji Padshah ; Mancherji Pestanji Kharegat ; Barjorji
Jamshedji Ardeshir Dalal ; Firozsha Kersaspji Rastamji
Dadachanji. — Il convient de faire ici la distinction entre les
membres du *Covenanted* et de l'*Uncovenanted Civil Service:*
sont appelés *Covenanted Civilians* les fonctionnaires qui sont
envoyés d'Angleterre aux Indes, et *Uncovenanted Civil Ser-
vants* ceux qui sont nommés dans les Indes par le gouvernement indien. Le *Covenanted Civil Service* est recruté en
Angleterre par un concours libre, rendu accessible aux natifs
dès 1852 ; pourtant, en 1883, il n'y avait encore que vingt
sujets indiens qui y fussent déjà entrés ! La raison en est que
les conditions de préparation sont très onéreuses et bien
faites pour dégoûter les familles d'envoyer leurs fils en
Europe pour tenter les examens[3]. Aussi pendant quelques

---

[1] Pour l'étude du droit dans la Présidence de Bombay et l'établissement de la *Law School* à Bombay, voy. Sir W. W. Hunter, *op. cit.*,
pp. 156-157. M. R. D. Sethna, inscrit en 1885 au barreau de la High-
Court, après avoir remporté de grands succès à Lincoln's Inn, fut
nommé professeur à la *Law School* par Lord Reay, en même temps que
M. Kashinath Trimbak Telang.

[2] M. Sorabji Rastamji Modi est le premier Parsi qui ait été autorisé
à exercer comme *solicitor* (1er septembre 1856).

[3] Dans la *Parsee Prakâsh*, p. 707, nous trouvons enregistré l'insuccès
du jeune Rastamji Hirjibhai Wadia, présenté à la connaissance de la
Chambre des Communes par John Bright. Arrivé en Angleterre au
mois de juin 1856, Rastamji travaillait en vue de ses deux ans et demi
de préparation, lorsque, en décembre 1858, un nouveau règlement abaissa
à vingt-deux ans la limite d'âge, qui était de vingt-trois, pour entrer
dans le *Civil Service*. Le jeune homme aurait pu être prêt pour le mois

années, afin d'obvier à ces inconvénients, on établit le *Statutory Civil Service*. Le gouvernement rendit accessibles aux jeunes gens qui en faisaient partie, certaines positions qu'on leur réserva annuellement dans chaque Présidence. Les choix faits, les candidats étaient classés comme *Assistant Collectors* avec le même rang et les mêmes avantages que les *Assistant Collectors* du *Covenanted Civil Service*, à la seule différence que les membres du *Statutory Civil Service* ne recevaient que les deux tiers du salaire des membres du *Covenanted Civil Service*.

Au bout de cinq ans, les résultats n'ayant pas été aussi satisfaisants qu'on l'avait espéré et la limite d'âge des examens du *Covenanted Civil Service* ayant été élevée en faveur des étudiants indiens, le *Statutory Civil Service* fut abrogé. C'est un Parsi qui avait obtenu la première situation dans ce service. Voici les noms de ceux qui en ont fait partie : K. R. Bomanji, Sorabji Padanji, Jehangier K. N. Kabraji.

Quant au corps des ingénieurs, les Parsis ont pris rang parmi les plus distingués. Lors de l'ouverture de l'*Engineering College*[1], ils s'empressèrent de s'y faire inscrire. Khan

de juillet 1860, mais il ne pouvait l'être pour le mois de juillet 1859. — Son père, qui était de la famille des Wadia, des Docks de Bombay et *assistant-builder*, avait vivement désiré obtenir une position dans le *Civil Service* pour son fils et avait dépensé beaucoup d'argent ; cet insuccès contrista les partisans de l'éducation occidentale. Ici, nous retrouvons le nom de M. Dadabhai Naorozji mêlé à ce débat. Un des premiers soins de cet éminent patriote, en arrivant en Angleterre, avait été de persuader certains de ses amis de lui envoyer leurs fils pour étudier sous son contrôle et sa tutelle. Peu après eurent lieu le pénible incident que nous venons de relater et l'insuccès définitif, malgré la défense courageuse présentée par J. Bright ; c'est alors que M. Dadabhai entama avec le Foreign Office une correspondance dont l'issue laissait espérer qu'une part plus grande serait ultérieurement donnée aux natifs dans l'administration de leur pays, part qui leur avait été promise, sans qu'on eût encore réalisé leurs légitimes espérances.

[1] Les ingénieurs sont formés au *Poona College of Science*, connu d'abord sous le nom de *Poona Civil Engineering College*. Cette ins-

Bahadur M. C.Murzban[1] est un de ceux qui sont arrivés à une situation éminente, tant par leur valeur que par leurs qualités personnelles. (Voy. pl. 13.)

Une des professions qui plaisent le plus aux Parsis, c'est l'exercice de la médecine. Dans la Présidence de Bombay, le *Grant Medical College* est depuis cinquante ans un des établissements les plus importants de ce genre dans l'Inde Occidentale; affilié en 1860 à l'Université de Bombay, il cessa alors de délivrer les diplômes, qui furent remplacés par des grades universitaires. Son but est de donner avec une méthode purement scientifique les bienfaits d'une édu-

titution prit naissance d'une école établie par le gouvernement à Pounah en 1854 pour préparer des fonctionnaires destinés au service des Travaux Publics.

[1] M. Mancheri C. Murzban, né le 7 juillet 1839, a fait ses études à l'*Elphinstone High-School* et au *Poona College*; il entra ensuite à la *Government School of Engineering* de Pounah. En déc. 1856, il passa avec succès ses examens d'entrée dans le *Public Works Department*. Il fit d'abord des plans pour les travaux hydrauliques de Pounah; puis, avec des officiers du génie, il fut employé à la construction d'édifices, de routes et de ponts dans le district de Pounah. — Le 25 août 1863, il fut nommé *Assistant Secretary of the Bombay Rampart Removal Committee* et, avec M. James Trubshawe, s'occupa de la transformation du quartier de Bombay édifié sur l'emplacement des anciennes fortifications. — Le 11 juillet 1866, il fut nommé *Special Assistant of the Architectural Executive Engineer and Surveyor* du gouvernement. En cette qualité, il construisit à Bombay les édifices suivants : *The General Post Office; The Government Telegraph Office ; The Sir Jamsetjee Jejeebhoy School of Art; The Goculdas Tejpal Native General Hospital*, etc. En avril 1876, il fut nommé ingénieur de la Présidence; en cette qualité, il est chargé de la surveillance et de l'exécution de tous les travaux de la ville de Bombay. Voici une partie des monuments qu'il a construits : l'*Alexandra Native Girls' English Institution*, le *Kama Hospital for Women and Children*, l'*Albless Obstetric Hospital*, l'*Indo-British Institution;* le *Government Central Press and State Records Office*, le *Fort gratuitous Dispensary*, le *Framji Dinsha Laboratory for Scientific Medical Research*, l'*Avabai Bhownagri Home for Pupil Nurses*.

Voici maintenant la liste de ceux qui ont été faits sous sa surveillance : *The Cathedral High-School; The John Connon High-School ; The Police Magistrates Court; St Mary's Church*, à Parel; *The Holy*

KHAN BAHADUR M, C, MURZBAN

cation médicale aux natifs[1]. Les fonds sont fournis par le gouvernement ; les cliniques ainsi que les cours pratiques sont établis au *Jamshedji Jijibhai Hospital* qui contient trois cent cinquante lits et renferme des classes d'accouchement, un service spécial pour les maladies des yeux et un asile pour les incurables. Cet hôpital est le *premier* qui ait été établi à Bombay.

Trinity Church, sur l'Esplanade ; *All Saints'Church*, à Malabar Hill, etc., etc.

Comme *executive engineer*, M. Murzban a également pris part aux travaux relatifs à la distribution des eaux, à l'entretien et au percement des routes, etc.

En 1884, il fut chargé de représenter le gouvernement au comité de l'Exposition internationale de Bombay qui devait avoir lieu en 1885-1886, et fut délégué à l'Exposition de Calcutta pour recueillir des renseignements ; la même année, il fit un long rapport à ce sujet.

Lors de la grande réunion tenue à Delhi, dans laquelle la Reine d'Angleterre fut proclamée Impératrice des Indes, M. Murzban fut fait Khan Bahadur. A plusieurs reprises il a reçu les témoignages les plus flatteurs de l'estime de ses concitoyens. Il est *Justice of the Peace* de la ville de Bombay ; il est *fellow* de l'Université, membre associé de l'Institut des ingénieurs civils ; il fait partie du *Royal Institute* des architectes anglais. En 1891, il était président de la *Municipal Corporation* de Bombay et décoré de l'Ordre de l'*Indian Empire*.

[1] Le nom de Robert Grant fut choisi parce que, pendant que Sir Robert Grant était gouverneur de Bombay (1835-1838), il s'occupa beaucoup de l'éducation médicale et introduisit les idées modernes dans le département du *Sanskrit College*, à Pounah. Le *Grant Medical College* est situé sur la route de Parel, non loin de Baboola Tank Road. La pierre de fondation de l'Hôpital fut posée le mardi 3 janvier 1843, en présence de Sir Jamshedji Jijibhai, le fondateur, et de Son Ex. le Gouverneur de Bombay, Sir George Arthur (Voy. *Parsee Prakâsh*, pp. 405-406). Le Collége fut ouvert le 3 novembre 1845. — Nous trouvons parmi les premiers étudiants inscrits 7 Portugais, 4 Hindous et 1 Parsi : Furdunji Jamshedji. Le 15 avril 1851, les diplômes furent délivrés aux jeunes gens qui se présentèrent aux examens pour la première fois ; on trouve sur la liste 2 Parsis : Mervanji Sorabji Kharas et Burjorji Dorabji Cooper, qui reçurent, ainsi que ceux qui vinrent après eux, le titre de G. G. M. C. Après que le grade universitaire de L. M. fut donné, le G. G. M. C. fut aboli. — Nous renvoyons à une intéressante brochure sur les débuts de l'éducation médicale à Bombay : *An introductory address delivered at the Grant Medical College* by Brigade Surgeon W. Gray, Principal and Professor of Surgery, 1889.

Les principaux médecins de la communauté parsie sont actuellement : le Dr D. N. Parakh, le Dr K. N. Khory, le Dr Temulji B. Nariman et le Dr K. N. Bahadurji, tous hommes de valeur et de grande expérience. Il n'est que justice de dire qu'ils avaient eu d'humbles devanciers et que, bien avant l'obtention des grades et des diplômes, la science médicale avait été cultivée chez les Parsis de père en fils. Un seul exemple suffira : à la page 160 de la *Parsee Prakâsh* nous voyons que, le 29 avril 1822, mourut un nommé Pestanji Rastamji Tamna qui, en qualité de *Hakim*, exerçait à Surate la médecine native avec son père Kavasji. Il était considéré comme très savant dans sa profession, et les princes et nobles de Surate ainsi que les *Shethias* avaient grande confiance en lui ; en retour il donnait gratuitement ses soins aux pauvres. D'autres mentions de Hakims sont encore faites après cette date [1].

[1] Comme l'algèbre et les mathématiques, la science médicale hindoue a eu un développement indépendant de la culture européenne. L'astronomie et la médecine tirèrent leur première impulsion du culte national. La médecine était considérée par les Hindous comme un *upa-veda* ou révélation supplémentaire sous le titre d'*Ayur-Veda* et censée venir des dieux ; leurs premières autorités médicales remontent au développement scholastique du Yajur-Veda. Jamais il n'est fait mention des *Yavanas* ou Grecs. Le principal siège de la médecine était à Bénarès (IVe s. av. J.-C. — VIIIe s. après J.-C.). — Ce fut sur des traductions de traités sanscrits que se forma la science médicale arabe, traductions faites par ordre du Khalife de Bagdad (750-960 ap. J.-C.). L'ère florissante de la médecine hindoue est contemporaine de l'influence du Bouddhisme (250 av. J.-C. — 600 ap. J.-C.) et ne lui survécut pas. La science médicale était étudiée dans les grands centres bouddhistes, tels que l'Université monastique de Nalanda, près de Gaya, et des hôpitaux étaient établis dans les grandes villes. Avec le déclin du Bouddhisme et l'avènement de l'Hindouisme (750-1000), les préjugés de caste, l'horreur du cadavre éloignèrent de l'étude de la médecine. Les Brahmanes la laissèrent entre les mains des *Vaidyas*, caste inférieure née de l'union d'un père Brahmane et d'une mère de la caste des Vaisyas ou cultivateurs.

L'abolition des hôpitaux publics, à la chute du Bouddhisme, consomma la destruction de la médecine hindoue. Avec la conquête arabe,

On compte dans Bombay neuf hôpitaux et six dispensaires défrayés par des Parsis charitables et en général
accessibles à toutes les communautés, sans acception de
croyances ou de castes. Ce sont :1° *Sir Jamshedji Jijibhai
Hospital* (1845), Byculla ; 2° *Sir Kavasji Jehangier Ophtal-
mic Hospital*, Byculla ; 3° *Edalji Framji Allbless's Leper
House*, Trombay ; 4° *Pestonji Hormasji Kama Women
and Children's Hospital*, Fort ; 5° *Bomanji Allbless Obstetric Hospital*, Fort ; 6° *Rastamji Jamshedji Jijibhai's
Incurable Hospital*, Byculla ; 7° *Bai Motlibai Wadia's
Hospital*, Parel ; 8° *Sir Dinsha Petit's Women and Children Hospital*, Fort ; 9° *The Parsi Maternity Hospital*,
Fort[1].

vers 1000 av. J.-C., arriva une nouvelle école de médecins étrangers qui
tirèrent leur science de la traduction des ouvrages sanscrits. Les *Hakims*
ou docteurs musulmans accaparèrent la faveur des princes et des grands
seigneurs. Peu à peu la médecine hindoue tomba entre les mains du
Kabiraj de village dont le savoir consistait à mêler tout ensemble
chants sacrés, charmes, jeûnes et mille autres jongleries.

Lors de l'établissement des collèges médicaux anglais, les jeunes musulmans se présentèrent en foule; aussi les Brahmanes et les membres
des classes éclairées comprirent-ils que l'enseignement européen leur ouvrait une carrière libérale et lucrative; bientôt ils furent à la tête du
mouvement.

En 1879, sur 1661 élèves dans les écoles médicales de l'Inde entière,
900 étaient hindous, 284 musulmans, les 427 autres, chrétiens ou parsis.
En 1877, le nombre des ouvrages médicaux publiés dans les idiomes natifs s'élevait à 130 (Cf. WEBER, *History of Indian literature*, Trübner
1878), et, en 1882, à 212, outre 87 consacrés aux sciences naturelles, à l'exclusion des mathématiques et des sciences mécaniques. Les indigènes
montrent en général de réelles qualités, surtout pour la chirurgie;
certains chirurgiens natifs sont de la plus grande habileté. Voyez un
livre publié tout récemment : *History of Aryan Medical Science, by
H. H. the Thakur Saheb of Gondal, 1896*.

Ce travail ferait honneur à tout Fellow du *Royal College of Physicians* d'Edimbourg et montre que le Thakur est aussi habile savant
que bon administrateur. Les hôpitaux établis sur son territoire sont la
preuve de ses grandes qualités pratiques.

[1] Il y a dans l'Inde, 31 dispensaires en dehors de Bombay, et les hôpitaux suivants : à Karatchi (Sind), *The Bachoobai Edalji Dinshaji Hos-*

Suivons maintenant le développement de l'instruction parmi les Parsis dans diverses branches également utiles. Prenons, par exemple, *The Jamsetjee Jejeebhoy School of Art* de Bombay[1]. Fondée en 1885 pour l'encouragement de la peinture, de la scupture, de l'architecture et des arts décoratifs, cette institution comblait une lacune, car il importait de conserver aux natifs leurs belles et grandes qualités artistiques et de leur offrir les moyens de les utiliser. A côté de la *Jamsetjee Jejeebhoy School of Art, The Victoria Jubilee Institute* procure des débouchés pour les applications industrielles. Les Parsis ont largement profité de ces deux écoles.

Au point de vue purement artistique, citons M. S. N. Bhedwar qui s'est distingué par les succès qu'il a obtenus dans plusieurs Expositions pour ses magnifiques reproductions en photogravure des diverses cérémonies de l'initiation d'un prêtre Zoroastrien (médaille d'or en 1892, à Calcutta). Sa parfaite connaissance des procédés lui a permis d'arriver à des résultats absolument satisfaisants. Dès 1890, la série de la *Fête des Roses* lui avait fait remporter des médailles aux Expositions de Londres et de Cardiff et à la *Photographic Society of Great Britain.*

Lorsque les *Agricultural Classes*[2] furent ouvertes à Madras, une douzaine de Parsis s'y firent inscrire et passèrent leur examen de sortie. Nous sommes obligé de dire que ce zèle semble avoir un peu diminué. Quant au *Bombay Veterinary College*[3], fondé en 1886, sur les 69 étudiants de la

---

pital; à Quetta (Afghanistan), *The Burjorji Dorabji Patel Hospital* (pour les femmes); à Bharoutch (Guzerate), *The Sorabji Jamshedji Jijibhai Hospital;* à Ratnagiri, *The sir D. M. Petit's Leper Hospital;* à Sadra, *The Jamshedji N. Petit's Women's Ward;* à Surate, *The Sir Kavasji Jehangier Hospital;* à Haïderabad, *The Kavasji Jehangier's Lunatic Asylum.*

[1] W. W. HUNTER, *op. cit.*, p. 169.
[2] W. W. HUNTER, *op. cit.*, p. 167.
[3] W. W. HUNTER, *op. cit.*, p. 168.

première année, 28 étaient des Parsis. Nous détachons le tableau suivant du *Report* de l'*Educational Board* (1895) qui nous donnera le nombre des Parsis en cours d'étude dans les différentes Écoles ou Institutions.

GENERAL TABLE III [1]

Return of Colleges, Schools and Scholars in the Bombay Presidency for the official year 1894-95.

CLASSIFICATION OF SCHOLARS ON THE 31st OF MARCH ACCORDING

. TO RACE OR CREED

(PARSIS)

Arts Colleges

University Education	English	327
	Law	90
	Medicine	50
	Engineering	15
		482

Secondary Schools

School Education — General	For Boys...	High Schools	4.148
		Middle Schools	1.152
	For Girls...	High Schools	610
		Middle Schools	190
			6.100

Primary Schools

For Boys	5.041
For Girls	2.915
	7.956

Schools for Special Instruction

School Education Special	Training Schools for Masters	»
	Training Schools for Mistresses	5
	Schools of Art	56
	Medical Schools	1
	Industrial Schools	57
	Other Schools	169
		288
	TOTAL	14.826

[1] *Report of the Director of Public Instruction in the Bombay Presidency for the year 1894-95*, p. v.

Private Institutions	[1] *Advanced Teaching.*	
	(*a*) Arabic or Persian..............	»
	(*b*) Sanskrit........	»
	(*c*) Any other oriental classic	41
	[2] *Elementary Teaching.*	
	(*a*) A vernacular only or mainly { boys	1.070
	{ girls	985
	(*b*) The Koran only..............	»
	[3] *Other Schools non conforming to Departemental Standards*	20
		2.116
	TOTAL................ ..	16.942

Voici maintenant le tableau général montrant le résultat des examens pour l'année 1894-95.

GENERAL TABLE VI[1]

Return showing the results of prescribed examinations in the Bombay Presidency during the official year 1894-95.
Race or creed of passed scholars (Parsis).
Arts Colleges

1.	Master of Arts.........................	5
2.	Bachelor of Arts	20
3.	B. Sc....................................	1
	{ Intermediate Examination..........	35
	{ First B. Sc.....	5
	(Previous Examination.............	67

Colleges for Professional Training

LAW

1.	Bachelor of Law........................	12
2.	First LL. B..............................	24

MEDICINE

1.	M. D...................................	»
2.	M. B...	»
3.	L. M. S.........	7
	{ First M. B......................	»
	{ Second L. M. S...................	5
	(First L. M. S..	16

ENGINEERING

1.	M. C. E............	»
2.	B. C. E................	»
3.	L. C. E.................	2
4.	Second L. C. E....	4
5.	First L. C. E. (Old).................	»
6.	D° (New)	4
Agriculture	{ 1. Diploma	»
	{ 2. Second Examination...........	»
	(3. First Examination	1

[1] *Report of the Director of Public Instruction in the Bombay Presidency for the year 1894-95*, p. XI.

Schools of General Education

Matricula-tion Middle	Boys	139
	Girls	8
School Examination	Boys	86
	Girls	2
Upper Primary Education	Boys	223
	Girls	142
Lower Primary Education	Boys	386
	Girls	215
University School final Examination	Boys	3
	Girls	»
Public Service Certificate Examination	1ˢᵗ grade	*
	2ᵈ grade	7
	3ᵈ grade	»

Schools of Special Instruction

1 Training School Examination for Masters	1ˢᵗ year	»
	2ᵈ year	»
	3ᵈ year	»
2. Training School Examination for Mistresses	Upper	»
	Lower	1
3. School of Art Examination	3ᵈ grade (Drawing)	ʼʼ
	2ᵈ grade (Drawing)	5
	1ˢᵗ grade (Drawing)	30
4. Vernacular Medical Examination	1ˢᵗ year	»
	2ᵈ year	*
	3ᵈ year	1
5. Examination in Engineering		

C'est ainsi que d'une caste, d'abord exclusivement commerciale, sortirent peu à peu des éléments nouveaux. Si les grandes distinctions que le Gouvernement anglais conféra à des Parsis honorèrent des hommes bienfaisants comme les Jamshedji Jijibhai, les Dinsha Petit, les Readymoney, tout occupés d'intérêts commerciaux et financiers, l'éducation européenne produisait une génération dont les vues et la culture intellectuelle différaient totalement. Mais cette génération ne devra jamais oublier qu'elle doit ses succès précisément à ces mêmes hommes excellents qui, sans avoir joui de l'éducation européenne, en ont toutefois apprécié la valeur à un point assez haut pour en faire bénéficier les autres. De cette foule de gens instruits sortirent des lettrés, des citoyens dignes de prendre part au gouvernement, shériffs, présidents de la corporation, membres des *Legislative Councils*, enfin députés au Parlement : j'ai nommé, pour ces derniers, MM. Dadabhai Naorozji et M. Bhownaggree ; dans les questions sociales, nous trouverons au meilleur rang M. B. M. Malabari. « Les Parsis ont été les premiers, nous dit M.R. P. Karkaria[1], dans une publication récente où il résume en quelques lignes la position de ses coreligionnaires, à tirer avantage de la domination anglaise dans l'Inde, et, à leur tour, ils essaient d'en transmettre les bienfaits à leur entourage. Par leurs capacités naturelles et leur position dans le pays, ils étaient bien à même de se constituer les médiateurs entre les gouvernants et les gouvernés. Il convient de dire qu'ils remplissent ce rôle d'une manière très complète. En politique et en littérature les Parsis mènent les Hindous et les Musulmans; à la tête de la plupart des associations politiques, — tout au moins à Bombay, — et à l'avant-garde de ceux qui combattent en faveur de l'indépendance politique des Indiens cultivés, on trouve des hommes de cette race. C'est, en effet, à un Parsi qu'a été réservé l'honneur, jusqu'alors unique, de siéger, le premier des Orientaux, dans les rangs du Parlement anglais. Au point de vue physique, les Parsis sont également en voie d'acquérir des qualités qui leur permettront de devenir les égaux des Européens, qualités sur lesquelles repose principalement la suprématie des Occidentaux. Quant aux questions sociales, les Parsis se mettent volontiers à la tête de leurs compatriotes hindous, dégagés qu'ils sont des préjugés de caste qui embarrassent ces derniers. Comme nous le verrons, c'est un Parsi, le su-

[1] R. P. KARKARIA, *India : Forty Years of Progress and Reform, being a Sketch of the Life and Times of Behramji M. Malabari*, 1896, ch. III, p. 50-51.

jet de notre étude, qui a pris en main la cause de la Réforme
sociale parmi la population hindoue. » M.R.P.Karkaria ajoute
même qu'on ne se ferait pas sans les Parsis une idée nette
de la vie publique de l'Inde moderne.

Si nous voulons nous rendre compte de la manière dont
les Parsis ont accueilli les moyens d'instruction mis à leur
portée par *The Bombay Native Education Society*, nous
nous adresserons à M. D. F. Karaka[1]. Il nous dira que
ce sont les classes moyennes, même indigentes, qui en ont
tout d'abord compris les avantages et en ont profité. Les
riches préféraient envoyer leurs enfants dans des écoles privées pour éviter tout mélange avec des camarades d'un rang
inférieur. Ce ne fut qu'après avoir reconnu la supériorité de
l'instruction donnée à l'*Elphinstone Institution* qu'ils s'aperçurent de leur erreur. Il est vrai qu'au commencement du
siècle les Parsis, exclusivement voués au commerce, avaient
au sujet d'une instruction libérale les mêmes idées, et partant le même mépris, qu'affichent nos industriels et nos gros
brasseurs d'affaires, estimant que si l'on fait bien sa fortune
il n'est pas besoin de s'embarrasser de tant de choses. Toutefois les pères s'aperçurent bientôt qu'il fallait assurer à
leurs enfants d'autres biens qu'un bel héritage ou que les
classes moyennes, instruites et avides de parvenir, ne tarde-
raient pas à usurper le premier rang; aussi, vers le milieu du
siècle, les fils des gens riches entrèrent résolument en ligne
avec leurs autres coreligionnaires et acquirent rapidement
une culture soignée. « Nos hommes bien élevés sont toujours, et on peut l'affirmer — sans exceptions — remarquables par la dignité de leur vie privée, tandis que leur
désintéressement, leur intégrité, leur amour du bien public,
leur haute valeur morale excitent l'admiration et récla-
ment le respect de la part de ceux avec lesquels ils
sont en rapport. Leur but et leur ambition ont toujours

[1] *Hist. of the Parsis*, vol. I, ch.vi, pp. 300-1-2-3. — Cf. du même, *The
Parsees, their history, manners, customs and religion*, ch. vi, pp. 213-
14. Éd. de 1858.

été de répandre libéralement parmi leurs frères moins favorisés les lumières et les connaissances qu'ils avaient été à même d'acquérir, grâce à un gouvernement bienfaisant... » Un noyau de Parsis, la plupart élevés à l'*Elphinstone Institution and College*, a créé ce grand changement dans la condition de la société parsie par l'établissement des Écoles de filles, par la publication de journaux à bon marché, enfin par les conférences publiques, si bien que tout ce que nous pourrions dire à la louange des jeunes novateurs serait au-dessous de ce qu'ils ont fait.

Ceux-ci avaient eu comme appoints sérieux dans leur œuvre de réforme les observations de leurs coreligionnaires qui n'avaient pas hésité à venir en Europe et à s'y mêler au mouvement intellectuel et social contemporain. Nous verrons plus loin que les Parsis, pour les besoins du commerce, s'étaient affranchis assez promptement des préjugés des Hindous ; la côte Coromandel, le Bengale, la Chine, la Birmanie, l'Arabie tentèrent leurs trafiquants, et le commerçant parsi sut bientôt affirmer sa suprématie sur les marchés de l'Extrême-Orient. D'autre part, à côté du riche *Beh-dîn*, l'humble et pieux Dastour s'acheminait, sans craindre ni fatigue ni mauvaise rencontre, vers les lointaines provinces de Yezd et de Kirman pour recueillir de la bouche des frères restés dans l'Iran les purs enseignements de la doctrine zoroastrienne.

L'Europe avait attiré les Parsis de bonne heure. Le premier qui s'y rendit, Naorozji Seth, fils de Rastam Manak, courtier de la factorerie anglaise de Surate, nous reporte au commencement du XVIIIe siècle. Un règlement de compte l'amenait en Angleterre pour présenter une requête devant la Cour des Directeurs contre les officiers de la loge anglaise. Il partit sur le vaisseau de guerre le *Salisbury* et arriva en Angleterre en 1723. Après de nombreuses démarches, il obtint gain de cause et revint dans l'Inde très favorablement impressionné par le sentiment de justice des

Anglais. Par le fait, Naorozji est non seulement le *premier Parsi*, mais encore le *premier Natif* qui soit allé en Angleterre. Il appartenait à la famille Seth. (*Parsee Prakâsh*, pp. 24-26-29.)

Maniar est le *second* Parsi qui ait visité l'Angleterre (1781); sa mission, cette fois, était toute politique. Le Peichwah Ragunath Rao l'avait délégué pour accompagner un Brahmane, Hanumant Rao, à l'effet d'obtenir des subsides de

l'*East India Company* et du Gouvernement anglais. Les deux voyageurs furent reçus chez Edmund Burke qui les installa dans une dépendance de sa maison de Beaconsfield pour leur permettre d'accomplir à leur aise les rites de leur religion respective et de vivre suivant leurs usages[1]. Ils repartirent sans avoir réussi dans leur mission. Il existe une lettre de Ragunath Rao dans laquelle le Prince remercie Burke des bontés qu'il a eues pour ses agents, et la réponse de Burke

MANIAR

prouve clairement que les deux pauvres Indiens frissonnants sous le climat froid et brumeux de l'Angleterre, entourés

[1] *Burke's Life,* vol. III, p. 46.

d'usages différents des leurs, avaient traversé bien des épreuves, que l'illustre homme d'État met toutes sur l'inclémence de la saison et non sur le manque de bienveillance des habitants. Il rend également justice à Hanumant Rao et à Maniar, et déclare que si les affaires du Peichwah n'ont pas réussi, ce n'est pas par la faute de ses envoyés. Maniar aurait écrit, paraît-il, un récit de sa mission, récit qui périt dans un des incendies de Surate[1].

Comme personnages intéressants venus en Europe et ayant laissé leurs impressions par écrit, nous trouvons Ardashir Kharshedji, ingénieur au service de la Compagnie des Indes[2], et deux membres de la famille Wadia, Jehangir Naorozji et Hirjibhai Mervanji[3]. Vers la même époque, un Parsi, actif, intelligent et qui allait compter parmi les plus hardis novateurs, Manakji Kharshedji, fils de Kharshedji Manakji Shroff, membre du Panchayet (supra, p. 242), faisait sa première tournée sur le continent. Il devait y revenir à trois reprises différentes, et, en 1863, il y amenait ses deux filles. En rapport avec les hommes les plus distingués de l'Europe aussi bien en France, en Russie, en Italie qu'en Angleterre, Manakji aurait été à même d'écrire de fort agréables relations de voyage. Pareil regret doit être enregistré au sujet de M. K. R. Kama qui vint sur le continent, lors de la fondation de la première maison de commerce indienne à Londres par sa famille avec M. Dadabhai Nao-

---

[1] Briggs, dans son petit volume, *The Parsis or Modern Zerdusthians,* p. 92, nous dit que la famille Mancherji Seth (de Surate), à laquelle appartetenait Maniar, possède son portrait à l'huile. Ses papiers ont été brûlés, lors d'un grand incendie. Nous tenons précisément le portrait ci-joint de la bienveillance d'un des membres de la famille Seth.

[2] *Diary of an overland journey from Bombay to England and of a year's residence in Great Britain, by Ardaseer Cursetjee,* C. E.F.S. A. *Chief Engineer and Inspector of Machinery at the Hon. East India Company's Steam Factory and Foundry, at Bombay. London: Printed by Henington and Galabin, 168 Fenchurch street. 1840.*

[3] *Journal of a residence of two years and a half in Great Britain, by Jehangeer Nowrojee and Hirjeebhoy Merwanjee of Bombay, Naval Architects. London: Wm. H. Allen and C°, Leadenhall Street. 1841.*

rozji (1857). Les préoccupations scientifiques absorbèrent
M. K. R. Kama qui, à Paris et à Erlangen, se mit au
courant de la méthode européenne et de l'enseignement de
nos grands corps savants ; aussi, de retour à Bombay, il sut
imprimer une impulsion féconde aux études de l'Avesta et
contribuer à leur extension parmi les prêtres de la communauté. En 1858, en revanche, M. D. F. Karaka, après un
séjour en Angleterre, donnait (en guzerati) le récit de son
voyage, récit que les lecteurs indigènes apprécièrent comme
il méritait de l'être. Les Parsis se rapprochaient décidément
de plus en plus de l'Europe, et bientôt les touristes se firent
si nombreux que plus n'était besoin de les enregistrer.
Vinrent aussi les grands voyages autour du monde ; à signaler ceux de MM. J. Kothare[1] et Framji Petit[2].

Toutefois, de toutes les impressions de voyage, l'*Indian
Eye* de M. B. M. Malabari est la plus vivante, celle qui a
trouvé jusqu'en Europe des admirateurs par ces qualités
d'observation et ces jugements originaux qui la classent parmi
les œuvres que la postérité continuera de lire, alors que l'intérêt de l'actualité aura cessé d'exister. On n'a pas hésité à
le comparer aux Notes sur l'Angleterre de notre philosophe
français Taine. C'est assurément renfermer dans ce simple
rapprochement le plus grand éloge qu'on puisse faire sur la
portée du livre et l'esprit dans lequel il a été écrit. Le continent
était apparu de bonne heure à M. Malabari comme un complément à ses études sociales : mais notre réformateur ne voulut
tenter le voyage qu'après avoir fait ample connaissance avec
la plupart des districts de l'Inde. Son programme peut servir
d'instruction et de règle à tous les Indiens qui désirent venir

---

[1] *Impressions of a First Tour round the world in 1883-84 — em-
bracing travels in Europe, the United States of America, Canada,
China, the Straits Settlements and the northern portion of India, by
Jehangir H. Kothare*, 1889 (en anglais).

[2] *Yuróp, Amèriká, Jápán anè Chin tarafni músafarini nòdh (chitró
Sáthè) rachnár Frámji Dinsháji Petit. Múmbái. Sanè 1889* (en
guzerati).

fructueusement en Occident[1]. « Que j'aille ou n'aille pas en Europe, disait-il, je ne mettrai pas de côté ma méthode. Pour l'étude comme pour le voyage, je veux commencer par le commencement, procéder par lentes étapes, gagner quelque chose à chacune, et que ce quelque chose me soit d'un usage pratique immédiat à l'étape suivante. C'est la meilleure manière de travailler et d'étudier. Votre *globe-trotter* peut se moquer de ma méthode surannée, mais toute surannée qu'elle soit, il n'en pourra nier les avantages. Quand vous voyagez ou que vous étudiez graduellement, chaque pas nouveau, chaque connaissance nouvelle vous procurent une jouissance plus vive. Vous y êtes préparé, et ainsi votre science progresse; mais quand cette science est sans discipline antérieure, c'est-à-dire sans que vous soyez disposé à la recevoir, elle reste stérile et sans profit. Qu'est-il besoin de visiter les pays étrangers si vous ne connaissez pas le vôtre, si vous allez en Europe et si vous ignorez votre vie nationale? Il vous manquera toujours les mille points de comparaison et de contraste, ces mille nuances, — beautés ou défauts, — que présente la civilisation européenne... » Ces nuances, M. Malabari a su les voir lors de son séjour à Londres; il était bien préparé *to vivisect the Briton*. Aussi son livre offre-t-il des qualités hors de pair, car aucun des éléments d'attention et de comparaison qui constituent un jugement sûr ne lui avait manqué[2].

Permettons nous ici de dire à ces Messieurs de la Communauté, mobeds ou *Beh-dîns*, que nous ne les voyons pas assez souvent dans nos assemblées scientifiques, Congrès et Cen-

[1] *Indian Spectator,* July 1, 1883, p. 411.
[2] *The Indian Eye on English Life or Rambles of a Pilgrim Reformer*, 3ᵉ Édition. Bombay (All rights reserved). A rapprocher de l'*Indian Eye* le volume de M. Malabari intitulé *Gujarât and the Gujarâtis, Pictures of men and manners taken from Life,* 3ᵈ Édition, Bombay, 1889, qui donne une délicieuse et humoristique description du Guzerate et de ses habitants.

tenaires. M. J. J. Modi, qui a assisté au Congrès des Orienta-
listes de Leyde, en 1889, peut certifier pourtant quel accueil
cordial et empressé il leur serait fait[1]. Ainsi au Congrès des
Religions, à Chicago, en 1893, les deux mémoires sur le Parsisme envoyés par MM. J. J. Modi et S. D. Barucha furent
lus par des amis ; nul prêtre Mazdéen n'y représenta en personne l'antique culte de la Perse.

En thèse générale, ce qu'il importe surtout pour les Parsis
d'âge mûr qui viennent en Europe, c'est, comme le dit M. Malabari, qu'ils soient préparés à s'assimiler ce qu'il y a de bon et
de profitable dans la civilisation occidentale et à en repousser
les éléments nuisibles. Quant aux jeunes gens Parsis qui s'y
fixent pendant le temps de leurs études, ils rentrent dans la
catégorie des autres Indiens qui se disposent à entrer dans
une carrière, stage long et dispendieux pour les parents souvent fort en peine de fournir aux besoins d'un étudiant
d'Oxford ou de Cambridge et aux exigences de la vie coûteuse
d'Université ; beaucoup de garçons capables de devenir
d'excellents fonctionnaires dans l'Inde en sont empêchés
par des considérations pécuniaires. M. J. N. Tata a généreusement tenté de venir en aide à cette classe intéressante,
en mettant à la disposition d'un comité une somme d'argent
fort importante qui permet de défrayer un certain nombre
d'étudiants pendant leur séjour en Europe[2].

[1] M. J. J. Modi a écrit en français quelques pages spirituelles et
sympathiques intitulées « *Impressions d'un Parsi sur la ville de Paris* »,
qu'il a lues devant le Cercle Littéraire de Bombay et qu'il a publiées
ensuite à un petit nombre d'exemplaires.

[2] Voy. *The Jamsetjee Nusserwanjee Tata Endowment for the high
Education & Advancement of the Natives of India.* — En bénéficient un
certain nombre d'étudiants qui ont passé leurs examens d'immatriculation
ou leurs examens supérieurs devant l'une des Universités de l'Inde avec
distinction et succès, après qu'une enquête a été faite par les membres
du comité sur leur santé, leur capacité et leurs aptitudes. En 1892, le choix
devait porter sur *deux* candidats; pour les années 1893, 1894, 1895 sur le
même nombre, et, pour les années à venir, d'après celui des individus
déjà choisis qui auraient cessé de profiter des avantages de l'*Endowment*,
soit par suite de l'achèvement de leurs études, soit pour toute autre

Si l'on veut se rendre un compte exact du nombre de Parsis qui viennent en Angleterre dans un but d'étude ou de distraction, consultons à cet effet la liste publiée dans l'*Indian Magazine*, juin 1896. Nous y voyons figurer sur un total de 326 Indiens, nombre supérieur à la liste de 1894, 53 Parsis qui se répartissent entre Londres, Oxford, Cambridge et Edimbourg. Certains s'adonnent, soit à la médecine, soit au droit ; d'autres se préparent à l'*Indian Civil Service*, enfin quelques-uns sont dans les affaires et résident à Londres d'une manière permanente.

Terminons ce résumé en signalant chez les Parsis deux qualités très remarquables, dues à l'éducation européenne : la sociabilité qui les porte à se réunir dans des cercles et leur goût croissant pour les exercices physiques. A Bombay, il y a 3 clubs principaux ouverts par les Parsis : 1° *The Elphinstone Club*, le plus ancien par ordre de fondation ; les membres sont des hommes âgés pour la plupart et représentant les idées conservatrices ; 2° *The Ripon Club*, ouvert en 1884 et monté sur un pied européen ; il y a 200 membres, tous Parsis, élus au scrutin ; le président est Sir Jamshedji Jijibhai. C'est à proprement parler le club libéral de Bombay ; 3° *The Phœnix*, assez peu nombreux, fréquenté par les hommes influents ou appartenant à l'Université. A citer encore *The Franco-Parsi Club* (Cercle littéraire). Ce fut à une assemblée générale des étudiants de la langue française que fut fondé le Cercle littéraire à la *Fort High-School*, sous la présidence de M. Pedraza. M. F. Patel fut élu trésorier et M. J. E. Davar, secrétaire honoraire. On décida en outre la formation d'une bibliothèque composée d'ouvrages français pour propager le goût et l'étude de notre langue. Des souscriptions libérales vinrent assurer à cette institution la stabilité et l'indépendance. Sir Dinsha Petit fut un des plus géné-

cause. Remarquons que sur trois candidats parsis, il pourra y en avoir *un* étranger. Les arrangements financiers pris par le Comité sont d'une haute et stricte justice.

reux fondateurs; Lady Sakarbai et plusieurs membres de la
famille Petit s'associèrent à la libéralité du *Baronet.*

Nous n'avons pas besoin de faire ressortir combien nous
devons être touchés de cette sympathie pour la langue et la
littérature françaises. Les Parsis se sont souvenus d'Anquetil
et de Burnouf et nous ont témoigné sous cette forme délicate
leur gratitude toute scientifique pour la part exceptionnelle
qu'ont prise ces deux illustres Français à l'étude de leurs
livres sacrés[1].

Dans le Fort, Rope Walk Lane, il y a un coin intéressant
à Bombay; on y parle français, on y goûte notre littérature
et, à certains jours, on y joue les pièces de notre répertoire
ancien et contemporain. Les dames parsies y disent volontiers les rôles de Célimène et de Philaminthe. Ce dernier
trait est extrêmement curieux et montre à quel point les
mœurs européennes, mieux encore notre manière de voir
dans les questions d'un ordre très délicat, ont trouvé facile
accès dans la société parsie[2].

Quant à l'éducation physique, nous avons vu (*supra*,
p. 322) que M. Karkaria faisait ressortir les qualités que les
Parsis sont en voie d'acquérir sous ce rapport, qualités qui
leur permettront de devenir à tous égards les égaux des
Européens.

A l'appui de cette théorie viennent d'ailleurs les preuves :
ainsi, en 1890, il y eut à Bombay un *match* entre les Parsis
et les *English eleven* de M. Vernon, en présence de plus de
15,000 spectateurs. Les Parsis remportèrent une brillante

---

[1] M. Pedraza est d'origine Portugaise et professe le français à Bombay. M. J. N. Davar a été nommé, en 1896, *follow* de l'Université.
Le gouvernement français a envoyé à ces deux messieurs les palmes
académiques.

[2] Il y a à Bombay 13 bibliothèques ou salles de lecture, entretenues
aux frais des Parsis et ouvertes à toutes les communautés, et 7 dans les
autres parties de l'Inde. — Une société eu bonne partie composée de
Parsis, la *Dnyan Prasarak Mandli*, est destinée à favoriser par des
conférences le développement de l'éducation et de l'instruction.

victoire qui mérite, dit-on, d'être inscrite dans les Annales de
l'histoire du *Cricket*[1].

II

Occupons-nous maintenant de l'histoire de l'éducation des
femmes dans la communauté parsie. Les premières tentatives datent seulement de 1849, lors de la création des écoles
de filles ; avant cette époque, les femmes, celles des hautes
classes, savaient lire et écrire et possédaient quelques éléments de guzerati et de calcul : c'était tout ! Pères et maris
avaient suivi l'exemple des Hindous et des Musulmans ;
peu leur importait que la fille et l'épouse fussent instruites.
En quelle matière l'eussent-elles pu être d'ailleurs ? Rien ne
les touchait et ne les occupait, sauf les soins du ménage et
les achats dans les bazars. C'est ainsi que nous avons vu les
puérilités qui ravissaient les dames (le *Joshi*), les coutumes
superstitieuses que le Panchayet s'efforçait d'enrayer, telles
que les offrandes aux temples et les rapports avec les magiciens hindous ou musulmans. Mais, à mesure que les maris
fréquentaient les écoles et les universités, ils s'apercevaient
de l'infériorité intellectuelle de leurs compagnes et du bénéfice que l'enfant pourrait tirer de la surveillance maternelle,
ainsi que du bonheur qu'il y aurait à associer sa vie à celle
d'un être intelligent et responsable ; de plus, ils comprirent
qu'on arriverait à ce progrès sans pour cela entacher la
foi antique et sans qu'aucune prescription religieuse ne
s'y opposât, grand point qu'il convient de ne pas perdre de
vue.

On peut dire hautement que l'instruction de la femme aux
Indes n'est pas bien vue. Les mariages précoces, le peu
d'encouragement qu'on donne dans la famille aux idées nou-

[1] *Illustrated London News.* 15 March 1890.

velles laissent la native dans un état d'infériorité aux yeux
de l'Européen. « On n'admet pas qu'elle reçoive une instruction scolaire quelconque, plus ou moins analogue à celle qui
convient aux garçons, et c'est là une idée inconnue dans
l'Inde, même des indigènes, encore en petit nombre, qui
ont été modifiés par l'influence et les habitudes d'esprit occidentales[1]. » Certaines Hindoues sont pourtant arrivées à
conquérir des distinctions littéraires et ont passé des examens
devant les Universités; mais ce sont de rares et honorables
exceptions. D'ailleurs les femmes dans l'Inde, telles qu'elles
sont, conviennent à leurs époux, leur plaisent, et nous nous
ferions une idée très fausse de la situation si nous pensions
que notre ingérence est souhaitée. La constitution de la
famille hindoue repose sur des bases si solides qu'il ne fait
pas bon l'attaquer, et c'est l'attaquer profondément que de
s'occuper de la femme. Les Hindous se révoltent à l'idée que
nous ne trouvons pas leurs épouses de dignes compagnes ;
ils nous répondent qu'elles leur sont même supérieures et en
vertu et en influence! Certes, disent-ils, l'instruction ne
leur sera pas refusée; elles pourront même concourir aux
examens des Universités, mais ce qu'il ne faut pas, — pour
elles comme pour les hommes, — c'est qu'elles soient élevées
dans des idées qui les induiraient à transgresser leurs lois sociales et qui porteraient atteinte à la constitution de la famille,
fondée d'après les codes religieux. Il y a anathème contre
ceux qu'ils appellent des réformateurs irresponsables ou des
natifs anglicisés. « Je suis plein de honte, s'écrie un Brahmane, quand je pense aux fils indignes d'un pays comme
l'Inde, jadis l'asile de la sagesse et du savoir, qui, pareils à
des enfants, demandent une aide étrangère pour améliorer la
condition de leurs femmes! Est-ce que les Anglais ont prié
les autres races de les aider ?... S'il y a des réformes à tenter,
ces réformes doivent venir de nos propres pundits et de

[1] Sir J. Strachey, L'Inde, trad. Harmand, p. 182.

nos savants qui sont de meilleurs auxiliaires que le reste de
la chrétienté. A moins que l'éducation anglaise ne nous
donne le caractère anglais, il n'y a rien à faire que des
platform speeches et des articles de journaux[1]. » On
comprend combien le gouvernement anglais se montre réservé dans cette question, en présence d'une opposition si
nette qui représente assez exactement l'opinion générale[2].

Il y aurait certes beaucoup de choses à dire sur le sort de
la femme hindoue; mais l'inviolabilité du foyer domestique
en rend l'accès presque impossible à la chrétienne, européenne ou native. Quelle que soit l'hospitalité dont on fasse
jouir l'étrangère, la caste a posé des limites qu'on ne peut
franchir.

Pour les Parsis il n'y avait aucun de ces obstacles, sauf les
préjugés acquis par une longue vie commune avec les Hindous. Nous avons déjà dit que les Parsis, respectueux de
leurs traditions, continuaient à y chercher leurs inspirations,
et, dans la vie civile, nous avons vu l'ardeur avec laquelle ils
s'étaient efforcés de mettre d'accord les exigences des lois
anglaises avec les vestiges de leurs coutumes antiques, à
défaut des prescriptions de leurs codes perdus. Au sujet de
la femme, les mêmes préoccupations se firent jour, et son
émancipation coûta bien des discussions dans les journaux
et dans les périodiques et amena bien des controverses !

Ce fut à la *Students' Literary and Scientific Society*, composée en partie de professeurs, maîtres et étudiants, sortis

[1] *The Asiatic Quarterly Review*, oct. 1890.

[2] A titres divers nous recommandons la lecture de plusieurs livres qui
ont été écrits dans l'Inde et qui donnent une idée très vivante de la question
sociale : LALA BAIJ NATH, *Social Reform, etc., or the present condition
of the Hindus and its improvements, etc.* Meerut. Vidyadarpan Press,
1893 ; — PRAMATHA NATH BOSE, *Hindu Civilisation during British
Rule,* Kegan and Paul, 1894 ; — DAYARAM GIDUMAL, *Status of Woman
in India ; or a handbook for hindu Social Reformers*. Bombay 1889.
Cf. pour la Présidence de Bombay, *Diwan Bahadur* MANIBHAI JASBHAI,
*a memorandum on hindu Female Education in the Bombay Presi-
dency,* 1896.

de l'*Elphinstone Institution*, que furent lus la plupart de ces
écrits sur la condition de la femme. Toutefois la question
avançait peu ; les efforts étaient individuels et ne dépassaient
pas lecercle de famille¹ ; mais la publication de ces mémoires préparait les esprits, si bien qu'un soir, à une réunion
de la Société, dans un élan d'enthousiasme, la résolution
décisive fut prise². L'appel de Behramji Kharshedji Ghandhi
était pressant ; il ne s'agissait plus de discuter, d'atermoyer ;
il fallait se mettre à l'œuvre : « Que chaque étudiant ici présent, dit-il, use de son influence auprès des membres de sa
famille pour avoir au moins une élève ! — Oui, oui, répondirent des voix vibrantes, enseignons nous-mêmes et montrons
que nous parlons sérieusement ! » On aborda sur-le-champ la
discussion au point de vue pécuniaire ; plusieurs membres
de la Société s'offrirent non seulement comme professeurs,
mais ils proposèrent de céder des appartements dans leurs
maisons pour établir les écoles. Les heures de classe furent
fixées de 7 heures à 10 heures, pour ne pas entraver les occupations des professeurs improvisés.

C'est ainsi que, le 22 octobre 1849, quatre écoles de filles
furent ouvertes et suivies par 44 élèves.

Un nouvel encouragement vint bientôt du Bengale. La
cause de l'éducation des femmes y avait alors un éloquent
défenseur dans la personne de M. Drinkwater Bethune,
membre du Conseil législatif de l'Inde³. Son exemple exci-
tait à Bombay l'ardeur des jeunes gens ; mais ceux-ci n'a-
vaient pas dans la Présidence un patron aussi puissant, et il
fallait le prestige de son nom, son influence politique et

¹ Quelques familles avaient pris une initiative heureuse et avaient,
grâce à des institutrices, donné de l'éducation à leurs filles, tels Framji
Kavasji pour sa fille aînée Phirozbai,Sir Jamshedji Jijibhai et Manakji
Kharshedji. Voy. BRIGGS, *The Parsis or Modern Zerdusthians*, p. 20.

² *Report of the Students' Literary and Scientific Society for 1854-55*.

³ Les premiers efforts pour l'instruction des femmes furents faits au
Bengale par les missionnaires. Vers 1818, M. May ouvrit la première
école à Chinsurah, école tout élémentaire. Drinkwater Bethune s'a-
dressait aux filles des hautes classes.

sociale pour mener à bonne fin une œuvre aussi difficile.
Maintenant qu'on voit les choses à distance, peut-être est-il
préférable que les Parsis n'aient pas eu cet appui; une ingérence officielle n'était pas désirable. Comme le dit M. D. F.
Karaka, cet appui eût sans doute contribué à jeter au début
un vif éclat et à éblouir un certain nombre; mais avec ces en-
couragements l'éducation de la femme serait restée une plante
exotique; car, dans une matière aussi délicate que celle-là
(l'éducation de la femme), il était plus sage et plus profitable
que l'initiative vînt de ceux-là même à qui elle était utile,
plutôt que d'être imposée par des étrangers[1].

Dès que M. D. Bethune eut quitté Calcutta, la cause de
l'éducation des femmes déclina; à Bombay, au contraire, les
écoles de filles établies par la Société des Étudiants pour les
Parsies et les Hindoues prospérèrent. Les professeurs desser-
vaient gratuitement aussi les écoles mahrattes fondées en
même temps que celles des Parsis; ceux de l'Elphinstone
Institution prirent le plus vif intérêt à ces efforts.

Pendant les six premiers mois, l'instruction fut donnée
par des professeurs de bonne volonté; voici l'éloge qui en fut
fait dans le premier *Report* de la Société : « La prudence
et le tact que ces jeunes réformateurs ont déployés dans
l'accomplissement de la tâche qu'ils s'étaient imposée ont
été aussi admirables que l'enthousiasme généreux qui les a
soutenus dans leur travail. Ils se préparaient soigneusement
par la lecture des ouvrages sur l'éducation pratique qui
étaient à leur portée et par des réunions fréquentes dans
lesquelles ils essayaient de distinguer les méthodes les meilleures pour l'instruction des enfants confiées à leurs soins.
Leur but n'était pas simplement d'enseigner à lire ou à
écrire, mais de donner une éducation capable d'influer sur
l'avenir. »

Les écoles établies, on vit bientôt les bienfaits qui en dé-

---

[1] *Hist. of the Parsis.* Vol. I, ch. vi, p. 308.

coulaient et on résolut de leur procurer une plus grande
extension. Quatre hommes de cœur et de talent, dont les
noms rêstèrent d'abord modestement dans l'ombre, mirent
à la disposition du Comité une somme de 4,800 roupies pour
soutenir les établissements ouverts pendant une période de
dix ans, à l'expiration de laquelle ils espéraient que le public
ne les laisserait par péricliter[1]. Chaque jour les témoignages
les plus flatteurs venaient encourager cette œuvre approuvée
en haut lieu par Sir Erskine Perry, président du *Board of
Education,* et par d'autres personnages non moins influents.

La seconde année, les écoles étaient déjà considérées
comme de véritables institutions publiques; et, en 1851, le
gouverneur Lord Falkland déclarait que leur établissement
spontané faisait époque dans l'histoire de l'éducation dan
la Présidence de Bombay. Elles furent dirigées par le *Managing
Committee* de la *Students' Society* jusqu'en 1857
les Parsis proposèrent alors de les prendre à leur charge
et de fournir les fonds. Cette offre fut acceptée avec empressement
par la *Students' Society,* et une *Parsi Girls' School
Association* se forma pour continuer la direction de ces écoles.
L'enthousiasme se manifesta encore par de libérales
souscriptions. A l'origine, les enfants étaient élevées gratuitement;
mais, à partir de 1862, les parents aisés furent obligés
de payer *une roupie* par mois, et les filles des classes laborieuses,
seules, furent reçues gratuitement. Plus tard, en 1873, le
Comité abolit toute admission gratuite; les parents qui ne pouvaient
payer une plus forte somme, furent taxés à huit annas
par mois. Cette manière de donner l'instruction sous forme
d'aumône a été totalement abandonnée dans les écoles appartenant
à la *Parsi Girls' School Association,* bien que les
écoles de *Sir Jamsetjee Jeejeebhoy Parsi Benevolent Institution,*
dont quelques-unes sont dans le voisinage de celles

---

[1] MM. Nasarvanji Mancherji Kama, Framji Nasarvanji Patel, Dhanjibai
Nasarvanji Kama et Kharshedji Nasarvanji Kama.

qui appartiennent à l'Association, continuent de procurer gratuitement l'instruction à la plupart des élèves.

Un des principaux obstacles à l'extension de l'instruction chez les femmes parsies fut d'abord la coutume qui régnait alors de retirer de l'école les jeunes filles dès l'âge de 10 à 12 ans, à cause des mariages précoces; mais le plus grand de tous était la présence de professeurs-hommes. Cette dernière objection se trouva bientôt écartée par l'adjonction de maîtresses capables.

L'instruction est donnée dans ces écoles en langue guzeratie; elle consiste dans l'arithmétique, la lecture, l'écriture, le travail à l'aiguille, l'enseignement de la morale zoroastrienne, la grammaire, la géographie et l'histoire de l'Inde et de la Perse. Certains livres ont été faits spécialement pour les élèves; en outre, on y a introduit la série des livres de classe en guzerati de Hope, au moment où M. E. C. Hope était inspecteur de la Division Nord de la Présidence.

Le manque de local se faisant sentir, Sorabji Shapurji Bengali, membre du Comité de direction, pour perpétuer le nom de sa mère Bai Bhikhaiji, fit construire à ses frais un vaste édifice à deux étages qui a coûté plus de 90,000 roupies, y compris les dons du Gouvernement. C'est grâce à sa générosité que le Comité de la *Girls'School Association* a pu former une classe de *professeurs-femmes* dont les écoles bénéficient largement (*Normal School*). Quand l'*Education Commission* nommée par Lord Ripon siégeait à Bombay, le Comité de direction réunit les élèves de toutes les écoles au *Framji Kavasji Institute* dans le but de fournir aux membres de la commission l'occasion de se rendre compte de leurs progrès. Le Président, alors Dr, maintenant Sir W. W. Hunter, et M. W. Lee-Warner exprimèrent hautement leur satisfaction.

Jusqu'alors l'instruction était donnée en guzerati dans les classes publiques. Des gouvernantes et des professeurs enseignaient l'anglais dans les familles; aucune école anglaise pour les natives n'avait été ouverte. Il était assurément

a. continuant de procurer
lupart des élèves.
l'extension de l'instruction
abord la coutume qui ré-
jeunes filles dès l'âge de 10
mieuxes; mais le plus grand
rofesseurs-hommes. Cette
été écartée par l'adjonction

ns écoles en langue guzera-
que, la lecture, l'écriture, le
t de la morale zoroastrienne,
l'histoire de l'Inde et de la
toute spécialement pour les
t la série des livres de classe
t ou M. E. C. Hope était ins-
la Présidence.
sa santé, Sorabji Shapurji
d'exécution, pour perpétuer le
fit construire à ses frais un
crédité plus de 90,000 roupies,
ment. C'est grâce à sa géné-
rse School Association a pu
ury-femmes dont les écoles
Schools. Quand l'*Education*
Ripon siégeait à Bombay, le
livres de toutes les écoles au
le but de fournir aux mem-
; se rendre compte de leurs
maintenant Sir W. W. Hun-
er énumérant hautement leur

; donnée en guzerati dans les
actes et des professeurs ensei-
e: aucune école anglaise
ouverte. Il était assurément

MANAKJI KHARSHEDJI

très désirable de tenter l'établissement d'une institution où
non seulement on enseignerait l'anglais, mais encore où le
système d'éducation serait calqué sur celui de l'Angleterre.
C'est ce que se proposa un homme d'un esprit très supérieur,
plein d'enthousiasme et de zèle pour la cause de l'éducation
des femmes, Manakji Kharshedji[1], émule de ces généreux
et libéraux citoyens, tels que Naorozji Fardunji, S. S. Bengali,
Dadabhai Naorozji, B. M. Malabari, tous associés dans l'œuvre
commune du progrès et de l'amélioration des natifs[2]. (Pl. 14.)

Manakji, avant d'aborder la création d'une école publique,
avait commencé dans sa propre famille l'application de son
système. Ses deux filles, Shirin et Aimai, reçurent les bienfaits d'une instruction tout européenne. Les nombreux
voyages que Manakji avait faits en Occident lui avaient
permis de se rendre compte de la manière dont il convenait
de s'approprier les méthodes. Dès 1859, il ouvrait chez lui
(villa Byculla) une petite école pour recevoir une douzaine

[1] Fils de Kharshedji Manakji Shroff et de Behroze, fille de Seth
Darookhanavala, né à Bombay en 1808, montra de bonne heure un goût
très vif pour la littérature anglaise et se lia avec les hommes les plus
éminents de l'époque. En 1835, il était élu, le premier natif, membre
résident de la *Société Asiatique de Londres* (samedi 3 janvier 1835) ; en
1837, il était admis à la *Société Asiatique de Paris*. En 1841, il fit son
premier voyage en Occident et en rapporta des souvenirs ineffaçables.
A la mort de son père (1845), il occupait une position dans les douanes de
Bombay ; mais, selon l'avis d'amis éclairés, il se mit à étudier le droit, et
pendant plusieurs années il exerça avec succès au barreau de la vieille
Sudder Adawlat Court ; puis il accepta une place de juge à la *Court
of Requests* ; enfin, quand cette cour fut abolie, il changea ce titre contre
celui de juge à la *Bombay Small Causes Court*, où il siégea pendant
vingt-cinq ans. C'était à ce moment le poste le plus élevé qu'un natif
pût remplir dans l'*Uncovenanted Judicial Service*. Il mourut en 1887.
Sa vie fut toute consacrée aux réformes sociales qu'il avait résolu de
faire pénétrer dans la communauté. Manakji visita l'Europe à diverses
reprises, comme nous l'avons dit, et y amena ses filles. Il avait épousé
Manakbai, fille de Dosabhai Framji Mama et de Hirabai qui, par son
père Kharshedji, appartenait à la famille Dadiseth.

[2] Il n'est que justice de mentionner ici les efforts de M⁽ᵉ⁾ C. J. Jasá-
wálá qui coopéra avec activité à l'œuvre de Manakji Kharshedji en
faveur de l'éducation anglaise chez les jeunes filles parsies.

de jeunes filles sous la direction d'une maîtresse assistée des
deux demoiselles Kharshedji ; ce fut le modeste point de
départ de l'*Alexandra Institution*.

Le 30 juin 1863, le jour *oothumna* (le troisième) après le
décès de son fils Hiraji, Manakji prit avantage de cette
réunion douloureuse pour déclarer l'intention qu'il avait de fonder une institution qui procurerait une éducation anglaise aux
natives de l'Inde. Comme il l'écrivait, le 18 juillet suivant, à
Sir Bartle Frère, la seule consolation que le monde extérieur
pouvait lui offrir dans un si affreux chagrin, était la possibilité de mettre à exécution ce projet si longtemps caressé.
Il souscrivit sur l'heure une somme de 4,000 roupies à la
mémoire du défunt et pareille somme au nom de chacun de
ses enfants, ses fils Kharshedji et Jehangir, ses filles Aimai
et Shirin. En attendant les fonds nécessaires pour bâtir un
local, Manakji offrait sa propre demeure de Byculla. D'autres souscripteurs, Parsis et Hindous, se joignirent bientôt
à lui, et, dans un « meeting » général, on appela la nouvelle école l'*Alexandra Native Girls' English Institution,* en
souvenir du mariage du prince de Galles et de la princesse
Alexandra de Danemark. On avait d'abord voulu lui donner
un nom tout oriental ; quelques amis avaient même suggéré
celui du défunt Hiraji, puis celui de Manakji lui-même ; mais
le fondateur repoussa énergiquement cette proposition.
« Cette coutume, quoique fort à la mode parmi nos gens de
fortune *(nam-kibaste)* répugne à mes sentiments, » écrivait-il
à Sir Bartle Frère. L'école fut inaugurée le 2 septembre 1863 ;
sur 29 demandes d'admission, 13 élèves seulement furent
reçues ; puis, par suite de nouvelles entrées qui vinrent ba-
lancer les retraits d'enfants, le nombre s'éleva à 20 ! Ces
chiffres peuvent faire sourire ; mais il faut se souvenir que
les plus florissantes institutions, par exemple, à Bombay
l'*Elphinstone*, pour les hommes, et à Calcutta *The Bethune
School*, pour les femmes, ont été ouvertes avec un nombre
aussi modeste. L'instruction qu'on donnait à l'*Alexandra* était
tout anglaise ; pour lui conserver son caractère bienfaisant

et universel, on ne devait blesser aucune foi, aucune croyance et s'en tenir aux principes généraux de moralité et de respect qui sont la base de toutes les religions. Un *board* de directeurs fut formé, avec des dames inspectrices-adjointes, Miss Shirin Kharshedji à leur tête.

La première distribution des prix eut lieu le 10 mars 1864, à Byculla, en présence du Gouverneur et de Lady Frère. Le grand but de Manakji était atteint : il avait fondé la première institution de cette sorte pour l'éducation de la femme dans l'Inde, et l'avait offerte comme modèle à toutes les autres qui furent créées dans la suite[1].

L'Institution fut logée pendant plusieurs années dans un bâtiment loué (Fort, Hornby Row) ; désormais tous les efforts de Manakji ne tendirent qu'à établir la permanence de sa fondation. Bombay jouissait alors d'une de ces phases exceptionnelles de richesse et de bien-être due à la guerre d'Amérique qui avait fait refluer les affaires sur les marchés de l'Inde. Cette circonstance fut très favorable. L'ami de Manakji, le gouverneur de Bombay, Sir Bartle Frère, lui fit obtenir du Gouvernement un terrain ; mais la fin de la guerre d'Amérique amena de cruels revirements. Beaucoup de souscripteurs ne furent pas à même de remplir leurs engagements ; de plus, la moitié des sommes recueillies fut engloutie dans des faillites ; aussi, en 1865 (4 avril), Manakji faisait-il un appel désespéré pour venir en aide à sa chère création. — Il réussit, mais au prix de quels efforts !

Ce ne fut qu'en 1877 que les sommes nécessaires pour la construction de l'*Albert Hall* furent réunies ; les travaux commencèrent en 1879 et durèrent deux ans. Enfin l'Alexandra était logée d'une manière permanente[2] ! (Pl. 15.)

Il s'agissait dès lors de l'entretenir, tâche difficile dans laquelle tout autre que Manakji aurait failli. Le recrutement

---

[1] Voy. *Alexandra Native Girls' English Institution, its origin, progress and first Report.* 1863-64.

[2] Le bâtiment s'élève sur l'Esplanade, près du *Gymkhana Pavillon;* il a été construit par les soins de Khan Bahadur M. C. Murzban.

se faisait lentement; les parents ne se montraient pas aussi zélés qu'on l'avait espéré d'abord et payaient mal. Vint l'instant où Manakji dut pourvoir aux dépenses ; il avait coutume de dire qu'il traitait l'*Institution* comme une de ses filles: il avait raison. La plus large partie de ses émoluments y passait tous les ans ; mais il réussit à se tirer d'embarras, et il eut le bonheur, avant sa mort, de voir prospérer son œuvre.

Cette année, le 11 mars 1896, a eu lieu la distribution annuelle des prix[1]. L'école compte maintenant plus de 100 jeunes filles inscrites sur les listes.

Engagée comme nous venons de le voir, la question de l'éducation des femmes s'imposait; pourtant, vers 1878, son orientation n'était pas encore très bien définie. « Nous autres Parsis, disait alors M. Malabari, nous nous vantons trop de l'éducation de nos femmes ; » et il réclamait des résultats pratiques et immédiats. « Toute notre éducation n'a encore produit ni une *Lady Doctor*, ni une sœur de charité, ni une *zenana teacher !* » Restait à savoir si la jeune fille cultivée ne serait qu'une coûteuse charge, et si le jeune homme, — devenu comme en Angleterre un sordide utilitaire, — arriverait à considérer l'épouse de son choix comme un douteux placement ?

Bientôt les dames de la communauté allaient répondre à cet appel, affronter courageusement les épreuves publiques et s'inscrire aussi bien à l'*Université* qu'au *Grant Medical College*. En 1884, cinq jeunes filles parsies ne craignaient pas de venir suivre les cours désormais accessibles aux femmes dans cette dernière institution.

Nous sommes obligé de faire ici une petite digression, pour que l'on soit à même d'apprécier comme il convient cette courageuse démarche.

[1] *Report of the Alexandra Natice Girls' English Institution,* from 1 april 1895 to 31 march 1896. Voy. le discours du président, M. M. Kharshedji, fils de Manakji Kharshedji, qui a toujours continué à s'occuper de l'œuvre de son père.

Pl. 15.

Les Parsis

L'ingérence des femmes dans le corps médical est, en Occident, assez diversement appréciée; partisans ou détracteurs
ont beau jeu. En Orient, la question se pose différemment.
Si chez nous elle n'a pas revêtu un caractère d'opportunité,
aux Indes on ne saurait méconnaître son urgence.

Le système du *purdah* et la claustration des *zenanas* ont
amené dans les hautes classes les maux physiques les plus
douloureux. Les *purdah-nasheens* n'appartiennent jamais
aux classes laborieuses. Le premier soin de tout individu
parvenu à une position indépendante est de refouler au
fond de sa demeure l'élément féminin, et la femme, atteinte
par un revers de fortune et rejetée dans la vie extérieure, souf-
fre de cette déchéance. Hindoues et Musulmanes sont également soustraites aux regards des hommes; cependant, selon
les provinces, la rigueur de la claustration est plus ou moins
sévère. C'est ainsi que pendant des siècles vécurent sans
secours des êtres charmants et délicats, d'autant plus faibles
et souffrants que les conditions d'hygiène étaient déplorables
et amenaient un graduel étiolement de la race[1].

En effet, les femmes hindoues, quand elles sont malades,
n'ont à leur portée que la science médicale des *Dhais* (sages-

[1] Opinion d'un natif. Janvier 1886. « Voulez-vous savoir mon opinion
sur la condition des femmes ?... Je suis honteux de l'avouer ; elle est
simplement effroyable. A cause du *purdah system*, elles ne prennent
aucun exercice extérieur; ainsi j'ai connu dans les hautes classes des
familles où les femmes ne peuvent sortir après leur mariage, même
pour faire visite à leur père ! A l'exception des classes laborieuses et
rurales, on peut dire sans exagération que 80 à 90 °/₀ de nos femmes
vivent dans un état de maladie constant, du commencement à la fin de
l'année. Ne pouvant obtenir de soins de gardes compétentes aux heures
critiques, elles s'affaiblissent, souffrant toujours, sans grand espoir de
guérison. »

Opinion de S. M. Cleghorn. « Mon expérience dans les provinces du
N.-O., en ce qui concerne les coutumes en vigueur chez les natives,
me démontre que si celles-ci tombent malades en ce moment, elles ont
peu ou *point* d'espoir de guérison, et n'ont à leur service que les soins de
Dhais dépourvues de science... c'est seulement par les femmes que peuvent venir quelques secours. »

femmes indigènes) et les soins médiocres qu'elles peuvent donner. Si la matrone n'a pas réussi et s'il faut faire un appel au médecin, *hakim* ou *vaia*, la malade, soutenue par ses servantes, est placée derrière un rideau et ne livre au docteur sa main bien enveloppée que pour qu'il puisse tâter le pouls et, après avoir posé timidement quelques questions, hasarder un diagnostic. Quand il est absolument nécessaire . de pousser plus loin la consultation, on pratique une fente dans le rideau et la patiente fait alors voir sa langue... la figure reste cachée ! On comprend sans peine ce que les *zenanas* ont renfermé de souffrances non soulagées, de misères sans nom, et quel bienfait pouvait résulter de la présence et de l'intervention de femmes instruites, capables de donner des soins intelligents [1].

Quand on parle de la médecine aux Indes mise à la portée des femmes, on s'imagine volontiers qu'avant la fondation de la *National Association for supplying female medical aid and instruction to the Women of India,* aucune tentative n'avait été faite dans ce sens. Il est vrai que Lord Hobhouse déclarait, en 1886, dans un *meeting,* à Mansion House, que l'*Indian Association* était la seule qui pût procurer des femmes-médecins pour l'Inde. Il se trompait assurément.

La toute première initiative appartient aux Sociétés des Missions américaines et à l'*Indian Female Normal School Society.* En 1851, fut organisée à Philadelphie *The Ladies medical missionary Society,* pour venir en aide aux Missions étrangères et envoyer des dames non mariées comme médecins pour les femmes (*Lady Doctors*). Deux courageuses graduées de cette institution se présentèrent, mais aucun des *American missionary Boards* ne se souciait encore de laisser partir des jeunes filles aux Indes. En 1868, *The Woman's union missionary Society* reprit cette idée ; toute-

---

[1] Nous avons vu *supra,* p. 120, que les Parsies acceptent la présence de médecins, même d'Européens.

fois ce ne fut qu'en 1869 que se réalisa le vœu si souvent
émis par les Associations philanthropiques, et que Miss
Clara A. Swain, M. D., fut déléguée par *The Woman's
Foreign missionary Society of the Methodist Episcopal
Church;* elle est par le fait la première femme-médecin qui ait
posé le pied sur le sol asiatique[1]. Bien avant que l'Angleterre
voulût délivrer des certificats professionnels aux femmes,
l'*Indian Female Normal School Society* envoyait à Lucknow Miss Beilby, dont le nom se retrouve plus tard mêlé aux
origines de la fondation de la *National Association.* En
Angleterre, *The London Society of Medecine for Women*
fut ouverte aux femmes en 1876, l'Université d'Édimbourg
leur étant encore fermée; la même année, un *Act* accordait à
tous les *Medical Boards* la faculté de les admettre, initiative
qui fut prise par *The Irish College of Physicians.* En 1878,
l'Université de Londres se décidait à suivre cet exemple.

C'est ainsi que, pendant dix-sept ans, ce sont des Anglaises
et des Américaines qui ont donné des soins aux natives de
l'Inde, et qui, toutes, étaient des chrétiennes faisant partie
des Missions. La tâche était écrasante ! Bien qu'admises
volontiers dans les *zenanas*, ces courageuses dames rencontraient néanmoins de grandes difficultés, soit dans l'accomplissement de leurs devoirs professionnels, soit dans leurs
efforts à communiquer leur science et à former des adeptes.
Pour soigner comme pour enseigner, ne faut-il pas posséder à
fond la langue si spéciale que parlent les femmes entre elles
(zenana-boli) ? Pourtant le seul moyen de tirer les Hindoues de leur situation malheureuse, sans offenser leurs lois
sociales et religieuses, est de former des natives à l'exercice de la médecine : mais, pour celles-ci, que d'obstacles à
vaincre avant de franchir les étroites limites de la vie fami-
liale et de suivre un cours d'instruction régulier ! Voici

[1] Voyez dans la *Calcutta Review* l'article de Mrs M. A. BADLEY, octobre
1887 : *The National Indian Association for supplying female Medical
aid to the Women of India. A history of medical work done prior to the
organisation of the Association.*

l'avis de Dr Sophia Jex-Blake qui résume si clairement
la question que nous n'avons fait qu'indiquer[1]: « Quelles que
puissent être les différences d'opinion sur l'utilité des femmes
médecins en Europe, j'imagine que peu de gens seront assez
hardis à l'heure actuelle pour discuter sur l'urgence de leurs
services dans l'Inde et en Orient, où les coutumes indigènes
empêchent que les femmes reçoivent les soins des médecins.
Nul témoignage sur ce point n'est plus fort, plus concluant
que celui qu'a donné Surgeon-General Balfour dans une circulaire officielle au gouvernement de Madras datée du 10 avril
1872[2]: « Parmi les femmes musulmanes et celles des hautes-cas-
tes des Hindous qui ont adopté les usages musulmans de claustration, il n'en est que très peu qui ont joui du bienfait d'une
instruction médicale accessible à leurs sœurs d'Europe, et
j'estime que sur les cent mille millions de femmes de l'Inde,
au moins les deux tiers sont empêchées par les coutumes de
recevoir la visite de médecins dans leurs maisons ou de
prendre des consultations gratuites dans les hôpitaux et les
dispensaires... Envoyer des émissaires vers ces malheureuses semble la seule manière de leur procurer des soins médicaux... Si une femme, soit une Musulmane, soit une Hindoue
de haute-caste, est atteinte par une maladie sérieuse ou a
quelque membre endommagé, aucune ne peut bénéficier des
secours scientifiques qui sont à sa portée, parce que, encore à
l'heure actuelle, ces secours sont en la seule possession des
hommes, et que les hommes ne sont pas admis en la présence
des femmes. »

Dès 1866, il semble qu'on réclamait déjà avec insistance
« des femmes de haute-caste, pour les mettre à même de
soigner les malades, femmes et enfants ». Le premier effort
pour répondre à ce besoin fut tenté à Bareilly, où, en 1867,
le Dr Corbyn établit une classe pour enseigner la médecine

[1] *Medical Women, a Thesis and a History*. Edinburgh, 1886, pp. 234-5.
[2] *Circular memorandum*, n° 4218, publié par le Madras Government en 1874.

aux natives, sous les auspices d'un riche natif, Babu Gunga
Pershad. En 1870, le Dr Corbyn écrivait : « Je suis en train
d'instruire un certain nombre de natives, dont trois sont déjà
devenues des docteurs. Elles appartiennent à toutes les castes :
chrétiennes, musulmanes et hindoues. Mon école est divisée
en trois classes. Dans la première les élèves peuvent lire et
écrire correctement l'anglais et l'urdu ; on leur enseigne la
médecine, la chirurgie, l'obstétrique, les maladies des femmes
et des enfants ; dans la seconde on leur explique l'anatomie
et la physiologie en anglais et en urdu. Nous avons une
salle attachée au dispensaire pour les femmes et les enfants,
et nos jeunes élèves la desservent sous ma surveillance et
celle de mon assistant. C'est merveilleux comme elles savent
manipuler ; elles ont beaucoup de nerf[1]. »

Dans la Présidence de Madras, le Docteur Balfour (*Surgeon
General*) permit aux femmes de suivre les cours du *Medical
College* de Madras, dans des classes mixtes ou séparées ;
des dames, anglaises ou eurasiennes, s'empressèrent de profiter de cet avantage. La première chrétienne qui s'inscrivit,
Miss Scharlieb, obtint son diplôme. En 1879, Mrs Satthianadhan fut la *première native* qui entra au *Medical College*, mais sa santé l'empêcha de poursuivre ses études ; elle
avait fait preuve d'un réel courage en affrontant la vie
publique. La première fois qu'elle était entrée dans la grande
salle, son *sari* rabattu sur le visage, elle avait excité un grand
mouvement de curiosité et de sympathie. Il convient de dire
que Mrs Satthianadhan était chrétienne et qu'elle avait pu
bénéficier des avantages et de la liberté que goûtent les
converties et les Brahmoïstes; mais, pour les femmes de
haute-caste, le problème restait encore sans solution. Une
courageuse Brahmine Mahratte, Anandibai Joshee, résolut
de se dévouer. Surmontant tous les obstacles, elle se rendit en
Amérique faire ses études médicales (1882), et le 11 mars 1886
elle était reçue au *Woman's medical College of Pennsylva-*

---

[1] *Scotsman*, oct. 26, 1870.

nia, la première hindoue qui ait obtenu le grade de *Docteur-médecin* en n'importe quel pays du monde, effort le plus considérable qui ait jamais été tenté par une native! Le 26 février 1887, elle revenait mourir à Pounah[1].

Le 27 février 1886, avait eu lieu à Calcutta la première réunion de l'*Association.* La Reine, touchée de l'appel de la Maharani de Punna, avait donné des ordres et avait été obéie[2]!

Le mouvement en faveur de l'éducation médicale avait été plus en retard dans la Présidence de Bombay que dans les autres présidences; mais, en janvier 1883, il s'était formé un Comité ayant à sa tête Sorabji Shapurji Bengali comme trésorier et secrétaire honoraire. Le 29 mars 1883, se tint le premier *meeting* des souscripteurs présidé par Sir Jamsetjee Jejeebhoy : 4,000 livres étaient déjà réunies pour : 1° faire venir des femmes médecins d'Angleterre ; 2° établir un dispensaire sous leur direction ; 3° fonder un hôpital pour les femmes et les enfants ; 4° s'occuper de l'éducation des femmes au Bombay Medical College. — Dr E. Pechey répondit aux offres de la communauté, et, au mois de novembre 1883, elle se mettait en route pour l'Inde; or, dès le 22 novembre, le *Kama Hospital* avait été créé[3] et la pierre de fondation posée

[1] Voyez sa vie par Mrs Caroline Healey Dall, Boston, 1888, en anglais et celle qui est écrite en mahratte par Mrs Kanitkar.

[2] Au mois d'août 1885, au siège même du gouvernement, à Simla, la *National Association* fut fondée ; Lady Dufferin en fut la Présidente. Son but était de pourvoir aux besoins médicaux des femmes dans l'Inde, d'organiser des cours réguliers pour les femmes qui se destinaient à la médecine, de former des garde-malades et des sages-femmes, d'ouvrir des hôpitaux et des dispensaires, etc...

[3] Un sympathique habitant de Bombay, M. Kittredge, frappé par la lecture d'un article de Dr Frances Hoggan dans la « *Contemporary Review* » (août 1882) intitulé : « *On Medical Women for India,* » résolut de répondre à cet appel de concert avec Pestanji Hormasji Kama et S. S. Bengali. Pestanji Hormasji Kama donna un lakh et un quart de roupies; le gouvernement céda l'emplacement (Cruikshank Road). L'inauguration eut lieu le 30 juillet 1886, par Lord Reay. Les dessins, les plans et l'exécution sont dus à Khan Bahadur C. M. Murzban.

par le duc de Connaught; enfin, au mois de janvier 1884, le
Grant Medical College ouvrait ses portes aux femmes ; 4 Euro-

péennes et Eurasiennes s'y faisaient inscrire avec 5 Parsies ; ces
dernières étaient : Misses A.Trea-
surywalla, D. J. Treasurywalla,
R.Motibai Kapadia, D.Master, R.
Malabarwalla. Elles ne reçurent
à leur sortie qu'un diplôme de
capacité, parce que, d'après les
règlements de l'Université, les
grades supérieurs n'étaient pas
encore accessibles. La première
native à laquelle était réservé
l'honneur de conquérir le grade
de L. M. & S. (*Licentiate of medi-*
cine & *Surgery*) fut une Parsie,
Miss Freany K. R. Kama (1892)[1].

D' FREANY KAMA

Nous trouvons sur la liste, par rang d'inscription, le nom

D' Edith Pechey en prit la direction. C'était le premier établissement ouvert aux femmes confié aux seuls soins des femmes et de plus libéralement ouvert à toutes les castes et à toutes les religions. Pour la biographie de P. H. Kama, voy. M. *Sorabji Jehangir, Representative men*
of India, p. 131, et pour son portrait et la cérémonie de la pose de la
première pierre *The Graphic*, 14 mars 1885.

[1] Née à Bombay en 1866, fille de M. K. R. Kama et d'Aimai, fille de
Manakji Kharshedji, le fondateur de l'*Alexandra Institution*. Elle entra au *Grant Medical College* en janvier 1886 ; en 1892, elle gagna le
grade de L. M. & S. Pendant le cours de ses études elle recueillit de
nombreuses distinctions, dont certaines étaient dues au concours des
classes d'hommes et de femmes; elle se rendit en Angleterre où elle
obtint le certificat du *Great Ormond street Hospital* et passa la triple
qualification de *L.R.C.P.* (*Licentiate of the Royal College of Sur-*
geons), de *L.M.* (*Licentiate of Medicine*), et celui de *L. F. P.S.* (*Licen-*
tiate of the Faculty of Physicians & Surgeons) de Glascow. Elle est
M. D. de Bruxelles et *L. M.* (*Licentiate in Midwifery*) du *Rotunda*
Hospital, à Dublin. De retour à Bombay, elle fut attachée au *Kama*
Hospital. En 1896, elle a épousé M.M. M. Murzban, avocat à la cour
de Bombay ; elle est actuellement en Europe.

de M. Miss M. Vakil, déjà graduée à l'Université (B. A). Elle entra au *Grant Medical College* en 1888 et partit en Angleterre. Voici ceux des jeunes filles inscrites pour l'obtention du diplôme de *L. M. & S.* (*Licenciate of Medicine & Surgery*) : M. D. Naorozji[1], 1889; N. M. Mehta, 1892; A. M. Mehta, 1892; H. F. Banaji, 1892; M. C. Khambatta, 1893; M. N. Kharegat, 1892[1].

Passons maintenant à l'instruction supérieure et voyons les progrès qui se sont accomplis dans ce sens. On ne peut se figurer en Europe les difficultés que rencontrent les natives dès qu'elles veulent suivre des cours publics ou briguer des grades universitaires. L'étude d'une langue différente du *vernacular* constitue à elle seule, comme nous l'avons vu, un très rare mérite ; toutefois la connaissance de l'anglais, pour les hommes comme pour les femmes, leur est indispensable quand ils veulent affronter la compétition avec les Européens et, dans le domaine de l'instruction, se présenter aux examens de l'Université. Sous ce rapport, la victoire des *Anglicists* est complète.

Les premières natives qui briguèrent des grades devant l'Université de Bombay appartiennent à la communauté parsie : ce sont les deux filles de M. Ardeshir Framji Vakil,

---

[1] Actuellement en Europe.

[1] De même que les savants médecins de la communauté parsie ont eu d'humbles émules, les *Lady-Doctors* ont eu des devancières. Ainsi nous voyons dans la *Parsee Prakâsh*, p. 771, la notice nécrologique, datée du 1er septembre 1792 d'un certain Behramji Nasarvanji Naseli Davar, dont la sœur nommée Jivibai, épouse d'un certain Manakji Bomanji Kalfati (Charpentier), était connue sous le nom de Naselini Jîvi (Jivi-fille de Nasarvanji). Cette dame était réputée pour son talent à guérir par un onguent encore en usage de nos jours à Bombay sous le nom de « *Nasli-ni-Jivi* ». De plus elle était fort experte dans les maladies des femmes et des enfants et savait préparer des onguents pour guérir les ulcères et les blessures. Plus loin, 16 décembre 1848 (*Parsee Prakâsh*, p. 276), nous trouvons la notice nécrologique de Khursedji Jivaji Gandhi (Épicier). Il avait été d'abord *Dubash* de l'*Indian C°*. Sa mère, disait-on, avait une grande réputation parmi les familles parsies de Bombay qui prenaient ses conseils et suivaient ses avis.

si justement honoré et respecté de tous; elles ne tardèrent pas à _être - suivies par les deux demoiselles Parakh. Meherbai et Ratanbai A. F. Vakil naquirent à Bombay, et reçurent une instruction très solide sous la direction immédiate de leur père. En 1885, elles passèrent leur examen d'immatriculation et entrèrent au *Wilson College;* en 1888, elles se présentèrent pour le degré du B. A. et l'obtinrent en 1890. Une circonstance très particulière signala leur succès et mérite d'être rapportée ici : nous avons vu la sympathie des Parsis pour la langue française et la fondation du *Cercle littéraire;* mais si le français était alors accepté aux examens d'immatriculation, il ne l'était pas comme sujet classique pour le B. A. Après une campagne habilement menée à la fois par M. Pedraza, professeur de langue française, et les deux jeunes filles, ses élèves, le français fut enfin inscrit au programme des examens de l'Université, et la victoire fut assurée par le succès des deux *Lady-graduates.*

Les deux sœurs suivirent ensuite des carrières différentes. Meherbai entra au *Grant Medical College,* passa son premier examen en 1892 et se rendit en Angleterre pour achever ses études médicales. Quant à Ratanbai, elle se consacra à l'enseignement du français et fut appelée à le professer au *Wilson College,* tout en assistant les deux Misses Parakh dans la fondation d'une école à Chaupati. Elle semblait destinée à fournir une longue et utile carrière, lorsqu'elle mourut après quelques jours de maladie, à l'inexprimable douleur des siens (octobre 1895) ! Renouvelons ici l'expression personnelle de nos regrets et de notre sympathie pour la perte si sensible que la communauté a faite dans cette femme de bien.

Il convient de dire que les *Lady-graduates* ne sont pas encore très nombreuses, mais le goût de l'instruction supérieure et des études sérieuses et pratiques prend chaque jour un développement plus étendu; ainsi, dans le domaine de la littérature, les dames Parsies s'y sont essayées de bonne heure avec succès. La première qui ait écrit un livre,— et nous pensons ne pas nous tromper,— est Mrs Khursedbai Pavri, seconde fille de M. Mervanji Furdunji Murzban, une des premières élèves de l'*Alexandra Institution*. On lui doit une traduction en guzerati des *Lettres* de Lord Chesterfield à son fils; viennent ensuite Miss Shirin K. F. Patuck et Mrs J. K. Kabraji.

Mrs J. K. KABRAJI

L'une et l'autre passèrent leurs examens d'immatriculation sans poursuivre le cours régulier des études universitaires. En 1888, Miss Patuck fonda un périodique, le *Stri-Mitra (l'Ami de la Femme),* revue mensuelle rédigée en guzerati pour vulgariser parmi les femmes le goût des belles-lettres dans la région où l'on parle le guzerati; seules, les femmes y furent admises comme collaboratrices. La Revue a déjà plus de huit années d'existence et son succès s'est victorieusement affirmé.

Mr J. K. Kabraji (Putlibai D. H. Wadia[1]) passa, comme nous l'avons dit, ses examens d'entrée à l'Université; mais elle n'en

___

[1] Fille de M. D. H. Wadia, actuellement secrétaire du Comité d'administration d'une des grandes usines de Sir Dinsha Petit.

suivit pas les cours et s'adonna à la publication d'une série d'articles dans l'*Indian Antiquary* sur le *folklore* de l'Inde Occidentale (août-novembre 1893; juin 1894); elle avait déjà traduit des chants de noce parsis et guzeratis (novembre 1890-avril 1892-avril 1893); elle fit paraître ensuite le *Narsinh Mehetanun Mamerun* de Premanand (mars-avril 1895) et le *Gujri no garbo ;* on lui doit (en guzerati) la seconde partie du journal intime de la Reine Victoria, *Mere Leaves ;* elle collabore au *Libro del Amor* du professeur Canini [1].

Citons encore Miss Bhikhaiji Limjibhai Palumkote qui s'est fait connaître par des *essais* publiés dans le *Masik Majah*, dont elle surveille la publication avec son frère, et par son roman intitulé *Nirdaya Nanand* (la Belle-Sœur dénaturée).

LA MUSIQUE EN FAMILLE

Quant aux arts d'agrément, la musique et le dessin, si appréciés en Europe, ils commencent seulement à être recherchés dans les familles parsies, et nous voyons s'établir ainsi la grande distinction entre les Hindoues et les Parsies.

La musique, dans l'Inde, semble encore exclusivement

[1] En décembre 1894 elle a épousé le fils de M. K. N. Kabraji, rédacteur en chef du *Rast Goftar*, M. J. K. Kabraji, *Assistant Collector and Magistrate* (Bombay Presidency).

réservée à une classe de professionnels qui viennent à prix d'argent chanter ou jouer dans les demeures; la danse en est le plus souvent l'indispensable accompagnement. Pourtant chez les Musulmans, dans l'intimité de la vie de famille, l'épouse et la mère consentent à se faire entendre, et elles ne manquent en général ni de talent ni de charme. Les Hindous ont des idées opposées; il se peut qu'à certaines occasions ils chantent des fragments de musique religieuse; les chants populaires du Guzerate, ceux qu'affectionnent les mendiants, sont même très touchants, et la mélodie, bien que simple, est souvent exquise. Les femmes ont aussi un répertoire de chants propres à certaines époques ou à cer-

TABLEAU DES PARSIS LETTRÉS ET ILLE

(Voy. pp.

NOMS DES VILLES DE LA Présidence.	JUSQU'A QUATORZE ANS								DE QUATORZE A VINGT-QUATI					
	EN cours d'étude.		LETTRÉS		ILLETTRÉS		TOTAL		EN cours d'étude.		LETTRÉS		ILLETTRÉS	
	h.	f.	h.	f.	h.	f.	h.	f.	h.	f.	h.	f.	h.	f.
Bombay........	2.710	1.777	1.953	1.942	3.593	3.812	8.255	7.532	1.254	267	3.899	3.652	356	765
Ahmadabad....	86	41	10	29	54	80	150	150	28	3	53	64	5	15
Khêda	21	9	4	4	11	15	36	28	4	»	5	6	1	2
Panch Mahal..	9	6	3	2	10	5	22	13	3	»	9	2	»	3
Broach........	324	215	17	58	269	331	610	604	75	3	145	222	17	81
Surate........	1.254	697	88	248	1.061	1.290	2.403	2.235	256	21	537	719	83	517
Thana	337	178	41	62	370	474	748	714	82	10	207	165	36	219
Colaba........	14	8	1	1	9	17	24	26	5	1	11	10	3	3
Ratnagiri	2	1	»	»	1	1	3	2	»	»	2	2	»	»
Kanara........	»	»	»	»	»	»	»	»	»	»	1	»	»	»
Khandesh.. . .	13	8	3	11	46	49	62	68	6	1	46	21	5	20
Nasik.........	35	21	4	10	44	36	83	67	8	2	32	16	1	11
Ahmadnagar...	15	12	3	8	13	12	31	32	11	1	8	15	1	1
Pounah	222	150	22	37	177	175	421	362	90	23	85	150	9	24
Sholapour.....	20	18	2	11	29	23	51	52	7	1	11	14	1	1
Satara...	8	6	5	7	7	20	20	33	1	1	10	13	1	3
Belgaum.......	2	1	1	1	6	2	19	4	1	»	5	2	»	2
Dharwar.......	3	7	»	3	16	13	9	234	1	»	15	13	1	2
Bijapour	»	»	1	»	3	4	4	4	1	»	2	3	»	»
Karachi	154	98	13	24	107	125	274	247	64	8	93	111	17	20
Haidarabad....	2	»	1	»	8	10	11	10	1	»	3	»	»	1
Shikarpour. ...	4	»	2	2	4	6	10	8	4	»	5	5	»	»
Thar et Parkar.	»	»	»	»	»	»	»	»	»	»	1	»	»	»
Sind supr.......	»	»	»	»	»	»	»	»	1	»	1	»	»	1
Empire Brit..	5.235	3.253	2.173	2.461	5.838	6.500	13.246	12.214	1.903	342	5.186	5.205	537	1.691
États Indiens ..	189	114	71	75	178	258	438	447	40	9	186	125	12	49
Aden...........	13	4	5	1	22	28	40	33	»	»	46	12	4	7
TOTAL GÉNÉRAL.	5.437	3.371	2.249	2.537	6.038	6.786	13.724	12.694	1.943	351	5.418	5.342	5.553	1.74

taines fêtes ; mais cela ne correspond pas à ce que nous entendons par une éducation musicale. Les Parsis ont partagé ces idées-là pendant longtemps ; le Parsi orthodoxe affectionne encore une mélopée monotone *a a ra, e e re, o o ro, u u ru : ma ra ma a a are e e e*, très peu harmonieuse, inintelligible agencement de voyelles qui, par intervalle, laisse deviner un curieux mélange où figurent à la fois la *ghee*, le sucre, l'or, l'argent, le soleil et les fleurs ; mais jamais, au grand jamais, il ne consentira à chanter pour le plaisir d'un autre ; tout au plus se permettra-t-il de fredonner un air après dîner. (Voyez MALABARI, *Gujarat and the Gujaratis*, p. 282.)

La jeune génération a fait de grands efforts en vue de

S DANS LA PRÉSIDENCE DE BOMBAY

rian Calendar, 1892.)

TIR DE VINGT-QUATRE ANS						EN cours d'étude		ENSEMBLE DES LETTRÉS ET DES ILLETTRÉS DE TOUTE LA POPULATION						
LETTRÉS		ILLETTRÉS		TOTAL				LETTRÉS		ILLETTRÉS		TOTAL		TOTAL général
l.	f.	h.	f.	h.	f.	h.	f.	h.	f.	h.	f.	h.	f.	
490	5.246	1.424	5.273	10.941	10.537	3.991	2.062	15.341	10.841	5.373	9.850	24.705	22.753	47.458
188	92	18	63	209	158	117	47	251	185	77	158	445	390	835
41	13	1	16	42	29	25	9	50	23	13	33	88	65	153
43	10	»	3	43	13	12	6	55	14	10	11	77	31	108
614	241	62	596	679	837	702	218	776	521	348	1.008	1.526	1.747	3.273
156	851	401	2.552	2.574	3.412	1.527	726	2.781	1.818	1.545	4.359	5.853	6.904	12.757
755	212	92	672	851	888	423	192	1.003	439	498	1.365	1.924	1.996	3.920
47	6	7	24	54	30	19	9	59	17	19	44	97	70	167
5	1	»	»	5	1	2	1	7	3	1	1	10	5	15
9	»	»	»	9	»	»	»	10	»	»	»	10	»	10
196	42	13	28	209	70	19	9	245	74	64	97	328	180	508
111	34	6	36	117	70	43	23	147	60	51	83	241	166	407
39	27	7	15	46	42	26	13	50	50	21	28	97	91	188
408	212	48	187	461	401	317	175	515	399	234	386	1.066	960	2.026
52	24	1	15	54	40	28	20	65	49	31	39	124	108	232
25	13	5	10	30	23	9	7	40	33	13	32	62	72	134
23	6	2	6	25	12	3	1	29	10	8	10	40	21	61
41	10	2	6	43	17	4	8	56	26	19	22	79	56	135
7	2	»	2	7	4	1	»	10	4	3	6	14	10	24
283	138	29	122	312	262	218	108	389	273	153	267	760	648	1.408
12	6	1	1	13	7	3	»	16	6	9	12	28	18	46
29	8	»	2	29	10	8	»	36	15	4	8	48	23	71
»	»	»	»	»	»	»	»	1	»	»	»	1	»	1
4	»	»	1	4	1	1	»	5	»	»	»	2	6	8
578	7.194	2.119	9.630	16.757	16.864	7.198	3.635	21.937	14.860	8.494	17.821	37.629	36.316	73.945
683	220	63	235	746	459	229	127	940	420	253	542	1.422	1.089	2.511
130	14	14	18	144	32	13	4	181	27	40	53	234	84	318
391	7.428	2.196	9.883	17.647	17.355	7.440	3.766	23.058	15.307	8.787	18.416	39.285	37.489	76.774

développer le goût de la musique au moyen des écoles, des clubs et des sociétés d'amateurs. M. K. N. Kabraji a beaucoup contribué à ce mouvement, et sa famille est très bien douée au point de vue musical ; dans celle de M. J. B. Murzban, les jeunes gens, filles et garçons, forment à eux seuls un orchestre. A Bombay, les dames Parsies s'adonnent volontiers à l'étude du chant, du violon et de la mandoline.

Quant au dessin, il est enseigné dans les écoles, et les jeunes filles suivent les cours de la *Jamsetjee Jeejeebhoy School of Art* et prennent part aux Expositions locales. Miss Dhanbai F. M. Banaji est venue étudier en Europe, et, après avoir travaillé à Londres et à Paris, elle a été admise au *Salon des Champs-Élysées* (1894), la première native qui ait obtenu cette distinction.

Maintenant, si nous considérons les progrès de l'éducation des femmes chez les Parsis, nous les trouverons supérieurs à ceux des autres communautés. Le Dr Weir, d'après le *census* de 1881, le constatait déjà ; mettant en regard les résultats obtenus depuis 1872, il relevait 12,2 % d'enfants parsis (garçons) et 8,84 % de filles, ayant moins de 6 ans fréquentant les écoles ; entre 6 ans et 15 ans le nombre des personnes des deux sexes qui recevaient de l'instruction était plus élevé que dans les autres communautés. Au-dessus de 15 ans, la plus faible proportion d'illettrés, hommes ou femmes, se trouvait dans la population parsie. Nous publions, *supra*, pp. 354-355, un tableau d'après le *Zoroastrian Calendar* qui relève le nombre des Parsis lettrés et illettrés de la Présidence de Bombay, hommes et femmes.

Cette extension donnée à l'éducation des femmes est-elle suffisante ? Le lecteur verra par lui-même que le Parsi a encore de grands bienfaits à en attendre ; toutefois, dans une brochure très bien faite, nous enregistrons certaines craintes sur la direction de l'instruction féminine. L'auteur y ajoute de sages conseils, dont le but est d'éviter que les exagérations

occidentales ne prennent pied dans la communauté et que les
théories d'émancipation et d'indépendance ne viennent détruire les antiques vertus qui, pendant des siècles, avaient fait
des Zoroastriennes des épouses et des filles irréprochables[1].

N'y a-t-il pas lieu de souhaiter qu'on accorde à l'instruction
un développement plus étendu encore, quoiqu'en dise l'auteur
de ce mémoire? Un Parsi nous fournira la réponse. — Nous
avons montré combien l'Hindou est opposé en principe à
toute éducation pour la femme; pourtant le nombre des jeunes
gens instruits augmentant chaque jour, le besoin d'épouses
cultivées se fait vivement sentir. On ne peut se rendre compte
en Europe du malheur de ces unions mal assorties, fruits
douloureux des *Infant-marriages,* encore trop fréquents de
nos jours. Pour quelques exceptions, combien de ménages
divisés, dans lesquels l'époux est amoindri par les exigences du foyer[2]! A notre grande surprise, nous verrons
M. R. P. Karkaria avouer que les jeunes Parsis ne sont pas
mieux partagés sous le rapport de la sympathie intellectuelle
que les Hindous et les Musulmans! En général, nous dira-
t-il, même chez les Parsis, la femme n'est guère plus qu'un
« *physical companion* » prenant aussi peu de part aux aspirations de son mari qu'à celles d'un étranger[3]. Il faut plain-

---

[1] *Present Aspects of Female Education amongst the Parsees. A
protest by* N. M. S. Bombay, 1895 (For private circulation.)

[2] « Many an educated Indian is as bold as Luther in his public charac-
ter, but sinks to the condition of a timid, priest-ridden, caste-ridden
wife-ridden imbecile in private life. He is a lion out of doors, but a lamb
at home! » MONIER WILLIAMS, *Modern India and the Indians,* p. 319.

[3] « The Parsis saw the necessity of educating their girls much earlier
than the Hindus and the Mahommedans, to whom they may be said to
have shown the way in this, as in most other respects. Still, though
the great proportion of their young women are not so illiterate as amongst
others, educated Parsi youths cannot be said to be much better off in
married life than their Hindu and Mahomedan fellows. There are ins-
tances of what we may call equal marriages, wherein the couples are
well mated with regard to intellectual sympathy. But in the generality
of cases, even among Parsis, the wife is little more than a physical

dre sous ce rapport l'Indien cultivé. Les Occidentaux ne sont pas préparés à comprendre la vie misérable qu'engendrent de tels mariages, les entraves qu'ils apportent à l'homme public dans sa carrière et dans ses succès.

L'auteur de la brochure peut donc se rassurer. Il faut donner libéralement de l'instruction aux dames Parsies qui sont à même d'en bénéficier et d'offrir à leurs époux cette part de sympathie intellectuelle, ce concours efficace sur lesquels se basent les unions vraiment heureuses. Toutefois, il n'est pas hors de propos de mettre en garde les Natives contre les dangers de certaines théories modernes, nées d'un état social qui ne ressemble en rien à celui de l'Inde.

companion, sharing no more of her husband's aspirations than those of a stranger. The life of the educated Indian is much to be pitied on this account. Foreigners cannot conceive what a drag such unions often are on our public men.» *India : Forty Years of Progress and Reform,* ch. IV, p. 62.

CHAPITRE VIII

Commerce. — Littérature. — Politique.

Nous avons dit que les Parsis en possession des grands avantages de l'instruction occidentale avaient promptement tourné leurs vues vers des positions toutes différentes de celles qu'ils avaient d'abord remplies. Nous consacrerons ce chapitre à cette curieuse évolution, et nous verrons successivement les Parsis affirmer leur influence à la fois dans le commerce, dans le mouvement littéraire, enfin dans la vie politique de l'Inde moderne. Nous pourrons ainsi faire connaître en même temps les hommes les plus distingués de la communauté.

I

L'Inde, dès les temps anciens, a été un pays essentiellement commercial ; différente de ses deux voisines, la péninsule arabique et la péninsule malaise, et du grand empire fermé de Chine, elle entretint des rapports constants avec l'Occident. La tradition ne nous apprend-t-elle pas que c'était de la Côte Malabare que venaient les riches cargaisons des navires marchands de Salomon? Au moyen-âge, les républiques italiennes tirèrent leurs plus précieux trésors de leur commerce avec l'Inde ; aussi peu à peu la conquête de cette terre antique de fabuleuse opulence et d'enchantements inconnus, ce pays des épices, des parfums, des bois précieux, des tissus légers, séparé de notre Europe naissante par de longs mois de navigation, tenta d'aventureux marins, leur fit affronter les périls de la voie maritime et doubler avec da Gama le cap de Bonne-Espérance. Les navigateurs portugais, les premiers arrivés, attérirent sur la Côte Malabare où les natifs trafiquaient déjà avec la Perse, l'Arabie et la côte d'Afrique. La puissance musulmane était alors dans tout son éclat et rayonnait sur l'Inde presque entière (XVe siècle); mais le transit était limité, les industries étaient toutes locales et privées. Les villes superbes élevées par les souverains ne répondaient qu'à la splendeur du rang de ceux-ci et aux exigences de la vie militaire. Groupés autour des cours se trouvaient, il est vrai, des artisans habiles qui fournissaient aux besoins de luxe de la capitale. La résidence royale était-elle transférée en quelque autre localité, le noyau d'ouvriers subsistait; mais par le fait il n'existait aucune cité commerciale. Les manufactures de l'Inde étaient des industries domestiques, conduites par des castes spéciales dont chaque membre était attaché au métier de ses pères, dans son village natal et dans son domaine héréditaire[1].

Les Portugais, les Hollandais, les Danois, les Français[2] et les Anglais essayèrent de créer des centres commerciaux; de toutes les compagnies rivales qui s'établirent sur le sol de l'Inde, seule l'*East India Company* réussit dans sa tâche, et lors de son abolition (1er novembre 1858) au grand *Durbar*

---

[1] Pour le commerce dans l'Inde, voy. *Imperial Gazetteer of India*, by W. W. HUNTER, C.S.I., C.I.E., L.L.D., Director-General of Statistics to the Government of India. 2d Edition, 1886, vol. VI, ch. xix, p. 555 et suiv., et *Statement exhibiting the moral and material progress and condition of India during the year 1894-1895*, etc. (Ordered by the House of commons to be printed, 8 june 1896.)

[2] Relevons en passant le jugement d'un Anglais sur l'insuccès des Français dans l'Inde, malgré la valeur de leurs armées et le génie de leurs généraux; cet insuccès est dû, selon lui, à un manque d'appui ferme et stable en France. Nos plus loyaux serviteurs dans l'Inde furent les victimes d'une cour corrompue et d'un peuple léger. Ce qui reste de nos établissements prouve, en effet, nos aptitudes pour l'organisation d'une administration intelligente et éclairée qui, sans les monarques, leurs ministres et leurs maîtresses, aurait pu s'exercer sur tout un vaste empire indien. Conf. *Imp. Gaz. of India*, 2d Ed., vol. VI, ch. xiv, p. 37.

d'Allahabad, elle légua un empire si admirablement préparé, après deux siècles et demi de luttes et d'efforts [1], que la souveraine qui en ordonnait le transfert à la couronne, dix-neuf ans plus tard au *Durbar* de Dehli, s'en faisait proclamer le chef suprême, le 1er janvier 1877.

C'est bien aux Anglais qu'il appartient d'avoir substitué une ère de production nouvelle et d'avoir fondé dans l'Inde des centres tels que Calcutta et Bombay, villes complètes répondant aux besoins multiples du commerce moderne, remplissant les conditions qu'il réclame et ouvertes aux trafiquants du monde entier [1]. — Calcutta a le monopole du commerce du Bas-Bengale, des pays tributaires du Gange et du Brahmapoutra ; cette ville compte 978,370 habitants ; elle est née d'hier. — Bombay est le seul débouché de l'Inde Occidentale, du Guzerate, du Deccan et des provinces centrales. Bourgade de pêcheurs quand les Anglais en prirent possession au XVIIe siècle, elle a maintenant une population de 821,764 habitants.

Nous y avons rencontré la plus forte agglomération de *Parsis* et nous avons constaté la situation que nos réfugiés persans y ont acquise. Toutefois, cette situation, quelque prospère qu'elle soit, n'est plus celle qu'elle a été pendant

[1] La reine Élisabeth avait envoyé Sir John Mildenhall par Constantinople au Grand Mogol, pour obtenir un privilège au profit d'une compagnie anglaise. Le 31 décembre 1600, *The East India Company* était incorporée par charte royale sous le titre de « The Governor and Company of Merchants of London trading to the East Indies ». La Compagnie avait seulement 125 actionnaires et un capital de £ 70,000 qui fut élevé à £ 400,000 en 1612-13, quand les voyages furent entrepris en coopération.

[1] « We make our appearance in the long list of races who have ruled that splendid empire, not as temple-builders like the Hindus, nor as palace and tomb-builders like the Musulmáns, nor as fort-builders like the Maráthás, nor as church-builders like the Portuguese, but in the more common place capacity of town-builders, as a nation that had the talent for selecting sites on which great commercial cities would grow up, and who have in this way created a new industrial life for the Indian people. » *Imp. Gaz. of India*, 2d Ed., vol. VI, p. 557.

longtemps. L'influence commerciale de la communauté, jadis incontestée et prépondérante sur les marchés de l'Extrême-Orient, a subi une atteinte sérieuse, d'un côté par les effets de la concurrence, de l'autre par suite d'une évolution qui s'est accomplie dans la société parsie elle-même. En effet, le contact de l'Européen au service duquel le Parsi s'est si longtemps consacré a développé et flatté chez celui-ci des instincts, des goûts qui l'ont sensiblement éloigné des occupations purement commerciales. Le Parsi n'est plus le « broker » des factoreries ou le simple « dubash », riche si l'on veut, mais avant tout dépendant de l'Européen dont il s'était fait l'intermédiaire. Maintenant, son égal, il siège dans les corporations municipales, les hautes cours, les councils, enfin au Parlement et vote avec le whig ou le tory selon la nuance de l'élu.

Vers le milieu du siècle, cette transformation était à peine soupçonnée. Briggs déclarait que « the bent of the parsi community is purely commercial.» (Op. cit., p. 25.) Partant de très petits emplois, souvent sortis de la simple domesticité, les Parsis s'élevaient par leur intelligence à des positions exceptionnelles. C'étaient de tous les représentants des populations de l'Inde anglaise ceux qui méritaient les plus chaudes sympathies. Ils avaient été les meilleurs pourvoyeurs des troupes dans le Sind, le Beloutchistan, l'Afghanistan, et le Satledj, le mess-agent des différentes stations militaires des présidences du Bengale et de Madras.

Le Parsi s'est rapproché de l'Européen non seulement par l'instruction, mais encore par les mœurs et les habitudes. Que reste-t-il du compagnon du Banian, si mêlé à sa vie que les voyageurs les ont souvent confondus ? Le Parsi, nous l'avons vu, s'est dépouillé peu à peu de ses amples vêtements blancs, de ses souliers aux bouts recourbés ; seule, sa haute coiffure brune (pagri) le singularise dans l'Inde. Sur le continent, c'est un gentleman anglais !

Trois grandes qualités distinguent la communauté parsie :

sa moralité commerciale [1], sa charité [2] et son attachement à l'Angleterre [3]. Celle-ci n'a pas oublié de si fidèles sujets, et le premier natif qui ait été inscrit dans le « Peerage and Baronetage », c'est un Parsi, Sir Jamshedji Jijibhaï (1842) ; puis sont venus Sir Dinsha Petit (1887), Sir Cowasji Jehan. gier Readymoney (1872) et dernièrement l'héritier et fils adoptif de ce dernier, Sir J. Cowasji Jehangier (1895).

On est en droit de se demander comment il se fait que ce soit précisément l'instant où les honneurs et la considération

---

[1] Elle est attestée par tous ceux qui ont eu des relations d'affaires avec les Parsis. Sir Charles Forbes, qui était à la tête de la grande maison Forbes et Cⁱᵉ de Bombay, répondant à une adresse que lui firent les commerçants indigènes lors de son départ pour l'Europe, disait qu'une expérience de vingt-deux années lui permettait de déclarer avec orgueil et satisfaction que, dans ses rapports avec les Parsis, il avait été témoin d'actes de générosité, de fidélité et d'honneur qu'il n'avait vus surpassés en aucun pays.

[2] La générosité des Zoroastriens ne se borne pas à secourir leurs seuls coreligionnaires ; elle s'exerce encore envers tous les hommes, à quelque caste, à quelque religion qu'ils appartiennent. Les hôpitaux, les dispensaires, les dharmshalas en sont la preuve. Sur les listes des secours recueillis en Europe lors de grandes calamités, nous y voyons figurer des Parsis. Les Hindous et les Musulmans, à l'exception de MM. Premchand Raichand et Goculdas Tejpal, ne s'occupent que de ceux de leur race et de leur religion.

[3] En 1842, quand Jamshedji Jijibhaï fut honoré de la dignité de la *Knighthood*, les habitants de Bombay, Hindous et Parsis, lui présentèrent une adresse ; nous en détachons les passages suivants : « Though you are the first native on whom such a high honour has been conferred, and though this is the first instance of the acts and conduct of a native of British India attracting the favourable notice of our Sovreign, it is impossible not to concur in the justness of the sentiment which has already so generally manifested itself that Her Majesty's present act will strengthen and confirm the feelings of loyal attachment towards the person and government of her native subjects throughout the length and breadth of her extensive Indian empire... We hail it as the harbinger of a brighter day for India, when Britain shall no longer view her dominion here as a means of aggrandisement for her own sons, but as a sacred trust, of which the paramount object is the welfare of the children of the soil, and the improvement and elevation of their moral and social condition. »

sont l'apanage incontesté de la communauté qui soit celui
d'un déclin commercial? M. D. F. Karaka (*Hist of the Parsis*, vol. II, ch. VI, p. 257 et suiv.) va nous renseigner sur
les causes qui ont produit ce déclin, causes auxquelles nous
avons déjà fait allusion.

« Peu après la déclaration de guerre entre l'Angleterre et
la Chine (vers 1842) les Parsis, qui avaient eu jusqu'alors le
monopole exclusif du commerce avec la Chine, commencèrent à rencontrer des rivaux dans les autres communautés.
Les premiers furent les Khojas et quelques négociants musulmans de Bombay qui, à leur tour, fondèrent des comptoirs
en Chine; mais, peu instruits pour la plupart, ils n'offrirent
pas une concurrence bien redoutable. Vinrent ensuite les
Juifs de Bombay et de Calcutta ; ceux-ci étaient des hommes
d'affaires expérimentés et ils supplantèrent peu à peu les
Parsis ; de sorte que, tandis que ces derniers suivaient en
Chine les anciennes traditions, les Juifs, pour s'y établir
solidement, profitaient de l'ouverture des ports et de la
création de nouvelles branches d'affaires.

« L'extension des communications à vapeur entre l'Inde et
la Chine porta aussi un coup fatal au service des bateaux à
voiles des Parsis ; enfin quand la guerre civile se déchaîna en
Amérique (1862), l'attention des Parsis fut détournée de la
Chine et absorbée par des spéculations sur le coton avec l'Angleterre. Longtemps avant, les riches Camas avaient fondé une
maison à Londres qui jouissait d'une juste réputation dans la
métropole (1855). La fin de la guerre d'Amérique fut suivie de
cette période d'affolement appelée «*share mania*» qui amena
à Bombay la ruine de beaucoup de maisons parsies, et les plus
sûres qui avaient des comptoirs en Chine furent même obligées de suspendre leurs paiements. Cependant il existe encore
quelques établissements appartenant aux Parsis dans les ports
ouverts par le traité de Nanking (1842); mais les Juifs jouissent actuellement du monopole du commerce entre l'Inde et
la Chine, jadis concentré entre les mains des Parsis. »

Autre cause de déclin: dans les transactions de l'Inde avec l'Europe, le Parsi, comme nous l'avons dit, a travaillé plutôt en qualité de « *middle man* » que pour son compte personnel. Rival du Banian, il le surpassa en activité et en énergie; exempt des préjugés de caste, il se trouvait prêt à frayer à la fois avec l'Européen et avec le natif. Or de nos jours, en ce qui concerne Bombay, par exemple, les négociants, qui sont pour la plupart des Hindous du Katch et du Kathiawar, ont fait sous le régime anglais de tels progrès qu'ils peuvent trafiquer directement avec l'étranger.

Il serait pourtant fort exagéré de dire que les Parsis n'ont pas conservé une place aussi honorable qu'enviée dans le haut commerce, quand la communauté possède des hommes tels que Sir Dinsha Petit, M. J. N. Tata, M. Rastamji de Karachi, M. Kavasji Dinshaw Adenwalla, et d'autres non moins actifs, non moins remarquables ; mais enfin, il faut bien l'avouer, les Parsis ne sont plus les *maîtres exclusifs* de la place !

Comme prospérité, les Parsis de Broach viennent après ceux de Bombay ; ils font des affaires sur le coton et possèdent plusieurs « *cotton gins* ». Les autres commerces qui sont entièrement entre les mains des Parsis sont les bois de construction ou de chauffage et les fleurs de « *mowra* » dont on fabrique la liqueur. Il convient de dire qu'à Ankleswar et dans les autres villes du Guzerate les Parsis sont plus à l'aise que les autres natifs, grâce à leur esprit travailleur et industrieux. A Bulsar, à Gandevi et à Bilimora, ils font également un grand commerce de bois de construction et de chauffage, de céréales, d'huile de castor, de fleurs de *mowra* de poisson séché et de mélasse. Les Parsis de Bulsar ont pris à ferme plusieurs villages dans les états natifs de Dharampour et de Bansda, et ceux de Bhavnagar sont presque tous engagés dans des entreprises cotonnières.

Surate n'est plus le centre florissant du dernier siècle. Les riches Parsis ont émigré à Bombay; les grands pro-

priétaires se sont livrés à de fâcheuses spéculations, et
après le krach de 1864-65 leurs propriétés ont passé dans
d'autres mains. Sur le territoire du Guickowar de Baroda,
à Nausari, la famille des *Desais* jouit encore des concessions accordées à ses ancêtres sous les princes natifs. En
dehors de la province de Bombay, à Calcutta, il y a plusieurs maisons de commerce parsies, et, dans l'Inde entière,
nous trouvons des Parsis occupés à de petits métiers. Nous
pouvons en citer dans le Panjab, le Sind, le Katch, à
Ceylan et à Aden aussi bien que sur la côte Mozambique, à
Zanzibar, à Madagascar, au Cap et en Amérique, à New-York[1].

Nous allons essayer de tracer à grandes lignes les phases
principales de la marche ascensionnelle des Parsis depuis
leur arrivée dans l'Inde jusqu'à nos jours. Un excellent
mémoire[2] de M. B. B. Patell servira de base à cette courte
esquisse. Nous ne pouvons malheureusement serrer les faits
d'aussi près que nous l'aurions souhaité; les documents sont
assez difficiles à réunir, par exemple en ce qui concerne les
services rendus par les Parsis à nos factoreries. Il faut com-
pulser des documents très rares et fort arides, et souvent
même les détails biographiques viennent seuls combler les
lacunes ou fournir le document souhaité. Il est donc impossible de donner à ces quelques pages le caractère de préci-
sion auquel nous ont habitués les *statements* et les *reports ;*
pourtant il se peut faire que ces renseignements, quelque
imparfaits qu'ils soient, offrent de l'intérêt et vulgarisent

---

[1] En 1852, Briggs citait des Parsis dans les ports consulaires de la
Chine, surtout à Canton, à Macao, à Hong-Kong, puis à Singapore, à
Penang, à Batavia, à Rhio dans la Nouvelle-Galles du Sud, à Maurice
et au Cap. Il y en avait aussi au Japon. En 1828, un Parsi, Shapurji
Lukhaji, s'était établi en Australie pour tenter fortune dans les
mines d'or ; mais il perdit son petit capital et revint complètement
ruiné. En 1853, plusieurs Parsis allèrent à Melbourne avec un Agent
appelé Hormusji Guzdar.

[2] Ce mémoire en guzerati a été lu devant la *Dnyân Prasarâk Mandli*
(société pour la diffusion de la science), le 21 janvier 1879. J'en dois la
traduction à l'obligeance de mon ami M⟨r⟩ M. M. Murzban.

des données qui ne sont généralement pas connues des lecteurs européens. -

Quand les émigrés persans, fuyant la conquête musulmane, vinrent s'établir dans l'Inde, ils s'adonnèrent à l'agriculture ; et bien des générations goûtèrent, humbles et résignées, le calme et la paix de la vie rurale sous la haute protection des descendants du prince qui les avait accueillies, le Rana de Sanjan[1] (VIIIᵉ siècle). D'après Edrissi, *Sindan* était situé à un mille et demi de la mer; c'était une grande ville bien peuplée dont les habitants, riches et d'humeur belliqueuse, se faisaient remarquer par leur industrie et leur intelligence. C'était aussi un centre d'exportation et d'importation. Ce fut tout d'abord la seule résidence des Parsis ; suivant la tradition, neuf grosses Tours du Silence attestèrent pendant longtemps l'importance de leur colonie.

De Sanjan ils se répandirent dans les localités voisines ; au Xᵉ siècle, ils s'étaient cantonnés près de Khambat et y faisaient le commerce[2]; au XIIᵉ, on les trouve à Nausari ;

[1] Sanjan est de nos jours un simple petit village du district de Thana. Voy. *Imp. Gaz. of India*, vol. VIII, p. 174. Les marins anglais l'appelèrent *Saint-John;* bien que les anciens géographes arabes lui donnent le nom de *Sindan*, c'est celui de *Sajam* qu'il convient de lui attribuer. Cette localité se trouve sur le 20° 12' lat., à 88 milles au nord de Bombay et à 66 au sud de Surate. (Voy. *Hist. of Cambay*, in *Bo. Govt, Selections,* n° XXVI, NS., p. 52.)

[2] Dans un *report* (1813) dû au Cap. Robertson, alors au service de la Compagnie des Indes, nous lisons « qu'il y avait au Xᵉ siècle une petite colonie de Parsis à Khambat, sur la Mahi, près d'un temple hindou appelé *Koomarika Shetra*. » Les Parsis devaient même y être assez solidement établis, puisqu'ils en chassèrent les Hindous. Au nombre de ceux qui s'enfuirent, un certain Kalianrai se réfugia à Surate ; il y gagna une belle fortune dans le commerce des perles, et sa richesse lui donnant de l'importance, il put engager et soudoyer une petite troupe de Radjpoutes et de Kolis pour attaquer Khambat. La ville tomba entre ses mains ; les Parsis prirent la fuite; beaucoup périrent dans le combat et leurs maisons furent livrées aux flammes. — M. B. B. Patell estime que l'opinion du Çap. Robertson est très plausible, parce que, suivant la tradition, en même temps que les Parsis débarquaient à Sanjan, un autre gros d'émigrés prenait terre à Khambat, port très important ; aussi se peut-il que les Parsis y aient déjà fait du commerce à cette époque.

au XIII⁰, à Broach, ainsi que nous l'indique une vieille Tour
du Silence; au XIVᵉ, nous voyons qu'ils avaient appelé
un de leurs prêtres à Bulsar. Plus tard on les rencontre
sur divers points du Guzerate, et il est certain qu'ils s'adonnèrent presque exclusivement à l'agriculture. Ils y réussirent même si bien qu'ils parvinrent à acquérir une situation très solide dans le pays. Ils ne cultivèrent d'abord que
la quantité de terres nécessaire pour leur subsistance; puis
ils en prirent à bail dans le Guzerate et les exploitèrent
sur une grande échelle. Ils arrivèrent ainsi à se mettre en
rapport direct avec les autorités locales; or, comme ils
étaient honnêtes, entreprenants, laborieux, on leur confia
la gestion de biens considérables.

Au XIVᵉ et au XVᵉ siècle, les renseignements sont plus
précis. Les Parsis avaient beaucoup souffert de la conquête
musulmane; fidèles au Rana hindou, ils avaient combattu
pour lui, mais n'avaient pu sauver ni la ville ni le prince.
Errants et poursuivis pendant un certain temps, ils avaient
fini par s'accommoder de leurs nouveaux maîtres. Broach et
Ñausari étaient alors sous la domination des Mogols et gouvernés par des Nawabs. Les Parsis firent taire leurs ressentiments et prirent du service sous ces derniers. A Nausari,
au commencement du XVᵉ siècle, ils s'étaient élevés à une
situation très considérable, celle de *Désâis*. On leur avait
affermé de vastes territoires, et ils jouirent d'une grande
influence sous le gouvernement des Musulmans et des Mahrattes. Changa Asa, riche Parsi de Nausari, fut le premier *Désâî*[1]; il fut investi de cette charge en 1419. (*Parsee
Prakâsh*, p. 5.) Homme de grande piété, il se distingua par
sa bienfaisance et ses largesses envers ses coreligionnaires.
Le premier, il envoya des émissaires dans l'Iran renouer des
relations entre les deux communautés zoroastriennes de
l'Inde et du Kirman[2]. Le titre et les avantages de sa fonction

---

[1] Changa Asa est le *premier* Parsi qui ait amassé une grosse fortune.
[2] « On vit ensuite paraître à Nauçari un riche Parse, nommé Tchen-

restèrent dans la famille de Changa Asa jusqu'en 1595, époque à laquelle ils passèrent à Kaikobad, fils de Meherji Rana, neuvième prêtre de Nausari. Enfin, en 1714, un nommé Temulji Rastamji Sirvai acheta une grande partie des bénéfices de la charge de Desai¹ et se distingua par son activité et sa sagesse. En rapport avec le Guickowar Pilji Rao, il contribua à l'établissement des postes à Surate. La caste sacerdotale fut très turbulente pendant le temps de son administration ; mais il parvint à y remettre le calme. Ses descendants habitent encore Nausari; ce sont de riches propriétaires fonciers qui jouissent de l'estime générale².

gâh schah, fidèle observateur de la Loi. Il distribuait du bien aux pauvres, fournissait aux Parses des *Kostis* et des *Saderès*, et travaillait à ramener à la pratique exacte de la Loi de Zoroastre, les Peuples que l'ignorance et les troubles avaient engagés dans plusieurs erreurs. Pour y réussir, il s'adressa aux Destours du Kirman, les consultant sur différents points de la Loi qui étaient négligés dans le Guzerate. Dans la suite, lorsqu'il se présenta quelque chose de douteux, les Destours de l'Inde, suivant l'exemple de Tchengâh schah, écrivirent à ceux de l'Iran, et les réponses de ces derniers forment les Ouvrages qui portent le nom de *Ravaët*, c'est-à-dire, *rapport, coutume, histoire*, etc... » Anquetil-Duperron, Z. A., *Disc. prél.*, p. cccxxiii. — A la mort de Changa Asa, son fils Manaksha lui succéda dans sa charge de *Désâi;* il donna comme son père l'exemple de la plus grande piété. On lui doit à Nausari un *dokhma* en pierre; avant, il y en avait un bâti en brique par une pieuse veuve, Manakbai ; mais, d'après les injonctions des Destours venus de Perse qui déclarèrent qu'un *dokhma* ne devait pas être en brique, Manaksha en fit construire un en pierre rouge qui existe encore.

¹ Le mot *Désâi* (en anglo-indien *Dessaye*) désigne un officier investi d'une fonction héréditaire, le principal administrateur d'une localité, d'un *Désa* ou *parganâ* (district). L'autre nom est *Désmukh*. Les fonctions du *Désâi* sont semblables pour le district à celles du *Pâtil* pour le village. Il a comme coadjuteur un *Déspândyâ*, correspondant au coadjuteur du *Pâtil*, le *Kulkarni* ou calculateur du village. Les fonctions de *Désâi* et de *Déspândyâ* n'existent plus sous le gouvernement britannique; mais les titres sont encore usités, et en beaucoup de cas ils ont été continués aux descendants de ceux qui ont exercé ces charges sous les Peichwahs.

² Voy. *History of the Naosari Desais*, by M. Pallonji Burjorji Desai. Printed in J. B. Karani's Press. Fort. Bombay, 1887. (*Guzerati*.)

24

A partir du XVIIᵉ siècle nous allons trouver dans les
récits des voyageurs des données positives sur les Parsis,
et non plus de simples mentions ; leur profession est encore
l'agriculture, du moins pour le plus grand nombre d'après
Terry. (*A Voyage to East-Indies, by* EDWARD TERRY,
pp. 336-339.)

Henry Lord, chapelain de la factorerie anglaise, consacra
un long mémoire aux Parsis. Il les rencontra mêlés aux

UN DESAI
DE NAUSARI

Banians, à Surate, où ils
étaient arrivés depuis 1478 ;
il prit la peine d'étudier
leurs mœurs et de se faire
expliquer les mystères de
leur religion. Comme nous
avons déjà eu occasion de
parler des Banians et que
nous en parlerons encore,
il n'est pas inutile de donner quelques détails sur
cette caste de marchands.

Voici comment Henry
Lord s'exprime dans sa
Préface : « Ces gens se présentèrent à mes yeux ha-
billés de blanc ; ils avaient
dans leurs gestes et leurs vêtements quelque chose
d'humble, de modeste, presque d'efféminé, si je puis m'expri-
mer ainsi ; leur attitude était timide, quelque peu réservée,
et dénotait pourtant une sorte de familiarité embarrassée et
obséquieuse. Je demandai quels étaient ces gens si étrangement remarquables et si remarquablement étranges ?
Réponse me fut faite que c'étaient des *Banians*. »

Ce nom de Banian, d'après Pietro della Valle, était celui
que les Portugais et les autres Francs leur donnaient ; ils
étaient tous négociants et courtiers et s'appelaient *Vania*

(I, p. 486-7). Pietro della Valle ne se trompait pas. Le mot Banian vient de *Vaniya* (homme de la caste marchande), en guzeratī *Vaniyo*, du sanscrit *Vanij*. La terminaison nasale pourrait être une addition portugaise ou bien correspondrait au pluriel *Vaniyan* ? Les Portugais l'avaient peut-être même trouvée employée par les négociants arabes[1].

Ces gens d'un extérieur si plein d'humilité et de soumission n'étaient pas très favorablement jugés par les voyageurs; nous allons voir ce que nous en dira Mandelslo :

« Ils (les *Benjans*) ont pour le moins autant d'esprit que les *Mahometans*, et ils sont sans comparaison plus adroits et plus civils que tous les autres *Indiens*. Il n'y en a pas qui sachent mieux écrire et calculer qu'eux, et dont la conversation soit plus agréable. » Mais il ajoute : « Ils manquent de sincérité et de bonne foi, et il faut être sur ses gardes en traitant avec eux ; parce qu'il n'y a point de marchandise qu'ils n'altèrent, et ils ne font point de marché où ils ne tâchent de surprendre ceux avec qui ils ont affaire. Les

[1] Cette explication nous est donnée dans le vocabulaire anglo-indien de H. YULE et A. C. BURNELL. On se sert également du nom de *Banyan* pour désigner le négociant hindou, particulièrement celui de la Province de Guzerate dont beaucoup se sont établis dans les ports d'Arabie ; mais il a été donné à tort par les premiers voyageurs aux Indes-Occidentales à tous ceux qui professaient la religion hindoue. A Calcutta, il était appliqué aux courtiers natifs attachés à une maison de commerce ou aux personnes employées par un particulier pour remplir de semblables fonctions. — Pour ce qui a trait aux détails particuliers de la caste des Banians, voyez *Hindu Castes and Sects, an exposition of the origin of the hindu caste system and the bearing of the sects towards each other and towards religious systems, by Jogendra Nath Bhattacharya*, Calcutta, 1896, pp. 198-218, etc. Les Banians du Guzerate sont séparés en 14 divisions. Ils sont vishnouites pour la plupart, mais le nombre des Jains est chez eux assez considérable. Les Banians vishnouites portent le cordon sacré. — A Bombay, les Banians occupent un rang élevé. Sir Mangaldas Nathuboy était le chef des Banians Kapols. Voy. *Origin and Account of the Kapola Bania Caste*, p. 53, dans *Lectures on hindu castes, ceremonies, customs and inheritance by Tribhowandas Mangaldas Nathubhoy, Esq.*, J. P., etc... Bombay, 1896.

Hollandois et les *Anglois* le savent par expérience; c'est pourquoi ils se servent de cette sorte de gens pour Courtiers ou pour Truchemens, afin de découvrir par leur moyen les tours et les finesses de leurs confrères. Il n'y a pas de métier dont ils ne se mêlent, et il n'y a pas de marchandise qu'ils ne vendent, si ce n'est de la chair, du poisson, ou autre chose qui ait eu vie[1]. »

Pour Fryer les Banians sont la plaie de Surate; il y compte deux sortes de vermine, les puces et les Banians. Ces derniers sont de vraies sangsues[2]. Ovington, qui leur consacre plusieurs chapitres, vante leur adresse dans les arts et métiers ; après les Maures, ils formaient, selon lui, la partie la plus considérable de la population de Surate; ils étaient d'un naturel doux et serviable[3].

Revenons aux Parsis. — Mandelslo fait connaître leur position vers 1638, et les enregistre après les *Benjans*, les *Bramans*, les *Mogols*, avec les Arméniens, les Turcs et les Juifs. « Ils demeurent la plupart le long de la côte, et vivent paisiblement, s'entretenant du profit qu'ils tirent du tabac, qu'ils cultivent, et du *terry* qu'ils tirent des palmiers de ces quartiers-là, et dont ils font de l'arack[4], parce qu'il leur est permis de boire du vin[5]. Ils se mêlent aussi de faire marchandise et la banque, de tenir boutique et d'exercer tous les autres métiers, à la réserve de celui de maréchal, de forgeron et de serrurier; parce que c'est un péché irrémis-

---

[1] *Voyayes du sieur Jean Albert de Mandelslo,* trad. Wicquefort, p. 159.

[2] *A New Account of East-India and Persia in eight letters,* &, p. 82.

[3] *Voyages,* etc., t. I, ch. xx. *Des banians. Ils sont tous marchands. Leur adresse dans les arts et métiers,* p. 283 et suiv. Ovington enregistre vingt-quatre castes différentes, t. I, ch. xxi, p. 292.

[4] De l'arabe *'arak,* à proprement parler « transpiration » de là — 1° l'exsudation ou la sève tirée du palmier (*'arak altamar*); — 2° toute boisson forte ou spiritueuse.

[5] Voyez à titre de renseignement curieux : Ovington, *Voyages,* etc., t. I, ch. xvIII, p. 238 et suiv.

sible parmi eux d'éteindre le feu. » (*Les voyages du sieur Albert de Mandelslo,* trad. Wicquefort, p. 180.) Les Parsis sont, en effet, les premiers qui, dans l'Inde, ont distillé les liqueurs fermentées[1]. Le sack n'est autre chose que le *maurà,* et le *beura*[2] en est une variété. L'arack a été distillé par les Parsis pendant longtemps; c'était la liqueur préférée des Européens à la fin du dernier siècle. En 1852, un Parsi avait le monopole de l'arack et en outre la ferme des tabacs[3].

Mandelslo, nous avons le regret de l'enregistrer, ne parle pas des Parsis en bons termes; il les estime « les gens du monde les plus intéressés et les plus avaricieux, employant toute leur industrie à tromper dans le commerce ; quoique d'ailleurs ils aient de l'aversion pour le larcin ». Toutefois Mandelslo leur reconnait un meilleur naturel qu'aux Mahométans. — Van Twist leur reprochait les mêmes défauts et les comparait aux Banians et aux Chinois. — Fryer n'est pas plus favorable. Il les dépeint comme cultivateurs plutôt que marchands; ils approvisionnaient la marine au moyen de voitures traînées par des bœufs et pourvoyaient les bateaux de bois et d'eau..... Il les dit jadis tenus en bride par les « Gentiles » et traités de son temps par les Maures comme de véritables esclaves; ils étaient (selon lui) *nastier than the Gentues!* Nous verrons plus loin qu'en 1673, époque

---

[1] Briggs, *The Parsis or modern Zerdusthians,* p. 84.

[2] Le beura est extrait du fruit frais du palmier (*Phœnix dactylifera*) importé du golfe Persique.

[3] Nous avons dit que les Parsis se livrent à la récolte des fleurs de *mowra.* Tous les habitants de la Présidence de Bombay boivent les liqueurs du pays, divisées en *toddy* et en spiritueux. Le *toddy* est la sève de la noix de coco ou du palmier et forme une boisson agréable et inoffensive. Il n'en est pas de même des spiritueux. Presque tout l'esprit fait dans les districts du Guzerate et du Deccan est tiré des fleurs séchées de l'arbre *Mahuà* ou *Mowra.* Cet arbre croît abondamment dans les districts nord de la Présidence. Les fleurs de Mahuà viennent aussi des provinces centrales et des régions gangétiques.

à laquelle Fryer les rencontrait, leur situation était déjà assez importante. Les voyageurs, plus éclairés, mieux renseignés, ne vont pas tarder à changer leurs jugements.

Surate, où les Européens avaient établi leurs factoreries, était une ville d'une incomparable activité commerciale; inutile de citer les nombreuses descriptions qui nous en sont parvenues, sauf celles qui concernent l'époque dont nous nous occupons. Voyons notre fameux Angevin, le sieur de la Boullaye Le Gouz, qui, à grands traits, nous en fera un tableau intéressant. Lui aussi avait rencontré les Parsis à Surate (pp. 187-190) et les avait vus mêlés à ce grand mouvement d'un des plus actifs marchés de l'Orient. « Le traffiq de Sourat est grand, et le revenu de la douanne prodigieux, à cause de la quantité de vaisseaux que l'on y charge pour diverses parties du monde, suivant les marées, les saisons et les vents qui sont réglés entre les Tropiques. Ceux qui vont à Ormous, ou Mascati partent depuis le premier jour de Décembre, jusques au dixiesme mars; pour Bassara, Moka, Suaken, Mombas, Mosambik et Melinde, depuis le premier mars jusqu'au cinquiesme avril; pourAchen,Zeilaon, Manille, Makassar,Bantam, et Batavia, au mois d'octobre et novembre; pour l'Angleterre depuis le premier janvier, jusques au dixiesme février. Les marchandises que l'on en transporte sont cambresines, alajas[1], bastas[2], chites[3], turbans, musc, indico, fil de coton, salpestre et diamands; celles que l'on y apporte, or, argent, perles, ambre jaune et gris, esmeraude et quelques draps. Le Nabab fait payer deux pour cent de l'entrée de l'argent, et quatre pour l'or, il fait fouiller ceux qui arrivent, de crainte que l'on ne saisisse quelque chose de contrebande. » (*Voyages, etc....* ch. LIII, p. 125, *Traffiq de Sourat.*)

Mandelslo nous donne une description de Surate (1638).

---

[1] *Alajas*, étoffes de coton ou de soie de diverses couleurs.
[2] *Bastas*, toiles blanches de coton.
[3] *Chites*, toiles peintes imprimées.

Les étrangers y affluaient ; Hollandais et Anglais y avaient
leurs « *hôtels* » qu'ils appelaient « loges », où ils réunissaient
les conforts de la vie européenne ; une planche nous montre la
loge des Anglais avec sa cour intérieure encombrée de ballots
et de paquets, l'Église, la maison et les magasins. Le port, situé à deux lieues de la ville (*Suhali*), recevait les marchandises
qu'on transportait par terre à Surate. Les habitants étaient
les *Benjans*, les *Bramans* et les *Mogols ;* on y trouvait aussi
une foule d'Arabes, de Persans, d'Arméniens, de Turcs et de
Juifs ; mais de tous les étrangers, c'étaient les Anglais qui y
avaient le plus bel établissement, très supérieur à celui des
Hollandais. Hôtels et magasins, présidents, marchands, commis, ils avaient tout à leur disposition et avaient fait de Surate
une des villes les plus commerçantes de l'Orient. Ils y avaient
un président auquel les commis de tous les autres bureaux
rendaient leurs comptes. Ce président était assisté de 20 à
24 marchands et officiers et il avait sous sa direction les
bureaux d'Agra, d'Ispahan, de Mazulipatam, de Cambaye,
d'Ahmahdabad, de Baroda, de Broach, etc.

A cette époque, les Parsis entrèrent en relation avec les
étrangers et trouvèrent dans l'établissement des factoreries
européennes une nouvelle carrière à leur activité ; c'est bien
à ce moment que remonte leur entrée dans le monde moderne. « Certes, nous dit M. D. F. Karaka, le rusé Banian de
Surate, dont parlent les voyageurs du XVIIe et du XVIIIe siècle, possédait tous les instincts commerciaux de sa race ; mais
il chercha rarement leur emploi au delà des murs de la ville où
il trafiquait. L'esprit d'aventure lointaine lui faisait entièrement défaut ; l'oppression et la rapacité des races conquérantes
qui régirent le pays avaient diminué cette ardeur, si toutefois
elle avait jamais existé. En outre les barrières de castes et la
routine des coutumes que plus d'un siècle de domination
anglaise n'ont pu même arriver à détruire, furent pour lui
de véritables empêchements. Comme les Parsis avaient
toujours été exempts des préjugés de caste, à l'arrivée des

Européens, ils s'adonnèrent à des occupations qu'ils n'avaient pas encore essayées. Les principaux agents des factoreries furent donc des Parsis qui s'entremirent entre les Européens et les natifs, et un vaste champ fut ainsi ouvert à leurs entreprises commerciales; ils ne furent pas lents à en tirer avantage[1]. »

Dès 1660, nous pouvons enregistrer le nom d'un des meilleurs serviteurs de la loge anglaise, Rastam Manak. Né à Surate en 1635, il en fut le principal courtier. C'était un homme d'un caractère très élevé, d'une grande capacité, et souvent il apaisa les difficultés qui s'élevaient entre les Anglais et les officiers du Mogol. En 1660, le Nawab ayant fait quelque opposition aux Anglais, Rastam Manak prit la courageuse décision de se rendre à Delhi avec le chef de la factorerie anglaise et d'exposer à Aurengzeb les justes plaintes de son client : « Cet Anglais est venu dans l'Hindoustan, dit-il, pour des affaires commerciales, mais les nobles de votre Majesté lui suscitent des obstacles. L'Anglais qui m'accompagne est un digne et honorable personnage et brigue votre faveur; il sollicite la permission de s'établir à Surate et d'y fonder une factorerie pour y faire le commerce, avec la protection pour ses transactions de vos officiers impériaux. »

Rastam Manak réussit dans sa mission, car non seulement Aurengzeb ne fit pas obstacle à l'établissement de la factorerie anglaise à Surate, mais il donna une certaine étendue de terre pour bâtir « une loge », avec des ordres formels à ses officiers de Surate de ne molester les Anglais d'aucune manière et de permettre que leurs marchandises fussent importées exemptes de droits.

Autre exemple de l'influence de notre courtier parsi : un bâtiment appartenant à un négociant turc du nom d'Osman Chalebi avait été capturé contre toute justice par un vais-

---

[1] D. F. KARAKA, *Hist. of the Parsis*, vol. II, ch. VI, pp. 243 et suiv.

seau de guerre portugais. Le Turc, ne pouvant obtenir de réparation, demanda aide et assistance à Rastam Manak. Celui-ci, avec sa hardiesse accoutumée, alla à Goa et en appela au Gouverneur-général portugais, señor Vizraël; le résultat de la négociation fut satisfaisant pour l'avocat et pour le client.

Les relations de Rastam Manak avec la factorerie anglaise furent cordiales jusqu'en 1690; mais à cette époque il s'éleva un différend sérieux entre Sir Nicholas Waite, d'abord chef de la factorerie anglaise de Surate, puis gouverneur de Bombay[1]. On peut lire dans les *Annals of the East India C°*, vol. III, p. 595, de Bruce, les causes de la rupture, peu à la louange de Sir Nicholas Waite, d'autant que l'*United Trade* devait au courtier parsi près de Rs. 140,000 et les autres compagnies Rs. 550,000. Rastam Manak fut-il réintégré dans son emploi? C'est ce qu'on ne saurait dire. — Passons rapidement sur des détails très intéressants, tels que l'emprisonnement du fils aîné de Rastam, Framji, par le Nawab Momin Khan, à la sollicitation de M. Hope, alors à la tête de la factorerie anglaise, et de ses successeurs, MM. Cowan et Courteney. De plus, Framji avait été frappé par le Nawab d'une amende de Rs. 50,000 et obligé de fournir par jour Rs. 200 pour subvenir aux frais de nourriture de la famille du Nawab et de ses serviteurs.

Ces embarras obligèrent le frère de Framji, Naorozji Rastamji, à une démarche fort grave, son départ pour l'Angleterre, afin de demander justice à la Cour des Directeurs. Naorozji s'embarqua donc à bord du vaisseau de guerre *Salisbury* et arriva à Londres au mois d'avril 1723 (*Parsee Prakâsh*, p. 24); nous avons vu que ce fut le premier Parsi qui alla en Angleterre. Naorozji fut bien reçu

---

[1] Pour tous les renseignements concernant Rastam Manak, voyez *Parsee Prakâsh*, pp. 15, 19, 20, 23, 24, 29, 62, 87, 848 et 850. La vie de ce digne Parsi a été publiée en vers persans par *Mobed Jamshed bin Kaekobad* vers 1711.

par la Cour des Directeurs et gagna la cause de son frère. Une lettre encore en possession d'un des descendants de Rastam Manak, M. K. R. D. Sethna, datée du 19 août 1724 et adressée au « President in Council » à Bombay, mettait le Gouvernement au courant de l'affaire et de l'issue qui lui avait été donnée.

Avec Rastam nous pouvons enregistrer les qualités charitables qui distingueront dans la suite les membres de la communauté parsie. On doit à Rastam des puits, des routes, des citernes, des *Dharmshalas* (hôtelleries). A sa mort, il fut sincèrement regretté ; le faubourg de Surate où il habitait est encore appelé d'après lui *Rastampura*. Quant à Naorozji, à son retour d'Europe, il s'établit à Bombay, et ses descendants forment de nos jours les familles des Seth Khandans.

L'importance des Parsis allait grandissant à Surate. Au XVIIIe siècle, nous trouverons comme courtier fameux celui de la factorerie hollandaise, Mancherji Kharshedji Seth. Il naquit en 1715 ; d'humble origine, il avait été au service de Manakji Naorozji Seth de Bombay et avait ensuite acquis à Surate une haute influence auprès du Nawab. Deux fois il visita Delhi et fut reçu par l'empereur. Nous voyons dans Anquetil Duperron le rôle important qu'il joua lors des événements qui accompagnèrent à Surate les démêlés de la succession de la « Nababie[1] ».

Stavorinus nous en parle également: « Deux individus de la même nation, dont l'un appelé Mantcherji est courtier de la compagnie hollandaise, et l'autre celui de la compagnie anglaise, leur servent de chefs tant à Surate que dans les environs ; ils leur tiennent lieu en même temps de prêtres ou pontifes, et sont chargés de terminer à l'amiable les petits différends qui s'élèvent entre eux. »(*Voyages*, etc., vol. II, ch. i, p. 6.)

Charitable et religieux, Mancherji fonda de belles insti-

[1] Voy. *Disc. Prél.*, pp. ccxciv et suiv.

tutions ; il bâtit une Tour du Silence à Nargol et contribua à
l'érection de la plus grande de l'Inde, celle de Surate qui
contient 467 *pavis*. Chef de la secte des Shahenshahis,
ennemi de Darab, le maître d'Anquetil, il se déclara dans la
controverse de la *Kabisa* contre les Kadimis dont le chef,
Dhanjisha Manjisha, très riche *Jaghir-dar*[1], trafiquait entre
Surate et Bombay. Dhanjisha allait jusqu'en Chine et possédait un grand nombre de petits navires de commerce appelés *batelas*, destinés au cabotage. (*Parsee Prakâsh*, p. 69.)

Ces détails biographiques nous ont amené au milieu du
XVIIIᵉ siècle ; la prospérité de la colonie de Surate avait
toujours été croissante et ses destinées sont par le fait liées
à celles mêmes de la ville ; donner l'histoire des familles
notables parsies, c'est donner l'histoire du commerce dans
cette localité. Cependant il faut nous borner ; d'ailleurs nous
retrouverons à des titres divers bon nombre des Parsis
de Surate dans les chapitres suivants.

Citons, parmi les courtiers, un de ceux de la loge
hollandaise, Nasarvanji Kohiyar, mort en 1797, à l'âge de
quatre-vingts ans. (*Parsee Prakâsh*, p. 83.) Agent de la
factorerie hollandaise, il faisait également un commerce
très étendu pour son propre compte, entre autre avec la
Perse qu'il visita deux fois. Il construisit à Yezd un Temple
du Feu qui existe encore, et il fit venir à grands frais le
Feu sacré de Surate. En outre, il dota ce temple de *Jaghirs*,
et il établit une fête annuelle connue de nos jours sous le
nom des *Gahanbars de Kohiyar*. Il bâtit aussi un Temple
du Feu à Surate et fit revivre parmi ses coreligionnaires
de l'Inde l'antique institution du *Jamshed Naoroz*, la fête
de l'équinoxe de printemps. Son hospitalité était sans bornes
pour les Zoroastriens persécutés qui venaient de Perse
chercher un refuge dans l'Inde ; du reste ses sympathies
ne s'étendaient pas seulement à ceux de sa race et de sa

---

[1] *Jaghir*, don de terre et de son revenu comme annuité ; *Jaghir-dar*,
celui qui est en possession d'un *jaghir*.

foi. Quoique simple *beh-dîn,* il était très versé dans l'étude des questions philosophiques et religieuses et il avait approfondi les systèmes étrangers, tel que celui de Kabir (XVIᵉ siècle), dont les adhérents, *Kabir Panthis,* sont encore très nombreux dans le nord de l'Inde. Kohiyar savait le persan et l'arabe, et passait pour un des esprits les plus éclairés de son temps [1].

Mentionnons aussi la famille des Bhaunagris dont le fondateur, Jamaspji Framji Bhaunagri était un riche *Jaghirdar* (1744) ; on lui doit un réservoir à Bhaunagar.

A la fin du siècle, les Parsis avaient acquis à Surate une véritable influence. « Ils augmentent chaque jour et ont bâti et habitent des quartiers entiers dans les faubourgs. Il y en a quelques-uns (en petit nombre), qui quittent leurs compatriotes, dans le voisinage de Surate pendant plusieurs années et se rendent à Cochin, à la côte de Coromandel, ou autres lieux de l'Inde, afin d'accroître leur bien-être. » (STAVORINUS, *Voyages,* etc., vol. II, ch. I, p. 6.)

Beaucoup des principaux négociants et armateurs à Bombay et à Surate étaient des Parsis. Les autres s'adonnaient aux arts mécaniques et travaillaient dans les diverses manufactures et tissages ; les meilleurs charpentiers et constructeurs de navires appartenaient à leur caste. Leur nombre,

---

[1] Son fils Kharshedji, mort en 1852, à l'âge de soixante-dix-sept ans (*Parsee Prakâsh,* p. 602), accrut ses affaires (assurances maritimes) et les étendit jusqu'en Chine où il envoya son fils en 1815. Ayant éprouvé des revers, lors de l'incendie de Surate (1837), il se livra aux recherches littéraires et à l'étude de la religion zoroastrienne où il conquit une juste autorité. Il savait le Persan, le Zend et le Sanscrit; sa bibliothèque de manuscrits orientaux, détruite par l'incendie de 1837, était réputée une des plus belles de l'Inde. Cinq de ses fils se mirent au service de l'Angleterre; l'aîné, Fardunji, fut le premier à établir dans la ville de Broach une salle de lecture et une société scientifique (*Scientific Maktab*). — Un descendant de Kohiyar, M. Jehangirsha Kohiyar, fut promu à l'emploi d'*Assistant Secretary* du Gouverneur de Bombay, emploi que n'avait jamais encore occupé un natif de l'Inde. Il mourut à Londres, en 1892, des suites d'un travail trop assidu.

à Bombay, à la fin du dernier siècle, s'élevait à vingt mille familles. (FORBES, *Oriental Memoirs*, vol. I, p. 110.)

Forbes nous dit plus loin que les plus jolies villas et les plus beaux jardins n'appartenaient plus aux Mogols et aux Hindous, mais qu'une partie de la propriété foncière, aussi bien hors de la ville que dans les districts voisins, était entre les mains des Parsis. Actifs, robustes, entreprenants, ceux-ci donnaient un très appréciable concours à la Compagnie des Indes qui les protégeait et les estimait. D'ailleurs ils ne se mêlaient jamais des affaires du Gouvernement ou de la police extérieure du pays où ils s'établissaient ; mais, peu à peu, en silence, ils amassaient de l'argent et obtenaient en retour l'influence qui s'attache habituellement à la fortune, quand elle est loyalement gagnée. (*Oriental Memoirs*, vol. III, pp. 411-412.)

A côté des chances de ce vaste commerce et de ces entreprises qu'affrontaient seuls un petit nombre de privilégiés, la masse de la communauté se livrait à des occupations diverses. « Ce sont de bons charpentiers et d'habiles constructeurs de navires, consommés dans l'art du tisserand, et, quant à la broderie, ce qu'on peut voir de riches Atlasses, Battadaars et Jemenawaars est fait par eux, ainsi que les Bastas de Broach et de Naôsari ; ils travaillent l'ivoire et l'agate et sont d'excellents ébénistes. » (*A new account of the East Indies*, by Capt. A. Hamilton, vol. I, p. 161.) Nous verrons bientôt que, pour la construction des navires, ils ne le cédaient en talent à aucun natif et qu'ils allaient être appelés à Bombay pour créer des chantiers. Surate était alors le seul port de la côte où l'on s'occupât de la construction des navires. Or, dans les Docks, la moitié des ouvriers étaient des Parsis ainsi que les inspecteurs et les dessinateurs.

A Broach, à Ankleswar et dans d'autres localités, ils s'adonnaient à la culture du coton pour le compte de l'*East India Company*.

Surate n'allait pas tarder à décroître[1]. Bombay avait usurpé peu à peu la prépondérance de la grande ville des Mogols. Depuis l'occupation anglaise et l'installation du Gouvernement (1684-87), elle avait sans cesse progressé[2]. Voyons-y les destinées de la colonie parsie.

Bombay, vers 1530, sous la domination portugaise, était de chétive importance ; île solitaire, habitée par des pêcheurs et entourée de marais, elle avait été cédée en 1668 à l'Angleterre comme dot de Catherine de Bragance ; elle n'avait encore que bien peu d'habitants (10.000), et les conditions de la vie n'y étaient pas très tentantes. Fryer, en 1673, nous en donne une description minutieuse, si souvent citée que nous nous contenterons de la résumer.

Le voyageur y voit un mélange confus d'Anglais, de Portugais, de *Topazes*[3], de *Gentues*[4], de Maures, de Coolies

[1] Surate, au XVIIIe siècle, avait 800,000 habitants (1797) ; puis le commerce émigra à Bombay, et alors on enregistre un décroissement progressif: en 1811, il n'y avait plus que 250,000 habitants ; en 1816,124,406 ; en 1847, 80,000 ; en 1851, un mouvement ascensionnel apparaît, et nous trouvons 89,505 habitants ; en 1872, 107,148 ; en 1881, 109,844 ; en 1892, 109,229. Pour l'histoire de Surate, voyez *Imperial Gazetteer of India*, 2[d] Edition, vol. XIII, pp. 132 et suiv. ; quant à son commerce, à consulter : Bruce, *Annals of the East India Company*, 1810. — *Report to the secretary of State for India in council on the Records of the India Office*, by F. C. Danvers, etc., etc., London, 1888. — *Report on the old records of the India Office, with supplementary Note and Appendices*, by Sir George Birdwood, 2[d] reprint, p. 1851. (Dédié à Sett Framji N. Patel, J. P.)

[2] En 1816, Bombay avait déjà au nombre de ses habitants 13,155 Parsis, ainsi répartis : Colaba, 114 ; Fort, 9,153 ; Baherkote, 3,288 ; Mazagon, 437; Kamatipoura, 52; Parel, 54 ; Mahim et Varli, 57. (*Parsee Prakâsh*, p. 889, d'après l'*Asiatic Journal and monthly Registrar for British India*, vol. V, p. 90. 1818.) Pour l'histoire de Bombay, voyez *Imperial Gazetteer of India*, 2[d] Ed., vol. III, pp. 73 et suiv.

[3] Fryer, dans son glossaire, donne l'indication suivante : *topazes, musketeers*. Au XVII[e] et au XVIII[e] siècle, ce nom était employé pour désigner les rejetons à peau noire ou *half-castes* d'extraction portugaise, professant le christianisme, et les fils d'Européens et de femmes noires (ou Portugaises) de rang inférieur, qu'on avait élevés dans la carrière des armes.

[4] Corruption du portugais *Gentio* « un Gentil », un païen, appliqué

chrétiens et de pêcheurs. Pauvre et triste acquisition, en apparence.du moins, pour la couronne d'Angleterre que cette ville au climat insalubre avec ses chétives maisons aux toits de nattes de cocotier !

Le Président s'y établissait et menait grand train ; chapelains, médecins, chirurgiens, interprètes lui formaient un entourage de familiers et de serviteurs ; à sa table les sonneries de trompettes annonçaient les divers services et pendant le repas on faisait de la musique. Quand il sortait, des coureurs le précédaient, puis venaient les *Bandarines*[1] et les Maures portant des étendards déployés ; parfois il se faisait traîner dans un carrosse attelé de beaux bœufs blancs ; souvent il sortait à cheval ou en palanquin. Mais, quelque insalubre et embryonnaire que fût Bombay, les étrangers en enviaient la possession ; les Hollandais surtout prévoyaient ses destinées. Fryer, pour sa part, annonçait la marche ascensionnelle de son commerce d'après le Bazar déjà si beau et si fréquenté. Les Banians préféraient Bombay à Surate, parce qu'ils y trouvaient plus de facilités, plus de liberté, enfin parce qu'ils y payaient des taxes moins élevées, le Président cherchant à attirer des résidents dans ce nouvel établissement par l'appât du gain. Trois ennemis guettaient Bombay : les Portugais, le Mahratte Sivaji et le Mogol ; or ces trois puissances devaient successivement disparaître et laisser place nette aux Anglais.

L'arrivée des Parsis à Bombay précéda celle des Anglais ; on invoque toujours comme preuve à l'appui de ce fait cette Tour du Silence dont parle Fryer. (Voy. *supra*, p. 23.)

---

aux Hindous pour les distinguer des *Moros* (*Maures*), c'est-à-dire des Musulmans.

[1] En mahr. *Bhândari*, nom d'une caste appliqué à Bombay aux gens qui cultivent les plantations de palmiers et fabriquent le *toddy*. A une époque ils formaient une sorte de milice. Les *Bandarines* avaient un faible pour une sorte de longue trompette appelée *Bhongali* qu'ils avaient, depuis la domination portugaise, le privilège de porter et de sonner lors de certaines solennités officielles.

Sous la domination portugaise, les annales des Parsis nous ont conservé des détails sur un nommé Kharshedji Pochaji Panday qui, en 1665, avait traité avec les Portugais pour fournir les ouvriers et les matériaux nécessaires à la construction des fortifications, dont la solidité est attestée par la durée. (*Parsee Prakâsh*, pp. 15, 62.) Les Anglais ne les détruisirent que lorsqu'ils les jugèrent insuffisantes et sans utilité.

Dorabji Nanabhai, chef de la famille Patel, figure ensuite comme un des premiers Parsis fixés à Bombay. Il avait quitté vers 1630 le village de *Soomari*, dans le district de Surate, et il était venu s'y établir. Il se rendit très serviable aux Portugais dans leurs rapports avec les natifs par sa profonde connaissance des affaires et de la langue portugaise. Il fut ensuite employé par les Anglais qui apprécièrent sa grande loyauté. Les Portugais reconnurent ses bons offices par le don d'une parcelle de terre appelée de nos jours « Cowasjee Patel street », et les Anglais par celui d'un joli bâtiment d'architecture élégante qui subsiste encore et qui est en parfait état de conservation. Les Anglais avaient chargé Dorabji, entre autres missions délicates, de la perception de l'impôt de la capitation. C'était celui qu'ils avaient établi en arrivant à Bombay. *The Body-Tax* était de Rs. 6-1-33 réas ; ainsi, quand un enfant avait atteint l'âge de 13 ans, il était taxé à R. 1 ; celui de 14 à Rs. 2, et une roupie y était annuellement ajoutée jusqu'à l'âge de 18 ans ; après quoi, tout individu payait ses Rs. 6-1-33. Les hommes fatigués et les garçons au-dessous de treize ans étaient exemptés de cet impôt.

Dorabji Nanabhai moururent en 1688. (*Parsee Prakâsh*, p. 19.) Son fils Rastamji lui succéda dans ses fonctions. Il acquit une grande réputation par sa belle et vaillante conduite, lors de l'attaque de Bombay par le Sidi de Janjira (1692)[1]

[1] Nom d'un petit état natif sur la côte à 44 milles au sud de Bombay ; le port et la ville sont situés dans une petite île à l'entrée du détroit de

après la peste qui avait éclaté dans l'île ; le Sidi fut repoussé, grâce au courage et à la présence d'esprit de Rastamji. Le gouverneur anglais joua un rôle assez secondaire ;
pendant trois jours le Parsi assuma toute la responsabilité de
la défense et de l'administration de la ville, et sans lui les
choses auraient sans doute mal tourné pour la Compagnie. Ce
furent les débuts de celle-ci dans l'art de la guerre. (*Parsee
Prakâsh*, p. 20.) En récompense d'un service aussi considérable,
Rastamji reçut le titre héréditaire de *Patel* de Bombay, et
sa famille garda jusqu'en 1833 la perception de la *Body-Tax*.
On le plaça aussi à la tête des Pêcheurs à l'aide desquels il
avait formé la milice qui lui avait permis de chasser le Sidi,
et on lui donna le droit de juger les différends civils ou religieux qui s'élèveraient dans la caste. Le 12 avril 1763, Rastamji Dorabji Patel mourut à l'âge de quatre-vingt-seize
ans. (*Parsee Prakâsh*, p. 44.) Il avait épousé une Iranienne, Firoza, venue à Bombay dans des circonstances qui
méritent d'être rapportées. (*Parsee Prakâsh*, p. 110.) Le père
et la mère de la jeune fille (Shiavaksh bin Dinyar et Feeran-
geze), ayant été obligés d'embrasser l'Islam à cause des persécutions qui sévissaient alors, avaient élevé en secret leurs
deux filles dans la foi zoroastrienne, espérant qu'une personne charitable les emmènerait un jour dans le Guzerate
rejoindre leurs coreligionnaires. La chance voulut qu'un
voyageur allemand traversât la localité : c'était un honnête
homme, et le père n'hésita pas à lui confier ses filles. L'une
d'elles devint la fiancée, puis enfin la femme de l'Allemand ;
la seconde trouva asile à Bombay chez le digne *shop-keeper*
Bhikhaji Beramji Panday et épousa Rastamji Dorabji. Sa
sœur, emmenée en Europe, y vécut de longues années, heureuse et respectée au milieu de sa famille chrétienne.

Rajpouri. Le *Sidi* (hind.), *Siddhi* (mahr.), *Saiyid* (arabe) en est le
chef ; ce titre a été donné à des musulmans africains qui avaient
pris du service sous les rois du Deccan. Le Sidi s'appelait alors Yakout
Khan, et tenait l'île pour le compte d'Aurengzeb.

Kavasji Rastamji hérita de tous les avantages de la *Patel-ship*[1] dont avait joui son père. En 1775, le gouverneur Hornby lui donna une robe d'honneur ou *khilat*. A cette époque le gouvernement avait beaucoup de difficulté à effectuer le transport des troupes, et ce fut à Kavasji Rastamji que fut confié le soin de fournir des bateaux pour le service public ; plus tard, quand les Anglais prirent Thana et Bassein au Sardar mahratte Ragunath Rao Dada Saheb, c'est encore à lui qu'on s'adressa pour établir à Thana une petite colonie de ses coreligionnaires ; il y bâtit même à ses frais un sanctuaire et des édifices utiles. Aucun Parsi ne pouvait aller à Thana sans un laissez-passer de Kavasji[2]. A Bombay (Khetwadi), il construisit en 1776 un grand réservoir qui fut réparé en 1834 par les membres de la famille Patel, et à partir de ce moment le Gouvernement en prit l'entretien à sa charge. La rue de Bombay, dans le Fort « Kavasji Patel Street » fut nommée d'après lui. Kavasji mourut en 1799. (*Parsee Prakâsh*, p. 87.) Son fils Dorabji continua les traditions de la famille[3].

[1] *Patel* (hind.), *Patil* (mahr.), chef d'une localité exerçant le contrôle sur toutes les affaires et servant d'intermédiaire entre les fonctionnaires du gouvernement et les natifs. Ce titre semble avoir été spécialement en usage sur les territoires ayant appartenu ou appartenant aux Mahrattes.

[2] Voici un spécimen d'un laissez-passer qui est conservé dans les archives de la famille Patel :

« *To Andrew Ramsay, Esq.*
Sir. — *Please to permit to pass the bearer Hirji Parsi going to Thana.*
I am, Sir, Your most obedt. humble Sert.
(Signed) KAVASJI RASTAMJI PATEL.
Bombay, 18th. Feb. 1775.

[3] La famille Patel a toujours tenu un rang élevé à Bombay. Voyez : *The Parsee Patells of Bombay, their services to the british government, by Bomanjee Byramjee Patell*, Bombay. 1896. (For private circulation only). — Hirjibhai Rastamji Kavasji Patel, un des plus riches négociants de Chine, si bien connu dans les meilleures sociétés de Londres, était le dernier des membres éminents de la famille Patel ;

Nous avons vu que Kharshedji Pochaji Panday est le premier Parsi établi à Bombay sous la domination espa_ gnole dont le nom soit parvenu jusqu'à nous. Il avait été chargé de fournir les matériaux et les ouvriers pour la cons_ truction des murs de l'enceinte fortifiée. Rasée il y a trente ans, cette enceinte a laissé son nom à une partie de la ville (Fort), et sur l'emplacement des remparts s'élèvent actuelle_ ment les beaux édifices de l'Esplanade. Depuis le XVIIe siècle, les Parsis se sont volontiers adonnés à un genre d'affaires qui convenait parfaitement à leur activité et à leur carac- tère[1]. Entrepreneurs de travaux ou pourvoyeurs des armées

il est mort à Londres en 1877. Il n'y a pas de représentant direct de la famille Patel, mais il y a diverses branches; ces branches ont pour chefs : M. Rastamji Mervanji Patel, 2e juge à la *Small Causes Court*; M. Bo- manjee Byramjee Patell, auteur de la *Parsee Prakâsh*; M. Sorabji Framji Nasarvanji Patel, mort en juillet 1894. Ce dernier était le fils du vénérable Framji Nasarvanji Patel qui a pris une part si active à la *Parsi Law Association*, à la *Persian Zoroastrian Amelioration Society* et à la *Parsi Girls' School Association*. Framji N. Patel avait une réputation méritée de bonté et de libéralité et était apprécié de tous ses concitoyens. Il a doté Bombay des *Victoria Gardens*. Il a été membre du Legislative Council pendant l'administration de Sir Seymour Fitzgerald.

Voy. pour ces trois branches *Mumbai-no-Bahar*, vol. I, pp. 249-275 ; 403-424 ; 517-520.

[1] Lors de la construction des chemins de fer, plusieurs Parsis furent employés comme entrepreneurs et s'y distinguèrent. L'un d'eux, Jam- shedji Dorabji, mérite une mention spéciale. Au moment des soumis- sions pour l'entreprise de la première section du Great Indian Peninsula Railway de Bombay et Thana [1] (1850), Jamshedji se présenta. Il y avait de gros risques à courir, et la Compagnie déclina l'offre d'un natif. Celui-ci ne se découragea pas, et sans succès encore il se présenta pour la seconde soumission ; enfin la troisième fois il réussit, et quoiqu'on dit partout que c'était une entreprise au-dessus de ses forces, le travail fut livré en son temps et dans des conditions exceptionnellement favo- rables. (Voy. *Parsee Prakâsh*, p. 693.)

[1] Le système actuel des communications par la voie ferrée remonte à l'admi- nistration de Lord Dalhousie. (Voy. *Imp. Gaz. of India*, 2d Ed., vol. VI, pp. 545 et suiv.) Le projet de la première ligne de chemin de fer est dû à Sir Macdonald Stephenson (1843) qui, plus tard, prit une part active à la formation de l'*East*

(*contractors*), ils ont déployé la même intelligence et le même zèle dans les deux emplois; d'ailleurs, faute de concurrence, ils y amassaient de grosses fortunes, bien que les risques fussent grands, et que les difficultés et les dangers ne manquassent pas pour le *contractor*. Voici ce que nous dit M. B. B. Patell à ce sujet : Pour obtenir la fourniture des articles utiles au Gouvernement, il fallait passer des marchés (*contracts*). Les Parsis furent les premiers à obtenir ce monopole à Bombay, et c'est ainsi qu'ils acquirent aussi bien le privilège de faire rentrer les impôts que de pourvoir aux besoins des officiers, de construire des édifices publics, d'amener à Bombay les bois de la Côte Malabare, de procurer des bateaux pour le transport des troupes, de l'eau potable aux officiers, des *palkis* (palanquins), des bœufs, des serviteurs, des *coolies*, des vêtements, des uniformes, des vivres aux équipages des navires marchands, etc. Or il n'y avait encore ni chemins de fer, ni télégraphes, ni moyens de transport; pas d'autres voies de communication que des routes mal entretenues et peu sûres. Les Parsis furent ainsi amenés à recourir à une organisation spéciale, celle des *shops* ou boutiques. Par le fait, c'est l'humble origine du commerce des Parsis avec l'Angleterre. Les affaires se firent d'abord sur un pied tout modeste. Les exportations anglaises consistaient surtout en liqueurs et en spiritueux destinés à la consommation des Européens[1]. Au XVIII⁰ siècle, la Compa-

---

[1] Les Jasavalas, les Pochajis, les Panthakis, etc., ont amassé de grosses fortunes dans ce commerce. Certains faisaient aussi la banque; l'un d'eux, Bhikhaji Beramji Panday, reçut le nom de *honest shop-keeper* des officiers anglais et des Européens avec lesquels il était en relation d'affaires.

Indian Railway Company; mais des difficultés financières en retardèrent l'exécution. C'est à Bombay (1850) que fut commencée la première ligne, qui fut ouverte jusqu'à Thana en 1853. Les natifs sont maintenant ingénieurs, s'ils le veulent, et non plus simplement *contractors*. Voy. pour l'état actuel des chemins de fer : *Statement exhibiting the moral and material progress and condition of India during the year* 1894-95, etc., pp. 106 et suiv.

gnie des Indes était à la tète d'un commerce très actif
entre l'Angleterre-et l'Inde. Les marchandises importées
étaient déposées à l'entrepôt, et à la fin de chaque semaine
on les vendait aux enchères. Les marchands les achetaient
et les revendaient en détail aux boutiquiers. A Bombay,
dans la rue appelée *Angrez (english) bazar*, on pouvait
voir de longues files de boutiques destinées à cette vente au
détail et qu'on appelait *Europe shops*. Les marchands
Parsis qui connaissaient les besoins des Européens y réunissaient les articles les plus demandés. Les officiers de
terre et de mer se déchargeaient de mille soucis secondaires
en donnant aux *shop-keepers* des ordres promptement
exécutés. La création des lignes de bateaux à vapeur et
l'ouverture des voies ferrées ont porté un coup fatal aux
shops et à leurs propriétaires.

On comprend que ce commerce d'entreprise et de détail
favorisa singulièrement l'extension de l'influence commerciale de la communauté. Au commencement du siècle, nous
trouvons les Parsis à la suite des armées anglaises, lors des
guerres des Mahrattes [1], puis peu à peu dans l'Inde-Supé-
rieure, le Sind, le Radjpoutana et le Bengale. En 1838,
pendant la guerre d'Afghanistan, une maison parsie gagna
une fortune considérable à ouvrir des « shops » sur tout le
parcours des troupes anglaises. D'autres n'étaient pas aussi
favorisées. Le fait suivant nous éclairera sur la manière dont
se faisaient ces transactions. (*Parsee Prakâsh*, p. 401,

[1] « Kharshedji Manakji Shroff was the great commissariat contractor to the Bombay forces towards the close of the last century, when
the British were battling with political annoyances with empty
coffers. » BRIGGS, *op. cit.*, pp. 94-95.
    Voy. *Parsee Prakâsh*, p. 452. Kharshedji Manakji Shroff mourut à
l'âge de 81 ans, le 7 mai 1845 ; il était le plus jeune des fils de Dorabji
Shroff ; il fut placé chez M. Alexander Ramsay, de l'*East India C°* ;
en 1784, il alla avec son patron à Surate où il resta pendant deux ans
et revint faire le commerce pour son propre compte ; il fit construire un
vaisseau appelé le *Ramsay*. A partir de 1792, il commença à accepter

16 novembre 1842.) Quand les troupes furent envoyées à Caboul en 1839, la raison sociale de Jehangirji et Nasarvanji Jasavala, à la demande de Sir Alexander Burnes, se hasarda à expédier des marchandises dans cette région sous la garde de deux de ses agents, Ardeshir Jijibhai Mookadam et Burjorji Nanabhai Billimoria. Les deux Parsis, non sans difficulté, ouvrirent des « shops » à Sucker, à Jalalabad et à Caboul. D'après les ordres de Sir Alexander Burnes, on expédia à Caboul des marchandises pour une valeur de plus de 35,000 roupies; elles traversèrent facilement le Khyber Pass, mais en octobre une révolte ayant éclaté à Caboul, elles furent arrêtées non loin du Peshbolak Pass, et les Anglais ayant rétrogradé, elles tombèrent entre les mains des ennemis. Bien que les Anglais ne fussent pas responsables de ces pertes, la maison de commerce adressa au Gouvernement une pétition dans laquelle elle demandait qu'elles fussent comprises dans le montant des indemnités de guerre.

La pétition ne fut pas prise en considération, quoiqu'elle eût été chaudement appuyée par le Col. Melvill, *military secretary* du Gouvernement à Bombay.

Avec des alternatives de profits et de pertes, les Parsis augmentaient rapidement l'aire de leurs relations extérieures. Au XVIIIe siècle, ils trafiquaient avec la Côte Malabare, le Bengale et la Présidence de Madras, et ils avaient pour ainsi dire le monopole du commerce dans ces régions, bien que le nombre de ceux qui abandonnassent le

des fournitures pour le compte du Gouvernement. En 1800, sur la recommandation du surintendant de la marine, M. Henry Dundas, il lui fut adjugé pour vingt ans l'affrétement des bateaux du port. La même année, il passa un marché pour la distillation et la vente des spiritueux. En 1801, comme associé de Dorabji Rastamji Patel, il obtint l'adjudication des fournitures de la poudrière de Mazagon. En 1803, le *Military Board* de Bombay lui donna une autre fourniture de riz, de *dal*, de *ghee*, etc., et d'effets pour les troupes. Kharshedji Manakji était membre du Panchayet Parsi et *trustee* de ses *funds*. (Voy. *supra*, p. 265.)

Guzerate fût encore restreint. La concurrence étant pour ainsi dire nulle, les bénéfices étaient énormes; souvent on gagnait cent pour cent sur une affaire! Avec un roulement de fonds aussi considérable, il fut facile aux Parsis d'étendre leur commerce et d'ouvrir de nouvelles branches. C'est ainsi qu'ils se tournèrent vers la Chine qui devint promptement pour eux un débouché excellent. Là encore, ils firent des affaires qui rapportaient des bénéfices sérieux ; un seul voyage permettait de doubler les avances, et sur une seule balle de coton on réalisait Rs 200 (50 *taëls*). D'après M. B. B. Patell, les *Hong merchants* prêtaient leur concours aux Parsis. Dès que la saison des affaires était venue, les négociants parsis arrivaient avec des cargaisons de coton, d'opium et autres marchandises; la saison finie, les navires repartaient avec du fret, et les armateurs avec de gros bénéfices.

Les Parsis ne s'établirent pas tout d'abord en Chine d'une manière permanente; leurs affaires réglées, ils quittaient Canton, Amoy ou Macao et revenaient à Bombay; plus tard, ils eurent des comptoirs à Penang où les négociants chinois venaient trouver les agents de Bombay. Hirji Jivanji Readymoney, originaire de Nausari[1], semble être le *premier* Parsi qui ait fondé une maison en Chine (1756). Il était venu à Bombay dès 1717 avec ses deux frères Mancherji et Temulji. (Voy. *Mumbai-no-Bahar,* p. 458-459.) Mancherji dirigea la maison de Chine après le retour d'Hirji à Bombay. Les frères possédaient plusieurs navires, l'un appelé « *Hornby* » du nom du gouverneur, et l'autre « *Royal Charter* ». Le fils de Mancherji, Sorabji, continua le commerce de son père et de ses oncles et s'associa avec Mohamed Ali Bin Mohamed Hussein Rogay. Il se fit une grande réputation de charité en nourrissant à ses frais des

---

[1] Le surnom de Readymoney (argent comptant) fut donné aux trois frères à cause de leur grande fortune et de leur empressement à avancer de l'argent à ceux qui leur en demandaient.

milliers de personnes pendant la grande famine du Guzerate.

Dès 1790, les négociants parsis établis à Canton avaient acquis une position solide. Le 6 mars (voy. *Parsee Prakâsh*, p. 71), leurs représentants envoyaient un mémoire à l'agent de l'*East India C°* résidant en Chine pour se plaindre d'un certain *Hong merchant*. Nous allons voir par un document curieux (une lettre écrite de Canton en 1772) quelle position était faite alors aux nations étrangères établies dans le Céleste-Empire[1]. « Elles jouissent de cet avantage plutôt à titre de faveur qu'à titre de droit réel; elles n'ont aucune permission expresse du Gouvernement qui constate leur résidence, qui assure leurs droits. Elles ne sont comptées que comme des Étrangers que la loi tolère et auxquels elle n'accorde que très peu ou pour mieux dire aucune portion; elles n'ont aucun droit réel à la justice distributive; asservies aux Lois générales, si elles ne troublent pas l'économie, la tranquillité est leur partage; mais si quelque malheur inopiné heurte, nous ne disons pas les Lois fondamentales, mais les usages ou la coutume, c'est alors que les lois déployent toute leur rigueur et qu'elles paient cher un instant de repos; resserré dans les limites les plus étroites, comment faire valoir sa cause, réduit à traiter avec un petit nombre de négociants (les *hanistes*)[2], comment élever la voix, soit pour se défendre, soit pour réclamer la justice; pour se faire entendre des Tribunaux, il faut se servir du chef de l'an-

---

[1] Voy. Henri Cordier, *La France en Chine au XVIII° siècle*, vol. I, p. 9. Pour les rapports de la Chine avec les puissances européennes, voyez *Grande Encyclopédie*, article *Chine*, p. 103 et suiv., et *Contacts of China with foreign nations* by Rehatsek, *Calcutta Review*, vol. LXXIX, n° 158, oct. 1884.

[2] L'empereur de Chine accordait le privilège exclusif de commercer avec les Européens à un certain nombre de marchands qui répondaient au chef de la douane chinoise de tous les individus arrivés en Chine. L'assemblée de ces douze marchands dits *hanistes* en français, *hong merchants* par les Anglais, présidée par le chef de douane (*Hou-Pou*), se nommait *Co-hang*. Leur monopole commença vers 1720-30, et cessa au traité de Nanking en 1842.

cienne Compagnie Chinoise d'interprètes qui malheureuse_
ment ne sont que trop souvent les avocats vendus au despo_
tisme et qui pour le plus léger intérêt déguisent et
trahissent la vérité. »

Le *Hong merchant* dont se plaignaient les pétitionnaires
devait à leurs patrons de fortes sommes pour des affaires
faites sur les cotons. Des réclamations réitérées n'avaient
amené aucun résultat. Or les commis parsis avaient des
ordres stricts de leurs chefs qu'en cas de contestation ils ne
prissent aucune mesure sans en référer à l'agent de l'*East
India C°* résidant en Chine ; ils réclamaient donc à ce der_
nier la permission de poursuivre le Chinois devant la Cour
du mandarin. La pétition était signée par 4 Parsis et 3 Musulmans [1].

Le commerce entre l'Inde et la Chine resta entre les
mains des Parsis jusqu'en 1842, ainsi que nous l'avons dit
supra, p. 364. A partir de ce moment, les Juifs de Bombay
entrèrent en ligne et firent concurrence aux Parsis [2].

[1] Nous voyons des Parsis figurer dans diverses pétitions adressées
au Gouvernement anglais, par exemple, le 24 décembre 1830, pour se
plaindre qu'on ne permettait plus aux marchands d'entrer, comme
jadis, à Amoy, à Nimpo, à Chooso et aux îles Formose et que, seul,
Canton leur restait ouvert ; puis, en décembre 1842, pour faire connaître à Sir Henry Pottinger les mauvais procédés des autorités chinoi-
ses vis-à-vis des marchands étrangers, au grand détriment des relations
commerciales [1].

[2] Les Parsis sont connus en Chine dans les ports de Canton,
d'Amoy, de Shang-haï et de Fouchoow sous le nom de *white-heads*
pe-teou et résident surtout à Hong-Kong, à Amoy, à Canton et à Shang-
haï, mais c'est à Canton qu'ils sont le plus nombreux. — M. Hormusji
Naorozji Modi est le principal négociant parsi de Chine ; sa famille
habite Bombay. Il a prêté son concours au développement du commerce
français dans le Tonkin ; en récompense de ses services, il a été décoré
de la croix d'Annam (1892). M. Modi est directeur de la Compagnie pour

[1] Pour le commerce actuel entre Bombay et la Chine, voy. l'intéressante
brochure de M. J. N. Tata qui, en mai 1885, faisait valoir le grand avantage de la création d'une ligne de bateaux pour faire concurrence à la *P.
and O. Compagny* qui avait le monopole des transports : *The carrying
trade between Bombay and China.*

La diminution des affaires avec la Chine obligea ces derniers à se reporter sur des points où ils avaient déjà des établissements. Dès le XVIIIe siècle, on les trouve en Birmanie à Pegou [1], à Rangoon et à Moulmein, en Arabie [2] à la Mecque, à Djeddah et à Mascate. Les débouchés avec la Malaisie offraient aussi de sérieux avantages ; en rapport avec les princes de Calicut, de Cannanore, d'Alpai, de Travancore et de Tellichery, ils faisaient le commerce des épices et du bois de santal. Le Rajah de Mysore confia même l'administration de ses revenus commerciaux à une maison parsie de Bombay qui, pendant un siècle, trafiqua avec l'Iman de Mascate.

L'art naval touche de près à ces questions purement commerciales ; n'est-ce pas à lui qu'est dû le succès des entreprises lointaines? N'est-ce pas à la solidité et à la célérité des vaisseaux que l'armateur confie ses biens et ses

l'exploitation des mines de charbon du Tonkin, avec MM. Dorabji Naorozji et Dinsha Naorozji. Il s'est créé les relations commerciales les plus étendues et possède une grosse fortune ; il a engagé plus de 40 lakhs de roupies dans les mines du Tonkin. Ses débuts ont été modestes ; quand il est venu en Chine, il était simple commis d'un Marwari, et c'est à son activité et à son intelligence qu'il doit sa position brillante.

Comme maisons parsies établies en Chine, citons celles de MM. Hormusji Merwanji Mehta, de Sorabji Dhanjibhai Sethna, etc.

[1] Un nommé Banaji Limji, ancêtre de la famille Banaji actuelle, originaire du village de Bhagvadandi près de Surate, alla le premier en Birmanie au commencement du XVIIIe siècle. Son petit-fils, Dadabhai Beramji, est le premier Parsi qui se soit rendu à Calcutta pour des affaires commerciales.

[2] Le premier Parsi qui soit allé en Arabie, Ratanji Manakji Enti, né en 1733, mort en 1804 (Parsee Prakâsh, p. 99), visita la Mecque et Djeddah ; de retour à Surate, il fit un commerce considérable avec ces localités. Il bâtit un dokhma à Soomari, près de Surate (consacré le 23 nov. 1803), et un grand Dharmshala pour les Parsis. Il se distingua par ses largesses, lors de la grande famine qui désola le Guzerate (1790). A cette époque, une nouvelle roupie étant introduite dans le pays, Ratamji en obligea le cours, en refusant toute autre pour l'achat des grains, ce qui lui fit donner le surnom d'Enti, obstiné, et les nouvelles roupies furent connues à Surate, sous le nom d'Entishai.

espérances de fortune? Les Parsis allaient également acquérir dans cette branche d'industrie une place aussi honorable
que distinguée.

Les anciens voyageurs avaient enregistré leurs qualités
comme charpentiers (*Bhansali*) et constructeurs de navires
(*wadia*). Beaucoup étaient employés dans les chantiers de
Surate (*supra* pp. 380-81). C'est un Parsi qui, au XVIIIᵉ siècle, eut l'honneur de créer ceux de Bombay, et c'est jusqu'à
nos jours un de ses descendants qui a rempli le poste de
master-builder des Docks de Bombay. La famille Wadia
a ainsi fourni depuis l'aïeul Lavji de Surate jusqu'à Khan
Bahadur Jamshedji Dhanjibhai, le dernier *master-builder*,
une dynastie d'hommes laborieux, intègres et intelligents,
qui tous ont marqué dans les annales de la Présidence.

Un rapport de M. Money, « *Superintendent* » de la marine
pour le Gouvernement de Bombay (28 septembre 1810),
nous donne des détails sur l'origine de cette intéressante
famille.

Avant 1735, il n'y avait pas d'Arsenal de la marine à
Bombay. Surate était le seul endroit de la côte, peut-être de
l'Inde entière, où l'on construisait des navires. Cette année-
là, M. Dudley, *master-attendant*, fut envoyé à Surate
afin de commander au constructeur Dhanjibhai[1], pour le
compte du gouvernement de la présidence de Bombay, un
navire qu'on appellerait *The Queen*.

M. Dudley fut si satisfait du talent et de l'habileté du
constructeur Lavji Nasarvanji qu'après le lancement il n'hésita pas à lui demander de venir s'établir à Bombay, où le
gouverneur avait le projet de créer un chantier; mais le
jeune homme, fidèle à ses engagements, ne voulut céder
aux sollicitations de M. Dudley qu'autant que son patron lui

---

[1] Dhanjibhai n'appartenait pas à la famille des Wadias. La *Parsee
Prakâsh*, p. 32, nous dit qu'on ne peut connaître le nom de son père ;
toutefois on croit qu'un certain Dorabji Shabanhora de Surate était un
ancêtre de Dhanjibhai.

en accorderait la permission. Le consentement du maitre
fut enfin donné en 1735, mais avec la plus grande difficulté.
C'est alors que Lavji arriva à Bombay avec quelques maîtres charpentiers et qu'il choisit pour l'emplacement des
chantiers une petite partie de l'Arsenal actuel, occupé par
les logements des principaux officiers de marine, l'habitation des Lascars et la prison.

Si les avenues qui y donnaient accès rendaient le chantier
un peu trop accessible au public, d'un autre côté la présence
des officiers offrait des garanties de sécurité à l'établissement futur. Quand les ateliers eurent pris de l'extension, le
Superintendent de la marine proposa la construction d'une
forme sèche. Le Gouvernement ayant accédé à la demande,
Lavji parvint à l'établir pour la somme modérée de 12 mille
roupies.

Lavji, aidé de ses deux fils Manakji et Bamanji, donna
un grand essor à la construction navale, et la création d'un
nouveau Dock fut encore jugée nécessaire en 1760.

La réputation du constructeur parsi était solidement établie; les louanges et les témoignages de satisfaction ne
manquèrent ni au père, ni aux fils. En 1772, deux ans avant
sa mort arrivée en 1774 (*Parsee Prakâsh,* p. 50), Lavji reçut
des directeurs une règle en argent avec une flatteuse inscription. Manakji [1] et Bamanji [2], qui lui succédèrent, obtinrent
à diverses reprises médailles, *Sanads* et récompenses, entre
autres un *Jaghir* perpétuel dans l'île de Salcette; 29 navires étaient sortis de leurs chantiers.

Jamshedji Bamanji eut l'honneur d'être chargé par l'A-
mirauté de la construction de vaisseaux de guerre. Le
contre-amiral Sir Thomas Trowbridge, qui commanda pendant quelque temps l'escadre anglaise de l'Océan Indien,
avait une assez piètre opinion des constructeurs du Bengale

---

[1] Mort en 1792, *Parsec Prakâsh,* p. 75.
[2] Mort en 1790, *Parsee Prakâsh,* p. 72.

et du bois, — le *teak* de Pégou, — dont ils se servaient. En présence des nombreuses demandes qui étaient faites au Conseil de l'Amirauté, il recommanda chaudement Jamshedji et obtint qu'on lui confiât un travail dont, à l'avance, il certifiait l'excellence, déclarant que le Parsi n'avait besoin ni de l'aide, ni de la direction d'ingénieurs européens.

C'est ainsi que Jamshedji eut la satisfaction de construire le *Minden*, le premier vaisseau de guerre (74 canons) lancé dans les Docks de Bombay. (Voy. *Bombay Courier*, 1810.)

On lui doit 16 bâtiments de guerre et 40 grands navires. A sa mort, c'est-à-dire pendant près d'un siècle et demi que les chantiers étaient entre les mains de sa famille, il était sorti des Docks de Bombay 335 navires, vaisseaux de guerre et de marine marchande; nous ne comptons pas les travaux de radoubage ni les réparations.

KHAN BAHADUR JAMSHEDJI DHANJIBHAI WADIA

Nous ne pouvons continuer à faire ici l'historique de la famille Wadia[1]; par le fait, ce serait celle des Docks de Bombay. Ce qu'il importe de mettre en lumière, c'est que d'une famille de charpentiers de Surate a surgi cette lignée d'hommes de valeur qui, pendant près de cent cinquante ans, ont su se maintenir à la hauteur des progrès

[1] *Mumbai-no-Bahar*, pp. 521-586.

et des transformations de l'art des constructions navales. En
constant rapport avec l'Europe, les chefs y envoyaient des
leurs pour se tenir au courant des perfectionnements modernes. En 1829 (14 octobre), on lançait le premier steamer
construit dans les Docks de Bombay par les soins de
MM. Naorozji Jamshedji et Kharshedji Rastamji Wadia. Le
dernier de cette honorable famille, Jamshedji Dhanjibhai
Wadia, né à Surate le 10 mars 1828, est mort à Bombay
le 20 août 1893, à l'âge de 65 ans. Il avait surveillé, pendant
le temps de son service dans les Docks, la construction de
42 navires. Il avait pris une part active à l'armement des
navires qui furent équipés lors des expéditions d'Abyssinie,
de Malte et d'Égypte. Il avait reçu en 1877 le titre de
Khan Bahadur.

Grands armateurs, les Parsis appréciaient les innovations
dans les moyens de transport ; ainsi c'est à un Parsi, Jijibhai
Dadabhai, qu'on doit l'introduction de la vapeur dans la
marine marchande ; il possédait le premier steamer qui soit
entré dans le port de Surate, aux yeux émerveillés des
populations qui n'avaient jamais vu un pareil spectacle [1].

[1] Jijibhai Dadabhai naquit en 1785 et mourut le 12 mai 1849 (*Parsee
Prakash*, p. 527) ; banquier et commerçant, il acquit une grande
influence à Bombay et contribua à l'établissement de trois banques. Il
trafiquait avec le monde oriental tout entier et avec l'Égypte et l'Europe.
Il faisait des avances aux planteurs de café et de canne à sucre de la
côte Malabare, de Ceylan et de l'île de Bencoolen; il possédait aussi
une plantation de café à Ceylan. Pendant vingt ans, il fut membre du
Panchayet Parsi. Il a fait de grandes libéralités, et a construit à
Colaba un *Agyâri*. Il a laissé quatre fils, Mervanji, Bamanji, Sorabji
et Beramji, qui ont continué le commerce de leur père. Le plus jeune,
M. Beramji, a été pendant quatre ans membre du *Legislative Council*
à Bombay. En 1880, il a donné une somme de 30,000 Rs. pour établir
une école de médecine au bénéfice des natifs à Pounah, et il a fondé un
dispensaire à Mehmudabad en mémoire de sa défunte femme. Son fils,
M. Nanabhai Beramji Jijibhai, est connu par son zèle pour la chose
publique.

C'est un Parsi qui, avec un Français, ouvrit la première corderie à
Sim, près de Bombay ; mais l'établissement fut fermé en 1800 à cause

On peut s'étonner que, vu cet esprit d'audace et d'aventure, les Parsis n'aient pas pris goût à la navigation
elle-même. Tout en se déplaçant facilement et n'ayant pas
pour les voyages d'outre-mer la répugnance des Hindous,
nous ne connaissons qu'un seul exemple d'un Parsi qui ait
eu la vocation de la marine.

Cowasji Shapurji (appelé depuis Captain) entra en 1818 au
service de la maison de commerce hindoue Molu Amrebam et
fit de nombreux voyages sur la côte Malaise. En 1820 (mars),
il acheta le brick *Robert Spankey*, jaugeant 100 tonnes et
sorti des chantiers de l'E. I. Cᵒ. Il fit pour son propre compte
de nouveaux voyages comme capitaine à la côte Malaise, à
Rangoon, à Maurice et à Calcutta. Nous savons qu'en 1894 un
Parsi obtint le brevet de capitaine au long cours ; mais on
nous assure que ce jeune homme est mort peu après avoir
repris la mer.

Voyons maintenant quelle position avaient les Parsis dans
deux des plus importantes situations d'un port de commerce
comme Bombay, celles de *Shroff* et de *Dubash*, la banque
et l'approvisionnement des navires.

Jadis Bombay n'avait pas de banques proprement dites.
Les Parsis s'approprierent de bonne heure le genre d'affaires qui les remplaçait et s'adonnèrent au *Shroff busi-
ness*. Il y avait un endroit dans le Fort appelé le *Parsee
Bazar* où l'on voyait sur des rangées de bancs les Shroffs [1]
parsis avec des monceaux d'argent étalés devant eux, monnaies d'Europe et d'Asie aussi bien que de l'East India Cᵒ.
Les Shroffs faisaient le change séance tenante, accordaient
des crédits ou remettaient les fonds. Les affaires se traitaient

de la guerre entre la France et l'Angleterre. Un peu avant, une corderie avait été fondée par un Parsi avec un certain Captain Hamilton ;
elle était située près de Bhooleswar, dans l'île de Bombay. (Pour
l'histoire subséquente de la corderie de Bhooleswar, voy. *Parsee Prakâsh*, p. 701.)

[1] *Shroff*, changeur, banquier. Ar. *Sarraf (Sairafi, sairaf)*.

ainsi, et parfois des bénéfices énormes (10 à 15,000 roupies)
se réalisaient en une journée. Avec la création des banques,
les Shroffs perdirent de leur importance; mais les Parsis suivirent la transformation, et Sir Jamshedji Jijibhai, par exemple, a été le banquier de plusieurs princes potentats de l'Inde; certains même baillaient des fonds pour établir des banques.

BAI MOTLIBAI M. WADIA

Les Wadias (une branche des Wadias des Docks) furent les banquiers du gouvernement français avant la création des banques françaises à Bombay [1]. Briggs (*op. cit.*, p. 20) relève à ce sujet une

---

[1] Cette branche descend des petits-fils de Lavji Wadia, Pestanji Bamanji et Hormasji Bamanji, qui s'adonnèrent au commerce. Pestanji était associé à une maison anglaise de Bombay, et trafiquait avec

particularité curieuse: vers le milieu du siècle des veuves parsies dirigeaient plusieurs maisons d'affaires. On peut ici rendre hommage à Bai Motlibai Wadia qui a administré avec sa mère des revenus immenses, grâce à une intelligence et à un sens pratique absolument remarquables [1].

l'Europe, la Chine et les divers centres du commerce asiatique; il avait plusieurs navires. Généreux et accessible, il nourrit des milliers de familles pauvres pendant la grande famine de 1790. Il bâtit des *Dharmshalas* dans plusieurs localités du Guzerate et éleva un *Dokhma* à Ankleswar (*Parsee Prakâsh*, p.132); son frère Hormasji était un des Parsis les plus populaires de son temps. On doit à sa générosité la construction du grand *Atash-Behram*, de la secte des Shahanshahis, qu'exécutèrent pieusement d'après ses désirs ses fils Bamanji, Ardeshir et Rastamji (1830). Pour la notice biographique d'Hormasji, voyez *Parsee Prakâsh*, p.194; quant à Bamanji, il fut nommé un des premiers *Justices of the Peace* de la ville de Bombay; il était membre du *Government Board of Education*, du *Parsi Panchayet*, de la *Parsi Law Association,* etc. Il fut fait *sheriff* en 1859. Voy. le *Ganj Nameh* publié par M. Muncherji. Cowasji Langrana, le 10 février 1856. (*Parsee Prakâsh*, p. 698, note 6.)

[1] Bai Motlibai est la fille de M. Jehangir Nasarvanji Wadia, fils de Nasarvanji Manakji Wadia, petit-fils de Lavji Wadia. M. Jehangir Wadia, comme son père, fut l'agent du Gouvernement français à Bombay. Le roi Louis-Philippe lui témoigna sa reconnaissance pour ses bons et loyaux services. C'était un homme charitable; on lui doit à Gopipura et à Diu, dans chaque localité, une Tour du Silence et un *Dharmshala*. — Bai Motlibai naquit à Bombay en 1811 et elle perdit son mari, Manakji Naorozji Wadia, en 1837; la mort de son père (1843) la laissa avec sa mère, Bai Manakbai, libre d'administrer une immense fortune au profit de ses deux fils, MM. Naorozji M. Wadia et Nasarvanji J. Wadia. A partir de cette époque elle s'adonna entièrement à la direction des affaires de sa maison. Stricte orthodoxe et fervente zoroastrienne, elle vécut dans la retraite et se consacra à des pratiques pieuses et à des œuvres de charité. C'est ainsi qu'elle dotait en 1851 le Temple du Feu, à Nausari, de plus de 20,000 roupies; en 1857, elle envoyait 5,000 roupies aux Parsis qui avaient souffert lors des émeutes de Broach, et, en 1862, 15,000 roupies aux Funds créés pour subvenir aux frais des funérailles des Parsis indigents. En 1863, elle bâtit un temple (*agyâri*) à Bombay, et, en 1864, elle fournit des subsides aux victimes d'un cyclone à Calcutta; en 1872, elle participait pour 25,000 roupies aux Funds qui servent à défrayer les dépenses des *Gâhânbârs ;* en 1873, elle fondait un dispensaire ; en 1883, elle consacrait 25,000 roupies au soulagement des inondés de Surate, lors du débordement de la Tapti. En 1888, la ville

Pendant la première moitié de ce siècle, les Parsis suivirent leurs habitudes anciennes. Les conditions du commerce, telles que nous venons d'en esquisser les grandes
lignes, ne changèrent pas avant 1854. A cette époque, une
transformation quasi complète se produisit par l'établissement des manufactures montées sur un pied européen ;
cette innovation, due à l'initiative des Parsis, devait influer
non seulement sur le *modus vivendi* des coreligionnaires, mais également sur l'Inde entière au point de vue
économique et financier, par la création d'une nouvelle
branche d'industrie assez importante et assez lucrative pour
inquiéter l'Angleterre et l'obliger à compter avec sa colonie.

Nous allons maintenant mentionner succinctement les
commerçants notables qui, pendant ce demi-siècle, ont jeté un
si grand lustre sur la communauté ; bien que nous ne
puissions donner que des détails sommaires, il n'est
pas sans intérêt de pénétrer dans la vie de ces *merchant
princes* dont nous verrons se déployer l'activité et la générosité. C'est le commerce avec la Chine qui va être la principale source de richesse pour la plupart de ces grandes familles.

Nous trouvons d'abord la famille des Dadiseths[1]. Le fondateur, Dadibhai Nasarvanji Dadiseth, descendait de Homji
Beramji, qui était venu de Surate s'établir à Bombay au
commencement du XVIIIe siècle. Son père prit son frère
comme associé dans sa maison de courtage ; quant à lui, il
devint rapidement à la fois un riche armateur et un grand
Jaghir-dar. Il trafiquait avec l'Europe et la Chine et possédait de gros navires et des bricks. Le premier, il établit

de Bombay recevait de ses mains généreuses un don princier de 150,000
roupies et 20,000 yards de terre estimés à près de 200,000 roupies pour la
construction d'un hôpital pour les femmes et les enfants. Enfin, en 1894,
elle couronnait sa longue carrière de bienfaisance par l'érection à Udwada
d'un temple qui a coûté plus de 150,000 roupies et par l'application
d'une somme de 54,000 roupies pour le tracé et l'achèvement d'une route
entre la ville et la station.

[1] *Mumbai-no-Bahar*, pp. 307-322.

à Bombay une presse à coton dans Apollo Street, 1760.
(*Parsee Prakâsh*, p. 54.) D'une grande simplicité de manières
et d'une inépuisable charité, il nourrit quotidiennement,
pendant la famine de 1790, des centaines d'affamés sans
distinction de race ou de caste. En 1783, il construisit un
Atash-Behram qui porte son nom. Il mourut le 7 avril 1799,
à l'âge de soixante-cinq ans. (*Parsee Prakâsh*, p. 86.) Son fils
Ardeshir se montra digne de lui ; en 1805-6, pendant une
nouvelle famine, il fit vivre à ses frais près de quatre à cinq
mille personnes par jour. En 1808, il bâtit un Temple du Feu
en Perse, à Mubaraka, et plus tard un *adaran* dans le *Fort*,
à Bombay. Ses grandes qualités et ses rares mérites le firent
unanimement regretter. Jonathan Duncan, gouverneur de
Bombay, en apprenant la nouvelle de sa mort arrivée le
29 juin 1810 (*Parsee Prakâsh*, p. 117), se rendit à la cathédrale de Saint-Thomas, située en face de la rue où résidait
Ardeshir, et ordonna de sonner la cloche pendant le défilé du
lugubre cortège.

Quant à la famille Kama[1], elle tire son origine de Kamaji
Kuvarji, établi au village de Tena, près de Surate. Kamaji
vint à Bombay en 1735, en même temps que Lavji Nasarvanji
Wadia, et prit un emploi dans la Trésorerie du Gouvernement.
Ses deux fils, Mancherji Kamaji et Edalji Kamaji, s'adonnèrent au commerce avec la Chine, et leurs descendants continuèrent à s'y livrer avec le plus grand succès. La famille
Kama est remarquable par son intégrité, sa droiture et sa
libéralité. Elle a fourni des citoyens utiles tels que Pestonji
Hormasji, le fondateur du *Kama Hospital*, des savants
comme M. K. R. Kama, des hommes dévoués à la chose
publique et des femmes instruites telles que Dr Freany Kama.

Le 26 juin 1855, Mancherji Hormasji Kamaji, Kharshedji
Rastamji Kamaji et Dadabhai Naorozji quittèrent Bombay
pour aller fonder à Londres et à Liverpool la première maison

[1] *Mumbai-no-Bahar*, pp. 588-610.

de commerce indienne, et commencèrent ainsi les relations commerciales entre l'Inde et la métropole[1].

Vient ensuite la famille Banaji, qui s'est distinguée par sa remarquable activité[2]. L'ancêtre, Banaji Limji, était allé à Pégou, ainsi que nous l'avons vu. Framji Kavasji, son arrière-petit-fils, descendait des Dadiseths par sa mère Bai Jaiji. Il naquit en 1767 dans *Todd Street* (*Fort*), de parents peu aisés, mais vivant sur leurs terres. Il reçut une certaine instruction, d'abord chez un Brahmane, puis dans une petite école d'Eurasiens, où il apprit l'anglais. Il débuta dans les affaires comme *Dubash* de son oncle Dadiseth et, en 1795, il entra au service de l'*East India* C°. Il montra de bonne heure de grandes capacités commerciales et ne tarda pas à occuper un rang élevé dans la communauté. Pendant près d'un demi-siècle on le considéra comme le négociant le plus éclairé de l'Inde entière. Il prit une part active aux réformes qui signalèrent l'administration de Mountstuart Elphinstone, et se prononça en faveur de celles qui avaient trait à l'instruction. Il siégea longtemps comme membre du *Board of Education*, et chercha à faire pénétrer les idées occidentales

[1] Maisons parsies actuellement à Londres : 1° Dadabhoy & C° (*Wool Exchange*); 2° D. P. Kama (*Winchester Buildings, Winchester street*) ; 3° P. B. Kama (*Gresham House, Broad street*) ; 4° Kama, Moolla and C° (*Palmerston Buildings, Broad street*); 5° J. P. Bhumgara (*London Wall*) ; 6° Ardeshir and Byramjee (*Oxford street*). Ces deux dernières maisons tiennent des articles de l'Inde.

La maison Dadabhoy & C° est la plus importante ; elle se compose de MM. Dadabhoy Behramji, à Londres ; de C. Behramji, à Bombay ; de R. Behramji, à New-York ; de P. Behramji de Londres et D. F. Vacha, à Tamatave, à Madagascar, à Antanarivo et à Vatoomadry ; ces messieurs ont des représentants en France, en Allemagne et en Chine, à Aden et à Hodeida, en Arabie, à Massaouah en Afrique et également en Australie et à New-York. Le steamer *Helvetia*, qui appartient à la maison, fait un service régulier entre l'île Maurice et Madagascar. — M. Dadabhoy Byramjee est venu en Europe comme *assistant* dans la maison de Messrs Dadabhai Naorozji & C°, et il s'établit ensuite à son compte à Liverpool. Voy. *Kaiséré Hind*, March 1896 et *New-York Press*, 22 June 1896.

[2] *Memoirs of the late Framji Cowasji Banaji, by his great grandson Khoshru Navrosji Banaji*. Bombay, 1892.

dans sa propre famille en imposant l'étude de l'anglais à ses filles et petites-filles.

Membre du Panchayet Parsi (1818), Framji Kavasji, de concert avec Naorozji J. Wadia, s'éleva contre les abus qu'il n'était pas arrivé à réprimer et donna sa démission après une éloquente protestation ; enfin, — le premier des natifs, — il soutint ceux-ci dans l'affirmation de leurs droits au gouvernement du pays et figura en tête de la liste des pétitionnaires envoyée à la Chambre des communes par Sir Charles Forbes, le 31 décembre 1829, liste dans laquelle les natifs réclamaient leur nomination comme « Justices of the Peace » et leur admission au grand Jury ainsi qu'aux autres fonctions, tant à Bombay que dans le Mofussil. A sa mort (12 février 1851), toutes les classes, Européens, Parsis, Hindous, Musulmans, se réunirent à l'hôtel de ville de Bombay en *meeting* public, sous la présidence du Shériff, pour lui élever un monument, premier exemple dans l'histoire de l'Inde du bon accord des Européens et des natifs pour honorer la mémoire d'un natif[1]. A cet effet, on résolut de bâtir un établissement contenant une salle de lecture, un musée d'art et d'industrie, une bibliothèque, etc., et de lui donner son nom, manière bien noble de rappeler aux générations futures l'homme qui l'avait porté[2]. L'institution s'appelle *The Framji Kavasji Institute*[3].

Si maintenant nous voulons énumérer les bienfaits de Framji Kavasji, nous laisserons de côté les charités sans nombre qu'il prodigua autour de lui aux simples particuliers aussi bien qu'aux établissements publics. Contentons-

---

[1] Séance du 22 septembre 1852, dans une des salles de l'Elphinstone College.

[2] Voy. *Memoirs of the late Framji Cowasji, etc.*, ch. VII, pp. 58-64, la liste des charités de Framji Kavasji, et chap. VIII, pp. 65-66, la construction de la Tour du Silence et du Temple du Feu.

[3] Voy. *Memoirs of the late Framji Cowasji, etc.*, ch. XVII, pp. 172-175. La pose de la première pierre eut lieu le 22 février 1865, à 5 heures du soir, près du *Framji Kavasji Tank Esplanade*. Jaggernath Sankersett présidait.

nous de citer l'érection de la Tour du Silence élevée à la mémoire de sa fille Bai Dinbai (morte le 6 mai 1831), la construction d'un *Atash-Behram* (*Churney Road*) à celle de ses bien-aimés parents Kavasji et Bai Jaiji. Ses neveux Karshedji et Rastamji y prirent part. La consécration eut lieu le 13 décembre 1845 et fut faite par le Dastour Jamshedji Edalji Jamasp Asana, assisté du Dastour Bezonji Rastamji à qui on en donna la garde. On doit aussi à Framji Kavasji les deux *tanks* de Kamatipoura qui portent son nom. Il les fit creuser en souvenir de la mort malheureuse de son fils Edalji qui périt à son retour de Madras dans le village de Chock, à huit milles de Pauwal, par la décharge maladroite d'un fusil. Il les entretint à ses frais jusqu'en 1831, et prit des dispositions pour en assurer la conservation au moyen d'une rente prélevée sur son domaine de Pavai. C'est dans ce beau domaine, situé dans l'île de Salsette à 18 milles de Bombay, que Framji Kavasji introduisit la culture du coton et du thé; il y planta une grande quantité de cannes à sucre, d'indigotiers et de mûriers pour l'élevage des vers à soie. Sans réussir autant qu'il l'espérait, il arriva toutefois à changer une forêt en un domaine fertile, rapportant deux mille livres par an. Au nombre des améliorations qu'il introduisit on peut compter l'importation de la canne à sucre de Maurice que le Gouvernement de Bombay, avec son aide, chercha aussi à acclimater dans le Deccan et le territoire mahratte[1].

De grands revers marquèrent les dernières années de sa vie, attristée aussi par des chagrins domestiques. Bai Bachubai, tendrement attachée à son mari, l'aida à les

---

[1] Pour le domaine de Pavai, voy. *Memoirs of the late Framji Cowasji, etc.*, ch. v, p. 33-57. Sir John Malcolm le visita le 3 décembre 1830, et Lord Clare, Gouverneur de Bombay, au mois de novembre 1831. Le domaine, à cause des contestations et des litiges qui s'élevèrent au moment du règlement des comptes de la succession de Framji Kavasji, n'est plus que l'ombre de sa grandeur et de sa prospérité.

supporter. Il convient de dévoiler ici un des traits de la délicatesse exquise de cette femme de bien. Elle survécut près de sept ans à Framji Kavasji, et mourut le 2 novem_bre 1858, à l'âge de quatre-vingt-douze ans. Sa suprême consolation fut de s'occuper avec son *attorney* du règlement de la succession de son mari. Elle prit soin de désintéresser les créanciers, et ne fut satisfaite que lorsqu'elle les eut appelés auprès d'elle et qu'elle eut contrôlé l'exactitude des comptes de ses hommes de loi. Framji Kavasji laissait après lui quatre fils et cinq filles[1].

Ses nombreux frères furent tous des commerçants distingués. Rastamji alla s'établir à Calcutta où il réalisa une fortune considérable, qu'il perdit presque entièrement lors de la faillite de l'*Union Bank*. Il mourut en 1852[2] ; il avait mérité le surnom de *merchant prince* par ses habitudes de luxe et de sociabilité. Il fut un des premiers Parsis qui n'hésitèrent pas à faire pénétrer des Européens dans leurs maisons et à les présenter aux dames de leur famille. (Voy. son portrait, p. 409.)

La famille Vikaji se distingue également par les mêmes qualités d'intégrité, d'intelligence et d'amour du bien public ; elle était originaire du petit port de Tarapour, dans le district de Thana, et elle s'adonna surtout à l'agriculture. Les Vikajis avaient commencé par prendre à ferme les

[1] Voy. pour la généalogie de la famille Banaji, *Memoirs of the late Framji Cowasji, etc.*, ch. III, p. 16.

KAVASJI BEHRAMJI

FRAMJI	NASARVANJI	NAOROZJI	BEHRAMJI	LIMJI	KHARSHEDJI	RASTAMJI
Mort	Mort	Mort	Mort	Mort	Mort	Mort
12 fév. 1851	9 déc. 1818	7 fév. 1819	3 déc. 1833	7 juin 1828	4 déc. 1847	15 av. 1852

JEHANGIR	EDALJI NANABHAI	PESTANJI

FramjiKavasji laissait également cinq filles qui se marièrent toutes.

[2] *Bombay Times*, 15 avril 1852. Un petit-fils de Rastamji Kavasji, M. Hirjibhai Manakji Rastamji, a été nommé consul de Perse à Calcutta en 1894. Voy. *The Hindoo Patriot*, Calcutta, 9 january 1894.

revenus d'un *Mahal* (district) appelé Aseri, dans le district
de Bassein dépendant du gouvernement du Peichwah.
Quand la Compagnie des Indes se substitua à ce dernier,
elle leur afferma les douanes du Konkan (nord et sud), ainsi
que celles des districts de Pounah, de Sholapour, d'Ahmadnagar et d'une partie de Khandesh. Ils réussirent dans
l'administration de ces domaines par la largeur de leurs vues
et leur excellent système d'administration. Les Vikajis
s'adonnèrent aussi au commerce; lors de leur grande prospérité (1835-45), ils avaient une maison principale à Bombay
avec des comptoirs et des correspondants dans chaque ville
importante de la Présidence, de même qu'à Calcutta, à
Singapour et en Chine. En 1825-26, ils firent entrer
à Bombay la première importation de coton du Berar,
importation qu'ils continuèrent malgré des difficultés
matérielles de tout genre, sans compter celles que leur
suscitaient les fonctionnaires mêmes du Nizam. Les premiers, ils construisirent des presses pour le coton à
Khangam et dans les districts cotonniers voisins.

Ils ouvrirent des routes dans les Ghattes, entre les Berars
et la Côte Malabare, et bâtirent des ponts pour faciliter le
transport des marchandises entre Bombay et le Deccan. Ils
ont été, en un mot, les pionniers et les fondateurs du commerce du coton entre les États du Nizam et la Présidence de
Bombay; on peut évaluer les profits de ce commerce pour
l'Inde et l'Angleterre à des centaines de lakhs de roupies
par an ! En 1830, ils furent chargés de fonder des banques
sur le territoire du Nizam par le ministre Rajah Chandu Lal;
si bien qu'au bout d'un ou deux ans de rapports constants
avec le Gouvernement du Nizam, la raison Pestanji Vikaji
d'Haidarabad devint la principale banque du pays. De 1835
à 1845, leurs avances directes à l'État se montèrent à la
somme énorme d'un crore et 8 lakhs de roupies (£ 1,080,000)
dont près de 83 lakhs furent versés à la Compagnie des Indes
pour couvrir les dépenses des troupes que le Nizam devait

RASTAMJI KAVASJI BANAJI

fournir. Pour la liquidation de ces avances, le prince fit un
arrangement par lequel il hypothéqua aux membres de la
famille Vikaji les revenus de la vallée des Berars et ceux de la
province d'Aurangabad, ce qui montait à près de 23 lakhs de
roupies par an, et il les plaça, au su et vu du Résident anglais, à
la tête des districts de Belapour, d'Akola, de Mekhar, de Par-
bani et autres de moindre importance. On les autorisa à entretenir une petite armée, et l'on dit que le Nizam reçut d'eux
comme de ses autres vassaux l'hommage du *Nazarana*. La
Monnaie à Aurangabad fut confiée aux Vikajis, et depuis l'arrivée des Parsis dans ces régions il n'y a pas d'autre famille à
qui l'État ait permis de faire graver ses initiales sur les pièces ;
ainsi une pièce d'argent, frappée probablement à la Monnaie
d'Aurangabad, porte celles du jeune frère de Vikaji, Pestanji
Merji, et elle est connue sous le nom de la pièce *Pestanshai*
du Gouvernement du Nizam. En 1845, le Rajah Chandu Lal
se retira, et à partir de ce moment commença le déclin de
la famille Vikaji et finalement arriva la banqueroute de la maison de banque. Le nouveau ministre proposa le règlement du
compte de Vikaji Merji qui, à cette époque, s'élevait à 37
lakhs de roupies à raison de *5 annas de perte sur chaque
roupie*. Cette proposition n'ayant pas été acceptée, le Peshkar
Rajah Rambax fit placer sous le séquestre les provinces qui
avaient été jusqu'alors hypothéquées à Vikaji Merji et à son
frère. Ceux-ci présentèrent des pétitions au Nizam, en appelèrent au Gouvernement de l'Inde et à la Cour des Directeurs,
enfin, en dernier lieu, au Parlement anglais ; tout cela sans
résultat. Les autorités anglaises refusèrent de donner leur
concours, en s'abritant sur ce que, quand les sujets du
Gouvernement britannique avançaient de l'argent aux États
natifs, ils le faisaient à leurs risques et périls, et qu'elles ne
pouvaient se départir de la règle qu'elles s'étaient faite de
ne pas intervenir au sujet de la revendication de ces droits sur
le gouvernement du Nizam ; il est juste de dire que ce gouvernement, du chef de son dernier ministre, Sir Salar Jung,

répara de son mieux ces actes d'injustice en donnant des postes de confiance à divers membres de la famille et en faisant provision, en leur faveur, de fortes sommes sur la Trésorerie.

Le Gouvernement de la Compagnie des Indes, si l'on remonte jusqu'en 1829, reconnut aussi d'une manière libérale les grands bénéfices dus à l'extension donnée par Vikaji Merji au commerce de la Présidence, en lui faisant cadeau du village de Parnali, dans le voisinage duquel Vikaji Merji avait construit à ses frais des édifices publics.

Également généreux envers ses coreligionnaires, Vikaji Merji contribua à l'érection de cinq *Derimhers*, à Tarapour, à Belapour, à Haidarabad et à Sikandrabad, de quatre Tours du Silence à Belapour, à Haidarabad, à Sholapur et à Aurangabad, à celle d'écoles, de réservoirs et de *Dharmshalas* pour les voyageurs et les pauvres[1].

Avec les Vikajis nous avons pénétré à Haidarabad, en plein pays musulman ; avec la famille Damanwalla nous nous trouverons en possession portugaise. Bhikhaji Bharda, le bisaïeul du chef actuel de la famille, M. Sorabji Manakji Damanwalla, était grand-prêtre de la communauté de Tarapour en 1745-46 ; à cause de sa fortune et de sa haute position, il fut la victime des déprédations des Pindaris qui, à cette époque. désolaient le pays ; aussi, après un vol important commis par ces pillards, la famille quitta Tarapour et s'établit à Udwada, enfin à Daman. Le fils de Bhikhaji, Beramji, s'appliqua jeune encore au commerce ; il conquit les bonnes grâces des Rajahs de Mandvi et de Dharampour et prit à bail plusieurs villages, ce qui lui fut une source de fortune. A cette époque, le commerce de l'opium venant de Malwa se faisait par Daman. Beramji et,

---

[1] Voy. *History of the Viccaji Meherji family of Tarapore, by D. A. Taraporcala*. Printed at the J. B. Karani's Standard Printing Press. 1894. — Le représentant actuel de la famille est M. Framji Rastamji Vikaji, un des principaux *barristers* de Bombay.

après lui, ses fils Bhikhaji et Kavasji devinrent les agents des principaux commerçants en opium de Bombay ; ils avaient plusieurs navires qui faisaient le trafic entre Daman, Bombay, la côte de Mozambique et la Chine; mais bientôt le changement de route dans le commerce de l'opium fit perdre à Daman toute son importance. Dès lors Manakji Kavasji s'adonna à l'administration des villages et des terres accordées à sa famille par les Rajahs de Dharampour et de Mandvi et par le Gouvernement portugais. Il concentra entre ses mains un pouvoir administratif et judiciaire sous le contrôle du Gouvernement anglais, avec des *thanas* et une garde de cipayes arabes et *Makranis*, tout comme un petit prince natif, exemple très remarquable de l'autorité acquise par un simple Parsi.

Nous arrivons maintenant à Sir Jamshedji Jijibhai, celui d'entre tous les Parsis qui a jeté le plus grand lustre sur la communauté entière. Il naquit en 1783 à Nausari, sur le territoire du Guikowar de Baroda, de parents pauvres et honorables, et vint tout jeune à Bombay. Il vécut avec son beaupère, Framji Dhanjibhai Bottlewala, dont il était l'apprenti ; mais doué d'un caractère entreprenant, à peine âgé de seize ans, il fit un premier voyage en Chine avec un commerçant parsi, son parent (1799). Revenu aux Indes, il reprit bientôt le chemin de la Chine où il fit trois autres voyages. Le quatrième fut particulièrement intéressant et plein d'aventures, à cause de la guerre qui avait éclaté entre la France et l'Angleterre. Le bâtiment sur lequel il était passager fut capturé par un navire de guerre français ; il toucha successivement au Cap, à Sainte-Hélène, à Ceylan, et de là à Calcutta d'où il revint enfin à Bombay.

Ses grandes capacités ne tardèrent pas à lui faire obtenir sur la place le rang qu'il méritait d'y occuper. Nous passons sur tous les détails de sa carrière commerciale ; cela nous entraînerait trop loin.

Sa vie entière fut la démonstration de la vérité du

proverbe que « l'honnêteté est la meilleure politique ». La fortune le combla et-en fit un des hommes les plus favorisés du monde ; toutefois, ainsi que nous l'avons déjà enregistré maintes fois pour ses coreligionnaires, ce n'est pas cette fortune seule qui le rendit célèbre, mais l'usage qu'il en fit. Ce ne fut qu'en 1822 qu'on commença à connaitre ses œuvres de charité et, jusqu'à sa mort arrivée en 1859, chaque année fut marquée par quelque nouveau bienfait. Bombay, Surate, Nausari, plusieurs localités du Guzerate, Khandala et Pounah, dans le Deccan, témoignent de sa libéralité, de sa philanthropie et de son civisme. Hôpitaux, maisons d'éducation pour les Parsis, citernes, dharmshalas, il n'omit aucun moyen d'améliorer le sort de ses frères ; ainsi on lui doit la chaussée qui relie Bombay à Salsette, des routes, des aqueducs, des puits, des réservoirs, etc.[1]. Quant à ses charités privées, nul ne saura jamais ce qu'il en répandit dans le

[1] Voici les principales charités de Sir Jamshedji Jijibhai :

Total des sommes données aux *Funds* du *Panchayet* pour l'éducation et pour l'entretien des édifices religieux.	Rs	7 92 500
Pour le « Sir Jamshedji Jijibhai Hospital » et divers dispensaires......................................		6 09 950
Pour des tuyaux, des écluses, des ponts, des chaussées, des puits, des routes		5 49 675
Au moment de la fondation de la « Sir Jamshedji Jijibhai School of Arts », don au « Grant Medical College » et à diverses écoles publiques ou privées à Bombay...		2 33 000
Fund pour aider les Européens pauvres, pour soutenir des institutions charitables en faveur des indigents et des estropiés, aveugles ou boiteux..................		2 87 000
Aux *Funds* publics.............................		76 000
Souscriptions diverses........................ ...		10 000
Aux Ecoles industrielles et pour venir en aide aux insolvables.....................................		6 540
Total de ses charités pendant sa vie················	Rs	25 64 665
Charités après sa mort, par testament·············		1 12 000
	Rs	26 76 665

Lady Jamshedji (Bai Avabai) donna 250.000 roupies sur sa fortune personnelle.

secret de son cœur généreux ; elles n'étaient limitées ni par la caste, ni par la couleur, ni par la croyance. Sa réputation de munificence et d'intégrité porta le Gouvernement à lui conférer l'insigne honneur de la « Knighthood », honneur accordé pour la première fois à un natif de l'Inde (10 mars 1842). Les Parsis en furent profondément touchés et lui témoignèrent leur sympathie dans une adresse, accueillant cette faveur comme un heureux présage pour le sort futur des populations indigènes[1]. Il ne nous semble pas inutile de reproduire ici la dernière partie de cette adresse. On y verra les nobles et généreux sentiments qui les animaient :

« ... Pour rappeler cet événement heureux, nous vous prions de nous donner la permission d'appliquer une somme d'argent que nous avons réunie pour former un *fund* que l'on désignera sous le nom de « *Sir Jamshedji Jijibhai Translation Fund*» et qui sera confié à des Trustees, afin de couvrir les frais de traductions en guzerati de livres européens, anciens et modernes, approuvés par le comité, pour les publier et les distribuer gratis ou à bon marché aux membres de la communauté parsie. »

A ce généreux élan, Sir Jamshedji répondit en proposant à son tour de confier 300,000 roupies à des trustees pour l'éducation des enfants pauvres. Nous avons vu *supra*, pp. 303 et suivv., la fondation de la *Parsi Benevolent Institution* qui assurait l'instruction aux coreligionnaires indigents ; mais Sir Jamshedji avait d'abord pensé aux malades et aux infirmes. C'est à lui qu'on est redevable du premier hôpital élevé à Bombay. En 1834, un petit hôpital situé non loin de l'Esplanade avait été ouvert par souscription, et le

---

[1] Les lettres patentes furent remises publiquement à Sir Jamshedji Jijibhai par Sir George Anderson, Gouverneur de Bombay. En 1843, le Gouvernement anglais lui fit parvenir un portrait de la Reine entouré de diamants.

En août 1858, la Reine le créait *Baronet* du Royaume-Uni.

Dr Mackey y avait donné des consultations gratuites aux pauvres. Quatre ans après, le digne médecin réunit un *meeting* où il fit connaître les secours qu'il avait pu distribuer dans de si modestes conditions. Sir Jamsetjee assistait à la conférence ; il pensa que cette institution méritait d'être soutenue et, de plus, qu'un local pour recevoir les malades était nécessaire ; il s'adressa alors au Président du *meeting*, Sir Herbert Compton, et le pria de correspondre en son nom avec le Gouvernement pour lui faire savoir l'intention qu'il avait de bâtir un hôpital capable de recevoir trois cents personnes. A cet effet il promettait de donner un lakh de roupies, à la condition que le Gouvernement en donnerait autant pour subvenir aux dépenses de l'hôpital. Le Comité, par une lettre datée du 3 avril 1838, fit parvenir au Gouvernement les offres du généreux Parsi. Le *Home Department* les transmit à la Cour des Directeurs qui les accepta par une lettre datée du 11 novembre 1840 et rédigée par le secrétaire, Mr Morris. Le Gouvernement déclarait que l'édifice porterait le nom de « *Sir Jamshedji Jijibhai's Hospital* » et qu'on y réserverait une place pour ceux qui y viendraient munis d'une recommandation de Sir Jamshedji ou de ses héritiers. La direction en fut laissée entre les mains de Sir Jamshedji et de ses héritiers, assistés de deux personnes choisies par le Gouvernement.

Sir Jamshedji s'empressa de mettre à la disposition du Gouvernement un emplacement de la valeur de 24,125 roupies, et il promit de porter sa première dotation pour la construction de l'hôpital de 10,000 à 50,000 roupies.

Le 3 janvier 1843, la première pierre fut posée avec le plus grand éclat[1]. (*Parsee Prakâsh*, p. 405.) Voici comment le fondateur était désigné dans l'inscription de la plaque commémorative : « Le premier natif de l'Inde honoré de la

----

[1] Ce fut la première fois que les loges maçonniques prirent part à une cérémonie publique. Le grand maître provincial était James Burnes, K. H.

dignité de la *Knighthood*, qui a pensé remplir ainsi un devoir envers son pays, son gouvernement et ses concitoyens et qui, en souvenir solennel des bienfaits répandus sur lui, a désiré offrir ce don de religieuse gratitude (l'hôpital) au Dieu Tout-Puissant, le père dans le ciel des Chrétiens, des Hindous, des Musulmans et des Parsis, en y joignant une humble et fervente prière à l'effet d'obtenir sa protection vigilante et d'appeler ses bénédictions sur ses enfants, sa famille, sa caste et son pays ! »

Les compatriotes de Sir Jamshedji ne furent pas les derniers à lui témoigner leur respect et leur admiration. Au mois de juin 1856, dans un *meeting* tenu à l'Hôtel-de-Ville de Bombay, on vota l'érection d'une statue au vénérable Parsi, honneur sans précédent dans l'histoire de l'Inde. Lord Elphinstone, gouverneur de Bombay, dans un discours éloquent, célébra les charités de Sir Jamshedji et surtout ses qualités d'indépendance et de tolérance. « La vraie charité, disait-il, se fait voir dans la manière de distribuer les bienfaits, tout autant que par leur étendue. Je ne veux pas remonter jusqu'aux époques lointaines où les monastères chrétiens et les *viharas* bouddhiques étaient remplis d'hommes qui cherchaient à gagner la faveur du ciel en renonçant à leurs biens terrestres pour accomplir ce qu'ils considéraient comme un acte de souveraine charité, et qui tout au moins en était un d'abnégation absolue. Je pourrais également citer les fondateurs de nos grands collèges, les monarques qui ont construit l'hôtel des Invalides à Paris et les hôpitaux de Greenwich et de Chelsea près de Londres. Les premiers ne donnaient de l'éducation qu'à ceux qui participaient aux bienfaits de la même croyance ; les autres ne recueillaient que les soldats et les marins, compagnons de leurs guerres. Loin de ma pensée de chercher à amoindrir ces nobles fondations ; mais je ne puis m'empêcher de faire remarquer que les largesses de Sir Jamshedji, sauf la *Parsi Benevolent Institution*, s'adressent non seulement aux Parsis, mais aux Hindous, aux Juifs, aux Chrétiens et aux Musulmans ; c'est ce caractère

SIR JAMSHEDJI JIJIBHAI, BART.

d'universalité qui distingue son inépuisable générosité et cette sympathie pour les pauvres et les malheureux de toute caste et de toute croyance qui lui a gagné le respect et l'estime des diverses classes de la communauté[1]. »

Lady Jamshedji (Avabai, fille de Framji Bottlewalla) sut se montrer en tout digne de son époux. Elle répandit autour d'elle d'abondantes aumônes et dota la ville de bienfaits sans nombre ; ainsi on lui doit la construction de la chaussée qui relie Bombay à Salsette et qui coûta 157,000 roupies. Chaque année beaucoup de personnes se noyaient en se rendant d'une île à l'autre à cause de la violence des courants, et, en 1841, une quinzaine de bateaux périrent corps et biens à l'époque de la mousson. Ce grand travail fut entrepris et mené à bonne fin sur la fortune personnelle de Lady Jamshedji[2].

Sir Jamshedji mourut le 15 avril 1859, à l'âge de soixante-seize ans ; il laissait trois fils et une fille[3]. Son fils aîné,

[1] La statue faite par Marochetti orne l'Hôtel-de-Ville de Bombay où elle figure à côté de celles de Sir John Malcolm, de Sir Charles Forbes et de Sir Bartle Frere.

[2] Voyez *Ashiáni Sadguni Banuo* (femmes vertueuses de l'Asie) par Ratanji Framji Sethna, pp. 143 et suiv., et les beaux vers de M. B. M. Malabari consacrés à Lady Avabai Jamshedji dans le *Niti Vinod*.

[3] Voici la généalogie de la famille Jamshedji :

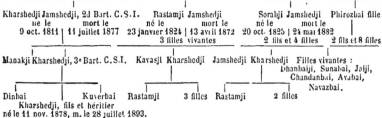

Sir JAMSHEDJI JIJIBHAI
né le 15 juillet 1783 | mort le 15 avril 1859

| Kharshedji Jamshedji, 2d Bart. C.S.I. ne le mort le 9 oct. 1811 | 11 juillet 1877 | Rastamji Jamshedji né le mort le 23 janvier 1824 | 13 avril 1872 3 filles vivantes | Sorabji Jamshedji né le mort le 20 oct. 1825 | 24 mai 1882 2 fils et 4 filles | Phirozbai fille 2 fils et 8 filles |

Manakji Kharshedji, 3e Bart. C.S.I. — Kavasji Kharshedji — Jamshedji Kharshedji — Filles vivantes : Dhanbaiji, Sunabai, Jaiji, Chandanbai, Avabai, Navazbai.

Dinbai — Kuverbai — Rastamji — 3 filles — Rastamji — 2 filles
Kharshedji, fils et héritier
né le 11 nov. 1878, m. le 28 juillet 1893.

Armoiries : — *Écu* : D'azur au soleil levant au-dessus d'une représentation des Ghâttes en pointe, et en chef deux abeilles volant au naturel.

Cimier : Une colline verte sur laquelle un paon dans un champ de blé ayant dans le bec un épi, au naturel.— *Devise* : Industry and liberality.

Pour la vie de Sir Jamshedji voyez : *The first Parsee Baronet, being*

Kharshedji, suivit les traditions de son père ; c'était un homme d'un commerce fort agréable, bon orateur, aux manières courtoises et affables. Il contribua à la construction du *Deccan College,* qui coûta près d'un lakh de roupies. Il était président du *Parsi Panchayet* et membre du *Legislative Council.*

Il avait épousé Ratanbai, fille de Kharshedji Surti (originaire de Surate), qui était venu s'établir à Bombay pour ses affaires. Une circonstance curieuse mérite d'être rapportée. Encore tout enfant, son père la mena visiter la somptueuse résidence que le premier Baronnet venait de faire construire dans le Fort. La beauté de la fillette frappa le fils aîné de Sir Jamshedji, qui l'épousa en 1838. Elle eut dix-huit enfants ; trois fils et six filles sont encore vivants ; elle ressentit douloureusement

SIR JAMSHEDJI JIJIBHAI, 2ᵈ BART.

la mort de son mari, auquel elle survécut jusqu'en 1894. Ses dernières années avaient été assombries par la perte de son petit-fils Kharshedji, le fils unique de Sir Jamshedji. Lady Ratanbai était d'un doux et aimable caractère, d'un abord facile, d'une simplicité et d'une bienveillance exquises.

passages from the life and fortunes of the late Sir Jamsetjee Jeejeebhoy, Bart. by Cooverjee Sorabjee Nazir, Late junior scholar, *Elphinstone College,* Bombay 1866. (Voy. son portrait, pl. 16.)

Le second fils du baronnet, Rastamji, avait amassé une fortune colossale pendant la guerre d'Amérique ; il se distingua par sa grande générosité. Pas un *fund*, pas une souscription auxquels il ne prit part ; il ouvrit des écoles, bâtit des *dharmshalas* et entretint des temples. Il siégea au *Legislative Council*, mais sa santé le rendit sédentaire ; enfin la mort de sa femme et la perte de sa grande fortune attristèrent ses dernières années.

Le troisième fils, Sorabji, se consacra aux lettres ; il était versé dans l'étude du persan et favorisa le développement de la littérature indigène. On lui doit trois ouvrages en guzerati. Aussi charitable que ses frères, il a doté Surate d'une école supérieure.

Le baronnet actuel, Sir Jamshedji Jijibhai, est un homme remarquablement bien élevé et sympathique. Il a été choisi, quoique fort

LADY RATANBAI JAMSHEDJI

jeune, pour chef de sa communauté, et son élection a été un véritable événement dans l'histoire des Parsis. Plus de trois mille de ses coreligionnaires se réunirent à l'Albless Bag et lui conférèrent par acclamation ce glorieux titre si dignement porté par ses ascendants. Sir Jamshedji Jijibhai est très aimé et très respecté ; dans les affaires publiques il prend toujours en mains les intérêts de l'Inde ; il siège au *Legislative Council* et a été décoré de l'Ordre de l'Étoile de l'Inde. Il a perdu son fils unique, et jusqu'à présent on ne sait sur quelle branche le titre sera reversible, dans le cas où il ne naîtrait pas d'héritiers mâles.

Comme Sir Jamshedji Jijibhai, Sir Kavasji Jehangir Readymoney s'est fait connaître dans l'Inde entière par son inépuisable bienfaisance. Sa carrière dans les affaires ne fut qu'une suite de profits et de succès; il convient de dire qu'il employa noblement cette immense fortune qui allait chaque jour grandissant[1]. Sir Kavasji descendait de Hirji Readymoney (voyez *supra*, p. 391); celui-ci ne laissa que des filles et un fils adoptif, Jehangir, le fils aîné de sa fille aînée qui s'était mariée à un membre de la famille Banaji. Jehangir épousa à son tour la fille de la seconde fille de Hirji Readymoney Bai Meherbai, la mère de Sir Kavasji. Dès 1837 ce dernier entra dans les affaires, et. en 1846, il ouvrait la liste depuis lors non interrompue de ses grandes fondations[2]. Les plus importantes sont : à Bombay, l'*Ophthalmic Hospital*, l'*Elphinstone College*, l'*University Hall;* à Surate, un hôpital; à Haïdarabad, un asile d'aliénés; à Pounah, l'*Engineering College*. En 1862, Sir Kavasji commença à souffrir de la goutte; il dut se retirer de la vie active et fut forcé de garder le lit, mais il n'en prit pas moins une part sympathique à la chose publique. En 1871, lorsqu'il fut décoré de l'Étoile de l'Inde, les notables de Bombay, réunis à Mazagon Castle sous la présidence du second baronnet, Sir Jamshedji Jijibhai, lui votèrent une statue en marbre[3] qui a été placée dans le *Sir Kavasji Jehangir University Hall;* et, en 1872,

---

[1] *Life of Sir Cowasjee Jehanghier Readymoney, Kt., C. S. I*, etc., prepared by J. Cowasjee Jehangier. With portrait and illustrations. 1890.

[2] Pour la liste des charités publiques de Sir Kavasji Jehangir, voy. *op. cit.*, pp. 68 et suivv. Ces charités s'élèvent à la somme de 1,442,706 roupies; quant à ses aumônes privées, on peut les évaluer à près de 300,000 roupies.

[3] Nous donnons ci-joint (pl. 17) la reproduction de cette statue due au ciseau de M. Woolner. On verra avec intérêt le parti artistique surprenant qu'un artiste européen a su tirer du costume oriental. L'attitude est pleine de dignité, et les draperies sont d'une grande simplicité et d'une belle exécution.

SIR KAVASJI JEHANGIR READYMONEY, KT. C. S. I.

la Reine-Impératrice l'honorait de la distinction de la *Knighthood* du Royaume-Uni. Il mourut au mois de juillet 1878, ne laissant pas d'enfants de son mariage avec Bai Ratanbai et léguant Rs. 24,00,000 à son fils adoptif M. Jehangir, petit-fils de son frère Hirjibhai. En 1895, la Reine-Impératrice a conféré à M. Jehangir la même dignité que celle qu'elle avait octroyée à Sir Kavasji.

C'est en 1854 que commence une ère nouvelle dans l'existence commerciale de l'Inde. La communauté parsie peut revendiquer l'honneur de l'avoir inaugurée, et cet honneur revient spécialement à Kavasji Nanabhai Davar. C'est lui, en effet, qui établit à Bombay la première filature de coton dans laquelle on se servit de la vapeur comme force motrice. Or, à cette époque, ses concitoyens ignoraient qu'un nouveau débouché s'offrirait par là à leur activité et que bientôt leur ville acquerrait un rang égal aux plus riches cités manufacturières d'Europe[1].

[1] Notons le mouvement industriel très important qui s'accomplissait à cette époque dans la communauté. Ainsi, dès le 11 octobre 1839, la première manufacture de soie était ouverte à Pounah par un Parsi, Sorabji Ratanji Patel (*Parsee Prakâsh*, p. 346); en se reportant à la page 113 de la *Parsee Prakâsh*, on y voit que deux Parsis, originaires de Surate, avaient déjà établi une manufacture de soie à Daman, sous la protection du gouvernement portugais qui leur accorda un monopole et le don d'un village, celui de Varacanda, pendant trois générations. — Les Parsis sont d'ailleurs cités dans les récits des anciens voyageurs, par exemple, dans ceux de Hamilton, d'Ovington, de Forbes, etc., comme fort habiles dans l'art du tissage et de la broderie. De nos jours, c'est un ouvrier Parsi, Pestanji Dosabhai Kapadia, originaire de Surate, qui a donné une impulsion heureuse aux manufactures de soieries de Bombay, très languissantes jusqu'alors. Étant entré dans celle de MM. Sassoon & Cⁱᵉ, il parvint à livrer d'excellents produits, et son succès a concouru à l'association de la maison Sassoon avec celle de MM. Tapidas Varjdas & Cⁱᵉ. (Pour l'industrie de la soie, voy. *Imp. Gaz. of India*, 2ᵈ Ed., vol. VI, ch. xx, pp. 602-3.)

En 1840, nous voyons un Parsi établir à Bombay pour la première fois une manufacture de sel (*Parsee Prakâsh*, p. 357); en 1854, une papeterie était élevée par les soins d'un comité composé de Parsis et d'Hindous. Le Président était K. N. Kama, le secrétaire S. P. Framji, les *trustees*, Jagganath Sankersett et Dhanjibhai N. Kama.

Kavasji Nanabhai Davar naquit en 1814. Il appartenait à
une famille riche ; mais les bienfaits de l'éducation étaient
alors presque inconnus, et l'on ne se préoccupa que de la carrière commerciale du jeune homme. A seize ans, il travaillait
déjà sous les ordres de son père, Nanabhai Davar, courtier
de deux maisons anglaises. Quand celui-ci mourut, Kavasji
ouvrit avec son frère une maison pour son propre compte, et, à
partir de cette époque, il donna à la raison sociale le nom de
son père, *Nanabhai Framji Sons and C°;* malheureusement
son frère mourut bientôt et les charges et les responsabilités
retombèrent sur lui ; aussi peut-on dire que sa vie entière
fut toute de travail et de dévouement. Kavasji Davar sup-
pléait aux lacunes de son instruction première par une rare
intelligence et un sens pratique merveilleux. C'est ainsi qu'a-
près avoir étudié la question, il avait reconnu le profit qu'il y
aurait pour l'Inde à établir des filatures qui emploieraient le
coton récolté sur place[1] ; mais, à ce moment-là, il n'avait à sa
portée aucun moyen de réaliser ce projet (1851). Il fallut qu'il
s'adressât à une maison anglaise, celle de Platt Brothers, et
qu'il en obtînt par correspondance les plans et les renseignements dont il avait besoin pour la construction de l'usine
qu'il avait en vue de fonder. Cette maison comprit l'importance de l'entreprise; elle accepta Kavasji Davar pour agent
et fournit l'outillage et les machines à des prix très modérés.
C'est ainsi qu'en 1854 fut constituée *The Bombay Spinning
and Weaving C°,* au capital de cinq lakhs de roupies; la filature, à Tardeo, employait 2,000 broches. (*Parsee Prakâsh,*

---

[1] Quand les Européens arrivèrent aux Indes, ils trouvèrent une civilisation chez les « Maures» et les « Gentoux » au moins égale à la leur. Pour
l'architecture, les produits de soie et de coton, l'orfèvrerie et la bijou-
terie, les peuples de l'Inde n'avaient pas de rivaux; mais tandis que
l'Orient restait stationnaire, l'Occident progressait, et vint le temps où le
tisserand hindou fut obligé de reprendre la charrue et de se faire agriculteur. Les destinées de l'Inde ont commencé à changer du jour où
l'activité industrielle européenne s'y est transportée. — Pour ces
questions en général, voy. *Imp. Gaz. of India,* 2^d Edition, vol. VI,
ch. xx, et pour ce passage la page 598.

p. 761.) Kavasji Davar ne réclama que 5 0/0 de commission, mais les profits-dépassèrent toutes les espérances qu'on
avait conçues; qu'il suffise de dire que pour les premiers six
mois, c'est-à-dire à l'échéance de 1858, le dividende permit
de donner 500 roupies d'intérêt par action de 5,000 roupies!
L'établissement de cette usine, la *première* de l'Inde analogue à celles de Manchester, attira l'attention générale.
Si nous envisageons ses destinées, il convient d'enregistrer
une remarque assez curieuse
qu'on a faite à ce sujet, c'est
que le premier prospectus fut
lancé un vendredi, l'établissement inauguré un vendredi
et détruit un vendredi, le
6 mai 1887!

En 1857, Kavasji Davar
avait également ouvert une
autre filature, *The Throstle
Mill*, qui prospéra ; mais, à
cause de divisions parmi les
associés, on la vendit pour
7 lakhs de roupies, et les nouveaux propriétaires en changèrent le nom en celui de

KAVASJI NANABHAÏ DAVAR

l'*Alliance Spinning and Weaving Mills*. Ces usines sont
encore en activité.

Kavasji Davar mourut en 1873, à l'âge de cinquante-neuf
ans ; avant sa mort, il s'était retiré de la vie active[1].

Son exemple fut suivi par d'autres Parsis qui allaient

[1] On doit à Kavasji Davar divers établissements utiles, entre autres
un atelier pour le nettoyage du coton ; cet atelier fut ouvert à Colaba
et fonctionna six ans. Citons aussi l'introduction d'une presse hydrau-
lique pour le coton et d'une presse à vapeur qu'on manœuvrait facilement
et à bon compte. — Kavasji Davar compte parmi les meilleurs financiers
de Bombay ; il prit une grande part à la fondation de la *Commercial
Bank*, à celle de la *Mercantile Bank* (1853), de l'*Oriental Bank*, de la
Broker's Loan Discount & Banking C°, etc.

changer leur emploi quasi séculaire de *Dubashs* contre celui de promoteurs du grand mouvement industriel ; nous avons nommé les Petits. Le fondateur de la famille, Nasarvanji, avait quitté Surate pour s'établir à Bombay en 1784 et était devenu *Dubash* de quelques navires français et hollandais. Comme il était de taille peu élevée, les marins français lui donnèrent le surnom de *Petit* ; ce surnom lui resta acquis, et fut transmis à ses descendants jusqu'à ce que le *Baronetage*

NASARVANJI M. PETIT

anglais l'enregistrât dans ses listes. Nasarvanji fit longtemps un commerce lucratif avec Calcutta, mais presque à la veille de sa mort il éprouva des pertes sérieuses. Il mourut, jeune encore, à l'âge de 50 ans, laissant deux fils. L'un d'eux, Manakji, né à Bombay le 25 septembre 1803, allait s'élever rapidement à une grande fortune. Associé d'une maison anglaise récemment ouverte à Bombay, il entra en relation avec les commerçants de Londres et des autres marchés européens. En 1855, il construisit avec son fils Dinsha l'*Oriental Spinning and Weaving Mill*. Dinsha Manakji Petit, actuellement Sir Dinsha Petit, avait été frappé des résultats obtenus par Kavasji Davar, et prévoyant des bénéfices futurs, il avait en plus ajouté un tissage à la filature.

Sir Dinsha avait commencé la vie dans les mêmes conditions que son père, c'est-à-dire en qualité de simple commis dans une maison anglaise de premier ordre. Comme

Framji Kavasji, Sir Jamshedji Jijibhai, Sir Kavasji Jehangir Readymoney, Kavasji Davar, il appartenait à cette génération qui ne bénéficia pas de l'éducation universitaire. A neuf ans, il avait fréquenté une petite école tenue par un sergent retiré, Sykes, puis il avait passé dans une autre classe tout aussi élémentaire. En 1840, à l'âge de dix-sept ans, il était entré dans la maison Derom, Richemond and C° dont son père était le principal commis, tout en faisant des affaires pour son compte personnel.

Bientôt d'ailleurs Manakji Nasarvanji Petit allait fonder une maison indépendante sous la raison sociale de MM. Manakji Nasarvanji Sons and C°[1].

Nasarvanji, le second fils de Manakji, était entré aussi dans la maison Derom, Richmond and C°. Son association avec celle de Manakji Narsavanji Sons and C° dura jusqu'après la mort de Manakji (mai 1859), et pendant cinq ans encore les deux frères continuèrent à travailler ensemble. En 1864, ils liquidèrent d'un commun accord et séparèrent entre eux la grosse for-

BAI DINBAI N. PETIT

[1] Nasarvanji Manakji, né le 10 mars 1827, mort le 21 novembre 1891, s'est fait à Bombay une juste réputation de libéralité. Il a donné des sommes considérables pour l'établissement de dispensaires et d'écoles, et il a participé à toutes les souscriptions. Il avait épousé Bai Dinbai, fille de Nasarvanji Jijibhai, dont il eut deux enfants : un fils, Jamshedji, qui mourut sans postérité, et une fille, Bai Avabai, mariée à Framji Dinsha Petit, second fils du Baronnet. Une des plus belles œuvres charitables

tune provenant à la fois du capital dont ils avaient hérité du chef de leur père et de celui qu'ils avaient acquis pendant le temps de leur association.

Comme homme public Sir Dinsha a été mêlé à toutes les affaires importantes de la ville et de la Présidence ; sa situation le désignait à une distinction exceptionnelle. En 1887, l'année du jubilé de la reine, il fut fait shériff de Bombay et honoré de la dignité de la *Knighthood*, puis enfin créé *baronet* (1890)[1]. Inutile de donner la liste des charités de Sir Dinsha : elle serait trop longue! Rappelons toutefois que de nombreux dispensaires et hôpitaux lui doivent leur existence; il a creusé des puits et des citernes, fondé des écoles, soutenu la littérature indigène et concouru à son développement par les souscriptions qu'il a accordées à des auteurs pour leur faciliter la publication d'utiles ouvrages; il a bâti des Temples du Feu et des Tours du Silence. Pendant les calamités publiques, il a contribué par ses dons à toutes les souscriptions; il a été un de ceux qui ont pris l'initiative de l'organisation des secours envoyés aux Zoroastriens de Perse; il a donné plus d'un lakh de roupies au Panchayet Parsi pour les pauvres de la communauté. Quant aux charités privées de Sir Dinsha, elles sont aussi nombreuses que secrètes ; elles ont servi maintes fois à établir de jeunes Zoroastriennes qui n'avaient pas les moyens de payer les frais de leur mariage, à solder les dettes de commerçants qui avaient fait de mauvaises affaires, enfin à régler les dépenses des funérailles des gens respectables morts sans fortune. — Au moment de la grande crise com-

---

de Nasarvanji est le *Jamshedji Nasarvanji Petit Orphanage* (*Lal Bag, Parel,* Bombay) fondé en souvenir de son fils, au moyen des sommes que le malheureux père versa le jour *Uthumna,* c'est-à-dire le troisième après le décès du jeune homme (1888). Depuis la mort de son mari, Bai Dinbai s'occupe de l'*Orphanage* où elle surveille les soins matériels et l'éducation qu'elle fait donner aux petits orphelins. La vie de cette femme admirable est une longue suite de bienfaits publics et de discrètes aumônes.

[1] Voyez son portrait, planche 18.

SIR DINSHA MANAKJI PETIT, BART.

merciale qui suivit la guerre d'Amérique, Sir Dinsha et Nasarvanji surent éviter des pertes provenant de leurs propres spécula-
tions; néanmoins ils en subirent de très sensibles par suite des faillites de leurs amis. On évalue ces pertes à plus de trente lakhs de rou-pies ; les deux frères ne recoururent ja-mais à la loi pour se faire payer.

Sir Dinsha avait épousé en 1837 Bai Sakarbai, dont il eut onze enfants [1]. Bai Sakarbai, d'origine purement iranienne,

LADY SAKARBAI PETIT

était la fille de M. Framji Bhikhaji Panday, qui s'était ma-rié à Gulestan Banu, amenée de Perse par son digne père,

[1] Voici la généalogie de la famille de Sir Dinsha Petit :

NASARVANJI KAVASJI PETIT
né à Surate en 1770, m. à Bombay 20 déc. 1820

Manakji Nasarvanji Petit
né à Bombay — mort à Bombay
le 26 août 1803 — le 21 mai 1859

SIR DINSHA MANAKJI PETIT — Nasarvanji Manakji Petit
né à Bombay le 30 juin 1823 — né le 10 mars 1827, m. le 21 nov. 1891

Kavasji Dinsha — Framji Dinsha — Bomanji Dinsha — huit filles — Jamshedji — Avabai
m. le 23 oct. 1878 — m. le 8 août 1895 — né le 27 mars 1859 — mariées — mort — marié à
laissant 10 enfants | — | cinq enfants | — sans postérité — Framji Dinsha
Jijibhai — Humabai — en 1888 — décédé
marié à Dinbai, fille de Sir Jamshedji Jijibhai

ARMOIRIES. — *Ecu :* D'azur au chevron d'argent chargé de trois abeilles volant au naturel et accompagné d'autant d'urnes allumées au na-turel. — *Cimier :* Un navire sous voile en mer, devant lequel une ancre en fasce, le tout au naturel. — *Devise :* Consequitor quodcumque Petit.

Kaikoshru Yezdar. C'était une femme de bien dans toute l'acception du mot; elle mourut le 5 mars 1890, après une courte maladie[1]. Le baronnet en éprouva la plus vive douleur; bientôt un nouveau malheur vint le frapper : au mois d'août 1895, M. Framji, son second fils, succombait à une fièvre typhoïde.

Le succès de l'*Oriental Spinning and Weaving Mill* fut si complet qu'en 1860 Sir Dinsha construisit une nouvelle fabrique qu'il appela le *Manakji Petit Spinning and Weaving Mill*, en souvenir de son père. Il prit comme associés son frère Nasarvanji et M. Mervanji Framji Panday[2] ; puis l'usine fut constituée en Société sous la raison de *Manakji Petit Spinning and Weaving Company*, au capital de Rs 25,00,000 divisé en 2,500 parts de Rs 1,000 chacune. La Société fut ensuite réorganisée et devint le *Manakji Petit Manufacturing Company*, nom sous lequel elle est actuellement connue. On compte par le fait six grandes usines dans lesquelles Sir Dinsha a la plus large part, savoir : *Manakji Petit Mill, Dinsha Petit Mill, Mazagon Mill, Victoria Mill, Framji Petit Mill* et *Gordon Mills.* En outre, Sir Dinsha s'est occupé de la fabrication du fil et d'articles de fantaisie ; il est le propriétaire d'un établissement à Mahim pour la teinture de filés de laine. On voit à quelle prospérité l'ingénieuse initiative de Davar a donné naissance; peu à peu l'industrie s'est répandue dans l'Inde entière. On n'a qu'à consulter les *Gazetteers* et les *Reports* pour s'en rendre compte.

[1] « We have seldom come across such quick intelligence, strong common sense and unfailing kindliness as hers in the course of twenty years acquaintance with some of the notable women of the times, Indian and European. In Lady Sakarbai these qualities seemed to shine at their best and their charm was greatly enhanced by the innate modesty of their possessor and the genuineness of her every day life. Bai Sakarbai was Sakarbai to every one who went to her; to young and old, rich and poor, strong and weak... » *Indian Spectator*, 9 March 1890.

[2] Mort en 1876. Il a fondé le *Mercan Bag*, maison de convalescence pour les Parsis (1865) et un *Dharmshala;* il a dépensé de très grosses sommes en faveur des Zoroastriens de Perse. Il était le frère de Lady Sakarbai, par conséquent le fils de M. Framji Panday et de Gulestan Banu. Pour la famille Panday, voy. *Mumbai-no-Bahar* 279-295.

En 1879, le nombre des usines était de 58, donnant de l'ouvrage à 40,000 personnes, hommes, femmes et enfants ; sur ce total, 30 étaient dans l'île de Bombay[1]. En 1884, d'après les listes officielles, on en comptait 74, donnant de l'ouvrage à 61,836 ouvriers ; 35 étaient dans la ville et l'île de Bombay ; en 1894-95[2], 144 usines étaient mues par la vapeur ; 100 étaient situées dans la Présidence de Bombay et donnaient de l'ouvrage à 139,000 ouvriers[3].

Nous trouvons dans M. Jamshedji Nasarvanji Tata un des industriels les plus remarquables de l'Inde[4]. M. J. N. Tata n'est plus, comme Framji Kavasji, Sir Jamshedji, K. Davar, Sir Dinsha Petit, un élève des écoles eurasiennes ou des soldats anglais retraités ; il fait partie de la nouvelle génération qui a profité des avantages de l'éducation européenne. Après de brillantes études à l'*Elphinstone Institution*, il entra dans la maison de commerce de son père, dont il devint l'associé après un premier voyage en Chine. En 1865, il fut appelé en Europe pour ses affaires ; en 1877, il construisit sa belle usine à Nagpur, dans l'Inde centrale, et, en 1887, il acheta les *Swadeshi Mills*, à Coorla, près de Bombay.

M. J. N. Tata connaît l'Europe aussi bien que l'Inde ; il s'est rendu compte des rapports qui désormais peuvent s'établir entre les deux pays. Il a beaucoup observé, et il s'efforce de mettre en pratique les fruits de son expérience. Les questions sociales le préoccupent tout particulièrement. D'une stricte justice vis-à-vis de ses actionnaires, il les fait amplement profiter de ses bénéfices ; quant à ses ouvriers hindous, ces humbles des castes inférieures, il cherche à résoudre en

[1] Douze de ces usines sont situées soit dans les États natifs, soit en territoire étranger.

[2] Voy. *Imp. Gaz. of India*, 2ª Ed., vol. VI, ch. xx, pp. 610 et suivv.· et *Statement exhibiting the moral and material progress and condition of India during the year* 1894-95. *Manufactures.* pp. 157 et suivv.

[3] Dans les usines on ne trouve pas d'ouvriers parsis ; il n'y a que des Hindous des castes inférieures, mais les emplois de contre-maîtres et d'ingénieurs sont souvent remplis par des Parsis.

[4] Voyez son portrait, planche 19.

leur faveur un problème dont l'Europe n'a pas encore trouvé la solution pacifique : un projet de pension pour l'ouvrier après trente ans de service ou une paie surélevée après vingt-cinq ans. Il étudie avec non moins de zèle d'autres questions d'un ordre tout différent. C'est ainsi que dans son *memorandum* sur la culture dans l'Inde du coton de provenance égyptienne, il a exposé avec la plus grande clarté la position actuelle de l'industrie cotonnière et les avantages qu'il y aurait à acclimater un coton d'une qualité supérieure à celle que l'on récolte dans l'Inde, ce qui permettrait alors de défier la concurrence étrangère, jusqu'alors victorieuse par cette infériorité de production. Il y va à la fois des intérêts du fabricant et de ceux de l'agriculteur. Le Sind paraît propice comme climat à l'expérience que M. J. N. Tata semble décidé à tenter. Or, s'il la tente, et s'il réussit, qui peut prévoir l'étendue des bienfaits que l'Inde en retirera un jour ?

Arrivé à ce point, nous pensons n'avoir pas besoin de pousser plus loin l'esquisse rapide que nous venons de tracer. Il ne rentre pas dans notre plan de discuter les grands problèmes commerciaux et industriels qui intéressent la vie de l'Inde, ni de parler de cette concurrence éventuelle qui alarme les économistes européens. Contentons-nous de dire qu'il n'y a pas lieu de se montrer si inquiets. Sans escompter les catastrophes et les douloureux événements qui peuvent retarder la marche progressiste de l'Orient, l'Asie possède dans ses vastes territoires, connus d'hier à peine, des populations assez nombreuses pour que l'Inde trouve des débouchés faciles pour sa production industrielle et n'ait pas besoin de venir chercher sur les marchés d'Europe un écoulement que ses gouvernants, — gens éminemment pratiques, — sauront toujours arrêter par les droits et surtaxes qu'ils ne ménagent pas dès maintenant à leur colonie !

M. JAMSHEDJI NASARVANJI TATA

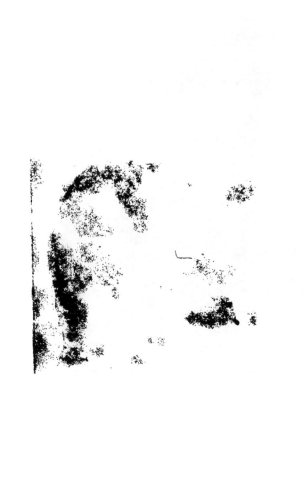

II

Après avoir indiqué à grandes lignes le mouvement commercial, étude qui nous a conduit des humbles origines des courtiers et des *Dubashs* jusqu'aux succès des *Merchant princes* anoblis par l'Angleterre et des grands industriels égaux, bientôt rivaux, des Européens, voyons comment les Parsis se sont affirmés dans la vie intellectuelle. Nous ne les y trouverons ni moins entreprenants ni moins heureux.

Leur activité s'exercera d'abord dans le développement de la presse; bien avant leurs succès universitaires et sans attendre la conquête des grades, ils avaient réclamé le droit de parler, de discuter, et ils en avaient usé. C'est donc comme journalistes que nous allons les rencontrer. Pour bien définir la place qu'ils occupent actuellement dans la presse, il n'est pas hors de propos de remonter à l'origine de celle-ci et de jeter un coup d'œil sur sa situation dans la Présidence de Bombay. On sait qu'elle s'y partage entre les deux idiomes locaux, le Guzerati et le Mahratti[1]; la presse guzeratie est presque entièrement entre les mains des Parsis dont l'influence s'étend également sur les organes anglo-indiens[2].

---

[1] « The Bombay journals are about equally divided between Marathi and Gujarati. Those in the Marathi language are characterized by the traditional independence of the race of Sivaji; the Gujarati newspapers are the organs of the Parsis and of the trading community generally. » *Imp. Gaz. of India*, 2d Ed., vol. VI, ch. XVI, p. 480.

[2] « A vigorous English and vernacular press flourishes in Bombay. The *Bombay Gazette* and the *Times of India*, both of them daily journals, well edited and well informed, represent the Anglo-Indian community. The *Indian Spectator* is an excellent weekly journal in the English language. The *Bombay Catholic Examiner* ably represents the Roman Catholic inhabitants. The *Bombay Chronicle*, a native paper, deserves also notice. The Vernacular press includes *Indu Prakash*, *Jam-e-Jamshed*, *Rast Goftar*, *Bombay Samachar*, *Arya Patrika* and *Gujarathi*. These native papers address their respective circle of

Quatre grands journaux guzeratis sont publiés et
dirigés par les Parsis : le *Rast Goftar*[1], le *Kaiser-i-
Hind*[2], le *Jam-e-Jamshed*[3], le *Bombay Samachar*[4]; viennent
ensuite deux revues : le *Stri-Bodh*[5] et le *Nur-i-Ilam*[6].
Ajoutons à cette liste un journal rédigé en anglais, l'*Indian
Spectator*[7].

Nous avons vu que l'histoire de la prospérité commer-

[1] readers, explaining passing political events, criticising official appointments, and bringing grievances to light. » *Imp. Gaz. of India*, 2ᵈ Ed., vol. III, p. 83.

[1] Journal hebdomadaire; éditeur M. K. N. Kabraji, né en 1842, rédacteur en chef du *Rast Goftar* depuis 1862. M. K. N. Kabraji exerce une influence considérable dans la communauté parsie ; comme écrivain, il a contribué à rapprocher le guzerati parsi du guzerati hindou. C'est un littérateur distingué.

[2] Journal hebdomadaire (anglo-vernacular) ; propriétaire, M. F. C. Mehta. M. D. E. Wacha collabore activement au *Kaiser-i-Hind*.

[3] Journal quotidien ; éditeur et propriétaire M. J. B. Murzban, d'abord *assistant-editor* au *Rast Goftar*, puis *assistant-manager* au *Times of India*, enfin *manager* à la *Bombay Gazette*. M. J. B. Murzban a fait l'acquisition du *Jam-e-Jamshed* et est devenu peu de temps après propriétaire du seul journal anglais quotidien du soir, *The Advocate of India*. M. J. B. Murzban est un excellent écrivain en guzerati ; on lui doit des adaptations très bien faites.

[4] Journal quotidien ; éditeur et propriétaire M. Manakji B. Minocheherji Homjina, connu par ses hautes capacités politiques. M. M. B. M. Homjina est l'auteur d'œuvres très variées, même de compilations musicales estimées.

[5] *L'éducateur des Femmes;* éditeur M. K. N. Kabraji; revue mensuelle très répandue dans les familles parsies.

[6] *Le propagateur de la lumière, de la science et de l'art ;* éditeur M. P. B. Desai. C'est une revue mensuelle, la seule publiée en vernacular, non seulement dans la Présidence de Bombay, mais encore dans l'Inde entière. M. P. B. Desai s'est adonné aux travaux historiques. On lui doit le livre sur les *Desais* de Nausari, cité *supra*, p. 369.

[7] Journal hebdomadaire dirigé par M. B. M. Malabari et rédigé dans l'anglais le plus correct et le plus choisi. La *Voice of India*, fondée par Sir William Wedderburn, Dadabhai Naorozji et quelques autres amis de l'Inde, dans le but de répandre les opinions de la presse native et de les soustraire au contrôle des fonctionnaires anglo-indiens, est publiée en supplément de l'*Indian Spectator*.

ciale de Bombay est intimement liée à celle de la communauté ; nous pouvons dire la même chose de la presse. Un excellent mémoire lu par M. B. B. Patell devant la *Dnyan Prasarak Mandli*, le 2 avril 1895, va encore nous servir de guide[1].

Vers la fin du dernier siècle, les Hindous, même ceux qui étaient en rapport avec les Européens, étaient fort indifférents aux choses de l'étranger, et encore après la publication des périodiques anglais l'ignorance de la langue empêchait qu'ils ne portassent leur attention sur les évènements de l'Occident. Les nouvelles commerciales ne les touchaient que médiocrement ; quant aux grandes guerres européennes du commencement du siècle, à peine furent-elles soupçonnées dans l'Inde.

Le premier journal anglais, le *Bombay Herald*, fut publié à Bombay en 1789 ; deux ans plus tard il changeait de nom pour prendre celui de *Bombay Gazette ;* en 1790, paraissait le *Bombay Courier*, en antagonisme déclaré avec la *Bombay Gazette,* qui accueillait les opinions des réformateurs opposées à celles du *Courier*, très conservatrices. En 1799, sous l'administration de Lord Wellesley, la presse, bien qu'à ses débuts et encore timide, sentit les effets de la censure[2]. Tous les articles, y compris les annonces commerciales, y furent également soumis. Les nouvelles ne devaient pénétrer dans la colonie qu'autant qu'elles n'étaient pas de nature à blesser les intérêts de l'*East India* C°.

L'*Act* de 1799 fut renouvelé à Calcutta, en 1818, par le Marquis de Hastings ; toutefois, en 1835-36, sur l'initiative de Sir Charles Metcalfe, entière liberté fut donnée à la presse, et à partir de cette époque le gouvernement se dessaisit du droit qu'il avait de déporter les journalistes d'allure indépendante. Mais passons sur des détails qui n'intéressent pas

[1] Nous en devons la traduction à notre ami M. M. M. Murzban.

[2] A Bombay, ce fut Francis Warden qui exerça pendant plus de quinze ans les fonctions de censeur ; il les remplit avec beaucoup de tact et de délicatesse.

directement la Présidence de Bombay et revenons à la
Bombay Gazette. En 1845, John Connon en prit la direction, puis en devint propriétaire en 1849 ; le journal existe
encore sous ce nom.

Pendant ce temps, c'est-à-dire pendant plus d'un demi-
siècle, les Parsis avaient accompli leur évolution et affirmé
leurs qualités comme journalistes. Nous les trouvons gérants,
éditeurs, reporters ; la *Bombay Gazette* a eu pendant longtemps un Parsi comme gérant. Lors de sa création, le *Times
of India* a compté beaucoup de capitalistes parsis parmi ses
bailleurs de fonds.

Occupons-nous maintenant de la presse guzeratie ; nous
allons voir comment les Parsis peuvent en être considérés
à la fois comme les fondateurs et les meilleurs champions.
Dès 1778, avant que le journal anglais, le *Bombay Herald*,
eût inauguré sa première presse, un Parsi, Rastamji Kersaspji, associé avec un Européen, en avait établi une, d'où
sortit le premier *Panchang* ou calendrier anglais. M. B. B.
Patell, malgré son zèle et ses recherches, n'a pu arriver à
retrouver le premier numéro, même aux archives du *Secre-
tariate* à Bombay, et il ignore également à quelle famille
appartenait le nommé Rastamji Kersaspji. Il paraît que
vers 1855 l'éditeur du *Bombay Times*, le Dʳ Buist, a vu ce
numéro imprimé sur du papier tellière ; il contenait trente-
quatre pages et le prix en était de Rs. 2. C'est donc à un
Parsi que revient l'honneur d'avoir établi une presse à Bombay, nous pouvons dire dans l'Inde entière, car ce ne fut
que deux ans plus tard, en 1780, que la première presse
fonctionna à Calcutta et qu'il en sortit, en 1781, le *Heekey's
Calcutta Journal*.

Pourtant les Parsis allaient être devancés par les missionnaires de Sérampore ; le 31 mai 1818 paraissait par les soins du
Dʳ Marshman et de M. Ward le premier journal rédigé en
idiome indigène (bengali). Ce fut à Bombay, quatre ans plus
tard (1822), que fut publié le second journal en idiome indigène,
cette fois en guzerati ; le propriétaire appartenait à une famille

sacerdotale zoroastrienne, Mobed Furdunji Marzbanji, petit-
fils de Káus Fredun Munajam, le premier Dastour kadimi de
Surate¹. Furdunji Marzbanji avait acquis sous l'enseignement
de Mulla Firoz une grande connaissance des langues persanes
et arabes et avait accompagné son maître à Bombay. La
difficulté alors était de constituer une fonte de caractères
guzeratis. Déjà Luke Ashburner, propriétaire du *Bombay
Courier*, avait pris à son service un Parsi, Beramji Jijibhai Chhapgar pour fondre des caractères guzeratis destinés à l'impression d'annonces en vernacular dans le *Bombay Courier*.

Marzbanji débuta par la publication d'un *Panchang* guzerati, en collaboration avec Ramshanker, fameux astrologue et faiseur d'horoscopes. Nous lisons dans la *Parsee
Prakâsh*, p. 129 : « Aujourd'hui, 11 novembre 1815, un *panchang* guzerati pour l'année hindoue 1817 a été publié pour
la première fois par Mobed Furdunji Marzbanji, à sa
presse. Prix Rs. 2 ².» Avant de fonder son grand journal l'auteur s'assura du concours du Gouverneur Mountstuart
Elphinstone et des notables européens établis à Bombay.

C'était, en effet, un excellent moyen de propager des réformes utiles, et les communautés hindoues, musulmanes et
parsies l'encouragèrent chaudement. Le 5 juin 1822, fut lancé
un long prospectus rédigé en anglais et en guzerati, et
enfin, le 1ᵉʳ juillet 1822, — date mémorable dans l'histoire du journalisme dans l'Inde, — parut le *Bombay
Samachar*. On y trouva d'abord quelques annonces,
de petits articles et des faits divers pris dans les journaux

¹ Voyez sa vie publiée en guzerati par Minochehr Khurshed. Bombay, 1896.
² Note de M. B. B. Patell dans la *Parsee Prakâsh* : « Nous n'avons
pu réussir à nous procurer un exemplaire de ce premier *Panchang*,
mais il se trouve une collection assez complète du journal chez M. Mervanji Naorozji qui tient les comptes du Panchayet Parsi. Le père de
M. Mervanji Naorozji a été longtemps imprimeur chez M. Furdunji
Marzbanji.»

anglais. Bientôt on y ajouta les nouvelles des pays étrangers, ce qui permit aux journaux anglais à leur tour de reproduire dans leurs colonnes des articles du *Samachar*. Ce grand pas fait, vint le tour des affaires locales, surtout de celles qui regardaient la communauté parsie. La première polémique à laquelle le journal donna asile dans ses colonnes fut soulevée au sujet des dépenses exagérées faites au moment des funérailles. Le *Bombay Samachar* commença alors à acquérir de l'influence et son opinion à compter ; peu après il publia les charités des Parsis, les fondations pieuses, les décès des personnes distinguées, etc.

Une question brûlante ne tarda pas à diviser la communauté, celle de la *Kabisa* (juillet 1826). Le Dastour de Broach, Aspandiarji Kamdin, avait publié à Surate un livre à ce sujet (voy. *supra*, p. 63). Comme le Dastour Mulla Firoz était le maître de Furdunji Marzbanji, ce fut dans les colonnes du *Bombay Samachar* que le Dastour inséra ses réfutations. Le journal se trouva bien de la vivacité de cette polémique et ses dimensions y gagnèrent ! D'autre part, le Dastour F. D. Jamasp Asana, le défenseur des Shahanshahis, l'agent à Bombay du Dastour Aspandiarji, commença à publier contre Mulla Firoz l'*Akhbar-e-Kabissé* (autographié), tandis que les Kadimis lançaient un autre journal appelé l'*Ebtal-e-Kabissé* contre les Shahanshahis. La controverse finit en 1827, et avec elle cessa la publication de ces deux feuilles ; mais le goût de la discussion s'était développé et le *Bombay Samachar* continua de prospérer. Le 2 janvier 1832, il devint quotidien ; puis, en 1833, il redevint hebdomadaire. Pendant plus de dix ans Furdunji Marzbanji en fut le directeur et l'éditeur ; il y déploya de rares qualités d'énergie et y dépensa beaucoup d'argent ; le 1ᵉʳ octobre 1832, il le céda à Kharshedji Hormusji Meherji et à son frère Meherjibhai, et pendant trente-quatre ans il resta dans leur famille. Le 1ᵉʳ novembre 1860, on en augmenta le format, et, en

1866, il parut tous les jours. Il appartient maintenant à
M. M. B. M. Homjina.

Le 1er septembre 1830, un disciple de M. Furdunji Marzbanji, nommé Naorozji Dorabji Chandaru, ayant acquis sous
son maitre une grande expérience, publia un journal
hebdomadaire en guzerati, le *Mumbai Vartman* qui, à partir
de 1831, devint bi-hebdomadaire sous le nom de *Mum-
baina Halkaru and Vartman*. Plus tard, on l'appela le
Mumbai Chabuk. Les articles étaient écrits avec beaucoup
de verve ; l'éditeur prenait une part personnelle à la rédaction et soignait particulièrement le guzerati au point de vue
de la correction et du style.

M. Naorozji Chandaru continua d'éditer le *Chabuk*
jusqu'à la fin de sa vie (1859.) Le journal subit alors un
changement dans sa rédaction et ses opinions.

Le 12 mars 1832, fut fondée par Pestonji Manakji Motivala
une feuille hebdomadaire que nous retrouvons au premier
rang des journaux de notre époque, le *Jam-e-Jamshed* (litho-
graphié) ; ce ne fut que six ans plus tard qu'on se servit de
caractères mobiles ; à partir du 1er août 1853, il parut tous
les jours. Comme le propriétaire était secrétaire du Panchayet Parsi, les nouvelles concernant la communauté
et les sujets de controverse religieuse y furent insérées. Les
éditeurs du *Jam-e-Jamshed* ont été successivement : le Dastour Edalji Dorabji Sanjana, Naorozji Furdunji, Mr D. F.
Karaka, etc. Dès l'origine, le *Jam-e-Jamshed* afficha des idées
conservatrices. En 1838, commença la publication du *Mumbai
Durbin,* par les soins de Nasarvanji Temulji ; elle dura huit
ans. Le 1er août 1849, le *Samachar Darpan* fut fondé par
Naorozji Dorabji Gàe, les Dastours Kaikobadji Mancherji
Mulla Firoz et Aspandiar Framji Rabadina, avec le concours
de M. Kharshedji Nasarvanji Kama. Comme éditeurs remarquables, citons M. D. F. Karaka et Beramji Kharshedji Ghandhi ; le *Samachar Darpan* dura près de vingt ans et fut incor-
poré le 14 avril 1868 avec l'*Akhbar-e-Saudagar* fondé en 1852

(1ᵉʳ juin) par Dadabhai Kavasji Dahadiwala. Deux nouveaux journaux, le *Chitra Dnyan Darpan*, fondé par Kavasji Sorabji Patel¹, et le *Parsi Reformer*, furent publiés à cette époque. Nous arrivons maintenant au *Rast Goftar* fondé le 18 novembre 1851 par M. Dadabhai Naorozji. Il fut d'abord bimensuel, puis au bout de deux ans il devint hebdomadaire sous le patronage de Kharshedj Nasarvanji Kama, Kharshedji Rastamji Kama, Dosabhai F. Cama, Sorabji Shapurji Bengali, Naorozji Furdunji et Pestonji Ratanji Colah. Ces messieurs firent pour le soutenir de sérieuses pertes d'argent pendant près de dix ans. En 1861, le *Satya Prakash*, fondé par le patriote hindou Karsandas Mulji, fut amalgamé avec le *Rast Goftar* qui, le 8 septembre 1869, passa entre les mains de M. B. F. Murzban, le propriétaire de la *Daftar Askara Press*.

Si nous voulons donner une revue rapide des journaux qui ont eu une vogue plus ou moins éphémère, nous citerons le premier journal comique rédigé en guzerati, le *Parsi Punch*², puis le *Satya Deepak*, le *Bag-e-Nashyat*, le *Dost-e Parsi Banuan*, le *Parsi Mitra*, le *Surya Prakash*, le *Dost-e-Hind*, etc. En 1865, le *Suryodaya* sortit des presses du *Bombay Samachar*, mais il ne vécut que trois ans; mentionnons aussi le *Lok Mitra*, le *Satya Mitra*, The *Sunday Review*, le *Yezdan Parasht*, The *Bombay Chronicle*, qui cessèrent de paraître après une courte existence. En 1882, M. F. C. Mehta, le propriétaire du *Stri Mitra*, inaugurait le *Kaiser-i-Hind* qui contient des *editorials* à la fois anglais et guzeratis³.

---

¹ Les principaux éditeurs furent J. H. Panthaki et B. K. Ghandhi.
² Fondé par M. Dadabhai Ardeshir Shaher, le 1ᵉʳ janvier 1854. Ce journal avait pour but de publier la caricature de ceux qui ne remplissaient pas convenablement leurs devoirs publics et de donner ainsi un avertissement aux autres. Le *Parsi Punch* ne dura que dix mois; en novembre 1858, il fut repris par M. Nasarvanji Dorabji Apakhtyar; il est publié à présent sous le nom de *Hindi Punch* par la famille Apakhtyar.
³ Comme journaliste parsi en dehors de Bombay, nommons M. Dinsha Ardeshir Taleyarkhan, fondateur du *Guzarat Mitra* de Su-

Un peu avant, vers 1878-79, M. B. M. Malabari commençait sa carrière de journaliste et se mettait à la tête d'un organe heb_ domadaire rédigé en anglais, l'*Indian Spectator*, qui se distingue par ses qualités de style, sa modération et la dignité de sa ligne politique ; médiateur entre les gouvernants et les gouvernés, M. B. M. Malabari a su faire écouter sa voix jus_ que dans les conseils des vice-rois, et dans certains moments difficiles, grâce à sa situation exceptionnelle vis-à-vis des diverses communautés de l'Inde, guider ou apaiser l'opinion. En 1883, M. B. M. Malabari accepta la direction de la *Voice of India*, pour répondre aux vœux de ses amis de l'Inde, dési_ reux de faire parvenir en Europe dans leur intégrité les nou_ velles politiques souvent défigurées par les fonctionnaires anglo-indiens.

Grâce à M. B. B. Patell, nous avons ainsi appris à con_ naître les noms d'hommes de talent que nous ne tarderons pas à retrouver mêlés au mouvement littéraire ou à la vie publique. La presse a été en effet une salutaire école : d'une part, elle a servi à élever le niveau moral par la libre discus_ sion des questions sociales et politiques ; de l'autre, elle a préparé la voie aux bons écrivains en épurant et en assou_ plissant la langue ; car la plupart de ces fondateurs de la presse n'étaient pas simplement des journalistes ; ils se

rate (anglo-vernacular), écrivain de talent, indépendant et libéral. Il avait commencé par collaborer au *Jam-e-Jamshed*, quand M. K. N. Kabraji en était l'éditeur. Il a beaucoup contribué par sa courageuse attitude à la chute du Guikovar Malhar Rao en mettant en lumière les abus de son gouvernement (1875). Il subit une peine dans la prison de Surate pour avoir dénoncé la négligence et l'incurie du BB. et C. B. I. Railway, lors de la cérémonie de la consécration des Tours du Silence à Tavri, près de Nausari (1861). — Mentionnons à Calcutta M. Sorabji J. Padshah, attaché à la rédaction de l'*Indian Mirror*, qui appartient à M. Norendro Nath Sen, cousin de Keshub Chunder Sen. Voici ce que le fameux Dr Sambhu C. Mookerjee, l'éditeur de *Reis and Rayyet* écrivait à M. G. Syamala Row en 1889 : « It is evidence of that want of culture and of that absence of the critical faculty that degrades our press in the opinion of European society. The truth unfortunately is that with the exception of two Parsis, M. Padshah of Calcutta and M. Malabari of Bombay, our journalists are singulary deficient in literature. »

sont faits tels, lorsque le besoin de la cause qu'ils avaient à
cœur de soutenir commandait une action vigoureuse. C'est
ainsi que nous trouvons au plus fort de la mêlée des Dastours passionnés, sortis pour un instant de l'enceinte des
Temples, des hommes politiques comme Naorozji Furdunji
et Dadabhai Naorozji, des éducateurs comme S. S. Bengali,B.K.Ghandhi et des réformateurs comme B.M.Malabari.

M. K. N. KABRAJI

C'est le *Rast Gof-
tar* qui a rallié d'abord
comme collabora-
teurs cette phalange
de citoyens très actifs,
très ardents et très dé-
voués à la cause de la
Réforme sociale ; il
avait été fondé en 1851
par un groupe de jeu-
nes gens sous les aus-
pices de M. Dadabhai
Naorozji, mais celui-
ci n'en conserva pas
longtemps la direc-
tion à cause de ses oc-
cupations, et en 1862-
63 M.K.N.Kabraji en
devint l'éditeur. Pen-
dant plus de quarante ans le *Rast Goftar* s'est fait l'organe
des réformateurs. Nous y trouvons comme éditeurs principaux Kavasji Edalji, qui est arrivé à une si parfaite possession de la langue anglaise, Edalji Nasarvanji Master de
l'*Elphinstone Institution*,qui a été un excellent vulgarisateur,
Jehangir Burjorji Wacha, qui a mis son remarquable talent
de conférencier au service de ses études scientifiques sur
l'astronomie, la lumière et la chaleur, enfin Sorabji Shapurji
Bengali, qui a occupé une si grande place dans l'œuvre de

la Réforme sociale de sa communauté[1]. En 1850, le goût passionné pour les belles-lettres que S. S. Bengali avait contracté pendant le cours de ses études s'était développé et l'avait porté à se mêler à la presse. Il publia un journal mensuel, le *Jagat Mitra*, puis en 1851 le *Jagat Premi;* entre temps, il avait pris part à la rédaction du *Samachar.* D'humeur très militante, il défendait avec ardeur la religion zoroastrienne contre les jeunes Hindous. Il fut membre de la *Parsi Law Association* jusqu'à ce qu'elle eût été dissoute en 1865. Partisan de l'éducation des femmes, il s'était mis à la tête du mouvement médical. (Voy. *supra*, p. 348.) En 1880, il fut nommé *sheriff* de Bombay. Sa vie a été entièrement consacrée à des travaux aussi utiles que désintéressés et mériterait une étude spéciale.

SORABJI SHAPURJI BENGALI

Au nombre des collaborateurs du *Rast Goftar*, citons aussi M. K. E. Khambata [2] et le Dʳ Kharshedji Framji Khory[3].

[1] Né à Bombay le 15 février 1831, mort le 4 avril 1893. Orphelin presque au moment de sa naissance, ce fut sa mère Bai Bhikhaiji qui surveilla son instruction. Sorabji S. Bengali visita l'Europe en 1863 ; il y fit un séjour dont il rendit compte dans les colonnes du *Rast Goftar*.

[2] Un des meilleurs écrivains anglais de la presse native à Bombay et tenu pour tel par les Anglais eux-mêmes. Il s'occupe surtout de questions de commerce, d'agriculture et de finance avec une grande autorité et beaucoup d'indépendance.

[3] Un des premiers Parsis élevés à l'*Elphinstone Institution ;* excel-

Une association toute scientifique, la *Dnyan Prasarak
Mandli,* fondée peu d'années avant le *Rast Goftar,* réunit
le même noyau d'hommes éclairés que nous avons déjà
cités (6 septembre 1848). M. Dadabhai Naorozji fut le président du comité dont faisaient partie cinq Parsis et trois
Hindous. Le 3 août 1851, une autre Société, la *Rahnumai
Mazdayasna Sabha,* cette fois exclusivement composée de
Zoroastriens et dirigée par un comité dont Naorozji Furdunji
et M. Dadabhai Naorozji étaient les membres les plus en
vue, se donnait pour but de réformer les abus qui s'étaient
introduits dans la communauté par suite de son contact avec
les Hindous.

Si le parti libéral travaillait avec ardeur et fournissait des
hommes de combat, le parti orthodoxe savait lui trouver des
adversaires. A la *Rahnumai Mazdayasna Sabha,* on opposa
la *Raherastnumai Mazdayasna Sabha* (voy. *supra,* pp. 86-
87), et des écrivains de beaucoup de talent s'attaquèrent
à toutes les réformes. Ces derniers furent Mancherji K.
Langrana[1], le fondateur du *Satya Mitra,* et Mancherji Hormasji Kama[2], celui du *Suryodaya.* Malgré ces entraves, il
y eut à ce moment un concours de bonne volonté et d'efforts
en faveur de la réforme sociale qui amena les plus heureux
résultats. Nous disions *supra,* p. 322, en citant M. R. P.
Kakaria, que les Parsis se sont mis volontiers à la tête de
leurs compatriotes hindous, dégagés qu'ils sont des préjugés
de caste qui embarrassent ces derniers. N'est-ce pas, en effet,
un Parsi, M. B. M. Malabari, qui a apporté à l'Inde le bienfait
de l'*Age of Consent Act?* Nous avons parlé de l'œuvre édu-

leat conférencier et éditeur d'un périodique mensuel, *Tandarosti* (santé).
Il a écrit sur toutes sortes de questions d'hygiène au profit de sa communauté et on lui doit l'explication scientifique de certains rites zoroastriens. Son activité se déploya surtout de 1865 à 1870. Il mourut fort
jeune et laissa un grand vide.

[1] Bon écrivain en prose et en vers (guzerati). On lui doit une
traduction en vers du Shah-Nameh, très populaire parmi les Parsis.

[2] Il a traduit en anglais le Zend Avesta.

catrice de Sorabji Shapurji Bengali : à côté de celui-ci se
place Beramji Kharshedji Ghandhi, un des fondateurs du
Chitra Dnyan Darpan, le grand promoteur de l'éducation des
femmes dans la communauté. (Voir *supra*, p. 335, et *Parsee
Prakâsh*, pp. 506-507.) C'était un excellent écrivain et un
homme dévoué à la chose publique. En 1853, il fit ressortir
dans une conférence le manque de lois civiles dont souffraient
les Parsis, et il contribua ainsi puissamment à la formation
de la *Parsi Law Association*. Digne émule de Manakji Kharshedji, il chercha à faire prévaloir son opinion sur l'opportunité qu'il y avait d'arracher les dames de la communauté à
leur isolement et de les mêler à la vie sociale.

B. K. Ghandhi fut la cause involontaire des émeutes musulmanes de 1851 par la publication dans le *Chitra Dnyan
Darpan* de la vie et du portrait de Mahomet. Les Musulmans s'en offensèrent et se ruèrent sur Baherkote, en appelant à la guerre sainte et en cherchant à se venger des Parsis
(17 octobre). Un constable fut blessé, mais les autorités se
rendirent maîtresses de la sédition ; le calme se rétablit et la
police fut chargée de protéger B. K. Ghandhi. Le 3 novembre
suivant, pendant le Mohurrum, les troubles éclatèrent de
nouveau et le sang coula. Le 21 novembre, plusieurs Parsis
furent tués ou blessés ; on fit un siège régulier du quartier et
les vivres n'y parvenaient que difficilement. Pour faire cesser cet état de choses, les Parsis se décidèrent à adresser à
Lord Falkland une pétition signée de 450 noms qui fut présentée par trente-cinq membres de la communauté, ayant à leur
tête Bamanji H. Wadia. Un accommodement eut lieu ;
B. K. Ghandhi fut obligé de faire des excuses et de déclarer
qu'il n'avait pas eu l'intention de blesser les susceptibilités
religieuses des Musulmans en publiant le portrait et la vie
de Mahomet. (*Parsee Prakâsh*, pp. 580-1-2-3.)

Comme collègue et ami de Dadabhai Naorozji et de Naorozji Furdunji, nous trouvons Ardeshir Framji Moos, qui appartient à la première fournée sortie de l'*Elphinstone In-*

stitution. Il fut un partisan déclaré de l'instruction des femmes. Ses aptitudes et ses goûts lui avaient fait choisir des
fonctions où il pouvait les exercer[1]. Il avait un tour d'esprit
très littéraire; ses doubles qualités de savant et de lettré
lui permirent de faire des conférences fort goûtées à la
Dnyan Prasarak Mandli. On lui doit un dictionnaire
anglais-guzerati en collaboration avec M. Nanabhai Rastamji Ranina, qui, comme A.F. Moos, appartient à l'*Elphinstone Institution*. M. N. R. Ranina s'est mêlé à toutes les
questions de réforme sociale; il a figuré avec honneur à côté
de Karsandas Mulji, lors du fameux *Maharaja Libel
Case*[2].

Nommons parmi les hommes les plus distingués de la
communauté M. Ardeshir Framji Vakil. Il mène une vie très
retirée, mais il n'en fait pas moins autour de lui le plus grand
bien. Il est le père des deux premières *lady graduates,* dont
nous avons parlé dans notre chapitre sur l'éducation. (Voy.
supra, p. 350.) Quant à M. D. R. Chichgar, membre très
actif de la *Dnyan Prasarak Mandli*, c'est un apôtre convaincu de l'instruction ; il a inauguré le système des
Kindergarten dans les écoles parsies, dans celles de filles
spécialement.

Parmi les écrivains qui ont excellé dans les idiomes parlés
de nos jours dans la communauté, le guzerati et l'anglais,
nous pouvons citer quelques auteurs qui ont conquis une
place distinguée dans les deux littératures.

[1] Nommé *Assistant Master* à l'*Elphinstone Institution ;* ses connaissances en chimie le firent choisir comme adjoint du Dr Herbert Giraud
et du Dr Robert Haines. Quand on appela les natifs aux chaires de
l'*Elphinstone Institution*, il fut du nombre des quatre professeurs désignés. En 1854, il fut nommé inspecteur des télégraphes et posa la première ligne entre Bombay et Thana ; mais il donna sa démission et
reprit ses fonctions à l'*Elphinstone Institution*.

[2] Voyez, à titre de renseignement curieux, *History of the Sect of the
Maharajas or Vallabacharyas in Western India*. London, 1865, et la
vie de Karsandas Mulji, de la caste des Banians Kapols, par M. Man-
sukhram Suryaram, excellent sanscritiste de Bombay.

M. BEHRAMJI M. MALABARI

C'est ainsi que MM. Sorabji Shapurji Bengali et Kai-
khosru Naorozji _Kabraji et leurs émules ont travaillé à
épurer le guzerati parsi et à le rapprocher du guzerati
hindou; mais c'est à M. Beramji M. Malabari que revient
l'honneur d'avoir victorieusement démontré qu'un Parsi
pouvait être poète et chanter sur le mode hindou les plus
exquises fantaisies de l'imagination, les charmes de la
morale et les austères enseignements de l'expérience[1].

Tout jeune, encore adolescent, M. Malabari avait apporté
de Surate à Bombay le manuscrit du *Niti-Vinod* (les Plaisirs
de la Moralité); très influencé par la lecture des classiques
guzeratis Narsi Mehta, Premanand, Dayaram, etc., de plus,
en rapport avec les lettrés hindous, il avait acquis de la
sorte une connaissance profonde de la langue, et son génie
poétique avait fait le reste (1874). La presse native acclama
cet essai; un journal autorisé et purement hindou, le *Vidya
Mitra*, déclarait que les mètres étaient irréprochables, que le
style était facile et gracieux et que certains passages atteignaient les plus hauts sommets. Le vieux barde aveugle du
Guzerate, Kavi Dalpatram Dayabhai, bénissait son jeune
rival et approuvait son glorieux début.

Le *Wilson Virah* parut bientôt après; le poème, unique
dans son genre, était consacré à la mémoire du Dr Wilson,
d'abord le grand adversaire des Parsis, devenu peu à
peu l'ami des communautés natives de Bombay. En 1881,
dans le *Sarod-i-Ittifak*, M. Malabari, qui s'était affirmé poète
et grand poète dès ses premiers vers, dépassait encore ces
promesses. Si dans le *Niti-Vinod* il s'était rapproché du
guzerati hindou, cette fois il ne craignait pas de faire
un retour hardi au guzerati parsi; les odes et *ghazals*
étaient même composés dans le goût persan. Jamais l'auteur
n'avait été mieux inspiré, plus persuasif; puis de longues

---

[1] Pour la vie et l'œuvre de B. M. Malabari, voy. DAYARAM GIDU-
MAL, *Behramji M. Malabari, a Biographical Sketch with introduction
by Florence Nightingale*, London. Fisher Unwin, 1892. Nous donnons
son portrait, planche 20.

années s'écoulèrent; la réforme sociale et le journalisme absorbèrent M. Malabari. En 1894, parut *Anubhavika*, recueil de vingt-deux pièces de vers qu'on peut considérer comme de petits chefs-d'œuvre par la perfection de la forme et l'élévation des sentiments. Le morceau invitant chacun à l'accomplissement du devoir est une véritable merveille[1].

Un excellent auteur guzerati, M. Jehangir Ardeshir Taleyarkhan, se rattache à l'école de M. Malabari; il a publié de très intéressants romans qui traitent de questions historiques et sociales et qui sont purement et soigneusement écrits. Nous pouvons citer également un jeune poète qui semblait appelé à un grand avenir, Jamshedji Nasarvanji Petit, fils de Nasarvanji M. Petit et de Bai Dinbai. Il avait beaucoup d'élégance dans le style. Sa mort

BOMANJI BYRAMJEE PATELL

Auteur de la « Parsee Prakâsh »

prématurée a été une perte sensible pour la communauté (1888); il se serait montré un patron généreux et éclairé dans le monde des lettres.

Pour ce qui a trait aux livres scientifiques, historiques ou

[1] Un lecteur européen se figurera difficilement le charme de la poésie guzeratie, s'il n'a pas entendu lire ou réciter les vers par un natif; même sans en comprendre le sens, le rythme et la rime rendent l'harmonie sensible aux oreilles les plus rebelles.

religieux, ils sont presque tous rédigés en guzerati. Comme historien, il convient de mentionner encore ici M. B. B. Patell, dont l'œuvre capitale, la *Parsee Prakâsh*, à laquelle nous avons fait de si larges emprunts, est entièrement écrite en guzerati. On lui doit aussi sous forme de lettres une Vie de Firdousi (1871) et une Histoire de la Perse depuis le roi Kaiomors jusqu'à Yezdedjerd (1872). M. J. P. Kapadia s'est également fait connaître par un livre estimé sur la période sassanide, et M. K. D. Kiash a donné un récit trilingue (anglais, guzerati et persan) des antiquités de la Perse (1889).

Il nous reste à signaler quelques traductions d'auteurs européens faites en guzerati pour répandre dans l'Inde les idées occidentales. Une des plus remarquables est celle du livre de Max Müller sur « L'origine et le développement de la Religion à la lumière des religions de l'Inde », par M. B. M. Malabari, en collaboration avec M. N. M. Mobedjina (1881). L'*Introduction*, écrite par M. B. M. Malabari, est considérée comme un morceau de prose guzeratie d'une élégance et d'une simplicité classiques.

Quant à l'anglais, bon nombre de Parsis l'ont possédé et le possèdent d'une façon très complète, soit comme écrivains, soit comme orateurs. Nous avons déjà signalé plusieurs noms auxquels il convient de joindre celui de M. Bomanji Pestanji Master, un des vétérans de l'*Elphinstone Institution*, membre de la *Municipal Corporation* de Bombay. Il a résidé longtemps en Angleterre en qualité d'*assistant* dans la maison *Cama and C°*. M. B. P. Master est un orateur écouté; il a acquis une juste célébrité et ne le cède à aucun Anglais dans les discussions publiques.

Nous retrouverons encore ici au premier rang comme poète et comme prosateur M. B. M. Malabari. Shakespeare, Milton, Byron, Shelley, Burns, Tennyson, dont il était l'admirateur passionné, le servirent aussi bien que ses vieux classiques guzeratis. Dans l'*Indian Muse in English Garb*

(1876), il a eu les plus heureuses conceptions ; ses vers feraient honneur à tout excellent poète occidental au point de vue de la facture et de l'inspiration ; mais on peut dire avec Max Müller que les meilleurs sont ceux dans lesquels l'auteur sent et pense comme un Indien! Le plus chaleureux accueil fut fait à l'*Indian Muse* et Tennyson se disait *the far away but sincere friend* de M. Malabari[1] !

Ne faut-il pas être doué d'un véritable don de poésie pour posséder à un si haut degré cette faculté d'assimilation qui permet tout à la fois de garder intactes ses propres impressions et son originalité et de se jouer avec les difficultés de métriques aussi différentes que la métrique anglaise et la métrique guzeratie?

Parmi les œuvres en prose de M. Malabari, nous trouvons *Gujarat and the Gujaratis* et l'*Indian Eye* dont nous avons parlé *supra,* p. 328. Bien que parues à un assez long intervalle, il est impossible de séparer les deux productions ; l'auteur n'a pas varié dans sa manière de voir et de sentir. Qu'il visite à nouveau sa bien-aimée patrie du Guzerate ou qu'il vienne sur notre continent, il ne se départ ni de sa méthode, ni de son style si personnel : nulle réminiscence, nul souvenir, nul modèle. Dans la prose, il écrit comme il veut et comme il pense; il a conquis une entière indépendance. C'est d'une plume alerte et aiguisée, d'un esprit vif et souvent satirique, tout au moins malicieux, qu'il aborde l'étude des gens et qu'il crayonne leur silhouette; mais tout à coup, après une spirituelle boutade, il surprend son lecteur par des élans magnifiques qui dévoilent son âme de philosophe oriental et de pur zoroastrien ! Ces contrastes rendent le style de M. Malabari extrêmement attachant.

---

[1] M. Malabari a écrit en 1879 des vers intitulés « *In memoriam* » sur la mort de la Princesse Alice de Hesse-Darmstadt, la mère de S. M. l'Impératrice Alexandra Féodorowna. Ils lui furent inspirés par l'envoi d'un portrait que lui avait adressé Son Altesse Royale, portrait qui ne parvint à Bombay qu'après le décès de cette mère incomparable.

Nous trouvons ensuite un auteur de talent, M. R. P. Karkaria, qui s'est fait connaître par la publication des *Lectures* inédites de Carlyle sur la littérature et la civilisation européennes (1892). Cette année (1896), il a publié une biographie très soignée de M. B. M. Malabari, en groupant autour du sujet de son étude les progrès qui, depuis quarante ans, se sont accomplis dans la vie politique et sociale de la présidence de Bombay[1].

Avant de clore ce chapitre, il convient de citer les noms de certains Parsis sortis de l'Université ou des écoles spéciales, et qui forment une réserve utile. Ce sont : à Baroda, MM. Kersapji R. Dadachanji, M. A. et Jamshedji Ardeshir Dalal, M. A. ; à Bhaunagar, M. Jamshedji Unwala; à Bombay, M. Dosabhai N. Wadia, M. A.; à Pounah, MM. Kavasji D. Naegamwala, M. A., et Furdunji M. Dastur, M. A. ; à Bombay, M. Framji Kavasji Banaji, M. A. ; à Karachi, M. Burjorji Jamaspji Padsha, B. A.; à Bombay, le Dr Nasarvanji F. Surveyor, M. D. ; à Surate, M. Dorabji, E. Gimi, B. A. Beaucoup parmi les premiers se sont déjà affirmés avec succès dans la carrière qu'ils ont choisie; les autres sont pleins de promesses et prêts à les réaliser. Notre liste est malheureusement imparfaite et écourtée; elle prouve seulement que l'activité intellectuelle chez les Parsis est loin de diminuer. L'orientation des études et les méthodes sont essentiellement occidentales.

III

Nous avons dit que les Parsis avaient fait par la presse leur éducation littéraire et leur apprentissage à la vie publique ; le rôle qu'ils vont remplir maintenant dans la politique ne sera d'ailleurs pas pour nous surprendre. Les récits des

---

[1] *India : Forty Years of Progress and Reform, being a Sketch of the Life and Times of Behramji M. Malabari.* London, 1896.— Voy. aussi : *The late K. T. Telang and the political movement in India.* Reprinted from the *Calcutta Review.*) Bombay, 1895.

voyageurs nous les représentent honnêtes et laborieux, amassant silencieusement de grosses fortunes sans se mêler des affaires des gouvernants, Ranas ou Nawabs; toutefois, si absorbés qu'ils fussent dans leur négoce, il savaient en bon temps s'entremettre et devenir des intermédiaires utiles auprès des princes natifs. Que ce fût dans un but purement commercial, cela n'est pas douteux : c'est bien là le rôle du courtier de nos factoreries; mais la façon dont ce rôle était rempli révélait des qualités qui, l'occasion venue, pouvaient prendre un autre cours. Cette évolution est la dernière que nous ayons à faire connaître. Elle se résume dans le succès parlementaire du grand *leader* libéral Dadabhai Naorozji, le député d'une circonscription électorale de Londres, avant tout le représentant d'une nation qui, jusqu'alors, était réduite au silence et qui, à défaut de son vote, l'accompagna de ses vœux.

Si nous revenons aux humbles origines des rapports des Parsis avec les princes natifs, nous rappellerons d'abord ceux du courtier de la loge anglaise, Rastam Manak, avec Aurengzeb. A Surate, dès le XVIIIe siècle, la communauté avait son représentant accrédité auprès du Nawab, le *Modi*, qui était pris comme arbitre dans les affaires litigieuses et dans les matières civiles que la loi ne reconnaissait pas. La même famille a toujours continué jusqu'à nos jours de remplir ces fonctions toutes gratuites[1]. L'ancêtre, Nanabhai Punjiabhai, était mort à Surate en 1667 (*Parsee Prakâsh*, p. 15). Un de ses descendants, Bhimji Kuvarji, eut auprès du Nawab une mission délicate à remplir, celle de lui faire connaître les vexations éprouvées par les Parsis du chef des officiers

---

[1] Khan Bahadur Davar Rastamji Kharshedji succéda à son père en 1837 comme *modi* de Surate; il mourut sans postérité le 1er avril 1894, à l'âge de quatre-vingt-douze ans. Il prit une part active aux affaires de la communauté et fut membre de la *Parsee Law Commission*, présidée par Sir Joseph Arnould (voyez *supra*, p. 278). Son frère M. Edalji lui succéda.

musulmans qui imposaient aux Zoroastriens la dure corvée, contraire en tout à leurs codes religieux, de creuser les tombes des Musulmans. Le Nawab écouta la requête et, par un firman en belle et bonne forme; exempta les Parsis de cette pénible besogne.

A Delhi, nous trouvons un Parsi, Sorabji Kavasji, Sardar d'un régiment de deux mille fantassins et de cinq cents cavaliers, avec le titre de *Nek Sant Khan*. Cette haute fortune était dùe à la réparation d'une horloge donnée à l'Empereur par le Sultan. Cette horloge ayant été dérangée, nul n'arrivait à la faire marcher; le Nawab de Surate, connaissant l'habileté de Sorabji Kavasji, l'envoya à Delhi (1744). L'Empereur fut si satisfait du travail qu'il combla d'honneur Sorabji et le pressa de rester à sa cour[1]; il accorda aussi à ses deux fils les titres de *Beheremandkhan* et de *Talyarkhan;* de retour à Surate, la haute position personnelle du Parsi lui permit de rendre de grands services aux Anglais. Le 2 mai 1760, d'accord avec un officier musulman, Sorabji obtint de la cour de Delhi un firman qui remettait la garde du château de Surate et donnait la charge de l'amirauté au Président de l'*East India* C° (*Parsee Prakàsh*, p. 42)[2]. Un de ses petits-fils, Dhanjisha, se distingua par sa

[1] Sorabji fut chargé par l'Empereur de la perception des droits de douane et reçut des *Jaghirs* dans les *Parganas* de Parchol, de Chaurasi et de Daboli, subdivisions du *Zilla* de Surate. Quand il revint dans cette dernière localité, il fut nommé Contrôleur du Revenu de Surate et présenta des robes d'honneur (*Khilats*) à Charles Trommelin et à John Spencer, chefs de la factorerie anglaise. A son tour, le 2 mai suivant, en *Durbar* solennel, Sorabji reçut une robe d'honneur de la main des représentants de l'*East India* C°. Il mourut en 1772, à l'âge de soixante-cinq ans (*Parsee Prakàsh*, p. 48); il était très charitable et légua de grands terrains pour l'établissement de fondations pieuses. Ses deux fils s'adonnèrent au commerce du coton et de la soie, tout en conservant l'administration des *Jaghirs* confiés à leur père et la ferme des droits de Douane.

[2] *Extract of a letter from the Chief-in-Council to the Hon'ble the President and Council of Bombay, dated Surat 3rd May 1760:*

valeur et perdit la vie dans des circonstances mémorables. En 1791, à la mort de son père, il avait été nommé *Mamlatdar*[1] d'Olpad, de Karod et de Walwad; en 1800, l'*East India C°* enlevait Surate au Nawab, et Dhanjisha devenait un de ses agents dans les états voisins de Sachni, de Bansda, de Mandvi et de Dharampour. Son dévouement à la chose publique fut cause de sa mort.

Un prétendu *Mahdi* avait fait son apparition vers 1810 dans la petite ville de Bodhan, qui appartenait au Rajah de Mandvi, à 15 milles de Surate; il somma les habitants de se rendre et d'embrasser la religion de Mahomet : « A tous les conseillers et au Hakim de Surate, disait-il, qu'il soit connu que l'Imanmul Deen, de la fin du monde, ou Emaum Mahdee, s'est révélé, et que le nom de ce durveish est Ahmud; et que dans l'Hindevie on l'appelle Rajah Nukluk. Sachez que si vous n'acceptez pas la foi musulmane, il faut quitter la ville ou vous préparer à combattre. Le Fakir est descendu du quatrième ciel avec quatre corps combinant Adam, Essah, fils de Marium, Jesus fils de Marie, et Ahmud, et tous quatre viendront au même endroit; ils n'ont avec eux ni fusils ni mousquets, mais un bâton et un mouchoir. Soyez donc prêts. *Le 11 Zilhij* (17 janvier 1810)[2]. »

• Yesterday being esteemed fortunate the Horse and Surpow for the Hon'ble Company, and the Surpow for the chief presented by His late Majesty was received upon Castle Green, in the most public and respectful manner. The Nawab's eldest son Faruskhan, the Kajee, and all the principal officiers and merchants attending. The Surpow for the Hon'ble Company, we have delivered to Captain Lindesay, but the horse is kept here as a public mark of His Majesty's favour. On this occasion we judged it proper to present Haddee Khan and Naike Saut Khan who brought the present a Jagunnat and Surpow each, amounting in the whole to about 600 Rupees, which we hope your honour, etc., will approve. » (*The Cities of Gujarashtra*, by *H. G.Briggs, Appendix C. pp. VIII.*)

[1] Chaque district est divisé en 10 *talukas*; pour chaque *taluka*, il y a un *mamlatdar* ou *revenue collector*.

[2] BRIGGS, *Cities of Gujarashtra*.

Le chef de Surate, M. Crow, comprit qu'il importait d'agir, avant que n'éclatât une crise de fanatisme, et de s'emparer de la mosquée dans laquelle Abdul Rahman s'était retranché avec soixante-quinze Arabes. M. Crow s'avança escorté d'un détachement de dragons commandés par le capitaine Cunningham et accompagné de Dhanjisha Beheremandkhan en qualité d'agent indigène. Les dragons arrivèrent dès l'aurore à Bodhan; Dhanjisha, un des premiers, traversa la rivière et se porta à la rencontre du Fakir pour l'amener à capituler sans combat; mais le Musulman s'obstina. On se battit ; le Parsi fut tué ainsi que le *Vakil* du Rajah et quelques braves. Une furieuse mêlée s'ensuivit; la cavalerie fléchit et le capitaine Cunningham fut obligé de revenir à la charge avec l'infanterie. La mort d'Abdul Rahman termina le combat; le 56e fut mis en garnison à Mandvi et la sédition se trouva ainsi conjurée.

Dhanjisha était mort à quarante ans; il laissait une veuve et des enfants auxquels le gouvernement de Bombay accorda une pension annuelle de 3,000 roupies. Ses deux fils, Phirozsha et Ardeshir, marquèrent glorieusement dans les annales de Surate et se distinguèrent par leur esprit public.

Phirozsha suivit la carrière judiciaire. D'abord employé à la cour de justice sous les ordres de M. Crow, il devint *Mamlatdar* de l'agent politique indigène du gouvernement de Bombay à Bansda, à Dharampour et autres districts, puis *Sadar Amin* à Surate, enfin juge indigène dans ce *Zilla*. Il s'acquitta de ces diverses fonctions avec tant de distinction, qu'il reçut de Mountstuart Elphinstone les honneurs d'un durbar public, où on lui offrit une robe de grand prix et un *Jaghir* d'une demi douzaine de villages d'un rapport annuel de Rs 12,000. Il continua de remplir ces fonctions jusqu'à sa mort qui arriva en 1843. Les Parsis se rappellent encore avec émotion les témoignages d'estime qui lui furent prodigués à ses funérailles[1].

[1] KARAKA, *Hist. of the Parsis*, vol. II, ch. 1, p. 27. Depuis le

Ardeshir, frère cadet de Phirozsha, fut *Kotval*[1] de Surate. Par sa valeur et son courage il mérita le titre de Bahadur. Il commença par être attaché à la cour de justice de Surate et devint principal *Sadar Amin* (juge). Dans les plus cruelles phases de la vie de Surate, l'inondation de 1822 et le grand incendie de 1837, il prodigua sa vie et sauva celle de ses malheureux concitoyens[2]. C'est, comme on le sait, à ces deux tristes causes trop souvent répétées, que Surate a dû en partie son déclin.

Outre les dangers de l'inondation et de l'incendie, Ardeshir en combattit d'autres d'un ordre différent, mais tout aussi

prince jusqu'au paysan, depuis le plus haut fonctionnaire jusqu'au plus petit boutiquier, toutes les classes se confondirent pour suivre les restes du défunt à sa dernière demeure, pendant que la pompe et la solennité des cérémonies étaient rehaussées par les emblèmes de deuil adoptés par le cortège. La bière était suivie, nous dit un chroniqueur local, par une partie de la communauté zoroastrienne, laïques, *Dastours, Davars* et autres chefs spirituels au nombre de près de quinze mille ; puis venaient les fonctionnaires judiciaires, *Kazis, Muftars, Nazirs, Amins, Vakils,* agents et scribes. Ceux-ci étaient suivis à leur tour par un fort détachement de cavalerie précédé par le Rana de Dharampour et sa suite ; la cavalerie du Nawab sous les ordres du *Diwan,* Mirza Mahomed Ali Beg Khan, se déployait ensuite; enfin se pressait une foule compacte de près de mille personnes composée de résidents hindous, de banquiers, de commerçants et de boutiquiers. On y remarquait des Musulmans, des Arméniens, des Mogols et des Juifs ; en dernier lieu arrivaient les *Kolis* (pêcheurs) et les *Kunbis* (cultivateurs) dont le défunt était particulièrement aimé. Cette multitude si mêlée comme race, langue, costume et religion accompagna le corps depuis la maison mortuaire jusqu'à l'entrée de la Tour du Silence où, selon les usages Parsis, les non-zoroastriens ne furent pas admis. Les cérémonies une fois terminées, chacun reprit sa place dans le cortège et revint au point de départ.

[1] Chef de la police.

[2] Le feu se déclara le 24 avril 1837, à la chute du jour, dans la maison d'un riche Parsi et se propagea rapidement ; il acquit bientôt une intensité effroyable. Les tourbillons de fumée éclairés par les flammes se voyaient à plus de trente milles dans la plaine ; enfin, le 26, le feu se calma. Les quartiers les plus populeux avaient été détruits ; les habitations des riches Borahs et leurs mosquées étaient réduites en cendres. Des femmes et des enfants périrent dans les *Zenanas,* d'où ils n'avaient pu réussir à s'échapper ; des cadavres furent trouvés carbonisés en tas sous les décombres.

sérieux pour la prospérité de la ville. Il entreprit de purger Surate et les rives de la Tapti des pirates et des maraudeurs qui désolaient le pays [1]. Il réussit et reçut du Gouvernement les témoignages de satisfaction les plus flatteurs, *Khilats* et *Durbars*, sans compter le titre de Khan Bahadur, un cheval richement caparaçonné d'or, un jaghir de la valeur de 3,000 roupies par an, enfin une médaille qui lui fut remise par M. Sutherland dans un *Durbar* solennel, en récompense de son zèle pour la chose publique. Un seul incident obscurcit momentanément la bonne renommée d'Ardeshir. En 1844, M. R. D. Luard l'accusa d'avoir pris part à une conspiration qui avait pour but de ruiner une des maisons les plus honorables de Surate. Une accusation aussi grave fut suivie d'une prompte réparation. Le *Sadar Amin* revêtu du

---

[1] Pour se former une idée de l'état de Surate à cette époque et pour apprécier les efforts d'Ardeshir, il faut se souvenir que la ville et la rivière étaient à la fois infestées de voleurs et de pirates hardis et adroits. L'avarice indolente du citoyen était exposée à la rapacité de son voisin nécessiteux, qui lui-même favorisait le misérable Koli du Guzerate ; or de telles félonies étaient souvent rendues plus atroces encore par le meurtre des paisibles habitants surpris à l'improviste. L'impunité augmentait l'audace de ces brigands.

Le système des pirates était très ingénieux. Les *dons de l'Océan* (heureuse appellation, ce semble !) étaient partagés depuis le Nord, à partir de Cambaye, jusqu'à Daman, au Sud, par une ligue dont les émissaires étaient trop fréquemment les serviteurs ou les amis du commerçant... On était habitué à entendre parler de naufrages et d'orages d'une sorte fort particulière ; ce qui n'empêchait pas Swali Nest ou Thari Hole de recevoir des centaines de balles de coton ou autres dépouilles qui n'avaient pas été avariées par la mer et qui n'avaient fait d'autre voyage que celui de la rivière. Les gains étaient distribués équitablement et offraient à la bande criminelle des moyens d'existence pendant un certain nombre d'années. Mais ce complot audacieux, si vaste et si attentatoire au bien public, finit par être découvert et puni.

M. Anderson, gouverneur de Bombay, homme austère et résolu, avait été frappé de cette situation, quand il était juge à Surate ; mais il n'était pas arrivé à trouver le moyen de remédier à ces maux, tant qu'il n'avait pas été secondé par un auxiliaire jeune et déterminé. Il rencontra cet auxiliaire dans Ardeshir. A partir de cette époque datent les efforts de ce dernier pour le bien de Surate. (*Parsee Prakâsh*, p. 699.)

Khilat donné par Sir John Malcolm, l'épée à la ceinture, la
poitrine ornée de sa grande médaille d'or, se fit porter dans
son palanquin à l'*Adawlut* pour y entendre la lecture du
message du Gouvernement qui le déchargeait de tout
soupçon et le réintégrait dans ses places et ses fonctions.
Un cortège brillant lui faisait escorte ; à son retour, une
foule enthousiaste l'acclama sur son passage en jetant des
fleurs sur son palanquin et en demandant au Tout-Puissant
d'accorder au *Kotval* joie et prospérité. — Ardeshir se
retira des affaires en 1846 et finit ses jours dans la retraite
en 1866.

Suivons les Parsis à la cour des princes natifs, où ils furent
de très actifs agents politiques. En 1800, un *Desai* rendit de
grands services aux autorités anglaises qui, cette année-là
même, entraient en relation avec l'État de Baroda. Il prit
part également à la négociation poursuivie par le Gouvernement de Bombay, à l'effet d'aider le Guikowar à se débarrasser d'une garde de mercenaires arabes qui retenaient le
prince prisonnier dans son propre palais (1802).

A la cour du Peichwah, Kharsehdji Jamshedji Modi acquérait presque au même moment une haute influence. Originaire de Cambaye, il s'était rendu à Pounah près du colonel Close, le résident anglais, qui l'avait nommé agent indigène ; cette position le mit en relation avec Baji Rao. Celui-ci
le consultait volontiers sur des questions importantes et
l'appela au poste de *Sar-Subha*, gouverneur du Carna-
tique, fonctions qu'il remplit conjointement avec celles
d'agent indigène sous les ordres du Résident anglais.

L'envie et la malveillance s'attaquèrent bientôt à lui. Un
des Sardars du Peichwah, Sadasiv Bhau Mankesvar l'accusa
de manœuvres et de malversations. Le prince ne prit
pas garde à ces dénonciations ; mais un autre Sardar,
Trimbakji Danglia, releva l'accusation sous une autre forme :
il informa M. Elphinstone, alors Résident à Pounah, que Kharshedji conspirait avec Baji Rao contre les Anglais. En effet,

la double situation d'agent du Résident et de gouverneur d'une province mahratte semblait incompatible. On le convia à opter ; il s'y soumit et résigna sa place si importante auprès du Peichwah pour ne conserver que celle qu'il avait à la Résidence. Cependant ces intrigues le lassèrent; il résolut de quitter Pounah, et se préparait à partir lorsqu'il mourut empoisonné, dit-on. On n'a jamais su s'il avait pris le poison volontairement ou s'il lui avait été administré par une main ennemie (1815).

Nous allons voir maintenant les Parsis appelés à remplir des fonctions publiques et y marquer leur place.

Quand les natifs furent rendus aptes, par *Act* du Parlement, à siéger au jury et à devenir *Justices of the Peace*, Lord Clare choisit parmi les Parsis, à côté des Hindous et des Portugais, Sir Jamshedji Jijibhai, Bamanji Hormasji Wadia, Framji Kavasji Banaji, Kharshedji Ardeshir Dadiseth, Naorozji Jamshedji Wadia, Kharshedji Rastamji Wadia, Hormasji Beramji Chinai et Dorabji Pestanji Wadia (1er mars 1834).

Ce n'est qu'en 1855 (6 décembre) que nous trouvons Manakji Kharshedji en possession des fonctions de *sheriff* de Bombay. (Voy. *supra*, p. 339.) C'était le premier Parsi, mieux encore le premier natif qui en eût été investi jusqu'alors. Viennent ensuite : Bamanji Hormasji Wadia (1858), Manakji Kharshedji (pour la seconde fois (1863), Dosabhai Framji Karaka (1872), Kharshedji Furdunji Parakh[1] (1877), Sorabji Shapurji Bengali (1881), Sir Dinsha M. Petit (1887), Dr Kavasji Hormusji (1894).

---

[1] Mort en août 1896 ; à une époque Kharshedji F. Parakh était un des plus riches commerçants de Bombay, mais des revers inattendus lui firent passer les trente dernières années de sa vie dans une gêne véritable. Il a laissé une grande réputation de générosité et de désintéressement; ses charités mériteraient une longue mention. On lui doit aussi la *Flora Fountain* bâtie sur l'Esplanade ; en 1845, il répara et agrandit le refuge pour les vieillards et les aveugles à Chaupati. Pendant la famine du Guzerate, en 1862, il distribua aux affamés près de Rs 80,000 de riz et Rs 90,000 d'argent.

Le premier Parsi que nous voyons au *Legislative Council* fut, — nous pensons ne pas nous tromper, — Rastamji Jamshedji Jijibhai, second fils de Sir Jamshedji Jijibhai, le premier baronnet. Il fut appelé à y siéger en 1861 sous l'administration de Sir George Russell Clerk et une seconde fois en 1865.

M. Dosabhai Framji Karaka, l'auteur de « *History of the Parsis* », déjà *Sheriff* en 1872, était élu président de la *Municipal Corporation* en 1875, et en 1877 membre du *Legislative Council*, le premier *fonctionnaire natif* qui eût encore obtenu cette distinction. La carrière de M. D. F. Karaka a été du reste singulièrement heureuse et bien remplie[1]. Après avoir débuté comme *assessor* sous les ordres du *municipal commissioner*, pendant plus de vingt-sept ans il a servi utilement le Gouvernement[2].

[1] Il a commencé sa carrière dans le journalisme. Tout jeune, il succéda à Naorozji Furdunji comme éditeur du *Jam-e-Jamshed ;* mais il cessa de s'en occuper et s'adonna à la tradnction des articles qui paraissaient dans les journaux natifs pour le compte du Dr Buist au *Bombay Times*, de M. John Con non, à la *Bombay Gazette*, et de M. Jamieson, au *Telegraph and Courier.* En 1855, il fit partie de la rédaction du *Bombay Times*, comme on appelait alors le *Times of India;* or, à cette époque, le personnel des bureaux des journaux était peu nombreux et M. D. F. Karaka cumulait alors les fonctions de gérant et de sous-éditeur. Au moment de la révolte de 1857, le Dr Buist ayant eu des difficultés avec le propriétaire du *Bombay Times*, qui était un natif, fonda le *Standard ;* mais, malgré les offres les plus tentantes, M. D. F. Karaka resta fidèle au *Bombay Times*. Il affirmait en même temps sa ligne politique dans une brochure intitulée : *British Raj contrasted with its predecessor and an inquiry into the results of the present rebellion in the North West upon the hopes of the natives of India.* Publiée en guzerati et en mahratti, cette brochure obtint l'approbation unanime de la presse. Le colonel W. H. Sykes, alors président de la Cour des Directeurs, la fit traduire en anglais et se chargea d'écrire l'introduction, estimant qu'il y avait lieu de chercher à répandre l'opinion d'un natif dont l'éducation anglaise n'avait pas altéré sa foi primitive de Parsi et qui, sans l'avoir rendu chrétien, en avait fait tout au moins un loyal « *british subject* ».

[2] Voyez sur la retraite de M. D. F. Karaka, *Bombay Gazette*, 30 déc. 1887, et le *Times of India*, 5 janvier 1888.

C'est ainsi que les Parsis avançaient rapidement dans les fonctions publiques ; avec Naorozji Furdunji ils vont s'engager résolument dans la vie politique. Naorozji Furdunji est un de ces grands esprits, courageux et libéraux, qui font honneur à la race ou à la société à laquelle ils appartiennent. Émule de M. Dadabhai Naorozji, il a pu souvent différer d'opinion avec lui, mais si les deux *leaders* n'ont pas toujours eu les mêmes vues sur les moyens d'action à employer, leur but était commun ; ils ne se cédaient en rien pour le civisme et le désintéressement.

Naorozji Furdunji naquit à Broach en 1817 : son père était *Vajif-dar*, ou teneur de fiefs. Il étudia quelque temps à

M. D.-F. KARAKA

Surate, avec le Rev. Thomas Salomon, puis il vint à Bombay, ou il fut élevé à la *Native Education Society's School*; il s'y distingua par ses rares capacités et fut bientôt appelé à y enseigner ; il passa plus tard, comme nous le verrons, à l'*Elphinstone Institution.* Dès cette époque, il avait commencé son grand travail de réforme sociale. C'était alors la préoccupation non seulement des Parsis, mais encore de toutes les autres communautés. Des professeurs comme Patton, Green, Harkness et Reid avaient sur leurs pupilles une influence analogue à celle du Dr Arnold

à Rugby. Dadabhai Naorozji, V. N. Mandlik, Sorabji Shapurji Bengali, Dr Bhau Daji, furent les élèves de ces
maîtres excellents. Le lien intellectuel qui unissait ces jeunes
gens continua de subsister; même après leur sortie de l'*Elphinstone*, ils se groupèrent volontiers autour de celui qu'ils
appelaient Naorozji Master et cherchèrent l'appui d'Européens éclairés tels que Sir Erskine Perry et le Dr Wilson.

NAOROZJI FURDUNJI

Il convient de dire
que ce mouvement
trouva peu d'en-
couragement dans
la communauté
Parsie. Sir Jam-
shedji Jijibhai se
tint prudemment
à l'écart, tandis que
la famille Cama et
FramjiKavasji don-
nèrent leur adhésion
au « Young Bombay
Party », et que le
Rast Goftar de-
vint l'organe écouté
des jeunes réforma-
teurs. Mais ceci
nous a amené trop
loin; revenons en arrière. En 1836, Naorozji Furdunji fut nommé *Native Secretary and translator* et attaché à Sir Alexander Burnes pendant son ambassade à Caboul. D'heureuses
circonstances lui permirent d'échapper aux massacres qui marquèrent cette expédition. Il visita successivement les cours du
Sind, de Ranjit Singh et des princes du Panjab. Ses rapports
sur les relations commerciales avec ces diverses régions lui
gagnèrent l'appui du Gouvernement, et, de retour à Bombay,
il fut nommé *Assistant Professor* à l'*Elphinstone College*.

En 1840, il éditait le *Vidya Sagar* et le *Jam-e-Jamshed* ; puis il se chargeait de la direction d'un journal mensuel appelé *Rahnumai Zarthosti* (fondé le 1er juillet 1842, par Pestonji Manakji Motiwala), afin de défendre le Zoroastrisme contre les chrétiens. Ardent promoteur des réformes sociales et religieuses, il fut près de trente ans le président de la *Rahnumai Mazdayasna Sabha*.

En 1845, Naorozji passa à la Cour suprême où, pendant vingt ans, il remplit les fonctions d'interprète-traducteur. En 1864, il prit sa retraite, et en témoignage de ses fidèles services, on donna son nom à une Bourse nouvellement créée à l'Université. La même année, il fut nommé *Justice of the Peace*.

C'est en 1852 (20 août) qu'il commença sa carrière politique en fondant avec le Dr Bhau Daji [1] la *Bombay Association*, qui avait pour but principal de faire connaître les vœux et les besoins de l'Inde au Gouvernement anglais. Sa brochure sur *The Civil Administration of the Bombay Presidency* fut lue et appréciée aussi bien à Londres qu'à Bombay, à l'époque où fut présenté au Parlement le *Government of India Bill* [1].

Naorozji Furdunji fut successivement *Fellow* de l'Université, membre actif de la *Parsi Law Association*, délégué à la *Chief Parsi matrimonial Court* ; en toute occasion, souscriptions, rapports, questions de finance, il était choisi pour représenter les intérêts de Bombay. Le

[1] Né à Mandra (Goa) en 1821. Il fit ses études à Bombay et s'adonna à la médecine. Excellent dans son art, il était en plus un antiquaire distingué. Max Müller dit de lui que le peu qu'il a produit vaut des milliers de pages écrites par d'autres. Comme homme politique, il a exercé une influence très considérable.

[2] Après avoir pris sa retraite, Naorozji Furdunji alla trois fois en Angleterre, où il essaya de recruter des partisans pour la cause des natifs. Il parla devant l'*Indian Famine Committee*, l'*India Association*, et s'efforça d'influencer la Chambre de commerce en faveur de l'Inde. Il fit preuve de si exceptionnelles capacités qu'il conquit rapidement la confiance d'homme tels que H. Fawcett et J. Bright.

troisième *Parliamentary Report* de 1873 témoigne du zèle et du talent dont il fit preuve pour soutenir la *Bombay Association* et la *Poona Sarvajanik Sabha*. En 1857, au moment de la Révolte, alors que les rapports entres les natifs et le Gouvernement étaient le plus tendus et les susceptibilités le plus excitées, Naorozji Furdunji réussit à faire renvoyer l'éditeur du *Bombay Times* qui, par des articles maladroits, contribuait à augmenter le mécontentement chez les natifs.

Ce fut lui encore qui dénonça les dépenses exagérées de la Municipalité de Bombay, et c'est par lui que furent réorganisés d'après le mode électif la *Bombay Municipal Corporation* et le *Town Council*. — Pour un homme comme Naorozji Furdunji, nous n'avons pas besoin d'énumérer les distinctions et les témoignages d'estime qu'il reçut de ses concitoyens et du Gouvernement. Quand il mourut, le 22 septembre 1885, le peuple perdit son défenseur, son *Tribun*, glorieux titre ratifié par Sir Richard Temple lui-même.

Au moment de la mort de Naorozji Furdunji, son camarade et émule, Dadabhai Naorozji, était à la veille de livrer sa première grande bataille parlementaire. Voyons par quelles étapes successives il allait parvenir à son éclatant succès de 1892.

Nous l'avons laissé (*supra*, p. 310) se disposant à quitter Bombay pour fonder à Londres la maison de commerce *Cama and Cⁿ*. Il était déjà connu pour sa généreuse initiative, son rôle actif dans la presse et dans les Sociétés nouvelles, telles que la *Dnyàn Prasarak Mandli*, la *Rahnumai Mazdayasna Sabha;* il avait prêté son concours à Naorozji Furdunji et au Dʳ Bhau Daji pour la fondation de la *Bombay Association ;* dans l'œuvre de la réforme sociale il avait pris part à la grave question du second mariage des veuves de haute caste si courageusement remise à l'ordre du jour par M. B. M. Malabari. Hindous et Parsis, dès qu'il s'agissait d'un mouvement civilisateur, le réclamaient dans leurs rangs.

En 1855, Dadabhai Naorozji était encore un homme fort jeune. Doué des facultés intellectuelles les plus brillantes, d'une simplicité de manières exquise, d'un abord franc et cordial, il plaisait à tous les Parsis ; ajoutez à tant de rares qualités ces vertus privées qui commandent le respect et la sympathie, et l'on aura une idée de cette position exceptionnelle qui s'est affirmée avec les années et qui explique l'accueil qui est fait au vétéran de la politique de l'Inde chaque fois qu'il paraît en public.

Arrivé à Londres, il se trouvait mêlé à des populations différentes de celles au milieu desquelles il avait vécu jusqu'alors, et il avait à compter avec les besoins d'une civilisation tout autre ; néanmoins les exigences d'une vie nouvelle ne le détournèrent pas un instant de son programme de loyauté vis-à-vis de l'Angleterre, de patriotisme vis-à-vis de l'Inde.

Il ne peut entrer dans un cadre aussi restreint que le nôtre de donner un résumé de cette vie si utile et si remplie ; nous nous bornerons à en indiquer les traits principaux. Appelé à s'occuper des questions politiques les moins connues des lecteurs européens et à discuter les problèmes sociaux les plus compliqués, Dadabhai Naorozji mérite d'avoir, — et il l'aura, — un historien fidèle qui saura mettre en relief comme il convient le rôle considérable qu'il a joué à son époque, en l'éclairant d'une étude approfondie du mécanisme de la vie moderne de l'Inde.

Un de ses premiers soins, en arrivant à Londres, fut de persuader aux amis qu'il avait à Bombay de lui envoyer leurs enfants pour leur faire donner une instruction européenne[1]. Dadabhai prévoyait les conséquences ultérieures d'un

---

[1] Pendant son premier séjour en Angleterre, M. Dadabhai fit partie des Sociétés suivantes : la *Liverpool Literary and Philosophic Society*, la *Philomathic Society*, le *Liverpool Athenæum*, etc. Il fut nommé professeur de guzerati au *London University College*. En 1861, il parla dans des *meetings* sur les coutumes et les usages des Parsis et sur leur religion. La même année, M. Dadabhai prit en main la cause du

plan d'éducation qui mettrait les natifs à même d'entrer en compétition avec les Anglais et de prendre part à l'administration de leur propre pays. Une occasion se présenta bientôt pour lui de défendre les intérêts de ses compatriotes; nous y avons fait allusion, p. 312, au sujet de l'échec de R. H. Wadia, candidat à l'*Indian Civil Service;* mais il n'avait pu obtenir aucune concession pour l'âge, simplement l'assurance que s'il survenait désormais des changements pour la limite d'âge, le candidat serait averti en bon temps. Toutefois ses efforts n'avaient pas été perdus, car le *Council of India* prit en considération la demande qu'il lui adressa pour que les natifs obtinssent une plus large participation aux affaires de leur pays, dont on les avait tenus jusqu'alors éloignés. Fidèle à son plan, M. Dadabhai employa le temps d'un court séjour qu'il fit dans l'Inde en 1864[1] à réunir des fonds dont, à lui seul, il fournit la plus forte partie pour former une bourse de voyage, qui devait être donnée à la suite d'un concours entre les gradués des Universités de l'Inde; mais son initiative généreuse échoua à cause d'une panique financière qui, à ce moment-là même, frappait la place de Bombay. Revenu à Londres, il jeta avec quelques amis les bases d'une Société toute politique, l'*East India Association* (1867)[2], connue d'abord sous le nom de la *London Indian Society*, et dont il fut le secrétaire; en 1869, il en

Dr Mancherji Behramji Colah qui avait été écarté des examens d'entrée pour l'*Indian Medical Service*. En 1865, il développa ses idées devant la *London Indian Society* sur les règlements à introduire dans les examens du *Civil Service*.

[1] En 1866, M. Dadabhai, dans un mémoire lu devant l'*Ethnological Society* sur les *European and Asiatic Races*, répondit aux attaques du Président de la Société, M. Crawford.

[2] En 1867, citons : *England's Duties to India; Mysore; Memorial and Address for the admission of natives into the Indian Civil Service and the expenses of the Abyssinian War;* en 1868: *Memorial of the natives of the Bombay Presidency resident in England, and correspondence with Sir Stafford Northcote for the establishment of Female Normal Schools as proposed by Miss Carpenter; Admission of educated*

établit une *Branch* à Bombay. Cette Société avait pour but d'attirer l'attention sur les intérêts de l'Inde. Grâce aux efforts de M. Dadabhai, elle recueillit de nombreuses adhésions, concentra des fonds et obtint l'appui des princes natifs.

La situation de M. Dadabhai commençait à s'affirmer et son opinion à compter¹. Dans la *Native Opinion Press* (1ᵉʳ juillet 1869), nous trouvons le jugement de ses compatriotes sur ses efforts et ses succès : « Depuis l'époque de Ram Mohun Roy, disait-on, aucun natif n'était arrivé à conquérir une réputation semblable dans l'Inde et en Angleterre. Il serait à souhaiter que les natifs instruits se fissent les médiateurs entre les gouvernants et les gouvernés et remplissent ce rôle comme M. Dadabhai. Or la réputation de Ram Mohun Roy ne s'était guère étendue au delà du Bengale ; il se peut même que, pendant sa vie, le grand réformateur n'ait pas été connu dans notre Présidence (Bombay), tandis que le nom de Dadabhai Naorozji est acclamé par ses compatriotes dans toutes les Présidences, et à l'heure présente nous ne connaissons pas un homme politique dont la parole ait chez les princes natifs autant de poids que la sienne..... Dans

Natices into the Indian Civil Service; Reply to Sir Stafford North-cote's speech in Parliament on the subject; Correspondence with Sir Stafford Northcote on the Indian Civil Service clause in the Governor-General of India Bill; Reply to Lord Willian Hay on Mysore; Duties of Local Indian Associations; Irrigation Works in India.

¹ En 1869, il fit trois conférences en guzerati et une en anglais devant l'*East India Association* et rédigea une *address* au moment de la fondation de la *Bombay Branch*. Vers la même époque, il fit une autre conférence en guzerati sur la *Condition de l'Inde* dans un *Meeting* réuni à l'instigation du Thakur Saheb de Gondal ; il écrivit un mémoire sur le *Civil Service clause* dans le *Governor of India Bill* qui fut envoyé de Bombay à l'*East India Association*, et un autre sur le *Bombay Cotton Act* qui, par suite des discussions qui s'ensuivirent, amenèrent le rejet de l'*Act* par le Secrétaire d'État. En 1870, nous trouvons de nouveaux mémoires sur les besoins et les ressources de l'Inde, et, en 1871, sur le commerce et l'administration financière de l'Inde.

les classes élevées, le nom de Dadabhai est le synonyme de tout ce qui est pur, honorable et juste. »

Continuons à suivre M. Dadabhai dans sa carrière. En 1873, les efforts de l'*East India Association* amenèrent la formation d'une enquête parlementaire sur les questions financières relatives à l'Inde ; puis vint la discussion sur l'*Indian Civil Service*. Il serait trop long d'expliquer comment et pour quelles raisons les natifs, malgré les aptitudes réelles de quelques-uns, avaient été jusqu'alors empêchés d'entrer en compétition avec les Anglais pour les places du Gouvernement. Il est évident que l'Angleterre a toujours préféré les services de médiocres fonctionnaires anglais à ceux des natifs, quelque qualifiés que fussent certains de ces derniers à remplir les plus hauts emplois. Les efforts de M. Dadabhai réussirent à amener un système de recrutement intermédiaire et la création du *Statutory Service* (voy. *supra*, p. 313) qui fut abrogé quand la limite d'âge pour les examens du *Covenanted Civil Service* eut été élevée en faveur des étudiants indiens.

En 1874, M. Dadabhai revint à Bombay, et nous allons le voir exercer les fonctions de *Diwan* (premier ministre) chez un grand prince natif, le Guikowar de Baroda. C'était le premier Parsi qui en eût encore rempli de semblables, et les difficultés n'allaient pas lui manquer.

La mauvaise administration de Malhar Rao avait déterminé les Anglais à obliger le prince à introduire des réformes dans son gouvernement dans un laps de quinze mois, et le Guikowar fit alors appel à la bonne volonté de M. Dadabhai, qui accepta. Ce fut assurément une des époques les plus pénibles de la vie de cet homme de bien. Ses amis, Sir Bartle Frere lui-même, ne lui dissimulèrent pas l'opposition qu'il rencontrerait à une cour peu disposée à accepter des réformes. Cette opposition allait se trouver fortifiée et appuyée par le mauvais vouloir de l'agent anglais, le Colonel Phayre. Celui-ci, dans un but assez difficile à définir, ou plutôt que nous préférons ne pas définir, s'interposa résolument entre le prince et son *Diwan* et augmenta leurs ennuis; mais, exemple unique dans les annales des États natifs, sur un appel direct du *Diwan* au vice-roi (lord Northcote), l'agent anglais fut rappelé. Dans sa brochure sur la *Baroda Administration in 1874,* M. Dadabhai a énuméré tous les obstacles qui lui furent suscités. D'un autre côté, Sir Lewis Pelly, sucesseur du Colonel Phayre, a pleinement mis au jour les services rendus par M. Dadabhai, qui, pendant son court passage aux affaires, avait réprimé avec énergie les abus et les vices de vénalité et de corruption qui s'étaient introduits dans l'administration de la justice; cette opinion a été ratifiée par Sir Erskine Perry et Sir Bartle Frere. Toutefois, — chacun ici encore tirera la conclusion qui lui conviendra,—le Secrétaire d'État de l'Inde refusa d'imprimer la défense de M. Dadabhai dans le *Report* des livres bleus qui contiennent les allégations restées non prouvées du Colonel Phayre! Malgré le rappel du colonel, M. Dadabhai fut obligé de se démettre. Sir Madhav Rao lui succéda; il ne fit que suivre la voie tracée par son prédécesseur, ce qui prouve que, si le mauvais vouloir de l'agent anglais n'avait pas entravé les réformes de M. Dadabhai, celui-ci serait arrivé à des résultats aussi satisfaisants que ceux qui marquèrent la brillante carrière de Sir Madhav Rao [1].

De retour à Bombay, M. Dadabhai fut élu membre de la *Corporation* et du *Town Council;* il n'en remplit les fonctions que pendant une année. Il était absorbé alors par l'étude de questions financières d'un ordre très élevé : avec beaucoup de courage il avait dénoncé dans deux mémoires lus à la *Bombay Branch of the Indian Association* les causes de l'appauvrissement de l'Inde, de cette mise à sec, de ce soutirage annuel de 30 millions sterling, soit 750,000,000 de

[1] Brahmane mahratte, né à Kumbakonam (Présidence de Madras) en 1828, mort en 1891; un des hommes politiques qui, avec Sir Salar Jung, font le plus grand honneur à l'Inde moderne.

francs, aü profit de l'Angleterre[1].Mais ne nous engageons pas
dans l'analyse de cette grande question : cette analyse nous
entrainerait à émettre des jugements trop personnels[2]. Nous
nous contenterons de faire remarquer que, fidèle à sa ligne
politique, M. Dadabhai fondait bientôt avec Sir William
Wedderburn, la *Voice of India* qu'il confiait à M. B. M.
Malabari. M. Dadabhai en fut le gérant et M. Malabari l'éditeur. Là encore il poursuivait le même but : relier l'Inde à
l'Angleterre et mettre les deux pays en rapport direct, sans
avoir besoin de l'intermédiaire des Anglo-Indiens.

Ce fut au mois d'août 1885 que Lord Reay, avec cet
esprit libéral qui le caractérise, l'appela au *Legislative
Council*. Cette justice tardive fut accueillie avec la plus
grande satisfaction par tous les partis.

Au mois de décembre, le 27, le 28 et le 29, il prenait part
aux séances du premier Congrès National qui siégeait à
Bombay[3].

---

[1] En 1876, M. Dadabhai prépara et publia sa brochure sur « *Poverty
of India* », d'après des notes soumises au *Select Committee* de 1873,
mais qui ne furent pas insérées dans le *Blue Book*. C'est un livre d'un
puissant intérêt de lecture, un ouvrage qui va de pair avec ceux de
M. Giffen et de Sir James Caird. On peut s'y rendre compte par des
chiffres exacts du drainage annuel de 30 millions sterling au bénéfice
de l'Angleterre. On y trouve des matériaux suffisants pour défrayer une
demi-douzaine de budgets émanés d'un chancelier de l'Échiquier; bien
qu'il ait fallu dix ans pour obtenir une sanction officielle aux faits, ils ont
été reconnus exacts, et Sir Evelyn Baring a accepté le témoignage de
M. Dadabhai, à savoir que le revenu annuel de chaque individu dans
l'Inde n'excède pas en moyenne 27 roupies ! — *Poverty of India* a été
réimprimée en 1888.

[2] De 1876 à 1879, M. Dadabhai correspondit avec Sir Erskine Perry sur les
emplois à accorder aux natifs, et avec Sir David Wedderburn au sujet des
traitements et des pensions donnés aux Européens dans toutes les carrières. En 1880, il écrivit au secrétaire d'État sur les productions et les
besoins du Punjab et de l'Inde, et fit paraître *The moral Poverty of
India and native thoughts in the present british indian policy* et *A few
statements in the Report of the Finance Commission of 1880*. De
1878 à 1884, M. Dadabhai entretint une correspondance privée avec
M. Hyndmann touchant les affaires de l'Inde.

[3] Le Congrès siège annuellement dans les grands centres des diverses

Nous ne pouvons songer à expliquer le mécanisme de cette assemblée, qui a conquis une importance si considérable et qui pourtant n'est pas vue d'un même œil bienveillant par les différentes communautés. Chez les Parsis, les opinions furent au début diversement partagées; elles le sont encore. Néanmoins le Congrès a rallié des hommes éminents, tels que MM. P. M. Mehta et D. E. Wacha. Quand M. Dadabhai le présida à Calcutta en 1886, certains de ses coreligionnaires s'écrièrent même que c'était un gain pour l'Inde et une perte pour la communauté!

Dans l'intervalle des deux Congrès, pendant l'année 1886, M. Dadabhai avait commencé une campagne parlementaire et posé sa première candidature. A peine remis d'une grave maladie, il annonça à quelques amis son intention de tenter les chances d'une élection; mais, sauf M. Malabari, personne ne l'avait encouragé; seul, le jeune homme comprit la pensée de son vieil ami et l'approuva. Il savait d'ailleurs que l'opinion était bien disposée en Angleterre et que M. Lal Mohan Ghose[1] avait déjà préparé le public en faveur

Présidences et les représentants y font connaître les besoins de l'Inde et ses griefs. Des *résolutions* y sont émises pour être communiquées aux autorités anglaises. Ces revendications sont généralement mal vues des Anglo-Indiens; il n'y a pas lieu de s'en étonner, puisque le but du Congrès est de reconquérir petit à petit une part dans le gouvernement du pays par ses propres habitants! — Les Parsis, pour la plupart, sont assez indifférents au mouvement politique si chaudement défendu par les Hindous, surtout par les Bengalis, et à l'écart duquel se tiennent les Musul- mans. Cette indifférence tient peut-être à ce que les Parsis doivent en partie leur situation prospère à la domination anglaise, et ils craignent, vienne la lutte entre les deux grandes communautés hindoues et musul- manes, de se trouver sans défense entre les belligérants. Ceci est une simple supposition.

[1] M. Lal Mohan Ghose est le frère du fameux Man Mohan Ghose décédé au mois d'octobre 1896. Il appartient à une respectable famille de Brahmanes Kayasthas de Bikrampore, district de Dacca (Bengale). Les deux frères eurent les plus grandes facilités pour étudier les insti- tutions de l'Angleterre et le caractère anglais. Rappelons que Man Mohan Ghose a été le premier Bengali admis à plaider devant les cours du Bengale comme membre du barreau anglais; ce fut lui qui réclama

de la candidature d'un natif; aussi n'hésita-t-il pas à se mettre en campagne, et il réussit à obtenir l'appui du parti libéral. Or, par cet appui, — il faut bien l'avouer, — M. Dadabhai s'aliénait les conservateurs et n'acquérait que de tièdes sympathies du côté des libéraux. Toutefois, dans un *Meeting* de l'*Executive Committee of the Holborn Liberal Association* (18 juin 1886), il fut agréé comme représentant des libéraux et des radicaux pour la circonscription de Finsbury, et, le 19 juin 1886, il adressait sa profession de foi à ses commettants. Les circonstances étaient peu favorables. Les élections générales de 1886 se posaient carrément sur la question de la *Home Rule* pour l'Irlande, question qui passionnait l'opinion ; d'un autre côté, la circonscription attribuée à M. Dadabhai était si connue pour son caractère conservateur que les chances de succès ne semblèrent d'abord que très minimes ; mais le candidat sut parler avec tant de tact et d'à propos dans les réunions publiques que, le jour de l'élection venu, 1,950 voix échurent au libéral contre 3,651 au conservateur! Cette défaite était presque une victoire ; car, au début de la campagne, à peine M. Dadabhai pouvait-il compter sur 500 voix, tant à cause de l'esprit conservateur de la circonscription que de l'influence personnelle de son adversaire, le Colonel Duncan, et de l'antipathie générale pour l'attitude politique de M. Gladstone au sujet de l'Irlande.

Bien des raisons expliquent la froideur avec laquelle le parti libéral avait accueilli son candidat étranger, froideur qui était parfois allée jusqu'à l'hostilité ; en effet, à peine la grande valeur de M. Dadabhai avait-elle réussi à tenir en respect des

___

énergiquement la séparation des fonctions de juge de celles de *Collector magistrate,* cumul qui a été la cause de si criantes injustices. M. Lal Mohan Ghose est certainement le meilleur orateur de l'Inde. Quelques années avant M. Dadabhai Naorozji, il avait essayé de poser sa candidature sous les auspices d'hommes tels que John Bright et Henry Fawcett; mais il avait échoué pour des motifs que nous n'avons pas à discuter.

M. DADABHAI NAOROZJI, M. P.

amis qui le soutenaient si peu qu'ils le priaient de se retirer !
Quand M. B.M. Malabari vint en Angleterre (1890-91), il se
rendit compte de la situation et résolut d'agir. Pour nous,
nous ne pouvons parler ici que d'une manière générale ;
mais nous pensons que le lecteur comprendra que, tout
libéral que soit un Anglais, il ne l'est pas au point de donner
volontiers son appui à la candidature d'un natif, et ce que
les partis voulaient surtout éviter, c'était la présence
au Parlement d'un homme comme Dadabhai, dont les immu_
nités de député pouvaient servir un pays qui n'a pas droit
à une représentation officielle. Les deux amis tombèrent d'ac_
cord que, vu les circonstances, il n'y avait pas lieu de se retirer.
M. B. M. Malabari prit sur lui d'expliquer la position aux
chefs du parti ; il écrivit et parla à plusieurs des plus autorisés,
entre autres à Lord Ripon, et il réussit à amener une entente.
Au mois de juin 1892, M. Dadabhai Naorozji fut nommé
par *The Central Finsbury Division*. Il allait représenter à la
Chambre des Communes sa modeste circonscription de
Londres, mais avant tout l'Inde entière, dont il avait inscrit
en grosses lettres le nom à la fin de son *Address*, en réclamant
des *réformes*. Pour le reste il avait adopté le programme
des Libéraux[1]. (Voy. son portrait pl. 21.)

A son retour dans l'Inde, pour l'ouverture du Congrès
National, qui allait siéger cette année-là à Lahore, M. Dadabhai fut l'objet d'une ovation véritable. Le *Siam* arriva en vue de Bombay le 3 décembre 1893, ramenant
celui que l'Inde ne craint pas d'appeler son *grand old man*!
Quant à lui, il revenait vers les siens en toute simplicité et
cordialité, vêtu de son costume national parsi : jacquette
noire, pantalon de soie rouge et coiffé du *pagri*! La ville entière était pavoisée ; les princes natifs, les hauts fonctionnaires de l'État, les délégués des diverses Présidences et des

---

[1] M. Gladstone, Miss Florence Nightingale, Sir Charles Russell, Lord
Ripon, Lord Rosebery, Lord Aberdeen, Sir John Budd Phear, etc., lui
envoyèrent leur adhésion et leurs meilleurs vœux.

communautés religieuses étaient réunis pour lui offrir leurs hommages. Béni par les Dastours au seuil du Temple du Feu, acclamé par une foule enthousiaste, le député de Finsbury se sentit vraiment l'élu d'un peuple pour le bien duquel il avait travaillé toute sa vie !

En Angleterre, la situation de M. Dadabhai n'était ni moins grande et ni moins belle. Il avait le rare avantage d'être écouté par les deux partis. « C'est vraiment un spectacle touchant, écrivait M. Malabari à un de ses amis, de voir ce vénérable patriote admis à plaider devant la plus auguste assemblée de l'Empire la cause d'un peuple jusqu'alors sans

M._M. M. BHAUNAGRI

voix. Je trouve dans ces événements la réalisation de mes rêves les plus chers. »

Avec la chute du cabinet Gladstone, M. Dadabhai rentra dans la vie privée ; mais un autre de ces messieurs de la communauté, M.Mancherji Mervanji Bhaunagri [1] figura comme

[1] M.M.M. Bhaunagri est né en 1851. Son père était agent à Bombay de l'État natif de Bhaunagar. Après avoir fait de fortes études universitaires, il suivit la carrière du barreau et se fit inscrire à Lincoln's Inn. On lui doit un traité sur la Constitution de l'*East India C°* dont il conçut le plan quand il était encore à l'*Elphinstone Institution*. Il a écrit dans beaucoup de journaux, surtout dans le *Rast Goftar*. Il a publié une élégante traduction en guzerati du volume publié par la reine d'Angleterre : *Leaves from the Journal of our Life in the Highlands*. Pour sa car-

membre de la nouvelle Chambre, et cette fois comme membre conservateur libéral (*Unionist*). Le 16 mai 1895, il était élu par la circonscription de N. E. Bethnal. Nous renvoyons à sa profession de foi pour se rendre compte de la fidélité avec laquelle il a suivi son programme.

A côté de M. Dadabhai Naorozji, il convient de mentionner M. B. M. Malabari ; nous l'avons déjà vu sous les divers aspects de son talent si varié ! Dans l'histoire de la Réforme sociale chez les Hindous nul n'a été à la fois aussi audacieux et en même temps aussi pratique. La place qu'il y occupe est unique; dans la politique, elle n'est pas moins éminente. Ce n'est pas un homme politique bruyant, nous dit son biographe et ami, M. Dayaram Gidumal; cependant la part qu'il a prise dans le grand mouvement politique depuis dix ans est considérable [1]. Il a été la main droite de Dadabhai Naorozji, et, par sa modération comme éditeur d'un des principaux journaux natifs et son influence sur la presse, il a fait œuvre de bon citoyen pendant les périodes agitées. Du reste, quoique d'âges et de goûts différents, M. Malabari et lui vivent dans la plus étroite intimité et la plus grande confiance ; leurs deux familles n'en forment pour ainsi dire qu'une.

Nous avons dit que c'est, en effet, à M. Malabari que M. Dadabhai s'adressa quand il fonda *The Voice of India* avec Sir William Wedderburn. M. Malabari est un de ceux qui gardèrent leur sang-froid pendant l'agitation qui suivit le *Procedure Code Amendment Bill and the Bengal Tenan-*

---

rière publique, voy. son *Address* à ses électeurs de N. E. Bethnal, et pour ses opinions politiques : *Conservative India, an Address delivered before the Junior Constitutional Club, on Feb. 6 1895* ; *East India Revenue Accounts ; speech by M. Bhownaggree, M. P. (Bethnal Green N. E.) on thursday 12 August 1896*; *reprinted from the « Parliamentary Debates »*, *authorized edition ;* au sujet du Congrès, *Saint James's Budget*, Jan. 25, 1895.

[1] L'*Indian Problem*, Bombay, 1894, donne les opinions de M. Malabari sur les questions actuelles de la politique indienne.

cy Bill. En rapport avec les hommes éminents du pays, il pouvait beaucoup en faveur de l'apaisement général. Ce qui caractérise la ligne politique de M. Malabari, c'est sa modération, sa très endurante, presque débonnaire attitude vis-à-vis de ses opposants, enfin son absolu désintéressement. S'étant donné pour tâche d'être l'intermédiaire entre les gouvernants et les gouvernés, d'expliquer aux uns et aux

M. P. M. MEHTA

autres leurs devoirs et leurs droits, il a voulu rester libre et indépendant. Sous ce rapport, il est d'une logique implacable. En 1887, Lord Reay appréciant les services d'un homme de cette valeur, voulut lui assurer la place de *sheriff* dont cette année-là, celle du jubilé de la Reine, la dignité de la *Knighthood* était l'accompagnement, M. Malabari décli-na. Chacun est libre de louer ou de blâmer cet acte de complet effacement; beaucoup ne l'approuvèrent pas; il faut pourtant reconnaître que, loin de diminuer, il a augmenté le prestige de celui qui a été capable de l'accomplir[1] ! Ce n'est

[1] Voyez les journaux de l'époque : *Bombay Gazette*, déc. 1886; *Sind Times*, Karachi, déc. 1886; *Dnyan Prakash,* Poona, déc. 1886; *Yezdan Parast,* Bombay, déc. 1886; *Rast Goftar*, Bombay, déc. 12. Ce fut M. Dinsha M. Petit qui, sur le refus de M. Malabari, fut choisi par Lord Reay.

pas d'ailleurs la seule fois que des offres aussi honorables ont été faites à M. B. M. Malabari et qu'il les a refusées.

Nous trouvons encore dans la communauté parsie deux hommes politiques très en vue, MM. P. M. Mehta et M. D. E. Wacha. M. P. M. Mehta a été le premier *barrister* parsi inscrit au barreau anglais. (Voy. *supra*, p. 312.) Il a rempli successivement les fonctions de président de la *Municipal Corporation* (1884) et de membre du *Bombay Legislative Council* pendant l'administration de Lord Reay. Lorsque le gouvernement de Lord Salisbury donna à l'Inde des pouvoirs plus étendus pour sa représentation dans les *Legislative Councils* par l'*Act* de 1892, un des résultats de l'élection de juillet 1893 fut le choix que la Corporation fit de M. P. M. Mehta pour la représenter au *Legislative Council* de Bombay. De son côté, le Gouvernement offrait à M. P. M. Mehta, malgré ses opinions avancées et indépendantes, d'être son représentant. M. P. M. Mehta opta pour la Corporation. Quand le premier triomphe du Congrès porta sur la réforme des *Legislative Councils*, il fit partie du Conseil du Vice-Roi, d'après le vœu de ses collègues du *Legislative Council* de Bombay, et se rendit très populaire par

M. D. E. WACHA

le soin qu'il prit des intérêts généraux. En 1896, il fut appelé une seconde fois au Conseil; mais il se démit pour des raisons de santé. Au Congrès National, dont il a été président, sa voix est très écoutée; il est fait pour siéger au Parlement : excellent orateur, prompt à la réplique, doué d'une grande force physique, il y figurerait avec avantage et s'y rendrait très utile, ainsi que l'a écrit M. Malabari.

M. Dinsha Edalji Wacha est aussi un homme public actif et méritant. Il est membre de la *Municipal Corporation*, secrétaire honoraire de la *Bombay Presidency Association ;* il a été président de la Conférence provinciale en 1895. Il est maintenant secrétaire du Congrès National et prend part à la publication du journal politique « *India* », publié sous les auspices du Congrès. Comme opinions, M. D. E. Wacha est radical dans toute la force du terme et s'occupe avec zèle des questions sociales. Il a fait partie de la rédaction de l'*Indian Spectator,* et M. Malabari a trouvé en lui un collaborateur actif et laborieux, plein de talent et d'un grand dévouement à la chose publique. Il a une remarquable facilité pour discuter et résoudre les questions municipales et financières.

Maintenant, si nous voulons définir la ligne politique adoptée par les Parsis, nous ne craignons pas de dire qu'elle est tout anglaise. Très reconnaissants envers le Gouvernement britannique de la position qu'il leur a faite, les Parsis sont de fort loyaux sujets de la Reine-Impératrice; ce qui n'empêche pas de se produire parmi eux les mêmes divergences d'opinions que celles que l'on trouve sur les bancs du Parlement, et nous comptons dans la communauté des libéraux et des conservateurs. Toutefois enregistrons une nuance assez importante : les Parsis n'ont jamais oublié l'accueil qui leur fut fait jadis par les Princes du Guzerate et la protection des Empereurs de Delhi. Un nouveau régime, tout aussi favorable à leurs intérêts, s'est substitué : Ranas et Nawabs ont disparu ; mais l'Inde, malgré ses divisions de races, de castes et de religions, subsiste toujours, et les exilés de Perse conservent à ses tolérantes et hospitalières populations un attachement que onze siècles de vie commune rendent légitime et sacré.

FIN DE LA PREMIÈRE PARTIE

PLANCHES HORS TEXTE

TABLE DES MATIÈRES